개념완성

사회탐구영역

정치와 법

KB190311

| 교재
내용
문의 | 교재 및 강의 내용 문의는 EBS*i* 사이트
(www.ebsi.co.kr)의 학습 Q&A 서비스를
활용하시기 바랍니다. | 교재
정오표
공지 | 발행 이후 발견된 정오 사항을 EBS*i* 사이트
정오표 코너에서 알려 드립니다.
교재 ▶ 교재 자료실 ▶ 교재 정오표 | 교재
정정
신청 | 공지된 정오 내용 외에 발견된 정오 사항이
있다면 EBS*i* 사이트를 통해 알려 주세요.
교재 ▶ 교재 정정 신청 |

교육의 힘으로
세상의 차이를 좁혀 갑니다
차이가 차별로 이어지지 않는 미래를 위해
EBS가 가장 든든한 친구가 되겠습니다.

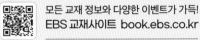

모든 교재 정보와 다양한 이벤트가 가득!
EBS 교재사이트 book.ebs.co.kr

기획 및 개발

이은희 박영민 한규홍(개발총괄위원)

집필 및 검토

이경호(신현고등학교)

강윤식(영동일고등학교)

김신철(숙명여자고등학교)

박홍인(강서고등학교)

손영찬(휘경여자고등학교)

정옥균(한영외국어고등학교)

검토

권해식

김관성

김중록

김현진

박철용

윤종조

이영호

이재복

조민기

본 교재의 강의는 TV와 모바일 APP, EBS*i* 사이트(www.ebsi.co.kr)에서 무료로 제공됩니다.

발행일 2020. 1. 5. **11쇄 인쇄일** 2024. 2. 16. **신고번호** 제2017-000193호 **펴낸곳** 한국교육방송공사 경기도 고양시 일산동구 한류월드로 281
표지디자인 디자인싹 **인쇄** ㈜재능인쇄 **내지디자인** ㈜글사랑 **내지조판** 하이테크컴 **사진** 북앤포토
인쇄 과정 중 잘못된 교재는 구입하신 곳에서 교환하여 드립니다. 신규 사업 및 교재 광고 문의 pub@ebs.co.kr

개념완성

사회탐구영역

정치와 법

2015 개정교육과정 적용 개념완성 **정치와 법**

차례와 우리 학교 교과서 비교

Contents

개념완성 정치와 법 사용법

1 **대단원 한눈에 보기**

단원을 들어가기에 앞서 대단원 한눈에 보기 마인드맵을 보고 해당 단원의 구성을 머릿속에 그려보세요. 그리고 단원 학습이 끝난 후 이 마인드맵을 통해 학습한 내용들을 다시 한번 정리하세요.

2 **핵심 개념 정리**

수업 전후에 핵심 개념 정리를 읽으면서 중요 내용을 정리해 보세요. 보다 상세한 설명이 필요한 부분에는 색 표시하여 친절한 설명을 덧붙였습니다.

3 **자료 탐구 + 확인학습**

중요하고 꼭 알아두어야 할 자료는 자료 탐구에 정리하였습니다. 자료 분석을 읽으면서 해당 자료가 어떠한 의미가 있고, 또 자료를 통해 무엇을 알아야 하는지 꼭 확인하세요. 그리고 확인학습 문제를 통해 마무리하세요.

6 **대단원 마무리 정리 + 대단원 종합 문제**

단원 학습이 끝나면 대단원 마무리 정리를 통해 학습 내용을 정리해 보세요. 빈칸에 주요 개념을 채워가며 앞서 학습한 내용을 다시 한번 체크하고, 대단원 종합 문제를 풀면서 마무리하세요.

5 **기본 문제**

두 번째 평가는 기본 문제를 통해 이루어집니다. 틀린 문제가 있다면 꼭 다시 한번 풀어주세요.

4 **개념 체크**

이제 개념 정리가 끝났다면 학습이 제대로 이루어졌는지 평가할 차례입니다. 첫 번째 평가는 개념 체크를 통해 이루어집니다. 중단원마다 기본 실력을 점검할 수 있도록 개념 체크 문항들을 넣었습니다. 1~3회 반복 체크하다 보면 개념들이 머릿속으로 쏙쏙 들어올 겁니다.

7 **신유형 · 수능열기**

내신뿐만 아니라 수능까지도 대비할 수 있도록 신유형 · 수능열기 코너를 구성하였습니다. 난이도가 다소 높을 수 있지만 실제 수능에서는 어떻게 출제되는지 수능에 대한 감(感)을 잡아 봅시다.

8 **부록**

1 · 2학기 중간 · 기말고사를 준비할 수 있도록 범위별 비법노트와 시험 문제를 제공하였습니다. 시험 전에 진지하게 테스트에 임하여 실전 대비력을 강화하도록 합시다.

9 **정답과 해설**

마지막으로 정답과 해설에서는 답지별로 친절한 해설을 제공하였고, 틀린 사람을 위한 조언을 넣었습니다. 답지별 해설도 꼼꼼히 읽어서 해당 문항을 완벽한 내 것으로 만들어 보세요.

I 민주주의와 헌법

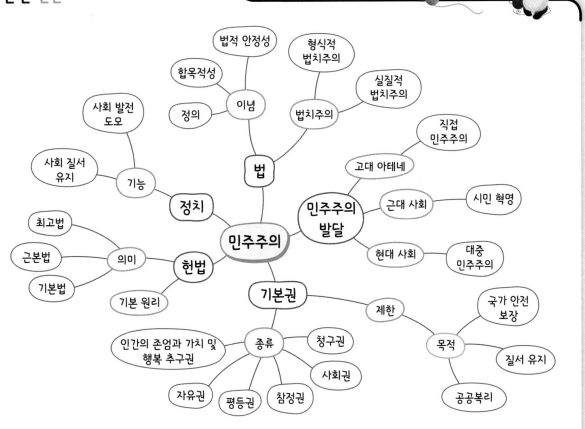

☆ 01 정치와 법

정치란 사회 구성원들 사이에서 발생하는 ① ☐☐☐☐의 대립과 충돌을 해결하고 사회의 통합과 질서를 유지하는 활동이다.

☆ 02 헌법의 의의와 기본 원리

헌법은 한 국가의 법체계에서 가장 상위에 있는 ② ☐☐☐으로 모든 법령의 제정 근거인 동시에 법령의 정당성을 평가하는 기준이다.

☆ 03 기본권의 보장과 제한

인간의 존엄과 가치 및 ③ ☐☐☐☐☐은 모든 기본권에 공통적으로 적용되는 기본권의 이념으로 모든 개별적인 기본권의 내용을 담은 포괄적 권리이다.

정답 | ① 이해관계 ② 최고법 ③ 행복 추구권

핵심 개념 정리 01 정치와 법

● 정치의 의미와 기능

(1) 정치의 의미

좁은 의미	• 국가와 관련된 고유한 현상 • 정치권력을 획득 · 유지 · 행사하는 활동
넓은 의미	• 국가를 포함한 모든 사회 집단에서 나타나는 현상 • 개인이나 집단 간의 이해관계의 대립이나 갈등을 합리적으로 조정하고 해결하는 활동

학급 규칙 제정을 위한 학급 회의를 정치 현상으로 보는 것은 넓은 의미의 정치임

(2) 정치의 기능

① 사회 질서 유지
- 사회 구성원 간의 대립과 갈등을 조정, 해결하여 사회 질서를 유지함
- 정치권력을 통해 사회 질서를 무너뜨리는 반사회적 행위를 통제함

② 사회 발전 도모
- 구성원들이 인간다운 삶을 영위할 수 있도록 사회적 조건을 개선해 나감
- 공동체의 장기적 목표를 설정하고 구성원들의 협력과 동참을 유도함

● 법의 의미와 이념

(1) 법의 의미

① 대립이나 갈등을 해소하기 위해 국가가 제정한 사회 규범
② 강제력이 있는 사회 규범으로 위반 시 제재를 가할 수 있음

(2) 법의 이념

① 정의
- 법이 추구하는 궁극적 이념으로 옳고 그름의 판단 근거
- 모든 사람이 인간으로서 동등한 대우를 받고 각자가 노력한 만큼의 몫을 얻는 것
- 평균적 정의와 배분적 정의(아리스토텔레스)

절대적 · 형식적 평등 추구

평균적 정의	차이를 고려하지 않고 모든 사람을 동등하게 대우함
배분적 정의	개인의 능력이나 공동체에 이바지하는 정도에 따라 다르게 대우함

상대적 · 실질적 평등 추구

② 합목적성
- 의미: 법이 사회가 추구하는 가치나 목적에 구체적으로 합치되는 것
- 내용: 시대와 사회의 지배적인 가치에 따라 달라짐

근대 자유 방임 국가	국가 권력으로부터 개인의 자유 보장 중시
현대 복지 국가	개인의 이익과 공공복리의 조화

③ 법적 안정성
- 의미: 사회생활이 법에 의해 보호 또는 보장되어 안정된 상태를 이루는 것
- 요건: 법의 내용이 명확하고 실현 가능해야 하며, 함부로 변경되지 않아야 하고 법의 내용이 국민의 법의식과 합치되어야 함

◉ **권력과 권위**
권력은 다른 사람을 복종시키거나 지배할 수 있는 공인된 힘을 의미한다. 이에 비해 권위는 타인 또는 사회로부터 자발적인 복종을 이끌어내는 영향력을 의미한다.

◉ **법과 도덕**

법	• 정의(正義)의 실현 • 외면적 행위와 결과 중시 • 권리와 의무를 규율(양면성) • 위반 시 국가 권력에 의해 제재를 받음(강제성) • 타율적 규범이므로 반드시 준수해야 함
도덕	• 선(善)의 실현 • 내면적 양심과 동기 중시 • 주로 의무를 규율(일면성) • 국가 권력으로 강제할 수 없음(비강제성) • 개인이 지킬 것을 권장하는 자율적 규범

◉ **사회 규범**
사회 구성원이 사회생활의 과정에서 지켜야 할 행위의 준칙이다.

◉ **법의 이념을 강조한 법언(法諺)**
- 정의를 강조하는 법언: "세상이 망하더라도 정의는 세워라.", "정의만이 통치의 기초이다."
- 합목적성을 강조하는 법언: "국민이 원하는 것이 법이다.", "민중의 행복이 최고의 법률이다."
- 법적 안정성을 강조한 법언: "정의(법)의 극치는 부정의(불법)의 극치이다.", "정의롭지 못한 법도 무질서보다는 낫다."

① 정치의 의미

친구 둘이 무인도에 표류했다고 가정을 하자. 그때 한 친구는 먼저 음식을 찾으러 가자고 하고, 다른 친구는 구조 요청을 먼저 하러 가자고 한다면 분명 갈등이 일어날 것이다. 그러다가 서로 의견을 조정하고 타협점을 찾게 될 것인데, 이것이 정치다. 그래서 아리스토텔레스는 "인간은 본래 그 천성이 정치적 동물이다. 그러므로 단순히 우연적인 결과가 아니라, 날 때부터 정치 없이도 살아갈 수 있는 자는 인간 이상의 존재(신)이거나, 아니면 인간 이하의 존재(야수)이다."라고 한 것이다.

분석 | 제시된 글은 넓은 의미에서 정치를 말하고 있다. 정치의 의미는 넓은 의미와 좁은 의미로 나뉠 수 있다. 사회생활을 하는 인간은 공동체의 목적을 실현하기 위하여 서로 협력하기도 하고, 개인이나 특정 집단의 이익을 위하여 서로 대립하여 갈등을 일으키기도 한다. 이러한 이해관계의 대립으로 인한 갈등을 조정하면서 공동체의 목적을 실현하기 위한 인간의 활동을 넓은 의미의 정치라 한다. 이에 비해 좁은 의미의 정치는 정치권력의 획득, 유지, 행사 등 국가나 정부에 한정된 활동을 가리킨다.

② 법적 안정성과 법률 불소급의 원칙

헌법 제13조 ┌────── 검사가 특정한 형사 사건에 대해 공소를 제기하는 것
① 모든 국민은 행위 시의 법률에 의하여 범죄를 구성하지 아니하는 행위로 소추되지 아니하며, 동일한 범죄에 대하여 거듭 처벌받지 아니한다.
② 모든 국민은 소급 입법에 의하여 참정권의 제한을 받거나 재산권을 박탈당하지 아니한다.
형법 제1조 ① 범죄의 성립과 처벌은 행위 시의 법률에 의한다.

분석 | 제시된 법 조항은 법률 불소급의 원칙을 규정하고 있다. 법률 불소급의 원칙은 법률의 효력은 시행일 이후의 사건에만 적용되며 시행일 이전의 사건에 대해서는 소급(과거의 일에 대해서도 그 이후에 제정된 법을 적용하는 것)하여 적용할 수 없다는 원칙이다. 이 원칙은 행위 이후에 제정된 법에 의해 처벌받지 않도록 보장해 줌으로써 우리가 현재의 법을 안심하고 따를 수 있도록 법적 안정성을 유지하는 데 기여하는 장치이다.

---

1 대화에서 갑이 생각하는 정치의 의미에 해당하는 진술로 옳지 않은 것은?

교사: 정치 현상의 사례에는 무엇이 있을까요?
갑: 국회 의원 선거, 대통령의 공무원 임명에서 볼 수 있어요.
을: 쓰레기 처리장 건설을 둘러싼 환경 단체와 지역 주민 사이의 갈등 해소 과정도 정치로 볼 수 있어요.
갑: 을이 제시한 사례는 정치 현상의 사례로 적절하지 않습니다.

① 국가와 관련된 일을 하는 활동이다.
② 모든 사회 집단에서 나타나는 활동이다.
③ 정치권력을 획득하고 행사하는 활동이다.
④ 소수의 엘리트들에 의해 이루어지는 활동이다.
⑤ 강제력의 행사를 통해 사회 질서를 유지하는 활동이다.

정답과 해설 ▶ 갑은 좁은 의미, 을은 넓은 의미에서 정치를 바라보고 있다.　　　　**답** ②

2 법의 이념 중 합목적성과 관련된 진술로 옳은 것은?

① 법은 그 내용이 명확하고 실현 가능해야 한다.
② 법은 국민 생활과 사회 질서의 안정을 실현해야 한다.
③ 법은 같은 것은 같게, 다른 것은 다르게 취급해야 한다.
④ 법은 국가와 사회가 추구하는 이상에 맞게 제정되어야 한다.
⑤ 법은 각자의 행위에 대해 각자의 몫을 주는 것을 목적으로 한다.

정답과 해설 ▶ ①, ②는 법적 안정성의 실현 조건이며, ③, ⑤는 법의 이념 중 정의에 관한 설명이다.　　　　**답** ④

● 민주주의의 의미와 발전 과정

(1) 민주주의의 의미

① 한 사람이나 소수에 의한 지배가 아닌 다수의 민중이 지배하는 것

② 모든 국민이 나라의 주인인 정치 형태

(2) 고대 그리스 아테네의 민주주의

① 배경

• 영토가 작고 인구가 적은 도시 국가 형태

• 노예 제도에 기반을 둔 신분제 사회

② 특징: 모든 시민이 정치에 참여하는 직접 민주 정치 실현

③ 의의: 민주주의의 기본 원리인 자치의 원리에 충실

④ 한계: 여성, 노예, 외국인을 시민에서 배제한 제한된 민주 정치
  └ 다스리는 사람과 다스림을 받는 사람이 동일

(3) 근대 사회의 민주주의

① 시민 혁명

• 의미: 시민 계급을 중심으로 절대 왕정을 타파하고 자유롭고 평등한 사회를 건설하려 노력한 결과 일어난 정치적 · 사회적 대변혁

• 시민 혁명의 사상적 배경: 천부 인권 사상, 계몽사상, 사회 계약설

• 의의: 봉건제 및 절대 왕정 타파, 자유와 평등 이념의 확산, 국민 주권과 권력 분립에 기반을 둔 대의제 성립 등
  └ 세계 최초의 대통령제 정부 형태가 탄생하는 계기가 됨

• 대표적 시민 혁명: 영국 명예혁명, 미국 독립 혁명, 프랑스 대혁명

② 근대 사회의 한계: 재산, 인종, 성별 등에 따른 참정권 제한 및 차등 부여

③ 근대 사회의 한계 극복 노력

• 영국 노동자들의 참정권 확대 운동(차티스트 운동)

• 미국 흑인들의 참정권 획득 및 인종 차별 철폐 운동

• 전 세계 각국 여성들의 참정권 획득을 위한 노력

(4) 현대 민주주의
  ┌ 일정한 나이에 달한 모든 국민에게 선거권을 부여한다는 원칙 ↔ 제한 선거

① 대중 민주주의의 실현: 보통 선거에 기반을 둔 대의제 실시

② 직접 민주 정치 요소 도입: 국민 투표, 국민 소환, 국민 발안 등의 직접 민주제 요소를 도입하여 대의제의 한계 보완

③ 시민의 정치 참여 보장 및 활성화 추구

● 법치주의의 의미와 발전 과정

(1) 법치주의의 의미와 의의

① 의미: 국가 권력 기관의 구성, 권력의 행사, 국민의 자유와 권리의 제한 등이 법에 따라 이루어지는 원리 → '인(人)의 지배'가 아닌 '법의 지배'

② 의의: 통치자의 권력 남용 제한, 국민의 자유와 권리 보장

◉ 아테네의 주요 기관

민회	자유민이 참석하는 입법 · 행정 · 군사에 관한 최고 의결 기관
평의회	• 최고 행정 기관으로 일상적인 행정 업무 전담 • 민회에서 추첨제와 윤번제로 선출된 500인으로 구성
재판소	선출한 배심원으로 구성, 다수결에 의한 재판

◉ 계몽사상

계몽사상은 인간이 이성의 힘으로 편견과 오류를 극복하고 사회적 모순과 부조리를 바로잡을 수 있다고 보는 사상이다. 계몽사상은 인간의 독립성과 자율성 등을 강조하여, 근대 절대 왕정 시대의 억압적인 정치 질서와 불평등한 사회 구조를 개혁하여야 한다는 사회의식을 사람들에게 심어주었는데, 시민 혁명은 바로 이러한 사회 개혁 의지를 실현하려는 노력의 산물이었다.

◉ 3대 시민 혁명

영국 명예 혁명	• 배경: 왕권신수설과 제임스 2세의 전제 정치 • 경과: 의회의 제임스 2세 축출 → 권리 장전 승인 • 결과: 입헌 군주제의 기틀 마련, 의회 정치의 기반 마련
미국 독립 전쟁	• 배경: 영국의 강압적인 식민지 정책 • 경과: 보스턴 차 사건 → 대륙 회의 개최 → 독립 선언문 발표 • 결과: 세계 최초의 대통령제 정부 탄생
프랑스 혁명	• 배경: 구제도의 모순, 절대 왕정의 전제 정치 • 경과: 국민 의회 구성 → 인권 선언 채택 • 결과: 구시대의 사회적 모순 극복, 인권 보장 명문화

◉ 대의제

주권자인 국민이 국가 의사나 국가 정책을 직접 결정하지 않고 대표자를 선출하여 그들로 하여금 국민을 대신하여 국가의 중대사나 국가 정책을 결정하게 하는 통치 구조의 구성 원리이다.

◉ 직접 민주 정치 요소

국민 투표	유권자를 대상으로 한 투표를 통해 국민의 의사를 물어 헌법 개정이나 국가의 주요 정책을 결정하는 제도
국민 발안	일정한 수의 국민이 헌법 개정안이나 법률안 등을 의회에 직접 발의하는 제도
국민 소환	선거에 의해 선출된 공직자를 임기가 만료되기 전에 투표를 통해 직위에서 물러나게 하는 제도

③ 사회 계약설

구분	자연 상태	바람직한 국가 운영 방식
홉스	자기 보존 욕구, 경쟁심, 명예에 대한 갈망 등과 같은 인간의 본성으로 인한 만인의 만인에 대한 투쟁 상태	평화와 질서 유지를 위해 국민에 대해 절대적 권력을 행사하는 통치자에 의한 전제 정치
로크	이성에 의해 평화가 유지되나 이성을 따르지 않는 자로 인해 개인의 안전과 권리 등이 온전히 보호되지는 않는 다소 불안정한 상태	개인의 생명, 자유, 재산을 보장하려는 목적에 맞게 입법권과 집행권을 분리하여 행사하는 간접 민주 정치
루소	인간의 순수하고 선한 본성에 따라 자유와 평등이 유지되는 상태	시민 모두가 일반 의지에 따라 공적 의사 결정에 직접 참여

분석 | 홉스는 인간은 본성적으로 이기적이며, 국가 이전의 상태는 '만인의 만인에 대한 투쟁' 상태이므로 인간은 자기 보존을 위해 자발적인 동의에 의해 자연 상태의 권리를 국가에 양도하였다고 주장하였다. 이에 비해 로크는 자연 상태에서의 권리를 보호받기 위해 계약을 통해 국가를 구성하였으나, 그 권리는 양도가 아니라 위임이기 때문에 만약 국가가 개인의 권리와 자유를 억압할 때는 그 계약을 파기할 수 있다고 주장하였다. 한편, 루소는 시민의 자발적 동의에 의해 일반 의지를 형성하여 정치 공동체를 구성했다고 주장했다.

─ 로크는 입법권과 집행권의 분리, 즉 2권 분립론을 주장했으며, 몽테스키외는 이를 발전시켜 3권 분립론을 주장함.
또한 로크는 다른 사회 계약론자들과 달리 저항권의 정당성을 주장함

④ 차티스트 운동의 의의

> 인민의 벗은 어리석게도 1832년의 선거법 개정에 의해 그들의 불만이 모두는 아니더라도 대부분 없어질 것이라 생각하고 있었습니다. 그러나 선거법 개정으로 이루어진 것은 권력이 하나의 지배 집단에서 다른 집단으로 넘어간 것이며, 민중은 그전처럼 무력한 상태에 놓여 있습니다. …… 우리는 자유인의 의무를 수행하고, 따라서 우리는 자유인의 특권을 가져야 합니다. 그러므로 우리는 보통 선거권을 요구합니다. 부유한 자의 매수나 힘 있는 자의 폭력에서 벗어나기 위해 투표는 비밀로 하여야 합니다. …… 우리는 현실의 행복과 이익을 추구하는 것이지, 그 겉모양을 추구하는 것이 아니므로 무기명 투표를 요구합니다. …… 공공의 안전과 대중의 신뢰를 잃지 않기 위해서는 선거가 자주 실시될 필요가 있습니다. 그러므로 우리는 의회 선거를 매년 실시할 것을 요구합니다. ……

─ 차별 없이 누구에게나 선거권을 부여하는 민주 선거의 원칙

분석 | 시민 혁명 이후에도 노동자, 여성, 빈민 등은 선거권을 보유하지 못하였다. 이와 같은 한계를 극복하기 위해 보통 선거권을 쟁취하기 위한 다양한 투쟁이 발생하였는데, 가장 대표적인 것이 노동자가 중심이 된 차티스트 운동이었다. 차티스트 운동은 당시에는 실패했지만 결과적으로 보통 선거권을 쟁취하는 데 기여하였고 오늘날의 대중 민주주의가 형성되는 데 결정적인 역할을 하게 되었다.

---

❸ 근대 정치 사상가 A, B에 대한 설명으로 옳은 것은?

> A는 자연 상태에서의 탐욕스러운 인간의 이기심에 의한 공포에서 벗어나기 위해 인민 간의 합의에 의해 국가가 만들어졌다고 보았다. 이와 달리 B는 자연 상태는 모든 개인이 평등한 상태로서 자연법에 의해 인민 모두가 각자의 자연권을 향유하였다고 보았다. 하지만 소유권의 행사에 따른 불편이 생기면서 이러한 불편에서 벗어나기 위해 계약에 의해 국가를 형성하였다고 주장하였다.

① A는 직접 민주제의 실시를 주장하였다.
② B는 대의 민주제에 대해 부정적 입장을 취하였다.
③ A, B 모두 국가 권력의 정당성을 인민의 동의에서 찾았다.
④ B와 달리 A의 주장은 시민 혁명의 사상적 토대로 작용하였다.
⑤ A와 달리 B는 인민이 국가에 자연권 전부를 양도하였다고 보았다.

정답과 해설 ▶ A는 홉스, B는 로크이다. ③ 홉스와 로크 모두 국가 권력의 정당성을 인민의 동의에서 찾았다. **답** ③

❹ 차티스트 운동에 대한 설명으로 옳은 것은?

① 중우 정치의 위험성을 보여 주는 사건이었다.
② 영국이 입헌 군주제로 전환하는 계기가 되었다.
③ 대중 민주주의를 확립하는 데 기여한 사건이었다.
④ 군주 주권을 부정하고 국민 주권을 주장한 사건이었다.
⑤ 대의제의 한계를 극복하려는 정치적 목적을 가진 사건이었다.

정답과 해설 ▶ ③ 차티스트 운동은 보통 선거를 확립하는 데 기여한 사건이었으며 보통 선거는 대중 민주주의를 확립하는 데 결정적인 작용을 하였다. **답** ③

(2) 형식적 법치주의와 실질적 법치주의

① 형식적 법치주의 ── 독일 히틀러 나치 정권은 형식적 법치주의에 바탕을 두고 통치함
- 국가 권력 행사가 법률이 정하는 절차와 내용에 근거하여 이루어져야 한다는 원리
- 의회가 적법한 절차를 거쳐 법을 제정하고 그 법에 따라 통치가 이루어지기만 하면, 법의 목적이나 내용은 문제 삼지 않음
- 절차가 합법적이면 독재 정치도 정당화될 수 있다는 논리로 악용됨

② 실질적 법치주의
- 법률 제정 절차가 합법적이면서 법률의 목적과 내용도 정의와 헌법 이념에 합치해야 한다는 원칙
- 통치의 합법성과 함께 정당성도 강조함
- 실현을 위한 제도: 위헌 법률 심사제 ── 헌법의 최고 규범성을 보여 주는 제도

(3) 민주주의와 법치주의의 관계 ── 인간의 존엄성, 자유, 평등

① 법치주의는 민주주의 이념 실현을 위한 수단임
② 법치주의와 민주주의의 속성: 법치주의는 법을 통한 사회 질서 유지 추구(안정 추구), 민주주의는 변화하는 국민의 의사 반영(변화의 역동성 내재) ── 이러한 속성 차이로 인해 법치주의와 민주주의 간의 긴장이 나타남
③ 과제: 법치주의는 민주주의의 실현을 목적으로 하고, 민주주의는 법치주의의 틀 안에서 운영됨으로써 양측이 조화롭게 발전할 수 있음

◉ **위헌 법률 심사제**
법률이 상위의 법규범인 헌법에 합치하는가 여부를 헌법 재판소가 심판하여 헌법에 위배된다고 판단하는 경우에는 그 효력을 상실하게 하거나 그 법률의 효력을 정지시키는 제도이다.

◉ **민주 정치와 법치주의의 불가분성**
민주 국가에서 권력 행사의 근거가 되는 법률은 국민의 대표로 구성된 입법부에서 제정하므로 국민의 의사는 입법부를 통해 법률로 구체화된다. 따라서 국민의 의사인 법률에 의거한 지배는 국민의 지배이므로 법치주의는 민주 정치를 실현하는 구체적인 방식이 된다.

자료탐구

⑤ 히틀러의 수권법

제1조 라이히(Reich, 제국) 법률은 라이히 헌법이 규정하고 있는 절차에 의하는 외에, 라이히 정부에 의해서도 의결될 수 있다.
제2조 라이히 정부가 의결하는 법률에는 라이히 헌법과는 다른 규정을 둘 수 있다. ── 법률은 헌법의 하위 규범임에도 불구하고 이와 같은 규정을 두는 것은 헌법의 최고성에 위배됨
제4조 독일과 외국과의 조약도 …… 입법에 영향을 미치는 기관들과의 합의를 필요로 하지 않는다.

분석 | 수권법이란 행정부에 광범위하고 포괄적인 법률을 제정할 수 있는 권한을 위임하는 법률에 붙이는 명칭이다. 히틀러는 수상이 된 지 얼마 되지 않은 1933년 3월 24일에 수권법에 해당하는 「국민 및 국가의 위기 극복에 관한 법률」을 공포하였다. 이 법은 국가 권력을 행정부에 집중시킴으로써 행정부가 헌법에 위배되는 법률을 제정할 수 있는 법적 근거를 제공하였다. 이 법에 의해 행정부는 국민의 기본권을 침해하는 법률을 아무런 견제 없이 제정·집행할 수 있는데, 이는 정당성을 가질 수 없으므로 형식적 법치주의에 불과하다.

확인학습

⑤ A, B에 대한 옳은 설명만을 〈보기〉에서 고른 것은? (단, A, B는 각각 형식적 법치주의와 실질적 법치주의 중 하나이다.)

질문 \ 법치주의 유형	A	B
악법도 법이라고 봅니까?	예	아니요

◀ 보기 ▶
ㄱ. A는 법의 형식만을 강조한다.
ㄴ. A와 달리 B는 인(人)의 지배에 반대한다.
ㄷ. A와 달리 B에서 위헌 법률 심사제를 중시한다.
ㄹ. A와 달리 B는 적법 절차에 의해 제정된 법에 의한 통치를 강조한다.

① ㄱ, ㄴ   ② ㄱ, ㄷ   ③ ㄴ, ㄷ
④ ㄴ, ㄹ   ⑤ ㄷ, ㄹ

정답과 해설 ▶ A는 형식적 법치주의, B는 실질적 법치주의이다. **답** ②

01~10 다음 내용이 옳으면 ○표, 틀리면 ×표 하시오.

01 좁은 의미의 정치는 국가 이전의 정치 현상을 설명할 수 없다는 한계를 지닌다. ( )

02 차이를 고려하지 않고 모든 사람을 동등하게 대우하는 것을 평균적 정의라 한다. ( )

03 법의 이념 중 법의 내용이 해당 시대나 국가가 지향하는 목적에 부합하는 것을 합목적성이라 한다. ( )

04 시민 혁명 직후 모든 사람이 선거권을 갖는 대중 민주주의가 성립하였다. ( )

05 직접 민주제 요소 중 국민 소환은 선출된 공직자를 유권자들의 투표를 통해 물러나게 하는 제도이다. ( )

06 영국에서 발생한 차티스트 운동은 여성과 빈민들의 참정권 확대 운동이다. ( )

07 실질적 법치주의는 '악법도 법이다.'라는 주장에 동의하지 않는다. ( )

08 실질적 법치주의 실현을 위한 가장 대표적인 제도는 위헌 법률 심판 제도이다. ( )

09 법치주의는 민주주의를 실현하는 수단이 될 수 있다. ( )

10 민주주의는 안정을 추구하는 속성이 있는 반면 법치주의는 변화를 추구하는 속성이 있다. ( )

11~20 빈칸에 알맞은 말을 쓰시오.

11 국가를 포함한 모든 _____에서 정치 현상이 나타난다고 보는 것은 넓은 의미의 정치이다.

12 법은 다른 사회 규범과 달리 _____이/가 있어 위반 시 국가가 제재할 수 있다.

13 _____은/는 법이 추구하는 궁극적인 이념에 해당한다.

14 잦은 법의 폐지나 변경은 법의 이념 중 _____을/를 구현하는 데 장애가 될 수 있다.

15 고대 그리스 아테네에서는 노예와 _____, 외국인은 시민의 지위를 얻지 못하여 정치에 참여할 권리를 갖지 못하였다.

16 상공업의 발달에 따른 _____ 계급의 성장은 시민 혁명의 배경이 되었다.

17 _____은/는 일정 연령이 되면 모든 사람에게 차별 없이 선거권을 부여하는 원칙이다.

18 법치주의는 통치자의 _____을/를 제한하여 국민의 자유와 권리 보장을 목적으로 한다.

19 실질적 법치주의는 통치의 합법성과 함께 _____도 강조한다.

20 오늘날의 법치주의는 법률 제정 절차가 합법적이면서도 법률의 목적과 그 내용이 민주주의 이념을 실현하고자 하는 _____ 법치주의를 지향한다.

정답 01 ○ 02 ○ 03 ○ 04 × 05 ○ 06 × 07 ○ 08 ○ 09 ○ 10 × 11 사회 집단 12 강제성 13 정의 14 법적 안정성 15 여성 16 시민 17 보통 선거 18 권력 남용 19 정당성 20 실질적

오답 체크 Tip 04 모든 사람이 선거권을 가지게 되는 대중 민주주의가 성립된 것은 20세기 이후이다. 06 차티스트 운동은 노동자 계급의 참정권 획득 운동이다. 07 형식적 법치주의는 '악법도 법이다'라는 주장에 동의한다.

▶ 20583-0001

01 다음 글에 나타난 정치의 의미에 대한 설명으로 옳은 것은?

> '정치(politics)'라는 단어는 도시 국가를 의미하는 폴리스(polis)에서 유래하였다. 고대 그리스 사회는 독립적인 도시 국가로 이루어졌으며, 각각의 독립적인 도시 국가는 자신들의 정부 제도를 가지고 있었는데, 정치의 어원에서 알 수 있듯이 정치의 의미는 폴리스의 업무, 즉 '폴리스와 관계한 일'과 연관되는 것으로 이해할 수 있다.

① 정치는 국가 이전에도 존재하였던 현상이다.
② 정치는 이해관계의 대립을 해결하는 활동이다.
③ 정치는 모든 사회 집단에서 나타나는 현상이다.
④ 정치는 다수의 합의를 통해 결론에 이르는 활동이다.
⑤ 정치는 정치권력의 획득 · 유지 · 행사를 둘러싼 활동이다.

▶ 20583-0002

02 다음 두 사례를 종합하여 설명할 수 있는 정치의 기능으로 가장 적절한 것은?

> • ○○아파트에서는 주차장 부족 문제를 해결하기 위해 가구당 한 대를 초과하는 차량에 대해서는 월 5만 원의 주차료를 부과해야 한다는 주장과 이에 반대하는 주장이 팽배하였지만, 주민 회의를 통해 주차료를 부과하되 월 2만 원으로 제한하는 규정을 통과시켰다.
> • □□지방 법원은 자신의 가게 앞의 보도블록 공사로 인해 손님이 줄어 심각한 피해를 보았다면서 김 모 씨가 제기한 손해 배상 청구 소송에서 □□시는 김 모 씨에게 500만 원을 지급하라고 판결했다.

① 모든 국민의 삶의 질을 향상시킨다.
② 구성원들 간의 이해관계를 조정한다.
③ 권력 행사를 통해 사회 질서를 유지한다.
④ 국민의 기본적 권리와 자유를 신장시킨다.
⑤ 사회적 약자의 최소한의 인간다운 삶을 보장한다.

단답형 ▶ 20583-0003

03 밑줄 친 '시효 제도'가 중시하고 있는 법의 이념을 쓰시오.

> 오랜 기간이 경과한 후에는 증거 자료가 흩어지거나 사라져서 남아 있는 증거만으로 재판을 하는 것은 진실한 권리의 인정에 관하여 정확성을 기대하기가 곤란하다. 따라서 이런 경우에는 영속한 사실 상태를 그대로 정당한 것으로 보는 것이 낫다. 또한 일정한 사실 상태가 지속되다가 후일 이것이 진실의 권리 관계와 일치하지 않는다 하여 이를 뒤집고 정당한 권리 관계를 부활시키는 것은, 그러한 사실 상태를 기초로 하여 이미 구축된 사회 질서 내지 법률관계를 근본적으로 뒤집는 결과가 된다. 따라서 법률은 그러한 결과의 발생을 염려하여 시효 제도를 인정한 것이다.

▶ 20583-0004

04 다음 제도들을 공통적으로 실시했던 국가에 대한 설명으로 옳지 않은 것은?

> • 시민은 전체 인구의 10%였으며 이들 가운데서 추첨제와 윤번제를 통해 공직자를 선출하였다.
> • 공동체의 중대한 사안이나 고위 정치가의 신임 또는 탄핵을 논의하고 따지는 모임에서 주요 안건은 시민들의 투표에 의해 결정되었다.

① 치자와 피치자의 동일성을 추구한 정치 체제였다.
② 천부 인권 사상에 근거하여 시민에 의한 통치가 이루어졌다.
③ 일정한 자격을 갖춘 사람만이 정치에 참여할 수 있는 제한된 민주 정치였다.
④ 모든 시민들이 한 자리에 모여 국정 운영에 참여할 수 있는 기회가 주어졌다.
⑤ 원칙적으로 모든 시민은 일생에 한 번 이상은 공직에 취임할 기회가 부여되었다.

▶ 20583-0005

05 밑줄 친 ⊙~ⓔ에 대한 설명으로 옳은 것은?

영국에서는 ⊙ 명예혁명의 성공으로 권리 장전이 채택되었으며, 프랑스에서는 ⓒ 대혁명 과정에서 인권 선언이 발표되었다. 이와 같은 역사적 사건은 모두 ⓒ 근대 민주 사회를 형성하는 결정적 요인이 되었다. 특히 프랑스 혁명은 ⓔ 당시의 열악한 사회 상황을 극복하려는 전 시민적인 저항 운동이었다.

① ⓒ 직후 프랑스에서는 모든 성인이 선거권을 갖게 되었다.
② ⓒ은 대의제가 아닌 직접 민주제를 채택하였다.
③ 신분제로 인한 폐해는 ⓔ에 해당한다.
④ ⊙과 달리 ⓒ은 입헌 군주제를 지향하였다.
⑤ ⊙은 로크, ⓒ은 홉스의 사회 계약 사상을 바탕으로 하였다.

▶ 20583-0006

06 다음과 같이 주장한 근대 사상가의 견해로 옳은 것은?

사람들이 계약에 의해 사회를 형성한 것은 자연 상태에 대한 절망에서가 아니라 불편함에서였다. 이리하여 계약의 절차를 밟아서 자연 상태로부터 국가 상태로 옮겨 가게 된다. 이 과정에서 모든 사람은 정부를 만들고 자기 위에 통치자를 세우는 데 동의하고, 또 통치자에게 자연권을 일부 위임하는 동시에 자연권의 보호를 맡겼다.

① 국가는 수단이 아니라 목적이다.
② 국가 권력은 분리되어 행사되어야 한다.
③ 인민의 자유와 권리는 국가를 전제로 인정된다.
④ 공동체 구성원들의 일반 의지에 따라 통치가 이루어진다.
⑤ 인민은 자신의 안전을 보장받기 위해 절대 권력에 동의한다.

▶ 20583-0007

07 다음 글의 주제로 가장 적절한 것은?

독일 히틀러의 통치 사례에서 보듯이 몇몇 권위주의 국가에서는 의회에서 주어진 절차에 따라 합법적으로 법을 제정하기만 하면 그 내용이 무엇이든지 법적 정당성을 인정받은 것으로 간주하였다. 따라서 그 법에 따라 행정을 하거나 재판을 해도 법적으로는 아무런 하자가 없는 것으로 주장되고 있다. 즉, 법이라는 이름으로 권력을 통해 국민의 자유를 합법적으로 침해한 것이다.

① 대의제에 대한 비판
② 기본권 제한의 남용
③ 정치권력의 독점화 현상
④ 형식적 법치주의의 폐해
⑤ 통치 권력의 합법성 결여

▶ 20583-0008

08 밑줄 친 ⊙, ⓒ에 대한 설명으로 옳은 것은?

법치주의를 강조한 나치 독일에서 역사상 최악의 인권 침해가 이루어진 것은 법치주의에 대한 인식 차이에 그 원인이 있다. 나치 독일에서 강조한 ⊙ 법치주의는 오늘날과 같은 의미의 ⓒ 법치주의가 아니었기 때문에 그와 같은 기본적 인권의 침해가 가능했던 것이다.

① ⊙은 '인(人)의 통치'를 강조한다.
② ⓒ은 법의 목적보다 법의 형식을 강조한다.
③ ⊙은 ⓒ과 달리 법의 내용이 정의에 부합해야 한다고 본다.
④ ⓒ은 ⊙과 달리 통치의 합법성을 중시하지 않는다.
⑤ ⊙, ⓒ 모두 법 제정 절차의 적법성을 중시한다.

● 헌법의 의미와 기능

(1) 헌법의 의미
① 국가의 통치 조직과 통치 작용의 원리를 규정하고, 국민의 기본권을 보장하는 국가의 기본법이자 근본법
② 한 국가의 법체계에서 가장 상위에 있는 최고법으로 모든 법령의 제정 근거인 동시에 법령의 정당성을 평가하는 기준
③ 의미의 변천 ── 조선의 경국대전은 고유한 의미의 헌법에 해당한다고 볼 수 있음

고유한 의미의 헌법	국가 통치 기관을 조직·구성하고 이들 기관의 권한과 상호 관계 등을 규정한 규범
근대 입헌주의 헌법	국가 통치 기관의 존립 근거이면서 자유권을 중심으로 국민의 기본권을 보장하기 위해 국가 권력을 제한하는 근본 규범
현대 복지 국가 헌법	국민의 생존권적 기본권을 보장하여 인간다운 생활을 영위할 수 있도록 하는 복지 국가의 이념을 추구하는 규범

(2) 헌법의 기능
① 국가 창설 기능: 국가 성립에 필요한 국민의 자격, 영토의 범위, 국가 권력의 소재 등을 규정하여 국가를 창설함
② 조직 수권 기능: 국가 기구를 구성하고 각 조직에 일정한 권한을 부여함
③ 권력 제한 기능: 권력의 자의적 행사와 남용을 막아 국민의 기본권을 실질적으로 보장함
④ 국민적 합의 기능: 사회적 갈등을 해결하여 공동체를 유지하고 사회 통합을 실현함
⑤ 정치 생활 주도 기능: 정치적 의사를 결정하고 문제 해결의 방향과 절차의 기준이 됨

● 헌법의 기본 원리

(1) 국민 주권주의
① 의미: 국가의 최고 의사를 결정하는 주권이 국민에게 있고 모든 국가 권력의 근거가 국민에게 있다는 원리
② 관련 규정: 제1조 ① 대한민국은 민주 공화국이다. ② 대한민국의 주권은 국민에게 있고, 모든 권력은 국민으로부터 나온다.
③ 실현 방안: 참정권 보장, 국민 투표제, 언론·출판·집회·결사의 자유 보장, 복수 정당제 등
  └─ 국민 주권주의뿐만 아니라 자유 민주주의를 실현하는 방안이기도 함

(2) 자유 민주주의
① 의미: 자유주의와 민주주의가 결합된 정치 원리
② 관련 규정: 제4조 …… 자유 민주적 기본 질서에 입각한 평화적 통일 정책을 수립하고 이를 추진한다.

◉ 헌법
헌법은 존재 형식에 따라 성문 헌법과 불문 헌법으로 구분하는데, 우리나라와 미국은 문서에 의해 법전의 형식을 가진 성문 헌법 국가에 속한다. 반면, 영국이나 캐나다는 법전의 형식을 갖추지 않고 관습법이나 판례법들이 모여서 헌법을 이룬 불문 헌법 국가에 속한다. 불문 헌법 국가에서는 위헌 법률 심사제가 있을 수 없으며, 특별한 헌법 개정 절차가 존재하지 않는다.

◉ 통치 기관
국가를 다스리기 위해 설치한 기관으로 입법부, 행정부, 사법부 등이 이에 해당한다.

◉ 헌법의 조직 수권 기능
우리나라 헌법은 "입법권은 국회에 속한다(제40조).", "행정권은 대통령을 수반으로 하는 정부에 속한다(제66조 ④).", "사법권은 법관으로 구성된 법원에 속한다(제101조 ①)."라고 규정함으로써 헌법이 국가 통치 조직에 일정한 권한을 부여하는 조직 수권 규범임을 밝히고 있다.

◉ 주권
국가 의사를 최종적으로 결정할 수 있는 최고 권력이다. 내부적으로 최고성, 외부적으로 독립성을 특징으로 한다.

◉ 자유주의
개인주의를 바탕으로 개인의 자유 존중을 근본 가치로 삼아 국가 권력의 간섭을 최소화한다는 정치 원리이다.

◉ 민주주의
국가 권력의 창출과 통치 과정이 국민적 합의에 근거하여 정당성을 가져야 한다는 정치 원리이다.

① 헌법의 최고 규범성

- 미국 헌법 제6조 ② 헌법에 의하여 제정되는 합중국 법률 및 합중국의 권한에 의하여 체결된 또는 장차 체결될 모든 조약은 국가의 최고 법규이며 모든 주의 법관은 이에 구속되고, 어느 주 헌법 또는 법률 중에 이에 배치되는 규정이 있더라도 그에 구속되지 아니한다.
- 일본 헌법 제98조 ① 이 헌법은 국가의 최고 법규로서 그 조규에 반하는 법률, 명령, 조칙 및 국무에 관한 기타의 행위의 전부 또는 일부는 그 효력을 가지지 못한다.

분석 | 우리나라의 법 규범 중 가장 상위에 있는 법 규범은 헌법이며, 그 하위법으로 법률, 명령, 조례, 규칙이 차례로 존재한다. 대한민국 헌법은 미국 헌법이나 일본 헌법처럼 명시적으로 헌법이 최고법임을 규정하고 있지는 않다. 그러나 일반 법률과 비교하여 더욱 엄격한 개정 절차를 요구하는 점이나, 위헌 법률 심사제를 통해 헌법이 최고 기본법의 지위를 가진다는 것을 간접적으로 인정하고 있다. 위헌 법률 심사제는 헌법의 최고 규범성을 나타내는 대표적인 제도이다.

┌ 빈부 격차의 심화는 자유방임주의의 가장
└ 큰 폐단임

② 근대 입헌주의 헌법과 현대 복지 국가의 헌법 원리

구분	근대 입헌주의 헌법	현대 복지 국가 헌법
등장 배경	전제 군주의 절대 권력에 대항하여 개인의 자유를 보장	자유방임주의의 폐단을 극복하여 인간의 생존권을 보장
기본 원리	국민 주권의 원리, 기본권 보장, 대의제(의회주의), 권력 분립, 법치주의	국민 주권의 실질화, 사회적 기본권 보장, 실질적 법치주의, 국제 평화주의
최초의 헌법	미국의 버지니아 주 헌법(1776)	독일의 바이마르 공화국 헌법(1919)

└ 사회권의 보장을 국가의 의무로 규정한 최초의 헌법

분석 | 시민 혁명의 영향을 받아 제정된 근대 입헌주의 헌법은 권력 분립, 법치주의 등을 통해 국가의 권력 행사를 합리적으로 제한하여 국민의 기본권을 보장하는 데 주력하였다. 근대 입헌주의 헌법은 자본주의의 발전과 두 차례의 세계 대전을 겪으면서 현대 복지 국가 헌법으로 탈바꿈하게 되었다. 현대 복지 국가의 헌법은 모든 국민의 인간다운 생활을 보장하기 위하여 근대 헌법의 지나친 개인주의와 자유주의를 제한하고 국가의 적극적 기능을 인정하게 되면서 복리 증진 의무를 강조하고 있다. 또 세계 대전의 비극을 겪으면서 국제 평화주의 원리가 추가되었다.

---

1 밑줄 친 '헌법의 성격'에 대한 진술로 가장 적절한 것은?

> 모든 법의 존립과 내용, 효력의 보장 등은 헌법에 그 근거를 두고 있기 때문에, 헌법은 일반 법률에 의해서는 폐기 또는 변경될 수 없고 어떠한 법 규정이나 국가 행위도 헌법을 위반할 수 없다. 위헌 법률 심사제는 이와 같은 <u>헌법의 성격</u>을 나타내는 대표적인 제도이다.

① 헌법은 최고의 기본권 보장 수단이다.
② 헌법은 최고의 규범성을 지니고 있다.
③ 헌법을 통해서만 국민의 기본권을 제한할 수 있다.
④ 헌법을 가지지 못한 국가는 법치국가라 부를 수 없다.
⑤ 헌법은 국가 권력의 조직 및 작용을 규정한 근본적인 법이다.

정답과 해설 ▶ 밑줄 친 '헌법의 성격'은 헌법의 최고 법 규범으로서의 성격을 말하고 있음을 알 수 있다. **답** ②

2 근대 입헌주의 헌법과 현대 복지 국가 헌법에 대한 옳은 설명만을 〈보기〉에서 고른 것은?

┤ 보기 ├
ㄱ. 독일 바이마르 헌법은 근대 입헌주의 헌법의 시초이다.
ㄴ. 근대 입헌주의 헌법과 달리 현대 복지 국가의 헌법은 사회권을 중시한다.
ㄷ. 근대 입헌주의 헌법과 현대 복지 국가 헌법 모두 국민의 기본권 보장을 중시한다.
ㄹ. 근대 입헌주의 헌법과 달리 현대 복지 국가 헌법은 권력 분립의 원리를 바탕으로 한다.

① ㄱ, ㄴ   ② ㄱ, ㄷ   ③ ㄴ, ㄷ
④ ㄴ, ㄹ   ⑤ ㄷ, ㄹ

정답과 해설 ▶ ㄱ. 독일 바이마르 헌법은 현대 복지 국가 헌법의 시초이다. ㄹ. 근대 입헌주의 헌법과 현대 복지 국가 헌법 모두 권력 분립의 원리를 중시한다. **답** ③

③ 실현 방안: 법치주의, 적법 절차의 원리, 사법권의 독립, 복수 정당제를 기반으로 하는 자유로운 정당 활동, 상향식 의사 결정 과정 등

(3) 복지 국가의 원리

① 의미
- 국민 복지에 대한 책임을 국가에 부여하고, 사회권을 기본권으로 보장하는 헌법 원리
- 모든 국민이 인간으로서의 존엄을 지키기 위해 기본적인 생활 수요를 충족시킬 권리와 건강하고 인간다운 생활을 영위할 수 있는 권리를 보장함

② 관련 규정
- 제34조   ① 모든 국민은 인간다운 생활을 할 권리를 가진다.
- 제119조   ② 국가는 균형 있는 국민 경제의 성장 및 안정과 적정한 소득의 분배를 유지하고 …… 경제에 관한 규제와 조정을 할 수 있다.
  > 정부가 경제에 개입할 수 있는 근거가 됨

③ 실현 방안
- 국가에 사회 보장 및 사회 복지의 증진 의무 부여
- 인간다운 생활의 보장을 국가에 요구할 수 있는 사회권 보장
- 근로자에 대한 적정 임금의 보장과 최저 임금제 실시
- 여성 및 연소 근로자의 특별 보호 등

(4) 국제 평화주의

① 의미: 국제 질서를 존중하고 세계 평화와 인류의 공동 번영을 위해 노력한다는 원리

② 관련 규정: 제5조   ① 대한민국은 국제 평화의 유지에 노력하고 침략적 전쟁을 부인한다.
  > 국제법상 금지된 위법한 전쟁을 의미하며, 자국의 영토 확장이나 타민족을 지배하기 위한 전쟁 등을 사례로 들 수 있음

③ 실현 방안: 침략적 전쟁의 부인, 조약과 국제 관습법 등의 국제법 존중, 상호주의 원칙에 따른 외국인의 지위 보장 등

(5) 평화 통일 지향

① 의미: 자유 민주적 기본 질서에 입각한 평화적 통일을 추구한다는 원리

② 관련 규정: 제4조   대한민국은 통일을 지향하며, 자유 민주적 기본 질서에 입각한 평화적 통일 정책을 수립하고 이를 추진한다.

③ 실현 방안: 평화 통일 정책 수립과 실천, 대통령에게 조국의 평화 통일을 위해 노력할 의무 부과, 민주 평화 통일 자문 회의 설치 등

(6) 문화 국가의 원리

① 의미: 국가로부터 문화의 자유가 보장되고 국가가 문화를 보호 지원하는 원리

② 관련 규정: 제9조   국가는 전통문화의 계승 · 발전과 민족 문화의 창달에 노력하여야 한다.

③ 실현 방안: 전통문화의 진흥, 종교 · 학문 · 예술 활동 자유의 보장, 평생 교육의 진흥, 의무 교육 제도 등

◉ **적법 절차의 원리**
적법 절차의 원리는 영국의 대헌장 제39조 "자유민은 동등한 자유민에 의한 적법한 판결이나 국법에 의하지 않고는 체포 · 구금되지 않으며, 재산과 법익을 박탈당하지 않고, 추방되지 않으며, 또한 기타 방법으로 침해받지 않는다.", 미국 수정 헌법 제5조 "누구든지 적법 절차에 의하지 않고서는 생명 · 자유 · 재산을 박탈당하지 않는다." 등을 통해 확립된 원칙이다.

◉ **최저 임금제**
일정 금액 이상의 임금을 근로자에게 지불하도록 법적으로 강제하는 제도이다. 국가가 강제력을 가지고 임금의 최저 한도를 정해 이를 밑도는 수준으로는 사용자가 근로자를 고용하지 못하도록 함으로써 상대적으로 불리한 위치에 있는 근로자를 보호하는 데 목적이 있다.

◉ **상호주의**
상대국이 자국민을 보호하는 정도에 맞추어 상대국 국민의 보호 수준을 정하는 입장이다.

◉ **문화 국가**
국가를 문화 창달의 주체로 보고 이를 적극적으로 실현하는 것이 국가의 존재 이유라고 보는 이념이다. 제2차 세계 대전 무렵부터 법치국가의 결점을 보완하여 종교, 언론, 출판, 학문, 예술 등을 보장하는 것이 국가의 의무라고 본다.

3 우리나라 헌법 전문에 나타난 헌법의 기본 원리

> ⊙ 유구한 역사와 전통에 빛나는 우리 대한국민은 3·1 운동으로 건립된 대한 민국 임시 정부의 법통과 ⓛ 불의에 항거한 4·19 민주 이념을 계승하고, 조국 의 민주개혁과 ⓒ 평화적 통일의 사명에 입각하여 정의·인도와 동포애로써 민 족의 단결을 공고히 하고, 모든 사회적 폐습과 불의를 타파하며, ② 자율과 조 화를 바탕으로 자유 민주적 기본 질서를 더욱 확고히 하여 정치·경제·사회· ⓜ 문화의 모든 영역에 있어서 각인의 기회를 균등히 하고, 능력을 최고도로 발휘하게 하며, 자유와 권리에 따르는 책임과 의무를 완수하게 하여, ⓗ 안으 로는 국민 생활의 균등한 향상을 기하고 ⊙ 밖으로는 항구적인 세계 평화와 인 류 공영에 이바지함으로써 우리들과 우리들의 자손의 안전과 자유와 행복을 영 원히 확보할 것을 다짐하면서 1948년 7월 12일에 제정되고 8차에 걸쳐 개정된 헌법을 이제 국회의 의결을 거쳐 ⊙ 국민 투표에 의하여 개정한다.
> └─ 직접 민주 정치의 요소에 해당함. 이에 비해 선거는 대의 민주 정치의 핵심 요소에 해당함

분석 | ⊙에서 헌법 개정이 국민 투표에 의해 결정된다는 것을 파악하여 국민 주권주의의 이 념을 담고 있음을 알 수 있다. 한편, ⓛ과 ②을 통해 자유 민주주의의 이념을 담고 있음을 알 수 있다. 그리고 ⓗ에서 국민 생활의 균등한 향상을 기하는 것은 복지 국가의 원리와 관련된 내용이라고 볼 수 있다. 또한, ⊙에서 국제 평화주의, ⓒ에서 평화적 통 일의 사명인 평화 통일을 지향하며, ⊙과 ⓜ은 문화 국가의 원리와 관련된 내용으로 볼 수 있다.

4 복지 국가의 원리를 실현하기 위한 법률

> (가) 이 법은 헌법에 따라 근로 조건의 기준을 정함으로써 근로자의 기본적 생 활을 보장, 향상시키며 균형 있는 국민 경제의 발전을 꾀하는 것을 목적으 로 한다.
> (나) 국가와 지방 자치 단체는 학습자가 평등하게 교육을 받을 수 있도록 지역 간의 교원 수급 등 교육 여건 격차를 최소화하는 시책을 마련하여 시행하 여야 한다.

┌─ 두 법 모두 사회법에 해당하는데 사회법은 복지 국가의 원리 실현을 목적으로 하는 법 영역임

분석 | (가)는 근로 기준법이고 (나)는 교육 기본법이다. 근로 기준법은 근로자의 기본적인 권 리를 보장하여 인간다운 삶을 살 수 있도록 하는 사회권을 보장하기 위한 법이다. 교육 기본법은 기본적인 교육을 통해 역시 인간다운 삶을 추구하는 교육권에 관련된 법률 이다. (가), (나)에서 강조되는 우리나라 헌법의 기본 원리는 복지 국가의 원리이다.

---

3 (가)~(다)에 해당하는 우리 헌법의 기본 원리에 대한 옳은 설명만을 〈보기〉에서 고른 것은?

기본 원리	헌법 조항
(가)	외국인은 국제법과 조약이 정하는 바에 의하여 그 지위가 보장된다.
(나)	정당의 목적이나 활동이 민주적 기본 질서에 위배될 때에는 …… 해산된다.
(다)	…… 법률이 정하는 바에 의하여 최저 임금제 를 시행해야 한다.

◀ 보기 ▶

ㄱ. (가)에 의해 우리나라는 일체의 전쟁을 부인한다.
ㄴ. (나)는 자유주의와 민주주의가 결합된 원리이다.
ㄷ. 권력 분립은 (나)를 실현하기 위한 제 도적 방안이다.
ㄹ. (다)는 국민의 기본권 보장을 위해 국 가 권력의 최소화를 지향한다.

① ㄱ, ㄴ　　② ㄱ, ㄷ　　③ ㄴ, ㄷ
④ ㄴ, ㄹ　　⑤ ㄷ, ㄹ

정답과 해설 ▶ (가)는 국제 평화주의, (나)는 자유 민주주의, (다)는 복지 국가의 원리에 해당한다.

답 ③

4 우리 헌법의 기본 원리 중 복지 국가의 원리에 대한 설명으로 옳은 것은?

① 상향식 의사 결정 과정을 중시한다.
② 국가 권력의 행사 근거를 제시한다.
③ 사회적 연대를 통해 실질적 평등을 추구 한다.
④ 국민의 자유 보장을 위해 소극적 국가관 을 지향한다.
⑤ 언론·출판·집회·결사의 자유 보장이 구체적 실현 방안이다.

정답과 해설 ▶ ③ 복지 국가는 선천적·후천적 차 이를 고려하여 사회적 약자에 대한 실질적 평등을 지향한다. ④ 복지 국가의 원리는 적극적 국가관을 바탕으로 한다.

답 ③

저절로 암기 □1회 (/) □2회 (/) □3회 (/)

01~10 다음 내용이 옳으면 ○표, 틀리면 ×표 하시오.

01 헌법은 국가의 통치 조직과 통치 작용의 원리를 규정하고, 국민의 기본권을 보장하는 국가의 최고법이다. ( )

02 근대 입헌주의 헌법은 국민의 인간다운 생활을 보장하기 위해 사회권의 실현을 중시한다. ( )

03 우리나라 헌법 제40조 '입법권은 국회에 속한다.'는 헌법의 조직 수권 기능을 보여 준다. ( )

04 국민 주권주의는 국가의 의사를 결정하는 주권이 국민이 선출한 대표자에게 있다는 원리이다. ( )

05 복지 국가의 원리는 사회권을 기본권으로 보장하는 헌법 원리이다. ( )

06 국민의 참정권 보장은 국민 주권주의를 실현하기 위한 방안이다. ( )

07 자유 민주주의를 실현하기 위한 방안으로 적법 절차의 원리, 상향식 의사 결정 과정 등이 있다. ( )

08 국제 평화주의에 따라 우리나라는 일체의 전쟁을 부인하고 있다. ( )

09 우리나라는 국제법을 존중하여 국제법과 헌법의 법적 지위를 동등한 것으로 간주한다. ( )

10 평생 교육의 진흥, 의무 교육 제도의 실시는 문화 국가의 원리를 실현하기 위한 방안이다. ( )

 정답 **01** ○ **02** × **03** ○ **04** × **05** ○
06 ○ **07** ○ **08** × **09** × **10** ○

오답 체크 **02** 사회권의 보장을 중시한 것은 현대 복지 국가 헌법이다. **08** 침략적 전쟁은 부인하지만 방어적 전쟁까지 부인하는 것은 아니다.

▶ 20583-0009

01 다음 글을 통해 도출할 수 있는 헌법의 의의로 가장 적절한 것은?

> 헌법은 국민의 기본권을 보장하는 국가의 최고법이다. 민주 국가에서 헌법에 인권을 국민의 기본권으로 규정하여 국가 권력에 의한 인권 침해를 방지하도록 한 것은 이 때문이다. 우리나라의 헌법 역시 국가 권력은 개인의 기본적 권리를 보장하는 하나의 장치이며 결코 그 자체가 목적이 될 수 없음을 명확히 하고 있다.

① 사회 통합의 매개체이다.
② 국가 권력을 제한하는 규범이다.
③ 국민의 삶의 질을 보장하는 수단이다.
④ 모든 법령의 제정 근거이며 최고 규범이다.
⑤ 국가 통치 조직에 일정한 권한을 부여한다.

▶ 20583-0010

02 다음 글을 통해 도출할 수 있는 우리 헌법의 기본 원리로 옳은 것은?

> 우리 헌법은 국가 권력을 법, 특히 헌법의 규제 아래에 둠으로써 권력의 남용을 방지하여 국민의 자유와 평등을 보장하려는 원리를 바탕으로 하고 있다. 즉, 민주 정치의 이념인 인간의 존엄성, 자유, 평등의 보장이 헌법에 명문으로 명시되어 있고, 모든 국민은 법의 이름으로 민주 정치의 이념과 가치들을 보장받고 있다.

① 국민 주권주의
② 자유 민주주의
③ 평화 통일 지향
④ 복지 국가의 원리
⑤ 문화 국가의 원리

Educational Broadcasting System

▶ 20583-0011

03 우리 헌법의 기본 원리 (가), (나)에 대한 설명으로 옳은 것은?

> 우리 헌법 제1조 ①에서 '대한민국은 민주 공화국이다.'라고 밝힌 것과 제25조에서 '모든 국민은 법률이 정하는 바에 의하여 공무 담임권을 가진다.'라고 규정한 것은 우리 헌법이 (가)를 기본 원리로 하고 있다는 것을 보여 준다. 한편, 제8조 ④ '정당의 활동이나 목적이 민주적 기본 질서에 위배될 때에는 …… 정당은 헌법 재판소의 심판에 의해 해산된다.'를 통해 (나)를 찾아볼 수 있다.

① (가)는 모든 국민의 인간다운 삶을 보장하기 위한 것이다.
② (나)는 적극적 국가관을 바탕으로 한 원리이다.
③ 국가의 평생 교육 진흥은 (나)를 실현하기 위한 것이다.
④ 복수 정당제의 채택은 (가), (나)의 공통적인 실현 방안이다.
⑤ 국민 투표제의 채택은 (가)가 아닌 (나)를 실현하기 위한 것이다.

▶ 20583-0012

04 다음 글이 설명하고 있는 헌법의 기본 원리에 대한 설명으로 옳은 것은?

> 근대 민주 국가에서는 개인의 자유로운 영역에 대한 국가 권력의 간섭이나 침해에서 벗어나는 것에 관심의 초점을 두었다. 하지만 20세기 이후에는 국민의 삶에 대한 국가의 책임 및 사회적 약자에 대한 배려가 강조되면서 이를 해결할 수 있는 국가가 요청되었고, 이러한 요구는 새로운 헌법의 기본 원리로 구체화되었다.

① 민주적 의사 결정 과정을 중시한다.
② 국가 권력 기관 간의 견제와 균형을 강조한다.
③ 국민의 자유 보장을 위해 소극적 국가를 지향한다.
④ 국민의 기본적 수요 충족을 국가의 의무로 간주한다.
⑤ 언론 · 출판 · 집회 · 결사의 자유 보장이 구체적 실현 방안이다.

▶ 20583-0013

05 다음 글에 나타난 우리 헌법의 기본 원리를 실현하기 위한 헌법 조항만을 〈보기〉에서 고른 것은?

> 국가의 주인은 국민이기 때문에 국가는 국민에 의하여 운영되어야 하고, 국민은 그 누구도 아닌 스스로에게 명령하고 복종할 뿐이다. 국민의 의사 없이는 어떤 국가도 다른 나라를 간섭할 수 없으며, 국가 내의 어떤 개인도 국민의 의사를 무시하는 행동을 할 수 없다.

〈 보기 〉
ㄱ. 모든 권력은 국민으로부터 나온다.
ㄴ. 모든 국민은 법률이 정하는 바에 의하여 선거권을 가진다.
ㄷ. 모든 국민은 인간다운 생활을 할 권리를 가진다.
ㄹ. 정당은 그 목적 · 조직과 활동이 민주적이어야 하며 ……

① ㄱ, ㄴ   ② ㄱ, ㄷ   ③ ㄴ, ㄷ
④ ㄴ, ㄹ   ⑤ ㄷ, ㄹ

단답형

▶ 20583-0014

06 표의 (가)~(다)에 해당하는 우리 헌법의 기본 원리를 각각 쓰시오.

헌법의 기본 원리	실현 방안
(가)	근로 3권을 보장한다.
(나)	평생 교육을 진흥한다.
(다)	통신의 비밀을 보장한다.

● 기본권의 의의

(1) 기본권의 의미: 헌법에 보장되어 있는 국민의 기본적 권리

(2) 기본권의 성격

① **자연법 사상:** 기본권을 자연법상 권리, 초국가적 불가침 권리로 인식 ┌ 천부 인권 사상

② **실정법 사상:** 기본권을 헌법에 의해 보장되는 실정법상의 권리로 인식 └ 입헌주의 사상

● 기본권의 종류

(1) 인간의 존엄과 가치 및 행복 추구권

① **인간의 존엄과 가치:** 인간이라는 이유만으로 존중받아야 할 권리, 헌법 질서 최고의 원리이며 국가 권력 행사의 한계

② **행복 추구권:** 안락하고 풍족한 삶을 살 수 있는 권리로서 물질적 풍요뿐만 아니라 정신적 만족까지 추구할 권리

③ **성격:** 모든 기본권에 공통적으로 적용되는 기본권의 이념, 기본권 보장의 궁극적 목적, 모든 개별적인 기본권의 내용을 담은 포괄적 권리

(2) 평등권

① **의미:** 합리적인 이유 없이 불평등한 대우를 받지 않을 권리

② **성격:** 자유권과 함께 인간의 존엄성을 보장하기 위한 본질적 기본권, 다른 기본권 보장의 전제 조건

③ **내용:** 법 앞의 평등, 사회적 특수 계급의 금지, 교육의 기회균등, 근로 관계에서의 양성평등, 가족생활에서의 양성평등 등

④ **종류**

형식적 평등	선천적·후천적 차이를 고려하지 않고 동등하게 대우하는 것으로 절대적 평등이라고도 함 ┌ 획일성을 특징으로 하며 평균적 정의를 실현하고자 함
실질적 평등	'같은 것은 같게, 다른 것은 다르게'라는 의미로 각 사람이 처한 상황이나 여건에 따라 대우해 주는 것, 상대적·비례적 평등이라고도 함

배분적 정의를 실현하고자 함

(3) 자유권

① **의미:** 개인이 자신의 자유로운 영역에서 국가 권력에 의한 간섭이나 침해를 받지 않을 권리

② **등장 배경:** 절대 군주의 억압에서 벗어나기 위한 과정에서 시민 혁명을 통해 보장되기 시작함

③ **성격**

• **소극적·방어적 권리:** 국가 권력의 간섭이나 침해를 받지 않아야 보장되고 실현되는 성격을 가짐 → 국가로부터의 자유

• **역사가 가장 오래된 기본권**

• **포괄적 권리:** 헌법에 명시되지 않아도 보장되는 권리

◉ **인권과 기본권**
인권은 인간의 본성에서 나오는 생래적, 즉 국가 없이도 인정되는 초국가적 자연권을 의미한다. 이에 비해 기본권은 헌법에서 보장하는 국민의 기본적 권리이며, 기본권 중에는 국가의 존재를 전제로 인정되는 사회권·참정권 등도 있기 때문에 인권과 기본권은 엄밀히 말하면 동일한 개념이 아니다.

◉ **자연법과 실정법**
자연법은 자연적 성질에 바탕을 둔 보편적이고 항구적인 법을 말하며, 실정법은 경험적·역사적 사실에 근거하여 성립되고 현실적 제도로 시행되는 법을 의미한다.

◉ **사회적 특수 계급**
과거의 노비 제도, 양반 제도, 서양의 귀족 계급 등 자신의 노력과는 관계없이 신분을 결정짓는 계급을 의미한다. 사회적 특수 계급이 존재할 경우 법 앞의 평등을 실현하기 어렵다.

◉ **교육의 기회균등**
성별, 재산이나 소득, 인종이나 민족, 신체적 특성 등과 상관없이 능력에 따라 균등하게 교육을 받을 수 있는 기회가 보장되어야 한다는 것을 의미한다.

1 우리 헌법에서의 기본권 보장

> 제10조 모든 국민은 인간으로서의 존엄과 가치를 가지며, 행복을 추구할 권리를 가진다. 국가는 개인이 가지는 불가침의 기본적 인권을 확인하고 이를 보장할 의무를 진다.
>
> 제37조 ① 국민의 자유와 권리는 헌법에 열거되지 아니한 이유로 경시되지 아니한다.

분석 | 우리 헌법 제10조는 인간으로서의 존엄과 가치 및 개인이 가지는 불가침의 기본적 인권을 확인한다고 명시하여, 기본권의 천부 인권성을 강조하였다. 또한 제37조 제1항도 헌법에 열거되지 않은 국민의 자유와 권리에 대해서도 경시되지 않아야 함을 확인하여 기본권의 천부 인권성을 확인하고 있다.

2 기본권의 발달 과정

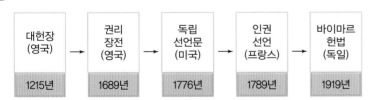

분석 | 오늘날 민주 국가에서 중요시되는 기본권은 중세 봉건 국가와 근대 초기의 절대 왕정 국가에서는 인정되지 않는 권리였다. 하지만 시민 혁명과 권리 선언 등을 통해 이러한 기본권들이 형성되고 발전해 왔다. 영국의 대헌장은 시민 혁명보다 앞선 시기이지만 의회의 승인 없는 국왕의 과세 금지, 자유민에 대한 체포권 제한 등의 내용을 담고 있어 국민의 자유와 권리에 관한 내용의 토대가 되는 문서로 평가받고 있다. 영국의 명예혁명 결과 승인된 권리 장전에는 '국왕의 자의적인 과세 금지, 국민의 청원권 보장, 의회의 동의 없는 상비군의 징집 및 유지 금지' 등의 내용이 담겨 있다. 미국의 독립 선언문은 국민의 천부 인권을 선언하는 내용을 담고 있으며, 프랑스 인권 선언은 '개인의 자유와 평등, 재산권, 사상과 표현의 자유' 등에 대한 내용이 담겨 있다. 바이마르 헌법은 사회권의 보장을 통해 복지 국가의 기틀을 마련한 헌법으로 평가되고 있다.
└ 로크의 사회 계약 사상을 바탕으로 함 └ 재산권의 보장은 자유권에 해당함

---

1 갑, 을의 대화에 대한 옳은 분석만을 〈보기〉에서 있는 대로 고른 것은?

> 갑: 기본권은 헌법에 의해 만들어진 권리가 아니라 인간이기 때문에 갖는 선천적인 권리야.
> 을: 아니야. 기본권은 국가의 질서 유지나 목적을 위해서는 제한이 가능해. 이를 통해 기본권이 헌법과 법에 규정되어야만 권리로 보장됨을 알 수 있어.

◁ 보기 ▷
ㄱ. 갑은 기본권을 초국가적 권리로 보고 있다.
ㄴ. 갑은 기본권을 천부 인권으로 이해하고 있다.
ㄷ. 을의 견해는 실정법 사상으로 설명할 수 있다.
ㄹ. 시민 혁명은 갑보다는 을의 견해를 바탕으로 하였다.

① ㄱ, ㄴ   ② ㄴ, ㄹ   ③ ㄷ, ㄹ
④ ㄱ, ㄴ, ㄷ ⑤ ㄱ, ㄷ, ㄹ

정답과 해설 ▶ 갑은 기본권을 천부 인권으로 보고 있으며, 을은 기본권을 실정법상의 권리로 보고 있다. **답** ④

---

2 다음 주장과 부합하는 진술로 가장 적절한 것은?

> 모든 국민은 인간으로서 누려야 할 기본권을 가지고 태어났다. 즉, 인간의 기본권은 인간이라면 누구나 가지는 권리이며, 국가는 기본권을 보장하기 위한 수단이다.

① 기본권은 법에 근거해서 인정된다.
② 국민의 기본권 보장은 국가의 의무이다.
③ 국가의 이익은 개인의 이익보다 우선한다.
④ 기본권은 국가의 존재를 전제로 보장된다.
⑤ 국가는 모든 국민의 최저 생활을 보장해야 한다.

정답과 해설 ▶ 제시된 글은 기본권이 국가와 관계없이 인간이라면 누구나 가지는 천부 인권이며, 국가는 기본권을 보장하기 위한 수단이라는 것을 말하고 있다. **답** ②

핵심 개념 정리 03 기본권의 보장과 제한

④ 내용

신체의 자유	죄형 법정주의, 적법 절차의 원리, 고문 금지 및 묵비권, 영장 제도, 변호인의 조력을 받을 권리, 구속 적부 심사제, 형벌 불소급의 원칙, 일사부재리의 원칙, 연좌제 금지 등
정신적 자유	양심의 자유, 종교의 자유, 언론·출판·집회·결사의 자유, 학문·예술의 자유 등
사회·경제적 자유	거주·이전의 자유, 직업 선택의 자유, 주거의 자유, 사생활의 비밀과 자유, 재산권 행사의 자유 등

(4) 참정권 ― 신분·재산에 따라 제한되다가 보통 선거가 확립되면서 모든 국민의 참정권 보장

① 의미: 주권자로서 국가의 정치 과정에 적극적으로 참여할 수 있는 권리
② 성격: 능동적 권리
③ 내용

선거권	국민의 대표를 선출할 수 있는 권리
공무 담임권	선출직·임명직의 공직을 담당할 수 있는 권리(피선거권, 임명직 공직 취임권)
국민 투표권	헌법 개정 등 국가의 중요 정책을 결정하는 국민 투표에 참여할 권리

(5) 사회권

① 의미: 인간다운 생활을 국가에 요구할 수 있는 권리
② 등장 배경
- 자본주의 경제의 급속한 성장으로 인한 사회 불평등 심화 → 모든 사회 구성원들이 최소한의 인간다운 생활의 보장과 실질적 평등을 누릴 수 있어야 한다는 사회적 기본권을 강조함
- 1919년 독일의 바이마르 헌법에서 사회적 기본권을 처음으로 규정함
③ 성격: 적극적 권리(국가에 의한 자유), 복지 국가의 필수적 요소, 현대적 권리
④ 내용: 인간다운 생활을 할 권리, 교육을 받을 권리, 근로의 권리, 근로 3권(단결권, 단체 교섭권, 단체 행동권), 환경권 등

(6) 청구권

① 의미: 국민의 기본권이 국가나 타인에 의해 침해당하였을 때 그 구제를 청구할 수 있는 권리
② 성격: 다른 기본권을 보장하기 위한 수단적 권리(기본권 보장을 위한 기본권), 적극적 권리 ― 청구권은 자유권이나 사회권처럼 기본권 자체가 목적이 아니라 다른 기본권 보장을 위한 수단이라는 특징이 있음
③ 내용: 청원권, 재판 청구권, 범죄 피해자 구조 청구권, 형사 보상 청구권, 국가 배상 청구권 등

◉ **일사부재리의 원칙**
무죄가 된 행위와 이미 처벌이 끝난 행위에 대해서는 다시 처벌할 수 없다는 원칙이다.

◉ **연좌제**
개인의 행위를 이유로 본인 이외의 일정한 관계에 있는 자에게 형사 처벌이나 불이익 처분을 주는 제도이다.

◉ **양심의 자유**
인간의 존엄과 가치의 내면적 기초가 되는 각자의 윤리적 판단과 사상을 자유로이 형성하는 자유를 의미한다. 또한 국가 권력으로부터 윤리적 판단과 사상을 외부에 드러내도록 강제당하지 아니할 자유와 더불어 그에 반대되는 행위를 강요당하지 아니할 자유를 포함한다.

◉ **근로 3권**
사용자에 비해 사회적 약자인 근로자들이 사용자와 실질적으로 평등한 위치에서 교섭할 수 있도록 하기 위한 권리이다. 근로 3권에는 사용자 측과 집단으로 근로 조건을 협의하기 위하여 노동조합을 결성할 수 있는 단결권, 노동조합이 근로 조건에 관하여 사용자와 협의할 수 있는 단체 교섭권, 사용자와의 교섭이 원만하게 이루어지지 않았을 때 일정한 절차를 거쳐 단체 행동을 할 수 있는 단체 행동권이 있다.

◉ **청원권**
국가 기관이 권리를 침해하였을 때 그에 대한 구제를 요청하거나 국가 기관의 권한에 속하는 사항에 대해 문서로써 의견을 진술하고 적절한 처리를 요구할 수 있는 권리이다.

◉ **범죄 피해자 구조 청구권**
타인의 범죄 행위로 생명이나 신체에 대한 피해를 입은 국민이 국가에 대해 구조를 요청할 수 있는 권리이다.

◉ **형사 보상 청구권**
형사 피의자 또는 형사 피고인으로 구금되었던 자가 법률이 정하는 불기소 처분을 받거나 무죄 판결을 받을 경우 국가에 대해 정당한 보상을 청구할 수 있는 권리이다.

◉ **국가 배상 청구권**
공무원의 직무상 불법 행위나 공공시설의 설치 또는 관리의 잘못으로 손해를 입은 국민이 법률이 정하는 바에 의하여 국가 또는 공공 단체에 정당한 배상을 청구할 수 있는 권리이다.

③ 사회권 관련 헌법 조항

제34조 ① 모든 국민은 인간다운 생활을 할 권리를 가진다.
제31조 ① 모든 국민은 능력에 따라 균등하게 교육을 받을 권리를 가진다.
제32조 ① 모든 국민은 근로의 권리를 가진다. 국가는 사회적·경제적 방법으로 근로자의 고용의 증진과 적정 임금의 보장에 노력하여야 하며, ……
제35조 ① 모든 국민은 건강하고 쾌적한 환경에서 생활할 권리를 가지며, 국가와 국민은 환경 보전을 위하여 노력하여야 한다.

분석 | 사회권은 국민이 국가에 대해 인간다운 생활의 보장을 요구할 수 있는 권리이므로 적극적 권리에 해당하고, 국가의 재정 부담을 초래할 수 있으므로 헌법에 열거되어 있는 내용만을 보장하는 열거적 권리이다. 우리 헌법에서는 인간다운 생활을 할 권리, 교육을 받을 권리, 근로의 권리, 근로 3권(단결권, 단체 교섭권, 단체 행동권), 건강하고 쾌적한 환경에서 생활할 권리, 혼인과 가족생활의 보호 등을 규정하고 있다.
└ 권리이자 의무에 해당함   └ 이에 비해 자유권은 헌법에 열거되지 않아도 보장되는 포괄적 권리임

④ 청구권을 규정한 헌법 조항

제26조 ① 모든 국민은 법률이 정하는 바에 의하여 국가 기관에 문서로 청원할 권리를 가진다.
제27조 ① 모든 국민은 헌법과 법률이 정한 법관에 의하여 법률에 의한 재판을 받을 권리를 가진다. └ 기소되어 재판을 받기 전에는 피의자, 기소되어 재판을 받게 되면 피고인이라고 함
제28조 형사 피의자 또는 형사 피고인으로서 구금되었던 자가 법률이 정하는 불기소 처분을 받거나 무죄 판결을 받은 때에는 법률이 정하는 바에 의하여 국가에 정당한 보상을 청구할 수 있다.
제29조 ① 공무원의 직무상 불법 행위로 손해를 받은 국민은 법률이 정하는 바에 의하여 국가 또는 공공 단체에 정당한 배상을 청구할 수 있다. 이 경우 공무원 자신의 책임은 면제되지 아니한다.
제30조 타인의 범죄 행위로 인하여 생명·신체에 대한 피해를 받은 국민은 법률이 정하는 바에 의하여 국가로부터 구조를 받을 수 있다.

분석 | 우리 헌법 중 제26조는 청원권, 제27조는 재판 청구권, 제28조는 형사 보상 청구권, 제29조는 국가 배상 청구권, 제30조는 범죄 피해자 구조 청구권을 규정하고 있다. 이들 권리는 모두 청구권으로 분류된다.

---

③ 다음 헌법 조항을 통해 보장하려고 하는 기본권에 대한 설명으로 옳은 것은?

제31조 ① 모든 국민은 능력에 따라 균등하게 교육을 받을 권리를 가진다.
제32조 ① …… 국가는 사회적·경제적 방법으로 근로자의 고용의 증진과 적정 임금의 보장에 노력하여야 하며, 법률이 정하는 바에 의하여 최저 임금제를 시행하여야 한다.

① 가장 본질적인 기본권에 해당한다.
② 기본권 보장을 위한 수단적 권리이다.
③ 우리 헌법이 지향하고 있는 최고의 가치이다.
④ 국가로부터 인간다운 삶을 보장받을 권리이다.
⑤ 국가의 주인으로서 국가 운영에 참여할 권리이다.

정답과 해설 ▶ 제시된 헌법 조항들은 국민들이 인간다운 삶을 보장하기 위한 내용들을 규정하고 있으며 이는 사회권적 기본권에 해당한다. ① 자유권, 평등권에 해당한다. ② 청구권에 해당한다. ③ 우리 헌법이 지향하고 있는 최고의 가치 규범은 인간의 존엄성이다. ⑤ 참정권에 대한 설명이다. **답 ④**

④ 청구권에 대한 옳은 설명만을 〈보기〉에서 있는 대로 고른 것은?

┤보기├
ㄱ. 적극적 권리이다.
ㄴ. 본질적 성격의 기본권이다.
ㄷ. 기본권 보장을 위한 기본권이다.
ㄹ. 국가의 존재를 전제로 하는 권리이다.

① ㄱ, ㄴ   ② ㄱ, ㄷ   ③ ㄴ, ㄹ
④ ㄱ, ㄷ, ㄹ ⑤ ㄴ, ㄷ, ㄹ

정답과 해설 ▶ ㄴ. 본질적 기본권에 해당하는 것은 인간의 존엄과 가치 및 행복 추구권, 평등권, 자유권이다. 청구권은 이에 해당하지 않는다. **답 ④**

● 기본권의 제한

(1) 기본권 제한의 요건 　　　국민의 기본권이 국가에 의해 함부로 침해당하지 않도록 보장

① 목적: 국가 안전 보장, 질서 유지, 공공복리

② 형식: 국민의 대표 기관인 국회가 제정한 법률에 의거하여 제한

③ 방법적 요건: 기본권을 제한할 때는 정당한 목적을 달성하는 데 필요한 범위 안에서만 행사하여야 함(과잉 금지의 원칙)

목적의 정당성	국민의 기본권을 제한하려는 목적의 정당성이 인정되어야 함
법익의 균형성	보호하려는 공익이 침해되는 사익보다 크거나 적어도 양자 간의 균형이 유지되어야 함
수단의 적합성	기본권 제한의 목적 달성을 위한 방법이 효과적이고 적절해야 함
피해의 최소성	국민의 기본권 제한으로 인한 피해는 최소한도에 그쳐야 함

(2) 기본권 제한의 한계: 자유와 권리의 본질적인 내용 침해 금지 → 개별 기본권이 그 기능을 상실하게 될 정도로 본질적인 내용을 침해할 수 없음

(3) 의의: 헌법에 제시된 목적, 방법, 한계에 부합하지 않게 기본권을 제한하는 것을 막아 국민의 기본권을 보장하기 위함

◉ **기본권 제한의 요건**
헌법 제37조 ② 국민의 모든 자유와 권리는 국가 안전 보장·질서 유지 또는 공공복리를 위하여 필요한 경우에 한하여 법률로써 제한할 수 있으며, 제한하는 경우에도 자유와 권리의 본질적인 내용을 침해할 수 없다.

◉ **국가 안전 보장**
국가의 존립과 영토의 보전, 헌법의 기본 질서 유지, 헌법에 의하여 설치된 국가 기관의 유지 등을 의미한다.

◉ **공공복리**
사회 구성원 전체에 공통되는 복지나 이익을 가리킨다. 예방 접종의 실시나 의무 교육의 실시는 공공복리를 위한 사례에 해당한다.

자료 탐구

⑤ **기본권 제한의 요건**

무면허 운전으로 벌금형을 선고받은 경우 2년 이내에는 운전면허를 받을 수 없도록 한 도로교통법 규정은 헌법에 위반되지 않는다. 이 사건 법률 조항이 추구하는 공익은 운전면허의 취득이라는 운전자의 기본적인 의무를 위반하여 국민의 생명·신체·재산에 대하여 위험을 초래한 자에게 계속하여 교통에 관여하는 것을 금지하여 공공의 안전을 확보하는 것이다. 이러한 공익은 운전면허 시험 자격 제한이라는 사익에 비해 결코 작다고 할 수 없으므로 법익의 균형을 만족시킨다.　　　　　　　　　　　　　　　 – 헌법 재판소 결정문 중 일부 –
　　　　　　　　도로교통법 규정이 합헌이라는 의미임

분석 | 국민의 기본권을 제한하기 위해서는 기본권 제한의 목적이 정당해야 하고, 그 제한이 최소한이어야 하며, 달성하려는 공익과 제한되는 사익의 균형이 유지되어야 한다. 이 사건에 적용되는 법률 조항은 무면허 운전으로 인해 발생할 수 있는 위험을 사전에 예방하기 위한 것이므로 제한의 목적이 정당하고, 운전면허를 취득할 수 없는 기간이 2년으로 기본권 제한으로 인한 피해를 최소화했으며, 제한으로 인한 공익이 운전자가 제한받는 사익보다 크므로 법익 균형의 원칙에도 위배되지 않는다는 것이다.

확인학습

⑤ **그림에 대한 학생들의 발표 내용으로 가장 적절한 것은?**

이 지역은 그린벨트로 설정되었습니다.　여긴 내 땅인데 마음대로 건물도 못 짓게 되었네요.

그린벨트 -개발 금지-

① 개인의 이익보다 사회의 이익이 중요해.

② 정부 결정에 의해 개인의 기본권을 제한할 수 있어.

③ 공공복리를 위해서 개인의 기본권은 제한될 수 있어.

④ 개인의 기본권 행사는 타인의 기본권을 침해하기 마련이야.

⑤ 기본권의 본질적인 내용일지라도 법에 의해 제한될 수 있어.

정답과 해설 ▶ 그림을 통해 기본권은 공공복리를 위해 제한될 수 있음을 알 수 있다.　　　　　**답** ③

01~10 다음 내용이 옳으면 ○표, 틀리면 ×표 하시오.

01 입헌주의는 국민의 기본적 인권을 보장하기 위해 헌법에 이를 규정하여 보장하려는 것을 의미한다. (   )

02 기본권을 자연법상의 권리로 간주할 때는 기본권의 제한을 인정할 수 있다. (   )

03 인간의 존엄과 가치 및 행복 추구권은 포괄적 권리에 해당한다. (   )

04 자유권은 소극적이고 방어적인 권리에 해당한다. (   )

05 사회권은 1919년 독일 바이마르 헌법에서 최초로 규정되었다. (   )

06 청구권과 달리 사회권은 적극적 권리로 분류된다. (   )

07 복지 국가의 실현과 밀접한 관련이 있는 기본권은 사회권이다. (   )

08 형사 보상 청구권은 타인의 범죄 행위로 인해 피해를 입은 국민이 국가에 대해 구조를 요청할 수 있는 권리이다. (   )

09 기본권은 필요한 경우에 한하여 대통령의 명령에 의해서만 제한될 수 있다. (   )

10 기본권을 제한할 때에는 과잉 금지의 원칙을 준수해야 한다. (   )

11~20 빈칸에 알맞은 말을 쓰시오.

11 인간은 태어날 때부터 남에게 양도하거나 빼앗길 수 없는 권리를 갖고 있는데, 이를 _____(이)라고 한다.

12 기본권은 자연권적 성격과 _____적 성격을 동시에 갖는다.

13 _____은/는 물질적 풍요뿐만 아니라 정신적 만족까지 추구할 권리를 포함한다.

14 _____은/는 국가 권력에 의한 간섭이나 침해를 받지 않을 권리이다.

15 죄형 법정주의, 영장 제도, 미란다 원칙 등은 자유권 중에서 _____을/를 보장하기 위한 제도이다.

16 _____은/는 국가 및 공공 단체의 구성원으로서 직무를 담당할 수 있는 권리를 말한다.

17 _____은/는 다른 기본권을 보장하기 위한 수단적 권리로서의 성격을 가진다.

18 기본권은 국가 안전 보장, 질서 유지, _____을/를 위한 목적 이외에는 제한해서는 안 된다.

19 기본권을 제한할 경우에도 자유와 권리의 _____ 내용은 침해할 수 없다.

20 과잉 금지 원칙의 세부 기준으로는 목적의 정당성, 법익의 균형성, 수단의 적합성, _____이/가 있다.

정답 01 ○ 02 × 03 ○ 04 ○ 05 ○ 06 × 07 ○ 08 × 09 × 10 ○ 11 천부 인권 12 실정권 13 행복 추구권 14 자유권 15 신체의 자유 16 공무 담임권 17 청구권 18 공공복리 19 본질적인 20 피해의 최소성

오답 체크 Tip 06 청구권과 사회권 모두 적극적 권리로 분류된다. 08 타인의 범죄 행위로 인해 피해를 입은 국민이 국가에 대해 구조를 요청할 수 있는 것은 범죄 피해자 구조 청구권이다. 09 기본권은 법률에 의해 제한될 수 있다.

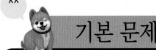

▶ 20583-0015

01 그림의 대화에 대한 옳은 분석 및 추론만을 〈보기〉에서 있는 대로 고른 것은?

기본권은 헌법과 법률에 규정되어야만 인정되는 권리야.
갑

아니야. 기본권은 인간이 태어나면서부터 가지는 권리야.
을

┤보기├

ㄱ. 갑은 기본권을 실정법상의 권리로 보고 있다.

ㄴ. 을은 기본권을 초국가적인 권리로 보고 있다.

ㄷ. 을은 기본권과 천부 인권을 동일한 개념으로 보고 있다.

ㄹ. 을보다 갑이 기본권을 제한하는 법 제정에 부정적일 것이다.

① ㄱ, ㄴ 　　② ㄴ, ㄹ 　　③ ㄷ, ㄹ

④ ㄱ, ㄴ, ㄷ 　　⑤ ㄱ, ㄷ, ㄹ

▶ 20583-0016

02 다음 헌법 조항에 대한 설명으로 옳지 <u>않은</u> 것은?

제11조 ① 모든 국민은 법 앞에 평등하다. 누구든지 성별, 종교 또는 사회적 신분에 의하여 정치적, 경제적, 사회적, 문화적 생활의 모든 영역에 있어서 차별을 받지 아니한다.
② 사회적 특수 계급의 제도는 인정되지 아니하며, 어떠한 형태로도 이를 창설할 수 없다.

① 신분제를 원천적으로 부정하고 있다.

② 구성원 간의 차이를 인정하지 않고 있다.

③ 선천적 · 후천적 요인에 의한 차별을 금지하고 있다.

④ 모든 국민은 평등하다는 견해를 바탕으로 하고 있다.

⑤ 다른 기본권 보장의 전제가 되는 기본권을 언급하고 있다.

▶ 20583-0017

03 밑줄 친 '이 기본권'에 대한 설명으로 옳은 것은?

<u>이 기본권</u>은 처음에는 인간으로서 가지는 권리가 아니라 국가의 시민으로서 가지는 권리라 생각했기 때문에 시민으로서의 자격 요건을 충족시키지 못하면 부여받지 못하는 것으로 간주되었다. 하지만 노동자, 여성 등의 투쟁을 통해 모든 성인이 이를 획득하게 되면서 대중 민주주의를 가능하게 하였다.

① 포괄적 권리이다.

② 능동적 권리에 해당한다.

③ 초국가적 권리로 간주된다.

④ 수단적 성격의 기본권이다.

⑤ 본질적 성격의 기본권이다.

단답형

▶ 20583-0018

04 다음 사례에서 갑과 을이 각각 행사한 기본권을 쓰시오.

• 구속 상태에서 재판을 받던 갑은 최근 대법원에서 무죄가 확정되자 국가를 상대로 5,000만 원의 보상을 청구하였다.

• 을은 밤늦게 귀가하다가 강도에 의해 상해를 입었다. 일을 할 수 없게 되고 막대한 치료비로 인해 생계가 막막해진 을은 국가를 상대로 구조금을 신청하였다.

▶ 20583-0019

05 A~C에 해당하는 기본권에 대한 설명으로 옳은 것은? (단, A~C는 각각 자유권, 사회권, 참정권 중 하나에 해당한다.)

- 갑은 모든 영유아의 보육료를 국가가 책임짐으로써 A를 실현해야 한다고 주장하였다.
- 을은 경찰서에 수감된 후 경찰관이 변호사와의 접견을 막아 B를 침해당했다고 주장하였다.
- 병은 국회 의원에 출마하기 위해서는 일정액의 금액을 선거 관리 위원회에 기탁해야 한다는 공직 선거법이 C를 침해한다면서 헌법 소원을 제기하였다.

① A는 다른 기본권 보장을 위한 수단적 성격의 권리이다.
② B는 국가의 존재를 배경으로 인정되는 권리이다.
③ C는 천부 인권의 성격을 갖는다.
④ B와 달리 C는 포괄적 권리에 해당한다.
⑤ A, C와 달리 B는 소극적 권리로 분류된다.

▶ 20583-0020

06 빈칸 ㉠, ㉡에 해당하는 기본권에 대한 설명으로 옳은 것은?

㉠ 은 국가와 상충되는 성격이 강하기 때문에 국가의 기능이 확대될수록 제한되는 것으로 인식되고 있다. 이에 비해 ㉡ 은 인간다운 생활의 보장을 국가에 요구하는 권리이기 때문에, 이를 충실하게 보장하기 위해서는 국가의 기능 확대가 필수적이다.

① ㉠은 적극적 권리에 해당한다.
② 차티스트 운동은 ㉡의 획득을 목적으로 한다.
③ ㉡은 다른 기본권 보장을 위한 수단적 권리이다.
④ ㉡과 달리 ㉠은 방어적 성격을 지닌다.
⑤ ㉠, ㉡ 모두 법률에 의해 제한될 수 없는 권리이다.

▶ 20583-0021

07 기본권 A, B를 구분하는 질문으로 옳은 것은?

기본권	관련 헌법 조항
A	공무원의 직무상 불법 행위로 손해를 입은 국민은 법률이 정하는 바에 의하여 국가 또는 공공 단체에 정당한 배상을 청구할 수 있다.
B	체포 · 구속 · 압수 또는 수색을 할 때에는 적법한 절차에 따라 검사의 신청에 의하여 법관이 발부한 영장을 제시하여야 한다.

① 국가 운영에 참여할 수 있는 권리인가?
② 국가의 의사 결정에 참여할 수 있는 권리인가?
③ 사회적 불평등을 해결할 목적으로 도입되었는가?
④ 다른 기본권을 보장하기 위한 수단적 성격의 권리인가?
⑤ 인간다운 생활의 보장을 국가에 요구할 수 있는 권리인가?

▶ 20583-0022

08 빈칸 (가)에 들어갈 내용으로 가장 적절한 것은?

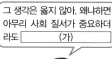

① 기본권은 그 무엇으로도 제한할 수 없기 때문이야.
② 집회 및 시위의 자유는 무제한의 권리이기 때문이야.
③ 법률에 의해서만 기본권을 제한할 수 있기 때문이야.
④ 자유와 권리의 본질적인 내용은 침해할 수 없기 때문이야.
⑤ 공익을 위해 사익을 희생하는 것은 바람직하지 않기 때문이야.

Self Note

01 정치와 법

(1) 정치의 의미와 기능

① 정치의 의미

좁은 의미	① 을 획득·유지·행사하는 활동
넓은 의미	이해관계의 대립이나 갈등을 조정·해결하는 활동

② 정치의 기능: 사회 질서 유지, 사회 발전 도모

(2) 법의 이념 ☆

②	• 법이 추구하는 궁극적 목표 • 평등을 본질로 하여 평균적 정의와 배분적 정의에 의해 실현
합목적성	사회가 추구하는 가치나 목적에 구체적으로 합치되는 것
법적 안정성	사회생활이 법에 의해 보호 또는 보장되어 안정된 상태를 이루는 것

→ 시대나 사회의 지배적인 가치에 따라 달라짐

(3) 민주주의와 법치주의

① 민주주의의 의미: 다수의 민중이 지배하는 것, 모든 국민이 나라의 주인인 정치 형태

② 민주주의의 발달 과정

고대 아테네의 민주주의	• 민주주의의 기본 원리인 자치의 원리에 충실(직접 민주주의) • 여성, 노예, 외국인을 시민에서 배제한 제한된 민주 정치
근대 사회의 민주주의	• 시민 혁명을 통한 절대 왕정 붕괴 → 사회 계약설, 계몽사상의 영향 • 국민 주권주의 및 대의제 확립 • 한계: 재산, 인종, 성별 등에 따른 ③ 제한 및 차등 부여
현대 민주주의	대중 민주주의의 실현, 직접 민주 정치 요소 도입, 시민의 정치 참여 보장 및 활성화 추구

③ 법치주의: 인(人)의 지배가 아닌 ④   → 국민의 자유와 권리 보장 ☆

형식적 법치주의	국가 권력 행사가 법률이 정하는 절차와 내용에 근거하여 이루어져야 한다는 원리 → 통치의 합법성만 강조
실질적 법치주의	법률 제정 절차가 합법적이면서 법률의 목적과 내용도 정의와 헌법 이념에 합치해야 한다는 원칙 → 통치의 합법성과 함께 ⑤ 도 강조함

→ 위헌 법률 심사제는 실질적 법치주의를 보장하기 위한 제도임

02 헌법의 의의와 기본 원리

(1) 헌법의 의의와 기능

의미	• 국가의 통치 조직과 통치 작용의 원리를 규정하는 법 • 한 국가의 법체계에서 가장 상위에 있는 ⑥
의의	국민의 기본권을 보장하는 국가의 기본법이자 근본법
기능	국가 창설 기능, 조직 수권 기능, 권력 제한 기능, 국민적 합의 기능, 정치 생활 주도 기능

📖 ① 정치권력
② 정의
③ 참정권
④ 법의 지배
⑤ 정당성
⑥ 최고법

Self Note

(2) 헌법의 기본 원리 ☆☆

기본 원리	의미	실현 방안
①	주권이 국민에게 있다는 원리	참정권 보장, 국민 투표제, 언론·출판·집회·결사의 자유 보장, 복수 정당제 등
자유 민주주의	자유주의와 민주주의가 결합된 원리	법치주의, 적법 절차의 원리, 사법권의 독립, 복수 정당제, 상향식 의사 결정 과정 등
복지 국가의 원리	국가에 국민 복지에 대한 책임을 부여하는 원리	② 보장, 사회 보장 제도, 최저 임금제, 근로 3권, 환경권 등
국제 평화주의	세계 평화와 인류의 공동 번영을 위해 노력한다는 원리	침략적 전쟁의 부인, 조약과 국제 관습법 등의 국제법 존중, ③ 원칙에 따른 외국인의 지위 보장 등
평화 통일 지향	자유 민주적 기본 질서에 입각한 평화적 통일을 추구한다는 원리	평화 통일 정책 수립과 실천, 대통령에게 조국의 평화 통일을 위해 노력할 의무 부과 등
문화 국가의 원리	문화의 자유가 보장되고 국가가 문화를 보호 지원하는 원리	전통문화의 진흥, 종교·학문·예술 활동 자유의 보장, 평생 교육의 진흥, 의무 교육 제도 등

→ 국제 평화주의는 모든 전쟁을 부인하는 것이 아니라 침략적 전쟁을 부인한다는 의미임

03 기본권의 보장과 제한

(1) 기본권의 종류 ☆☆

→ 모든 개별적인 기본권의 내용을 담은 포괄적 권리임

인간의 존엄과 가치 및 행복 추구권	• 인간의 존엄과 가치: 인간이라는 이유만으로 존중받아야 할 권리 • 행복 추구권 물질적 풍요뿐만 아니라 정신적 만족까지 추구할 권리
평등권	• 모든 인간이 합리적인 이유 없이 차별을 받지 않을 권리 • 본질적 기본권 다른 기본권 보장의 전제 조건
자유권	• 개인이 국가 권력에 의한 간섭이나 침해를 받지 않을 권리 • 소극적·방어적 권리, 역사가 가장 오래된 권리
참정권	• 주권자로서 국가의 정치 과정에 적극적으로 참여할 수 있는 권리 • 능동적 권리
④	• 인간다운 생활을 국가에 요구할 수 있는 권리 • 적극적 권리, 현대적 권리 ☆ →1919년 독일 바이마르 헌법에서 최초로 규정됨
청구권	• 국민의 기본권이 침해당하였을 때 그 구제를 청구할 수 있는 권리 • 수단적 권리 기본권 보장을 위한 기본권, 적극적 권리

(2) 기본권의 제한

목적	국가 안전 보장, 질서 유지, ⑤
형식	국민의 대표 기관인 국회가 제정한 법률에 의거하여 제한
방법	⑥ 의 원칙(목적의 정당성, 방법의 적정성, 피해의 최소성, 법익의 균형성)
한계	기본권의 본질적인 내용을 침해할 수 없음 ☆

🗐 ① 국민 주권주의
② 사회권
③ 상호주의
④ 사회권
⑤ 공공복리
⑥ 과잉 금지

▶ 20583-0023

01 다음은 근대 어느 사상가의 글이다. 이 사상가의 주장으로 옳은 것은?

> 인간에게는 정부가 존재하지 않았던 시기, 즉 자연 상태가 있었으며 이러한 자연 상태에서 사람들은 그들이 원하는 대로 자유롭게 행동할 수 있었다. 하지만 자연법 이외에는 그들을 통치할 어떠한 법률도 없는 데다 자연법은 강제력이 없었기 때문에, 이기적인 인간의 본성은 제한되지 않은 채 표출되었고 그로 인한 무질서로 인해 인간의 삶은 불행한 상태였다.

① 인민은 국가에 자연권을 일부 위임해야 한다.
② 국왕은 인민들 간의 계약에 구속받지 않는다.
③ 인민의 자기 보존을 위해 권력은 분립되어야 한다.
④ 인민의 의사는 대표될 수도 없고 대표되어서도 안 된다.
⑤ 통치자의 권위는 신으로부터 부여받았기 때문에 제한될 수 없다.

▶ 20583-0024

02 표는 A~C를 비교한 것이다. 이에 대한 설명으로 옳은 것은? (단, A~C는 각각 고대 아테네 민주 정치, 근대 민주 정치, 현대 민주 정치 중 하나이다.)

A	B	C
대의제를 채택하였다.		㉠
㉡		㉢

① A와 달리 B는 국민 주권론을 바탕으로 하였다.
② A는 C와 달리 치자와 피치자의 일치를 추구하였다.
③ ㉠에는 '참여 민주주의가 활성화되었다.'가 들어갈 수 있다.
④ ㉡에는 '사회 계약설을 바탕으로 한다.'가 들어갈 수 있다.
⑤ ㉢이 '정치 참여에 제한을 두었다.'이면 A는 보통 선거를 채택하였다.

▶ 20583-0025

03 법치주의를 바라보는 갑, 을의 관점에 대한 설명으로 옳은 것은?

이번에 의회를 통과한 ○○법은 법이 목적과 내용이 인간의 존엄성이나 실질적 평등과 같은 정의에 부합하지 않으므로 폐기되어야 합니다.

○○법은 국민의 대표 기관인 의회에 합법적인 절차를 거쳐 제정된 법이니 준수되어야 합니다.

갑 / 을

① 갑의 관점은 실질적 정당성이 아닌 절차적 정당성으로 법을 판단한다.
② 을과 달리 갑의 관점은 정치권력의 자의적 행사를 경계한다.
③ 을과 달리 갑의 관점은 국민의 자유와 권리를 제한할 때에는 법에 근거를 두어야 한다고 본다.
④ 갑과 을의 관점 모두 법 만능주의의 위험성을 강조한다.
⑤ 갑과 을의 관점 모두 적법 절차에 따른 법의 제정과 그에 따른 통치를 요구한다.

<u>서술형</u>

▶ 20583-0026

04 다음 글을 종합하여 도출할 수 있는 우리 헌법의 기본 원리를 쓰고 그 실현 방안을 두 가지 서술하시오.

> • 국가 권력의 창출과 통치 과정은 국민적 합의에 근거하여 정당성을 가져야 한다.
> • 국가는 개인의 자유 존중을 근본 가치로 삼아 국민의 자유와 권리를 최대한 보장하기 위해 국가 권력의 간섭을 최소화해야 한다.

▶ 20583-0027

05 다음 글에 나타난 헌법의 법적 의의로 옳은 것만을 〈보기〉에서 있는 대로 고른 것은?

헌법은 모든 법령의 제정 근거인 동시에 법령의 정당성을 평가하는 기준이 된다. 즉, 헌법에 어긋나는 법률이나 국가 권력의 작용은 그 효력을 인정받기 어렵다. 그리고 헌법은 국가 통치 조직에 일정한 권한을 부여해 줌으로써, 국가 권력의 조직과 권력의 정당성 등이 헌법에서 출발했음을 보여 준다. 또한 헌법은 입법 · 사법 · 행정 간의 권력 분립과 상호 견제의 내용을 규정하고 국민의 실질적인 기본권을 보장하는 의의도 지닌다.

◀ 보기 ▶
ㄱ. 최고 규범으로서의 의의
ㄴ. 조직 수권 규범으로서의 의의
ㄷ. 권력 제한 규범으로서의 의의
ㄹ. 사회 통합 규범으로서의 의의

① ㄱ, ㄴ ② ㄴ, ㄹ ③ ㄷ, ㄹ
④ ㄱ, ㄴ, ㄷ ⑤ ㄱ, ㄷ, ㄹ

▶ 20583-0028

06 (가)~(라)의 기본권에 대한 설명으로 옳지 <u>않은</u> 것은?

(가) 모든 국민은 신체의 자유를 가진다.
(나) 모든 국민은 인간다운 생활을 할 권리를 가진다.
(다) 모든 국민은 법률이 정하는 바에 의하여 선거권을 가진다.
(라) 모든 국민은 법률이 정하는 바에 의하여 국가 기관에 문서로 청원할 권리를 가진다.

① (가)는 국가 권력에 대한 불신을 바탕으로 한다.
② (나)는 국가의 재정 부담을 초래할 수 있다.
③ (가)는 (나)보다 시기적으로 먼저 등장하였다.
④ (나), (라)는 적극적 권리로 분류된다.
⑤ (가), (나)는 (다), (라)와 달리 천부 인권의 성격을 갖는다.

▶ 20583-0029

07 그림은 기본권 A~C를 분류한 것이다. 이에 대한 설명으로 옳은 것은? (단, A~C는 각각 자유권, 청구권, 사회권 중 하나에 해당한다.)

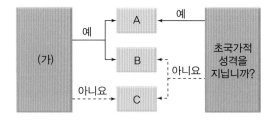

① A는 수단적 성격을 가진다.
② B는 본질적이고 포괄적인 권리이다.
③ C는 국가 운영에 참여할 권리이다.
④ B, C는 적극적 권리로 분류된다.
⑤ '원칙적으로 외국인에게는 부여되지 않는가?'는 (가)에 들어갈 수 있다.

단답형　　　　　　　　　　　▶ 20583-0030

08 다음 글의 A에 해당하는 원칙을 쓰시오.

기본권을 제한할 때는 정당한 목적을 달성하는 데 필요한 범위 안에서만 행사하여야 한다는 A를 준수해야 한다.

▶ 20583-0031

09 다음 글에 대한 비판으로 가장 적절한 것은?

이전에 비해 인터넷 언론 매체가 급증하다 보니 오보(誤報)는 물론 의도적으로 왜곡된 기사, 정치적으로 편향된 기사가 양산되고 있다. 무엇이 정확한 기사인지, 혹은 가치 있는 기사인지 국민들이 판단하기 어려워 심각한 사회 문제가 되고 있다. 이를 막기 위해 국회와 정부는 인터넷 언론 매체의 설립을 금지하고, 공공 문제에 대한 개인이나 집단의 의사 표시는 정부의 허가를 받도록 해야 한다.

① 법률로써 기본권을 제한할 수 없다.
② 공익을 위해 사익이 희생되어서는 안 된다.
③ 기본권은 공공복리를 위해서만 제한될 수 있다.
④ 언론 · 출판 자유의 본질적인 내용은 침해할 수 없다.
⑤ 표현의 자유는 무엇으로도 제한될 수 없는 권리이다.

▶ 20583-0032

1 표의 (가), (나)는 정치의 의미를 분류한 것이다. 이에 대한 설명으로 옳지 않은 것은?

구분	내용
(가)	• 정치는 소수의 통치 엘리트만의 전유물이다. • ㉠
(나)	• 국가 형성 이전의 정치 현상을 설명할 수 있다. • ㉡

① (가)는 사법부의 활동을 정치 현상으로 간주한다.
② (나)는 정치를 이해관계의 조정 과정으로 본다.
③ (가)는 (나)와 달리 의회의 입법 과정을 정치 현상으로 간주한다.
④ '국가와 사회 집단의 성격은 근본적으로 다르다고 본다.'는 ㉠에 들어갈 수 있다.
⑤ '아파트 자치회 규약 제정 과정도 정치 현상으로 본다.'는 ㉡에 들어갈 수 있다.

▶ 20583-0033

2 다음은 프랑스에서 발생한 어떤 역사적 사건을 요약한 것이다. 이에 대한 옳은 설명만을 〈보기〉에서 있는 대로 고른 것은?

1. 발생 배경: ㉠ 절대 왕정의 폭압과 학정, ㉡ 구체제의 모순
2. 과정: 절대 왕정의 붕괴, 인권 선언 발표
3. 의의: ㉢ 근대 민주 사회를 형성하는 데 결정적 기여
4. 한계: ㉣

┤ 보기 ├
ㄱ. ㉠은 왕권신수설을 통해 정당성을 확보하려 하였다.
ㄴ. ㉡은 신분제를 바탕으로 하였다.
ㄷ. ㉢은 직접 민주제보다 대의제가 민주 정치에 부합한다고 보았다.
ㄹ. 재산에 의한 차별적인 선거권 부여는 ㉣에 들어갈 수 있다.

① ㄱ, ㄴ   ② ㄴ, ㄷ   ③ ㄷ, ㄹ
④ ㄱ, ㄴ, ㄹ   ⑤ ㄱ, ㄷ, ㄹ

▶ 20583-0034

3 표는 법치주의의 유형 A, B를 비교한 것이다. 이에 대한 설명으로 옳은 것은?

질문	A	B
적법한 절차를 거쳐 제정된 법에 따른 통치는 모두 정당하다고 생각하는가?	아니요	예
(가)	예	아니요

① 위헌 법률 심사제는 A에서 중시된다.
② A는 통치권을 강화하는 수단으로 악용되기도 한다.
③ B는 법의 목적과 내용이 정의에 부합해야 한다고 본다.
④ A와 달리 B는 통치의 합법성과 정당성 모두 중시한다.
⑤ (가)에는 '법보다는 인간에 의한 지배를 강조하는가?'가 들어갈 수 있다.

▶ 20583-0035

4 표는 정치 사상가 A~C를 비교한 것이다. 이에 대한 옳은 설명만을 〈보기〉에서 있는 대로 고른 것은? (단, A~C는 각각 홉스, 로크, 루소 중 하나이다.)

구분	(가)	(나)	(다)
A	예	아니요	아니요
B	아니요	예	아니요
C	아니요	아니요	예

┤ 보기 ├
ㄱ. (가)가 '자연권의 국가 양도설을 주장하였는가?'이면 A는 군주의 절대적 지배를 옹호하였다.
ㄴ. (나)가 '인간의 본성을 이기적인 것으로 보았는가?'이면 A, C는 B와 달리 국가를 목적이 아닌 수단으로 보았다.
ㄷ. (다)가 '대의 민주제를 옹호했는가?'이면 C는 사회 계약 이후 모든 권리는 제3자에게 양도된다고 보았다.
ㄹ. (가)가 '주권의 소재는 군주에게 있는가?'이고 (나)가 '일반 의지에 의한 통치를 주장하였는가?'이면 C는 영국의 명예혁명을 정당화하는 데 기여했다.

① ㄱ, ㄷ   ② ㄱ, ㄹ   ③ ㄴ, ㄷ
④ ㄱ, ㄴ, ㄹ   ⑤ ㄴ, ㄷ, ㄹ

▶ 20583-0036

5 A~C에 대한 옳은 설명만을 〈보기〉에서 있는 대로 고른 것은? (단, A~C는 각각 고대 아테네 민주 정치, 근대 민주 정치, 현대 민주 정치 중 하나이다.)

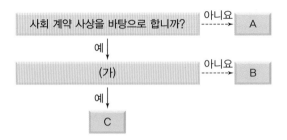

보기

ㄱ. A와 달리 B는 국민 주권론을 채택하고 있다.
ㄴ. B와 달리 C는 대의 민주제를 바탕으로 하고 있다.
ㄷ. B, C 모두 모든 국민의 천부 인권을 인정한다.
ㄹ. '모든 성인에게 선거권을 부여합니까?'가 (가)라면, C는 현대 민주 정치이다.

① ㄱ, ㄴ   ② ㄱ, ㄷ   ③ ㄴ, ㄹ
④ ㄱ, ㄷ, ㄹ   ⑤ ㄴ, ㄷ, ㄹ

▶ 20583-0037

6 다음은 1789년에 발표한 프랑스 인권 선언의 일부이다. 이에 대한 설명으로 옳지 <u>않은</u> 것은?

제1조　인간은 자유롭고 평등하게 태어나서 생활할 권리를 지닌다.
제2조　모든 정치적 결사의 목적은 인간의 자연적이고 소멸될 수 없는 권리 보전에 있다. 그 권리란 자유, 재산, 안전, 그리고 압제에 대한 저항 등이다.
제3조　모든 주권의 근원은 본질적으로 국민에게 있다.
제4조　각자의 자연권의 행사는 사회의 다른 구성원에게 같은 권리의 향유를 보장하는 이외의 제약을 갖지 아니한다. 그 제약은 법에 의해서만 규정될 수 있다.

① 천부 인권을 강조하였다.
② 자유권과 평등권을 자연권으로 보았다.
③ 국가의 최고 권력은 국민에게 있다고 보았다.
④ 자유권은 그 무엇으로도 제한될 수 없는 권리로 보았다.
⑤ 국민에 의한 부당한 정치권력의 교체를 정당한 것으로 보았다.

▶ 20583-0038

7 A~C에 대한 옳은 설명만을 〈보기〉에서 고른 것은?

헌법의 의미는 시대에 따라 변천해 왔다. 시민 혁명 당시에 제정되었던 헌법은 A에 해당하며, 오늘날의 헌법은 B에 해당한다. 하지만 두 시기의 헌법 모두 C를 포함하고 있다.

보기

ㄱ. B는 재산권의 불가침을 강조한다.
ㄴ. C는 헌법을 국가의 기본 조직을 규정한 규범으로 이해한다.
ㄷ. A와 달리 B는 권력 분립을 중시한다.
ㄹ. A에 비해 B는 생존권적 기본권을 중시한다.

① ㄱ, ㄴ   ② ㄱ, ㄷ   ③ ㄴ, ㄷ
④ ㄴ, ㄹ   ⑤ ㄷ, ㄹ

▶ 20583-0039

8 다음 자료에 대한 설명으로 옳지 <u>않은</u> 것은?

우리나라의 헌법 전문(前文)은 ㉠ 최고 규범성을 지닌 헌법을 비롯한 모든 법령 해석의 기준이 되고 입법 형성권 행사의 한계를 제시하며 나아가 모든 국가 기관과 국민이 존중하고 지켜야 하는 최고의 가치 규범을 제시하고 있다. 구체적으로 헌법 전문은 우리 헌법의 기본 원리를 밝히고 있는데, '자율과 조화를 바탕으로 자유 민주적 기본 질서를 더욱 확고히 하여'는 우리 헌법이 (가)를 기본 원리로 하고 있음을 제시하고 있다. 그리고 '안으로는 국민 생활의 균등한 향상을 기하고'를 통해 (나)를, '밖으로는 항구적인 세계 평화와 인류 공영에 이바지함으로써'를 통해 (다)를 기본 원리로 채택하고 있음을 밝히고 있다.

① 위헌 법률 심판 제도는 ㉠을 실현하기 위한 것이다.
② 복수 정당제는 (가)의 실현 방안으로 볼 수 있다.
③ (나)를 구현하기 위해 우리나라는 국민 기초 생활 보장 제도를 시행하고 있다.
④ (다)는 남북 분단이라는 현실을 반영한 우리 헌법만이 가지는 특유의 원리이다.
⑤ (가)와 달리 (나)는 국가의 적극적 역할을 전제로 하는 원리이다.

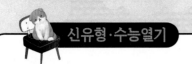

▶ 20583-0040

9 표는 우리 헌법의 기본 원리 A, B와 관련된 헌법 내용을 나타낸 것이다. 이에 대한 설명으로 옳지 <u>않은</u> 것은?

헌법의 기본 원리	관련 헌법 내용
A	• 모든 국민은 신체의 자유를 가진다. • 사법부의 공정한 재판을 보장하기 위해 법원의 독립과 법관의 독립을 보장한다.
B	• 헌법 개정안은 국민 투표를 거쳐 의결된다. • 모든 국민은 법률이 정하는 바에 의해 선거권을 가진다.

① 국가 권력 분립은 A의 실현 방안이다.

② A는 자유주의와 민주주의가 결합된 원리이다.

③ B의 실현을 위해 최저 임금제의 실시를 규정하고 있다.

④ A, B 모두 정치권력의 정당성을 국민의 합의에서 찾는다.

⑤ 복수 정당제의 채택은 A, B 모두를 실현하기 위한 방안에 해당한다.

▶ 20583-0041

10 표는 기본권을 구분한 것이다. 이에 대한 옳은 설명만을 〈보기〉에서 고른 것은? (단, A, B, C는 각각 자유권, 청구권, 사회권 중 하나이다.)

질문	기본권의 종류		
	A	B	C
국가 권력과 상충하는 면이 강합니까?	예	아니요	아니요
(가)	㉠	㉡	㉢

【 보기 】

ㄱ. A는 수단적 권리이다.

ㄴ. B가 청구권이면, C는 국가에 대해 인간다운 삶의 보장을 요구하는 권리이다.

ㄷ. 시기적으로 A는 B, C보다 늦게 강조되었다.

ㄹ. (가)에 '적법 절차의 원리를 포함합니까?'가 들어간다면 ㉠은 '예', ㉡과 ㉢은 '아니요'이다.

① ㄱ, ㄴ   ② ㄱ, ㄷ   ③ ㄴ, ㄷ

④ ㄴ, ㄹ   ⑤ ㄷ, ㄹ

▶ 20583-0042

11 (가)~(라) 사례에 대한 분석으로 옳지 <u>않은</u> 것은?

(가) 갑은 취업을 위해 '노동조합에 가입하지 않는다.'는 조건으로 A 기업과 근로 계약서를 체결하여야 했다.

(나) 대법원에서 살인죄에 대해 무죄가 확정되어 풀려난 을은, 구금되었던 248일에 대한 금전적 보상을 청구하였다.

(다) 병은 체포되는 과정에서 경찰관으로부터 변호인의 도움을 받을 권리, 불리한 진술 거부권 등을 고지받지 못하였다.

(라) 정은 ○○시가 관리하는 상수도관의 파열로 인하여 자신의 가옥이 침수되는 피해를 입게 되자 ○○시로부터 그 손해를 배상받으려 한다.

① (가)에서 갑이 침해당한 기본권은 사회권이다.

② (다)에서 병은 방어적 성격의 기본권을 침해당했다.

③ (라)에서 정은 국가 배상 청구권을 행사하는 것이 적절하다.

④ (다)의 병과 달리 (가)의 갑이 침해당한 기본권은 포괄적 성격을 갖는다.

⑤ (나), (라) 모두 기본권 보장을 위한 기본권의 행사와 관련된 사례이다.

▶ 20583-0043

12 표는 어떤 기본권을 분석한 것이다. 이에 대한 설명으로 옳은 것은?

질문	답변
방어적 권리로 분류되는가?	예
국가에 급부를 요구하는 권리인가?	㉠
헌법에 열거되지 않아도 보장되는 권리인가?	예
국가의 존재를 배경으로 해서만 존재하는가?	㉡

① ㉠은 '예', ㉡은 '아니요'이다.

② 기본권 보장을 위한 수단적 권리이다.

③ '적법 절차의 원리'는 실현 방안에 해당한다.

④ 법률에 의해서도 제한될 수 없는 기본권이다.

⑤ 자본주의의 고도화에 따른 문제점을 완화하기 위해 등장하였다.

II 민주 국가와 정부

대단원 한눈에 보기

비례 대표 의원

지역구 의원

국회 의원

국회

권한 — 입법에 관한 권한

재정에 관한 권환

일반 국정에 관한 권한

의원 내각제

전형적인 정부 형태

대통령제

정부 형태

대통령 — 국가 원수

행정부 수반

대통령제 요소

우리나라의 정부 형태

의원 내각제 요소

정부

행정부 — 국무총리

국무 회의

감사원

단체 자치

유형

주민 자치

지방 자치

우리나라의 국가 기관

광역 지방 자치 단체

구성

기초 지방 자치 단체

우리나라의 지방 자치

주민 참여

사법부 — 사법권 독립

법원

자치 기관

지방 의회

헌법 재판소

최고의 헌법 수호 기관

지방 자치 단체의 장

☆ 01 정부 형태

행정부가 법률안을 제출할 수 있는 것은 우리나라 정부 형태가 가진 ① □□ □□□ 요소에 해당한다.

☆ 02 우리나라의 국가 기관

② □□ □□ 의 원리는 국가 권력을 여러 국가 기관에 분산하고 권력 상호 간의 견제와 균형을 통해 국민의 자유와 권리를 보장하기 위한 것이다.

☆ 03 지방 자치의 의의와 과제

지방 의회는 특정 사무에 관하여 법령의 범위 내에서 자치 법규인 ③ □□ 를 제정할 수 있다.

정답 | ① 의원 내각제 ② 권력 분립 ③ 조례

● 정부 형태

(1) 정부 형태의 의미와 종류

① 의미: 한 국가의 권력 체계의 구성 형태

② 종류: 입법부와 행정부의 구성 방법 및 상호 관계에 따라 구분

→ 의원 내각제, 대통령제, 의원 내각제와 대통령제가 혼합된 형태

(단, ──→ 는 권력의 출처, ---→ 는 견제 권한을 나타낸다.)

〈대통령제〉　　　　〈의원 내각제〉

(2) 대통령제

① 의미: 국민에 의해 선출된 대통령이 국가 원수이자 행정부 수반으로서
의 권한을 행사하는 정부 형태
　　　└ 어떤 신분 서열의 최고, 우두머리 ┘

② 행정부 구성 방식

• 국민이 직접 선거로 대통령을 선출하며 대통령은 행정부를 구성함

• 대통령과 행정부는 국민에 대해서만 정치적 책임을 지며, 의회에 대해
서는 책임을 지지 않음

③ 특징

엄격한 권력 분립	• 몽테스키외의 3권 분립론에 기초 • 입법부와 행정부 간 엄격한 권력 분립으로 견제와 균형의 원리 　에 충실한 정부 형태
입법부와 행정부의 상호 독립	• 대통령과 의회 의원은 각각 별도의 선거에 의해 선출됨 • 의회 의원은 각료를 겸직할 수 없음 ─ 행정권을 담당하는 최고의 합의제 • 행정부는 법률안을 제출할 수 없음 ─ 기관인 내각을 구성하고 있는 각 　부의 장관을 의미함
입법부와 행정부의 상호 견제와 균형	• 대통령의 법률안 거부권과 공포권 행사 • 의회의 각종 동의권과 승인권 행사 • 대통령을 비롯한 주요 공직자에 대한 의회의 탄핵 소추권 행사
행정부의 일원성	대통령은 국가 원수인 동시에 행정부 수반으로서의 지위를 가짐

④ 장점

• 대통령의 임기 동안 정국 안정을 이룰 수 있음

• 대통령의 법률안 거부권 행사로 의회 다수당의 횡포나 독주 방지 가능

• 대통령의 임기 보장으로 국가 정책의 지속성이 확보될 수 있음

⑤ 단점

• 대통령에게 권한이 과도하게 집중될 경우 독재 정치 출현 가능

• 여소야대가 나타날 경우 안정적인 국정 운영이 곤란할 수 있음
　└ 집권당인 여당의 의회 의석수가 야당의 의회 의석수보다 적은 현상

◉ 동의와 승인

동의와 승인은 모두 타인의 행위를 인정하거나 허가·긍정하는 의사 표시이다. 동의는 사전 의사 표시, 승인은 사후 의사 표시라는 점에서 차이가 있다.

◉ 국가 원수

국가의 최고 지도자이자 국제법상 외국에 대하여 그 나라를 대표하는 자격을 갖는 주체이다.

◉ 몽테스키외의 3권 분립론

국민의 정치적 자유를 보장하기 위해서는 국가 권력을 입법·행정·사법으로 분립시키고 상호 견제하도록 해야 한다는 사상을 의미한다.

◉ 공포

제정 절차를 거쳐서 이미 확정된 법률, 조약 또는 법규, 명령 등을 관보를 통하여 일반 국민들에게 알리는 형식 혹은 방법을 의미한다. 법령이 효력을 가지기 위해서는 반드시 공포 절차를 거쳐야 한다.

◉ 탄핵 소추

법률이 정한 국가 기관의 고위직 공무원들의 위헌·위법 행위에 대해 의회가 탄핵을 발의해 파면을 요구하는 것이다.

① 대통령제의 구성 원리

> • 입법, 행정, 사법의 모든 권한이 …… 동일한 이의 수중에 그 권력이 집중되는 것이야말로 바로 독재라고 단언할 수 있을 것이다. …… 자유를 보존하기 위해서는 권력을 세 개의 큰 부서로 명확하게 분리해야 한다는 견해를 검토해야 한다. — 매디슨, 「연방주의자 논고」 —
> • 상원 의원 또는 하원 의원은 재임 기간 중에 신설되거나 봉급이 인상된 어떠한 합중국 공직에도 임명될 수 없다. 합중국의 어떠한 공직에 있는 자라도 재직 중에 양원 중의 어느 원의 의원이 될 수 없다. — 미국 헌법 제1조 제6절 제2항 —
> └─ 'United States'의 번역어로 여기서는 각 주(state)의 연합으로서 미국을 의미함

분석 | 위 자료는 미국이 전형적인 대통령제를 채택하고 있는 이유와 구체적 내용을 보여 주고 있다. 대통령제 국가에서는 입법부와 행정부, 사법부 간의 인적 자원의 분리, 세 기관 간의 견제와 균형이라는 원칙을 바탕으로 국가 권력을 나눈다. 이는 한 사람이 서로 다른 국가 기관에 중복 임명되는 것을 명시적으로 금지함으로써 국민의 자유를 보존하기 위한 것이다.

② 의원 내각제에서 의회와 행정부의 견제

> ┌─ 영국이 유럽 연합을 탈퇴한다는 의미로, 영국(Britain)과 탈퇴(exit)를 합쳐서 만든 용어
> 테레사 메이 영국 총리가 다음 달 총리직에서 물러난다. 메이 총리는 2016년 브렉시트 국민 투표 결과에 책임을 지고 물러난 캐머런 전 총리의 뒤를 이어 보수당 대표 겸 총리 자리에 올랐다. 이후 유럽 연합과 수차례 브렉시트 협상에 나서며 지난해 11월 합의에 도달했다. 그러나 합의안은 번번이 영국 하원에서 부결됐고, 이 과정에서 여당인 보수당 내 브렉시트 강경론자들은 메이 총리의 브렉시트 대응 방안을 문제 삼으며 불신임 투표를 조기에 실시하는 방안까지 거론하였고, 이를 견디지 못한 메이 총리는 결국 자진 사퇴 의사를 밝혔다.
> — ○○뉴스, 2019. 05. 24. —

분석 | 위 기사를 보면 다수당 대표가 총리가 되며, 총리 혹은 내각이 의회와 갈등을 빚을 경우 의회는 총리에 대한 불신임 투표를 할 수 있음을 알 수 있다. 즉, 총리는 의회 다수당의 대표로서 다수당의 정책을 수행하기 위해 내각을 구성하고 행정권을 집행하되, 다수당의 의지나 정책에 어긋나는 활동을 할 경우 불신임의 형태로 책임을 추궁당할 수 있음을 보여 주고 있다. 이러한 정치 상황은 영국의 정부 형태가 의원 내각제임을 잘 보여 주고 있다.

1 다음 글에서 강조하고 있는 갑국 정치의 특징으로 가장 적절한 것은?

> 갑국에서는 행정부의 직책을 가진 어떤 사람도 의회 의원직을 겸직할 수 없다. 의회는 행정부 수반이 관료를 임명할 때 동의권을 행사하며, 고위직 법관을 임명하는 것에 대해 동의권을 행사할 수 있다. 행정부 수반은 의회에서 통과된 법률안에 대해 거부권을 행사할 수 있고, 고위직 법관에 대한 임명권을 행사할 수 있다. 한편, 사법부는 의회와 행정부 수반의 권한 행사에 대해 사법 심사를 할 수 있다.

① 국가 정책의 지속성을 강조한다.
② 정책 결정의 효율성을 추구한다.
③ 대표에 대한 국민의 통제를 중시한다.
④ 권력 기관 간의 견제와 균형을 중시한다.
⑤ 국민에 대한 책임 정치 구현을 강조한다.

정답과 해설 ▶ 제시문의 내용을 보면 갑국은 대통령제 정부 형태를 취하고 있음을 알 수 있다. 대통령제는 권력 기관 간의 견제와 균형을 통해 국민의 자유와 권리를 보장하는 것을 중시한다. **답** ④

2 다음은 전형적인 정부 형태를 가진 갑국의 최근 정치 상황이다. 갑국의 정부 형태에 대한 진술로 옳은 것은?

> 최근 갑국에서 있었던 외교부 장관의 뇌물 수수 사건의 파장이 점점 커지고 있다. 이미 여러 가지 실정으로 인해 국민적 지지를 잃고 있던 내각은 이번 사건으로 더욱 어려운 상황에 빠졌다. 상황을 지켜보던 집권당은 현재의 상황을 타개하기 위한 방안으로 의회에서 총리를 포함한 내각 전원에 대한 불신임 투표를 실시하기로 하였다.

① 행정부 수반의 임기가 보장된다.
② 내각이 법률안을 제출할 수 있다.
③ 권력 분립 원리가 적용되지 않는다.
④ 행정부 수반과 국가 원수가 동일인이다.
⑤ 의회 다수당의 횡포를 견제하기 용이하다.

정답과 해설 ▶ 갑국 의회가 내각에 대한 불신임 투표를 하기로 한 것으로 보아 의원 내각제를 채택하고 있음을 알 수 있다. ② 의원 내각제에서는 내각이 법률안을 제출할 수 있다. **답** ②

(3) 의원 내각제

① **의미**: 의회에서 선출되고 의회에 대해 책임을 지는 내각을 중심으로 국정이 운영되는 정부 형태

② **행정부 구성 방식**: 국민의 선거를 통해 의회를 구성하고 의회에서 선출된 총리가 행정부(내각) 구성

③ **특징**

권력 융합	의회에 의해 행정부가 구성되므로 권력 융합적 특징을 보임
의회와 내각의 긴밀한 협조	• 내각은 의회에 대해 연대 책임을 지며 법률안을 제출할 수 있음 • 의회 의원이 각료를 겸직할 수 있음
의회와 내각의 견제와 균형	• 내각은 의회 해산권을 행사할 수 있음 • 의회는 내각 불신임권을 행사할 수 있음
국가 원수와 행정부 수반의 불일치	• 국가 원수(국왕 또는 대통령)는 명목상 존재 • 정치적 실권은 행정부 수반인 총리에게 있음

└ 총리가 의회 의원의 자격을 임기 만료 전에 소멸시킴으로써 의회를 해산할 수 있는 권리

└ 내각의 총사퇴를 결의할 수 있는 의회의 권한

④ **장점**

• 입법부와 행정부의 긴밀한 협조로 신속하고 능률적인 국정 처리 가능

• 내각의 존속 여부를 의회에 의존하므로 책임 정치 구현 가능

• 내각 불신임이나 의회 해산을 통해 대통령제에 비해 입법부와 행정부 간 정치적 대립을 신속하게 해결 가능

⑤ **단점**

• 다수당이 의회 과반 의석을 획득한 경우 다수당의 횡포가 우려됨

• 과반 의석을 확보한 정당이 없어 연립 내각이 구성될 경우 정국 불안을 초래할 수 있음

└ 다수당이 과반수 의석을 확보하지 못했을 때 다른 정당과 함께 연합하여 과반수를 채워 구성한 내각

● **우리나라의 정부 형태**

(1) 특징: 대통령제를 기본으로 의원 내각제 요소를 일부 도입

(2) 우리나라 정부 형태의 대통령제 요소

① 대통령과 국회 의원을 국민이 직접 선거를 통해 선출

② 대통령의 법률안 거부권

③ 대통령이 국가 원수와 행정부 수반으로서의 지위를 동시에 가짐

(3) 우리나라 정부 형태의 의원 내각제 요소

① 국무총리와 국무 회의를 두고 있음

② 국회 의원이 국무 위원을 겸직할 수 있음

③ 행정부가 법률안을 제출할 수 있음

④ 국무총리 임명 시 국회의 동의가 있어야 하며 국회가 국무총리와 국무 위원에 대한 해임 건의를 할 수 있음

⑤ 대통령이 임시 국회를 소집할 수 있고 국회 출석 및 의사 표시권이 있음

⑥ 국무총리와 국무 위원이 국회에 출석하여 발언할 수 있음

◉ **내각**
행정부의 최고 합의 기관을 말한다. 의원 내각제에서의 내각은 행정권을 행사하며 의회에 대하여 연대 책임을 지지만, 대통령제에서의 내각은 대통령을 보좌하는 기관으로 의결권 등을 가지지 않는다.

◉ **총리**
의원 내각제 국가의 행정부 수반을 의미한다. 입헌 군주제 국가에서는 수상이라고도 한다.

◉ **책임 정치**
넓은 의미로는 국가 기관이 국민에 대하여 책임을 지는 정치를 의미하며, 좁은 의미로는 의원 내각제에서 행정부가 의회에 대하여 정책 수행에 대한 책임을 지고 의회의 신임 유무에 따라 그 진퇴를 결정하는 정치 방식을 뜻한다.

◉ **다수당**
의회에서 가장 많은 의석을 차지하고 있는 정당을 의미하며, 일반적으로는 의회에서 과반 의석을 차지한 정당을 의미한다.

◉ **우리나라 정부 형태의 변천**
우리나라의 정부 형태는 대통령제(제1공화국) → 의원 내각제(제2공화국) → 대통령제(제3공화국~현재)의 순으로 변화하였다.

◉ **국무 위원**
행정부의 최고 심의 기관인 국무 회의의 구성원으로 국정에 관하여 대통령을 보좌한다.

◉ **건의**
어떤 문제에 대해 의견이나 희망 사항을 내놓는 것을 의미하며, 건의를 받은 측이 반드시 그 내용을 따를 필요는 없다.

③ 프랑스의 정부 형태

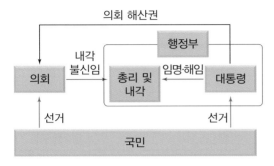

분석 | 전형적인 정부 형태인 대통령제와 의원 내각제 이외에도 각국의 상황에 따라 여러 가지 정부 형태가 존재한다. 프랑스의 경우 대통령제와 의원 내각제가 혼합된 형태의 정부 형태를 가지고 있는데, 행정권을 이원화하여 대통령과 총리가 각각 담당한다는 점에서 이원 정부제라고 부른다. 프랑스의 경우 평상시에는 대통령이 주로 국가 원수의 역할을, 총리는 일반적인 행정권을 행사하지만, 비상시에는 대통령이 행정권을 전적으로 행사한다. 한편 총리는 의회 다수당의 대표가 임명되며 총리가 내각을 구성하고 의회는 내각 불신임권을 가진다는 점에서 의원 내각제의 특징이 나타나기도 한다.
└─ 이원 집정부제, 분권형 대통령제 등으로 불리기도 함

④ 헌법에 나타난 우리나라 정부 형태의 특징

> ┌─ 국회 위원회 혹은 국회 의원 10인 이상
> 제52조 국회 의원과 정부는 법률안을 제출할 수 있다.
> 제53조 ② 법률안에 이의가 있을 때에는 대통령은 제1항의 기간 내에 이의서를 붙여 국회로 환부하고, 그 재의를 요구할 수 있다. ……
> 제63조 ① 국회는 국무총리 또는 국무 위원의 해임을 대통령에게 건의할 수 있다.
> 제67조 ① 대통령은 국민의 보통·평등·직접·비밀 선거에 의하여 선출한다.

분석 | 대통령의 법률안 거부권을 인정한 제53조 제2항과 대통령을 국민이 선출하도록 한 제67조 제1항에서 우리나라 정부 형태가 대통령제임을 알 수 있다. 한편 정부의 법률안 제출권을 인정한 제52조, 국무총리 제도를 두고 국회에서 국무총리 및 국무 위원에 대해 해임을 건의할 수 있도록 한 제63조 제1항은 우리나라 정부 형태에 나타난 의원 내각제적 요소를 보여 주고 있다. 이렇듯 헌법 조항들을 통해 우리나라 정부 형태는 대통령제를 기본으로 하면서도 의원 내각제적 요소를 가지고 있음을 알 수 있다.

③ 다음은 갑국 정치 체제의 특징들이다. 이를 보고 옳은 진술을 한 사람만을 〈보기〉에서 고른 것은?

> • 국민의 선거로 선출된 대통령은 평상시에는 주로 외교와 국방을 담당하지만 비상시에는 행정권 전반을 담당하고 의회를 해산할 수도 있다.
> • 총리는 의회에서 선출되고 대통령이 임명한다. 총리는 평상시 일반 행정권을 담당하며 내각 불신임의 형태로 의회에 대하여 정치적 책임을 진다.

◀보기▶
갑: 의원 내각제적 요소가 나타나고 있어요.
을: 총리는 의회 해산권을 행사할 수 있어요.
병: 행정권이 대통령과 총리로 이원화되어 있어요.
정: 대통령은 형식적인 국가 원수의 지위를 가지고 있어요.

① 갑, 을   ② 갑, 병   ③ 을, 병
④ 을, 정   ⑤ 병, 정

정답과 해설 ▶ 갑국의 정부 형태는 대통령과 총리가 행정권을 나누어 담당하는 이원 정부제이다. **답** ②

④ 우리나라 정부 형태와 관련하여 밑줄 친 ⑦, ⓒ에 해당하는 내용으로 옳은 것은?

> 우리나라 정부 형태는 입법부와 행정부가 엄격하게 분리되어 권력 분립의 원리에 충실한 ⑦ 대통령제적 특징을 기본으로 하면서도 ⓒ 의원 내각제적 요소를 부분적으로 도입하고 있다.

① ⑦-정부의 법률안 제출권
② ⑦-대통령의 법률안 거부권
③ ⑦-국무총리 임명 시 국회의 동의권
④ ⓒ-입법부와 행정부로부터 사법부의 독립
⑤ ⓒ-대통령 선거와 국회 의원 선거의 별도 실시

정답과 해설 ▶ ② 대통령의 법률안 거부권은 대통령제의 특징이다. **답** ②

저절로 암기 ^{Tip} | ☐1회 (/) ☐2회 (/) ☐3회 (/)

01~04 빈칸에 알맞은 말을 쓰시오.

01 대통령제에서 법률안 제출권은 _____만 가지며, 대통령은 법률안을 거부할 수 있는 권한을 가진다.

02 대통령제에서는 야당이 여당보다 의회 의석수를 많이 차지하는 _____ 현상이 나타날 수 있다.

03 의원 내각제에서 내각의 행정에 잘못이 있으면 의회는 내각에 대해 _____을/를 행사하여 그 책임을 물을 수 있다.

04 4 · 19 혁명 직후 우리나라의 정부 형태는 _____에서 _____(으)로 바뀌었다.

05~08 다음 내용이 옳으면 ○표, 틀리면 ×표 하시오.

05 대통령제에서는 의원 내각제와 달리 의회 의원이 각료를 겸직할 수 있다. ( )

06 의원 내각제에서 정치적 실권은 국가 원수가 아닌 행정부 수반에게 있다. ( )

07 의회와 행정부가 대립할 경우 의원 내각제보다 대통령제에서 신속하게 해결할 가능성이 높다. ( )

08 우리나라의 국무 회의, 대통령의 임시 국회 소집권 등은 의원 내각제적 요소에 해당한다. ( )

정답

01 의회 의원(의회) **02** 여소야대 **03** 불신임권 **04** 대통령제, 의원 내각제 **05** ×
06 ○ **07** × **08** ○

오답 체크 ^{Tip}

05 의회 의원이 각료를 겸직할 수 있는 것은 대통령제가 아닌 의원 내각제이다. **07** 의원 내각제에서는 내각 불신임이나 의회 해산을 통해 대통령제에 비해 입법부와 행정부 간 정치적 대립을 신속하게 해결할 수 있다.

▶ 20583-0044

01 다음은 전형적인 정부 형태인 A, B의 구성 방식을 비교한 것이다. A, B를 구분할 수 있는 질문으로 적절하지 **않은** 것은?

A	B
의회 내 다수당이 내각을 구성하고 의회에서 선출된 총리가 행정권 행사	별도의 선거로 의회 의원과 대통령이 선출되고 대통령이 행정부를 구성

① 사법부의 독립이 보장되는가?
② 행정부가 법률안을 제출할 수 있는가?
③ 의회 의원이 각료를 겸직할 수 있는가?
④ 행정부가 의회 해산권을 가지고 있는가?
⑤ 의회가 행정부 불신임권을 가지고 있는가?

▶ 20583-0045

02 서로 다른 전형적인 정부 형태를 가진 갑국과 을국에 대한 옳은 설명만을 〈보기〉에서 고른 것은?

- 갑국은 의회 의원 선거 결과 과반수 의석을 가진 정당이 없어 연립 내각이 구성되었다.
- 을국은 행정부 수반으로부터 각료 후보로 지명된 의회 의원이 의원직을 사퇴하고 각료가 되었다.

보기

ㄱ. 갑국의 행정부 수반은 법률안 거부권을 가진다.
ㄴ. 갑국의 의회는 내각 불신임권을 행사할 수 있다.
ㄷ. 을국의 행정부 수반은 의회에서 선출된다.
ㄹ. 을국의 의회는 행정부 수반에 대해 탄핵 소추권을 행사할 수 있다.

① ㄱ, ㄴ ② ㄱ, ㄷ ③ ㄴ, ㄷ
④ ㄴ, ㄹ ⑤ ㄷ, ㄹ

▶ 20583-0046

서술형

03 밑줄 친 (가)에 들어갈 내용을 서술하시오.

전형적인 정부 형태 중 하나를 채택하고 있는 갑국은 의회 다수당의 대표가 행정부 수반이 되고, 의원들이 각료를 겸직하는 경우가 많다. 이러한 정부 구성 원리로 인해 갑국에서는 의회와 정부가 긴밀하게 협조하여 국정을 수행할 수 있다는 장점이 있지만, _____(가)_____ 와/과 같은 문제점이 발생할 수 있다는 단점도 있다.

▶ 20583-0047

04 표는 대통령제와 의원 내각제의 특징을 비교한 것이다. 이에 대한 설명으로 옳지 <u>않은</u> 것은?

질문 　　　　　 정부 형태	A	B
행정부가 의회를 해산할 수 있는가?	예	㉠
(가)	예	예
(나)	아니요	예
(다)	㉡	㉢

① ㉠에는 '아니요'가 들어간다.
② (가)에는 '사법부의 독립이 보장되는가?'가 들어갈 수 있다.
③ (나)에는 '국가 원수와 행정부 수반이 동일인인가?'가 들어갈 수 있다.
④ (다)에 '행정부 수반의 임기가 보장되는가?'가 들어가면 ㉡에는 '예', ㉢에는 '아니요'가 들어간다.
⑤ (다)에 '의회 의원과 각료의 겸직이 허용되는가?'가 들어가면 ㉡에는 '예', ㉢에는 '아니요'가 들어간다.

▶ 20583-0048

05 다음 사례와 같은 현상이 나타난 이유를 탐구하기 위한 자료로 적절한 것은? (단, 갑국은 전형적인 정부 형태를 채택하고 있으며, 정부 형태의 변화는 없었다.)

갑국은 건국 이후 60여 년 동안 40여 차례의 내각 교체가 있었다. 최근 10년 동안에만도 7차례의 내각 교체가 있었으며, 지난 2018년의 의회 의원 총선거 이후에는 무려 1년 3개월 동안 내각이 출범하지 못했다가 제1당과 제3당의 연합으로 간신히 연립 내각을 출범시켰다. 그러나 총리의 정책 방향에 대해 제3당이 이의를 제기하고 연립 내각 탈퇴를 선언하면서 앞으로 3개월 이내에 다시 의회 의원 총선거를 실시하기로 하였다.

① 정당별 의석률
② 내각의 법률안 제출 건수
③ 행정부 수반의 법률상 임기
④ 국민들의 의회 의원 선거 참가율
⑤ 의회의 공직자에 대한 탄핵 소추권 행사 건수

▶ 20583-0049

06 그림은 우리나라 정부 형태의 주요 변천 과정을 나타낸 것이다. ㉠~㉤ 시기의 정부 형태와 대통령 선출 방식으로 옳지 <u>않은</u> 것은?

```
1945년      1960년   1970년   1980년   1990년
├─────────┼───────┼───────┼───────┼─────
    ㉠        ㉡㉢      ㉣              ㉤
```

① ㉠ – 대통령 직선제
② ㉡ – 의원 내각제
③ ㉢ – 대통령 직선제
④ ㉣ – 대통령 간선제
⑤ ㉤ – 대통령 직선제

▶ 20583-0050

단답형

07 밑줄 친 'B의 요소'에 해당하는 내용을 두 가지 쓰시오.

세계 여러 나라는 역사적 배경 등으로 인해 다양한 정부 형태를 취하고 있는데, 일반적으로 전형적인 정부 형태 A와 B 두 가지 중 한 가지를 채택하거나 둘을 적절하게 혼합하여 사용하고 있다. 우리나라는 A를 중심으로 하면서도 <u>B의 요소</u> 역시 채택하고 있다.

● **국회**

(1) 국회의 지위와 구성

① 지위: 국민의 대표 기관, 입법 기관, 국정 통제 기관

② 구성

국회 의원	• 국민이 직접 선출, 임기 4년 • 지역구 의원: 소선거구제, 다수 대표제로 선출 • 비례 대표 의원: 각 정당의 득표율에 비례하여 의석수 배정 • 특권: 불체포 특권, 면책 특권— 국회의 자주성을 보장하기 위해 부여함
주요 기관	• 의장 1인, 부의장 2인 • 상임 위원회: 국회 본회의에서 논의하기에 앞서 그 소관에 속하는 의안이나 청원 등을 심사 • 특별 위원회: 둘 이상의 상임 위원회와 관련된 안건이거나 특히 필요하다고 인정한 안건을 효율적으로 심사 • 교섭 단체: 20인 이상의 국회 의원으로 구성

③ **국회의 회의**

• 정기회: 매년 1회 100일 이내의 회기로 개최

• 임시회: 대통령 또는 국회 의원 4분의 1 이상의 요구가 있을 경우 집회

• 회의 원칙: 회의 공개의 원칙, 회기 계속의 원칙, 일사부재의의 원칙
    └ 회기 중에 의결하지 아니한 의안을 다음 회기에서 계속 심의할 수 있다는 원칙

(2) 국회의 권한

① **입법에 관한 권한**

• 법률의 제·개정

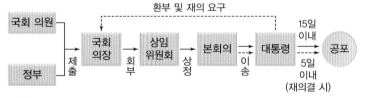

• 헌법의 개정

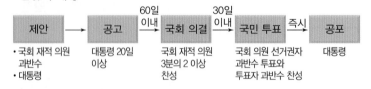

• 조약의 체결 및 비준에 관한 동의권 등

② **재정에 관한 권한**: 조세의 종목과 세율 결정(조세 법률주의), 국가 예산안 심의·의결권, 결산 심사권 등
    └ 모든 조세는 국민의 대표 기관인 의회가 제정하는 법률에 의해서만 부과·징수할 수 있다는 원칙

③ **일반 국정에 관한 권한**

• 국가 기관 구성권: 국무총리·감사원장·대법원장·헌법 재판소장·대법관 등에 대한 임명 동의권, 헌법 재판소 재판관(3인)·중앙 선거 관리 위원회 위원(3인) 선출권

◉ **불체포 특권**

국회 의원이 현행범인 경우를 제외하고는 회기 중 국회의 동의 없이 체포 또는 구금되지 않을 권리이다. 이는 행정부에 의한 국회 탄압을 방지하여 국회의 자주성 및 국회 의원의 활동을 보호해 주기 위한 것이다.

◉ **면책 특권**

국회 의원이 국회에서 직무상 행한 발언과 표결에 관하여 국회 외에서는 책임을 지지 않는 특권이다. 이는 국회 의원이 국민의 대표로서 소신 있게 활동할 수 있도록 하기 위한 것으로 헌법상 보장된 권리이다.

◉ **회기**

의회가 활동 능력을 지니는 기간을 의미하며, 국회의 회기는 정기회는 100일을, 임시회는 30일을 초과할 수 없다.

◉ **일사부재의의 원칙**

한 번 부결된 안건은 같은 회기 중에 다시 발의하거나 제출하지 못한다는 원칙으로 소수파에 의한 의사 진행 방해를 막는 것을 목적으로 한다.

◉ **재적 의원**

현재 의회에 소속되어 있는 모든 의원을 말하는데, 의원 정원과는 다른 개념이다. 즉, 의원 중에서 사망이나 사직, 제명, 자격 상실 등으로 의원직을 상실하였으나 보궐 선거를 실시하지 않은 경우에는 의원 정원과 재적 의원수가 다를 수 있다.

◉ **비준**

내용이 확정된 조약을 헌법상 체결권자인 대통령이 최종적으로 확인하는 절차이다.

❶ 교섭 단체와 위원회

〈국회법〉

제33조 ① 국회에 20명 이상의 소속 의원을 가진 정당은 하나의 교섭 단체가 된다. 다만, 다른 교섭 단체에 속하지 아니하는 20명 이상의 의원으로 따로 교섭 단체를 구성할 수 있다. └무소속 의원 혹은 서로 다른 정당 소속 의원들도 20명 이상이 모일 경우 교섭 단체를 구성할 수 있음

제35조 국회의 위원회는 상임 위원회와 특별 위원회 두 종류로 한다.

제36조 상임 위원회는 그 소관에 속하는 의안과 청원 등의 심사, 그 밖에 법률에서 정하는 직무를 수행한다.

제44조 ① 국회는 둘 이상의 상임 위원회와 관련된 안건이거나 특히 필요하다고 인정한 안건을 효율적으로 심사하기 위하여 본회의의 의결로 특별 위원회를 둘 수 있다.

② 제1항에 따른 특별 위원회를 구성할 때에는 그 활동 기간을 정하여야 한다. 다만, 본회의 의결로 그 기간을 연장할 수 있다.

분석 | 국회에서 최종적인 의사 결정은 본회의에서 이루어지지만 효율적인 의사 진행 및 의안·청원의 심사 등을 위해 교섭 단체와 위원회를 두고 있다. 교섭 단체는 20인 이상의 국회 의원으로 구성되고 국회의 의사 진행에 필요한 중요 안건을 협의하는데, 교섭 단체의 대표를 원내 대표라고 한다. 위원회는 본회의에서 심의할 안건을 미리 조사하고 심의하며 상임 위원회와 특별 위원회로 구분할 수 있다.

❷ 국회의 회의 원칙

〈헌법〉

제50조 ① 국회의 회의는 공개한다. 다만, 출석 의원 과반수의 찬성이 있거나 의장이 국가의 안전 보장을 위하여 필요하다고 인정할 때에는 공개하지 아니할 수 있다.

제51조 국회에 제출된 법률안 기타의 의안은 회기 중에 의결되지 못한 이유로 폐기되지 아니한다. 다만, 국회 의원의 임기가 만료된 때에는 그러하지 아니하다. └개별 국회 의원의 임기가 아닌 국회 자체의 임기를 말하며 흔히 제○○대 국회라고 할 때의 '대'에 해당하는 개념임

〈국회법〉

제92조 부결된 안건은 같은 회기 중에 다시 발의하거나 제출할 수 없다.

분석 | 국회의 회의 원칙으로는 회의 공개의 원칙, 회기 계속의 원칙, 일사부재의(一事不再議)의 원칙을 들 수 있다. 국회의 회의는 원칙적으로 공개하는데, 이는 본회의뿐만 아니라 위원회의 회의에도 적용한다. 회기 계속의 원칙에 따르면 회기 중 의결되지 못한 안건은 다음 회기에 자동으로 상정된다. 일사부재의 원칙은 이미 부결된 안건을 같은 회기 내에 계속 다시 제안하거나 발의하여 다른 안건에 대한 심의를 사실상 불가능하도록 만드는 것을 방지하려는 원칙이다.

1 밑줄 친 ㉠, ㉡에 대한 옳은 설명만을 〈보기〉에서 고른 것은?

국회에서는 ㉠ 교섭 단체 대표들이 모여서 민생 경제 살리기 예산 편성 등을 위해 임시 국회를 열기로 합의하였다. 한편 국회 내 각종 ㉡ 위원회의 소관 사항 등을 조정하기 위한 논의에도 착수하기로 하였다.

◀ 보기 ▶

ㄱ. ㉠-구성을 위한 최소 인원은 20명이다.

ㄴ. ㉠-구성원은 동일 정당 소속이어야 한다.

ㄷ. ㉡-국회 운영을 원활하게 하는 기능이 있다.

ㄹ. ㉡-의안을 심사한 후 내린 결정은 본회의에서도 변경할 수 없다.

① ㄱ, ㄴ ② ㄱ, ㄷ ③ ㄴ, ㄷ
④ ㄴ, ㄹ ⑤ ㄷ, ㄹ

정답과 해설 ▶ ㄱ. 교섭 단체 구성 인원은 20명 이상이다. ㄷ. 위원회 및 교섭 단체는 국회 운영을 원활하게 하는 역할을 한다. 🅐 ②

2 국회의 회의 원칙 (가)~(다)에 대한 설명으로 옳은 것은?

(가) 국회의 회의는 원칙적으로 공개한다.

(나) 회기 중에 의결되지 못한 법률안이나 기타 의안은 폐기되지 않는다.

(다) 회기 중에 부결된 안건은 같은 회기 중에 다시 발의하거나 제출할 수 없다.

① (가)에 따르면 국회 회의는 반드시 공개해야 한다.

② (나)에 따르면 회기 중에 의결되지 못한 의안은 다음 회기에 논의할 수 없다.

③ (다)는 소수파에 의한 의사 방해를 막기 위한 것이다.

④ (가)와 달리 (나), (다)는 국회 의원의 임기가 만료된 때에도 유효하다.

⑤ (가)~(다) 모두 신속한 의사 결정을 위한 원칙이다.

정답과 해설 ▶ (가)는 회의 공개의 원칙, (나)는 회기 계속의 원칙, (다)는 일사 부재의 원칙이다. 🅐 ③

- 국정 감시 및 통제권: 대통령·국무총리·국무 위원·행정 각 부의 장에 대한 탄핵 소추권, 국정 감사 및 조사권, 대통령 권한 행사에 대한 동의 및 승인권, 국무총리·국무 위원 해임 건의권, 국무총리·국무 위원에 대한 국회 출석 요구 및 질문권 등
- 기타 권한: 긴급 명령·긴급 재정·경제 치분·명령 승인권, 일반 사면에 대한 동의권, 선전 포고 및 국군의 해외 파견 동의권 등

> 일정한 죄를 지은 모든 사람에 대한 기소와 형의 집행을 면제하는 법적 행위로, 특정한 사람에 대한 형의 집행을 사면하는 특별 사면과 대비됨

● 행정부와 대통령

(1) 행정의 의미

① 고전적 의미: 근대 민주주의 발달로 군주에게 속해 있던 통치권이 입법, 행정, 사법으로 분리되면서 나타난 국가 작용 ─ 입법 및 사법에 대립하는 개념

② 현대적 의미: 공공복리나 공익 실현을 목적으로 하는 적극적 국가 작용

(2) 대통령

① 지위: 국가 원수로서의 지위와 행정부 수반으로서의 지위를 동시에 가짐

② 선출 방법 및 임기: 국민의 직접 선거, 임기 5년, 중임 금지

③ 주요 권한

> 임명권자가 공무원을 임명하고 면직할 수 있는 권한

행정부의 지휘·감독	공무원 임면권, 대통령령 발포권, 국무 회의 주재 등
국가에 대한 대표	외교 사절의 신임·접수·파견권, 조약의 체결·비준권, 선전 포고 및 강화권, 긴급 재정·경제 처분 및 명령권, 긴급 명령권, 계엄 선포권 등 ─ 전쟁을 종결하고 평화를 회복하기 위한 교전국 간의 합의
국정 조정	국민 투표 부의권, 헌법 개정안 제안권, 국회 임시회 소집권, 국회 출석 발언권, 법률안 거부권 및 공포권, 사면권 등
헌법 기관 구성	국무총리·대법원장·헌법 재판소장·헌법 재판소 재판관·감사원장 등 임명권

④ 통제 방안: 국회의 탄핵 소추 및 헌법 재판소의 탄핵 심판, 선거에 의한 통제, 여론에 의한 통제 등

(3) 주요 행정 기구

① 국무총리
- 대통령이 국회의 동의를 얻어 임명, 행정 각 부 통할
- 권한: 국무 위원 임명 제청, 국무 위원 해임 건의, 총리령 발포 등

② 국무 회의
- 지위: 행정부의 주요 정책을 심의하는 행정부의 최고 심의 기관
- 구성: 대통령(의장), 국무총리(부의장), 국무 위원

③ 행정 각 부: 구체적인 행정 사무 집행

④ 감사원
- 지위: 대통령 직속의 독립적인 헌법 기관
- 권한: 국가 세입·세출의 결산 검사, 공무원의 직무 감찰, 국가 및 법률이 정한 단체의 회계 검사 등

◉ 사면
국가 원수가 범죄인에 대한 형벌권의 전부 또는 일부를 면제하거나 형벌로 상실된 자격을 회복시켜 주는 행위이다.

◉ 중임 금지
중임이란 이미 맡은 적이 있는 직책을 다시 맡는 것으로, 중임 금지란 한번 그 직책을 맡았던 사람은 연속적이든 단속이든 그 직책을 다시는 맡을 수 없다는 것을 의미한다.

◉ 선전 포고
다른 국가에게 전쟁을 공식적으로 선언하고 공포하는 것이다.

◉ 계엄
전시·사변 또는 이에 준하는 국가 비상사태 시 대통령 또는 일정한 군 지휘관의 선포에 의하여 당해 지역의 행정권과 사법권의 일부 또는 전부를 군의 관할하에 두는 것이다.

◉ 통할
상급자가 하급자의 행위를 지휘·조정하는 것을 말하며, 상급의 행정 기관이 하급의 행정 기관에 대해 행하는 경우와 기관장이 소속 직원에 대해 행하는 경우 모두에 사용된다.

◉ 감찰
공무상의 비위나 비행에 대하여 조사 또는 감독하는 일을 의미한다.

③ 인사 청문회 대상자의 확대

┌ 헌법에 명시된 국회 임명 동의
대상자들임

시기	대상
2000년	국무총리, 대법원장, 헌법 재판소장, 감사원장, 대법관, 국회가 선출하는 헌법 재판소 재판관 3인, 중앙 선거 관리 위원회 위원 3인
2003년	국가 정보원장, 국세청장, 검찰총장, 경찰청장
2005년	국무 위원, 모든 헌법 재판소 재판관 및 중앙 선거 관리 위원회 위원
2007년	합동 참모 의장
2008년	방송 통신 위원회 위원장
2012년	공정 거래 위원회 위원장, 금융 위원회 위원장, 국가 인권 위원회 위원장, 한국 은행 총재
2014년	특별 감찰관, 한국 방송 공사(KBS) 사장

분석 | 인사 청문회는 대통령이 고위 공직자를 임명하려고 할 때 국회가 해당 후보자의 적격성 여부를 검증하는 절차이다. 대통령제 국가에서 삼권 분립의 제도적 실천을 위해 국회에 부여된 권한으로 국회가 대통령의 자의적 인사권 행사를 견제하는 데 의의가 있다. 우리나라에서는 2000년 인사 청문회법 제정으로 처음 도입되었다. 당시에는 국회가 임명 동의권을 행사해야 하는 공직자가 청문회 대상이었지만 거듭된 개정을 통해 대상자가 늘어났다. 이러한 인사 청문회 대상자의 확대는 대통령의 인사권에 대해 국회 차원의 견제를 보다 강화하기 위한 것이다.

④ 국무 회의에 대한 헌법 규정

제87조 ① 국무 위원은 국무총리의 제청으로 대통령이 임명한다.
② 국무 위원은 국정에 관하여 대통령을 보좌하며, 국무 회의의 구성원으로서 국정을 심의한다.   대통령은 국무총리의 국무 위원 해임 건의에 따르지 않아도 됨 ┐
③ 국무총리는 국무 위원의 해임을 대통령에게 건의할 수 있다. ┘
④ 군인은 현역을 면한 후가 아니면 국무 위원으로 임명될 수 없다.

분석 | 국무 회의는 행정부의 주요 정책을 심의하는 최고 심의 기관으로 의장인 대통령, 부의장인 국무총리, 그리고 행정 각 부의 장인 국무 위원으로 구성된다. 국무 위원은 국무 회의의 소집을 요구하고, 국무 회의에 의안을 제출하며, 국무 회의에 출석·발언하고, 그 심의에 참가할 권한과 의무가 있다. 국무 위원은 대부분 행정 각 부의 장에 임명되어 있어 두 가지 지위를 겸하고 있으나, 국정 심의자로서의 지위(국무 위원)와 행정 각 부의 실무를 집행하는 지위(행정 각 부의 장)는 헌법상 구별되고 차이가 있다. 현역 군인은 국무 위원으로 임명될 수 없는데, 이는 군인들에 의한 정권 장악 등을 방지하기 위한 것이다.

③ 다음과 같은 제도들을 도입한 공통의 목적으로 가장 적절한 것은?

- 대통령이 중요한 국정 관련 행위를 할 때에는 국무 회의의 심의를 거치고, 관련 문서에는 부서를 받도록 한다.
- 국회는 국무총리, 대법원장, 헌법 재판소장 등의 임명에 대하여 동의권을 행사하며, 후보자의 자질과 능력 등을 검증하기 위해 인사 청문회를 실시한다.

① 국민의 정치 참여 확대
② 대통령의 신중한 권한 행사
③ 국회의 국정 통제 권한 강화
④ 행정 권력의 부패와 남용 방지
⑤ 국가 기관 간의 상호 견제와 균형

정답과 해설 ▶ 대통령의 국정 수행 관련 국무 회의 심의, 부서 제도 등은 대통령의 신중한 권한 행사를 위한 것이다. 국회의 임명 동의권 및 그 과정에서 행하는 인사 청문회 등도 대통령의 임명권에 대한 견제를 통해 대통령이 권한 행사를 신중하게 할 수 있도록 한다.   **답 ②**

④ 헌법 기관 A에 대한 옳은 설명만을 〈보기〉에서 있는 대로 고른 것은?

오늘 열린 A에서는 ○○○법 개정안이 통과되었으며, 이를 다음 국회에 안건으로 제출하였다. 회의 폐회 직전, 의장 대행을 맡은 국무총리는 의장이 해외 순방을 하는 상황에서 비상시를 대비하여 공무원 근무에 만전이 이루어지도록 당부하였다.

◀ 보기 ▶
ㄱ. 대통령이 의장직을 맡는다.
ㄴ. 행정부의 최고 의결 기관이다.
ㄷ. 공무원의 직무에 관한 감찰을 한다.
ㄹ. 우리나라 정부 형태의 의원 내각제적 요소에 해당한다.

① ㄱ, ㄷ   ② ㄱ, ㄹ   ③ ㄴ, ㄷ
④ ㄱ, ㄴ, ㄹ   ⑤ ㄴ, ㄷ, ㄹ

정답과 해설 ▶ A는 국무 회의이다. 국무 회의는 우리나라 정부 형태의 의원 내각제적 요소에 해당하며, 의장은 대통령이다. ㄴ. 국무 회의는 행정부의 최고 심의 기관이다. ㄷ. 공무원의 직무에 관한 감찰을 담당하는 헌법 기관은 감사원이다.   **답 ②**

● 법원과 헌법 재판소

(1) 사법의 의미와 사법권의 독립

① 사법의 의미: 공적 · 사적 영역에서 발생하는 분쟁 및 사건에 국가가 법을 적용하여 옳고 그름이나 권리관계 등을 판단하고 밝히는 작용

② 사법권의 독립: 공정한 재판을 통해 국민의 기본권을 보장하기 위함

법원의 독립	• 입법부, 행정부로부터 독립된 별도의 조직을 가짐 • 입법부와 행정부 견제: 위헌 법률 심판 제청권, 행정 재판권 등 행사
법관의 독립	• 신분상 독립: 법관의 자격을 법률로 규정, 헌법으로 법관의 임기를 규정하고 법관의 신분을 보장함 • 재판상 독립: 법관은 헌법과 법률에 의하여 양심에 따라 독립하여 재판하여야 함

(2) 법원

① 법원의 조직과 권한

대법원	• 사법부의 최고 기관으로서 대법원장과 대법관으로 구성 • 위헌 · 위법 명령 및 규칙 · 처분에 대한 최종 심사권, 대통령 및 국회 의원에 대한 선거 소송 재판권
고등 법원	지방 법원 및 지원의 판결 · 심판 · 결정 · 명령에 대한 항소 · 항고 사건
지방 법원 및 지원	제1심 관할, 지방 법원 및 지원 단독 판사의 판결 · 결정 · 명령에 대한 항소 · 항고 사건

② 심급 제도

지방 법원이나 가정 법원의 관할하에 있으면서 일정한 지역에 따로 설치해 그곳의 법원 사무를 맡아 처리하는 하부 기관

의미	공정한 재판을 보장하기 위해 법원에 급을 두어 여러 번 재판을 받을 수 있도록 하는 제도 → 원칙적으로는 3심제
상소	하급 법원의 판결이나 결정 · 명령에 불복하여 상급 법원에 다시 재판을 청구하는 것

(3) 헌법 재판소

① 위상: 최고의 헌법 수호 기관, 기본권 침해를 구제하는 최후의 보루

② 구성: 법관의 자격을 가진 9인의 재판관으로 구성하며, 대통령이 임명(이 중 3인은 국회에서 선출하는 자를, 3인은 대법원장이 지명하는 자를 임명), 헌법 재판소장은 대통령이 국회의 동의를 얻어 재판관 중에서 임명

③ 기능

위헌 법률 심판	법률이 헌법에 위반되는지 여부가 재판의 전제가 될 때 법원의 제청으로 심판
헌법 소원 심판	헌법에 보장된 국민의 기본권이 공권력에 의해 침해되었을 때 이를 구제하기 위한 심판
기타	탄핵 심판, 정당 해산 심판, 권한 쟁의 심판

정당의 목적이나 활동이 민주적 기본 질서에 위배된다고 판단하는 경우 그 해산 여부를 심판

국가 기관 상호 간, 국가 기관과 지방 자치 단체 간 및 지방 자치 단체 상호 간의 권한 쟁의에 관한 심판

◉ **제청**
어떤 안건을 해결해 줄 것을 상급자나 공식 기구에 정식으로 요청하는 행위이다.

◉ **위헌 · 위법 명령 및 규칙 · 처분에 대한 최종 심사권**
명령 · 규칙 · 처분이 헌법이나 법률에 위반되는지 여부는 모든 법원에서 심사할 수 있으나 이를 최종적으로 심사하는 권한은 대법원이 가진다.

◉ **선거 재판**
선거 자체의 위법을 이유로 선거의 유 · 무효나 당선의 유 · 무효를 다투는 사건을 다루는 재판이다. 선거 과정에서 발생하는 금품 수수 등 형법상 위법 행위에 대해서는 형사 재판이 진행되므로 선거 재판과는 구분된다.

◉ **상소**

구분	1심 → 2심	2심 → 3심
판결에 대한 불복	항소	상고
결정 · 명령에 대한 불복	항고	재항고

◉ **탄핵 심판**
대통령과 법률에 정한 기타 공무원이 헌법이나 법률에 위반하여 직무 집행을 한 경우 국회가 탄핵의 소추를 의결하고 헌법 재판소가 탄핵 심판을 한다.

⑤ 심급 제도

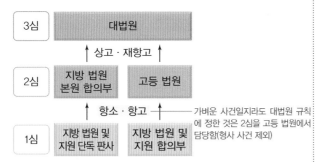

가벼운 사건일지라도 대법원 규칙에 정한 것은 2심을 고등 법원에서 담당함(형사 사건 제외)

분석 | 우리 헌법은 공정한 재판을 위해 심급 제도를 두어 당해 재판에 불복하여 상소하는 당사자에게 다시 재판받을 기회를 부여한다. 일반적으로 3심제를 채택하고 있는데, 이때 3심이라는 것은 3개의 심급을 의미하는 것이지 하나의 사건에 대해 반드시 세 번의 재판을 한다는 것은 아니다. 일반적으로 가벼운 사건의 경우 1심은 단독 판사, 2심은 지방 법원 본원 합의부가 재판을 담당하며, 무거운 사건의 경우 1심은 3명의 판사가 진행하는 합의부, 2심은 고등 법원이 재판을 담당하고, 두 경우 모두 3심은 대법원이 담당한다.

⑥ 헌법 소원의 유형

법적 · 도덕적으로 금지되어 있는 일을 의식적으로 행한 적극적인 행위

법적 · 도덕적으로 마땅히 해야 할 일을 일부러 하지 않는 소극적 행위

소를 제기한 측의 근거가 부족하거나 의견이 타당하지 않다고 판단하여 소를 종료시키는 결정

법률이 정한 요건을 갖추지 못했다고 판단하여 소를 종료시키는 결정

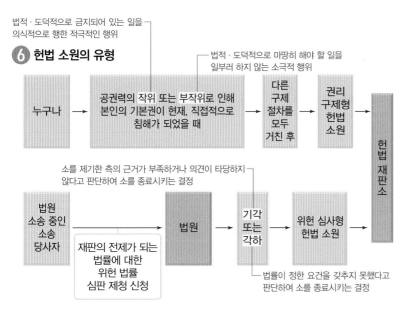

분석 | 헌법 소원이란 공권력에 의하여 헌법상 보장된 국민의 기본권이 침해된 경우에 헌법 재판소에 제소하여 그 침해된 기본권의 구제를 청구하는 제도이다. 헌법 소원의 유형 중 권리 구제형 헌법 소원은 공권력의 행사 또는 불행사로 인하여 헌법상 보장된 기본권을 침해받은 자가 청구할 수 있다. 이때 법원의 판결은 헌법 소원의 대상이 아니며, 다른 법률에 구제 절차가 있는 경우에는 그 절차를 모두 거친 후가 아니면 청구할 수 없다. 위헌 심사형 헌법 소원은 법률이 헌법에 위반되는지의 여부가 재판의 전제가 되어 당사자가 법원에 그 법률의 위헌 심판 제청을 신청하였으나 그 신청이 기각 또는 각하된 때 청구할 수 있다.

⑤ 밑줄 친 제도에 대한 설명으로 옳지 않은 것은?

> 심급 제도란 하급 법원의 판결이나 결정 · 명령에 불복하는 경우 상소하여 상급 법원에서 재판을 받을 수 있는 제도로, <u>우리나라는 원칙적으로 3심제로 운영된다.</u>

① 이 제도에 따르면 모든 재판은 세 번을 한다.
② 1심 판결에 불복하여 2심을 신청하는 것을 항소라 한다.
③ 무거운 사건의 2심은 고등 법원에서 진행한다.
④ 2심 명령에 불복하여 3심을 신청하는 것을 재항고라 한다.
⑤ 3심은 대법원에서 담당한다.

정답과 해설 ▶ 3심제에서 모든 재판을 반드시 세 번해야 하는 것은 아니다. **답** ①

⑥ 헌법 재판의 종류 A에 대한 설명으로 옳지 않은 것은?

> A는 공권력에 의해 기본권을 침해당한 국민이 청구할 경우 헌법 재판소가 이를 심판하는 것이다. 헌법을 위반하여 국민의 기본권을 침해하는 모든 공권력의 행사 또는 불행사를 대상으로 한다.

① 권리 구제형 심판과 위헌 심사형 심판이 있다.
② 법원의 재판 결과에 대해서도 청구할 수 있다.
③ 청구하기 전 반드시 법률에 정해진 기본권 구제 절차를 거쳐야 한다.
④ 위헌 심사형은 위헌 법률 심판 제청 신청이 기각 또는 각하되는 경우에 청구할 수 있다.
⑤ 권리 구제형의 경우 본인의 기본권이 현재 직접 침해당하지 않은 사람은 청구할 수 없다.

정답과 해설 ▶ A는 헌법 소원 심판이다. ② 법원의 재판 결과에 대해서는 헌법 소원 심판을 청구할 수 없다. **답** ②

개념 체크

저절로 암기 **Tip** ☐ 1회 (/) ☐ 2회 (/) ☐ 3회 (/)

01~09 다음 내용이 옳으면 ○표, 틀리면 ×표 하시오.

01 국회는 조약의 체결 및 비준에 대한 승인권을 가진다.
( )

02 일반적으로 법률안의 의결에는 국회 재적 의원 과반수의 출석과 출석 의원 과반수의 찬성이 필요하다. ( )

03 교섭 단체를 구성하기 위해서는 20인 이상의 국회 의원이 필요하다. ( )

04 법률안은 국회 본회의에서 의결되면 바로 법률로서 효력을 가진다. ( )

05 행정의 현대적 의미는 공공복리나 공익 실현을 목적으로 하는 적극적 국가 작용이다. ( )

06 국무 회의는 정부의 주요 정책을 심의하는 행정부의 최고 심의 기관이다. ( )

07 1심 판결에 불복하여 2심 재판을 청구하는 것을 상고라고 한다. ( )

08 헌법 재판소장은 국회의 동의를 얻어 헌법 재판소 재판관 중에서 대통령이 임명한다. ( )

09 법원은 소송 당사자의 신청 또는 직권으로 위헌 법률 심판 제청을 할 수 있다. ( )

10~18 빈칸에 알맞은 말을 쓰시오.

10 국회는 지역구 의원과 _____ 의원으로 구성된다.

11 국회의 회의 원칙 중 _____의 원칙은 한 번 부결된 안건은 같은 회기 중에는 다시 제출할 수 없다는 원칙을 의미한다.

12 헌법 개정안을 제안할 수 있는 것은 국회 재적 의원 과반수 혹은 _____이다.

13 대통령의 임기는 5년이며 장기 집권을 막기 위해 _____을/를 제한하고 있다.

14 _____은/는 대통령 직속의 독립적 헌법 기관으로 국가의 세입·세출의 결산 검사, 공무원의 직무 감찰, 국가 및 법률이 정한 단체의 회계 검사 등에 관한 권한을 가지고 있다.

15 위헌·위법한 명령·규칙·처분에 대한 최종 심사권을 가진 것은 _____이다.

16 _____ 제도는 공정한 재판을 보장하기 위해 법원에 급을 두어 여러 번 재판을 받을 수 있도록 하는 제도이다.

17 중대한 민·형사 사건의 1심을 담당하는 것은 지방 법원 및 지원 _____이다.

18 헌법 소원 심판의 종류로는 _____ 헌법 소원과 위헌 심사형 헌법 소원이 있다.

정답
01 × **02** ○ **03** ○ **04** × **05** ○ **06** ○ **07** × **08** ○ **09** ○ **10** 비례 대표 **11** 일사부재의 **12** 대통령
13 중임 **14** 감사원 **15** 대법원 **16** 심급 **17** 합의부 **18** 권리 구제형

오답 체크

01 국회는 조약의 체결 및 비준에 대한 동의권을 가진다. **04** 국회 본회의에서 의결된 법률안이 효력을 가지기 위해서는 대통령의 공포가 필요하다. **07** 1심 판결에 불복하여 2심 재판을 청구하는 것을 항소라고 한다.

기본 문제

정답과 해설 **11**쪽

01 ▶ 20583-0051

다음은 국회에서 법률이 제정되는 과정을 나타낸 것이다. 밑줄 친 ㄱ~ㅁ 중 옳지 <u>않은</u> 것은?

> ㄱ 10인 이상의 국회 의원 혹은 국회의 위원회가 법률안을 제출하면 ㄴ 소관 상임 위원회의 1차 심의 · 의결을 거쳐 ㄷ 본회의에서 표결을 하는데 재적 의원 과반수 출석과 출석 의원 과반수의 찬성이 있으면 가결된다. 예를 들어, ㄹ 재적 의원 300인 중 180인이 출석하고 출석 의원 중 90인이 찬성하면 가결된다. 가결된 법률안을 대통령이 공포하고, ㅁ 특별한 규정이 없으면 공포 후 20일이 지나 법률안의 효력이 발생한다.

① ㄱ　　② ㄴ　　③ ㄷ　　④ ㄹ　　⑤ ㅁ

02 ▶ 20583-0052

헌법 개정 절차 ㄱ~ㅁ에 대한 설명으로 옳은 것은?

① ㄱ-국회 의원만 제안할 수 있다.
② ㄴ-국회 의장이 20일 이상 공고한다.
③ ㄷ-재적 의원 과반수의 찬성으로 의결된다.
④ ㄹ-결과에 대해 대통령이 재의를 요구하면 재투표를 하여야 한다.
⑤ ㅁ-대통령이 공포한다.

03 단답형 ▶ 20583-0053

A, B에 해당하는 국회의 기구를 각각 쓰시오.

> 효율적인 의사 진행을 위해 국회에는 여러 기구가 있는데 대표적인 것이 A와 B이다. A는 국회 의사 진행에 관한 중요 안건을 협의하기 위해 일정한 수 이상의 의원으로 구성되는데, 보통 정당별 소속 의원들이 하나의 A를 구성한다. B는 본회의에서 심의할 안건을 미리 조사하여 심의하고 조정하는 합의체이다.

04 ▶ 20583-0054

밑줄 친 ㄱ~ㄹ에 대한 옳은 설명 및 추론만을 〈보기〉에서 고른 것은?

> **4월 국회 주요 의사 일정**
> 1일~10일 ○○기관 직원 특혜 채용 의혹 ㄱ 국정 조사 실시
> 15일 ㄴ 국군의 해외 파병 동의안 처리
> 17일 ㄷ △△법 일부 개정안 처리
> 19일 ㄹ 국무총리 해임 건의안 처리

〖 보기 〗
ㄱ. ㄱ은 특정한 국정 사안에 대해 실시된다.
ㄴ. ㄴ이 부결되면 국군을 해외에 파견할 수 없다.
ㄷ. ㄷ을 위해 국회 재적 의원 과반수가 찬성하였을 것이다.
ㄹ. ㄹ의 의결 결과에 대통령은 반드시 따라야 한다.

① ㄱ, ㄴ　　② ㄱ, ㄷ　　③ ㄴ, ㄷ
④ ㄴ, ㄹ　　⑤ ㄷ, ㄹ

▶ 20583-0055

05 밑줄 친 ㉠, ㉡과 관련한 설명으로 옳은 것은?

대통령은 오늘 오전 국회에서 의결 후 이송되어 온 □□법 개정안에 대해 ㉠ 거부권을 행사하였다. 이에 따라 □□법 개정안은 국회에서 재의결이 필요하게 되었다. 한편 대통령은 오후에는 지난달 공포된 △△법의 시행을 위한 ㉡ 대통령령을 발포하였다.

① ㉠은 국회 소수파의 의사 진행 방해를 견제하는 역할을 한다.
② ㉠에 대해 국회에서 해당 법안이 재의결되면 법률로 확정된다.
③ ㉡은 법률과 동일한 위상을 지니는 법규이다.
④ ㉡을 제정하기 위해 국무 회의의 심의를 거칠 필요는 없다.
⑤ ㉠, ㉡ 모두 대통령의 국가 원수로서의 권한에 해당한다.

단답형
▶ 20583-0056

06 다음에서 설명하는 헌법 기관 A, B를 각각 쓰시오.

• A는 행정부의 2인자로서 대통령을 보좌하며, 행정에 관하여 대통령의 명을 받아 행정 각 부를 통할한다.
• B는 행정부의 주요 정책을 심의하는 최고 심의 기관으로서, 의장인 대통령과 부의장인 A 및 국무 위원으로 구성된다.

▶ 20583-0057

07 다음 헌법 조항의 A에 해당하는 헌법 기관에 대한 옳은 설명만을 〈보기〉에서 고른 것은?

제97조 국가의 세입·세출의 결산, 국가 및 법률이 정한 단체의 회계 검사와 행정 기관 및 공무원의 직무에 관한 감찰을 하기 위하여 대통령 소속하에 A를 둔다.

┤ 보기 ├
ㄱ. 행정부의 최고 심의 기관이다.
ㄴ. 장(長)은 위원들이 자율적으로 선출한다.
ㄷ. 대통령으로부터 직무상 독립되어 있다.
ㄹ. 세입·세출의 결산을 매년 검사하여 대통령과 차년도 국회에 그 결과를 보고하여야 한다.

① ㄱ, ㄴ　　　② ㄱ, ㄷ　　　③ ㄴ, ㄷ
④ ㄴ, ㄹ　　　⑤ ㄷ, ㄹ

▶ 20583-0058

08 헌법 조항 (가)~(라)에 대한 설명으로 옳지 않은 것은?

(가) 법관의 자격은 법률로 정한다.
(나) 사법권은 법관으로 구성된 법원에 속한다.
(다) 법관은 헌법과 법률에 의하여 그 양심에 따라 독립하여 심판한다.
(라) 법관은 탄핵 또는 금고 이상의 형의 선고에 의하지 아니하고는 파면되지 아니한다.

① (가)는 법관의 신분 보장을 위한 것이다.
② (나)는 법원의 독립을 규정하고 있다.
③ (다)는 법관의 재판상 독립을 규정하고 있다.
④ (라)에 따르면 법관은 탄핵 또는 금고 이상의 형의 선고에 의해서만 불이익을 당한다.
⑤ (가)~(라) 모두 공정한 재판을 통해 국민의 기본권을 보장하려는 취지를 가지고 있다.

▶ 20583-0059

09 그림에 대한 설명으로 옳지 <u>않은</u> 것은?

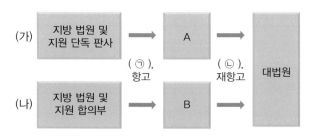

① ㉠은 항소, ㉡은 상고이다.

② A는 지방 법원 본원 합의부이다.

③ B는 고등 법원이다.

④ 일반적으로 (가)는 무거운 사건, (나)는 가벼운 사건을 다루는 절차이다.

⑤ (가), (나) 모두 공정한 재판을 통해 국민의 기본권을 보장하는 것을 목적으로 한다.

▶ 20583-0061

단답형

11 헌법 심판의 유형 A~C의 명칭을 각각 쓰시오.

- △△법 위반 혐의로 재판을 받던 갑은 재판 관련 법 조항이 헌법에 어긋난다며 재판부에 A의 제청을 신청하였으나 기각되었다. 이에 헌법 재판소에 B를 청구하였다.
- 청원 경찰인 을은 자신이 공무원이 아님에도 불구하고 청원 경찰법 조항에 따라 국가 공무원과 마찬가지로 근로 3권이 제약되어 국민의 기본권이 침해당했다며 헌법 재판소에 C를 청구하였다.

▶ 20583-0060

10 다음에서 설명하는 국가 기관에 대한 옳은 설명만을 〈보기〉에서 고른 것은?

헌법 해석과 관련한 분쟁을 해결하는 기관으로, 헌법을 수호하고 국민의 기본권을 보장하는 역할을 한다.

보기

ㄱ. 9인의 재판관으로 구성된다.

ㄴ. 재판관은 모두 대통령이 임명한다.

ㄷ. 그 장(長)은 재판관들이 호선하여 선출한다.

ㄹ. 대법원의 판결에 대해 불복하여 상소하는 경우에 그 심판을 담당한다.

① ㄱ, ㄴ ② ㄱ, ㄷ ③ ㄴ, ㄷ

④ ㄴ, ㄹ ⑤ ㄷ, ㄹ

▶ 20583-0062

12 그림은 국회, 정부, 법원이 서로 견제하는 모습을 나타낸 것이다. ㉠, ㉡에 해당하는 견제 수단으로 옳은 것은?

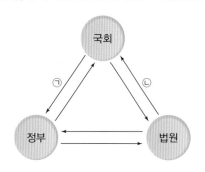

	㉠	㉡
①	국정 감사권	국정 조사권
②	국정 감사권	탄핵 소추권
③	탄핵 소추권	국정 감사권
④	탄핵 소추권	위헌 법률 심판 제청권
⑤	위헌 법률 심판 제청권	국정 조사권

● 지방 자치

(1) 지방 자치의 의미와 유형

① 의미 : 일정한 지역에 거주하는 주민들이 자치 단체를 구성해 해당 지역의 정치와 행정을 자율적으로 처리하는 활동

② **지방 자치의 유형** — 우리나라는 주민 자치와 단체 자치가 결합되어 나타남

주민 자치	지역 주민들이 해당 지역의 문제에 관한 정책을 스스로 결정하고 집행하는 것(정치적 측면의 자치)
단체 자치	지방 자치 단체가 중앙 정부로부터 자치권을 인정받아 스스로 지역 사무를 처리하는 것(행정적 측면의 자치)

(2) 의의

① 민주주의의 이상인 자치의 원리에 충실

- 주민 스스로 자신들의 문제를 처리하게 함으로써 주민의 정치에 관한 관심과 지식, 주권 의식을 배양하고 참여를 활성화하는 데 기여함
- 지방 자치의 경험을 통해 양성한 민주 시민과 정치 지도자는 국가 전체의 민주주의 발전에 기여함 → '풀뿌리 민주주의', '민주주의의 학교'

② 지방 분권의 실현: 권력의 중앙 집중으로 인한 폐단 억제 및 중앙 정부와 지방 자치 단체의 역할 분담 → 수직적 권력 분립
└ 지방 자치 과정에 참여하면서 민주주의에 관해 배울 수 있음

● 우리나라의 지방 자치

(1) 시행 과정

① 초기: 제헌 헌법에 지방 자치 실시 명시(1948) → 지방 의회 의원 선거(1952) → 지방 자치 단체장 선거(1960)

② 침체기: 5 · 16 군사 정변 이후 지방 자치 중단

③ 지방 자치의 부활: 지방 의회 의원 선거(1991), 지방 자치 단체장 선거(1995)
└ 지방 정부라고 불리기도 함

(2) 우리나라의 지방 자치 단체

① 구분 ┌ 단, 광역 자치 단체의 교육 · 학예에 관한 사무를 통할하는
      └ 집행 기관으로 교육감을 별도로 두고 있음

- 급별: 광역 자치 단체(특별시, 광역시, 특별 자치시, 도, 특별 자치도), 기초 자치 단체(시 · 군 · 자치구)
- 자치 기관별: 지방 의회(의결 기관), 지방 자치 단체장(집행 기관)

② 지방 의회

- 구성: 주민 선거에 의해 선출된 지역구 의원과 비례 대표 의원으로 구성
- 지위: 주민의 대표 기관, 최고 의사 결정 기관, 집행 기관에 대한 감시 및 견제 기관
- 권한: 조례의 제정 및 개폐권, 지방 자치 단체 예산의 심의 · 확정권, 예산 결산 승인권 등
  └ 법령 등을 개정하거나 폐지할 수 있는 권한

◉ **지역 사무**
지방 자치 단체가 맡는 사무를 말하며, 우리나라 지방 자치법에 규정된 대표적인 사무의 종류로는 지방 자치 단체의 구역, 조직 및 행정 관리 등에 관한 사무, 주민의 복지 증진에 관한 사무 등을 들 수 있다.

◉ **풀뿌리 민주주의**
평범한 시민들이 지역 기반의 의사 결정 과정을 거쳐서 지역 공동체의 운영과 생활의 변화에 참여하는 과정 혹은 그것과 관련된 참여 민주주의를 의미한다.

◉ **수직적 권력 분립**
중앙 정부와 지방 자치 단체 사이에 권력을 배분하는 것으로 동등한 지위에 있는 기관 간의 권력 분립인 수평적 권력 분립과 대비된다.

◉ **특별 자치시, 특별 자치도**
외교, 국방, 사법 등을 제외한 자치권이 보장되는 광역 지방 자치 단체로 세종 특별 자치시와 제주 특별 자치도가 있다.

◉ **조례**
지방 자치 단체가 특정 사무에 관하여 법령의 범위 내에서 지방 의회의 의결을 거쳐 제정한 법규를 의미한다.

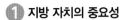

① 지방 자치의 중요성

• 지방 자치는 민주주의의 원천일 뿐 아니라 교실이다.　　　　　　　− 브라이스(Bryce, J.) −
• 지방 자치는 자유의 보장을 위한 장치이고 납세자의 의사 표현 수단이며 정치의 훈련장이다.　　　　　　　　　　　　　　　− 밀(Mill, J. S.) −

분석| 브라이스의 발언은 주민들이 그 지방의 정치에 직접 참여하는 과정에서 정치적 훈련을 하게 되고, 그러한 훈련을 바탕으로 민주주의를 성숙시킬 수 있다는 의미이다. 밀의 발언도 브라이스의 발언과 유사한 맥락에서 행해졌는데, 특히 지방 자치가 있어야만 '자유의 보장'이 이루어질 수 있으며 납세자, 즉 주민들의 '의사 표현'이 이루어질 수 있다고 본 점에서 지방 자치에 대해 적극적인 입장을 보이고 있다. 즉, 브라이스와 밀은 주민들이 지방 자치 단체장 및 지방 의회 의원의 선거, 자기 지역의 문제 해결을 위한 참여 과정 등을 통해 자신들의 의사를 표현하고 조율하며 조직해 나가는 등의 훈련을 할 수 있다고 본다. 그리고 이러한 지방 자치 수준의 민주주의 참여 과정은 전국적인 민주주의 실현 과정에도 기여를 한다고 본다.

'시민'의 의미로 사용됨

② 교육감의 지위와 역할

〈지방 교육 자치에 관한 법률〉

제18조 ① 시·도의 교육·학예에 관한 사무의 집행 기관으로 시·도에 교육감을 둔다.
　　└─ 특별시, 광역시, 특별 자치시, 특별 자치도의 광역 지방 자치 단체를 의미함
　　　　　　　　　　　　학문과 예술 또는 문화적 소양을 의미함 ┐
제19조 국가 행정 사무 중 시·도에 위임하여 시행하는 사무로서 교육·학예에 관한 사무는 교육감에게 위임하여 행한다. 다만, 법령에 다른 규정이 있는 경우에는 그러하지 아니하다.
제24조 ① 교육감 후보자가 되려는 사람은 당해 시·도지사의 피선거권이 있는 사람으로서 후보자 등록 신청 개시일부터 과거 1년 동안 정당의 당원이 아닌 사람이어야 한다.

분석| 일반적인 지방 자치 사무를 처리하는 지방 자치 기관으로 의결 기관인 지방 의회, 집행 기관인 지방 자치 단체장이 있다. 그러나 교육·학예의 경우 일반적인 자치 사무와는 다른 특수한 지위를 인정할 수 있어 일반적인 지방 자치 기관과 별도로 교육감을 두고 있다. 교육감은 시·도의 학예에 관한 사무 및 국가 행정 중 시·도에 위임하는 사무를 집행하는 기관이며, 교육·학예가 정파적 분쟁 등에 흔들리지 않아야 한다는 점을 감안하여 정당 소속인 경우에는 후보자 등록을 할 수 없다.

---

1 다음 글에 나타난 지방 자치의 특징과 관련된 적절한 용어만을 〈보기〉에서 고른 것은?

지방 자치는 중앙 정부와 지방 자치 단체가 일정 정도 권한을 나누어 가지고 상호 견제함으로써 국민의 자유와 권리 보장에 기여할 수 있다. 또한 주민 스스로 자신들의 문제를 처리하게 함으로써 참여를 활성화하는 데 기여할 수 있고, 지방 자치의 경험을 통해 양성한 역량을 통해 국가 전체의 민주주의 발전에 기여할 수 있다.

◀ 보기 ▶
ㄱ. 지역 이기주의
ㄴ. 풀뿌리 민주주의
ㄷ. 민주주의의 학교
ㄹ. 수평적 권력 분립

① ㄱ, ㄴ　　② ㄱ, ㄷ　　③ ㄴ, ㄷ
④ ㄴ, ㄹ　　⑤ ㄷ, ㄹ

정답과 해설 ▶ 자료에서 주민 스스로 자신들의 문제를 처리하고 역량을 키워 국가 전체의 민주주의의 발전에 이바지하는 것은 풀뿌리 민주주의, 민주주의의 학교라는 지방 자치의 특징을 보여 주고 있다. **답** ③

2 밑줄 친 ㉠, ㉡에 대한 설명 및 분석으로 옳지 **않은** 것은?

최근 임기를 시작한 ○○○ ㉠ 교육감은 모든 지역 주민들에게 감사의 말을 전했다. 또한 낙후된 지역 교육 및 학예 발전을 위해 동일 지역에서 당선된 △△△ ㉡ 도지사와 함께 노력하는 것도 잊지 않겠다고 말하였다.

① ㉠은 일반적인 지방 자치 사무를 처리한다.
② ㉠이 되기 위해서는 특정 정당에 소속되지 않아야 한다.
③ ㉡은 광역 지방 자치 단체의 장이다.
④ ㉡은 지방 자치 사무 처리 관련 집행 기관이다.
⑤ ㉠, ㉡ 모두 주민들의 직접 선거를 통해 선출된다.

정답과 해설 ▶ ① 일반적인 지방 자치 사무는 지방 의회와 지방 자치 단체장이 처리하며, 교육·학예와 관련된 사무를 처리한다. **답** ①

핵심 개념 정리 03 지방 자치의 의의와 과제

③ 지방 자치 단체장
- 구성: 주민의 선거에 의해 선출
- 지위: 지방 자치 단체의 집행 기관, 지방 자치 단체의 대표
- 권한: 각종 행정 사무의 처리권, 소속 직원에 대한 임면권 및 지휘 감독권, 규칙 제정권 등
  └ 공무원을 임명하고 면직시킬 수 있는 권한

④ 주민 참여 제도
- 의의: 주민 참여의 확대 및 지방 행정의 민주성과 책임성 제고
- 종류

기본적 수단	지방 의회 의원과 지방 자치 단체장 선거에 참여
직접 민주 정치 요소	• 주민 투표 제도: 주민에게 중대한 영향을 끼치는 지방 자치 단체의 주요 정책 등을 주민들의 투표를 거쳐 결정하는 제도 • 주민 소환 제도: 위법·부당한 행위를 저지르거나 직무가 태만한 지방 자치 단체의 장 및 지방 의회 의원을 주민들의 투표를 통해 해임할 수 있는 제도 • 주민 발안 제도: 주민이 직접 조례안을 발의할 수 있는 제도
기타	주민 감사 청구 제도, 주민 소송 제도, 주민 참여 예산 제도, 청원 제도 등

(3) 우리나라 지방 자치의 현실과 과제

① 우리나라 지방 자치의 긍정적 측면
- 지방의 정책 결정과 집행 과정에 주민의 참여가 확대됨
- 중앙 정부에 대한 지방 정부의 견제가 강화되고 있음

② 우리나라 지방 자치의 문제점 ┌ 지방 자치 단체에 대한 중앙 정부의 지도와 감독, 법률을 통한 통제 등으로 인한 자치권 행사 제약 등
- 지방 자치 단체의 자율성 제약: 국세 중심의 조세 제도에 따라 지방 재정 자립도가 낮음, 중앙 정부 주도에 따른 지방 분권의 미약
- 지역 주민의 적극적 참여 부족: 지역 문제 해결을 위한 노력 부족, 지방 선거에 대한 상대적 참여 부족 등 └ 지방 자치 활동에 대한 지역 주민의 감시와 통제 부족 등으로 인해 지방 행정이 주민의 의사와 어긋나게 운영될 수 있음
- 지방 자치 단체 간의 갈등 및 지역 이기주의 문제 발생
- 지방 자치 단체 간의 발전 격차 ─ 지방 재정 자립도 차이 등으로 인해 지방 자치 단체 간의 발전 수준에 차이가 나타남

③ 우리나라 지방 자치의 발전 과제
- 지방 분권의 강화: 지방 자치 단체에 대한 중앙 정부의 통제 완화, 국세와 지방세 간의 적절한 균형 방안 모색, 중앙 정부가 가진 권한을 지방 자치 단체에 이양함으로써 지방 의회 및 지방 자치 단체의 권한 확대 등
- 주민들의 참여 확대: 지역 주민의 참여와 삶의 질 등의 관계에 대한 인식 제고 등을 통해 주민 참여 확대
- 중앙 정부와 지방 자치 단체 및 지방 자치 단체 상호 간의 협력 강화: 사회 전체의 이익과 지역적 이익을 함께 고려, 지역 간 균형 있는 발전 모색 등

◉ 규칙
지방 자치 단체의 장이 그 권한에 속하는 사항에 관하여 법령 또는 조례가 위임한 범위 안에서 정하는 법규범을 의미한다.

◉ 주민 소송
지방 자치 단체가 부당한 예산 집행을 하였을 때 이를 바로잡기 위하여 주민이나 납세자가 지방 자치 단체를 대상으로 제기하는 소송이다.

◉ 주민 참여 예산 제도
지역 주민들이 지방 자치 단체의 예산 편성 과정에 직접 참여하여 협의를 거쳐 실현 가능한 예산안을 편성하고 사업의 필요성 판단이나 예산 배분의 우선순위 결정 등에 자신들의 의견을 제시하는 제도이다.

◉ 국세와 지방세
조세를 징수하는 주체에 따라 구별할 때 국세와 지방세로 구분할 수 있다. 국세는 중앙 정부가, 지방세는 지방 자치 단체가 징수하는 조세를 말한다.
─ 사회 전체의 이익을 고려하지 않고 자기 지역의 이익만을 우선시하는 경향이 나타남

◉ 지방 재정 자립도
지방 정부가 재정 활동에 필요한 자금을 어느 정도나 자체적으로 조달하고 있는가를 나타내는 지표로, 그 수치가 높을수록 지방 재정이 건전하다고 평가한다.

◉ 지역 이기주의
자기가 사는 지역의 이익만을 추구한 채 국가 전체 혹은 공공의 이익은 소홀하게 여기는 입장이다.

③ 조례와 규칙

〈지방 자치법〉

제22조 지방 자치 단체는 법령의 범위 안에서 그 사무에 관하여 조례를 제정할 수 있다. 다만, 주민의 권리 제한 또는 의무 부과에 관한 사항이나 벌칙을 정할 때에는 법률의 위임이 있어야 한다.

제23조 지방 자치 단체의 장은 법령이나 조례가 위임한 범위에서 그 권한에 속하는 사무에 관하여 규칙을 제정할 수 있다.

제27조 ① 지방 자치 단체는 조례를 위반한 행위에 대하여 조례로써 1천만 원 이하의 과태료를 정할 수 있다.
└ 형벌의 성질을 가지지 않는 법령 위반에 대해 과해지는 금전적 징계

분석 | 지방 자치 단체는 그 사무를 집행하기 위해 조례와 규칙이라는 자치 법규를 만들 수 있다. 조례는 지방 의회에서 제정하며, 규칙은 지방 자치 단체의 장이 제정하는데, 각각 상위의 법규(조례는 법령, 규칙은 법령과 조례)의 범위 내에서 제정할 수 있다. 따라서 상위의 법규에 어긋나는 조례나 규칙은 효력이 제한되거나 상실될 수도 있다. 한편 조례와 규칙 역시 법규이기에 그를 위반한 행위에 대해서는 과태료 부과와 같은 제재가 가해질 수 있다.

④ 지방 의회 의원 선거와 정당 공천제

• 전문가들은 지방 의회의 가장 큰 문제로 양당 구도하의 정당 공천제를 꼽으며, 전문성보다는 충성도가 당선을 좌우하는 풍토를 지적한다. 또한 지방 의회 보좌·평가 시스템이 미흡한 것도 지방 의회의 고질적인 병폐가 사라지지 않는 이유로 꼽고 있다. 한 공무원은 "실질적으로 우리나라 지방 자치의 문제는 지방 의회 의원들이 공천권을 쥐고 있는 국회 의원의 눈치를 볼 수밖에 없는 구조에서 시작된다고 볼 수 있다."고 말했다.
– ○○일보, 2019. 06. 09. –

• 정치·사회적으로 취약한 신진·소수 세력과 여성 및 장애인, 정치적 기반이 약한 각계 전문가의 정책 개발과 결정·집행 과정의 참여 및 선출직 참여는 주로 정당을 통해 실현 가능하다고 볼 수 있다. 지방 선거에서 정당을 배제하는 것은 다원적 민주주의의 실현이라는 지방 자치 제도의 기능을 훼손하는 것이기도 하다.
– ○○신문, 2013. 07. 26. –

분석 | 정당 공천제란 국민의 대표가 될 후보를 정당에서 공식적으로 추천하는 제도이다. 이러한 정당 공천제가 지방 자치 발전에 미치는 영향에 대해서는 두 가지 관점이 있다. 첫 번째 자료는 정당 공천제로 인해 지방 의회 의원들이 중앙 정치에 예속된다는 점에서 정당 공천제를 폐지하는 것이 바람직하다는 관점을 보여 주고 있다. 두 번째 자료는 다원적 민주주의 실현을 위해 정당 공천제 존속이 필요하다는 관점을 보여 주고 있다.
└ 여러 다양한 문화와 가치를 가진 이질적인 세력들이 저마다의 목소리를 내며 공존하는 민주주의

---

3 자료에 대한 설명으로 옳지 <u>않은</u> 것은?

우리나라의 지방 자치 단체는 A와 B로 구성된다. A는 예산의 심의·확정권, (가)의 제정 및 개폐권 등을 가지고 있으며, B는 해당 지방 자치 단체를 대표하고 사무를 총괄하며 (나)의 제정 및 개폐권 등을 가지고 있다.

① A는 지방 의회이다.
② B는 광역 자치 단체에만 존재한다.
③ (가)는 법령의 범위 안에서 제정할 수 있다.
④ (나)가 (가)에 어긋날 경우 (나)의 효력이 제한될 수 있다.
⑤ (가), (나)는 다른 지방 자치 단체 구성원에게는 효력이 미치지 못할 수 있다.

정답과 해설 ▶ A는 지방 의회, B는 지방 자치 단체장, (가)는 조례, (나)는 규칙이다. **답 ②**

4 밑줄 친 '단점'에 해당하는 내용만을 〈보기〉에서 고른 것은?

최근 지방 의회 의원 선거에서 정당 공천제를 폐지하자는 주장이 나타나고 있다. 즉, 지방 의회 의원 후보자를 중앙당에서 공천하는 제도는 나름의 장점도 있지만 <u>단점</u>의 비중이 커서 지방 자치 제도의 발전을 위해서는 폐지해야 한다는 것이다.

┤ 보기 ├
ㄱ. 지방 정치의 중앙 정치 세력에의 예속
ㄴ. 정당 공천을 둘러싼 불공정 시비 발생
ㄷ. 여성 및 장애인의 지방 정치 참여 기회 제한
ㄹ. 선거 출마 후보자에 대한 정당 차원의 사전 검증 기회 박탈

① ㄱ, ㄴ ② ㄱ, ㄷ ③ ㄴ, ㄷ
④ ㄴ, ㄹ ⑤ ㄷ, ㄹ

정답과 해설 ▶ ㄱ. 정당 공천을 받을 경우 지방 의회 의원 선거에서 당선될 확률이 높아지므로 중앙 정당 및 정치 세력에 지역 대표가 예속되는 경우가 많다. ㄴ. 정당 공천제에서는 후보자의 능력이나 품성 외의 요인이 고려되기 쉬우므로 공천에 대한 불공정 시비도 자주 발생한다. **답 ①**

기본 문제

01~05 다음 내용이 옳으면 ○표, 틀리면 ×표 하시오.

01 지방 자치는 중앙 정부와 지방 자치 단체 간의 수평적 권력 분립 실현에 기여한다.   (   )

02 지방 자치 단체는 지방 의회와 지방 자치 단체의 장으로 구성된다.   (   )

03 지방 자치 단체가 특정 사무에 관하여 법령의 범위 내에서 지방 의회의 의결을 거쳐 제정한 법규를 조례라고 한다.   (   )

04 지방 의회는 지역구 의원만으로 구성된다.   (   )

05 중앙 정부와 달리 지방 자치 단체에는 선출직 공무원을 주민이 해임할 수 있는 제도가 존재한다.   (   )

06~09 빈칸에 알맞은 말을 쓰시오.

06 그 지방의 공공 문제를 주민 의사에 따라 처리하는 지방 자치의 유형을 _____(이)라고 한다.

07 시민들이 지역 공동체의 운영과 생활의 변화에 참여하는 것을 _____ 민주주의라고 한다.

08 지방 자치 단체의 장이 제정한 법 규범을 _____(이)라고 한다.

09 _____은/는 주민에게 중대한 영향을 끼치는 지방 자치 단체의 정책 등을 주민들의 투표로 결정하는 제도이다.

정답
01 ×   02 ○   03 ○   04 ×   05 ○
06 주민 자치   07 풀뿌리   08 규칙
09 주민 투표제

오답 체크 ᵀⁱᵖ
01 지방 자치는 수평적 권력 분립보다는 수직적 권력 분립 실현과 관련이 깊다. 04 지방 의회는 지역구 의원과 비례 대표 의원으로 구성된다.

▶ 20583-0063

01 밑줄 친 '이것'에 대한 옳은 설명만을 〈보기〉에서 있는 대로 고른 것은?

이것은 중앙 정부가 가진 권력의 일부를 지방 정부로 이양하고 이를 통해 국가 기능을 분담하려는 제도로, 풀뿌리 민주주의의 실현에 기여한다.

┤보기├
ㄱ. 수직적 권력 분립 실현에 기여한다.
ㄴ. 중앙 정부로의 권력 집중을 방지한다.
ㄷ. 국가 정책의 통일성을 확보할 수 있다.
ㄹ. 지역 실정에 맞는 정책을 개발하고 시행할 수 있다.

① ㄱ, ㄷ   ② ㄱ, ㄹ   ③ ㄴ, ㄷ
④ ㄱ, ㄴ, ㄹ   ⑤ ㄴ, ㄷ, ㄹ

▶ 20583-0064

02 그림은 지방 자치 단체의 구성을 나타낸 것이다. 이에 대한 설명으로 옳은 것은?

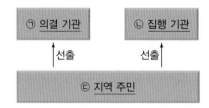

① ㉠은 지방 행정 사무에 대한 감사와 조사를 할 수 있다.
② ㉡은 지방 자치 단체의 예산안을 심의·확정한다.
③ ㉠과 달리 ㉡은 자치 법규 제정권이 없다.
④ ㉡과 달리 ㉠의 구성원의 임기는 4년이다.
⑤ 주민 투표는 ㉢이 ㉠, ㉡을 통제하는 수단이 된다.

▶ 20583-0065

단답형

03 밑줄 친 ㉠, ㉡의 명칭을 각각 쓰시오.

○○시는 최근 ㉠ 시의회에서 제정한 자치 법규에 따라 공영 주차장에 교통 약자를 위한 구역을 별도로 지정하기로 하고 그에 따른 시설물 설치 등을 마치기로 했다. 한편 ㉡ 시장이 제정한 자치 법규에서는 일정 소득 이하의 가구에 주택 임대료를 일부 지원하기로 하였다.

▶ 20583-0066

04 다음 법 조항들에 대한 설명으로 옳지 <u>않은</u> 것은?

〈지방 자치법〉

제1조 이 법은 지방 자치 단체의 종류와 조직 및 운영에 관한 사항을 정하고, 국가와 지방 자치 단체 사이의 기본적인 관계를 정함으로써 지방 자치 행정을 민주적이고 능률적으로 수행하고, 지방을 균형 있게 발전시키며, 대한민국을 민주적으로 발전시키려는 것을 목적으로 한다.

제8조 ① 지방 자치 단체는 그 사무를 처리할 때 주민의 편의와 복리 증진을 위하여 노력하여야 한다.

① 주민들의 지방 자치 참여 방안이 제시되어 있다.
② 중앙 정부와 지방 정부의 분권을 언급하고 있다.
③ 지방의 발전을 통해 국가적 발전을 도모하고 있다.
④ 지방 자치 단체의 사무 처리 관련 원칙을 제시하고 있다.
⑤ 지방 자치 단체에 일정한 조직이 필요함을 보여 주고 있다.

▶ 20583-0067

05 밑줄 친 ㉠～㉢에 대한 설명으로 옳은 것은?

우리나라에는 주민들이 지방 자치 행정에 직접 참여하여 지방 정책의 방향을 결정할 수 있는 다양한 수단이 있는데, 대표적인 수단으로 ㉠ 주민 투표제, ㉡ 주민 소환제, ㉢ 주민 조례 제정 및 개폐 청구제를 들 수 있다.

① ㉠은 위법·부당한 행위를 한 대표자를 파면하기 위한 제도이다.
② ㉡은 지방 자치 단체의 중요 정책을 투표로 결정하는 제도이다.
③ ㉢은 주민 발안을 간접적으로 실현하는 제도이다.
④ ㉠과 달리 ㉡은 간접적 주민 참여 제도에 해당한다.
⑤ ㉡, ㉢과 유사한 중앙 정부 차원의 국민 참여 제도가 우리나라에 마련되어 있다.

▶ 20583-0068

06 밑줄 친 내용을 뒷받침할 수 있는 적절한 자료만을 〈보기〉에서 고른 것은?

우리나라의 지방 자치는 지난 20여 년간 많은 발전을 이루어 왔다. 그러나 우리나라의 지방 자치가 더욱 발전하기 위해서는 해결해야 할 여러 가지 문제가 많이 있으며, 그 중 가장 먼저 해결되어야 할 부분은 여러 가지 요인으로 인해 지방 자치 단체의 자율성이 제약되는 경우가 많다는 것이다.

보기

ㄱ. 지방 선거 투표율 변화
ㄴ. 시·도별 지방 재정 자립도
ㄷ. 지방 자치 단체 간 분쟁 건수 추이
ㄹ. 중앙 정부의 지방 자치 단체에 대한 법률적 통제

① ㄱ, ㄴ   ② ㄱ, ㄷ   ③ ㄴ, ㄷ
④ ㄴ, ㄹ   ⑤ ㄷ, ㄹ

Self Note

o1 정부 형태

(1) 정부 형태

① 의미: 한 국가의 권력 체계의 구성 형태가 입법권, 행정권, 사법권 등으로 분립이 되어 구체화된 모습

② 전형적인 정부 형태

대통령제 ☆	• 의회 의원과 대통령이 각각 별도의 선거로 선출됨 → 의회와 행정부가 독립적으로 구성되고 운영됨 • 의회 의원만 ① 　　　 을 가짐 └→ 엄격한 권력 분립 • 대통령은 ② 　　　, 의회는 각종 동의·승인권 등으로 서로를 견제할 수 있음
의원 내각제 ☆	• 국민의 선거로 의회 의원을 선출하고, 의회 다수당의 대표가 총리가 되어 내각을 구성 → 입법부와 행정부가 상호 의존적으로 구성되고 운영됨 • 의회 의원과 내각 모두 법률안 제출권을 가짐 └→ 권력 융합적 정부 형태 • 의회는 ③ 　　　, 내각은 ④ 　　　 의 행사로 서로를 견제할 수 있음

(2) 우리나라의 정부 형태

변천 과정	대통령제 → ⑤ 　　　 → 대통령제
현행 정부 형태	• 특징: 의원 내각제 요소를 가미한 대통령제 정부 형태 ☆ • 대통령제 요소: 대통령이 국가 원수와 행정부 수반 겸임, 법률안 거부권 등 • 의원 내각제 요소: 정부의 법률안 제출권, 국무총리 제도, 국회 의원의 국무 위원 겸임 허용 등

o2 우리나라의 국가 기관

(1) 권력 분립

① 의미: 국가 권력을 서로 독립된 기관에 분산시켜 상호 견제하도록 하는 제도

② 목적: 국민의 자유와 권리 보장

(2) 국회 ☆

지위	국민의 대표 기관, 입법 기관, 국정 통제 기관
구성	• 의원: 지역구 의원, 비례 대표 의원 → 20명 이상의 의원, 반드시 동일 정당 의원일 필요는 없음 • 의회: 의장, 부의장, 위원회, 교섭 단체
권한	• 입법에 관한 권한: 헌법 개정 발의 및 의결, 법률의 제정 및 개정, 조약 체결·비준 동의권 등 • 재정에 관한 권한: 조세의 종목과 세율 결정, 예산안 심의·확정 및 결산 심사 등 • 일반 국정에 관한 권한: 국정 감사 및 ⑥ 　　　, 고위 공무원 임명에 대한 동의권, 탄핵 소추 의결권, 일반 사면에 대한 동의권 등

✍ ① 법률안 제출권
② 법률안 거부권
③ 내각 불신임권
④ 의회 해산권
⑤ 의원 내각제
⑥ 국정 조사권

Self Note

(3) 대통령과 행정부

대통령 ☆	• 지위: 국가 원수의 지위와 행정부 수반의 지위를 동시에 가짐 • 권한: 행정부의 지휘·감독, 국가의 독립과 영토 보전 및 헌법 수호, 국정 조정, 헌법 기관 구성에 관한 권한
행정부	• 수반: 대통령 • ① : 대통령의 국정 운영 보좌, 행정 각 부 통할 • 국무 회의: 행정부의 최고 심의 기관 └→ 대통령은 국무 회의의 심의 결과를 반드시 따를 필요는 없음 • 행정 각 부: 구체적 행정 사무의 시행 • ② : 행정부의 최고 감사 기관

(4) 법원과 헌법 재판소

① 사법권의 독립: 법원의 독립, 법관의 신분상 독립, 법관의 재판상 독립

② 법원과 헌법 재판소

법원	• 지위: 사법권을 가진 국가 기관 • 조직: 대법원(대법원장과 대법관으로 구성), 각급 법원(법관으로 구성) • 공정한 재판을 위한 제도와 원칙: ③ 제도, 증거 재판주의, 공개 재판주의 등
헌법 재판소 ☆	• 지위: 헌법 해석과 관련된 분쟁 해결 기관, 헌법의 수호와 국민의 기본권 보장 • 구성: 법관의 자격을 가진 9인의 재판관으로 구성 • 권한: 헌법 재판(④ , 헌법 소원 심판, 탄핵 심판, 위헌 정당 해산 심판, 권한 쟁의 심판)에 관한 권한 └→ 위헌 심사형 헌법 소원 심판과 권리 구제형 헌법 소원 심판으로 구분됨

03 지방 자치의 의의와 과제

(1) 지방 자치

의미	일정한 지역에 거주하는 주민들이 자치 단체를 구성해 자신들의 의사와 책임하에 해당 지역의 정치와 행정을 자율적으로 처리하는 활동
의의	⑤ 실현, 중앙과 지방의 ⑥ 권력 분립의 원리 실현에 기여 등 ☆

(2) 우리나라의 지방 자치

┌→ 가장 기본적인 주민 참여 방법
┌→ 일반 자치 기관과 별도로 교육 및 학예를 관장하는 교육감을 광역 자치 단체에 두고 있음

지방 자치의 현실	• 구성: 급별(광역 자치 단체, 기초 자치 단체), 자치 기관별(지방 의회, 지방 자치 단체장) • 주민 참여 방법: 선거 참여, 주민 투표, 주민 소환, 주민 참여 예산제, 주민 감사 청구, 주민 소송, 주민 청원 등
지방 자치의 과제 ☆	• 지방 자치 단체의 자율성 강화 및 지방 분권 강화 • 주민 참여의 활성화 및 참여 방식의 다변화 • 지역의 이익과 사회 전체의 이익을 함께 고려 • 중앙 정부와 지방 정부, 지방 의회와 지방 자치 단체장 상호 간 협력 및 분쟁 해결 수단 정비 등

정답 ① 국무총리
② 감사원
③ 심급
④ 위헌 법률 심판
⑤ 풀뿌리 민주주의
⑥ 수직적

▶ 20583-0069

01 전형적인 정부 형태 (가), (나)에 대한 설명으로 옳지 <u>않은</u> 것은?

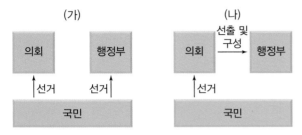

(가)

의회   행정부

↑선거   선거↑

국민

(나)

선출 및 구성 →

의회 → 행정부

↑선거

국민

① (가)는 행정부 수반이 법률안 거부권을 가진다.

② (나)는 의회 의원의 각료 겸직이 허용된다.

③ (가), (나)를 구분하는 질문으로 '의회가 법률안을 제출할 수 있는가?'를 들 수 있다.

④ (가)와 달리 (나)는 행정부가 의회에 대해 연대 책임을 진다.

⑤ (가), (나) 모두 사법부의 독립을 보장한다.

▶ 20583-0070

02 다음 글에 대한 옳은 설명만을 〈보기〉에서 있는 대로 고른 것은?

최근 국회 의원 갑이 국회 상임 위원회 회의에서 군사 기밀에 해당하는 내용을 공개적으로 밝히면서 파장이 일고 있다. 갑은 국민의 알 권리를 위해 해당 기밀을 공개한 것이라 주장하지만, 해당 군사 기밀의 내용이 가진 중대성 때문에 공개의 적절성 및 국회 의원의 특권 A에 의해 책임을 면할 수 있는지에 대한 논란이 일고 있는 것이다.

보기

ㄱ. A를 폐지하기 위해서는 법률을 개정하여야 한다.

ㄴ. A로 인해 면책된 효과는 국회 의원의 임기 후에도 유효하다.

ㄷ. A는 국회 의원이 직무상 행한 발언에 의해 체포되지 않을 권리이다.

ㄹ. 갑의 발언이 A의 대상이 된다면 군사 기밀 누설에 대한 법적 책임을 면할 수 있다.

① ㄱ, ㄷ   ② ㄱ, ㄹ   ③ ㄴ, ㄹ

④ ㄱ, ㄴ, ㄹ   ⑤ ㄴ, ㄷ, ㄹ

▶ 20583-0071

03 A~D에 대한 설명으로 옳은 것은?

- A는 행정 기관 및 공무원의 직무 감찰을 하는 B의 장(長)에게 임명장을 수여하였다.
- 행정부의 최고 심의 기관인 C는 오늘 의장인 A가 불참한 가운데 부의장인 D의 주재로 긴급한 국정 현안에 대해 논의하였다.

① A의 임명에는 국회의 동의가 필요하다.

② A는 C의 논의 결과에 반드시 따라야 한다.

③ B의 기능에는 예산의 결산이 포함된다.

④ B와 달리 C는 구체적인 행정 사무를 집행한다.

⑤ C, D는 우리나라 정부 형태의 의원 내각제적 요소를 보여 준다.

서술형   ▶ 20583-0072

04 표는 전형적인 정부 형태를 가진 갑국의 정당별 의석 점유율 변화를 나타낸 것이다. 이를 보고 갑국의 정부 형태를 유추하여 쓰고 그렇게 판단한 근거를 서술하시오. (단, 두 시기 모두 행정부 수반은 A당 소속이다.)

(단위: %)

정당	t대 의회	t+1대 의회
A당	53	37
B당	31	52
C당	10	6
D당	4	4
기타	2	1

▶ 20583-0073

05 다음 글에 대한 설명으로 옳지 **않은** 것은?

> 국회 대정부 질문에서 ○○○ 의원은 최근 불거진 △△△ 공기업의 대규모 회계 비리 및 직원 부당 채용 의혹에 대해 행정부의 최고 감사 기관인 A가 취한 조치의 내용을 밝힐 것을 요구하였다. 또한 A의 조치만으로는 사건의 내용이 제대로 밝혀지기 힘들다며 국민의 대표 기관인 B가 나서서 ㉠ 국정 조사를 할 것을 주장하였다.

① A는 직무상 독립된 대통령 직속의 헌법 기관이다.
② A의 장을 임명하기 위해서는 B의 동의가 필요하다.
③ A는 B가 행한 국가의 세입·세출의 결산이 적정한지 최종적으로 검사하는 역할을 한다.
④ ㉠은 특정한 국정 사안이 발생하였을 때 실시한다.
⑤ ㉠의 시행은 B가 가진 권한 중 국정 통제권의 행사에 해당한다.

▶ 20583-0074

06 다음 주장에 부합하는 사법 개혁의 내용으로 가장 적절한 것은?

> 사법권의 독립이 지켜지기 위해서는 법관이 양심에 따라 독립하여 재판할 수 있어야 한다는 것이 핵심임은 민주 국가에 있어서의 상식이라 할 수 있다. 그런데 최근 사법부 내·외에서 법관이 양심에 따라 재판할 수 있는 자율성을 침해하는 경우가 자주 나타나 사법 개혁의 필요성에 대한 목소리가 높아지고 있다. 법관이 독립하여 재판하지 못한다면 재판 과정에서 다수와 소수, 강자와 약자 등의 이익이 균형 있게 고려되지 못하고 이는 궁극적으로 국민의 기본권이 침해되고 사회 정의 실현이 저해될 수 있는 것이다.

① 법관 임용 기준을 강화한다.
② 법관 선발 경로를 다양화한다.
③ 공정한 법관 평가 체계를 마련한다.
④ 법원 전체의 통일적 양형 기준을 마련한다.
⑤ 대법원장에 의한 법관들의 통제를 강화한다.

▶ 20583-0075

07 (가), (나)에 대한 옳은 설명만을 〈보기〉에서 고른 것은?

> 헌법에 보장된 국민의 기본권이 공권력에 의해 침해되었을 때 이를 구제하기 위한 심판의 유형에는 두 가지가 있다. _____(가)_____ 은/는 공권력의 행사 또는 불행사로 인하여 헌법상 보장된 기본권을 침해받은 자가 청구하는 것이고, _____(나)_____ 은/는 법원에 의하여 법률의 위헌 여부 심판의 제청 신청이 기각된 경우에 그 신청을 한 당사자가 청구하는 것이다.

보기
ㄱ. (가)의 경우 국가 기관도 청구 주체가 될 수 있다.
ㄴ. 다른 법률에 구제 절차가 있는 경우에는 (가)를 청구하기 전에 그 절차를 모두 거쳐야 한다.
ㄷ. (나)는 대통령령, 국무총리령 등도 심판 대상으로 한다.
ㄹ. (나)는 재판의 전제가 된 법률만을 심판의 대상으로 한다.

① ㄱ, ㄴ　　② ㄱ, ㄷ　　③ ㄴ, ㄷ
④ ㄴ, ㄹ　　⑤ ㄷ, ㄹ

단답형 ▶ 20583-0076

08 (가), (나)에 해당하는 주민 참여 제도를 각각 쓰시오.

> (가) 지방 예산 편성 등 예산 과정에 주민이 참여할 수 있는 제도로, 관료 및 집행부 주도의 예산 편성 방식의 한계를 극복하고, 예산 편성의 투명성과 민주성을 확보할 수 있는 제도적 장치이다.
> (나) 지방 자치 단체의 장 및 지방 의회 의원의 위법·부당한 행위, 직권 남용 등이 있을 경우 그에 대해 주민이 직접 통제하고 지방 자치에 관한 주민의 직접 참여의 확대 및 지방 행정의 민주성·책임성의 제고를 목적으로 하는 제도이다.

신유형·수능열기

정답과 해설 **17**쪽

▶ 20583-0077

1 서로 다른 전형적인 정부 형태를 가진 갑국과 을국에 대한 옳은 설명만을 〈보기〉에서 고른 것은?

- 갑국은 의회 의원 선거 결과 제1당이 과반수 의석을 차지하지 못하자 제3당과의 협상을 통해 내각을 구성하였다.
- 을국은 의회 의원 선거 결과 제1당이 과반수 의석 확보에 실패하면서 여당을 견제하고 행정부에 대해 비판할 수 있는 동력이 약화되었다.

┨보기┠
ㄱ. 갑국의 의회는 내각을 해산할 수 없다.
ㄴ. 갑국은 정치적 책임 소재가 불분명할 수 있다.
ㄷ. 을국은 국가 원수와 행정부 수반의 소속 정당이 다를 수 있다.
ㄹ. 을국은 여소야대로 인해 안정적인 국정 운영이 곤란할 수 있다.

① ㄱ, ㄴ ② ㄱ, ㄷ ③ ㄴ, ㄷ
④ ㄴ, ㄹ ⑤ ㄷ, ㄹ

▶ 20583-0078

2 헌법 기관 A~D에 대한 설명으로 옳지 **않은** 것은?

정부는 A의 주재로 B를 열어 각종 현안을 심의하고 처리하였다. 이번 심의 안건 중 가장 눈에 띄는 것은 행정 전반에 대한 감시와 통제를 주 기능으로 하는 C의 장(長)으로 내정된 갑에 대한 심의 건이었으며, 심의가 완료된 건에 대해 임명권자인 A의 재가를 거쳐 D에 갑의 인사 청문요청안을 보내기로 하였다.

① B는 행정부의 최고 심의 기관이다.
② C는 국가의 세입·세출에 대한 결산 검사를 담당한다.
③ A는 B의 심의 결과를 반드시 따를 필요는 없다.
④ C의 장을 임명하기 위해 인사 청문회를 하는 것은 D의 권한 중 국정 통제 권한에 해당된다.
⑤ D가 임명에 동의하지 않더라도 A는 갑을 C의 장으로 임명할 수 있다.

▶ 20583-0079

3 A, B에 대한 설명으로 옳은 것은?

세계 여러 나라의 정부 형태는 그 나라가 처한 역사적 상황 등에 따라 달리 나타나지만, 전형적인 정부 형태는 크게 A와 B로 구분된다. 우리나라는 제헌 헌법에서 A를 기반으로 하면서도 B의 요소를 가미한 정부 형태를 출범시켰고, 도중에 헌법 개정을 통해 몇 차례의 정부 형태 변화를 겪기도 했지만 현재는 다시 제헌 헌법에서 나타났던 것과 동일한 구조의 정부 형태를 취하고 있다.

① A는 의회 의원의 각료 겸직을 허용한다.
② B는 행정부 수반에게 법률안 거부권을 부여한다.
③ A와 달리 B는 입법부와 행정부 간 정치적 대립을 신속하게 해결할 제도적 수단이 미비하다.
④ '입법권은 국회에 속한다.'라는 우리나라 헌법 조항은 우리나라 정부 형태가 가진 A의 요소를 보여 준다.
⑤ 국무총리 제도는 우리나라 정부 형태가 가진 B의 요소에 해당한다.

▶ 20583-0080

4 국회의 입법 절차에 대한 설명으로 옳지 **않은** 것은?

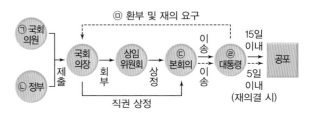

① ㉠은 국회 의원 10인 이상 혹은 국회의 위원회를 의미한다.
② ㉡이 법률안을 제출하기 위해서는 국무 회의의 심의를 거쳐야 한다.
③ ㉢이 법률안을 의결하기 위해서는 재적 의원 과반수의 찬성이 필요하다.
④ ㉣이 공포한 법률안은 특별한 규정이 없는 한 공포 후 20일을 경과함으로써 효력을 발휘한다.
⑤ ㉤의 절차를 거친 법률안을 재의결하면 그 법률안은 바로 법률로서 확정된다.

▶ 20583-0081

5 밑줄 친 ㉠~㉤에 대한 설명으로 옳지 <u>않은</u> 것은?

□□국과의 교류·협력에 관한 ㉠ 조약 비준에 대한 동의 안 처리 이후 한동안 순항하던 국회 ㉡ 임시회가 여야의 주장이 대립되는 가운데 정처 없이 표류하는 양상이다. 여당은 민생 현안 관련 법안, 특히 정부가 제출한 ㉢ ○○ 법 일부 개정안의 처리에 집중하자는 입장인 반면, 야당 은 △△ 사건에 대해 특별 ㉣ 위원회를 구성하고 ㉤ 국정 조사를 실시하는 것이 우선이라는 입장을 보이고 있는 것 이다.

① ㉠의 과정을 거친 조약은 법률과 동일한 효력을 가진다.
② ㉡은 대통령의 요구에 의해서도 소집될 수 있다.
③ ㉢은 국무 회의의 심의를 반드시 거쳐야 한다.
④ ㉣은 국회 의원 20인 이상으로 구성된다.
⑤ ㉤은 특정한 국정 사안에 대하여 조사하는 것이다.

▶ 20583-0082

6 법률안 제출 방식 (가), (나)에 대한 옳은 설명만을 〈보기〉 에서 고른 것은?

〈최근 접수 의안〉

	의안 번호	의안명	제안자 구분	제안일	소관위
(가)	****	A법 일부 개정 법률안 (○○○ 의원 외 27명)	의원	2020. **.**.	△△위원회
(나)	****	B법 일부 개정 법률안	정부	2020. **.**.	◇◇위원회
…					

◀ 보기 ▶
ㄱ. (가)는 국무 회의의 심의를 거쳐야 한다.
ㄴ. (나)는 전형적인 대통령제에서는 불가능한 방식이다.
ㄷ. (가)와 (나)의 의결 정족수는 같다.
ㄹ. 국회 의결 이후 대통령의 거부권 행사 가능성이 높은 것은 (가)보다 (나)이다.

① ㄱ, ㄴ ② ㄱ, ㄷ ③ ㄴ, ㄷ ④ ㄴ, ㄹ ⑤ ㄷ, ㄹ

▶ 20583-0083

7 표에 나타난 갑국의 정치 상황에 대한 분석 및 추론으로 옳은 것은? (단, 갑국은 전형적인 정부 형태를 채택하고 있으 며, t+2 시기가 되면서 정부 형태가 변경되었다.)

시기	정당별 의석률(%)				행정부 수반 소속 정당
	A당	B당	C당	D당	
t	51	12	30	7	C당
t+1	58	23	10	9	A당
t+2	45	28	16	11	A당

① t 시기의 행정부 수반은 의회에서 선출되었을 것이다.
② t 시기에 비해 t+1 시기에 행정부와 의회 간의 갈등 가 능성이 높다.
③ t 시기에 비해 t+1 시기에 행정부 수반의 법률안 거부 권 행사 가능성이 높다.
④ t+1 시기에 비해 t+2 시기에 정국 불안이 초래될 가 능성이 높다.
⑤ t+1 시기에 비해 t+2 시기에 다수당의 횡포가 나타날 가능성이 높다.

▶ 20583-0084

8 그림은 형사 재판의 단계를 나타낸 것이다. 이에 대한 설 명으로 옳은 것은?

① ㉠은 항고이다.
② 1심에서 1명의 판사가 심리하였다면 A 법원은 고등 법 원이다.
③ B 법원은 국회 의원 선거의 유무효를 다루는 재판의 1심을 담당한다.
④ A 법원과 달리 B 법원의 법관들은 국회에 의해 탄핵 소추될 수 있다.
⑤ A 법원과 달리 B 법원은 재판의 전제가 된 위법 명령· 규칙 및 처분에 대한 심사권을 가진다.

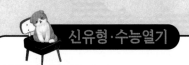
▶ 20583-0085

9 (가)에 해당하는 국가 기관에 대한 옳은 설명만을 〈보기〉에서 있는 대로 고른 것은?

(가)는 자기 낙태죄와 동의 낙태죄를 규정한 형법 269조와 270조에 대해 산부인과 의사 A 씨가 낸 헌법 소원 사건에서 헌법 불합치 결정을 내렸다. 헌법 불합치란 어떤 조항이 위헌성이 있다고 인정하면서도 특정 시점까지는 유효하다고 판단하는 결정으로, 그 시점 이후로 대상 조항이 개정되지 않으면 바로 효력을 잃는다. 따라서 국회는 조속히 해당 조항을 폐지하거나 개정하는 절차를 밟을 것으로 보인다.

┤ 보기 ├

ㄱ. 헌법 재판을 통해 국민의 기본권을 보장한다.
ㄴ. (가)의 장(長)의 임명은 국회의 동의를 얻어야 한다.
ㄷ. 심판 결과에 이의가 있을 경우 재심을 요청할 수 있다.
ㄹ. 국가 기관 및 지방 자치 단체 상호 간의 권한 쟁의에 관한 심판도 담당한다.

① ㄱ, ㄷ　　　② ㄱ, ㄹ　　　③ ㄴ, ㄷ
④ ㄱ, ㄴ, ㄹ　　　⑤ ㄴ, ㄷ, ㄹ

▶ 20583-0086

10 헌법 재판소의 심판 A, B에 대한 설명으로 옳은 것은?

구분	청구 주체	청구 조건
A	법원	법률이 헌법에 위반되는 여부가 재판의 전제가 되는 경우
B	재판 당사자	법률이 헌법에 위반되는 여부가 재판의 전제가 되는 경우

① A의 청구 주체인 법원은 대법원을 의미한다.
② A는 재판 당사자의 신청이 있을 경우에만 법원이 제청할 수 있다.
③ B는 권리 구제형 헌법 소원 심판이다.
④ B의 청구가 기각되면 재판 당사자는 심판을 다시 청구할 수 없다.
⑤ A, B의 심판 결과에 불복할 경우 대법원에 상소할 수 있다.

11~12 사례를 읽고 물음에 답하시오.

• □□시는 도심 재개발 사업의 추진이 제대로 진행되고 있지 않은 상황에서 해당 사업의 중지 여부에 대해 주민 의사를 묻는 A를 실시하기로 하였다.
• ○○군 주민들은 장기간 지속되고 있는 수돗물 공급 이상 사태를 해결하지 못하는 △△△ 군수를 대상으로 지방 공직자를 임기 전에 해임할 수 있는 B를 실시하기 위한 절차를 밟고 있다.

▶ 20583-0087

11 주민 참여 제도 A, B에 대한 설명으로 옳은 것은?

① A는 주민들이 지방 자치에 참여할 수 있는 가장 기본적인 방법이다.
② B는 주민 소환제이다.
③ B는 지방 자치 단체의 중요 정책을 투표로 결정하는 제도이다.
④ A보다 B가 주민의 참여 의식과 책임 의식 제고에 기여한다.
⑤ A와 달리 B는 직접 민주 정치적 제도에 해당한다.

▶ 20583-0088

12 주민 참여 제도 A, B가 지닌 공통적인 특징으로 옳은 것은?

① 지역 이기주의 문제 해결에 도움을 준다.
② 지방 행정의 민주성과 책임성을 제고한다.
③ 지방 자치 단체장이 소신 있게 행정을 펼칠 수 있도록 돕는다.
④ 지방 자치 단체의 의결 기관과 집행 기관 간의 갈등을 조정해 준다.
⑤ 지방 자치 단체의 업무 수행에 있어 능률성과 신속성을 강화하는 역할을 한다.

III 정치 과정과 참여

?

대단원 한눈에 보기

```
                        산출
              투입              환류
                    정치
                    과정            참여        개인적 차원
                                    유형
                                                집단적 차원
소선거구제      중·대선거구제
                                시민의
        선거구제                 정치 참여              개인
                                                        정당
절대 다수 대표제        선거              정치 참여
                대표                      주제        시민 단체
단순 다수 대표제  선출
                방식                                  이익 집단
비례 대표제            우리나라의    대통령 선거      언론
                      주요 선거
                              국회 의원
                              선거
                지방 선거
```

☆ **O1 정치 과정과 시민의 정치 참여**

　① ☐☐☐☐이란 사회의 다양한 문제를 둘러싼 요구가 정책 결정 기구에 투입되어 정책으로 나타나는 모든 과정을 말한다.

☆ **O2 선거와 선거 제도**

　선거구 제도는 한 선거구에서 1인의 대표를 선출하는 ② ☐☐☐☐ 제도와 한 선거구에서 2인 이상의 대표를 선출하는 중·대 선거구 제도가 있다.

☆ **O3 다양한 정치 주체와 시민 참여**

　③ ☐☐과 시민 단체는 공적 이익을 추구한다는 점에서 공통점이 있으며, ④ ☐☐☐☐과 시민 단체는 공직 또는 정권 획득을 목표로 하지 않는다는 점에서 공통점이 있다.

정답 | ① 정치 과정 ② 소선거구 ③ 정당 ④ 이익 집단

● **정치 과정의 이해**

(1) 정치 과정의 의미: 사회의 다양한 문제를 둘러싼 요구가 정책 결정 기구에 투입되어 정책으로 나타나는 모든 과정

(2) 일반적인 정치 과정

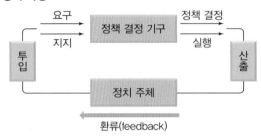

① **투입**: 사회의 다양한 요구가 표출되는 것 ─ 집회나 시위, 서명 운동, 청원 등 다양한 방식으로 나타날 수 있음
② **산출**: 정책 결정 기구가 정책을 수립하고 집행하는 것
③ **환류**: 산출된 정책에 대한 사회의 평가가 재투입되는 것

(3) 정치 과정에 참여하는 주체

① **정책 결정 기구**
- 국가 기관인 입법부, 행정부, 사법부에 속한 기관을 의미함
- 정책 수립과 집행을 통해 사회의 문제를 해결하고 다양한 행위자 간 갈등을 조정함으로써 사회를 유지하는 역할

② **기타 참여 주체** ─ 84쪽 '다양한 정치 주체와 시민 참여' 내용 참고
- 개인, 정당, 이익 집단, 시민 단체, 언론 등
- 다양한 방식으로 자신의 요구를 표출하여 투입이나 환류 과정에 참여

(4) 민주적인 정치 과정

① 시민 개개인 및 다양한 집단의 자유로운 참여
② 다양한 참여를 통한 요구 사항을 정책 결정 기구가 적극적으로 수용하고 반영

● **시민의 정치 참여의 의의와 유형**

(1) 정치 참여의 의미

① 시민들이 정치 과정에 참여하는 것
② 국가 기관의 정책 결정 과정에 영향을 주고자 하는 개인들의 행위

(2) 시민의 정치 참여의 의의

① 대의 민주주의의 한계를 보완하여 국민 주권을 실현함
② 민주주의의 원리인 정치적 평등과 다수 지배의 원리를 실현함
③ 국가 기관이 결정한 정책에 정당성을 부여하여 효율적인 정책 집행이 가능하게 함
④ 시민들의 정치적 효능감을 높여 정치 공동체가 유지될 수 있도록 함
 ─ 자신이 속한 공동체에 자기 의사가 반영된다는 만족감으로 이어져 개개인의 행복과도 연관됨

◉ **정책 결정 기구**
국가 기관인 입법부, 행정부, 사법부에 속한 기관을 의미한다.

◉ **정부**
단순히 행정부만을 의미할 때도 있으나, 여기서는 입법부, 행정부, 사법부를 통칭하는 개념으로 사용하고 있다.

◉ **대의 민주주의**
모든 국민이 직접 의사 결정을 하는 직접 민주주의와 달리 국민들이 선출한 대표자들을 통하여 국가 의사를 결정하는 민주주의를 의미한다. 간접 민주주의라고도 한다.

◉ **정치적 평등**
시민들이 정책 결정 과정에 참여할 수 있는 기회가 동등하게 보장되고 그 영향력도 동등해지는 것이다.

◉ **정치적 효능감**
시민 자신의 정치적 견해와 행동이 정치 과정에 영향을 미칠 수 있다는 믿음을 의미한다.

1 정치 과정의 구체적 사례: '게임 셧다운제'의 시행

전원 고장 등의 이유로 컴퓨터 시스템의 작동이 중지되는 것을 의미하는데, 정치적이나 행정적으로는 '일시적인 업무 중지'를 의미하기도 함

2000년대부터 성장기 청소년의 게임 중독을 막고 건강한 성장을 지원하기 위해 청소년 인터넷 게임 시간을 제한해야 한다는 주장이 다수의 시민들로부터 제기되었다. 이러한 의견들이 반영되어 2011년 4월 국회에서는 16세 미만의 청소년은 자정부터 오전 6시까지 인터넷 게임을 이용할 수 없도록 하는 제도(게임 셧다운제)의 근거가 되는 청소년 보호법 관련 조항을 통과시키고, 그해 11월 20일부터 발효되도록 하였다. 2014년 게임업체 등은 이 법이 청소년의 자유를 지나치게 제한한다는 이유로 헌법 소원 심판을 청구하였으나 헌법 재판소는 합헌 결정을 내렸다. 그러나 그 이후에도 게임 셧다운제가 게임 산업을 위축시키고 청소년의 자유를 과도하게 제한한다는 의견이 줄어들지 않자, 관련 정부 부처에서는 부모 등 친권자가 동의하면 청소년도 심야 시간에 게임을 이용할 수 있게 하는 '부모 선택제'의 시행을 검토중이다.

분석 | 청소년이 심야에 인터넷 게임을 하지 못하도록 해야 한다는 시민들의 주장은 '투입' 과정으로 볼 수 있으며, 게임 셧다운제의 시행은 '산출' 과정, 그리고 과도한 규제라는 게임업체 등의 반발은 '환류' 과정이라고 볼 수 있다. 이 환류는 다시 '투입' 기능으로 작용하여 부모 선택제라는 '산출' 과정을 유발할 수도 있다.

2 '정치적 무관심'을 경계해야 하는 이유

우민(愚民)은 '어리석은 백성'을 뜻함

'3F 정책'은 포르투갈의 총리였던 살라자르가 국민들의 관심을 3F, 즉 Futebol(축구), Fatima(파티마 성모 발현), Fado(파두, 포르투갈 인이 가장 사랑했던 음악)에 집중되도록 함으로써 국민들이 정치에 무관심하도록 유도한 정책을 말한다. 국민적 저항을 무력화하고 국민의 관심을 정치가 아닌 다른 곳에 돌리기 위한 일종의 우민화(愚民化) 정책으로 알려져 있다. 당시 살라자르는 내각의 21% 이상을 교수 등 지식인 출신으로 구성해 '지식인 독재'라는 말까지 생겨났지만, 정작 국민의 40%에 달하는 문맹률을 방치함으로써, 똑똑한 정치인과 무식한 국민의 구도를 만들어 정치를 국민에게서 더욱 멀리하게 만들었다고 한다. 정치를 혐오하고 정치에 무관심하며 스스로를 무지하다 여기는 국민의식을 만들어 버렸기에 살라자르는 36년간의 장기 독재자로 군림하였다.

분석 | 정치적 무관심을 유도하는 우민화 정책은 시민들이 주요 정책 결정 과정에서 배제되게 하는 것이다. 즉, 시민들이 정치 과정 중 '투입'이나 '환류' 과정에 제대로 참여하지 못하게 하는 것이다.

1 밑줄 친 부분에 대한 설명으로 가장 적절한 것은?

2011년 11월부터 청소년의 야간 인터넷 게임 사용을 금지하는 '게임 셧다운제'가 실시된 이후 이에 대한 문제가 제기되어 왔다. 이와 관련하여 게임 산업을 위축시키고 청소년의 자유를 과도하게 제한한다는 의견이 강하게 제기되자, 관련 정부 부처에서는 부모 등 친권자가 동의하면 청소년도 심야 시간에 게임을 이용할 수 있게 하는 '부모 선택제'의 시행을 검토중이다.

① 집단적 정치 참여가 드러나 있다.
② 정책 결정 기구가 나타나 있지는 않다.
③ 게임 셧다운제에 대한 '환류' 과정이다.
④ 게임 셧다운제가 실시되도록 한 '투입' 과정이다.
⑤ 부모 선택제가 실시되도록 하는 '투입' 과정이 나타나 있지 않다.

정답과 해설 ▶ 밑줄 친 부분은 게임 셧다운제가 실시된 이후 이 제도에 대한 불만 등이 제기되고, 거기에 대해 정부 부처(정책 결정 기구)가 대응하는 모습이다. **답** ③

2 밑줄 친 '정책'이 정치 과정에 미칠 영향에 대한 추론으로 옳은 것은?

3S 정책은 스포츠(Sports), 성 풍속(Sex), 영상(Screen)이라는 수단으로 정부에 대한 국민의 불만을 다른 곳으로 돌리려는 정책을 의미한다. 과거 우리나라의 특정 정부가 국민들의 관심을 스포츠와 엔터테인먼트 쪽으로 돌려서 반정부적인 움직임을 무력화시킬 목적으로 시행한 여러 우민화 정책들을 묶어 이르는 표현이다.

① 국민 주권의 실현에 기여한다.
② 신속한 정책 집행을 저해한다.
③ 시민들의 정치적 효능감을 높인다.
④ 정책 결정에 대한 시민의 참여를 저해한다.
⑤ 직접 민주주의의 실현으로 대의 민주주의의 한계를 보완한다.

정답과 해설 ▶ 우민화 정책은 정치권력이 일방적으로 정책을 결정하고 신속하게 집행하기 위한 수단으로 정치 과정에서 시민의 참여를 저해한다. **답** ④

(3) 시민의 정치 참여의 유형

① 개인적 정치 참여
— 대부분의 국가가 대의 민주제를 채택하기 때문에 가장 기본적인 정치 참여 수단이라 볼 수 있음

선거 및 투표 참여	• 각종 선거에서 투표권을 행사하거나 특정 사안에 대한 찬반 의견 등을 표시하는 투표에 참여 • 선거: 일정한 조직이나 집단의 구성원이 그 대표자나 임원을 투표를 통해 뽑는 행위 • 투표: 선거를 하거나 특정 사안에 대한 가부를 결정할 때에 투표 용지에 의사를 표시하여 일정한 곳에 내는 것
공무 담임권 행사	• 공직 선거 등을 통해 공직자가 되거나 국가시험 등에 응시하여 공무원이 될 수 있음 • 공무 담임권: 중앙 정부의 기관이나 지방 자치 단체의 공무원이 되어 공적 업무를 담당할 수 있는 권리
청원 및 의견 제출	• 국가 기관에 문서로 청원하거나 전화, 우편, 전자 우편 등을 통해 의견을 개진하거나 국가 기관 누리집(홈페이지)에 의견 개진 • 청원: 국민이 국가 기관에 일정한 사항에 대한 자신의 의견이나 희망을 문서로 제출하는 것. 우리나라 헌법 제26조에서는 국민의 청원권을 규정하고 있음
서명 운동	구체적인 사안에 대하여 찬반 의견 등을 표출할 수 있는 서명 운동에 동참
집회 및 시위 참여	• 구체적인 사안에 대한 집회나 시위에 동참 • 집회(集會): 여러 사람이 특정한 공동의 목적을 위하여 모이는 것 • 시위(示威): 요구 조건을 관철시키기 위해서 많은 사람들이 무리 지어 공개적인 장소에서 자신들의 주장을 펴는 행위, 위력이나 기세를 드러내는 행위
기타	누리 소통망(SNS) 및 누리방(blog) 등에 의견 개진, 인터넷 기사 댓글 달기 등

② 집단적 정치 참여
— 집단적 정치 참여의 수단이 될 수도 있음. 예를 들어 정당, 이익 집단, 시민 단체에 가입하여 그 집단이 주체가 되어 실행할 수 있음

• 정당, 이익 집단, 시민 단체 등의 구성원이 되어 그 집단의 활동에 참여
• 개인적인 정치 참여 방식보다 지속성이 더 높은 편이며, 목적 달성에도 더 효과적일 수 있음

(4) 정치 참여의 바람직한 태도

① 주인 의식을 발휘하여 자발적이고 능동적으로 참여함
② 공익에 대한 고려와 관용적 태도로서 집단 이기주의를 경계하고 타인의 입장과 견해를 존중하는 태도를 가짐
③ 대화와 토론 등 민주적인 방법과 절차를 존중하는 태도가 필요함
④ 정치적 무관심의 폐해를 인식하고 정치에 관심을 가져야 함
⑤ 합법적이고 민주적인 절차를 준수해야 함 — 정치에 대한 무관심은 자신의 삶을 파괴하는 결과로 돌아올 수 있음
└ 법 자체가 부당한 악법인 경우에는 그 법을 어기고 소위 '저항권'을 행사하며 참여하기도 함

◉ 시민의 정치 참여와 정치 문화
정치 문화란 한 사회의 다수 구성원이 자신들의 정치 체제에 관하여 공유하고 있는 신념, 감정, 태도를 의미한다. 정치학자 알몬드(Almond, G.)와 버바(Verba, S.)는 정치 문화를 다음과 같이 세 가지로 구분하면서 민주적인 사회일수록 '참여형 정치 문화'가 형성된다고 보았다.

향리형 정치 문화	개인들이 정치와 정부가 하는 일에 관심을 두지 않는 상태. 개인들이 스스로 정치와 관련 있다고 보지 않음
신민형 정치 문화	구성원들이 정치 과정과 그 산물인 정책에 대해 알지만 정치 과정에 자신들의 요구를 투입하려는 태도는 부족한 상태. 개인들은 자신을 스스로 적극적인 정치 참여자로 인식하지 않고 정책 집행, 지시 또는 정치적 동원의 대상으로만 간주함
참여형 정치 문화	개인들이 정치 체제의 투입과 산출 과정을 잘 알고 자신들의 역할에 적극적인 태도를 보임

◉ '대화와 토론' 그리고 '다수결 원칙'
가장 많은 사람의 의견에 따라 공동체 문제의 해결 방안을 결정하는 원칙인 '다수결 원칙'은 민주적 의사 결정 방식이다. 그러나 이 원칙이 정말 민주적인 방식이 되려면 다수의 의견이 무엇인지 물어보는 투표 등을 하기 전에 반드시 그 사안에 대한 공동체 구성원들의 대화와 토론이 전제되어야 한다. 어떤 사안에 대한 대화와 토론이 없으면 구성원들이 잘 알지도 못하는 사안에 대해 투표를 하게 되어 실제로는 구성원들에게 도움이 되지 않는 결론을 초래할 수도 있기 때문이다.

③ 개인적 정치 참여

개인 차원에서 '청원 및 의견 제출'을 한 것임

○○여고 1학년생인 갑은 교내 화장실에 변기 뚜껑이 없어 위생 등에 문제가
있다고 보고, 학교에 변기 뚜껑을 설치해 줄 것을 건의하였으나 학교는 예산이
없다는 등의 이유로 해결해 주지 않았다. 이에 갑은 청와대 국민 청원 홈페이
지와 지역 교육 지원청 홈페이지 등에 관련 내용을 올려 도움을 요청하였다.
불과 한 주가 지나기도 전에 지역 교육 지원청은 각 학교에 예산을 지원하여
화장실 위생을 개선하겠다는 내용의 메일을 보내왔고, 한 달 내에 ○○여고 화
장실에는 변기 뚜껑이 설치되었다.

분석 | 위 사례는 개인의 정치 참여는 작은 것에서부터 실천할 수 있음을 보여 준다. 한 여고
생이 온라인으로 제출한 '청원 및 의견'이 여러 학교의 화장실 위생을 개선하는 '산출'
을 이끌어낸 것이다. 개인들이 '투입' 과정에 참여하여 의미있는 '산출' 과정을 경험하
는 것은 개인에게 정치적 효능감을 느끼도록 하여 더 활발한 정치 과정이 일어날 수
있게 한다.

④ 집단적 정치 참여

노동자의 이익을 도모하는 이익 집단에 해당함

□□ 기업에 입사한 이 모 씨는 입사한 지 얼마되지 않아 같은 부서의 부장으
로부터 모욕적인 발언과 심지어 성추행에 가까운 경험까지 하였다. 이러한 피
해를 다른 상사나 직원들에게 호소해 보았으나 상황은 쉽게 개선되지 않았다.
그러던 중 회사에 노동조합이 있다는 사실을 깨닫고 노동조합에 가입하여 자신
이 겪은 일들에 대해 얘기하였다. 이에 노동조합은 회사에 이 모 씨의 사안을
공식적으로 문제 제기하며 재발 방지를 요구하였고, 회사는 해당 부장에게 경
고 조치를 하여 관련 문제를 완전히 해결하였다.

분석 | 위 사례는 개인적으로 해결하기 어려운 일을 '노동조합'이라는 집단을 통해 해결한 사
례이다. 정치 참여란 반드시 국가적 차원의 정책 결정에 참여하는 것만을 의미하지 않
는다. 자신이 속한 공동체의 문제를 해결하는 것은 모두 일종의 정치 참여라고 볼 수
있다.

③ 다음은 수업 시간의 판서 내용이다. 수업
주제로 가장 적절한 것은?

> • 선거 및 투표 참여
> • 공직 선거에 출마
> • 집회 및 시위 참여
> • 공공기관 홈페이지에 민원 글 게시

① 정치 참여의 의의
② 정책 결정의 절차
③ 집단적 정치 참여 방법
④ 정치 과정에 참여하는 주체
⑤ 개인적 차원의 정치 참여 수단

정답과 해설 ▶ 제시된 내용은 모두 개인적 차원에
서 정치에 참여할 수 있는 방법들이라는 공통점이
있다. 집회 및 시위에는 집단을 통해 참여할 수도
있지만 개인 자격으로도 참여할 수 있다. **답** ⑤

④ 다음 사례가 시사하는 바로 가장 적절한
것은?

> 최근 ○○ 지역으로 이사한 김 모 씨는 저
> 렴한 케이블 TV 상품에 가입하려 하였다.
> 그러나 그 지역에서 독점 사업자로 운영
> 중인 케이블업체는 가장 저렴한 것이 50
> 개 채널을 볼 수 있는 월 2만 원짜리 상품
> 이라고 하였다. 김 씨는 더 저렴한 상품을
> 요구하였으나 소용없었다. 김 씨가 시민
> 단체에 이러한 사실을 호소하자, 시민 단
> 체는 관련 정부 기관에 문의해 주겠다고
> 하였다. 며칠 뒤에 정부 기관으로부터 전
> 화가 왔고, 곧바로 해당 케이블업체에서
> 월 5,500원에 가입할 수 있는 상품이 있다
> 는 연락을 했다.

① 개인의 문제는 정치적으로 해결할 수 없다.
② 이익 집단을 통한 정치 참여는 공익을 저
  해한다.
③ 개인의 의견은 정책 결정에 영향을 미칠
  수 없다.
④ 선거 참여율이 저조하면 선출직 공직자
  의 대표성이 떨어진다.
⑤ 공익을 추구하는 집단을 활용하여 개인
  의 문제를 해결할 수도 있다.

정답과 해설 ▶ 제시된 사례는 개인이 겪은 문제를
시민 단체를 통해 해결한 모습이다. **답** ⑤

저절로 암기   ☐ 1회 (/) ☐ 2회 (/) ☐ 3회 (/)

01~04 빈칸에 알맞은 말을 쓰시오.

01 _____은/는 사회의 다양한 문제를 둘러싼 요구가 정책 결정 기구에 투입되어 정책으로 나타나는 모든 과정이다.

02 _____은/는 사회의 다양한 요구가 표출되는 것이다.

03 _____은/는 정책 결정 기구가 정책을 수립하고 집행하는 것이다.

04 _____은/는 산출된 정책에 대한 사회의 평가가 재투입되는 것이다.

05~09 다음 내용이 옳으면 ○표, 틀리면 ×표 하시오.

05 시민들의 정치 참여는 대의 민주주의의 한계를 보완하고 국민 주권을 실현하는 효과가 있다. ( )

06 시민들의 정치 참여는 정치적 평등의 원리와 다수 지배의 원리를 실현하는 효과가 있다. ( )

07 시민들의 정치 참여는 국가 기관이 결정한 정책의 정당성을 약화시켜 정책 집행의 효율성을 떨어뜨린다. ( )

08 시민들의 정치 참여는 시민들의 정치적 효능감을 높이는 효과가 있다. ( )

09 선거에 참여하는 것, 공무원이 되는 것, 정책 관련 기사에 댓글을 다는 것은 모두 개인적 차원에서 정치에 참여하는 방법이 될 수 있다. ( )

정답
01 정치 과정 **02** 투입 **03** 산출 **04** 환류
05 ○ **06** ○ **07** × **08** ○ **09** ○

오답 체크 Tip
07 시민들의 정치 참여는 국가 기관이 결정한 정책의 정당성을 강화시켜 정책이 효율적으로 집행되도록 하는 효과가 있다.

▶ 20583-0089
01 A~C는 정치 과정과 관련한 개념이다. 이에 대한 설명으로 옳은 것은?

- A: 사회의 다양한 요구가 표출되는 것
- B: 정책 결정 기구가 정책을 수립하고 집행하는 것
- C: 산출된 정책에 대한 사회의 평가가 재투입되는 것

① 입법부는 A의 주체이며, 시민은 B의 주체이다.
② 정치적 무관심이 심할수록 B보다 A의 과정이 뚜렷하게 나타난다.
③ A 과정에서 지지를 많이 받는 정책일수록 B가 신속하게 이루어질 수 있다.
④ C는 A에 영향을 주지 못한다.
⑤ 언론의 자유가 제한될수록 A, C의 기능이 활발해진다.

▶ 20583-0090
02 기사에 나타난 정치 과정에 대한 설명으로 옳은 것은?

홍콩 시민들, 대규모 집회 "△△법안 철폐해야"

홍콩 시민들의 대규모 집회가 오늘 열렸다. 홍콩 시민들은 △△법안을 완전히 철폐해야 한다고 주장했다. 참가자들은 주최 측의 안내에 따라 검은 옷을 주로 입고 나왔고, 홍콩인들의 저항의 상징물인 우산도 펼쳤다.

① 환류 및 투입 과정이다.
② 시민 단체를 통한 정치 참여이다.
③ △△법안은 다수 시민의 요구에 의해 마련되었다.
④ 정책 결정 기구의 최종적인 정책 결정이 나타나 있다.
⑤ 시민들은 이익 집단의 공익 저해 행위를 비판하고 있다.

Educational Broadcasting System

03~04 다음 기사를 읽고 물음에 답하시오.

> **정부 관계 부처 합동 '여름철 물놀이 안전 대책' 발표**
>
> 행정안전부, 해양수산부, 문화체육관광부, 환경부, 교육부, 해양경찰청, 소방청 등 정부 관계 부처는 본격적인 여름철 물놀이 시기를 맞아 물놀이 사고 및 인명 피해 최소화를 위한 여름철 물놀이 안전 종합 대책을 13일 발표했다.

단답형   ▶ 20583-0091

03 위 상황은 투입, 산출, 환류 중 어떤 정치 과정에 해당하는지 쓰시오.

서술형   ▶ 20583-0092

04 03과 같이 판단한 근거를 다음 단어를 사용하여 서술하시오.

> 정책 결정 기구

                                                     ▶ 20583-0093

05 표는 특정 정책의 결정 과정을 순서대로 나타낸 것이다. 밑줄 친 ㉠~㉤에 대한 옳은 설명만을 〈보기〉에서 고른 것은?

순서	내용
(1)	시민들의 ㉠ 불만 표출
(2)	○○당: 국민 불만 해결을 위한 ㉡ 공식 당론 결정
(3)	㉢ 국회 의결
(4)	A 협회: ㉣ 반대 입장 표명 B 단체: ㉤ 지지 의견 표명

보기

ㄱ. 집회와 달리 청원은 ㉠의 수단이 될 수 없다.
ㄴ. ㉡은 산출 단계에 해당한다.
ㄷ. ㉢은 정책 결정 기구의 정책 결정 과정이다.
ㄹ. ㉣, ㉤은 환류 과정이다.

① ㄱ, ㄴ   ② ㄱ, ㄷ   ③ ㄴ, ㄷ
④ ㄴ, ㄹ   ⑤ ㄷ, ㄹ

06~07 다음은 정치 과정의 한 사례를 순서대로 나타낸 것이다. 이를 읽고 물음에 답하시오.

> 정부: 약국에서 한약을 조제할 수 있도록 허용하는 △△법 개정안 입법 예고
> ○○○ 협회: ㉠ △△법 개정안 반대 시위
> 정부: ○○○ 협회 측의 의견을 반영한 '한방 의료 발전 방안'과 '△△법 재개정 추진 계획' 발표
> 대한 □□회: ㉡ △△법 제·개정 추진에 항의하여 영업 시간 단축 후, 3일간 한시적으로 집단 휴업 강행 결의
> 정부: 집단 휴업 강행 시 약국 이외의 장소에서도 가정용 상비 의약품의 판매를 허용하겠다고 발표
> 시민 단체: ㉢ 한약 분쟁 조정 위원회를 결성하여 합의안 마련
> 대한 □□회: 합의안 무효화 선언, 집단 휴업 돌입
> 정부: 여론을 바탕으로 대한 □□회에 강경 대응
> 대한 □□회: 여론을 수렴하여 휴업 조기 철회
> 정부: ㉣ 한약사 제도를 포함한 최종 수정안 확정

                                                     ▶ 20583-0094

06 정치 참여와 관련하여 위 사례를 옳게 이해한 학생만을 〈보기〉에서 고른 것은?

보기

갑: 선거를 통한 정치 참여가 나타나 있네.
을: 집단적 정치 참여 사례가 나타나 있어.
병: 집회를 통한 정치 참여 사례가 나타나 있군.
정: 이익 집단의 사익 추구는 민주주의에 위배되는 행동이야.

① 갑, 을   ② 갑, 병   ③ 을, 병
④ 을, 정   ⑤ 병, 정

                                                     ▶ 20583-0095

07 밑줄 친 ㉠~㉣에 대한 설명으로 옳은 것은?

① ㉠의 주체는 시민 단체이다.
② ㉡은 정책 결정 기구에 의한 산출 과정이다.
③ ㉣은 환류의 과정을 거치지 않은 정책이다.
④ ㉠, ㉡은 모두 정책에 대한 환류 과정이다.
⑤ ㉢과 달리 ㉣은 투입 과정이다.

● 선거의 의미와 기능

(1) 선거의 의미

① 국민이 자신을 대표하여 국가를 운영할 공직자를 투표로 뽑는 행위

② 대의 민주주의에서 국민이 정책 결정에 참여하는 가장 기본적인 행위

(2) 선거의 의의와 기능

① **국민 주권 실현**: 선거에 국민이 직접 참여함으로써 국민 주권 의식 신장

② **대표자 및 정치권력에 대한 통제**: 선거를 통해 대표자를 재신임하거나 책임을 물어 교체함

③ **정책 결정에 정당성과 권위 부여**: 합법적인 선거 절차를 통해 국민의 지지를 얻어 구성된 정치권력은 정당성과 권위를 가짐

④ **정치 교육의 장을 제공**: 선거 과정을 통해 국민들은 다양한 현안과 공약을 이해하고 정치 참여의 중요성을 인식할 수 있음

(3) 민주 선거의 4대 원칙

원칙	의미
보통 선거	재산, 교육 수준, 성별 등을 이유로 선거권을 제한하지 않고 일정한 나이에 달한 모든 국민에게 선거권 부여
평등 선거	모든 유권자에게 동등한 투표권을 부여하고, 투표 가치에 차등을 두지 않는 표의 등가성 실현 ┌ 예를 들어, 동일한 투표권자인데 어떤 사람은 2표를 행사할 수 있고, 어떤 사람은 1표만 행사할 수 있다면 평등 선거에 위배됨
직접 선거	유권자가 직접 대표를 선출하는 것
비밀 선거	투표자의 투표 내용을 타인이 알 수 없게 하는 것

┌ 특수한 경우에는 공개 투표를 한다고 해서 비민주적이라고 단정할 수 없음. 예를 들어, 특정 법안에 대해 국회 의원들이 실명을 밝혀 투표하게 하더라도 비민주적이라고 볼 수 없음

● 선거 제도의 유형과 특징

(1) 선거구 제도

① **선거구**: 대표자를 선출하는 지역적 단위

② **종류**: 소선거구제, 중 · 대선거구제

• **소선거구제** ┌ 1명을 선출하는 방식은 단순(상대) 다수 대표제, 절대 다수 대표제 등으로 분류할 수 있음

의미	한 선거구에서 1인의 대표 선출
특징	• 다수당에 유리하여 양당제를 촉진함 • 지역적 인물의 당선 가능성이 높음
장점	• 군소 정당의 난립을 막아 정국 안정에 유리함 • 선거구당 후보자 수가 적어 유권자의 후보자 파악이 용이함 • 한 선거구의 범위가 좁기 때문에 선거 관리와 선거 운동에 대한 감시와 단속이 편리함
단점	• 여러 후보자 중 한 사람만 당선되기 때문에 사표(死票)가 많이 발생함 • 정당별 득표율과 의석률의 불일치가 심하여 과대 대표, 과소 대표의 문제가 발생하기도 함 • 주요 정당 후보에게 유리하여 소수당이나 신인 정치인의 의회 진출에 불리함

● **비밀 선거와 비밀 투표**

비밀 선거를 하지 않고 공개 선거, 즉 누가 어떤 후보자에게 표를 주었는지 밝히는 것은 비민주적인 선거라고 할 수 있다. 그러나 비밀 투표가 아닌 공개 투표인 경우에는 그 자체만으로 비민주적이라고 말하기 어렵다. 예를 들어, 국회 의원들이 특정 정책에 대한 찬반 투표를 할 때 공개 투표를 하는 것은 오히려 국민의 알 권리를 보장하면서도 민주적인 투표로 볼 수 있다.

● **사표(死票)**

유효한 투표이나 낙선자를 찍어 대표자 당선에 영향을 미치지 못한 표를 의미한다.

● **과대 대표와 과소 대표**

특정 정당이 얻은 득표율에 비해 그 정당이 얻은 의석률이 클 경우 그 정당을 지지하는 유권자들의 의사가 과대 대표되었다고 표현하고, 그 정당이 얻은 득표율에 비해 그 정당이 얻은 의석률이 작을 경우에는 유권자들의 의사가 과소 대표되었다고 표현한다.

1 선거와 정치권력의 정당성

1960년 3월 15일에 실시된 대통령 및 부통령 선거는 우리나라의 대표적인 부정 선거로 알려져 있다. 당시 내무부 장관은 일선 경찰서장을 연고지 중심으로 재배치하는 대대적인 인사를 단행하고, 전국 시 · 읍 · 면 · 동 단위로 공무원 친목회를 조직하는 등 득표를 위한 활동을 지시하였다. 이 밖에도 다음과 같은 구체적인 부정 선거 방법을 극비리에 지시했다. 40% 사전 투표, 3인조 또는 5인조 공개 투표(한 조에 경찰 등 공무원 1인 반드시 투입), 완장 부대 활용, 야당 참관인 축출 등을 통해 이승만과 이기붕의 득표율을 모두 85%까지 끌어올린다는 것이었다. 어찌나 부정이 심했던지 막상 개표가 시작되자 자유당 득표율이 99%에 달하는 결과가 나왔다. 이에 당황한 내무부 장관은 "이승만 찬성표는 80%, 이기붕은 70% 선으로 조정하라."는 지시를 내려 최종적으로는 이승만 88.7%, 이기붕 79.2% 득표율로 당선되었다고 발표하였다.

분석 | 제시된 사례는 소위 '3 · 15 부정 선거'이다. 이 선거는 결국 극렬한 국민 저항을 받아 4 · 19 혁명으로 이어졌고, 자유당 정권이 붕괴되는 결과를 초래하였다. 당시 자유당 정부가 이렇게 선거를 조작한 것은 역설적으로 '선거가 바로 정권의 정당성을 담보한다.'는 사실 때문이다. 선거를 통해 선출되고 지지받은 정권만이 그 정당성을 인정받아 원활한 국정 수행을 할 수 있기 때문이다.

2 우리나라의 소선거구제가 미치는 영향

〈국회 의원 선거에서 주요 정당의 득표율과 의석률〉

분석 | 위 자료는 우리나라의 소선거구제가 미치는 영향을 뚜렷하게 보여 준다. 득표율과 의석률에서 현저한 차이가 나는 경우가 많은 것은 한 선거구에서 한 명의 당선자만을 배출하기 때문에 당선자가 아닌 후보에게 준 표는 모두 사표가 되어 의석률에 반영되지 못하기 때문이다. 최근에는 이러한 문제점에 대한 인식이 확산되면서 중 · 대선거구제로 바꾸거나 비례 대표제의 비중을 늘리는 방향으로 개선해야 한다는 주장이 점점 커지고 있다.

1 다음은 수업 시간에 판서한 내용이다. 수업 주제로 가장 적절한 것은?

• 국민 주권 의식 신장
• 정치 교육의 장을 제공
• 대표자 및 정치권력에 대한 통제
• 정책 결정에 정당성과 정권에 권위 부여

① 선거의 기능
② 민주 선거의 원칙
③ 우리 나라의 주요 선거
④ 정치 참여 방법의 유형
⑤ 다양한 정치 참여 주체

정답과 해설 ▶ 선거에 참여하는 과정에서 국민 주권 의식이 신장되고, 공동체 문제에 관심을 가지게 됨으로써 정치 교육의 장으로 기능하기도 한다. 또한 선거는 정책 결정에 대한 정당성과 정치인에 대한 권위를 부여함과 동시에 그들을 통제하는 기능도 있다. **답 ①**

2 다음의 선거구제에서 나타나는 일반적인 특징이 아닌 것은?

한 선거구에서 1인의 대표를 선출하는 제도

① 사표(死票)가 많이 발생하는 경향이 있다.
② 군소 정당의 난립을 막아 정국 안정에 유리하다.
③ 소수당이나 신인 정치인의 의회 진출에 불리하다.
④ 선거구당 후보자 수가 적어 유권자의 후보자 파악이 용이하다.
⑤ 정당 득표율과 의석률의 비례성이 높은 편이어서 과대 대표, 과소 대표의 문제가 나타나지 않는다.

정답과 해설 ▶ 제시된 선거구제는 소선거구제이다. 소선거구제는 일반적으로 정당 득표율과 의석률의 불일치가 심하여 과대 대표, 과소 대표의 문제가 흔히 지적된다. **답 ⑤**

• 중 · 대선거구제

의미	한 선거구에서 2인 이상의 대표 선출
특징	• 소수당에 유리하여 다당제를 촉진함 • 선거구가 넓어 전국적으로 지명도가 있는 인물에게 유리함
장점	• 여러 후보 중 2인 이상이 당선되기 때문에 사표가 적음 • 후보자 선택의 폭이 넓어 국민의 다양한 의사가 반영됨
단점	• 군소 정당의 난립 시 정국 불안정이 우려됨 • 한 선거구의 범위가 넓기 때문에 후보자의 선거 비용이 많이 듦 • 선거구당 후보자가 많아 유권자의 후보자 파악이 어려움 • 동일 선거구 내의 당선자 간 득표율의 차이로 동일 선거구 내에서 투표 가치의 차등 문제가 발생할 수 있음

(2) 대표 결정 방식

① 다수 대표제

• 선거구 내에서 다수 득표자가 대표로 선출되는 제도 ┌ 소선거구제와 결합됨
• 선거구 내 후보자 중에서 1인이 당선되는 경우 1인 선출 다수 대표제, 2인 이상이 당선되는 경우 다수 선출 다수 대표제가 됨
• 당선 방식은 단순 다수 대표제와 절대 다수 대표제로 구분할 수 있음 ┌ 중 · 대선거구제와 결합됨

구분	의미	특징
단순 다수 대표제 (상대 다수 대표제)	유효 투표 중 가장 많은 표를 획득한 후보자가 당선되는 방식	• 당선자 결정이 쉽고 간편함 • 사표가 상대적으로 많이 발생함
절대 다수 대표제	┌ 절반을 넘는 수 유효 투표의 과반수를 획득한 후보자가 당선되는 방식	• 당선자의 대표성이 높아짐 • 단순 다수 대표제에 비해 선거 비용이 증가함 • 일반적인 절대 다수 대표제의 주요 방식으로 결선 투표제와 선호 투표제가 있음

② 비례 대표제

의미	각 정당의 유효 득표 비율에 따라 의석을 배분하는 제도
목적	대표 선출에 있어 유권자의 의사를 의회 의석에 정확하게 반영하고자 함
장점	• 사표 발생을 최소화하고, 정당의 득표율과 의석률을 최대한 일치시킬 수 있음 • 국민의 다양한 의사가 그 세력에 비례하여 의회 구성에 반영됨 • 소수당의 의회 진출 가능성을 높일 수 있음 • 정당 중심 정치를 구현할 수 있음 ┌ 인물에 대한 선호가 아니라 정당의 정책에 기반한 정치 과정이 일어나게 됨
단점	• 의석 배분 방식이 복잡함 • 군소 정당의 난립으로 정국이 불안정하게 될 우려가 있음 • 당선자가 국민의 대표가 아닌 정당의 대표로만 기능할 우려가 있음

◉ **다당제**
경쟁할 수 있는 정당이 3개 이상 유지되도록 운영되는 정당 제도이다.

◉ **결선 투표제**
1차 투표에서 과반수를 획득한 득표자가 나오지 않으면 일반적으로 1, 2위 득표자를 대상으로 2차 투표를 하여 과반수를 얻은 후보자를 당선시키는 제도이다.

◉ **선호 투표제**
선거인이 지지 후보 1명만 찍는 것이 아니라 출마한 후보 모두를 지지하는 순서대로 기표하는 방식이다. 투표 완료 후 1순위 개표에서 과반수 득표자가 나오면 간단하게 당선자가 확정되지만, 과반수 득표자가 없을 경우 최하위 후보를 제거하고 최하위 후보의 표에 2순위로 기표한 후보자에게 그 표를 주고 재집계한다. 그렇게 해도 과반수 득표자가 나오지 않을 경우 끝에서 2번째 후보의 2순위 표를 같은 방식으로 배분해서 재집계한다.

◉ **우리나라의 비례 대표제**
과거 우리나라는 지역구 후보자에 대한 투표를 정당에 대한 투표로 간주하고 각 정당의 득표율에 비례하여 의석을 배분하였다. 그러나 이것은 유권자의 직접 투표를 통해 비례 대표 의원의 당선자를 결정하지 않았다는 점에서 직접 선거의 원칙을 위반하고, 지역구 선거에서 정당 소속이 아닌 무소속 후보에게 투표한 유권자는 비례 대표 선거에 참가하지 못하는 결과를 초래하므로 평등 선거의 원칙도 위반했다고 헌법 재판소는 결정하였다. 이러한 점을 개선하여 현재는 비례 대표 의원을 선출하기 위한 정당 투표를 별도로 하고 있다.

③ 중·대선거구제 도입이 쉽지 않은 이유

중·대선거구제는 득표율과 의석률 간의 비례성을 높여 주어 사표를 적게 하며, 지역주의를 극복하는 데도 기여한다는 점에서 장점이 있다. 하지만 중·대선거구제가 선택받지 못하는 이유는 그만큼 단점도 많기 때문이다. 대표적인 것이 소지역주의다. 여러 행정 구역이 묶인 선거구 내에서 각각의 지역이 대립하는 상황이 발생한다는 의미이다. 즉, 소선거구제하에서 있었던 지역 갈등은 완화되겠지만, 더 작은 단위의 지역주의가 유발될 수 있는 것이다. 또, 중·대선거구제는 같은 정당에서 두 명 이상의 후보자가 중복으로 입후보하는 것도 가능해지기 때문에, 중복 입후보를 허용할 경우 정책 대결보다는 인물 중심의 선거 문화가 나타날 수 있다. 이는 같은 당 후보들과 경쟁하게 하여 당 내부에 파벌 형성을 강화하고 파벌 보스와 소속 의원의 수직적인 관계를 만들어 낼 수 있다. 정당 내부에 파벌이 득세하면 이념과 정책을 둘러싼 갈등은 파벌 간의 소모적 대립으로 바뀔 수 있다. _{이런 문제를 방지하기 위해 중·대선거구제를 시행하면서도 한 정당에서는 한 명만 입후보하도록 하는 규정을 둘 수도 있음} 2019년 현재 우리나라는 지방 선거에서 기초 의원의 경우 1개 선거구에서 2~4인을 선출하는 중·대선거구제를 실시 중이다.

분석 | 우리나라는 지난 1973년부터 1987년까지 국회 의원 지역구 선거에서 1개 선거구에서 2명의 의원을 뽑는 중·대선거구제를 운용한 적이 있으며, 일본도 꽤 오랫동안 중·대선거구제를 운용하였으나 지역주의 유발, 파벌 정치 유도 등의 단점이 지적되면서 정치 개혁의 1순위로 지목되었다. 그 결과 일본도 1994년에 우리나라와 비슷한 소선거구제와 비례 대표제를 동시에 실시하는 개혁이 이루어졌다.

④ 비례 대표제와 여성 할당제

우리나라는 공직 선거법을 통해 비례 대표 의원을 선출할 때 50% 이상을 여성으로 공천하도록 의무화하고 있다. 이에 따라 모든 정당은 비례 대표 후보자의 홀수 순위에는 모두 여성을 넣어야 한다. 20대 국회 의원 선거 결과 여성 의원 비율은 17%로 낮은 편이지만 이런 제도가 계속 시행되다 보면 여성 의원 비율은 더욱 늘어날 것으로 보인다. _{2016년 4월 13일에 실시한 선거}

> 공직 선거법 제47조(정당의 후보자 추천) ③ 정당이 비례 대표 국회 의원 선거 및 비례 대표 지방 의회 의원 선거에 후보자를 추천하는 때에는 그 후보자 중 100분의 50 이상을 여성으로 추천하되, 그 후보자 명부의 순위의 매 홀수에는 여성을 추천하여야 한다.

분석 | 위 자료는 비례 대표제가 여성 의원의 비중을 늘리는 데 큰 기여를 하고 있음을 보여 준다. 우리나라의 선거 풍토와 문화를 감안할 때, 지역구 선거에서 여성 의원의 당선 비중을 늘리는 방법보다는 비례 대표를 통해 여성 의원의 비중을 늘리는 것이 더 효과적이라는 점이 반영된 것으로 볼 수 있다.

---

❸ 밑줄 친 곳에 들어갈 말로 가장 적절한 것은?

> 중·대선거구제는 득표율과 의석률 간의 비례성을 높여 주어 사표를 적게 하며, 지역주의를 극복하는 데도 기여한다는 장점이 있다. 그러나 한 정당에서 2명 이상의 후보자가 중복으로 입후보할 수 있기 때문에 _____는 단점도 지적된다.

① 사표를 양산한다
② 소지역주의를 타파한다
③ 득표율과 의석률 간 격차를 크게 한다
④ 정당 구성원 간의 수평적 관계를 촉진한다
⑤ 인물 중심의 당내 파벌 간의 대립이 나타날 수 있다

정답과 해설 ▶ 중·대선거구제는 일반적으로 하나의 정당이 한 선거구에서 두 명 이상을 입후보할 수 있기 때문에 정당 간 정책 대결보다는 인물 중심의 대결이 될 수 있다. 이 경우 같은 당 내에서 파벌 간 경쟁이 격화될 수 있다. **답 ⑤**

❹ 우리나라의 선거와 관련하여 밑줄 친 ㉠~㉣에 대해 옳게 이해한 학생만을 〈보기〉에서 있는 대로 고른 것은?

> 정당이 ㉠ 비례 대표 국회 의원 선거 및 ㉡ 비례 대표 지방 의회 의원 선거에 후보자를 추천하는 때에는 그 후보자 중 100분의 50 이상을 여성으로 추천하되, 그 ㉢ 후보자 명부의 순위의 매 홀수에는 ㉣ 여성을 추천하여야 한다.

┤ 보기 ├
갑: ㉠은 지역구 의원에 대한 투표와 별도로 정당에 대해서도 투표해야 해.
을: ㉡은 ㉠과 동시에 치러지지.
병: 유권자가 ㉢의 순위를 변경할 수도 있어.
정: 비례 대표제가 대표자 중 ㉣의 비중을 늘리는 데 기여하고 있네.

① 갑, 병   ② 갑, 정   ③ 을, 병
④ 갑, 을, 정   ⑤ 을, 병, 정

정답과 해설 ▶ 비례 대표 의원 후보자 중 50% 이상을 여성으로 추천하고, 홀수 순위에 넣는 제도는 여성의 정계 진출에 큰 기여를 하고 있다. **답 ②**

● 우리나라의 선거 제도

(1) 대통령 선거: 전국 단위의 선거, 5년마다 국민의 직접 선거로 선출하며 단순 다수 대표제가 적용됨

━ 총선거(총선)라고도 불림

(2) 국회 의원 선거: 4년마다 국민의 직접 선거로 선출함

① **지역구 의원**: 소선거구제, 단순 다수 대표제를 적용하여 선출

② **비례 대표 의원**: 정당 명부식 비례 대표제에 의해 선출

• 방식: 지역구 후보에 한 표, 지지 정당에 한 표를 행사함. 각 정당이 정당 투표에서 얻은 득표율에 따라 비례 대표 의석 배분 ━ '1인 2표제'

• 효과: 비례 대표 의원 선출에서 유권자의 정당 지지 의사를 정확하게 반영함. 무소속 후보를 지지한 표가 비례 대표 의원 선출에 전혀 기여하지 못하는 표가 되는 1인 1표제에 비해 평등 선거의 원칙 실현

(3) 지방 선거: 4년마다 직접 선거로 선출함

지방 자치 단체장	• 광역 자치 단체장, 기초 자치 단체장을 단순 다수 대표제에 의해 선출 • 3회에 한해 연임 가능
광역 의회 의원	• 지역구 시·도 의원과 비례 대표 시·도 의원을 선출 • 지역구 대표: 소선거구제, 단순 다수 대표제(지역구별로 1명씩 선출) • 비례 대표: 정당 명부식 비례 대표제에 의해 각 정당이 정당 투표에서 얻은 득표율에 비례하여 비례 대표 의석수 배분
기초 의회 의원	• 지역구 시·군·자치구 의원과 비례 대표 시·군·자치구 의원을 선출 • 지역구 대표: 중선거구제, 단순 다수 대표제(지역구별로 2명 이상 선출)에 의해 선출 • 비례 대표: 정당 명부식 비례 대표제에 의해 각 정당이 정당 투표에서 얻은 득표율에 비례하여 비례 대표 의석수 배분
교육감	• 광역 자치 단체에서 단순 다수 대표제에 의해 선출 • 정당 공천제가 적용되지 않음

(4) 공정한 선거를 위한 제도

① **선거구 법정주의**: 특정 정당이나 특정 인물에 유리하도록 선거구가 정해지는 것(게리맨더링)을 방지하기 위해 선거구를 법률로써 획정하는 제도

② **선거 공영제**

• 의미: 선거 과정을 국가 기관이 관리하고 선거 비용의 일부를 국가 또는 지방 자치 단체에서 부담하는 제도

• 목적: 선거 운동 기회의 균등한 보장, 선거 과열 방지, 재력이 부족하여 입후보하기 어려운 사람에게도 후보자로 나설 수 있는 기회 보장

③ **선거 관리 위원회**

• 정치적으로 중립적인 헌법상 독립 기관

• 선거 공영제 원칙에 따라 부정 선거 방지와 선거·국민 투표의 공정한 관리, 정당 및 정치 자금의 효율적이고 투명한 관리, 국민에 대한 선거 홍보 및 계도 활동을 위해 설치한 기구

◉ 정당 명부식 비례 대표
의회 의원 선거에서 비례 대표 의원을 선출할 때 각 정당이 제출한 후보 명부에 따라 대표를 선출하는 선거 방식을 말한다. 투표자가 명부상의 순위를 변경할 수 없고 정당이 정한 순위를 따라야 하는 방식이 있고, 투표자가 정당 명부상의 특정 후보자를 선택하여 결과적으로 정당 명부상의 순위를 변경시킬 수 있는 방식이 있다. 우리나라는 전자의 방식을 따르고 있다.

◉ 게리맨더링(Gerrymandering)
특정 개인이나 정파에게 유리하도록 정략적으로 선거구를 획정하는 것을 의미한다. 미국 매사추세츠 주의 주지사였던 게리(Gerry, E.)가 1812년 선거에서 자신이 속한 정당에 유리하도록 선거구를 나누었는데, 그 모양이 그리스 신화에 나오는 도룡뇽 형상의 괴물 샐러맨더(Salamander)와 비슷하였다. 이후 특정 정당이나 후보에게 유리하도록 자의적으로 선거구를 획정하는 것을 게리맨더링이라 부르게 되었다.

⑤ 우리나라의 지방 자치제와 지방 선거

우리나라는 1952년에 처음 지방 선거가 실시되면서 지방 자치 제도가 실시되었으나 제대로 정착하지 못하다가 1995년에야 비로소 제대로 된 전국 동시 지방 선거가 실시되면서 지방 자치 제도가 정착되었다. 다음 투표용지는 지방 선거에서 한 명의 유권자가 기표하는 것이다. 총 7표를 행사해야 하다 보니 효율적인 투표를 위해 1차와 2차에 걸쳐 차례대로 투표하도록 되어 있다.

■ 1차 투표용지

교육감, 광역 지방 자치 단체장, 기초 지방 자치 단체장, 광역 지방 자치 의원(지역구), 기초 지방 자치 의원(지역구), 광역 지방 자치 의원(비례 대표), 기초 지방 자치 의원(비례 대표)

■ 2차 투표용지

분석| 시·도 지사는 광역 지방 자치 단체장을 의미하고, 자치구·시·군의 장은 기초 지방 자치 단체장을 의미한다. 광역 지방 자치 단체는 서울특별시, 세종특별자치시, 부산광역시, 울산광역시, 대구광역시, 인천광역시, 광주광역시, 대전광역시, 경기도, 충청남도, 충청북도, 전라북도, 전라남도, 경상북도, 경상남도, 강원도, 제주특별자치도가 있다. 기초 지방 자치 단체에는 자치구, 시, 군이 있다.

⑥ 선거 공영제의 효과

우리나라의 공영 선거제는 제3공화국 때부터 실시되고 있다. 현행 선거법에서는 선거 사무원의 수당, 벽보와 인쇄물 작성 비용, 신문·방송 광고 비용, 방송 연설 비용, 합동 연설회 비용, 공개 장소에서의 연설·대담 비용, 투·개표 참관인 수당 등에 소용되는 비용을 국가나 지방 자치 단체에서 부담하도록 하고 있다. 하지만 아직까지 다소간의 한계도 있다. 현재 모든 후보자의 선거 비용을 부담하기에는 재정적인 부담이 있기 때문에 선거 결과 일정한 득표를 한 후보자에 대해서만 선거 비용을 보전해 주고 있다. 그래서 대부분의 후보자는 선거 비용의 상당 부분을 자비로 부담하고 있는 현실이다. 그리고 인터넷 및 전화에 의한 선거 운동 비용도 후보자 본인이 부담하고 있다.

– 옹진환 외, 「논쟁하는 정치 교과서 1」 –

분석| 선거 공영제의 원래 취지는 재력이 부족하여 입후보하기 어려운 사람에게도 후보로 나설 수 있는 기회를 주어 선거 운동 기회를 균등하게 보장하고 선거 운동이 과열되는 것을 방지하기 위한 것이다. 위 자료는 그러한 기능이 많이 부족함을 지적하고 있다.

---

⑤ **동일한 선거에서 선출되는 공직자가 아닌 것은?**

① □□군수
② 강원도지사
③ 대구광역시 교육감
④ 수원시 △△구청장
⑤ 광주광역시 ○○구청장

정답과 해설 ▶ 지방 선거에서는 광역 지방 자치 단체장, 기초 지방 자치 단체장, 광역 지방 의회 의원, 기초 지방 의회 의원, 교육감을 선출한다. 구는 기초 지방 자치 단체에 해당하는데, 여기서 말하는 '구'는 특별시와 광역시 아래에 있는 구만을 의미한다. 따라서 서울시 강북구청장은 선출하지만, 수원시 안에 있는 구는 기초 지방 자치 단체가 아니기 때문에 구청장을 따로 뽑지 않는다. **답** ④

후보자가 사망하거나 당선되거나 유효 투표 총수의 15% 이상을 득표한 경우에는 지출한 선거 비용의 전액을, 유효 투표 총수의 10%이상 15% 미만을 득표한 경우에는 지출한 선거 비용의 50%를 국가 또는 지방 자치 단체의 예산으로 선거 관리 위원회가 정당 또는 후보자에게 보전함

⑥ **밑줄 친 '이것'은 무엇인지 쓰시오.**

이것은 선거 과정을 국가 기관이 관리하고 선거 비용의 일부를 국가 또는 지방 자치 단체가 부담하는 제도로 선거 운동 기회의 균등한 보장과 선거 과열 방지를 위한 것이다.

정답과 해설 ▶ 제시문은 선거 공영제의 의미와 그 목적을 설명하고 있다. **답** 선거 공영제

01~06 빈칸에 알맞은 말을 쓰시오.

01 _____(이)란 국민이 자신을 대표하여 국가를 운영할 공직자를 투표로 뽑는 행위이다.

02 한 선거구에서 1인의 대표를 선출하는 선거구 제도는 _____이다.

03 _____은/는 선거구 내에서 다수 득표자가 대표로 선출되는 대표 결정 방식이다.

04 _____은/는 각 정당의 유효 득표 비율에 따라 의석을 배분한다.

05 우리나라는 특정 정당이나 인물에 유리하도록 선거구가 정해지는 것(게리맨더링)을 방지하기 위해 _____을/를 시행하고 있다.

06 _____은/는 선거 과정을 국가 기관이 관리하고 선거 비용의 일부를 국가 또는 지방 자치 단체가 부담하는 제도이다.

07~14 다음 내용이 옳으면 ○표, 틀리면 ×표 하시오.

07 소선거구제는 소수당이나 신인 정치인의 의회 진출에 유리하다. ( )

08 중·대선거구제는 소선거구제에 비해 사표가 적은 편이다. ( )

09 다수 대표제는 의회 다수당의 안정 의석 확보에 유리하지만 소수 의견이 무시될 우려가 있다. ( )

10 우리나라의 대통령 선거는 국민의 직접 선거로 실시되며, 절대 다수 대표제가 적용된다. ( )

11 우리나라는 정당 명부식 비례 대표제를 실시한다. ( )

12 우리나라의 국회 의원 선거는 1인 2표제를 실시한다. ( )

13 우리나라의 대통령 선거와 국회 의원 선거는 모두 5년마다 실시한다. ( )

14 지방 선거에서는 지방 자치 단체장, 광역 의회 의원, 기초 의회 의원, 교육감을 선출한다. ( )

15~18 민주 선거의 4대 원칙과 그 내용을 바르게 연결하시오.

15 보통 선거 •   • ㉠ 유권자가 직접 대표를 선출

16 평등 선거 •   • ㉡ 투표 가치에 차등을 두지 않음

17 직접 선거 •   • ㉢ 투표자의 투표 내용을 타인이 알 수 없게 함

18 비밀 선거 •   • ㉣ 일정한 나이에 달한 모든 국민에게 선거권 부여

19~22 다음 괄호 안의 내용 중 알맞은 말에 ○표 하시오.

19 (소선거구제 / 중·대선거구제)는 군소 정당의 난립을 막아 정국 안정에 유리하다.

20 (소선거구제 / 중·대선거구제)는 당선자 간 득표율의 차이로 동일 선거구 내에서 투표 가치의 차등 문제가 발생할 수 있다.

21 총 유효 투표의 과반수를 획득한 후보자가 당선되는 방식은 (단순 다수 대표제 / 절대 다수 대표제)이다.

22 결선 투표제와 선호 투표제는 (상대 다수 대표제 / 절대 다수 대표제)에 해당한다.

정답 **01** 선거 **02** 소선거구제 **03** 다수 대표제 **04** 비례 대표제 **05** 선거구 법정주의 **06** 선거 공영제 **07** ×
08 ○ **09** ○ **10** × **11** ○ **12** ○ **13** × **14** ○ **15** ㉣ **16** ㉡ **17** ㉠ **18** ㉢ **19** 소선거구제
20 중·대선거구제 **21** 절대 다수 대표제 **22** 절대 다수 대표제

오답 체크 Tip **20** 당선자 간 득표율의 차이로 투표 가치의 차등 문제가 발생할 수 있는 선거구제는 2명 이상을 뽑는 중·대 선거구제이다.

단답형

▶ 20583-0096

01 다음은 수업 시간의 판서 내용이다. 이 내용에 적절한 제목을 5글자로 쓰시오.

> 제목: _____
>
> (1) 국민 주권의 실현
> (2) 정책에 영향력 행사 및 대표 통제
> (3) 정권이나 정책에 대한 정당성과 권위 부여
> (4) 국민에게 정치 교육의 장 제공

▶ 20583-0097

02 표는 선거구제 A, B의 특징을 구분하기 위한 것이다. 이에 대한 설명으로 옳은 것은? (단, A와 B는 각각 소선거구제, 중·대선거구제 중 하나이다.)

질문	A	B
한 선거구에서 1명의 대표를 선출하는가?	예	아니요
(가)	아니요	예

① (가)에는 '다수 대표제를 적용하는가?'가 들어갈 수 있다.
② (가)에는 '상대적으로 사표가 많이 발생하는가?'가 들어갈 수 있다.
③ A와 달리 B에서는 다당제가 형성될 수 있다.
④ A는 B에 비해 후보자의 선거 운동 비용이 많이 발생하는 편이다.
⑤ B는 A에 비해 군소 정당의 의회 진출 가능성이 높다.

▶ 20583-0098

03 대화의 갑, 을에 대한 평가로 적절한 것은?

> 갑: 정치학자와 대학 신입생의 정치적 판단력이 동일할 수 없어. 따라서 그들에게 동일한 1표를 부여하는 것은 바람직하지 않아.
> 을: 글쎄, 나는 동의하지 않아. 누구에게나 동일한 1표를 행사하는 것이 민주주의 원칙에 부합해.

① 갑의 견해는 평등 선거의 원칙에 위배된다.
② 갑은 보통 선거를 긍정적으로 바라보고 있다.
③ 을은 대의 민주제보다는 직접 민주제를 지향한다.
④ 을은 보통 선거에는 반대하지만 평등 선거는 찬성한다.
⑤ 갑과 을은 모두 선거가 정치권력의 정당성을 강화시키기 어렵다는 입장이다.

▶ 20583-0099

04 (가), (나)에 대한 설명 및 추론으로 옳은 것은?

> (가) 비례 대표 의원 후보자 명부에 대한 별도의 투표 없이 지역구 의원 후보자에 대한 투표를 정당에 대한 투표로 간주하여 각 정당의 득표율에 비례하여 비례 대표 의원 의석을 배분한다.
> (나) 정당은 비례 대표 후보자를 기재한 명부를 유권자들에게 공개하고, 지역구 의원에 대한 투표와 별개로 정당에 대한 투표를 실시하여 각 정당별 득표율에 비례하여 비례 대표 의원 의석을 배분한다.

① (가)는 정당 명부식 비례 대표제이다.
② (가)는 현재 우리나라의 비례 대표 의원 선출 방식이다.
③ (나)는 직접 선거의 원칙에 위배된다.
④ (가)에 비해 (나)가 평등 선거의 원칙에 충실하다.
⑤ 지역구 의원 선거에서 무소속 후보를 찍은 유권자는 (나)보다 (가)를 선호할 것이다.

▶ 20583-0100

05 다음은 교사가 수업 시간에 제시한 자료이다. 이를 통해 설명하고자 하는 수업 주제로 가장 적절한 것은? (단, K국의 전체 유권자 수와 선택 요인은 일정하다.)

■ K국의 시기별 선거구 획정

(가) 시기　　　　(나) 시기

■ K국의 시기별, 정당별 의회 의석수(석)

(가) 시기			(나) 시기		
갑당	을당	병당	갑당	을당	병당
1	2	1	3	1	0

① 선거구 변화는 표의 등가성을 침해한다.
② 의회 의원 선거에 비례 대표제를 도입해서는 안 된다.
③ 단순 다수 대표제는 민주적 선출 방식으로 볼 수 없다.
④ 선거구 변화에 따라 유리한 정당과 불리한 정당이 달라질 수 있다.
⑤ 다수 대표제는 선거구 변화에 따른 정당의 반발을 원천적으로 차단할 수 있다.

▶ 20583-0101

06 다음 질문에 가장 적절하게 답변한 사람은?

파일(F)　편집(E)　보기(V)　즐겨찾기(A)　도구(T)　도움말(H)

이동　연결

Q: 우리나라의 지역구 의원 선거에 비해 비례 대표 의원 선거의 투표용지가 다른 점은 무엇인가요?
ㄴ 갑: 후보자가 속한 정당이 표기되지 않아요.
ㄴ 을: 정당별 후보자가 1명씩만 표기되어 있습니다.
ㄴ 병: 정당에 대한 선호 순위를 표기해야 해요.
ㄴ 정: 하나의 투표용지에 두 군데에 표기를 해야 해요.
ㄴ 무: 후보자는 표기되지 않고 정당의 기호와 정당명만 표기됩니다.

① 갑　② 을　③ 병　④ 정　⑤ 무

서술형

▶ 20583-0102

07 우리나라가 다음의 기관을 운영하는 목적이 무엇인지 '공영'이라는 용어를 사용하여 서술하시오.

▶ 20583-0103

08 표는 갑국의 의회 의원 선거 결과이다. 이에 대한 옳은 설명 및 분석만을 〈보기〉에서 고른 것은?

〈지역구 의원 선거〉

구분	의석률(%)	득표율(%)
A당	40	30
B당	30	32
C당	20	23
D당	10	15

〈비례 대표 의원 선거〉

구분	득표율(%)	의석수(석)
A당	28	28
B당	35	35
C당	11	11
D당	26	26

* 지역구 의원 선거의 선거구제는 소선거구제이며, 지역구 의원 의석수는 100석이다.
** 비례 대표 의원 선거는 전국을 하나의 선거구로 보며, 정당 명부식 비례 대표제로 선출한다.

보기
ㄱ. 총 선거구 수는 200개이다.
ㄴ. 지역구 선거에서는 A당의 의석률이 득표율보다 높으므로 A당 지지자의 사표는 없다.
ㄷ. A당과 B당이 연합하면 의회 과반수 의석을 확보할 수 있다.
ㄹ. 지역구 의석률보다 총 의석률이 높은 당은 B당과 D당이다.

① ㄱ, ㄴ　　② ㄱ, ㄷ　　③ ㄴ, ㄷ
④ ㄴ, ㄹ　　⑤ ㄷ, ㄹ

▶ 20583-0104

09 표는 갑국의 의회 의원 선거에서 정당별 득표수를 나타낸 것이다. 이에 대한 옳은 설명 및 분석만을 〈보기〉에서 고른 것은? (단, *표는 그 득표수로 해당 정당의 후보자가 당선되었음을 의미한다.)

구분		A당	B당	C당	유효 투표수
선거구	(가)	310*	290	300	900
	(나)	350*	300	250	900
	(다)	250	400*	350	1,000
	(라)	350*	310	340	1,000
총 득표수		1,260	1,300	1,240	3,800
당선자수		3명	1명	0명	

〈보기〉

ㄱ. A당은 과소 대표되었다.
ㄴ. 소선거구제가 채택되었다.
ㄷ. 단순 다수 대표제가 적용되었다.
ㄹ. 사표(死票)가 가장 적게 발생한 선거구는 (다)이다.

① ㄱ, ㄴ
② ㄱ, ㄷ
③ ㄴ, ㄷ
④ ㄴ, ㄹ
⑤ ㄷ, ㄹ

▶ 20583-0105

10 표는 수업 시간에 제시된 자료이다. 빈칸 (가), (나)에 들어갈 내용으로 적절한 것은?

〈우리나라 선거의 문제점과 그 개선 방안〉

문제점	개선 방안
(가)	지역 주민의 의식 개혁, 정치인의 지역 감정 자극 행위 자제
후보자의 과도한 선거 비용	(나)

	(가)	(나)
①	지역주의	선거 공영제 강화
②	지역주의	후보자의 자격 기준 강화
③	낮은 선거 참여율	선거 공영제 강화
④	낮은 선거 참여율	후보자의 자격 기준 강화
⑤	인물 위주의 투표	정당의 국민 경선 제도 강화

▶ 20583-0106

11 표는 전형적인 대통령제를 채택하고 있는 ○○국의 의회 의원 선거 결과이다. 이에 대해 옳게 이해한 학생은? (단, 의회 의원 선거는 100개의 지역구 의원 선거만 실시하며, 모든 지역구가 소선거구제에 따른다.)

	득표율(%)	의석률(%)/득표율(%)
A당	45	1.2
B당	30	1.1
C당	10	0.5
⋮		

① 갑: 지역구 의원이 100명이 넘을 수도 있겠군.
② 을: 사표 문제를 적극적으로 제기할 정당은 A당이겠네.
③ 병: A당과 B당을 지지한 유권자의 의사는 과대 대표되었네.
④ 정: 기존의 대통령이 A당에서 나왔다면 정국이 불안해지겠네.
⑤ 무: 선거구제 변화를 가장 적극적으로 요구할 당은 B당이겠네.

▶ 20583-0107

12 다음은 한국인 갑이 외국인 친구 을에게 보낸 편지의 일부이다. 밑줄 친 ㉠~㉤에 대한 설명으로 옳은 것은?

나는 성인이 된 후 처음으로 ㉠ 행정부의 수반을 내 손으로 직접 뽑았어. ㉡ 나는 내가 원하는 사회를 만들 수 있는 정책을 공약으로 내건 후보에게 투표했어. 작년에는 부모님께서 ㉢ 법률을 제정하는 일을 담당하는 헌법 기관의 구성원들을 뽑는 선거에 투표했는데, ㉣ 지역구 의원은 노인 복지 정책 공약을 강조한 후보에게 투표했고 ㉤ 비례 대표 의원을 선출하기 위한 표는 ○○당에 투표하셨어.

① ㉠에 해당하는 선거는 4년마다 직접 선거로 이루어진다.
② ㉡에는 정치 과정의 '산출' 기능이 나타나 있다.
③ ㉢에서는 지방 의회 의원도 선출한다.
④ ㉣은 소선거구제 및 단순 다수 대표제 방식으로 당선자가 확정된다.
⑤ ㉤은 ㉣에 대한 투표에서 얻은 정당별 득표 비율에 따라 의석이 배분된다.

● 정당과 시민 참여

(1) 정당의 의미와 특징 ┌ 자신들의 정당에서 국회 의원이나 대통령을 배출하려고 노력함. 정당과 국회는 전혀 다른 집단이며 국회 의원을 1명도 배출하지 못한 정당도 존재할 수 있음

① 의미: 정치적 견해를 같이하는 사람들이 정권을 획득함으로써 자신들의 정강을 실현하는 것을 목적으로 조직한 단체

② 등장 배경: 19세기 이후 대의제의 발달로 후보자와 유권자 사이의 의사 소통과 지지자의 조직화 필요성이 높아지면서 발달

③ 특징

• 정권 획득을 목적으로 선거에서 후보자를 공천함

• 특수한 이익보다는 공익을 도모하여 국민의 지지를 확보하려고 노력함

• 선거에서 공약을 제시하고, 이것의 실천과 정책에 대한 국민의 평가를 받아 정치적 책임을 짐

• 다양한 분야에서 정책을 개발하고 수립하여 정부의 정책 결정에 영향력을 행사함

(2) 정당의 기능

① 정치적 충원: 각종 공직 선거에 후보자를 추천, 대표자 배출, 정치 지도자 육성

② 여론의 형성과 조직화: 국민의 의견을 수렴하고 이를 조직화하여 정부에 전달

③ 정치 사회화: 각종 강연회, 토론회, 대중 집회 등을 통해 정치에 대한 국민의 지식과 관심 증진 ┌ 집권당과 행정부의 주요 당직자들이 국가 정책을 협의하기 위한 모임

④ 정부와 의회의 매개: 당정 협의회 등을 통해 정부와 의회를 연결함으로써 양자 간의 매개 역할 수행

⑤ 정부 감시: 정부 정책에 대해 건전한 비판과 견제 기능 수행

(3) 정당을 통한 시민 참여의 방법과 한계

① 정당에 가입하여 참여

• 정당에 가입하여 당비 납부 등 당원의 의무를 다하면 그 당의 의사 결정 과정에 참여할 수 있음

• 정당 지도부나 선거에 출마할 후보를 선출하는 경선에 참여할 수 있음

② 정당에 가입하지 않고 참여하는 방법

• 선거나 투표에서 특정 정당의 후보나 정당에 투표함

• 정당이 주최하는 정책 공청회나 토론회에 참가하여 의견을 제시함

③ 한계

• 정당의 거대화·관료화로 인한 문제: 당내 위계적 질서가 형성되어 지도부에 의한 권위적 의사 결정 발생, 당원과 국민의 다양한 이해와 요구가 반영되기 어려움

• 우리나라의 경우 아직까지 지역주의를 벗어나지 못한 한계가 있음

◉ **정강(政綱)**
정치적 강령의 줄임말로 정당이 추구하는 기본 정책이나 이념을 의미한다.

◉ **공천(公薦)**
정당에서 선거에 출마할 후보자를 공식적으로 추천하는 것이다.

◉ **우리나라의 정당과 지역주의**
정치 분야에서 '지역주의'라는 용어는 같은 지방 출신끼리 무리를 지어 다른 지방 출신자들을 배척하거나 비난하는 사회 병리적 현상을 지칭한다. 과거 우리나라는 특정 지역에서는 특정 정당의 공천자만이 선출되는 등 지역주의 현상이 뚜렷하여 '지역주의 정당'이라는 말이 생겨났다. 최근에는 그러한 경향이 많이 완화되었지만, 지역주의는 여전히 우리나라 정당들이 경계해야 할 요소로 지적되고 있다.

① 정당 제도의 유형

구분	양당제	다당제
의미	정권 교체가 가능한 대표적인 두 정당이 존재	경쟁할 수 있는 정당이 세 개 이상 존재
장점	• 정국 안정에 기여 • 강력한 정책 추진 가능 • 정치적 책임 소재 명확 • 유권자의 정당 선택 용이	• 다양한 의견 반영 • 소수의 이익 보호 • 정당 간 대립 시 중재 용이 • 유권자의 정당 선택 범위 넓음
단점	• 다양한 민의 반영 곤란 • 다수당의 횡포로 소수 이익 무시 • 양당 간 대립 시 중재가 어려움 • 유권자의 정당 선택 범위 좁음	• 군소 정당의 난립으로 정국의 불안정 우려 • 강력한 정책 수행 곤란 • 정치적 책임 소재 불분명
국가	미국, 영국 등	독일, 프랑스, 이탈리아 등

분석 | 정당제는 기본적으로 일당제와 복수 정당제로 나눌 수 있는데, 민주주의 국가는 기본적으로 복수 정당제를 채택하고 있다. 복수 정당제는 위의 표와 같이 양당제와 다당제로 구분할 수 있다.

② 공천과 국민 참여 경선 제도

국민 참여 경선제의 구체적 방식은 다양할 수 있음. 대표적인 방법으로 일컬어지는 '오픈프라이머리(open primary)'는 투표자가 자기의 소속 정당을 밝히지 않고 투표할 수 있는 예비 선거임

> ○○당은 지난해 지방 선거와 마찬가지로 내년 4·15 총선에서 권리당원 선거인단 50%와 일반 여론 조사 선거인단 50%로 출마자를 정하는 국민 참여 경선 방식을 도입하기로 했다. 또 현역 의원 전원 경선과 정치 신인에게는 최대 20%, 청년·여성·장애인의 경우 25%의 가산점을 부여하기로 했다.
> 특히 현역 국회 의원 전원이 경선을 거치도록 했다. 다만 현역 의원이 단수로 후보 등록을 했거나 후보 간 심사 결과가 현저히 차이(30점 이상) 나는 경우는 제외한다. 또한 공직 후보자 부적격 심사 기준도 강화해 병역 기피·음주 운전·세금 탈루·성범죄 등 중대 비리가 있다고 인정되는 자에 대해서는 당이 정한 기준에 따라 부적격 판정을 내리기로 했다.
> ─ □□신문, 2019. 07. 02. ─

분석 | 국민 참여 경선이란 정당의 공직 후보자를 선출하는 과정에서 당원이 아닌 일반 유권자들의 의사를 반영하기 위한 예비 선거를 말한다. 제시된 사례에서 ○○당이 국민 참여 경선을 도입한 것은 당내 민주적 공천을 통해 정당 지지도를 높이고 경쟁력 있는 후보를 공천하는 효과가 있을 수 있다.

---

1 다음은 갑국 의회의 시기별, 정당별 의석 수이다. 갑국의 정당 제도가 가지는 일반적 특징과 관련하여 옳게 추론한 학생은?

구분	t대	t+1대
A당	100석	92석
B당	95석	105석
C당	3석	2석
D당	2석	1석

① 갑: 정권 교체가 불가능하겠군.
② 을: 정당 간 대립 시 중재가 용이하겠어.
③ 병: 민주적인 정당 제도라고 보기 어려워.
④ 정: 군소 정당 난립으로 정국이 불안정하겠네.
⑤ 무: 다양한 민의를 정책에 반영하기 어려울 수 있겠어.

정답과 해설 ▶ 갑국은 A당과 B당만이 거대 정당으로서 다수당이 되는 상황이므로 양당제로 볼 수 있다. 따라서 C당과 D당의 목소리가 법안이나 정책 등에 반영되기 어려울 수 있으며 다양한 민의를 정책에 반영하기도 어려울 것이다.　**달 ⑤**

2 빈칸 A, B에 들어갈 적절한 용어를 각각 쓰시오.

> (A)은/는 각종 선거에서 정당이 후보를 추천하는 일이다. 이것은 정당의 지도부가 전략적 판단하에 독자적으로 결정하기도 하지만, 최근에는 당원이나 일반 국민의 참여도를 높이기 위해 국민 참여 (B) 제도를 도입하는 경우가 많다. 어떤 방식이든 소속 정당에서 (A)받지 못한 당원은 탈당 후 무소속으로 선거에 출마하기도 한다. 또한 당선 확률이 낮은 선거구에는 아예 (A)을/를 신청하는 후보가 없는 경우도 있다.

정답과 해설 ▶ 제시문은 공천의 의미와 공천을 위한 경선 제도에 대해 설명하고 있다.
달 A: 공천, B: 경선

● **이익 집단, 시민 단체, 언론과 시민 참여**

(1) 이익 집단과 시민 참여 ┌ 민주 사회에서 당연한 권리이나 때로는 공익과 충돌하기도 함

① 이익 집단의 의미: 이해관계를 같이하는 사람들이 공동의 특수 이익을 실현하기 위해 결성한 집단으로 압력 단체라고도 함(예: 노동조합, 사용자 단체, 기업 단체, 각종 직능 단체 등)

② 이익 집단의 등장 배경

• 현대 사회의 다원화·전문화로 각 개인이나 집단들의 요구 다양화

• 기존 정당이 다양한 요구를 제대로 수용 및 반영하지 못함에 따라 특정 집단들이 자신들의 이익을 추구하며 정치적 영향력을 행사하게 됨

③ 정치 참여 주체로서 이익 집단의 주요 기능

• 다양한 정치적 의사 표출

• 정치권력에 대한 감시와 비판

• 특정 분야의 전문성을 바탕으로 정당의 부족한 점 보완

(2) 시민 단체를 통한 시민 참여

① 시민 단체의 의미: 공공선과 공익의 실현을 목적으로 시민들이 자발적으로 구성한 단체

② 정치 참여 주체로서 시민 단체의 주요 기능

• 시민들의 자발적 정치 참여를 통해 대의 민주주의 보완

• 정치권력에 대한 감시와 비판

• 사회 문제에 대한 관심과 이해를 높임(시민에 대한 정치 사회화 기능)

(3) 언론을 통한 시민 참여 ┌ 입법부, 행정부, 사법부에 이어 제4부라고 불릴 정도로 큰 영향력을 지니고 있으나 언론을 견제하는 공식적인 국가 기관이 없기 때문에 언론의 여론 호도 등에 대한 비판도 있음

① 언론의 의미: 사실이나 새로운 소식을 알리거나 의견과 논의를 전개하여 여론을 형성하는 활동을 하는 기관

② 정치 참여 주체로서 언론의 기능

• 쟁점이나 사건의 정보 제공

• 분석 기사나 사설을 통해 의견을 제시

• 정치권력에 대한 부정부패 감시 기능

(4) 이익 집단, 시민 단체, 언론을 통한 시민 참여의 한계

참여 주체	한계
이익 집단	• 특수 이익과 사회 전체의 보편적 이익이 충돌할 우려가 있음 • 압력 행사로 정책 결정의 지연과 혼란을 초래할 가능성이 있음 • 정치권력과 결탁한 부정부패 발생 가능성
시민 단체	• 재정 문제 등으로 인해 시민 단체의 긍정적 기능 저하 • 시민 단체의 이익 집단화 우려
언론	• 언론의 정치권력화 • 특정 정치 세력과 결탁하여 여론 공작의 주체가 되기도 함

◉ **사용자 단체**

'사용자'란 사업주 또는 사업의 경영 담당자 또는 그 사업의 근로자에 관한 사항에 대해 사업주를 위하여 행동하는 자를 의미한다. '사용자 단체'란 노동관계에 관하여 그 구성원인 사용자에 대하여 조정 또는 규제할 수 있는 권한을 가진 사용자의 단체를 말한다.

◉ **언론(言論)**

신문, 잡지, 방송 등의 언론 기관을 통하여 뉴스나 사실을 알리거나 의견과 논의를 전개하여 여론을 형성하는 활동 그 자체를 의미하기도 한다.

❸ 정당, 이익 집단, 시민 단체의 특징 비교 — 현실에서는 공익이 아니라 특정 집단의 사익을 추구한다는 비판을 받는 정당이나 시민 단체가 있을 수 있으며, 특수 이익을 추구하면서도 공익적 차원을 중요하게 생각하는 이익 집단도 있을 수 있음

구분		특징
정당	공적 이익 추구	• 공직 또는 정권 획득을 목표로 함 • 정치적 책임을 짐
시민 단체		• 공직 또는 정권 획득을 목표로 하지 않음 • 정치적 책임을 지지 않음
이익 집단	특수 이익 추구	

분석 | 특수 이익이란 공적 이익의 반대말로 이익 집단만의 이익을 말하는 것이다. 공직 또는 정권 획득을 목표로 한다는 것은 국회 의원과 같은 선출직 공무원이나 대통령을 배출하고자 하는 것을 의미한다. 정치적 책임이란 정치권력의 행사로 생긴 결과에 대해 정치가 지는 책임을 말한다. 시민 단체와 이익 집단은 공직이나 정권을 직접적으로 획득하지 않으므로 정치적 책임을 물을 수 없다. 반면, 정당은 공직자를 배출하여 정치권력을 직접적으로 행사하는 위치에 있기 때문에 정치적 책임도 지게 되는 것이다.

❹ 언론의 힘

• **아젠다 세팅(Agenda setting)** — 우리말로는 '의제 설정'으로 번역할 수 있음. 즉, 언론은 우리 사회에서 중요한 의제가 무엇인지를 설정할 수 있는 힘이 있음

"여론은 실제 환경이 아닌 뉴스 미디어가 구성한 의사 환경과 일치한다."

– 립만(Lippmann, W.) –

"매스 미디어가 어떤 의제를 비중 있게 다루면 일반 수용자들은 그 이슈를 중요한 것으로 생각하게 됨으로써 결과적으로 그것은 중요한 의제로 부각된다."

– 맥콤스(McCombs, M.)와 쇼(Shaw, D.) –

• **게이트 키핑(gate keeping)**

기자가 여러 사건을 취재하였다 하더라도 그 기사가 모두 신문에 실리거나 텔레비전에 방송되는 것은 아니다. 각 언론사의 편집자가 보도할 기사를 선택하게 될 것이다. 기사 작성에서 보도까지 몇 단계에 걸친 취사선택 과정이 있기 때문에 엄밀한 의미에서 완전히 객관적인 언론 보도는 없다고 볼 수 있다.

분석 | '아젠다 세팅'이란 말 그대로 의제를 설정하는 것으로, 언론이 우리 사회의 주요 의제를 설정하는 힘을 가지고 있다는 점을 보여 준다. 또한 게이트 키핑이란 기자나 편집자와 같은 뉴스 결정권자가 뉴스를 취사선택하는 과정을 말하는데, 이 과정에서 언론은 여론의 방향에 영향을 미칠 수도 있다. 일반적으로 국가 기관은 입법부, 행정부, 사법부의 3부로 구성되는데, 언론은 이들 3부를 모두 감시하고 비판하는 기능을 수행하고 있을 뿐 아니라, 위의 자료에서 보듯이 여론 형성에 큰 영향력을 행사할 수 있는 힘이 있기 때문에 '제4부'라고 불리기도 한다.

❸ A~C에 해당하는 정치 참여 주체를 각각 쓰시오. (단, A~C는 각각 시민 단체, 이익 집단, 정당 중 하나이다.)

```
사익보다 공익을 중요시하는가? ---아니요---> A
            │ 예
            ▼
  정치적 책임을 지는가? ---아니요---> B
            │ 예
            ▼
            C
```

정답과 해설 ▶ 시민 단체와 정당은 공익을 추구한다는 점에서 공통점이 있다. 한편, 시민 단체는 공직이나 정치권력의 획득을 목적으로 하지 않으며 정치적 책임을 지지 않는다는 점에서 정당과 차이점이 있다. **답** A: 이익 집단, B: 시민 단체, C: 정당

❹ 다음 글의 필자가 동의할 진술만을 〈보기〉에서 고른 것은?

오늘날 우리가 접하는 사건들은 대부분 우리가 직접 경험한 것이 아니다. 그것들은 주로 '매스 미디어'라는 창을 통해 접하는 것이다. 따라서 그 창이 굴절되어 있거나 그 창이 깨끗하지 않으면 우리는 제대로 된 진실을 볼 수 없다.

◁ 보기 ▷
ㄱ. 언론에 대해 비판적으로 접근해야 한다.
ㄴ. 언론은 정치권력을 추구하는 경향이 있다.
ㄷ. 언론에 의해 객관적 진실이 왜곡될 수도 있다.
ㄹ. 언론은 독립적인 정치 참여 주체가 될 수 없다.

① ㄱ, ㄴ   ② ㄱ, ㄷ   ③ ㄴ, ㄷ
④ ㄴ, ㄹ   ⑤ ㄷ, ㄹ

정답과 해설 ▶ 제시문은 대중 매체를 거치면서 '객관적 진실'이 왜곡될 수 있다는 점을 보여 준다. 이러한 점은 언론에 대해서도 비판적으로 접근해야 함을 시사한다. **답** ②

저절로 암기 ^{Tip} ☐1회 (/   ) ☐2회 (/   ) ☐3회 (/   )

01~03 빈칸에 알맞은 말을 쓰시오.

01 _____은/는 정치적 견해를 같이하는 사람들이 정권을 획득함으로써 자신들의 정강을 실현하는 것을 목적으로 조직한 단체이다.

02 이해관계를 같이하는 사람들이 공동의 특수 이익을 실현하기 위해 _____을/를 결성하여 압력을 행사하기도 한다.

03 공공선과 공익 실현을 목적으로 시민들이 자발적으로 구성한 단체는 _____이다.

04~10 다음 내용이 옳으면 ○표, 틀리면 ×표 하시오.

04 정당은 특수한 이익보다는 공익을 추구한다는 점에서 시민 단체와 동일하다.   (   )

05 정당은 당정 협의회 등을 통해 정부와 의회를 매개하는 역할을 하기도 한다.   (   )

06 정당은 여론을 반영하지만 적극적으로 형성하고 조직화하지는 않는다.   (   )

07 정당의 거대화·관료화는 당원과 국민의 다양한 요구가 반영되지 못하는 요인이기도 하다.   (   )

08 이익 집단이 자기 집단의 이익을 위해 집회나 시위를 하는 것은 비민주적이다.   (   )

09 시민 단체는 정치권력의 직접적 획득을 목적으로 하지 않는다는 점에서 이익 집단과 동일하다.   (   )

10 언론은 쟁점이나 사건에 대한 객관적 정보를 제공할 뿐 언론 자체의 의견을 제시하지는 않는다.   (   )

정답
01 정당   **02** 이익 집단   **03** 시민 단체
04 ○   **05** ○   **06** ×   **07** ○   **08** ×
09 ○   **10** ×

오답 체크 ^{Tip}
08 민주주의 사회에서 이익 집단이 자기 집단의 이익을 위해 집회나 시위를 하는 것은 당연한 권리이다. 단지 공익을 전혀 고려하지 않고 자기 집단의 이익만 추구할 경우 국민적 비난을 받는 경우가 있다.

▶ 20583-0108

01 그림은 각 정치 참여 주체의 특징을 구분하기 위한 것이다. (가), (나)에 들어갈 질문을 〈보기〉에서 고른 것은?

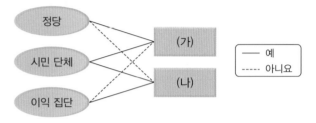

〈 보기 〉
ㄱ. 공익 추구를 목적으로 하는가?
ㄴ. 직접적인 정권 획득을 추구하지 않는가?
ㄷ. 정부의 정책 결정에 영향력을 행사하는가?

	(가)	(나)			(가)	(나)
①	ㄱ	ㄴ		②	ㄱ	ㄷ
③	ㄴ	ㄱ		④	ㄴ	ㄷ
⑤	ㄷ	ㄴ				

단답형

▶ 20583-0109

02 밑줄 친 정치 참여 주체 '이것'은 무엇인지 쓰시오.

현대 사회는 직업 분화의 심화로 인해 추구하는 이익이 다원화되고 있다. 하지만 의회는 여전히 지역 대표성을 중심으로 구성되고 있어 다원화된 이익의 집약 및 조정에 실패하고 있는 것이다. 이러한 상황에서 자신들의 이익을 집단적으로 표출하여 의회 안으로 전달하기 위해 등장한 정치 참여 주체가 바로 '이것'이다.

▶ 20583-0110

03 그림은 3단계 퀴즈로 정치 주체를 이해하기 위한 수업 장면이다. 이에 대한 설명으로 옳은 것은?

> 1단계: 자신들의 신념이나 이익에 맞게 정책 결정 과정에 참여합니다.
> 2단계: 특정 집단만의 이익이 아니라 공익을 위해 활동합니다.
> 3단계: _____(가)_____

> 1단계만 보면 정치에 참여하는 모든 주체가 가능하겠죠. 하지만 2단계로 가면 ⓐ 은 안 되겠네요. 3단계로 가면 정답이 정당이 될 수밖에 없네요.

① ⓐ은 언론이다.
② ⓐ은 시민 단체이다.
③ (가)에는 '공직 선거에서 후보자를 공천합니다.'가 들어갈 수 있다.
④ (가)에는 '직접적인 정권 획득을 추구하지는 않습니다.'가 들어갈 수 있다.
⑤ (가)에는 '여론을 반영할 뿐 주도적으로 형성하지는 않습니다.'가 들어갈 수 있다.

▶ 20583-0111

04 그림의 갑과 을이 공통적으로 동의할 진술로 가장 적절한 것은?

> 언론은 선정적이거나 자극적인 보도로 정치적 무관심을 유발하고 공익을 저해할 수 있어.

> 때로는 언론이 특정 정치 세력과 결탁하여 여론 조작의 주체가 될 수도 있어.

갑   을

① 언론에 대한 규제는 불필요하다.
② 언론은 사익 실현을 위한 기관이다.
③ 언론의 생명은 보도의 신속성에 있다.
④ 언론은 자기 의견이 아닌 객관적 사실만을 보도해야 한다.
⑤ 언론이 정치 참여 주체로서 강력한 영향력을 행사할 수 있다.

▶ 20583-0112

05 다음 사례에 대해 옳게 이해한 학생만을 〈보기〉에서 고른 것은?

> 시민 단체인 ⑦ '○○하는 엄마들'이 사립 유치원의 이익을 도모하는 ⓛ 한국△△△연합회를 검찰에 고발했다. ⓒ 정부는 유치원 회계 투명성을 높이기 위한 강경 대책을 마련했는데, 이에 한국△△△연합회는 사유 재산 침해라며 집회를 여는 등 맞서 왔다. 급기야 지난달에는 개학 연기 집단 휴업에 나서겠다고 선언했고, 새 학기가 시작되는 날 전국 239개 유치원이 실제로 개학 연기 투쟁에 나서면서 사태가 악화됐다.

◀보기▶
갑: ⑦과 달리 ⓛ은 정권의 획득을 목적으로 하겠네.
을: ⑦과 ⓛ은 모두 ⓒ의 정책에 반대하는 입장이군.
병: ⓒ과 달리 ⑦과 ⓛ은 정치적 책임을 지지는 않아.
정: 특수 이익을 추구하는 단체와 공공의 이익을 추구하는 단체가 충돌하고 있군.

① 갑, 을 ② 갑, 병 ③ 을, 병 ④ 을, 정 ⑤ 병, 정

06~07 다음 자료를 보고 물음에 답하시오.

참여 주체	사례
A	○○○○○ 연합회: 1961년 민간 경제인들이 설립한 순수 민간 종합 경제 단체이며, 기업들의 이익 증진을 위해 활동함
B	△△ 환경 연합: 국내 자연 환경 보호를 위해 전국적으로 활동하는 단체로서, 최근에는 범세계적인 문제를 해결하기 위한 국가 간 연대 활동도 하고 있음

서술형   ▶ 20583-0113
06 A와 B의 공통점을 '정치적 책임'이라는 용어를 사용하여 서술하시오.

서술형   ▶ 20583-0114
07 A와 달리 B가 가지는 특징을 서술하시오.

대단원 마무리 정리

01 정치 과정과 시민의 정치 참여

(1) 정치 과정의 의미: 사회의 다양한 문제를 둘러싼 요구가 정책 결정 기구에 투입되어 정책으로 나타나는 모든 과정

(2) 일반적인 정치 과정: 투입(사회의 다양한 요구 표출), ① ☐☐☐☐ (정책 결정 기구가 정책 수립 및 집행), 환류 (산출된 정책에 대한 사회의 평가 재투입)가 반복되는 과정

(3) 시민의 정치 참여의 의의
→ 선거 외의 직접 민주적 참여, 예를 들어 주민 투표나 집회 등의 경우를 말함
① 대의 민주주의의 한계를 보완하여 국민 주권 실현
② 민주주의의 원리인 정치적 평등과 다수 지배의 원리 실현
③ 정책에 ② ☐☐☐☐ 부여, 효율적인 정책 집행을 도움
④ 시민들의 정치적 효능감을 높여 정치 공동체를 유지시킴

(4) 시민의 정치 참여의 유형

개인적 정치 참여	선거 및 투표 참여, 공무 담임권 행사, 청원 및 의견 제출, 서명 운동, 집회 및 시위 참여, 기타(인 터넷 기사 댓글 달기 등) └→ 집단적 정치 참여의 수단이 될 수도 있음
집단적 정치 참여	정당, 이익 집단, 시민 단체 등의 구성원이 되어 그 집단의 활동에 참여

02 선거와 선거 제도

(1) 선거의 의미: 일정한 집단의 대표자나 임원 등을 투표 등의 방법으로 가려 뽑는 행위

(2) 선거의 의의와 기능: 국민 주권 실현, 대표자 및 정치권력에 대한 통제, 정책 결정에 정당성과 권위 부여, 정치 교육의 장 제공

(3) 민주 선거의 4대 원칙: ③ ☐☐☐☐ 선거, 평등 선거, 직접 선거, 비밀 선거

(4) 선거구제의 유형

④ ☐☐☐☐	• 한 선거구에서 1인의 대표 선출 →1명을 선출하는 방식은 단순(상대) 다수 대표제, 절대 다수 대표제 등으로 분류할 수 있음 • 다수당에 유리하여 양당제 촉진, 지역적 인물의 당선 가능성이 높음 • 군소 정당의 난립을 막아 정국 안정에 유리, 유권자의 후보자 파악이 용이함, 선거 관리와 선거 운동에 대한 감시와 단속이 편리함 • 사표(死票)가 많이 발생함, 정당별 득표율과 의석률의 불일치가 심하여 과대 대표, 과소 대표의 문제가 발생함, 주요 정당 후보에게 유리하여 소수당이나 신인 정치인의 의회 진출에 불리함
중·대선거구제	• 한 선거구에서 2인 이상의 대표 선출 • 소수당에 유리하여 ⑤ ☐☐☐☐ 를 촉진, 선거구가 넓어 전국적으로 지명도가 있는 인물에게 유리함 • ⑥ ☐☐☐☐ 가 적음, 후보자 선택의 폭이 넓어 국민의 다양한 의사가 반영됨 • 군소 정당 난립 시 정국 불안정, 선거 비용이 많이 들고 유권자의 후보자 파악이 어려움, 동일 선거구 내에서 당선자 간 투표 가치의 차등 문제가 발생할 수 있음

답 ① 산출
② 정당성
③ 보통
④ 소선거구제
⑤ 다당제
⑥ 사표

Self Note

(5) 대표 결정 방식 ☆☆

① 대표제	• 선거구 내에서 다수 득표자가 대표로 선출되는 제도 → 소선거구제와 결합됨 • 선거구 내 후보자 중에서 1인이 당선되는 경우에 1인 선출 다수 대표제, 2인 이상이 당선되는 경우에 다수 선출 다수 대표제가 됨 → 중·대선거구제와 결합됨 • 당선 방식은 단순 다수 대표제와 ② [ ] 다수 대표제로 구분할 수 있음
비례 대표제 ☆	• 각 정당의 유효 득표 비율에 따라 의석을 배분하는 제도, 대표 선출에 있어 유권자의 의사를 의회 의석에 정확하게 반영하고자 함 • 사표 발생 최소화, 정당의 득표율과 의석률을 최대한 일치시킴, 국민의 다양한 의사가 의회 구성에 반영됨, 소수당의 의회 진출 가능성이 높음, 정당 중심 정치를 구현할 수 있음 → 인물에 대한 선호가 아니라 정당의 정책에 기반한 정치 과정이 일어나게 됨 • 의석 배분 방식이 복잡함, 군소 정당의 난립으로 정국 불안정 우려가 있음, 당선자가 국민 대표가 아닌 정당 대표로만 기능할 우려가 있음

(6) 우리나라의 주요 선거

① 대통령 선거: 전국 단위의 선거, 5년마다 국민의 직접 선거로 선출, 단순 다수 대표제 적용

② 국회 의원 선거: 4년마다 국민의 직접 선거로 선출, 지역구 의원(소선거구제, 단순 다수 대표제 적용) 및 비례 → 총선거(총선)라고도 불림
대표 의원(정당 명부식 비례 대표제 적용) 선출

③ ③ [   ] : 4년마다 직접 선거로 선출, 지방 자치 단체장·광역 의회 의원·기초 의회 의원·교육감 선출

(7) 공정한 선거를 위한 우리나라의 제도

① 선거구 법정주의 ☆☆ : 선거구를 ④ [   ] 로써 획정

② ⑤ [   ] : 선거 과정을 국가 기관이 관리하고 선거 비용의 일부를 국가 또는 지방 자치 단체가 부담

③ 선거 관리 위원회 운영: 선거 공영제에 따라 부정 선거 방지와 선거·국민 투표의 공정한 관리, 정당 및 정치 자금의 효율적이고 투명한 관리, 국민에 대한 선거 홍보 및 계도 활동

03 다양한 정치 주체와 시민 참여

⑥ [ ]	• 정치적 견해를 같이하는 사람들이 정권을 획득함으로써 자신들의 정강을 실현하는 것을 목적으로 조직한 단체 • 선거에서 후보를 공천함, 공익을 도모하여 국민의 지지를 확보함, 선거에서 공약을 제시하고 그것의 실천과 정책에 대한 국민의 평가를 받아 정치적 책임을 짐, 다양한 분야에서 정책을 개발하고 수립하여 정부의 정책 결정에 영향력을 행사함 → 민주 사회에서 당연한 권리이나 때로는 공익과 충돌하기도 함
이익 집단	• 이해관계를 같이하는 사람들이 공동의 특수 이익을 실현하기 위해 결성한 집단, 압력 단체라고도 함 • 다양한 정치적 의사 표출, 정치권력에 대한 감시와 비판, 특정 분야의 전문성을 바탕으로 정당의 부족한 점 보완
⑦ [ ]	• 공공선과 공익의 실현을 목적으로 시민들이 자발적으로 구성한 단체 • 대의 민주주의 보완, 정치권력에 대한 감시와 비판, 사회 문제에 대한 관심과 이해 증진(시민에 대한 정치 사회화 기능)
언론	• 사실을 알리거나 의견과 논의를 전개하여 여론을 형성하는 활동을 하는 기관 • 쟁점이나 사건의 정보 제공, 분석 기사나 사설을 통해 의견 제시, 정치권력에 대한 부정부패 감시 기능

📖 ① 다수
② 절대
③ 지방 선거
④ 법률
⑤ 선거 공영제
⑥ 정당
⑦ 시민 단체

01 ▶ 20583-0115
다음 글이 말하고자 하는 바로 가장 적절한 것은?

인간은 자르면 자를수록 더 아름다워지는 분재가 아니다. 그렇다고 단순히 숲을 이루는 나무와 같은 존재도 아니다. 숲을 위해서 우리를 희생시키는 사람이나 우리를 더 자라지 못하도록 잘라 내어 우리 주위에 살아가는 수많은 사람들과의 관계를 끊어버리는 사람 모두 경계해야 할 사람들이다. 인간이 온전히 인간적 존재가 되려면 공동체 속에서 살아야 하고, 또한 그 공동체의 의사 결정과 관련된 활동에도 관심을 가져야 한다.

① 자유보다 평등이 중요하다.
② 개인은 공동체를 위해 존재한다.
③ 민주주의는 개인주의를 바탕으로 한다.
④ 정치 과정에 참여해야 인간적인 존재가 될 수 있다.
⑤ 자신을 단련해야만 공동체의 일에도 참여할 수 있다.

02 ▶ 20583-0116
다음 사례에 대한 옳은 분석만을 〈보기〉에서 고른 것은?

○○군은 주민 공청회를 실시한 후 정부가 추진하는 핵폐기물 처리장을 자신들의 지역으로 유치하기로 결정하는 발표를 하였다. 이에 다수의 ○○군 주민들은 핵폐기물 처리장 유치를 반대하는 시위를 하였다. 주민들은 군수가 일방적으로 결정을 내렸다고 반발하며, 모든 군민을 상대로 찬반 투표를 실시할 것을 주장하고 있다.

┤보기├
ㄱ. 투입 과정은 나타나 있지 않다.
ㄴ. ○○군은 정책 결정 기구에 해당한다.
ㄷ. 산출에 대한 환류 과정이 나타나 있다.
ㄹ. 특수 이익을 추구하는 이익 집단의 활동이 나타나 있다.

① ㄱ, ㄴ   ② ㄱ, ㄷ   ③ ㄴ, ㄷ
④ ㄴ, ㄹ   ⑤ ㄷ, ㄹ

03 ▶ 20583-0117
밑줄 친 ㉠~㉢에 대한 설명으로 옳은 것은?

㉠ **시민 단체 "지금 당장 국회 열라. …… 파행 더는 못 참아"**

국회 파행이 장기화하는 가운데 시민 사회 단체가 여야 ㉡ 정당이 조건 없이 국회를 열라고 촉구했다. 570여 개 시민 사회 단체로 구성된 정치 개혁 공동 행동과 시민 사회 단체 연대 회의는 17일 기자 회견을 열어 "국민을 외면하는 ㉢ 국회를 더는 못 참겠다."고 밝혔다. 이들 단체는 "민생, 개혁 법안이 수두룩하게 쌓여 있는데 국회가 제대로 가동되지 않은 지 수 개월"이라며 비판했다.

① ㉠이 이익 집단과 충돌하고 있는 상황이다.
② ㉡은 국가 정책을 결정하는 기구이다.
③ ㉢은 정권이나 공직 획득을 목적으로 한다.
④ ㉠과 달리 ㉡은 공익을 추구한다.
⑤ ㉡과 달리 ㉠은 정치적 책임을 지지 않는다.

04~05 표는 (가), (나) 두 시기의 갑국 의회 의원 선거 제도를 비교한 것이다. 이를 보고 물음에 답하시오.

시기	(가)	(나)
지역구 의원	선거구당 1인의 대표 선출	선거구당 2인의 대표 선출
비례 대표 의원	각 정당이 지역구 의원 선거에서 획득한 의석수에 비례하여 비례 대표 의석을 배분	정당이 제시한 비례 대표들의 명부를 보고 정당에 투표하고, 각 정당이 얻은 득표율에 따라 의석을 배분

단답형 ▶ 20583-0118
04 (가), (나) 시기에 지역구 선거에서 적용되는 선거구제를 각각 쓰시오.

서술형 ▶ 20583-0119
05 다음 중 옳은 진술 두 개만을 찾아 그대로 옮겨 쓰시오.
(단, 세 개 이상 쓴 경우 앞의 두 개만 채점한다.)

• (가)의 비례 대표 선거는 직접 선거 원칙에 어긋난다.
• (가)보다 (나)의 선거 제도가 다당제를 촉진한다.
• (가)와 (나) 모두에서 각 유권자는 2표를 행사한다.

06~07 표는 갑국의 의회 의원 선거 제도 및 선거 결과의 변화를 보여 준다. 이를 보고 물음에 답하시오. (단, 갑국의 정부 형태는 대통령제이다.)

(가) 선거 제도의 변화

A기	B기	C기
소선거구제	중 · 대선거구제	소선거구제
지역구 의원 100석 비례 대표 의원 50석	지역구 의원 200석 비례 대표 의원 50석	지역구 의원 150석 비례 대표 의원 50석

*비례 대표 의원은 정당 명부에 대한 별도의 투표에서 정당별 득표율에 비례하여 배분하며, 전국을 하나의 선거구로 본다.

(나) 선거 결과의 변화

구분	지역구 선거 득표율(%)		지역구 의석률(%)		비례 대표 의석률(%)	
	여당	제1야당	여당	제1야당	여당	제1야당
A기	33.0	20.0	55.0	30.0	64.0	24.0
B기	43.0	20.5	45.0	24.0	50.0	16.0
C기	35.7	33.8	50.0	40.0	54.0	30.0

▶ 20583-0120

06 B기의 선거구제가 A기, C기에 비해 다른 점만을 〈보기〉에서 고른 것은?

〈보기〉
ㄱ. 상대적으로 사표가 많이 발생한다.
ㄴ. 군소 정당의 원내 진출에 유리하다.
ㄷ. 지역 명망가들이 선호하는 방식이다.
ㄹ. 동일 선거구 내에서 당선자 간 투표 가치의 차등 문제가 지적될 수 있다.

① ㄱ, ㄴ   ② ㄱ, ㄷ   ③ ㄴ, ㄷ   ④ ㄴ, ㄹ   ⑤ ㄷ, ㄹ

▶ 20583-0121

07 위 자료를 옳게 이해한 학생은?

① 갑: A기의 선거구는 150개야.
② 을: B기에 여당의 총 의석수는 100석 미만이네.
③ 병: C기에는 여소야대 국면으로 정책 추진력이 약화되었겠어.
④ 정: A기에 비해 B기에는 다당제적 모습이 강화되었군.
⑤ 무: B기에 비해 C기에는 지역구 선거에서 득표율과 의석률의 차이가 감소했네.

▶ 20583-0122

08 다음은 우리나라의 어느 선거와 관련한 자료이다. 이에 대해 옳게 이해한 학생만을 〈보기〉에서 고른 것은?

지방 자치 단체장	광역 자치 단체장, 기초 자치 단체장을 단순 다수 대표제에 의해 선출
광역 의회 의원	• 지역구 대표: 소선거구제, 단순 다수 대표제에 의해 선출 • 비례 대표: 정당 명부식 비례 대표제
기초 의회 의원	• 지역구 대표: 중선거구제, 단순 다수 대표제(2명 이상 선출)에 의해 선출 • 비례 대표: 정당 명부식 비례 대표제
교육감	• 광역 자치 단체 단위에서 단순 다수 대표제에 의해 선출 • 정당 공천제가 적용되지 않음

〈보기〉
갑: 지방 선거에서 선출하는 공직자에 대한 내용이네.
을: 광역 의회 지역구 의원은 한 선거구에서 2명 이상을 선출하네.
병: 사표 문제는 기초 의회 지역구 의원보다 광역 의회 지역구 의원 선거에서 더 심각하겠네.
정: 다른 선거와 달리 교육감 선거에서는 유권자가 후보자의 정치적 성향을 중요시하겠네.

① 갑, 을   ② 갑, 병   ③ 을, 병
④ 을, 정   ⑤ 병, 정

09~10 그림은 정치 참여의 주체를 구분한 것이다. 이를 보고 물음에 답하시오. (단, A, B는 각각 이익 집단, 정당 중 하나이다.)

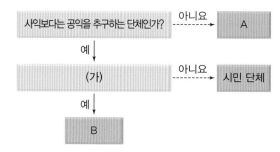

단답형
▶ 20583-0123

09 A, B에 해당하는 정치 참여 주체를 각각 쓰시오.

서술형
▶ 20583-0124

10 (가)에 들어갈 적절한 질문을 서술하시오.

1 A~C에 대한 설명으로 옳지 <u>않은</u> 것은? (단, A~C는 각각 시민 단체, 이익 집단, 정당 중 하나이다.)

▶ 20583-0125

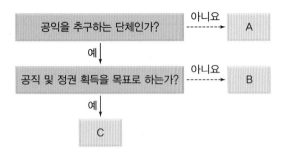

① A는 특수 이익 달성을 위해 정부에 압력을 행사한다.
② B는 입법부에 영향력을 행사하기도 한다는 점에서 A와 구별된다.
③ C는 입법부와 행정부를 매개하는 역할을 수행한다.
④ B는 C와 달리 정치적 책임을 지지 않는다.
⑤ A~C는 모두 '투입' 과정에 참여할 수 있는 주체이다.

2 그림은 선거구 제도를 분류하기 위한 것이다. 이에 대한 설명 및 분석으로 옳은 것은? (단, ㉠과 ㉡은 각각 소선거구제와 중·대선거구제 중 하나이다.)

▶ 20583-0126

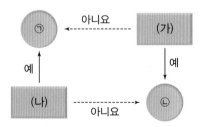

① ㉠이 소선거구제라면 (가)에는 '한 선거구에서 1인의 대표를 선출하는가?'가 들어갈 수 있다.
② ㉡이 중·대선거구제라면 (나)에는 '다당제 촉진에 유리한가?'가 들어갈 수 있다.
③ ㉡이 양당제 촉진에 유리한 선거구제라면 (가)에는 '상대적으로 사표 문제가 심각한가?'가 들어갈 수 있다.
④ (가)가 '동일 선거구 내에서 당선자 간 투표 가치의 차등 문제가 발생할 수 있는가?'라면 ㉡은 소선거구제이다.
⑤ (나)가 '소수당이나 신인 정치인의 의회 진출에 불리한가?'라면 ㉠은 중·대선거구제이다.

3 다음은 갑국의 의회 의원 선거 방식이다. 이에 대해 옳게 이해한 학생만을 〈보기〉에서 고른 것은? (단, 갑국의 지역구 의석수와 비례 대표 의석수는 각각 100석이다.)

▶ 20583-0127

유권자들은 지역구 선거(소선거구제 적용)와 정당 투표를 별도로 실시하되, 총의석수는 정당 투표 득표율에 연동된다. 예를 들어, 총의석이 지역구와 비례 대표 합쳐서 100석인데, 정당 투표에서 A당의 득표율이 30%이고 지역구 선거에서 A당이 20명을 당선시켰다면, A당은 추가로 10명이 비례 대표 후보 순서에 따라 당선되어 결국 총의석의 30%를 차지하게 된다. 단, 유효 투표 총수의 3% 이상을 득표하지 못한 정당과 그 정당의 득표수는 의석 할당 계산에서 제외한다. 의석 할당 기준을 충족한 정당의 득표수를 모두 합한 후, 그것을 기준으로 의석 할당을 위한 각 정당의 득표율을 구한다. 총의석수에 각 정당의 득표율을 곱하여 할당할 의석수를 결정하되, 소수점 이하는 버린다. 이렇게 배분한 후 잔여 의석은 버림한 소수점 이하의 수가 큰 순으로 각 정당에 1석씩 배분한다. 한편, 특정 정당의 지역구 당선자 수가 그 정당의 득표율에 따른 의석수보다 많더라도 지역구 당선자는 그대로 인정된다.

┤ 보기 ├

갑: 결과적으로 사표가 발생하지 않네.
을: 총의석수가 200석이 넘어갈 수도 있겠군.
병: 정당의 의석률과 정당 득표율의 차이가 크다는 것이 단점이네.
정: 지역구 당선자가 70명이고 정당 득표율이 50%인 정당의 총의석수는 100석이겠네.

① 갑, 을　　　② 갑, 병　　　③ 을, 병
④ 을, 정　　　⑤ 병, 정

▶ 20583-0128

4 그림은 한 학생이 제출한 수행 평가지이다. ⑦~⑩ 중 옳게 작성된 열쇠만을 있는 대로 고른 것은?

■ 위 십자말풀이에 제시된 낱말에 맞는 가로, 세로 열쇠를 작성하시오.

[가로 열쇠]
⑦ 국회 의원으로 구성된 정책 결정 기구
㉡ 하나의 선거구에서 한 명의 당선자를 선출하는 선거구제

[세로 열쇠]
㉢ 정당 간 대립 시 중재가 용이한 정당 제도
㉣ 각 정당의 유효 득표 비율에 따라 의석을 배분하는 제도
㉤ 유권자의 투표 가치에 차등을 두지 않는 선거

① ⑦, ㉡ 　② ㉡, ㉣ 　③ ㉢, ㉤
④ ⑦, ㉢, ㉣ 　⑤ ㉡, ㉣, ㉤

▶ 20583-0129

5 A~C에 대한 설명으로 옳지 <u>않은</u> 것은? (단, A~C는 각각 시민 단체, 이익 집단, 정당 중 하나에 해당하는 집단이다.)

최근 플라스틱으로 인한 환경 파괴 문제가 심각해지자 A와 B는 1회용 플라스틱의 생산·소비를 줄이기 위해 공동의 노력을 하고 있다. A는 그동안 조사해 왔던 플라스틱 사용 실태 정보를 B에 적극적으로 제공하고, B는 이번 선거에서 관련 내용을 공약으로 제시하고, 관련 법안을 국회에 제출하기로 했다. 한편, 플라스틱 제품을 생산하는 기업들로 조직된 C는 친환경 소재의 개발을 촉진할 수 있도록 지원하는 법안에 초점을 맞춰달라고 요구하였다.

① B는 국민의 대표를 배출하는 정치 충원 기능이 있다.
② C는 자기 집단의 이익을 위해 활동한다.
③ A는 공익을 추구한다는 점에서 B와 공통점이 있다.
④ B는 A, C와 달리 정치적 책임을 진다.
⑤ C와 달리 A, B는 개인의 정치 사회화에 기여한다.

▶ 20583-0130

6 다음 자료에 대한 옳은 분석만을 〈보기〉에서 고른 것은? (단, 무소속으로 출마한 후보자는 없다.)

○○국의 지역구 의석수는 총 6석이며, 각 선거구별로 득표율이 가장 높은 후보가 당선된다. 또한 비례 대표 의원의 총의석수는 5석인데, 그 결정 방식은 다음과 같다. 정당 투표에서 유효 투표 총수의 10% 이상을 득표하지 못한 정당과 그 정당의 득표수는 의석 할당 계산에서 제외한다. 의석 할당 기준을 충족한 정당의 정당 투표 유효 득표수를 모두 합한 후, 그것을 기준으로 의석 할당을 위한 각 정당의 득표율을 구한다. 비례 대표 의원 총수에 각 정당의 득표율을 곱하여 할당할 의석수를 결정하되, 소수점 이하는 버린다. 이렇게 배분한 후 잔여 의석은 버림한 소수점 이하의 수가 큰 순으로 각 정당에 1석씩 배분한다.

〈지역구 선거 후보자별 득표수〉

정당 선거구	A당 후보	B당 후보	C당 후보	D당 후보	계
갑	700	400	650	300	2,050
을	450	600	650	200	1,900
병	650	400	550	300	1,900
정	600	350	550	150	1,650
무	400	600	500	200	1,700
기	300	550	450	400	1,700
합계	3,100	2,900	3,350	1,550	10,900

〈정당 투표에서 정당별 유효 득표수〉

A당	B당	C당	D당	계
3,600	3,400	3,000	900	10,900

┤ 보기 ├

ㄱ. 과반수 의석을 차지한 정당은 없다.
ㄴ. 지역구 선거에서는 절대 다수 대표제가 적용된다.
ㄷ. C당은 의회 표결 시 결정력을 갖는 영향력을 행사할 수 있다.
ㄹ. 지역구 선거에서 가장 많은 사표가 발생한 정당은 A당이다.

① ㄱ, ㄴ 　② ㄱ, ㄷ 　③ ㄴ, ㄷ
④ ㄴ, ㄹ 　⑤ ㄷ, ㄹ

▶ 20583-0131

7 다음 사례에 대한 옳은 설명만을 〈보기〉에서 고른 것은?

영월 동강댐 건설은 1997년 용수 부족과 홍수 방지를 위한 목적으로 ㉠ 건설 교통부와 한국 수자원 공사에 의해 추진된 정책 사업이다. 당시 ㉡ 환경 단체들이 댐 건설의 문제점을 제기함으로써 2000년에 (가) 대통령이 댐 건설 백지화를 발표하였다. (나) 환경 단체의 참여가 법안 정비, 피해 보상 합의 등의 정책 비용을 증가시킨다며 부정적으로 보는 사람도 있었다. 하지만, 적극적인 반대 입장을 표하지 못했던 ㉢ 지방 자치 단체가 정책 결정 과정에 참여하게 하는 계기를 제공하였으며, 초반에 소극적 대응을 보이던 ㉣ 환경부도 환경 영향 평가 과정에서 댐 건설에 부정적인 입장을 분명히 하게 되는 결과를 제공하였다.

┤ 보기 ├
ㄱ. ㉡은 정치적 책임을 지지 않는다.
ㄴ. ㉠, ㉣과 달리 ㉢은 정책 결정 기구가 아니다.
ㄷ. (가)는 환류에 따른 새로운 산출 과정이다.
ㄹ. (나)는 정치 참여가 민주주의를 저해할 수 있다는 점을 보여 준다.

① ㄱ, ㄴ　　② ㄱ, ㄷ　　③ ㄴ, ㄷ
④ ㄴ, ㄹ　　⑤ ㄷ, ㄹ

▶ 20583-0132

8 밑줄 친 ㉠~㉤ 중 옳지 않은 진술은? (단, A는 양당제 또는 다당제 중 하나이다.)

A는 ㉠ 영국, 미국 등의 국가들에서 일반적인 정당 제도로서, ㉡ 정권 교체가 명확하고 정책 논쟁이 국민에게 이해되기 쉽다는 장점이 있다. 그러나 ㉢ 이를 기반으로 삼은 다수결형 민주주의는 소수 의견이 반영되기 어렵다는 지적을 받는다. ㉣ 일반적으로 소선거구제에 비해 중·대선거구제에서 형성되기 쉬우나 반드시 그런 것은 아니다. ㉤ 3개 이상의 정당이 의석을 갖고 있더라도 2개의 주요 정당만이 교대로 집권하는 양상이라면 이 유형의 정당 제도에 해당한다고 볼 수 있다.

① ㉠　② ㉡　③ ㉢　④ ㉣　⑤ ㉤

▶ 20583-0133

9 다음 자료에 대한 분석 및 추론으로 옳지 않은 것은?

갑국의 의회 의원 정수는 6명으로, 현재 6개 선거구(1~6)에서 단순 다수 대표제로 의회 의원을 선출하고 있다.

〈정당별 득표 결과〉

선거구 \ 정당	A당	B당	C당	D당	E당	계
1	40	80	0	0	0	120
2	60	30	30	0	0	120
3	20	70	20	10	0	120
4	0	30	10	0	0	40
5	10	0	0	30	40	80
6	30	10	0	0	80	120
합계	160	220	60	40	120	600

〈선거구〉

1	2	3
4	5	6

갑국은 현재의 의원 정수를 유지하면서 다음과 같은 선거 제도로 개편할 예정이다. 개편안의 경우 최근 의회 의원 선거의 정당별 득표 결과만을 근거로 판단한다.

〈개편안〉

2개의 선거구를 하나로 통합하여 선거구 수를 총 3개로 축소하고, 각 선거구에서 득표순으로 2인의 대표를 선출한다. 정당이 후보자를 공천할 때 2인이 당선 가능한 경우 2인을, 그렇지 않은 경우 1인을 공천한다. 선거구는 경계선이 접한 경우에만 통합이 가능하며, 대각선 방향으로의 통합은 고려하지 않는다. 통합 후 하나의 선거구 유권자 수가 다른 선거구 유권자 수의 2배 이상이 되지 않도록 한다.

① 현행과 달리 개편안은 중·대선거구제에 해당한다.
② 현행에서 A당과 C당은 과소 대표되었다.
③ 개편안으로 바뀌더라도 C당과 D당의 의석수는 변화가 없다.
④ 개편안에서 A당이 얻을 수 있는 최소 의석수는 2석, 최대 의석수는 3석이다.
⑤ 개편안에서 선거구가 1-4, 2-3, 5-6으로 통합된다면 B당의 의석수는 현행보다 줄어들 수도 있다.

IV 개인 생활과 법

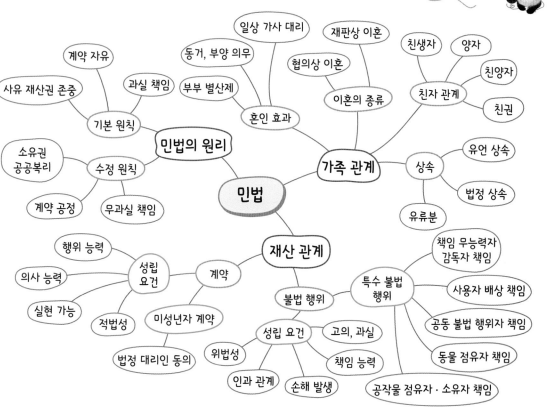

- 계약 자유
- 사유 재산권 존중
- 과실 책임
- 기본 원칙
- 소유권 공공복리
- 수정 원칙
- 계약 공정
- 무과실 책임
- 민법의 원리
- 일상 가사 대리
- 동거, 부양 의무
- 부부 별산제
- 혼인 효과
- 재판상 이혼
- 협의상 이혼
- 이혼의 종류
- 가족 관계
- 친생자
- 양자
- 친양자
- 친자 관계
- 친권
- 유언 상속
- 상속
- 법정 상속
- 유류분
- 민법
- 행위 능력
- 의사 능력
- 성립 요건
- 계약
- 실현 가능
- 적법성
- 미성년자 계약
- 법정 대리인 동의
- 재산 관계
- 불법 행위
- 성립 요건
- 위법성
- 인과 관계
- 손해 발생
- 고의, 과실
- 책임 능력
- 특수 불법 행위
- 책임 무능력자 감독자 책임
- 사용자 배상 책임
- 공동 불법 행위자 책임
- 동물 점유자 책임
- 공작물 점유자 · 소유자 책임

☆ 01 민법의 이해

계약 내용이 사회 질서에 위반되거나 공정하지 못한 경우에는 법적 효력이 발생하지 않을 수 있다는 원칙을 ① ☐☐☐☐의 원칙이라고 한다.

☆ 02 재산 관계와 법

미성년자가 완전히 유효한 법률 행위를 하기 위해서는 원칙적으로 ② ☐☐☐☐☐의 동의를 얻어야 한다.

☆ 03 가족 관계와 법

부부의 공동생활을 위해 필요한 일상적인 일을 서로 대신해서 처리해 주는 것을 ③ ☐☐☐☐☐ 라고 한다.

정답 | ① 계약 공정 ② 법정 대리인 ③ 일상 가사 대리

● 민법의 의미와 기능

(1) 민법의 의미

① 민법: 개인과 개인의 법률관계에서 발생하는 권리와 의무의 종류 및 내용을 다루는 대표적인 사법(私法)

② 민법의 규율 대상: 사적인 법률관계 전반으로서 재산 관계와 가족 관계를 규율
└─ 개인과 개인 간의 대등한 관계를 전제로 함

(2) 민법의 기능

소유권, 계약, 불법 행위 등 ─┐　　　　┌─ 혼인, 이혼, 친권, 유언, 상속 등

① 개인 간의 법률관계 조율: 주로 재산 관계와 가족 관계를 규율 → 개인 간의 법률관계를 조율하고 이와 관련된 갈등을 해소하도록 함

② 법의 일반 원칙 제시: 신의 성실의 원칙, 권리 남용 금지의 원칙 등 법의 일반 원칙 규정 → 법적 생활 관계의 행위 기준 제시

● 민법의 기본 원리

(1) 근대 민법의 원칙

① 근대 민법의 이념: 개인주의와 자유주의 정신을 기반으로 함

② 근대 민법의 원칙

사유 재산권 존중의 원칙 (소유권 절대의 원칙)	개인 소유의 재산에 대한 사적 지배를 인정하고 국가나 다른 개인은 함부로 이를 간섭하거나 제한하지 못한다는 원칙
사적 자치의 원칙 (계약 자유의 원칙)	개인은 자율적인 판단에 기초하여 법률관계를 형성해 나갈 수 있다는 원칙
과실 책임의 원칙 (자기 책임의 원칙)	자신의 고의나 과실에 따른 행위로 타인에게 손해를 끼친 경우에만 책임을 진다는 원칙

(2) 근대 민법의 원칙 수정

① 수정 배경: 자본주의 발달에 따라 빈부 격차, 환경 오염, 독과점 등의 부작용 발생, 사회적 강자가 약자를 지배하거나 자신의 책임을 회피하는 수단으로 남용되기도 함 → 사회적 약자의 보호 필요성 대두

② 근대 민법의 수정 원칙

소유권 공공복리의 원칙	• 소유권은 공공복리에 적합하도록 행사해야 한다는 원칙 • 개인의 소유권도 공공의 이익을 위해서라면 경우에 따라 제한될 수 있는 상대적 권리임을 의미함
계약 공정의 원칙	• 계약 내용이 사회 질서에 위반되거나 공정하지 못한 경우에는 법적 효력이 발생하지 않을 수 있다는 원칙 • 계약 과정에서 경제적 약자에게 일방적으로 불리한 내용의 계약이 체결될 가능성이 줄어들게 됨
무과실 책임의 원칙	• 자신에게 직접적인 고의나 과실이 없는 경우에도 일정한 요건에 따라 배상 책임을 질 수 있다는 원칙 • 사업자의 환경 오염으로 인한 침해나 제조물의 결함으로 인해 발생한 손해 등에 대해서는 무과실 책임이 적용되고 있음

◉ **사법(私法)**
법은 규율하는 생활 관계에 따라 공법과 사법으로 구분하는데 사법은 개인 간의 사적인 법률관계를 규율한다. 대표적인 사법으로는 민법과 상법 등이 있다.

◉ **신의 성실의 원칙**
권리 행사와 의무 이행에서 신의와 성실로 행동해야 한다는 사법상의 대원칙이다.

◉ **권리 남용 금지의 원칙**
겉으로 보기에는 권리 행사처럼 보이지만 실제로는 공공의 복리에 반하기 때문에 정당한 권리 행사로 볼 수 없는 경우 그에 따른 법률 효과도 발생하지 않는다는 원칙을 의미한다. 예를 들어 악취가 난다는 이유로 축산 농가의 차량이 다니지 못하도록 자기 소유의 도로를 파헤쳐 두고, 이는 소유권을 행사한 것이므로 위법성이 없다고 항변하더라도 이 주장은 권리 남용 금지의 원칙에 따라 인정되지 않는다.

◉ **고의와 과실**
고의는 자신의 행위가 다른 사람에게 손해를 입힐 것을 알면서도 그 행위를 하는 것을 말한다. 과실은 자신의 행위가 다른 사람에게 손해를 입힐 것을 부주의로 알지 못하고 그 행위를 하는 것을 말한다.

◉ **제조물 책임**
제조물의 결함으로 소비자에게 생명이나 신체, 재산 등의 손해가 발생한 경우 제조업자에게 손해 배상 책임을 묻는 제도이다. 이때 피해자는 제조업자의 고의나 과실을 증명할 필요가 없다. 즉, 제조업자는 고의나 과실이 없어도 배상 책임을 질 수 있다.

자료
탐구

① 우리나라 민법의 구성

총론	• 제1편 총칙(제1조~제184조) • 민법 전반에 걸쳐 적용되는 기본적인 규정 ┌ 법적 안정성을 위해 일정 기간이 └ 지나면 권리를 소멸시키는 제도 • 자연인과 법인, 권리 능력, 행위 능력, 기간, 소멸 시효 등

재산법	• 제2편 물권(제185조~제372조): 물건에 대한 권리(소유권, 점유권, 저당
	  권 등) ┌ 채무자가 채무를 이행하지 않은 경우에, 저당을 잡아 둔 채권자가 그
	         └ 저당물에 대하여 다른 채권자에 우선하여 변제를 받을 수 있는 권리
	• 제3편 채권(제373조~제766조): 채권과 채무에 대한 내용(계약, 불법
	  행위 등)

가족법	• 제4편 친족(제767조~제996조): 혼인, 이혼, 친권, 입양 등 • 제5편 상속(제997조~제1118조): 유언, 상속 등

분석 | 우리나라 민법은 민법 전반에 적용되는 기본적 규정을 모은 총론, 물건에 대한 권리·
계약·불법 행위 등을 규정한 재산법, 친족·상속 등을 규정한 가족법으로 구성되어
있다. 우리나라 민법은 1960년부터 시행되어 현재까지 수차례 개정되어 왔는데 주로
가족 관계의 개정이 많았다. 남녀평등의 사회 변화에 맞춰 1977년에는 법정 상속분의
남녀 균등 분할이 이루어졌고, 2005년에는 호주제가 폐지되었다.

② 무과실 책임의 원칙

(가) 환경 정책 기본법
제44조(환경 오염의 피해에 대한 무과실 책임) ① 환경 오염 또는 환경 훼손으
로 피해가 발생한 경우에는 해당 환경 오염 또는 환경 훼손의 원인자가 그 피
해를 배상하여야 한다. ┌ 원인자의 과실이 없더라도 인과 관계는 성립해야 함
(나) 사례 ┌ 도로 공사 업체 측의 과실이 없음
도로 공사 과정에서 발생한 먼지와 공사 현장 인근 사과 농장의 손해 사이에
인과 관계가 있음이 증명되었다. 도로 공사 업체 측은 공사를 진행하면서 먼지
발생에 따른 피해를 최소화하기 위해 주기적으로 물 뿌리기와 공사 차량 저속
운행 등의 방안을 적극적으로 이행하였고, 또 사과 농장 주인의 요구에 따라
주택 상수도와 사과밭 농업용 수로를 무상으로 설치해 주는 등 노력을 기울였
다. 하지만 공사 중에 발생한 먼지의 양이 적더라도 농약 살포 시 농약의 흡수
를 방해할 수 있어 사과 수확량에 영향을 미칠 수 있다. 그러므로 도로 공사 업
체는 사과 농장의 손해에 대한 책임을 면할 수 없다.

– 중앙 환경 분쟁 조정 위원회 –

분석 | 환경 정책 기본법 제44조는 환경 오염이 발생했을 때 원인자에게 과실이 없더라도 배
상 책임을 져야 한다는 규정으로 무과실 책임 원칙이 반영된 것이다. (나)는 (가)의 규
정을 적용하여 도로 공사 업체가 무과실 책임을 지도록 한 중앙 환경 분쟁 조정 위원
회의 조정 내용이다. 비록 공사 과정에서 공사 업체가 피해 방지를 위해 노력하는 등
과실이 없었더라도 피해를 준 원인자는 분명하므로 배상 책임을 져야 한다는 것이다.

확인학습

1 민법에 대한 설명으로 옳은 것은?

① 각 개인은 자유롭고 평등하다고 전제한다.
② 개인과 국가 사이의 법률관계를 규율한다.
③ 개인 생활 관계에 대한 국가의 적극적인
  개입을 필요로 한다.
④ 법 위반자에 대한 강력한 처벌을 통해 사
  회 질서를 유지시킨다.
⑤ 1919년 독일의 바이마르 헌법을 토대로
  각국의 민법이 발달하였다.

정답과 해설 ▶ 민법은 사회를 구성하는 각 개인이
자유롭고 평등하다고 전제한다. 따라서 개인이 자율
적인 판단에 기초하여 서로 간에 자유롭게 법률관
계를 형성해 나가도록 법적으로 보장하고 지원한
다. 근대 민법전의 시초는 1789년 프랑스 혁명 이후
제정된 나폴레옹 법전이다.   **답 ①**

**2 (가)~(다)에 해당하는 근대 민법의 원칙을
각각 쓰시오.**

> (가) 개인은 자율적인 판단에 기초하여 법률
>   관계를 자유롭게 형성해 나갈 수 있다.
> (나) 개인은 고의나 과실에 따른 행위로 타
>   인에게 손해를 끼친 경우에만 책임을
>   진다.
> (다) 개인 소유의 사적 재산에 대한 절대적
>   지배를 인정하고, 아무도 이를 간섭하
>   거나 제한해서는 안 된다.

정답과 해설 ▶ (가)는 개인의 자유로운 판단에 따
른 법률관계의 형성을 강조한 것으로서 사적 자치
의 원칙이다. (나)는 자신에게 고의나 과실이 있을
때만 책임을 지는 것으로서 과실 책임의 원칙이다.
(다)는 사유 재산에 대한 절대적 지배를 강조하는
것으로서 사유 재산권 존중의 원칙이다.
답 (가) 사적 자치의 원칙, (나) 과실 책임의 원칙,
(다) 사유 재산권 존중의 원칙

개념 체크

저절로 암기 | Tip ☐1회 (/) ☐2회 (/) ☐3회 (/)

01~05 다음 내용이 옳으면 ○표, 틀리면 ×표 하시오.

01 민법은 개인과 개인 사이의 법률관계를 규율하는 법이다. ( )

02 민법은 계약, 소유권, 불법 행위, 혼인과 이혼, 유언과 상속 등을 규정하고 있다. ( )

03 과실 책임의 원칙은 개인은 고의가 아닌 과실의 경우에만 책임진다는 원칙이다. ( )

04 오늘날 소유권 절대의 원칙은 소유권 공공복리의 원칙으로 대체되었다. ( )

05 계약 내용이 현저하게 공정성을 잃은 경우에 법적 효력이 발생하지 않을 수 있다. ( )

06~08 빈칸에 알맞은 말을 쓰시오.

06 민법은 개인과 개인 사이의 법률관계 중 특히 재산 관계와 가족 관계를 규율하는데, 가족 관계는 다시 친족 관계와 _____ 관계로 나눌 수 있다.

07 사적 자치의 원칙은 무엇보다도 계약과 관련하여 중요한 역할을 하므로 _____ (이)라고도 한다.

08 _____ (이)란 고의나 과실이 없어도 남에게 피해를 끼친 경우 일정한 요건에 따라 책임을 질 수 있다는 원칙이다.

정답	01 ○ 02 ○ 03 × 04 × 05 ○
	06 상속 07 계약 자유의 원칙 08 무과실 책임의 원칙
오답 체크 Tip	03 과실 책임의 원칙은 자신에게 고의나 과실이 있는 경우에만 책임을 진다는 원칙이다.
	04 오늘날 소유권 절대의 원칙은 소유권 공공복리의 원칙으로 수정, 보완되고 있다.

기본 문제

▶ 20583-0134

01 밑줄 친 '한 사람'에 해당하는 학생은?

교사: 여러분과 같은 미성년자가 계약을 체결할 때는 부모의 동의를 받아야 하는데, 이런 내용을 규정한 것이 A법입니다. A법에 대해 발표해 볼까요?
갑: 개인 간의 사적 생활 관계를 다룹니다.
을: 혼인, 상속 등과 같은 가족 관계도 다룹니다.
병: 개인의 생활 관계에 대한 국가의 간섭을 가능한 한 배제합니다.
정: 소유권이나 임차권 등 법적으로 보호받는 재산권을 규정하고 있습니다.
무: 개인의 재산권이 침해되었을 때의 구제 절차를 구체적으로 다룹니다.
교사: 대부분 옳게 말했는데, 한 사람은 다른 법을 말했군요.

① 갑 ② 을 ③ 병 ④ 정 ⑤ 무

▶ 20583-0135

02 다음 글에 제시된 A법의 적용 사례로 적절한 것만을 〈보기〉에서 고른 것은?

평등한 개인 간의 사적인 법률관계는 주로 재산 관계나 가족 관계로 이루어진다. A법은 이러한 법률관계에 적용되는 기본적인 원칙을 밝히고, 서로가 가지는 권리와 의무의 구체적 내용과 한계 등을 알려 준다. 이를 통해 개인은 원만하게 상호 작용을 할 수 있고, 불필요한 다툼을 예방하며 자신의 권리를 보장받을 수 있다.

┤ 보기 ├
ㄱ. 갑은 아버지 유언장의 일부를 변조한 혐의로 구속되었다.
ㄴ. 을은 은행에서 돈을 빌리면서 자신의 주택을 담보로 제공하였다.
ㄷ. 미성년자인 병이 부모의 동의를 얻어 여자 친구와 혼인하였다.
ㄹ. 정은 자신의 땅에 대한 세금이 지나치게 많이 나오자 구청에 이의를 제기했다.

① ㄱ, ㄴ ② ㄱ, ㄷ ③ ㄴ, ㄷ ④ ㄴ, ㄹ ⑤ ㄷ, ㄹ

Educational Broadcasting System

▶ 20583-0136

03 민법의 원칙 (가), (나)에 대한 설명으로 옳지 <u>않은</u> 것은?

> (가) 계약을 체결할 것인가, 누구와 체결할 것인가, 계약의 내용을 어떻게 할 것인가는 누구의 간섭도 없이 당사자만이 자유롭게 정할 수 있다.
> (나) 개인 간에 자유롭게 체결한 계약이라도 그 계약의 내용이 사회 질서에 반하거나 어느 한쪽에게 매우 불리한 경우에는 법의 보호를 받을 수 없다.

① (가)는 개인주의, 자유주의를 바탕으로 한다.
② (가)는 불공정한 내용의 계약을 무효로 하는 근거가 된다.
③ (나)에 의하더라도 자유로운 계약 체결은 원칙적으로 가능하다.
④ (나)는 계약 체결에 있어 경제적 약자를 보호하는 효과가 있다.
⑤ 현대 사회의 민법에서는 (가)와 (나)가 모두 적용된다.

`단답형`
▶ 20583-0137
04 다음 판결의 근거가 되는 민법의 원칙을 쓰시오.

> 본 건에서 압력 밥솥이 발화, 폭발하였고 이로 인해 피해자는 화상을 입었다. 이 경우 피해자는 압력 밥솥을 정상적으로 사용하였음이 확인되었으므로 제조물의 결함이 원인으로 추정된다. 제조물의 결함이 원인이라면 피해자가 제조업자의 과실을 증명하기는 극히 어려울 것이므로 제조업자가 손해 배상 책임을 지는 것이 손해 배상 제도의 취지에 맞는다고 할 것이다.

`서술형`
▶ 20583-0138
05 다음 사례에서 갑의 행위를 민법의 원칙을 적용하여 비판하시오.

> 갑은 ○○ 지역의 길가에 약간의 토지를 갖고 있다. 최근 구청에서 자전거 도로를 개설하다 보니, 갑의 토지를 수용할 필요가 있었다. 도로에 포함되는 모든 토지의 소유자들은 적절한 보상금을 받고 토지를 내어주었는데, 유독 갑은 터무니없이 높은 액수의 보상금을 요구하면서 땅을 내놓지 못하겠다고 버티고 있다.

▶ 20583-0139
06 (가)~(다)에 대한 설명으로 옳지 <u>않은</u> 것은?

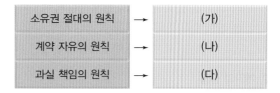

〈근대 민법의 원칙〉		〈수정 및 보완된 민법의 원칙〉
소유권 절대의 원칙	→	(가)
계약 자유의 원칙	→	(나)
과실 책임의 원칙	→	(다)

① (가)는 재산권 행사의 공공복리 적합성을 강조한다.
② (나)는 당사자 간 평등하고 공정한 계약을 강조한다.
③ (다)는 사회적 강자의 책임 회피를 막기 위해 등장했다.
④ (가)~(다)는 경제적 약자에 대한 보호와 관련이 깊다.
⑤ (나)와 달리 (다)는 자신의 행위에 대한 주의 의무를 강조한다.

▶ 20583-0140
07 밑줄 친 부분에 해당하는 우리나라 민법의 조항만을 〈보기〉에서 고른 것은?

> 근대 시민 사회의 민법은 모든 사람에게 권리를 인정해 주고, 그들은 그 권리를 자유롭게 행사하는 것을 기본으로 하였다. 이를 통해 자본주의 경제가 발전하였다고 볼 수 있다. 그러나 19세기 후반에 이르러 자본주의 경제의 모순이 심화되면서, 권리나 자유의 절대성이 빈부의 차이를 크게 하는 등 사회적 정의에 반하는 상황이 나타나기 시작하였다. 이에 따라 민법에서는 기존의 개인주의, 자유주의 사상을 원칙으로 하면서도 <u>공공성과 공정성을 새로운 이념으로 한 조항</u>이 생겨나기 시작했다.

┤ 보기 ├
ㄱ. 법정 대리인이 범위를 정하여 처분을 허락한 재산은 미성년자가 임의로 처분할 수 있다.
ㄴ. 선량한 풍속 기타 사회 질서에 위반한 사항을 내용으로 하는 법률 행위는 무효로 한다.
ㄷ. 당사자의 궁박, 경솔 또는 무경험으로 인하여 현저하게 공정을 잃은 법률 행위는 무효로 한다.
ㄹ. 고의 또는 과실로 인한 위법 행위로 타인에게 손해를 가한 자는 그 손해를 배상할 책임이 있다.

① ㄱ, ㄴ   ② ㄱ, ㄷ   ③ ㄴ, ㄷ   ④ ㄴ, ㄹ   ⑤ ㄷ, ㄹ

핵심 개념 정리 02 재산 관계와 법

● 계약의 이해

(1) 계약의 의미와 효력
① 의미: 일정한 법률 효과를 발생시킬 목적으로 사람들 사이에서 이루어지는 합의 또는 약속 ⑩ 부동산 매매 계약, 주택 임대차 계약, 근로 계약 등
② 효력: 계약을 체결한 앙 당사자에게 일정한 권리와 의무 발생

(2) 계약의 성립
① 시점: 일반적으로 계약을 체결하고 싶다는 의사 표시인 청약과 이를 받아들이겠다는 의사 표시인 승낙이 합치된 때
② 계약서 작성
└ 반드시 계약서를 작성해야 계약이 성립되는 것은 아님
• 계약서의 용도: 계약의 내용을 명확히 하고, 다툼이 발생했을 때 증거 자료로 활용 가능
• 계약서에 포함될 내용: 계약의 당사자, 계약의 대상(목적물), 금액의 지급 방법과 시기, 당사자 간의 특약 사항, 계약 체결 일시 및 장소, 당사자 서명 등
• 공증: 특정한 사실 또는 법률관계의 존재를 공적으로 증명하는 것 → 계약의 효력이 진실한 것으로 추정되며, 때로는 재판 절차를 거치지 않고도 바로 강제 집행 절차에 들어가 권리를 실현하게 함

(3) 계약의 효력 발생 요건
① 당사자가 의사 능력이나 행위 능력을 갖추어야 함
② 계약의 내용이 실현 가능하고 적법해야 하며, 선량한 풍속 기타 사회 질서에 반하지 않아야 함
└ 도박에 사용할 목적으로 금전을 차용하는 계약 등은 무효임
③ 계약 당사자의 자유로운 판단에 의해 의사 표시가 이루어져야 함

(4) 계약의 무효와 취소

무효	특정인의 주장이 없어도 당연히 법률 행위의 효력이 없는 것으로 보아 법률 행위의 효력이 처음부터 발생하지 않음	의사 무능력자의 법률 행위, 반사회적 법률 행위, 불공정한 법률 행위 등
취소	특정인의 주장이 있어야 법률 행위의 효력이 없어지는 것으로 행위 시에는 일단 효력이 인정되지만 취소권을 행사하면 소급하여 처음부터 효력이 없어짐	미성년자가 법정 대리인의 동의 없이 행한 법률 행위, 속임수나 협박 또는 강요에 의해 의사 표시를 한 경우 등

└ 19세 미만의 자로 행위 능력이 제한됨

(5) 계약의 이행과 채무 불이행
① 계약의 이행: 당사자가 계약에서 정한 채무를 제대로 이행하는 것
② 채무 불이행
• 채무자가 계약 내용에 따른 의무(채무)를 제대로 이행하지 않은 것
• 채무 불이행이 있을 경우 채권자는 법원의 판결을 받아 강제 이행이나 계약 해제, 또는 채무자를 상대로 손해 배상을 청구할 수 있음

◉ **주택 임대차 계약**
당사자 가운데 한쪽이 상대편에게 주거용 건물을 사용하게 하고, 상대편은 이에 대하여 일정한 임차료를 지급할 것을 내용으로 하는 계약을 말한다. 이때 주택의 소유자로서 그 주택을 빌려주는 사람을 임대인, 그 주택을 빌려 사용하는 사람을 임차인이라고 한다.

◉ **특약 사항**
일반적인 계약 내용 이외에 당사자 간에 특별히 합의하는 사항이다.

◉ **의사 능력과 행위 능력**
의사 능력은 자기 행위의 의미와 결과를 명확하게 인식하고, 그 인식에 기초하여 정상적인 의사 결정을 할 수 있는 정신 능력을 의미하며, 의사 능력이 없는 자의 법률 행위는 무효가 된다. 행위 능력은 단독으로 확정적으로 유효한 법률 행위를 할 수 있는 능력으로, 우리 민법은 '제한 능력자 제도'를 만들어 일정한 경우 제한 능력자가 단독으로 한 법률 행위를 취소할 수 있도록 하여 제한 능력자를 보호하고 있다.

◉ **소급**
법률 효과(권리·의무의 변동)를 과거의 일정한 시기까지 거슬러 올라가는 것으로, 이를 효과의 소급 또는 소급적 효과(소급효)라고 한다.

◉ **채무 불이행의 예**
채무를 이행해야 할 시기, 즉 변제기에 이행하지 않은 경우, 변제기에 이행할 수 없는 경우, 이행은 하였으나 채무의 내용에 따르지 않은 경우 등을 들 수 있다.

1 계약의 성립 시기

2020년 2월 1일 갑은 을에게 급히 필요하니 3천만 원을 빌려달라고 했다. 을은 생각해 보고 연락하겠다고 했다.
└ 청약

2020년 2월 3일 을이 갑에게 전화를 해서 3천만 원을 빌려주기로 약속했다. 2월 5일에 계약서를 쓰고 나서 돈을 주기로 했다.
└ 승낙(계약의 성립)

2020년 2월 5일 갑과 을은 만나서 금전 차용 계약서를 썼다. 연 5%의 이자로 2021년 2월 6일에 갚기로 하는 내용을 기재했다.

2020년 2월 6일 을은 갑의 계좌로 3천만 원을 보냈다.
└ 계약의 이행

분석 | 위 사례에서 계약은 언제 성립했을까? 2월 1일 갑이 을에게 돈을 빌려달라고 한 것은 청약에 해당한다. 그리고 2월 3일 을이 돈을 빌려주기로 약속한 것은 승낙이다. 계약은 청약과 승낙의 의사 표시가 합치하면 성립한다. 따라서 2020년 2월 3일에 갑과 을 간 금전 대차 계약이 성립한 것이다. 2월 5일에 계약서를 썼는데, 이것은 계약의 내용을 확실히 하기 위한 것이지 계약서 작성 자체가 계약의 성립을 의미하는 것은 아니다. 을이 갑의 계좌로 돈을 보낸 것은 계약을 이행한 것을 의미한다.

2 계약서의 예시

금전 차용 계약서
└ 돈을 빌린다는 의미

1. 채권자: A / 채무자: B
2. 금액: 오천만 원
3. 이자율: 연 5%
4. 변제 기일: 2021. 7. 16
5. 변제 방법: ○○은행 계좌(A 명의) 입금

… (생략) …

A와 B는 합의에 따라 계약을 체결하고, 신의에 따라 성실히 계약을 이행할 것을 약속한다.

2020년 7월 15일

채권자 A (인)　채무자 B (인)

분석 | 돈을 빌릴 때 쓰는 금전 차용 계약서는 대체로 위와 같은 방식으로 작성한다. B는 A에게서 오천만 원을 연 5%의 이자율로 1년 간 빌렸다는 내용이다. 계약서를 작성할 때는 계약 내용을 최대한 상세히 적고, 특약 사항(일반적인 내용 이외에 당사자 간에 특별히 합의한 사항)도 반드시 기재한다. 또한 계약 날짜 및 계약 당사자를 명확히 적고, 계약 당사자의 자필 서명 또는 도장을 받는다. 그리고 계약 내용에 대해 공증(특정한 사실 또는 법률관계의 존재를 공적으로 증명해 주는 것)을 받아 두면 차후 분쟁이 발생할 경우 유력한 증거로 활용할 수 있다.

---

1 계약이 성립하는 시기로 옳은 것은?

① 계약서를 작성한 때
② 계약서에 공증을 받은 때
③ 계약의 이행이 이루어진 때
④ 청약의 의사 표시가 발생했을 때
⑤ 청약과 승낙의 의사 표시가 합치된 때

정답과 해설 ▶ 계약은 계약을 체결하고 싶다는 의사 표시인 청약과 이를 받아들이겠다는 의사 표시인 승낙이 합치된 때 성립한다. **답** ⑤

2 계약의 효과인 (가), (나)에 해당하는 개념을 각각 쓰시오.

(가) 특정인의 주장이 없어도 당연히 법률 행위의 효력이 없는 것으로 보아 법률 행위의 효력이 처음부터 발생하지 않는다.

(나) 행위 시에는 일단 효력이 인정되지만 특정인의 주장이 있으면 소급하여 법률 행위의 효력이 없어진다.

정답과 해설 ▶ (가)는 무효, (나)는 취소이다. 선량한 풍속 및 사회 질서에 반하는 내용의 계약이나 당사자 간에 지나치게 불공정한 계약이나 의사 능력이 없는 자의 행위는 그 효력을 처음부터 인정하지 않는다. 즉, 무효이다. 미성년자와 같은 제한 능력자의 단독 법률 행위는 법정 대리인의 동의가 없었으므로 당사자나 법정 대리인이 취소할 수 있다.
답 (가) 무효, (나) 취소

● 미성년자의 계약

(1) 미성년자의 의미와 법적 지위

① 의미: 19세 미만인 자

② 법적 지위

- '제한 능력자'에 해당하여 확정적으로 유효한 법률 행위를 단독으로 할 수 없음

- 원칙적으로 미성년자가 법률 행위를 할 경우 법정 대리인의 동의를 얻어야 함

- 법정 대리인의 동의를 얻지 않은 미성년자의 법률 행위도 일단 유효하지만 미성년자 본인이나 법정 대리인이 취소할 수 있음

③ 미성년자가 단독으로 할 수 있는 **법률 행위** ── 일정 기간 내에 취소하지 않거나 법정 대리인이 추인하면 확정적으로 유효함

- 범위를 정하여 처분이 허락된 재산(용돈)의 처분 행위

- 권리만을 얻거나 의무만을 면하는 행위── 세뱃돈을 받거나 아무 조건 없이 채무를 면제받는 행위

- 허락된 영업에 관한 행위, 임금 청구 행위

(2) 미성년자와 거래한 상대방 보호

① 필요성: 미성년자와 거래한 상대방의 경우 미성년자라는 이유로 임의로 계약을 취소하면 손해가 발생할 수 있음

② 미성년자와 거래한 상대방에게 인정되는 권리

확답을 촉구할 권리	• 미성년자와 거래한 상대방은 일정 기간을 정하여 미성년자의 법정 대리인에게 계약을 취소할 것인지 여부를 확정하도록 요구할 수 있음 • 미성년자의 법정 대리인이 일정 기간 내에 확답을 하지 않으면 확정적으로 유효한 법률 행위가 됨
철회권	• 미성년자와 거래한 상대방은 계약이 확정적으로 유효(추인)가 되기 전까지 거래의 의사 표시를 철회할 수 있음 • 미성년자와 거래한 상대방이 법률 행위 당시 미성년자임을 몰랐을 경우에만 가능함

③ 취소권 행사의 제한: 미성년자가 자신이 행위 능력자인 것처럼 믿게 하거나 법정 대리인의 동의를 받은 것처럼 믿게 한 경우 취소권이 배제됨

(3) 미성년자가 법정 대리인의 동의 없이 계약을 체결한 경우의 조치

① 본인: 거래 상대방에게 취소 통보

② 법정 대리인: 거래 상대방에게 취소 통보

③ 거래 상대방

- 미성년자임을 알았을 경우: 미성년자의 법정 대리인에게 계약을 취소할 것인지 여부의 확답 요구

- 미성년자임을 몰랐을 경우: 미성년자의 법정 대리인이 추인하기 전까지 먼저 계약의 철회를 통보할 수 있음

◉ **제한 능력자**
단독으로 확정적으로 유효한 법률 행위를 할 수 있는 지위나 자격을 행위 능력이라고 하는데, 이러한 행위 능력이 제한된 사람을 '제한 능력자'라고 한다. 민법에서는 미성년자를 제한 능력자로 규정하여 법적으로 보호하고 있다.

◉ **법정 대리인**
법률의 규정에 따라 당사자의 행위를 대리할 권한을 지니는 사람을 말한다. 이는 의사 능력, 행위 능력 등이 온전하지 않은 사람이 부당하게 불이익을 받는 것으로부터 보호하기 위한 것이다. 예를 들어, 19세 미만의 미성년자는 우리 민법상 제한 능력자에 해당하므로 혼자서 법적인 계약을 맺을 수 없고, 법정 대리인의 동의를 받아야 한다. 미성년자의 법정 대리인은 1차적으로는 친권자가, 2차적으로는 후견인이 될 수 있다.

◉ **철회**
의사 표시를 한 사람이 그 효력이 발생하기 전에 일방적인 의사 표시로 효력 발생을 저지시키는 행위이다.

◉ **추인**
요건을 갖추지 않은 불완전한 법률 행위를 사후에 보충하여 요건을 갖춤으로써 확정적으로 유효하게 만드는 의사 표시이다.

③ 미성년자의 행위 능력과 관련된 민법 규정

> 제5조(미성년자의 능력) ① 미성년자가 법률 행위를 함에는 법정 대리인의 동의를 얻어야 한다. 그러나 권리만을 얻거나 의무만을 면하는 행위는 그러하지 아니하다.
> └ 원칙적인 절차 └ 용돈이나 유산을 받는 것 └ 채무를 면제받는 것
> └ 미성년자 본인이나 법정 대리인이 취소할 수 있음
> ② 전항의 규정에 위반한 행위는 취소할 수 있다.
> 제6조(처분을 허락한 재산) 법정 대리인이 범위를 정하여 처분을 허락한 재산은 미성년자가 임의로 처분할 수 있다.
> └ 용돈의 범위 내에서 학용품 구입 등
> 제17조(제한 능력자의 속임수) ① 제한 능력자가 속임수로써 자기를 능력자로 믿게 한 경우에는 그 행위를 취소할 수 없다.
> └ 신분증의 연령을 성년인 것처럼 변조한 경우
> ② 미성년자나 피한정 후견인이 속임수로써 법정 대리인의 동의가 있는 것으로 믿게 한 경우에도 제1항과 같다.
> └ 법정 대리인의 동의서를 위조하여 제시한 경우

분석 | 미성년자의 법률 행위는 미성년자가 하였다는 이유만으로 취소할 수 있다. 이는 사회 경험이 적고 합리적 의사 결정 능력이 부족하여 불리한 계약을 맺을 가능성이 큰 미성년자를 보호하기 위한 것이다. 물론 부모 등 법정 대리인의 동의를 받으면 확정적으로 유효하다. 동의를 받지 않은 상태에서 행한 법률 행위는 미성년자 본인이나 법정 대리인이 취소할 수 있다는 것이다. 그런데 이러한 취소권이 제한되는 경우가 있다. 미성년자가 성년자인 것처럼 속이거나 법정 대리인의 동의를 얻은 것처럼 상대방을 속여서 법률 행위를 했을 경우에는 그 법률 행위가 확정적으로 유효하므로 미성년자 측에서 취소권을 행사할 수 없다.

④ 미성년자의 계약 사례

> (가) 갑(17세)은 법정 대리인의 동의 없이 판매자 을(30세)과 고가의 자전거 매매 계약을 체결하였다. ─ 취소 가능
> (나) 병(16세)은 법정 대리인의 동의서를 위조하여 판매자 정(40세)과 고가의 화장품 매매 계약을 체결하였다. ─ 취소 불가능

분석 | (가)에서 갑이 을과 체결한 자전거 매매 계약은 갑 또는 갑의 법정 대리인이 취소할 수 있다. 미성년자임을 이유로 취소할 경우에는 현재의 상태에서 자전거를 반환하면 된다. 즉, 비록 사용했더라도 위약금 없이 취소할 수 있다. 을은 일정한 기한을 정하여 갑의 법정 대리인에게 이 계약의 추인 여부의 확답을 촉구할 수 있다. 정해진 기한까지 갑의 법정 대리인이 아무런 의사 표시를 하지 않으면 그 계약은 추인한 것으로 본다. 만일 을이 거래 당시 갑이 미성년자임을 몰랐을 경우에는 갑의 법정 대리인이 취소나 추인의 의사 표시를 하기 전에 먼저 그 계약을 철회할 수 있다.
(나)에서 병은 법정 대리인의 동의서를 위조하여 정을 속여서 화장품 매매 계약을 체결했다. 이 경우 병 또는 병의 법정 대리인은 이 계약을 취소할 수 없으며, 이 계약은 확정적으로 유효한 것이 된다.

---

③ 고등학생 갑(17세)이 단독으로 행한 법률 행위 중 확정적으로 유효한 것만을 〈보기〉에서 고른 것은?

〈보기〉
ㄱ. 설날에 삼촌에게서 세뱃돈을 받았다.
ㄴ. 용돈을 가지고 학용품을 구입하였다.
ㄷ. 할아버지가 물려주신 재산을 처분하였다.
ㄹ. 용돈의 범위를 넘는 값비싼 물건을 구매하였다.

① ㄱ, ㄴ ② ㄱ, ㄷ ③ ㄴ, ㄷ
④ ㄴ, ㄹ ⑤ ㄷ, ㄹ

정답과 해설 ▶ ㄱ. 삼촌에게서 세뱃돈을 받는 것은 권리만을 얻는 행위이므로 미성년자가 단독으로 할 수 있다. ㄴ. 용돈을 가지고 학용품을 구입하는 것은 처분을 허락한 재산의 처분 행위이므로 미성년자가 단독으로 할 수 있다. **답 ①**

④ 빈칸에 들어갈 개념을 쓰시오.

갑(17세)은 부모의 동의 없이 자전거 판매인 을(50세)과 고가의 자전거 매매 계약을 체결하였다. 을은 계약 체결 당시에는 갑의 외모가 어른 같아 미성년자인 줄 몰랐으나, 나중에 자전거를 사러 온 갑의 학교 친구들로부터 갑이 미성년자라는 사실을 알게 되었다. 을은 갑 또는 갑의 법정 대리인이 취소하기 전에 먼저 이 계약을 (   )할 수 있다.

정답과 해설 ▶ 미성년자와 거래한 상대방은 거래 당시 미성년자임을 몰랐을 경우에는 미성년자의 법정 대리인이 그 계약을 추인 또는 취소하기 전에 먼저 그 계약을 철회할 수 있다. **답 철회**

● 불법 행위와 손해 배상

(1) 불법 행위의 의미와 성립 요건

① 의미: 고의 또는 과실로 위법하게 타인에게 손해를 입히는 행위

② 성립 요건

고의 또는 과실	가해자의 행위가 일부러 한 행위이거나 실수로 저지른 행위여야 함
위법성	• 법이 보호할 가치가 있는 이익을 위법하게 침해해야 함 • 정당방위나 긴급 피난 등은 위법성이 조각됨
손해 발생	가해자의 행위 때문에 피해자에게 손해가 발생해야 함
인과 관계	가해자의 위법 행위와 피해자의 손해 사이에 상당한 인과 관계가 있어야 함
책임 능력	• 자신의 행위가 불법 행위로서 법률상 책임이 발생한다는 것을 변식할 수 있는 능력이 있어야 함 • 어린아이나 심신 상실자 등은 책임 능력이 없다고 봄

└ 재산적인 손해뿐만 아니라 생명, 자유, 명예 등의 침해에 따른 정신적인 손해도 포함

└ 정신 기능의 장애로 사물을 변별하거나 의사를 결정할 능력이 없는 상태인 사람

(2) 특수 불법 행위

① 의미: 사람 또는 물건 등에 대한 관리·감독 소홀, 타인의 가해 행위 등에 대해서도 책임을 지는 경우

② 유형

책임 무능력자의 감독자 책임	• 책임 능력이 없는 미성년자나 심신 상실자가 타인에게 손해를 가한 경우 이를 감독할 법정 의무가 있는 자가 손해 배상 책임을 짐 • 감독자가 감독 의무를 게을리하지 않았음을 증명하면 책임이 면제됨
사용자 배상 책임	• 피용자가 업무와 관련하여 타인에게 손해를 가한 경우 사용자는 피용자의 선임 및 사무 감독상의 과실에 대해 손해 배상 책임을 짐 • 사용자가 피용자의 선임 및 그 사무 감독에 상당한 주의를 다하였음을 증명하면 책임이 면제됨
공작물 등의 점유자·소유자 책임	• 공작물 등의 설치 또는 보존상의 하자로 타인에게 손해를 가한 경우 점유자가 1차적으로 손해 배상 책임을 짐 • 공작물 등의 점유자가 손해 방지를 위한 주의를 다하였음을 증명하면 책임이 면제됨 → 공작물 등의 소유자가 무과실 책임을 짐
동물의 점유자 책임	점유하는 동물이 타인에게 손해를 가한 경우 동물의 점유자가 손해 배상 책임을 짐
공동 불법 행위자 책임	여러 사람이 공동으로 타인에게 손해를 가한 경우 연대하여 손해 배상 책임을 짐

└ 누구의 가해 행위로 인해 손해가 발생하였는지 명확하지 않은 경우도 포함

(3) 손해 배상 방식

원칙	금전 배상 ─ 재산적 손해뿐만 아니라 정신적 손해에 대한 배상(위자료)도 포함
명예 훼손의 경우	타인의 명예를 훼손한 경우 법원은 피해자의 청구에 따라 명예 회복에 필요한 적당한 처분을 내릴 수 있음
후발 손해가 발생한 경우	배상금에 합의한 뒤 합의 당시에는 예상하지 못한 심각한 후유증이 발생하였을 때에는 별도의 배상이 인정됨

◉ **정당방위**
다른 사람의 불법 행위로부터 자기 또는 제3자의 이익을 지키기 위하여 부득이 그 다른 사람에게 손해를 가하는 행위이다.

◉ **긴급 피난**
급박한 위난을 피하기 위하여 부득이 다른 사람에게 손해를 가하는 행위이다.

◉ **조각**
불법 행위라도 일정한 사유에 해당할 경우 위법성이나 책임을 배제하여 불법 행위를 구성하지 않게 하는 것이다.

◉ **공작물**
인공적 작업에 의해 제작된 물건으로, 건물, 창틀, 간판, 철탑, 교량, 제방, 저수지, 도로, 축대 등이 이에 해당한다.

◉ **점유자**
어떤 물건을 사실상 지배하고 있는 사람이다. 다른 사람 소유의 집을 임차한 임차인은 그 집의 점유자가 된다.

◉ **연대 책임**
두 사람 이상이 책임을 함께 지는 것을 말하는데, 공동 불법 행위자의 책임이 인정되면 피해자에 대해 가해자 1인이 전부 손해 배상 책임을 지거나 책임의 정도에 따라 분담하여 손해 배상 책임을 지게 된다.

⑤ 불법 행위의 성립에 관한 판결 사례

[사실 관계] 서울에 거주하는 갑이 자동차 배기가스 때문에 자신의 천식이 발병 또는 악화하였다고 주장하면서 자동차 판매 회사인 A회사를 상대로 손해 배상을 청구하였다.

[판결] 대법원 2014. 9. 4. 선고 2011다7437 판결

 대기 오염 물질과 갑의 천식 사이의 인과 관계를 인정하기 어려우므로 원고의 손해 배상 청구를 기각한다. └ 불법 행위가 성립하지 않음

[쟁점 분석] 인과 관계가 있는가?

 미세 먼지나 이산화질소, 이산화황 등의 농도 변화와 천식 등 호흡기 질환의 발병 또는 악화 사이의 유의미한 상관관계를 인정한 연구 결과들이 다수 존재하지만, 그 내용에 따르더라도 각 결과에 나타난 상대적인 위험도가 크다고 보기 어려운 점 등을 고려하면 위 연구 결과들만으로 대기 오염 물질과 갑의 천식 사이의 인과 관계를 인정하기 어렵다.

분석 | 대법원은 대기 오염 물질과 갑의 천식 사이의 인과 관계를 인정하기 어렵다고 보았다. A회사의 불법 행위가 성립하기 위해서는 A회사가 판매한 자동차에서 나오는 대기 오염 물질이 갑의 천식에 영향을 주었어야 하는데 그 인과 관계를 인정하기 어렵다는 것이다. 따라서 A회사의 불법 행위가 성립하지 않으므로 손해 배상 책임도 없다는 것이다.

⑥ 누구에게 손해 배상 책임이 있을까?

┌ 책임 능력이 없음   ┌ 책임 무능력자의 감독자 책임을 짐

(가) 초등학교 1학년인 A(7세)는 엄마가 식사 준비를 하는 틈을 타 아파트 고층에서 풍선과 골프공을 동시에 떨어뜨리는 자유 낙하 실험을 하였다. 그런데 마침 1층 정원에서 텃밭을 가꾸고 있던 B(50세)가 A가 떨어뜨린 골프공에 맞아 크게 다쳤다.

          ┌ C는 피용자, D는 사용자

(나) C(21세)는 D가 운영하는 전자 제품 대리점의 배달 사원이다. C는 고객 E가 구매한 정수기를 배달하였다. 그런데 정수기를 설치하는 과정에서 실수로 정수기를 넘어뜨렸고, 옆에 서 있던 E가 떨어지는 물통에 발을 다쳐 병원에서 3주간 치료를 받았다. └ 업무 수행 과정에서 C의 과실로 불법 행위가 성립함

분석 | (가)에서 A(7세)는 자신의 행위가 불법 행위로서 법률상 책임이 발생한다는 것을 변식할 수 있는 능력, 즉 책임 능력이 없다고 볼 수 있다. 이 경우 민법 제755조에 따라 B는 A의 법정 대리인인 A의 부모에게 손해 배상을 청구할 수 있다. 이때 A의 부모는 책임 무능력자의 감독자 책임을 진다.

(나)에서 C(21세)는 성년이므로 책임 능력이 있다. 그러므로 E는 C에게 민법 제750조에 따라 손해 배상을 청구할 수 있다. 또한 D는 C의 사용자이다. 피용인 C의 행위는 업무 중에 발생한 사고이므로 민법 제756조에 따라 C를 고용한 D에게도 배상 책임이 인정된다. 이때 D가 지는 책임은 사용자 배상 책임이다.

⑤ 불법 행위로 볼 수 있는 사례만을 〈보기〉에서 고른 것은?

⫷ 보기 ⫸

ㄱ. 인도로 돌진하는 자동차를 피하려다 옆 가게의 문을 파손하였다.

ㄴ. 베란다 창틀에 진열해 놓았던 화분이 떨어져 주차된 차량이 파손되었다.

ㄷ. 자신을 괴롭히던 직장 상사를 해치려고 돌을 던졌으나 이미 지나간 뒤였다.

ㄹ. 맹견을 데리고 공원을 산책하다가 그 개가 길 가던 아이를 물어 상처를 입혔다.

① ㄱ, ㄴ   ② ㄱ, ㄷ   ③ ㄴ, ㄷ

④ ㄴ, ㄹ   ⑤ ㄷ, ㄹ

정답과 해설 ▶ ㄱ. 돌진하는 자동차를 피하려다 문을 파손한 것은 긴급 피난으로 위법성이 조각되어 불법 행위가 성립하지 않는다. ㄷ. 직장 상사에게 돌을 던졌으나 피해를 입히지 않았으므로 불법 행위가 성립하지 않는다.   **📙** ④

⑥ 다음 사례에서 을이 지는 책임 유형을 쓰시오.

갑은 을이 사장으로 있는 음식점에 식사하러 갔다가 아르바이트로 일하는 주차 직원 병에게 주차를 맡겼다. 병이 주차 도중 부주의로 벽을 들이받아 승용차가 일부 파손되었다. 이에 대해 을이 갑에게 손해 배상을 해 주었다.

정답과 해설 ▶ 이 사례에서 갑은 피해자, 을은 사용자, 병은 피용자이다. 병이 불법 행위를 하여 갑이 피해를 입었지만 병의 행위는 업무와 관련되어 있으며, 을의 사무 감독상의 과실이 인정된다. 이에 을이 사용자 배상 책임을 진 것이다.

        📙 사용자 배상 책임

01~08 다음 내용이 옳으면 ○표, 틀리면 ×표 하시오.

01 계약은 청약과 승낙의 의사 표시가 합치한 후에 계약서를 작성해야 성립한다. ( )

02 일단 계약이 성립되면 계약 체결의 당사자 간에는 일정한 권리와 의무가 발생한다. ( )

03 도박과 같은 범죄 행위에 이용될 목적으로 이루어진 금전 대차 계약은 무효이다. ( )

04 미성년자와 계약한 상대방은 미성년자 본인에게 추인 여부의 확답을 촉구할 수 있다. ( )

05 불법 행위의 가해자는 피해자가 입은 재산적 손해뿐만 아니라 정신적 손해까지도 배상하여야 한다. ( )

06 공작물의 설치로 인한 손해는 공작물의 소유자가 일차적으로 배상 책임을 진다. ( )

07 민법에서는 불법 행위로 인한 손해에 대해 금전 배상을 원칙으로 한다. ( )

08 불법 행위가 성립하기 위해서는 반드시 가해자에게 고의가 있어야 한다. ( )

09~16 빈칸에 알맞은 말을 쓰시오.

09 _____은/는 일정한 조건을 정하여 계약을 체결하고 싶다는 의사 표시이고, _____은/는 이를 받아들이겠다는 의사 표시이다

10 계약에 따른 의무를 이행하지 않은 것을 _____(이)라고 한다.

11 미성년자는 법률 행위를 할 때 원칙적으로 법정 대리인의 _____을/를 얻어야 한다.

12 제한 능력자가 속임수로써 자기를 능력자로 믿게 한 경우에는 그 행위를 _____할 수 없다.

13 _____은/는 어떤 사람이 고의 또는 과실로 위법하게 다른 사람에게 손해를 끼치는 것을 말한다.

14 자신이 점유하고 있는 동물이 타인에게 손해를 가한 때에는 동물의 _____이/가 배상 책임을 진다.

15 고용한 직원이 업무와 관련하여 타인에게 손해를 가한 경우 _____은/는 피용자의 선임 및 사무 감독상의 과실에 대해 배상 책임을 진다.

16 더운 여름날 차량에 갇힌 아이를 구조해야 하는 급박한 상황에서 어쩔 수 없이 타인의 차량을 훼손한 경우라면 _____이/가 인정되지 않아 불법 행위가 성립하지 않을 수 있다.

정답 01 × 02 ○ 03 ○ 04 × 05 ○ 06 × 07 ○ 08 × 09 청약, 승낙 10 채무 불이행 11 동의
12 취소 13 불법 행위 14 점유자 15 사용자 16 위법성

오답 체크 Tip **01** 계약은 청약과 승낙의 의사 표시가 합치하면 성립한다. 계약서 작성과는 관련이 없다. **04** 미성년자와 계약한 상대방은 미성년자의 법정 대리인에게 계약의 추인 여부에 대한 확답을 촉구할 권리가 있다. **06** 공작물의 설치 또는 관리상의 하자로 손해를 끼친 경우에는 공작물의 점유자가 일차적으로 배상 책임을 진다. **08** 가해자에게 고의가 없더라도 과실이 있으면 불법 행위는 성립할 수 있다.

▶ 20583-0141

01 다음 사례에 대한 법적 판단으로 옳은 것은?

> 2020년 6월 28일 갑은 을에게 4,000만 원을 빌려달라고 했다. 을은 그날 바로 확답을 하지 못하고 다음날인 6월 29일 갑에게 전화하여 4,000만 원을 빌려주겠다고 약속했다. 이틀 뒤에 갑은 을을 만나서 다음의 차용 증서를 작성하였다.
>
> > 을로부터 일금 4,000만 원을 월 2%의 이자율로 차용하고 2021년 7월 1일까지 반환하겠습니다. 단, 이자는 매월 말일에 지급하겠습니다.
> >
> > 2020년 7월 1일   차용인 갑

① 갑은 채권자, 을은 채무자이다.
② 갑과 을의 계약은 2020년 6월 29일에 성립되었다.
③ 갑이 18세의 미성년자라면 이 계약은 처음부터 무효이다.
④ 을이 갑에게 4,000만 원을 지급해야 계약의 법적 효력이 발생한다.
⑤ 갑이 기한 내 돈을 갚지 않을 경우 불법 행위로 인한 손해 배상 책임이 발생할 수 있다.

▶ 20583-0142

02 다음을 근거로 할 때 완전히 유효한 계약의 사례로 볼 수 있는 것은?

> 계약의 효력이 정상적으로 발생하려면 당사자는 의사 능력과 행위 능력이 있어야 하고 계약 내용이 적법해야 하며, 의사 표시에 하자가 없어야 한다.

① 갑(6세)은 부모 모르게 A에게서 고가의 게임기를 구입하였다.
② 을(17세)은 부모 동의도 없이 학원비로 B로부터 오토바이를 구입하였다.
③ 병(25세)은 만취 상태에서 C에게 자신의 토지를 증여한다는 내용의 문서에 서명하였다.
④ 정(30세)은 도박에 사용할 돈을 빌린다는 내용의 차용 증서를 써주고 D에게서 돈을 빌렸다.
⑤ 무(40세)는 고등학교 동창 E로부터 돈을 빌려달라는 전화를 받고 잠시 생각한 뒤에 승낙하였다.

▶ 20583-0143

03 (가)~(마)는 갑과 을의 법률 행위의 절차를 시기별로 정리한 것이다. (가)~(마) 중 계약이 성립한 시기로 옳은 것은?

> (가) 갑은 을에게 급히 필요하니 2천만 원을 빌려달라고 했다. 을은 생각해 보고 전화를 하겠다고 했다.
> (나) 을이 갑에게 전화를 해서 2천만 원을 빌려주기로 약속했다.
> (다) 을은 우선 1,000만 원을 인터넷 뱅킹으로 갑의 계좌로 보냈다.
> (라) 을은 나머지 1,000만 원을 역시 인터넷 뱅킹으로 갑의 계좌로 보냈다.
> (마) 갑과 을은 만나서 연 5%의 이자율로 2천만 원을 빌려주고 1년 안에 갚기로 하는 내용이 기재된 금전 차용 계약서를 작성했다.

① (가)   ② (나)   ③ (다)   ④ (라)   ⑤ (마)

단답형

▶ 20583-0144

04 (가), (나)에 해당하는 개념을 각각 쓰시오.

> (가) 특정인의 주장이 없어도 당연히 법률 행위의 효력이 처음부터 전혀 발생하지 않음
> (나) 일단 유효하게 성립한 법률 행위의 효력을 나중에 행위 시까지 소급하여 소멸시킬 수 있음

서술형

▶ 20583-0145

05 밑줄 친 (가)에 들어갈 내용을 서술하시오.

> 모든 일이 계약대로 이루어지는 것은 아니다. 판매자가 약속한 물품을 보내 주지 않거나 보내 준 물품의 모양이나 수량이 계약 내용과 다를 수 있으며, 반대로 구매자가 물건만 받고 대금을 치르지 않을 수도 있다. 이렇게 채무자가 계약에 따른 의무를 제대로 이행하지 않는 것을 채무 불이행이라고 한다. 채무 불이행으로 손해를 본 상대방은 계약을 해제하거나 강제적으로 계약을 이행하도록 법원에 청구할 수 있고, _____(가)_____.

▶ 20583-0146

06 다음 사례에 대한 법적 판단으로 옳은 것은?

> 대학 신입생인 갑(18세)은 학교 교문 앞에서 100만 원짜리 최신형 노트북을 50만 원에 판매한다는 광고를 보고, 판매자 을로부터 2개월 할부로 노트북을 구입하였다. 갑은 법정 대리인인 부모의 동의를 얻지는 않았다.

① 노트북 매매 계약은 확정적으로 유효하다.
② 갑의 부모는 노트북 매매 계약을 취소할 수 있다.
③ 갑은 부모의 동의를 얻어야 노트북 매매 계약을 취소할 수 있다.
④ 갑이 노트북 매매 계약을 취소하려면 을에게 위약금을 주어야 한다.
⑤ 갑은 미성년자이므로 노트북 매매 계약은 처음부터 효력이 발생하지 않는다.

▶ 20583-0147

07 다음 사례에 대한 법적 판단으로 옳은 것은?

> 대학에 입학한 갑(18세)은 학교 근처에 방을 얻어 혼자 생활하고 있다. 갑은 할아버지의 재산을 상속받아 상당히 많은 부동산을 갖고 있는데 어느 날 이 중 일부를 팔기로 하였다. 갑은 아버지 을의 동의서를 위조하여 병에게 제시하였고, 병은 그 동의서를 믿고 갑의 부동산을 구입했다. 며칠 후 이 사실을 알게 된 을은 자신의 동의가 없었음을 이유로 이 계약을 취소하고 부동산을 반환해 달라고 요구하였다.

① 갑은 미성년자이므로 책임 능력이 결여되어 부동산 매매 계약은 무효이다.
② 갑이 계약 체결 당시 의사 무능력 상태였으므로 부동산 매매 계약은 무효이다.
③ 갑이 속임수로써 병을 믿게 하였으므로 을은 부동산 매매 계약을 취소할 수 없다.
④ 을이 법정 대리인으로서 동의를 하지 않았으므로 을은 부동산 매매 계약을 취소할 수 있다.
⑤ 갑이 제시한 동의서의 위조 여부를 병이 알지 못한 과실을 이유로 을은 부동산 매매 계약을 취소할 수 있다.

▶ 20583-0148

08 다음 질문에 대해 법적으로 옳은 댓글을 단 사람은?

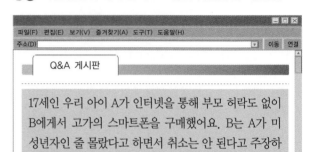

> Q&A 게시판
>
> 17세인 우리 아이 A가 인터넷을 통해 부모 허락도 없이 B에게서 고가의 스마트폰을 구매했어요. B는 A가 미성년자인 줄 몰랐다고 하면서 취소는 안 된다고 주장하고 있어요. 이런 문제는 법적으로 어떻게 판단할 수 있나요?

> └ 갑: 부모님께서 B에게 위약금을 주어야 스마트폰 매매 계약을 취소할 수 있어요.
> └ 을: 미성년자는 계약 체결 능력이 없으므로 스마트폰 매매 계약은 그 자체로 무효입니다.
> └ 병: 부모님이 스마트폰 매매 계약을 취소하려면 A의 동의를 얻어야 합니다. A가 거부하면 취소할 수 없어요.
> └ 정: A가 부모님을 속였으므로 스마트폰 매매 계약은 확정적으로 유효합니다. 따라서 취소가 불가능합니다.
> └ 무: A나 부모님 모두 스마트폰 매매 계약을 취소할 수 있습니다. B에게 스마트폰을 돌려주면서 취소하면 됩니다.

① 갑　　② 을　　③ 병　　④ 정　　⑤ 무

서술형

▶ 20583-0149

09 미성년자의 법률 행위가 유효하게 성립하기 위한 요건과 관련하여 다음 사례의 공통적인 특징을 서술하시오.

> • 부모님이 준 용돈으로 참고서를 구입하였다.
> • 고용주로부터 아르바이트에 대한 대가를 받았다.
> • 특정한 영업을 허락받아 영업에 필요한 물품을 구매하였다.

▶ 20583-0150

10 다음 상황에 맞는 불법 행위의 사례로 가장 적절한 것은?

> 갑은 을의 법정 감독 의무자이다. 을의 행위로 인해 병이 손해를 입었다. 그런데 병은 을을 상대로는 불법 행위에 따른 손해 배상 책임을 물을 수 없고, 갑에게만 손해 배상 책임을 물을 수 있다. 만일 갑이 을을 감독함에 있어서 과실 없음을 증명한다면 갑도 배상 책임을 지지 않는다.

① 갑의 아들 을(8세)이 친구 병을 때려 상해를 입힌 경우
② 갑이 점유하고 있는 을 소유 건물의 간판이 떨어져 지나가던 병을 다치게 한 경우
③ 갑의 아들 을(18세)이 일요일에 공원에서 축구를 하다가 주부 병을 다치게 한 경우
④ 갑이 운영하는 음식점의 종업원 을이 운반하던 음식을 쏟아 손님 병을 다치게 한 경우
⑤ 갑이 수의사 을에게 개의 치료를 맡겼는데, 을의 관리 소홀로 개가 손님 병을 물어 다치게 한 경우

단답형 ▶ 20583-0151

11 밑줄 친 '이것'에 해당하는 개념을 쓰시오.

> 불법 행위가 성립하려면 가해자 스스로 자신의 행위가 불법 행위로서 법률상 책임이 발생할 수 있다는 것을 변식할 수 있는 능력, 즉 <u>이것</u>이 있어야 한다.

서술형 ▶ 20583-0152

12 밑줄 친 부분의 근거를 불법 행위의 성립 요건과 관련지어 서술하시오.

> 승용차를 운전하던 갑은 중앙선을 침범해 반대편에 불법 주차되어 있던 트럭과 충돌하여 크게 다쳤다. 갑은 트럭이 불법 주차되어 손해를 입었다며 트럭 운전자를 상대로 손해 배상 청구 소송을 제기하였다. 이에 대해 법원은 트럭이 사고 지점에 주차돼 있지 않았더라도 갑의 승용차가 가로수나 콘크리트 벽에 부딪쳤을 가능성이 크다면서, 불법 주차로 인해 사고가 발생한 것은 아니라고 판결하여 <u>트럭 운전자 측의 손해 배상 책임을 인정하지 않았다.</u>

▶ 20583-0153

13 다음 사례에 대한 옳은 법적 판단만을 〈보기〉에서 있는 대로 고른 것은?

> • 갑이 운영하는 주유소의 종업원인 을이 손님의 차량에 기름을 잘못 넣어 차의 부속품이 심하게 손상되었다.
> • 병 소유의 건물에서 정이 독서실을 운영하고 있었는데, 창틀이 허술하여 떨어지면서 주차된 차량이 파손되었다.

◀보기▶
ㄱ. 을과 달리 갑은 특수 불법 행위 책임을 질 수 있다.
ㄴ. 을의 불법 행위 여부와 관계없이 갑이 배상 책임을 진다.
ㄷ. 정이 주의 의무를 다하지 않았다면 배상 책임은 병이 아니라 정에게 있다.
ㄹ. 갑은 사용자 배상 책임, 정은 공작물 점유자 책임을 질 수 있다.

① ㄱ, ㄴ   ② ㄴ, ㄷ   ③ ㄷ, ㄹ
④ ㄱ, ㄴ, ㄷ   ⑤ ㄱ, ㄷ, ㄹ

▶ 20583-0154

14 다음 사례에 대한 법적 판단으로 옳은 것은?

> 갑은 출입 금지 표지판이 붙어 있는 A아파트 건설 현장 근처를 지나가다가 갑자기 떨어진 낙하물에 다쳤다. 당시 현장에서는 을의 감독하에 병이 작업하고 있었는데, 병의 실수로 낙하물이 떨어진 것이다. 갑은 이 사고로 1,000만 원을 치료비로 지출하였다.

① 갑은 출입 금지 구역에 들어갔으므로 누구에게도 손해 배상을 청구할 수 없다.
② 갑은 을을 상대로 금전 손해 배상이나 원상회복 중 하나를 선택하여 청구해야 한다.
③ 병이 갑에게 일반 불법 행위 책임을 지는 경우에만 을은 갑에게 특수 불법 행위 책임을 진다.
④ 을과 병이 공동 불법 행위자 책임을 지므로 갑은 을과 병에게 각각 500만 원씩 청구해야 한다.
⑤ 을은 병을 선임·감독하는 데 있어 자신의 과실이 경미하다는 사실을 증명하면 특수 불법 행위 책임을 지지 않는다.

부부간 법률관계

(1) 혼인의 의미와 성립 요건

① 의미: 남녀가 부부가 되는 것으로서 일종의 계약에 해당함

② 성립 요건

실질적 요건	• 양 당사자가 자유로운 의사에 기초하여 혼인에 대해 합의할 것 • 민법에서 규정하고 있는 혼인할 수 있는 연령(18세)에 해당할 것 • 민법에서 제한하고 있는 혼인할 수 없는 친족 관계가 아닐 것 • 해당 혼인이 중혼(重婚)이 아닐 것
형식적 요건	혼인 신고를 할 것 → 법률혼주의

└ 8촌 이내의 혈족, 6촌 이내의 혈족의 배우자, 배우자의 6촌 이내의 혈족, 배우자의 4촌 이내의 혈족의 배우자인 인척이거나 이러한 인척이었던 자 사이에서는 혼인하지 못함

(2) 혼인의 법적 효과

① 친족 관계의 발생: 배우자 및 인척 관계의 발생

② 부부간의 동거, 부양, 협조의 의무 발생

③ 일상 가사 대리권 발생 ── 생활필수품의 구매, 집의 월세나 자녀의 교육비 지급 등을 들 수 있음

• 부부의 공동생활에 필요한 일상적인 일을 서로 대신해서 처리함

• 원칙적으로 부부 별산제를 적용하나 일상의 가사에 대해 부부 중 한쪽이 지는 채무는 별도의 의사 표시가 없는 한 부부에게 연대 책임이 있음

④ 성년 의제: 미성년자가 부모의 동의를 얻어 혼인했을 경우 행위 능력자로 인정되어 단독으로 유효한 법률 행위를 할 수 있음

(3) 이혼의 의미와 유형

① 의미: 혼인 관계를 인위적으로 해소시키는 것

② 유형

협의상 이혼	• 의미: 당사자 간의 합의로 이루어지는 이혼 ── 이혼 사유에 제한이 없음 • 절차: 법원에 이혼 의사 확인 신청 → 이혼 숙려 기간 → 법원의 이혼 의사 확인 → 이혼 신고 ── 행정 관청에 이혼 신고를 한 때부터 효력 발생
재판상 이혼	• 의미: 법이 정한 사유에 해당하는 경우 법원의 판결로써 이루어지는 이혼으로 어느 한쪽의 일방적인 청구에 의해 가능함 • 절차: 재판상 이혼 신청 → 이혼 조정 → 이혼 소송 → 이혼 판결 → 이혼 신고 ── 법원의 이혼 판결이 확정된 때부터 효력 발생

(4) 이혼의 법적 효과

① 배우자 및 인척 관계의 소멸: 부부간의 배우자 관계 해소, 혼인으로 성립된 배우자의 친족과의 인척 관계 소멸

② 면접 교섭권 발생: 자녀를 직접 양육하지 않는 부모가 자녀와 지속해서 만나거나 연락을 취할 수 있는 권리로, 자녀에게도 인정됨

③ 재산 분할 청구권 발생: 부부 중 일방은 상대방에게 혼인 중 공동으로 마련한 재산에 대해 분할을 청구할 수 있는 권리 발생

④ 손해 배상 청구권 발생: 부부 중 어느 일방에게 이혼의 책임이 있을 때는 다른 상대방이 손해 배상을 청구할 수 있는 권리 발생

◉ **사실혼**

혼인의 의사를 가지고 부부로서 공동생활을 하면서도 혼인 신고를 하지 않은 상태로, 우리 민법은 일정한 범위 내에서 사실혼도 법적으로 보호하고 있다. 따라서 배우자의 친족 관계 발생, 배우자 간 상속권 등을 제외하고 부부간 동거와 부양 및 협조의 의무, 일상 가사 대리권 등은 인정된다.

◉ **인척(姻戚)**

혼인으로 맺어진 친족을 의미하며, 혈족의 배우자, 배우자의 혈족, 배우자의 혈족의 배우자가 이에 해당한다.

◉ **부부 별산제**

부부가 재산의 소유와 관리, 처분 등을 각자 따로 한다는 원칙으로, 부부의 일방이 혼인 전부터 가진 고유 재산과 혼인 중 자기의 명의로 취득한 재산은 그 특유 재산으로 각자 관리한다.

◉ **이혼 숙려 제도**

협의상 이혼을 신청한 부부에게 충동적인 이혼을 막고 신중하게 생각할 수 있는 기회를 마련해 주기 위해 만들어진 제도이다. 원칙적으로 양육할 자녀가 있으면 3개월, 없으면 1개월이며, 폭력으로 인하여 당사자 일방에게 참을 수 없는 고통이 예상되는 등 이혼을 하여야 할 급박한 사정이 있는 경우에는 이를 단축 또는 면제할 수 있다.

◉ **이혼 조정**

재판상 이혼은 예외적인 경우를 제외하고 조정 전치주의가 적용되어 이혼 소송 전 가정 법원의 조정 절차를 거쳐야 한다. 조정으로 당사자 간 합의가 이루어지면 그것을 조서에 기재함으로써 이혼이 성립된다.

◉ **재산 분할 청구권**

재산 분할 청구권은 혼인 중 공동으로 마련한 재산에 대한 청산의 의미를 가지므로 이혼에 책임이 있는 당사자라도 당연히 가진다. 구체적으로 어떤 재산을 어떤 방식으로 분할할지에 대해서는 당사자 간의 협의를 통해 정하는데, 협의가 되지 않을 때는 법원의 결정에 따라 분할한다.

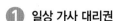

1 일상 가사 대리권

(가) 주부인 갑은 자녀들이 점점 자라면서 교육비가 늘고 생활비가 부족해지자 남편 을 몰래 친구 병으로부터 1,000만 원을 무이자로 빌리게 되었다. 하지만 갑이 약속한 날짜가 훨씬 지났는데도 돈을 갚지 못하자 병은 을을 찾아가 대신 빚을 갚으라고 요구하고 있다.

— 일상 가사에 해당함

(나) A는 주식 투자에 관심이 많다. 최근 투자 정보를 통해 △△회사의 주식을 구입했는데, 돈이 부족하자 아내 B와는 상의하지 않고 이웃 주민 C로부터 1천만 원을 빌리게 되었다. 그러나 △△회사가 갑자기 파산하면서 A가 샀던 주식은 순식간에 휴지조각이 되었다. C는 B에게 돈을 갚으라고 요구하고 있다.

— 일상 가사로 볼 수 없음

분석 | 원칙적으로 부부간에는 어느 한쪽이 일상의 가사와 관련해 다른 사람으로부터 채무를 졌다면 이에 대해 연대 책임을 진다. 이를 '일상 가사 연대 책임'이라고 한다. 의식주에 관한 생활비 지출과 자녀의 양육에 필요한 교육비, 가족의 의료비 등은 일상 가사의 범위에 속한다고 볼 수 있다. (가)에서 갑이 자녀의 교육비와 생활비가 부족해 친구에게 돈을 빌렸다면 이는 일상의 가사와 관련한 채무이므로 남편 을도 함께 책임을 져야 한다. (나)에서 주식 투자는 일상의 가사와 관련한 채무는 아니다. 따라서 A가 주식 투자를 위해 빌린 돈을 아내 B가 대신 갚아야 할 법적 의무는 없다.

2 이혼의 종류

(가)	(나)
당사자 부 　갑 　　　　처 　을 위 당사자는 진의에 따라 서로 이혼 하기로 합의하였음을 확인합니다. └ 협의상 이혼 　　　　　　　　　2019년 5월 14일	원고 A ┐ 피고 B ┘ ── 재판상 이혼 　　　　　주문 1. A와 B는 이혼한다. 2. B는 A에게 위자료로 2천만 원 　을 지급한다.

분석 | (가)는 이혼 의사의 확인을 내용으로 하는 확인서로 협의상 이혼과 관련되고, (나)는 법원이 이혼을 선고하는 내용의 판결문으로 재판상 이혼과 관련된다. 협의상 이혼은 법원에 이혼 의사 확인 신청을 하고 이혼 숙려 기간을 거쳐 이혼 의사 확인서를 발급받아 행정 관청에 이혼 신고를 함으로써 이혼의 효력이 발생한다. 재판상 이혼은 민법이 정한 이혼 사유에 해당하고, 당사자 간에 이혼 의사가 합치되지 않을 때 소송을 통해서 이혼 판결을 내리는 것이다. 이혼 판결이 확정될 때 이혼의 효력이 발생한다.

1 혼인의 법적 효과와 관련된 제도나 권리 (가), (나)에 해당하는 개념을 각각 쓰시오.

(가) 부부 각자가 자신의 특유 재산을 관리·사용·처분할 수 있도록 하는 제도이다.

(나) 부부의 공동생활을 위해 필요한 일상적인 일을 서로 대신해서 처리할 수 있는 권리이다.

정답과 해설 ▶ 혼인은 두 인격체의 결합을 의미하지만, 재산의 소유와 관리, 처분 등은 각자가 따로 하는 것을 원칙으로 하는데, 이를 부부 별산제라고 한다. 민법에서는 혼인 전에 각자가 모은 재산과 혼인 중 자기의 명의로 취득한 재산은 각자가 관리하도록 규정하고 있다. 일상 가사의 경우 부부 중 한 사람이 단독으로 결정한 일이라 해도 그 결정에 대한 책임은 부부가 공동으로 지게 되며, 일상 가사와 관련하여 배우자가 진 빚에 대해서도 다른 배우자가 이를 갚아야 할 의무가 있다.

답 (가) 부부 별산제 (나) 일상 가사 대리권

2 다음 사례에 대한 법적 판단으로 옳은 것은?

갑은 을과 결혼해 5살 된 아들을 두고 있다. 최근 갑이 실직하면서 삶의 의욕을 잃고 을을 폭행하는 경우가 빈번해 을은 법원에 이혼 소송을 제기하였다. 이에 법원은 이혼 판결을 내리면서 을에게 자녀 양육권을 부여했다.

① 갑과 을은 이혼 의사가 합치하였다.
② 갑은 재산 분할 청구권을 행사할 수 없다.
③ 갑과 을은 이혼 숙려 기간을 거쳤을 것이다.
④ 갑이 아내를 폭행하는 행위는 민법이 정한 이혼 사유이다.
⑤ 갑과 을이 이혼 신고서를 제출해야 이혼의 효력이 발생한다.

정답과 해설 ▶ 법원의 판결에 의해 이혼한 것이므로 재판상 이혼에 해당한다. 재판상 이혼은 민법이 정한 이혼 사유에 해당하고, 일반적으로 당사자 간 이혼 의사가 일치하지 않을 때 법원의 판결로써 이루어지는 이혼이다. 갑은 이혼에 책임이 있더라도 부부 공동 재산에 대한 분할 청구권을 가진다. 이혼 숙려 기간을 거쳐야 하고, 이혼 신고서 제출로 이혼의 효력이 발생하는 것은 협의상 이혼이다. **답** ④

● 부모와 자녀 간 법률관계

(1) 친자 관계의 의미와 유형

① 의미: 부모와 자녀 간의 법률관계

② 유형

친생자	• 혼인 중 또는 혼인 외의 관계에서 출생한 혈연관계의 자녀 • 법률혼 관계에서 출생한 자녀는 혼인 중의 출생자이며, 법률혼 관계가 아닌 남녀 사이에서 태어난 자녀는 혼인 외의 출생자로 친자 관계 확인을 위해서는 인지 절차를 거쳐야 함
양자	• 혈연관계는 없으나 입양 절차를 통해 입양한 자녀 • 일반 입양: 일반 입양된 자는 양부모의 친생자와 같은 지위를 가지며, 친생부모와 양부모 모두에 대해 재산 상속 및 부양의 의무 등이 발생함 • 친양자 제도: 가정 법원에 미성년자에 대한 친양자 입양을 청구하여 받아들여지면 양부모의 혼인 중의 출생자로 보아 양부모의 성과 본을 따르고, 특별한 경우를 제외하고는 입양 전의 친족 관계가 종료됨

└─ 갑의 어머니와 재혼을 한 자가 갑을 친양자로 입양할 경우에 갑과 갑의 어머니 사이에 친족 관계가 종료되지 않음

(2) 친권의 의미와 내용

① 의미: 부모가 미성년인 자녀에 대해 갖는 신분·재산상의 권리와 의무

② 내용: 자녀에 대한 보호와 양육의 권리와 의무, 거소 지정권, 자녀의 재산에 대한 관리권 등

(3) 친권의 행사

① 부모가 공동으로 행사하는 것이 원칙이나 한쪽이 친권을 행사할 수 없을 때에는 다른 한쪽이 행사함

② 부모가 이혼하는 경우 부모가 협의하여 친권 행사자를 정하되, 협의가 되지 않을 경우 가정 법원에서 친권 행사자를 지정함

③ 부모가 친권을 남용하거나 자녀의 복리를 해칠 우려가 있는 경우 가정 법원의 선고에 의하여 친권이 상실되거나 일부 제한될 수 있음

└─ 친권이 상실되더라도 친자 관계가 소멸하는 것은 아님

● 유언과 상속

(1) 유언의 효력과 종류

① 효력: 법에서 정한 일정한 형식을 갖춘 유언만 효력을 인정하며, 유언자가 사망한 때에 효력이 발생함

② 종류

서명만으로는 효력이 없으며 도장을 찍어야 함 ┐

자필 증서 유언	유언자가 자필로 유언의 내용, 주소, 날짜, 성명을 기재 후 날인
녹음에 의한 유언	증인 참여하에 녹음 후 확인
공정 증서 유언	증인 참여하에 공증인이 유언을 필기하여 확인
비밀 증서 유언	증인 참여하에 유언의 내용을 봉한 상태에서 확인
구수 증서 유언	급박한 상황에서 구술 내용을 증인이 받아 적고 확인

└─ 입으로 말함

◉ 인지
혼인 외에 출생한 자에 대해 생부 또는 생모가 자신의 자녀임을 인정함으로써 법률상의 친자 관계를 형성하는 것을 말한다. 부모가 스스로 행정 기관에 인지 신고를 할 수도 있고, 자녀가 부모를 상대로 인지 청구의 소를 제기해 판결로 인정받을 수도 있다.

◉ 일반 입양과 친양자 입양

구분	일반 입양	친양자 입양
성립 요건	당사자의 협의(미성년자의 입양은 가정 법원의 허가)	가정 법원의 허가
자녀의 성과 본	친생부모의 성과 본 유지	양부모의 성과 본으로 변경
친생부모와의 친족 관계	유지	종료

◉ 거소 지정권
타인의 거소(居所), 즉 거주할 장소를 지정할 수 있는 권리를 의미한다.

◉ 민법의 친권 관련 규정
2015년에 개정된 민법에서는 종래에 친권 상실만 가능했던 것을 친권 정지라는 제도도 신설했다. 또한 자녀의 친족, 검사만 친권 상실 심판을 청구할 수 있었는데, 개정 민법에서는 자녀 본인, 지방 자치 단체의 장도 청구할 수 있도록 했다. 친권이 상실·일시 정지·일부 제한되더라도 부모의 자녀에 대한 그 밖의 권리와 의무는 그대로 유지된다.

◉ 유언
17세 이상의 유언자가 자신의 사망과 동시에 일정한 법률 효과를 발생시킬 목적으로 행하는 단독 행위이다.

◉ 유언 상속
사람은 살아 있는 동안에 자신이 모은 재산을 사망하였을 때 어떻게 처리할 것인지를 미리 정할 수 있다. 이를 유언 상속이라고 한다. 유언 상속의 효력이 인정되기 위해서는 법에서 정한 방식과 절차가 엄격하게 준수되어야 한다. 유언자가 사망하면 원칙적으로 유언 내용에 따라 상속이 이루어진다. 유언자는 사망하기 전에는 언제라도 유언의 내용을 변경하거나 취소할 수 있다.

③ 친양자 입양 제도

친양자 입양 신고서

양친		양부	양모
		정○○	김△△
친양자		박☆☆(5세)	양부모의 성과 본으로 변경되며, 양부모의 혼인 중 출생자로 간주됨
재판 확정 일자		2019년 5월 8일 □□ 법원	
친양자의 친생부모	부	박◎◎	박☆☆과의 친자 관계가 종료됨
	모	이◇◇	
신고인		정○○	

분석 | 제시된 자료는 친양자 입양 신고서를 간략하게 나타낸 것이다. 2019년 5월 8일 □□ 법원은 박☆☆의 친양자 입양을 허가하였다. 정○○과 김△△는 혼인한 지 3년 이상 된 부부로서 박☆☆의 친생부모인 박◎◎와 이◇◇의 동의를 얻어 법원에 친양자 입 양 심판을 청구하였다. 법원은 친양자가 될 자의 복리를 위해 양부모의 재산 관계 등 을 조사한 후에 친양자 입양 허가를 결정하였다. 이에 양부인 정○○이 행정 관청에 친양자 입양 신고서를 제출한 것이다. 이 신고서가 접수되면 박☆☆의 성과 본은 양부 모의 성과 본으로 바뀌는 것이 원칙이다. 양부의 성을 쓴다면 정☆☆로 바뀔 것이다. 또한 박☆☆은 양부모인 정○○과 김△△의 혼인 중 출생자로 간주되며, 친생부모와 의 친족 관계는 종료된다. 따라서 박◎◎와 이◇◇가 사망하더라도 박☆☆은 상속인 이 되지 못한다.

④ 날인이 없는 자필 유언장의 효력

자필 유언의 성립 요건이며, 이 중 하나라도 빠지면 유언장의 효력이 인정되지 않음

사회사업가 갑은 평생을 독신으로 살다가 123억 원을 은행에 예금해 둔 채 2003년 11월 5일 사망하였다. 해당 은행 대여 금고에서 발견된 갑의 자필 유언 장에는 자신의 전재산을 A대학교에 사회사업 발전 기금으로 기부한다는 취지 의 전문과 유언 날짜, 주소 및 성명이 자필로 적혀 있었지만 날인이 없었다. 이 에 숨진 갑의 형제와 조카 등은 민법 규정에 따라 유언자의 날인이 없는 유언 은 무효임을 주장하며 예금 반환을 요구하였고, 해당 사건은 대법원의 최종심 및 해당 민법 규정에 대한 위헌 심판으로까지 이어졌다. 대법원은 유언자의 날 인이 없는 유언장의 효력을 인정하지 않았고, 헌법 재판소는 해당 민법 규정이 위헌이 아님을 확인하였다.

분석 | 갑의 유언은 자필 증서 유언에 해당한다. 자필 증서 유언은 자필로 유언의 내용과 날 짜, 주소, 이름을 정확히 기재한 후 날인을 해야 법적 효력이 인정된다. 이 중에서 어 느 하나라도 빠지면 유언장의 효력이 없다. 갑은 이 중에서 날인을 하지 않았다. 이로 인해 A대학교와 유족 간에 법적 다툼이 벌어졌는데, 대법원까지 간 소송에서 결국 유 족들이 승소하였다. 우리 민법에서는 유언과 관련하여 요식주의를 채택하고 있다. 요 식주의란 법에서 정한 일정한 형식을 갖춘 유언만 효력을 인정하는 것이다. 이는 유언 과 관련하여 이해관계를 가진 자가 유언의 내용을 함부로 위조하거나 변조하는 것을 예방하는 데 그 목적이 있다.

---

③ 다음 사례에 대한 법적 판단으로 옳은 것은?

- 갑은 가정 법원의 심사와 허가를 통해 친 양자로 입양되었다.
- 을은 양부모와 협의하여 법적 절차를 밟 아 양자로 입양되었다.

① 갑과 달리 을은 기존의 친족 관계가 유지 된다.

② 갑의 양부모와 달리 을의 양부모는 친권 을 행사할 수 있다.

③ 을과 달리 갑은 양부모의 친생자와 같은 지위를 갖는다.

④ 을과 달리 갑은 친생부모 사망 시 상속을 받을 수 있다.

⑤ 갑과 을은 모두 양부모의 성과 본을 따라 야 한다.

정답과 해설 ▶ 갑은 친양자, 을은 일반 양자로 입 양되었다. 친양자는 양부모의 성과 본을 따르고 입 양 전 친족 관계가 종료되는 것이 원칙이지만, 일반 양자는 양부모의 성과 본을 따를 필요가 없으며, 입 양 전 친족 관계도 유지된다. **답** ①

④ 자필 증서 유언에 대한 설명으로 옳은 것 은?

① 유언장 작성 시 증인이 반드시 참여해야 한다.

② 컴퓨터로 작성하고 인쇄해도 효력이 인 정된다.

③ 날짜, 주소, 성명을 모두 정확히 적고 서 명해야 한다.

④ 유언자가 다른 사람을 시켜 작성해도 법 적 효력이 인정된다.

⑤ 여러 번 작성한 경우 최후에 작성한 유언 장만 효력이 인정된다.

정답과 해설 ▶ 자필 증서 유언은 반드시 유언자가 자필로 내용을 쓰고 날짜, 주소, 성명을 정확히 적은 다음 날인해야 한다. 자필 증서 유언에서는 증인이 필요 없다. 한번 작성한 유언장이라도 변경이 가능 하며 여러 번 작성된 경우에는 최후에 작성된 것만 효력이 인정된다. **답** ⑤

(2) 상속의 의미와 방법

① 의미

- 피상속인이 사망함으로써 그가 남긴 재산에 대한 권리와 의무가 상속인에게 승계되는 것
- 피상속인의 재산뿐만 아니라 채무도 상속됨

② 방법

- 법적 효력을 갖는 유언이 없을 경우 민법에서 정한 비율대로 법정 상속이 이루어짐 ┌ 같은 순위의 상속인 간에는 균등하게 상속을 받으며
  └ 선순위 상속인이 있을 경우에 후순위는 상속받을 수 없음
- 법정 상속 순위: 1순위-직계 비속, 2순위-직계 존속, 3순위-형제자매, 4순위-4촌 이내 방계 혈족 ┌ 조카나 숙부 등을 말함
- 배우자는 피상속인의 직계 비속이나 직계 존속이 있을 경우에는 공동으로 상속을 받으나, 피상속인의 직계 비속이나 직계 존속이 없을 경우에는 단독으로 상속을 받음
- 배우자는 공동 상속인의 상속분에 50%를 가산하여 상속받음

③ 유류분 제도

- 피상속인의 재산 처분의 자유에 일정한 비율액의 제한을 두어서 그 비율액만큼은 상속인에게 보장하려는 제도로, 피상속인의 자의로부터 상속인을 보호하는 것을 목적으로 함
- 피상속인의 직계 비속과 배우자는 법정 상속분의 1/2, 직계 존속과 형제자매는 법정 상속분의 1/3을 유류분으로 인정함

◉ **피상속인과 상속인**
피상속인은 사망한 자를 말하며, 상속인은 피상속인의 사망으로 인하여 상속을 받게 되는 자를 말한다.

◉ **직계 비속과 직계 존속**
직계 비속은 자기로부터 수직으로 이어져 내려가는 혈족으로 자녀, 손자녀 등을 말하며, 직계 존속은 자기에서부터 수직으로 위로 올라가는 혈족으로 부모와 조부모 등을 말한다.

 자료 탐구

5 상속분의 배분

┌ 친생부모와의 관계가 유지됨

노모 무를 모시고 사는 갑은 을과 혼인한 지 10년 째 자녀가 없었고, 갑의 친구인 병에게는 배우자 정과 혼인하여 낳은 자녀 A, B가 있었다. 갑, 을은 병, 정과 합의하여 A를 친양자가 아닌 양자로 입양하였다. 그러던 어느 날 갑과 병이 함께 해외여행을 갔다가 사고로 사망하였는데 모두 유언이 없었다. 갑의 재산은 10억 원, 병의 재산은 14억 원이며 둘 다 빚은 없다.

분석 | 이 사례에서 사망자는 갑과 병이다. 우선 갑의 법정 상속인은 배우자 을, 자녀 A이다. 병의 법정 상속인은 배우자 정, 자녀 A, B이다. A는 병의 자녀인데 갑의 양자로 입양되었다. 친양자가 아닌 양자, 즉 일반 입양에 의한 양자이므로 입양 전 친족 관계가 유지되어 A는 친생부인 병의 사망으로 상속인이 된다. 자녀는 동등한 액수를 분배받고, 배우자는 자녀의 분배액에 50%를 가산한다. 갑의 재산은 10억 원이므로 법정 상속분은 배우자 을이 6억 원, 자녀 A가 4억 원이다. 병의 재산은 14억 원이므로 법정 상속분은 배우자 정이 6억 원, 자녀 A와 B가 각각 4억 원씩이다. A는 갑의 상속인으로서 4억원, 병의 상속인으로서 4억 원의 상속분을 받으므로 모두 8억 원을 상속받는다.

 확인학습

5 다음 사례에서 법정 상속인과 법정 상속인 각각의 상속분을 쓰시오.

갑이 출근길에 교통사고로 사망하였다. 평소에 갑은 가족들에게 자신의 전 재산을 ◇◇재단에 기부하겠다고 말하곤 했지만 유언장을 남기지는 않았다. 갑의 전 재산은 9억 원이며 채무는 2억 원이다. 갑의 가족으로는 배우자 을, 자녀 병과 정, 노모 무가 있다.

정답과 해설 ▶ 갑의 재산은 9억 원이지만 채무 2억원을 공제하면 상속 재산은 7억 원이다. 유언장을 남기지 않았으므로 법정 상속이 이루어진다. 직계 비속인 병과 정이 있으므로 직계 존속인 무는 상속인이 되지 못한다. 배우자 을은 공동 상속인(병과 정)의 상속분의 50%를 가산하여 상속받는다.

답 을 3억 원, 병 2억 원, 정 2억 원

01~08 다음 내용이 옳으면 ○표, 틀리면 ×표 하시오.

01 18세인 학생은 미성년자에 해당하므로 혼인을 하려면 부모의 동의를 얻어야 한다. (   )

02 부부 중 일방이 동거 · 협조 · 부양의 의무를 위반한다면 재판상 이혼 사유가 된다. (   )

03 혼인한 부부의 모든 재산은 부부 공유 재산으로 간주된다. (   )

04 모든 가사에 대해서는 부부가 서로 대리권을 가지며 가사로 인한 채무에 대해서는 연대 책임을 진다. (   )

05 협의상 이혼은 별도의 법적 절차 없이 당사자의 협의만으로 이루어지는 이혼이다. (   )

06 부모가 이혼하는 경우에는 법원에서 친권 행사자를 지정하는 것이 원칙이다. (   )

07 유언은 유언자의 최종적인 의사 표시이므로, 유언자는 자신이 살아 있는 동안 언제라도 유언 내용의 전부 또는 일부를 변경하거나 취소할 수 있다. (   )

08 피상속인의 배우자는 피상속인의 직계 비속 또는 직계 존속이 있으면 그들과 공동으로 상속받으며, 직계 비속이나 직계 존속이 없을 때는 단독으로 상속받는다. (   )

09~16 빈칸에 알맞은 말을 쓰시오.

09 _____(이)란 부부 각자가 자신의 특유 재산을 관리 · 사용 · 처분할 수 있도록 하는 제도이다.

10 협의상 이혼의 경우 경솔한 이혼과 그에 따른 폐해를 막기 위해 원칙적으로 _____을/를 거쳐야 한다.

11 _____은/는 법이 정한 사유가 있는 경우에 법원의 판결로써 강제로 이루어지는 이혼이다.

12 이혼이 성립되면 부부 중 일방은 상대방에게 혼인 중 공동으로 마련한 재산에 대한 분할을 청구할 수 있는 권리를 행사할 수 있는데, 이 권리를 _____(이)라고 한다.

13 _____(으)로 입양된 자녀는 양부모의 혼인 중 출생자로 취급되어 양부모의 성과 본을 따르며, 입양 전의 친족 관계는 원칙적으로 모두 종료된다.

14 친권은 부모가 _____(으)로 행사하는 것이 원칙이지만, 부모 중 어느 일방이 친권을 행사할 수 없는 경우에는 다른 한쪽이 이를 행사한다.

15 자필 증서에 의한 유언이 효력을 인정받기 위해서는 자필로 유언 내용, 유언자의 성명과 주소, 유언한 날짜를 적고, 반드시 유언자 본인의 _____을/를 찍어야 한다.

16 상속분은 균등 분할하되, 피상속인의 _____은/는 공동 상속인의 상속분에 50%를 가산하여 상속받는다.

정답 01 ○ 02 ○ 03 × 04 × 05 × 06 × 07 ○ 08 ○ 09 부부 별산제 10 이혼 숙려 기간 11 재판상 이혼 12 재산 분할 청구권 13 친양자 14 공동 15 도장 16 배우자

오답 체크 Tip 03 혼인을 하더라도 부부 각자가 혼인 전부터 가진 특유 재산은 각자 관리할 수 있다. 혼인 중 부부의 협력에 의해 형성한 재산만 부부 공유 재산이다. 04 모든 가사가 아니라 일상 가사에 대해서만 부부는 서로 대리권을 가진다. 05 협의상 이혼은 법원에 이혼 의사 확인 신청을 하고, 이혼 숙려 기간을 거쳐 이혼 의사 확인서를 발급받아 행정 관청에 이혼 신고를 함으로써 이혼의 효력이 발생한다. 06 부모가 이혼하는 경우에는 부모의 협의로 친권 행사자를 정한다. 협의가 안 될 경우에 법원이 지정한다.

01 다음 사례에 대한 법적 판단으로 옳은 것은?

▶ 20583-0155

> • 갑과 을은 결혼식을 올리지 않은 채 혼인 신고를 한 후 함께 생활하고 있다. 갑과 을 사이에는 아들 A가 있다.
> • 병은 정과 결혼식을 하고 부부로서 생활하고 있으나 혼인 신고는 하지 않았다. 병과 정 사이에는 딸 B가 있다.

① A는 갑과 을의 혼인 외 출생자이다.
② 병과 정은 상호 부양의 의무를 진다.
③ 병이 사망할 경우 정은 상속권을 가진다.
④ 갑과 을의 혼인은 형식적 요건을 갖추지 못하였다.
⑤ 병과 정이 부부 관계를 해소하기 위해서는 법적 절차를 밟아야 한다.

02 표는 이혼의 유형 A, B를 비교한 것이다. (가)에 들어갈 수 있는 질문으로 옳은 것은?

▶ 20583-0156

질문	A	B
법률이 정한 이혼 사유가 있어야 이혼이 가능한가?	아니요	예
혼인 관계를 해소하려는 쌍방의 의사 합치가 필요한가?	예	아니요
(가)	예	예

① 이혼 숙려 기간을 거쳐야 하는가?
② 사실혼 부부가 이용하는 유형인가?
③ 이혼 신고서가 접수되어야 이혼의 효력이 발생하는가?
④ 법원으로부터 이혼 의사 확인서를 받는 절차를 거치는가?
⑤ 부부 공유 재산에 대한 분할 청구권을 행사할 수 있는가?

단답형

03 밑줄 친 '이것'에 해당하는 개념을 쓰시오.

▶ 20583-0157

> 부모는 이것에 근거하여 미성년 자녀의 재산을 관리하고, 재산에 관한 법률 행위를 대리하거나 동의권을 행사할 수 있다. 또한 부모는 미성년 자녀가 거주할 장소를 지정할 수 있고, 보호 또는 교양의 목적으로 필요한 징계를 할 수 있다.

04 밑줄 친 (가)에 들어갈 내용으로 가장 적절한 것은?

▶ 20583-0158

> 갑: 남편께서 주식에 투자한다며 저에게서 2천만 원을 빌려가서 아직 갚지 않았습니다. 남편과 연락이 되지 않으니 부인께서 대신 갚아 주십시오.
> 을: _____(가)_____ 따라서 저는 2천만 원을 대신 갚을 의무가 없습니다.

① 남편과 저는 사실혼 부부입니다.
② 남편과 저는 이혼 절차를 밟고 있습니다.
③ 저는 남편의 금전 차용 사실을 전혀 몰랐습니다.
④ 모든 재산은 남편의 명의로 되어 있어 저는 재산이 없습니다.
⑤ 주식 투자를 위한 금전 차용은 일상 가사에 해당하지 않습니다.

05 A의 법적 지위에 대한 옳은 설명만을 〈보기〉에서 고른 것은?

▶ 20583-0159

> 법률혼 부부인 갑과 을은 결혼한 지 5년이 지났지만 자식이 없었다. 오랜 고민 끝에 갑과 을은 병과 정의 친생자인 A를 법적 절차를 거쳐 친양자로 입양하였다.

〈보기〉
ㄱ. 병이 사망할 경우 상속인이 된다.
ㄴ. 갑과 을이 공동으로 친권을 행사한다.
ㄷ. 갑과 을의 혼인 외 출생자로 간주된다.
ㄹ. 갑과 을의 성(姓)을 따르는 것이 원칙이다.

① ㄱ, ㄴ ② ㄱ, ㄷ ③ ㄴ, ㄷ ④ ㄴ, ㄹ ⑤ ㄷ, ㄹ

서술형

06 밑줄 친 부분에 해당하는 제도의 명칭과 취지를 서술하시오.

▶ 20583-0160

> 민법 제836조의2 ② 가정 법원에 이혼 의사의 확인을 신청한 당사자는 제1항의 안내를 받은 날부터 다음 각 호의 기간이 지난 후에 이혼 의사의 확인을 받을 수 있다.
>   1. 양육하여야 할 자가 있는 경우에는 3개월
>   2. 제1호에 해당하지 아니하는 경우에는 1개월

▶ 20583-0161

07 교사의 질문에 옳게 대답하지 <u>않은</u> 학생은?

교사: (가)는 자녀에 대한 보호·교양의 권리와 의무, 자녀가 거주할 수 있는 장소를 지정할 수 있는 권리, 자녀의 보호와 양육에 필요한 징계권 등을 포함하고 있습니다. (가)에 대해 발표해 볼까요?

갑: 원칙적으로 부모가 공동으로 행사합니다.

을: 부모가 이혼을 하는 경우에는 소멸합니다.

병: 양자의 경우 친생부모가 아닌 양부모가 행사합니다.

정: 부모의 권리이면서 동시에 의무로서의 성격을 가집니다.

무: 남용할 경우 가정 법원의 선고에 의해 상실될 수 있습니다.

① 갑　　② 을　　③ 병　　④ 정　　⑤ 무

▶ 20583-0162

08 다음 판례에서 강조하는 내용으로 가장 적절한 것은?

유언자는 이 사건 유언장의 말미에 작성 연월일, 주민등록번호, 성명을 직접 쓴 후 날인하였고, 작성 연월일 옆에 '○○동에서'라고 기재하였다. 사실 관계를 살펴본 대로 설령 유언자가 그곳에서 거주하였다고 볼 수 있다 하더라도, 유언자가 유언장에 기재한 '○○동에서'라는 부분을 다른 주소와 구별되게 기재한 것으로 보기는 어렵다. 따라서 이 사건 유언장은 자필 증서에 의한 유언 방식의 주소 자필 기재 요소가 누락되어 그 효력이 없다고 할 것이다.

① 효력이 있는 유언이라 해도 법정 상속이 이루어진다.

② 자기 스스로 작성한 유언장은 법적인 효력을 인정받을 수 없다.

③ 유언을 집행할 때는 무엇보다 유언자의 뜻을 중요하게 생각해야 한다.

④ 유언이 효력을 갖도록 하려면 법에서 정한 형식적 요건을 잘 지켜야 한다.

⑤ 유언장이 효력을 갖기 위해 필요한 형식적 요건에 대한 기준 마련이 시급하다.

▶ 20583-0163

09 밑줄 친 ㉠~㉤에 대한 설명으로 옳은 것은?

갑과 을은 혼인하였지만 아이가 없어서 ㉠ 병과 정의 아들 A를 친양자로 입양하였다. 그러나 얼마 후 갑은 ㉡ 성격 차이로 협의상 이혼을 하고 혼자서 A를 양육하고 있다. 을은 1년 후 무와 법률혼 상태에서 B를 출산하였다. 을은 ㉢ 2020년 3월 10일 교통사고로 사망하였는데, 을의 사무실에서 '모든 재산을 ◇◇양로원에 증여한다.'는 ㉣ 자필로 작성된 유언장이 발견되었다. 확인 결과 이 유언장은 법적인 효력을 갖고 있었다. 사망 당시 을의 재산은 14억 원이었고, 채무는 없었다. ㉤ 을의 상속인들은 ◇◇양로원에 최대한의 유류분권을 행사하였다.

① ㉠으로 인해 A는 갑과 을의 혼인 외 출생자로 간주된다.

② ㉡에서의 이혼은 이혼 조정을 거쳐야 한다.

③ ㉢은 유언의 효력이 발생하는 날이다.

④ ㉣이 유효하려면 을의 서명이 있어야 한다.

⑤ ㉤에 의해 A와 B는 각각 4억 원씩을 반환받을 수 있다.

단답형 ▶ 20583-0164

10 다음 사례에서의 법정 상속인, 그리고 법정 상속인 각각의 상속분을 쓰시오.

대학 교수인 갑은 주말에 지방 강연을 다녀오는 길에 교통사고를 당하여 현장에서 사망하였다. 갑은 아무런 준비도 없이 갑작스럽게 사망한 관계로 유언을 남기지 못했다. 유족으로는 아내 을과 아들 병, 딸 정, 노모 무가 있고, 재산은 7억 원이며 채무는 없다.

서술형 ▶ 20583-0165

11 A의 취지를 서술하시오.

법적 효력을 가진 유언에 따라 상속이 개시될 경우 일정한 범위의 상속인이 피상속인의 재산의 일정한 비율을 확보할 수 있는 지위를 가진다. 이를 A라고 한다. A에 의해 피상속인의 직계 비속과 배우자는 법정 상속분의 1/2의 비율, 직계 존속과 형제자매는 법정 상속분의 1/3의 비율을 가진다.

01 민법의 이해

(1) 근대 민법의 기본 원칙 → 개인주의, 자유주의, 합리주의를 바탕으로 형성됨

사유 재산권 존중의 원칙 (소유권 절대의 원칙)	개인 소유의 재산에 대한 사적 지배를 인정하고 국가나 다른 개인은 함부로 이를 간섭하거나 제한하지 못한다는 원칙
사적 자치의 원칙 (계약 자유의 원칙)	개인은 자율적인 판단에 기초하여 법률관계를 형성해 나갈 수 있다는 원칙
과실 책임의 원칙 (자기 책임의 원칙)	자신의 ① 에 따른 행위로 타인에게 손해를 끼친 경우에만 책임을 진다는 원칙

(2) 근대 민법의 수정 원칙

소유권 공공복리의 원칙	소유권을 공공복리에 적합하도록 행사해야 한다는 원칙
계약 공정의 원칙	계약 내용이 사회 질서에 위반되거나 공정하지 못한 경우에는 법적 효력이 발생하지 않을 수 있다는 원칙
② 의 원칙	자신에게 직접적인 고의나 과실이 없는 경우에도 일정한 요건에 따라 배상 책임을 질 수 있다는 원칙

02 재산 관계와 법

(1) 계약의 이해

① 계약의 성립 시점: 일반적으로 계약을 체결하고 싶다는 의사 표시인 청약과 이를 받아들이겠다는 의사 표시인 승낙이 합치된 때 → 무조건 계약서 작성 시점을 계약의 성립 시점으로 생각하는 것은 잘못임

② 계약의 효력 발생 요건
- 당사자가 의사 능력과 ③ 을 갖추어야 함
- 계약의 내용이 실현 가능하고 적법해야 하며, 선량한 풍습 기타 사회 질서에 반하지 않아야 함
- 계약 당사자의 자유로운 판단에 의해 의사 표시가 이루어져야 함

③ 계약의 무효와 취소

④	특정인의 주장이 없어도 당연히 법률 행위의 효력이 없는 것으로 보아 법률 행위의 효력이 처음부터 발생하지 않음	의사 무능력자의 법률 행위, 반사회적 법률 행위, 불공정한 법률 행위 등
⑤	특정인의 주장이 있어야 법률 행위의 효력이 없어지는 것으로 일단 행위 시에는 효력이 인정되지만 취소권을 행사하면 소급하여 처음부터 효력이 없어짐	미성년자가 법정 대리인의 동의 없이 행한 법률 행위, 속임수나 협박 또는 강요에 의해 의사 표시를 한 경우 등

④ 미성년자의 계약
- 원칙적으로 법정 대리인의 ⑥ 를 얻어야 유효한 법률 행위를 할 수 있음
- 동의를 얻지 않고 단독으로 행한 경우는 미성년자 본인이나 법정 대리인이 취소할 수 있음
- 미성년자와 거래한 상대방에게는 확답을 촉구할 권리, 철회권 등을 인정하여 보호하고 있음

정답 ① 고의나 과실 ② 무과실 책임 ③ 행위 능력 ④ 무효 ⑤ 취소 ⑥ 동의

(2) 불법 행위와 손해 배상

① 불법 행위의 성립 요건: 고의 또는 과실, 위법성, 손해 발생, 인과 관계, ①⎡ ⎤

② 특수 불법 행위: 책임 무능력자의 감독자 책임, 사용자 배상 책임, 공작물 등의 점유자·소유자 책임, 동물 점유자 책임, 공동 불법 행위자 책임

③ 손해 배상: 금전 배상이 원칙
  └→ 재산적 손해뿐만 아니라 정신적 손해에 대한 배상(위자료)도 포함

03 가족 관계와 법

(1) 혼인과 이혼
                                        각자의 재산은 각자가 관리하여, 혼인 중 협력에 의해 형성한 재산만 부부 공동 재산으로 함 ←┐

① 혼인의 법적 효과: 친족 관계의 발생, 부부간의 동거·부양·협조의 의무 발생, 부부 별산제 적용, ②⎡ ⎤ 대리권 발생, 성년 의제

② 이혼의 유형

협의상 이혼	법원에 이혼 의사 확인 신청 → ③⎡ ⎤ → 법원의 이혼 의사 확인 → 이혼 신고
재판상 이혼	재판상 이혼 신청 → ④⎡ ⎤ → 이혼 소송 → 이혼 판결 → 이혼 신고

③ 이혼의 법적 효과: 배우자 및 인척 관계 종료, 면접 교섭권, 재산 분할 청구권, 손해 배상 청구권 등 발생
                                        └→ 자녀를 직접 양육하지 않는 부모가 자녀와 지속해서 만나거나
                                           연락을 취할 수 있는 권리로, 자녀에게도 인정됨

(2) 친자 관계

친생자	혼인 중 또는 혼인 외의 관계에서 출생한 혈연관계의 자녀
양자	• 일반 입양된 자는 양부모의 친생자와 같은 지위를 가지며, 양부모가 친권자가 됨 • 일반 입양의 경우 입양 전 친족 관계는 종료되지 않아 친생부모와 양부모 모두 재산 상속 및 부양의 의무 등이 발생함 • ⑤⎡ ⎤ 입양의 경우 양부모의 성과 본을 따르고, 특별한 경우를 제외하고는 입양 전의 친족 관계가 종료됨

(3) 유언과 상속

① 유언: 법에서 정한 일정한 형식을 갖춘 유언만 효력을 인정하며, 유언자가 사망한 때에 효력이 발생함 → 자필 증서, 녹음 증서, 공정 증서, 비밀 증서, 구수 증서에 의한 유언만 인정
                                        └→ 법적 요건을 갖춘 유언이 여러 개이면
                                           가장 최근에 행한 유언만 유효함

② 법정 상속

• 상속 순위: 1순위 – 직계 비속, 2순위 – 직계 존속, 3순위 – 형제자매, 4순위 – 4촌 이내 방계 혈족

• 선순위 상속인이 있을 경우에 후순위는 상속받을 수 없음

• 같은 순위의 상속인 간에는 ⑥⎡ ⎤ 하게 상속을 받음

• 배우자는 피상속인의 직계 비속이나 직계 존속이 있을 경우에는 공동으로 상속을 받으나, 피상속인의 직계 비속이나 직계 존속이 없을 경우에는 단독으로 상속을 받음

• 배우자는 공동 상속인의 상속분에 ⑦⎡ ⎤ 를 가산하여 상속받음

대단원 종합 문제

01 ▶ 20583-0166
다음 사례에 대한 옳은 법적 판단만을 〈보기〉에서 고른 것은?

> 갑(18세)은 을에게서 오토바이를 구매하는 계약을 체결하고 오토바이 가격 1백만 원을 2개월 할부로 지급하기로 하였다. 계약 당시 을은 갑이 미성년자라는 사실을 모르고 있었다. 갑은 부모의 허락을 받지 않고 오토바이를 구입했다가 부모로부터 당장 취소하라는 꾸중을 들었다.

┤ 보기 ├
ㄱ. 갑의 부모는 계약을 취소할 수 있다.
ㄴ. 갑이 계약을 취소하려면 을에게 위약금을 주어야 한다.
ㄷ. 을은 갑의 부모에게 계약 철회를 통보할 수 있다.
ㄹ. 을은 갑에게 계약의 추인 여부의 확답을 촉구할 수 있다.

① ㄱ, ㄴ   ② ㄱ, ㄷ   ③ ㄴ, ㄷ
④ ㄴ, ㄹ   ⑤ ㄷ, ㄹ

02 ▶ 20583-0167
다음 사례에 대한 법적 판단으로 옳은 것은?

> 갑은 얼마 전에 직장 동료들과 식사를 하고 근처 노래방에 갔다. 노래를 하다가 바람을 쐬려고 2층 베란다 난간에 기댔다가 난간이 무너지면서 크게 다쳤다. 이에 노래방을 운영하는 을에게 손해 배상을 요구하였으나 을은 자신은 이 건물의 세입자일 뿐이라며 소유자인 병이 책임져야 한다고 주장하고 있다.

① 병이 1차적으로 손해 배상 책임을 진다.
② 을과 병이 공동 불법 행위자 책임을 진다.
③ 을은 재산적 손해, 병은 정신적 손해에 대한 책임을 진다.
④ 을에게 관리상의 고의나 과실이 없다면 병이 무과실 책임을 진다.
⑤ 갑에게도 과실이 있다면 을과 병은 배상 책임을 지지 않는다.

03 ▶ 20583-0168
자료에 나타난 계약에 대한 설명으로 옳은 것은? (단, 갑과 을은 차용 증서 작성 하루 전에 3천만 원의 차용에 합의했다.)

> **차용 증서**
>
> 귀하로부터 일금 3,000만 원을 연 5%의 이자율로 차용하고 2020년 5월 31일까지 반환하겠습니다. 단, 이자는 매월 말일에 지급하겠습니다.
>
> 2019년 5월 31일
> 주소
> 차용인 갑(인)
>
> 을 귀하

① 갑은 채권자, 을은 채무자이다.
② 계약은 2019년 5월 31일에 성립하였다.
③ 차용 증서에 공증을 받아야 계약의 법적 효력이 발생한다.
④ 갑 또는 을이 의사 능력이 없는 자라면 일단은 계약의 효력이 발생하지만 취소 가능하다.
⑤ 갑이 기일 내에 변제하지 않으면, 을은 채무 불이행을 이유로 갑에게 손해 배상을 청구할 수 있다.

단답형
04 ▶ 20583-0169
다음 글의 A, B에 해당하는 민법의 원칙을 각각 쓰시오.

> A는 계약 체결의 자유, 계약 상대방 선택의 자유, 내용 결정의 자유, 계약 방식의 자유 등을 통해 실현된다. 그러나 계약 자유라는 이름으로 사회적 약자에게 부당한 계약을 강요하는 일이 많아지면서 실질적으로 평등하고 공정한 계약이 강조됨에 따라 A는 B로 수정·보완되었다.

05 ▶ 20583-0170
밑줄 친 ㉠~㉤에 대한 설명으로 옳지 <u>않은</u> 것은?

〈혼인의 성립과 효과〉

1. 혼인의 성립 요건
   ㉠ 실질적 요건, ㉡ 형식적 요건
2. 혼인의 효과: ㉢ 성년 의제
   　　　　　　㉣ 부부간 일상 가사 대리권 발생
   　　　　　　㉤ 동거 · 협조 · 부양의 의무 발생
---

① ㉠ – 민법에서 금지하는 일정한 친족 관계가 아니어야 한다.
② ㉡ – 결혼식에서 혼인 서약서를 작성함을 의미한다.
③ ㉢ – 18세의 자가 혼인한 경우 행위 능력에 있어 제한을 받지 않는다.
④ ㉣ – 일상 가사로 인한 채무에 대해 부부는 서로 변제 의무가 있다.
⑤ ㉤ – 사실혼 부부에게도 적용된다.

06 ▶ 20583-0171
다음 자료에 대한 법적 판단으로 옳지 <u>않은</u> 것은?

원고　갑
피고　을

주문
1. 원고와 피고는 이혼한다.
2. 피고는 원고에게 위자료로 15,000,000원을 지급한다.
3. 자녀 병에 대한 친권자 및 양육자로 갑을 지정한다.
---

① 을에게 병에 대한 면접 교섭권이 인정된다.
② 혼인 파탄의 책임이 을에게 있다고 인정하였다.
③ 을이 사망할 경우 갑과 달리 병은 을의 재산에 대한 상속권을 가진다.
④ 이혼 신고를 하지 않아도 갑과 을의 이혼 효력은 발생한다.
⑤ 갑은 을과 이혼하기 위하여 이혼 숙려 기간을 거쳤을 것이다.

07 ▶ 20583-0172
자료에 대한 법적 판단으로 옳은 것은?

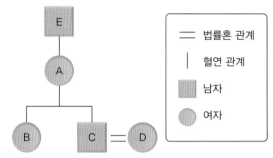

* A는 전재산 10억 원을 △△ 양로원에 기부한다는 자필 유언을 남기고 사망하였다.
** B와 달리 C는 입양된 자녀이다.

① B가 상속을 포기한다면 C와 E가 공동 상속인이 된다.
② A의 유언이 인정되지 않을 경우 D는 5억 원을 상속받는다.
③ A의 유언이 인정될 경우 △△양로원은 최대 5억 원을 받는다.
④ A의 유언이 인정될 경우 B의 유류분은 최대 2억 5천만 원이다.
⑤ A가 컴퓨터로 유언을 작성하여 날인하였더라도 그 유언의 효력은 인정된다.

서술형
08 ▶ 20583-0173
다음 사례에서 불법 행위 책임을 질 수 있는 사람이 누구인지를 근거와 함께 서술하시오.

한 동네에 사는 갑(18세)과 을(9세)이 함께 공원에서 축구를 하다가 길가에 주차된 승용차의 유리창을 파손하였다. 승용차의 주인 병은 갑의 어머니 정과 을의 어머니 무에게 손해를 배상하라고 요구하였다.

▶ 20583-0174

1 다음 행위를 규율하는 법 (가), (나)에 대한 옳은 설명만을 〈보기〉에서 고른 것은? (단, (가)와 (나)는 각각 민법과 형법 중 하나이다.)

(가) 갑은 ○○백화점에서 옷을 입어보는 척하면서 몰래 들고 나오는 등 지난 2월부터 최근까지 7차례에 걸쳐 1천 700만 원 상당의 옷을 훔치다가 체포되었다.

(나) 을은 자신의 집 화장실을 리모델링하기로 하고 설비 업자 병과 계약을 체결하였다. 병은 500만 원을 받고 한 달 안에 작업을 완료하기로 약속했다.

─┤ 보기 ├─

ㄱ. (가)는 침해당한 권리를 구제하는 절차와 관련된 법이다.

ㄴ. (나)는 개인을 주체로 한 대등한 법률관계를 다룬다.

ㄷ. (가)는 공적 생활 관계를, (나)는 사적 생활 관계를 규율한다.

ㄹ. (가)에 비해 (나)는 위반했을 경우 제재의 정도가 강한 편이다.

① ㄱ, ㄴ ② ㄱ, ㄷ ③ ㄴ, ㄷ ④ ㄴ, ㄹ ⑤ ㄷ, ㄹ

▶ 20583-0175

2 다음 자료에 대한 설명으로 옳은 것은?

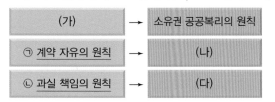

〈근대 민법의 원칙〉		〈수정 및 보완된 민법의 원칙〉
(가)	→	소유권 공공복리의 원칙
㉠ 계약 자유의 원칙	→	(나)
㉡ 과실 책임의 원칙	→	(다)

① (가)에 의하면 공익을 위해 사유 재산권을 제한할 수 있다.

② (나)에 의하면 불공정한 계약은 효력이 발생하지 않을 수 있다.

③ (다)가 적용된 예로 개발 제한 구역 지정을 들 수 있다.

④ (가)는 (나), (다)에 비해 권리의 공공성과 공정성을 강조한다.

⑤ ㉠과 ㉡은 모두 경제적 강자를 규제하려는 목적이 강하다.

▶ 20583-0176

3 민법의 기본 원칙 A~D에 대한 설명으로 옳지 <u>않은</u> 것은?

• 채무자가 채무 2억 원 중에서 500만 원의 미지급을 이유로 계약서에 기재된 대로 채권자에게 시가 5억 원의 부동산을 양도하는 것은 A에 근거할 때는 아무 문제가 없으나 B에 근거할 때는 무효이다.

• 사유지인 등산로 입구의 출입을 가로막는 것은 자신의 소유권 행사이므로 C에 근거할 때는 아무 문제가 없으나 D에 근거할 때는 문제가 있다.

① A는 개인의 자유로운 판단을 존중한다는 것을 전제로 한다.

② B는 법률관계의 내용이 공정해야 함을 강조한다.

③ C에 의해 개인의 사유 재산에 대한 절대적 지배권이 인정된다.

④ D는 재산권 행사의 공공복리 적합성을 강조한다.

⑤ 현대 사회에서 A는 B로, C는 D로 대체되었다.

▶ 20583-0177

4 밑줄 친 ㉠~㉮에 대한 설명으로 옳은 것은?

갑: 어서 오세요. 무엇을 찾으세요?

을: ㉠ 가을에 입을 수 있는 등산복을 사려고 하는데요.

갑: ㉡ 그럼 이것은 어떠세요? 방수 기능도 있습니다.

을: 그럼 ㉢ 이것으로 주세요.

갑: ㉣ 예, 알겠습니다. 가격은 20만 원입니다.

을: ㉤ 이 신용카드로 결제해 주세요.

갑: 감사합니다. 결제했습니다. ㉮ 등산복 여기 있습니다.

① ㉠은 청약에 해당한다.

② ㉡에 의해 을은 등산복을 인도받을 권리를 갖게 된다.

③ ㉢과 ㉣에 의해 갑과 을 간에 계약이 체결된다.

④ ㉤에 의해 갑은 채권, 을은 채무를 갖게 된다.

⑤ ㉮에 의해 갑과 을의 법률관계가 소멸된다.

5 자료의 사례에 대해 옳은 법적 판단을 한 모둠은?

▶ 20583-0178

◇ 수행 평가 과제:사례에 대한 법적 판단을 서술하시오.

사례	모둠	법적 판단
갑(17세)은 법정 대리인의 동의 없이 판매자 을(30세)과 화장품 매매 계약을 체결하였다.	1모둠	갑은 법정 대리인의 동의를 얻어야 이 계약을 취소할 수 있다.
	2모둠	을이 거래 당시 갑이 미성년자임을 몰랐다면 갑에게 이 계약의 철회를 통보할 수 없다.
	3모둠	갑의 법정 대리인은 위약금을 지불해야 이 계약을 취소할 수 있다.
병(18세)은 위조한 법정 대리인의 동의서를 이용해 판매자 정(40세)을 속이고 고가의 노트북 매매 계약을 체결하였다.	4모둠	병과 병의 법정 대리인 모두 이 계약을 취소할 수 없다.
	5모둠	정은 병에게 노트북 매매 계약에 대한 추인 여부의 확답을 촉구해야 한다.

① 1모둠 　　② 2모둠 　　③ 3모둠
④ 4모둠 　　⑤ 5모둠

6 다음 사례에서 법원의 판결 근거로 옳은 것은?

▶ 20583-0179

회사원 갑(30세)은 을이 데리고 다니던 개가 갑자기 달려들자 생명의 위협을 느껴 갖고 있던 우산으로 개를 때려 상해를 입혔다. 당시 개는 목줄을 하지 않은 상태였다. 을은 갑을 상대로 소송을 제기했으나 법원은 갑의 불법 행위 책임이 인정되지 않는다고 판결했다.

① 갑의 행위에 위법성이 없었다.
② 갑의 행위에 고의나 과실이 없었다.
③ 갑에게 손해를 배상할 수 있는 능력이 없었다.
④ 갑에게 법률상 책임이 발생한다는 사실을 변식할 능력이 없었다.
⑤ 갑의 행위와 을의 손해 발생 간에 상당한 인과 관계가 존재하지 않았다.

7 불법 행위 책임과 관련하여 다음 그림이 성립하는 사례로 옳은 것은?

▶ 20583-0180

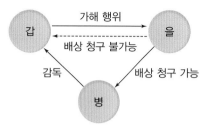

① 병의 아들 갑(5세)이 길에서 돌을 던져 을의 유리창을 파손하였다.
② 병이 운영하는 식당 직원 갑이 손님 을의 차량을 주차시키다가 파손하였다.
③ 병의 건물에서 갑이 상점을 운영하고 있을 때 간판이 떨어져 행인 을이 다쳤다.
④ 병이 개를 친구 갑에게 맡겼는데, 갑이 관리를 소홀히 하여 개가 행인 을을 물었다.
⑤ 직장 상사 갑과 부하 병이 행인 을과 시비가 붙어 둘이 함께 을에게 폭행을 가하였다.

8 다음 사례에 대한 법적 판단으로 옳지 <u>않은</u> 것은?

▶ 20583-0181

○○회사 영업팀장 갑, 직원 을과 병이 음식점에서 저녁을 먹고 근처 노래방에서 놀다가 나왔는데, 을이 타고 온 차량 옆에서 담배를 피우던 A와 시비가 붙었다. 말싸움이 격해지면서 갑, 을, 병이 A를 때리기 시작했다. 누군가 A의 눈을 때려 A는 눈에 큰 상처를 입었다. 행인의 신고로 갑, 을, 병은 모두 붙잡혔으나 A의 눈을 때린 사람이 누구인지는 알 수 없는 상황이다.

① A는 을을 상대로만 손해 배상을 청구할 수도 있다.
② A는 갑, 을, 병에게 손해 배상액을 나누어 책임을 물을 수 있다.
③ 갑, 을, 병은 손해 배상과 상관없이 별도로 형사상 책임을 질 수 있다.
④ 병이 자신은 불법 행위를 하지 않았다는 것을 증명하면, 병의 책임은 면제된다.
⑤ 갑은 을, 병의 선임과 사무 감독에 상당한 주의를 다하였음을 증명하면 면책된다.

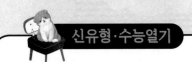

▶ 20583-0182

9 다음은 이혼 상담을 하러 온 두 부부의 설문 답변 자료이다. 이에 대한 법적 판단으로 옳은 것은? (단, 상담소장은 두 부부에게 적합한 서로 다른 이혼의 유형을 안내하였다.)

구분	갑과 을 부부	A와 B 부부
혼인 신고가 되어 있습니까?	예	예
이혼의 원인이 무엇입니까?	성격 차이	A의 지속적인 폭력
자녀는 어떻게 됩니까?	아들 1명(8세)	딸 1명(8세)
이혼에 대해 서로 의견 일치를 보았습니까?	예	아니요
부부가 혼인 중에 형성한 재산이 있습니까?	갑 명의의 집 1채	B 명의의 집 1채

① 갑과 을의 이혼은 법원의 확인으로서 효력이 발생한다.
② A와 B가 이혼을 하기 위해서는 이혼 숙려 기간을 거쳐야 한다.
③ 갑과 달리 A는 배우자에게 재산 분할을 청구할 수 없다.
④ 이혼 후 A가 딸의 양육권을 가질 경우 B는 친권을 가져야 한다.
⑤ 이혼 후 아들의 양육권을 갑이 가질 경우 을에게는 면접 교섭권이 발생한다.

▶ 20583-0183

10 다음 사례에 대한 법적 판단으로 옳지 <u>않은</u> 것은?

- 갑과 을은 18세의 동갑내기로 혼인 신고를 하고 부부 공동생활을 하면서 A를 낳아 기르고 있다.
- 병과 정은 30세의 동갑내기로 부부 공동생활을 하면서 B를 낳아 기르고 있으나 혼인 신고는 아직 하지 않았다.

① 병과 달리 갑은 배우자 사망 시 상속인이 된다.
② 정은 을과 달리 일상 가사에 관한 대리권을 갖고 있지 않다.
③ 갑과 을은 부모의 동의를 얻지 않고도 유효한 계약을 체결할 수 있다.
④ 갑과 을이 부부 관계를 해소하기 위해서는 법적 절차를 밟아야만 한다.
⑤ A는 갑과 을의 혼인 중 출생자이고, B는 병과 정의 혼인 외 출생자이다.

▶ 20583-0184

11 밑줄 친 ㉠~㉣에 대한 설명으로 옳지 <u>않은</u> 것은?

제908조의 2 ① ㉠ 친양자를 입양하려는 사람은 다음 각 호의 요건을 갖추어 ㉡ 가정 법원에 친양자 입양을 청구하여야 한다.
1. ㉢ 3년 이상 혼인 중인 부부로서 공동으로 입양할 것. 다만, 1년 이상 혼인 중인 부부의 한쪽이 그 배우자의 친생자를 친양자로 하는 경우에는 그러하지 아니하다.
3. ㉣ 친양자가 될 사람의 친생부모가 친양자 입양에 동의할 것

① ㉠이 될 자는 미성년자이어야 한다.
② ㉠의 입양을 위해서는 ㉡에 의한 입양 허용 결정이 있어야 한다.
③ ㉢이 ㉠을 입양했다면 ㉠은 ㉢의 혼인 중의 출생자로 간주된다.
④ ㉢이 ㉠을 입양했다면 ㉠은 원칙적으로 ㉢의 성과 본을 따르게 된다.
⑤ ㉠으로 입양된 자는 ㉣의 사망 시 상속인이 된다.

▶ 20583-0185

12 다음 사례에 대한 법적 판단으로 옳은 것은?

갑은 법률혼 관계인 배우자 을, 둘 사이에서 태어난 병과 정, 갑의 어머니 무와 함께 살고 있었다. 얼마 전 갑자기 갑이 사고로 사망하였는데 갑의 책상 서랍에서 발견된 자필 유언장에는 모든 재산을 어머니 무에게 상속한다는 내용이 담겨 있다. 갑의 재산은 14억 원이며, 부채는 없다.

① 갑의 법정 상속인은 을, 병, 정, 무이다.
② 병과 정이 상속을 포기하면 을이 단독으로 상속받는다.
③ 갑의 유언장에 날인이 없다면 병과 정은 각각 4억 원씩을 상속받는다.
④ 갑의 유언장이 법적 효력이 있다면 무는 최대 7억 원을 받을 수 있다.
⑤ 갑의 유언장이 법적 효력이 있고, 정이 유류분을 청구하지 않으면 병은 무에게 4억 원의 유류분을 청구할 수 있다.

V 사회생활과 법

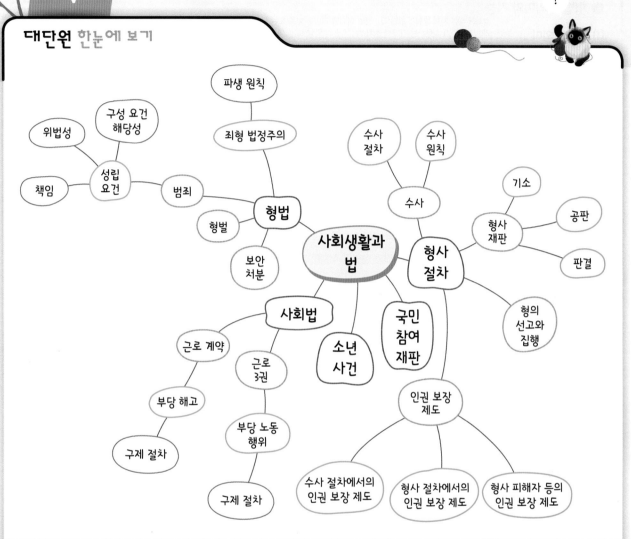

파생 원칙

구성 요건 해당성

위법성

책임

성립 요건

범죄

죄형 법정주의

형벌

형법

보안 처분

수사 절차

수사 원칙

수사

기소

공판

형사 재판

판결

형의 선고와 집행

형사 절차

사회생활과 법

사회법

소년 사건

국민 참여 재판

근로 계약

근로 3권

부당 해고

부당 노동 행위

구제 절차

구제 절차

인권 보장 제도

수사 절차에서의 인권 보장 제도

형사 절차에서의 인권 보장 제도

형사 피해자 등의 인권 보장 제도

☆ 01 형법의 이해
범죄는 형법에 의해 금지되어 형벌의 부과 대상이 되는 행위로 범죄가 성립하기 위해서는 구성 요건 해당성, ① ☐☐☐, 책임의 요건이 모두 충족되어야 한다.

☆ 02 형사 절차와 인권 보장
피의자, 피고인은 유죄 판결이 확정될 때까지는 무죄로 추정되므로, 수사 및 재판 과정에서 ② ☐☐☐ 상태로 진행하는 것이 원칙이다.

☆ 03 근로자의 권리
18세 미만인 근로자의 근로 시간은 원칙적으로 1일 7시간, 1주일 ③ ☐☐ 시간을 넘지 못한다.

01 형법의 이해

● 형법의 의미와 기능

(1) 형법의 의미

① 형식적 의미: '형법'이라는 명칭이 붙은 법률

② 실질적 의미: 법의 명칭이나 형식과 관계없이 범죄와 형벌 또는 보안 처분을 규율하고 있는 모든 법 규범(예 근로 기준법, 도로 교통법 등)

> 범죄에 대한 사회 방위의 방법으로 형벌 이외에 형벌을 보충 또는 대체하는 의미로 국가가 시행하는 강제적 조치로서 자유의 박탈 또는 제한을 수반하는 격리 또는 개선 처분을 말함

(2) 형법의 필요성과 기능 및 형벌 부과의 효과

① 형법의 필요성: 범죄 행위에 대해 개인적인 응징과 보복을 금지하여 사회적 혼란을 방지함

② 형법의 기능

보호적 기능	개인이나 공동체의 존립을 해치거나 위협하는 행위를 범죄로 규정하여 형벌을 부과함 → 개인과 사회의 근본 가치를 보호함
보장적 기능	국가로 하여금 법률로 정한 범죄와 형벌만 적용하도록 하여 국가 권력의 자의적인 형벌권 남용을 방지함 → 국민의 자유와 권리를 보장함

③ 형벌 부과의 효과

응보적 효과	형벌은 가해자를 응징하는 효과가 있음
범죄의 예방 효과	• 일반 국민이 형벌을 두려워하여 범죄를 저지르지 않게 되는 효과 • 범죄자가 다시 범죄를 저지르지 않도록 교화하는 효과

● 죄형 법정주의

(1) 죄형 법정주의의 의미와 변천

① 의미: 범죄의 종류와 그 처벌의 내용은 범죄 행위 이전에 미리 성문의 법률에 규정되어 있어야 한다는 근대 형법의 기본 원리

② 등장 배경: 국가의 자의적인 형벌권 행사로부터 시민의 자유와 권리 보호

③ 의미 변천: "법률이 없으면 범죄도 없고 형벌도 없다." → "적정한 법률이 없으면 범죄도 없고 형벌도 없다."

> 법관의 자의적 판단뿐만 아니라 입법자의 자의로부터 국민의 자유와 권리를 보장함

(2) 죄형 법정주의의 내용(파생 원칙)

> 사회생활상 무의식적으로 반복되어 나타나는 행동 양식인 관습을 바탕으로 형성되는 법

관습 형법 금지의 원칙 (성문 법률주의)	범죄와 형벌은 미리 성문의 법률에 규정되어 있어야 한다는 원칙
명확성의 원칙	어떤 행위가 범죄이며 각각의 범죄에 대해 어떤 형벌이 부과되는지가 법률에 명확하게 규정되어야 한다는 원칙
적정성의 원칙	범죄 행위의 경중과 행위자가 부담해야 할 형사 책임 사이에 균형을 갖추어야 한다는 원칙
소급효 금지의 원칙	범죄와 그 처벌은 행위 당시 법률에 의해야 하고 행위 후에 법률을 제정하여 이전의 행위를 처벌해서는 안 된다는 원칙
유추 해석 금지의 원칙	어떤 사항에 대하여 직접 규정한 법규가 없을 때 그와 비슷한 사항에 대하여 규정한 법률을 적용하지 못한다는 원칙

◉ 도로 교통법

> 제151조(벌칙) 차 또는 노면전차의 운전자가 업무상 필요한 주의를 게을리하거나 중대한 과실로 다른 사람의 건조물이나 그 밖의 재물을 손괴한 경우에는 2년 이하의 금고나 500만 원 이하의 벌금에 처한다.

도로 교통법은 '형법'이라는 명칭은 아니지만 범죄와 그에 따른 형벌을 규정하고 있으므로 실질적 의미의 형법이다.

◉ 명확성의 원칙 사례

만약 어느 국가의 형법에 '나쁜 짓을 하는 사람은 매우 엄하게 처벌한다.'라는 규정이 있다면 이는 명확성의 원칙에 어긋난다. 왜냐하면 '나쁜 짓'이라는 범죄와 '엄하게'라는 형벌이 누구나 명확하게 알 수 있을 정도로 규정되어 있지 않아 국가의 자의적 형벌권 남용이 가능하기 때문이다.

◉ 적정성의 원칙 사례

만약 어느 국가의 형법에 '절도죄를 저지른 자는 사형에 처한다.', '살인죄를 저지른 자는 징역 5년에 처한다.'라고 규정되어 있다면 이는 적정성의 원칙에 어긋난다. 범죄의 경중을 따지면 살인죄가 절도죄보다 중한데 형벌은 오히려 절도죄가 더 중하게 규정되어 있다. 이는 범죄 행위의 경중과 행위자가 부담해야 할 형사 책임 사이에 균형을 갖추지 못한 것으로 볼 수 있다.

◉ 유추 해석 금지의 사례

> 법관은 개를 다치게 한 사람을 처벌하는 규정이 없음에도 불구하고 개와 비슷한 고양이를 다치게 한 사람을 처벌할 수 있는 규정을 적용하여 갑에게 유죄를 선고하였다.

위 사례에서 법관의 법 적용은 유추 해석 금지의 원칙에 어긋난다. 어떤 사항에 대하여 직접 규정한 법규가 없을 때에는 죄형 법정주의의 원칙에 따라 행위자를 처벌할 수 없다. 즉, 비슷한 규정을 적용하여 처벌하는 것은 유추 해석 금지의 원칙에 따라 금지된다.

1 형법의 보장적 기능

형법의 보장적 기능이란 국가로 하여금 법률로 정한 범죄와 형벌만 적용하도록 함으로써 국가 형벌권의 한계를 명확히 하여 국가 권력의 자의적인 형벌권 남용으로부터 국민의 자유와 권리를 보장하는 기능을 말한다. 형법의 보장적 기능은 일반 국민과 범죄인에 모두 적용된다. 일반 국민에 대해서는 형법에 규정되어 있는 범죄 이외에는 사회적으로 지탄받는 행위라고 하더라도 처벌하지 않는다는 것을 보장하여 국민에게 자유를 보장한다. 범죄인에 대해서는 형법에 정해진 형벌의 범위에서만 처벌되고 형법에 규정되지 아니한 법률 효과에 의해서는 처벌받지 않는다는 것을 보장한다.

분석 | 국가의 형벌권이 남용되면 죄가 없는 국민들의 인권이 침해될 수 있다. 따라서 형법은 죄가 없는 국민들의 인권을 침해하지 않는 방법으로 형벌권이 행사될 수 있도록 해야 한다. 이를 형법의 보장적 기능이라고 하는데, 이는 일반 국민의 인권만이 아니라 범죄인의 인권도 보장하는 기능을 한다. 이 때문에 형법을 '범죄인의 마그나 카르타'라고 한다. 형법의 보장적 기능을 수행하기 위한 가장 중요한 원리가 죄형 법정주의이다.
1215년 영국 존 왕의 실정에 격분한 귀족·성직자가 왕의 권한을 제한하고, 국민의 자유와 권리를— 보장하기 위하여 국왕에게 강요하여 받은 약정서로 국민의 권익을 옹호하는 근대 헌법의 토대가 됨

2 소급효 금지의 원칙

- **헌법 제13조** ① 모든 국민은 행위 시의 법률에 의하여 범죄를 구성하지 아니하는 행위로 소추되지 아니하며, 동일한 범죄에 대하여 거듭 처벌받지 아니한다.
  └ 형사 사건에 관하여 소(訴)를 제기하고 이를 수행하는 일
- **형법 제1조(범죄의 성립과 처벌)** ① 범죄의 성립과 처벌은 행위 시의 법률에 의한다.
  ② 범죄 후 법률의 변경에 의하여 그 행위가 범죄를 구성하지 아니하거나 형이 구법보다 경한 때에는 신법에 의한다.
  ③ 재판 확정 후 법률의 변경에 의하여 그 행위가 범죄를 구성하지 아니하는 때에는 형의 집행을 면제한다.

분석 | 범죄와 그 처벌은 행위 당시 법률에 의해야 하고 행위 후에 법률을 제정(사후 입법)하여 이전의 행위를 처벌해서는 안 된다는 죄형 법정주의의 내용은 소급효 금지의 원칙이다. 행위 시의 법률에 규정되어 있지 않으면 죄형 법정주의 원칙에 따라 처벌하지 못하는 것이 당연한 것이며, 만약 사후에 법을 제정하여 소급하여 소추되거나 처벌받는다면 법질서의 안정을 해할 뿐 아니라 사회적 준거가 사라질 수 있다. 우리나라 헌법 제13조와 형법 제1조 제1항은 소급효 금지의 원칙을 규정하고 있다. 그러나 형법 제1조 제2항과 제3항에서는 범죄 후 법률의 변경에 의하여 피고인에게 유리하게 되거나, 재판 확정 후 법률의 변경에 의하여 범죄를 구성하지 아니하게 되었을 경우에는 소급효 금지의 원칙의 예외를 인정하고 있다.

확인학습

1 형법의 보장적 기능에 대한 옳은 설명만을 〈보기〉에서 있는 대로 고른 것은?

┤보기├
ㄱ. 국민의 자유와 권리를 보장한다.
ㄴ. 국가 권력의 자의적인 형벌권 남용을 방지한다.
ㄷ. 국가로 하여금 법률로 정한 범죄와 형벌만 적용하도록 한다.
ㄹ. 범죄자가 아닌 일반 국민의 인권을 보장하는 기능을 의미한다.

① ㄱ, ㄷ   ② ㄱ, ㄹ   ③ ㄴ, ㄹ
④ ㄱ, ㄴ, ㄷ ⑤ ㄴ, ㄷ, ㄹ

정답과 해설 ▶ ㄹ. 형법의 보장적 기능은 일반 국민과 범죄인에 모두 적용된다.　　**답 ④**

2 죄형 법정주의의 파생 원칙 (가), (나)를 각각 쓰시오.

(가) 범죄와 그 처벌은 행위 당시의 법률에 의해야 하고 행위 후에 법률을 제정하여 그 법으로 이전의 행위를 처벌해서는 안 된다는 원칙
(나) 어떤 사항에 대하여 직접 규정한 법규가 없을 때 그와 비슷한 사항에 대하여 규정한 법률을 적용하지 못한다는 원칙

답 (가) 소급효 금지의 원칙, (나) 유추 해석 금지의 원칙

● 범죄와 형벌

(1) 범죄의 의미: 형법에 의해 금지되어 형벌의 부과 대상이 되는 행위

(2) 범죄의 성립 요건

① **구성 요건 해당성:** 범죄가 성립하기 위해서는 어떤 행위가 법률에서 규정하고 있는 구성 요건에 해당해야 함
└ 법률로 정해 놓은 범죄 행위의 유형

② **위법성**
- 의미: 법질서 전체의 관점에서 부정이라는 판단
- 위법성 조각 사유 ─ 위법성 조각 사유에 해당하면 범죄가 성립하지 않음

정당 행위	법령 또는 업무로 인한 행위, 기타 사회 상규에 위배되지 않는 행위
정당방위	자기 또는 타인의 법익에 대한 현재의 부당한 침해를 방위하기 위한 상당한 이유가 있는 행위
긴급 피난	자기 또는 타인의 법익에 대한 현재의 위난을 피하기 위한 행위로서 상당한 이유가 있는 행위
자구 행위	법정 절차에 의해 청구권을 보전하기 불가능한 경우 그 청구권의 실행 불능 또는 현저한 실행 곤란을 피하기 위한 상당한 이유가 있는 행위
피해자 승낙	처분할 수 있는 자의 승낙에 의하여 그 법익을 훼손한 행위로서 법률에 특별한 규정이 없는 경우

③ **책임**
- 의미: 위법 행위를 하였다는 데 대하여 행위자에게 가해지는 비난 가능성
- 책임 조각 및 감경 사유

책임 조각 사유	형사 미성년자(14세 미만) 또는 심신 상실자의 행위, 피할 수 없는 강요된 행위
책임 감경 사유	심신 미약자, 청각과 발음 기능에 모두 장애가 있는 자가 범죄를 저지른 경우 → 범죄는 성립되나 형을 감경함

(3) 형벌

① 의미: 범죄인의 생명, 자유, 명예, 재산 등을 박탈하는 것

② 종류

생명형	사형
자유형	징역, 금고, 구류
명예형	자격 상실, 자격 정지
재산형	벌금, 과료, 몰수

(4) 보안 처분

① 의미: 범죄자의 사회 복귀와 사회 질서의 보호라는 목적을 달성하기 위한 대안적 제재 수단

② 종류: 치료 감호, 보호 관찰, 수강 명령, 사회봉사 명령 등
└ 유죄가 인정된 의존성·중독성 범죄자를 교도소 등에 구금하는 대신 자유로운 생활을 허용하면서 일정 시간 전문 기관에서 교육을 받도록 명하는 제도

◉ **범죄의 성립**
범죄가 성립하기 위해서는 구성 요건 해당성, 위법성, 책임의 요건을 모두 갖추어야 한다. 범죄 성립 여부는 구성 요건 해당성 → 위법성 → 책임 순으로 판단한다. 즉, 구성 요건에 해당하면 위법성이 있는지 여부를 판단하고, 위법성이 있으면 책임 여부를 판단한다.

◉ **형벌의 종류**

징역	1개월 이상 교도소 등에 구금하며 징역을 부과함
금고	1개월 이상 교도소 등에 구금하며 징역을 부과하지 않음
구류	1일 이상 30일 미만 교도소 등에 구금하며 징역을 부과하지 않음
자격 상실	일정한 형의 선고가 있으면 그 형의 효력으로서 당연히 일정한 자격이 상실되는 명예형으로 현행 형법상 자격 상실이 되는 경우는 사형, 무기 징역 또는 무기 금고의 판결을 선고받은 경우임
자격 정지	수형자에게 당연히 또는 특별한 선고로써 일정한 자격의 전부 또는 일부를 일정 기간 정지시키는 명예형임
벌금	원칙적으로 5만 원 이상을 부과함
과료	2천 원 이상 5만 원 미만을 부과함
몰수	범죄 행위와 관련된 일정한 물건의 소유권을 국가에 강제로 귀속시키는 것으로, 범죄의 반복을 막거나 범죄로부터 이득을 얻지 못하게 하는 것 등을 목적으로 함

◉ **치료 감호**
심신 장애 상태, 마약류·알코올이나 그 밖의 약물 중독 상태 등에서 범죄 행위를 한 자로서 재범의 위험성이 있어 특수한 교육·개선 및 치료가 필요하다고 인정되는 자에 대해 치료 감호 시설에서 적절한 보호와 치료를 받도록 하는 것이다.

◉ **보호 관찰**
선고 유예, 집행 유예, 가석방 처분 등을 받은 경우 범죄인을 교도소나 기타의 시설에 수용하지 않고 사회생활을 영위하게 하면서 보호 관찰관의 지도·감독을 받도록 하는 것이다.

3 정당 행위, 정당방위에 대한 형법 규정

> 제20조(정당 행위) 법령에 의한 행위 또는 업무로 인한 행위 기타 사회 상규에 위배되지 아니하는 행위는 벌하지 아니한다.
> 제21조(정당방위) ① 자기 또는 타인의 법익에 대한 현재의 부당한 침해를 방위하기 위한 행위는 상당한 이유가 있는 때에는 벌하지 아니한다.
> └ 사회 통념상 정당방위라고 인정되는 수준, 즉 상당성을 넘은 방위 행위는 과잉 방위로 위법성이 조각되지 않음

분석 | 정당 행위의 요건 중 법령에 의한 행위는 법규에 규정된 행위로 '현행범 체포'가 대표적 사례이고, 업무에 의한 행위는 '의사의 진료 행위'처럼 업무에 의한 행위인데 범죄의 구성 요건에는 해당하는 행위다. 기타 사회 상규에 위배되지 아니한 행위에서 '사회 상규에 위배되지 아니하는 행위'라 함은 법질서 전체의 정신이나 그 배후에 놓여 있는 사회 윤리 내지 사회 통념에 비추어 용인될 수 있는 행위이다. 정당방위의 요건으로는 ① 현재의 부당한 침해가 있을 것, ② 자기 또는 타인의 법익을 방위하기 위한 행위일 것, ③ 상당한 이유가 있을 것을 필요로 한다. 여기서 상당한 이유란 침해에 대한 방위가 사회 상규에 비추어 상당한 정도를 넘지 아니하고 당연시되는 것을 말한다.

4 치료 감호 유죄 판결이 확정된 자에게 부과하는 것이 일반적이나 심신 상실자의 경우에는 무죄의 경우에도 치료 감호 처분을 내릴 수 있음

> 치료 감호의 대상이 되는 치료 감호 대상자는 ① 심신 장애에 의해 벌할 수 없거나 형이 감경되는 심신 장애자로서 금고 이상의 형에 해당하는 죄를 지은 자, ② 마약·향정신성 의약품(向精神性醫藥品)·대마(大麻) 그 밖에 남용되거나 해독을 끼칠 우려가 있는 물질이나 알코올을 식음·섭취·흡입·흡연 또는 주입받는 습벽이 있거나, 그에 중독된 자로서 금고 이상의 형에 해당하는 죄를 지은 자 등에 해당하는 자로서 치료 감호 시설에서 치료를 받을 필요가 있고 재범의 위험성이 있는 자를 말한다.

분석 | 치료 감호는 치료 감호 대상자가 치료 감호를 받을 필요가 있을 경우 검사가 정신과 전문의의 진단이나 감정을 참고하여 관할 법원에 청구하고, 법원이 이를 심리하여 치료 감호를 선고함으로써 행해진다. 치료 감호를 선고받은 피치료 감호자는 치료 감호 시설에 수용되어 치료를 위한 조치를 받는다. 이때 수용 기간은 심신 장애 및 정신성적 장애의 경우에 15년, 마약, 알코올 등의 물질의 중독에 의한 경우에 2년을 초과할 수 없다. 치료 감호와 형이 병과된 경우에는 치료 감호를 먼저 집행하며 이 경우 치료 감호의 집행 기간은 형 집행 기간에 포함한다.

3 범죄가 성립하지 않는 사유 (가), (나)를 각각 쓰시오.

> (가) 법령에 의한 행위 또는 업무로 인한 행위 기타 사회 상규에 위배되지 아니하는 행위
> (나) 자기 또는 타인의 법익에 대한 현재의 부당한 침해를 방위하기 위한 행위로서 상당한 이유가 있는 행위

📋 (가) 정당 행위, (나) 정당방위

4 보안 처분에 대한 옳은 설명만을 〈보기〉에서 있는 대로 고른 것은?

> ┤보기├
> ㄱ. 치료 감호, 보호 관찰, 수강 명령 등이 있다.
> ㄴ. 범죄자의 사회 복귀와 사회 질서의 보호를 목적으로 한다.
> ㄷ. 형벌이 아니므로 부과 시 죄형 법정주의 원칙에 따르지 않아도 된다.
> ㄹ. 범죄로부터 사회를 방위하고 범죄자를 재사회화하기 위한 대안적 제재 수단이다.

① ㄱ, ㄷ   ② ㄱ, ㄹ   ③ ㄴ, ㄷ
④ ㄱ, ㄴ, ㄹ ⑤ ㄴ, ㄷ, ㄹ

정답과 해설 ▶ 보안 처분은 범죄자의 사회 복귀와 사회 질서의 보호라는 목적을 달성하기 위한 대안적 제재 수단이다. 보안 처분에는 치료 감호, 보호 관찰, 수강 명령, 사회봉사 명령 등이 있다. 📋 ④

01~08 다음 내용이 옳으면 ○표, 틀리면 ×표 하시오.

01 법의 명칭과 형식을 불문하고 범죄와 형벌 또는 보안 처분을 규율하고 있는 모든 법 규범을 형식적 의미의 형법이라고 한다. (　　)

02 죄형 법정주의는 범죄의 종류와 그 처벌의 내용은 범죄 행위 이전에 미리 성문의 법률에 규정되어 있어야 한다는 근대 형법의 기본 원리이다. (　　)

03 소급효 금지의 원칙은 어떤 사항에 대하여 직접 규정한 법규가 없을 때 그와 비슷한 사항에 대하여 규정한 법률을 적용하지 못한다는 원칙이다. (　　)

04 명확성의 원칙은 범죄 행위의 경중과 행위자가 부담해야 할 형사 책임 사이에 균형을 갖추어야 한다는 원칙이다. (　　)

05 범죄가 성립하기 위해서는 구성 요건 해당성, 위법성, 책임의 요건이 모두 충족되어야 한다. (　　)

06 법령에 의한 행위, 피해자의 승낙은 구성 요건에는 해당하지만 위법성이 조각되는 사유에 해당한다. (　　)

07 심신 상실자, 심신 미약자의 행위는 책임이 조각되어 범죄가 성립하지 않는다. (　　)

08 징역과 금고는 1개월 이상 교도소 등에 구금하며, 금고와 달리 징역은 정역을 부과하지 않는다. (　　)

정답
01 ×　02 ○　03 ×　04 ×　05 ○
06 ○　07 ×　08 ×

오답 체크 Tip
07 심신 미약자의 행위는 책임 감경 사유에 해당한다.　**08** 징역은 금고와 달리 정역을 부과한다.

▶ 20583-0186

01 (가) 원칙에 대한 옳은 설명만을 〈보기〉에서 있는 대로 고른 것은?

근대 사회가 형성되기 이전의 중세 절대 왕정 시기에는 국가가 자의적으로 형벌권을 남용하여 국민의 자유와 권리가 침해되었다. 이에 대한 해결책으로 근대 시민 사회에서는 형법의 기본 원리로 (가)가 강조되었다. (가)는 성문의 법률에 규정되어 있는 것만 범죄로 인정하고 이에 따른 형벌도 법률에 규정되어 있는 대로 부과하여야 한다는 것이다.

◀ 보기 ▶
ㄱ. 범죄와 형벌은 미리 성문의 법률에 규정되어 있어야 함을 강조한다.
ㄴ. 현대적 의미에서는 '적정한 법률이 없으면 범죄도 없고 형벌도 없다.'로 이해된다.
ㄷ. 법관의 자의적 판단이 아니라 입법자의 자의로부터 국민의 자유와 권리를 보장하고자 한다.
ㄹ. 범죄와 그 처벌은 행위 당시의 법률에 의해야 하고 행위 후에 법률을 제정하여 그 법으로 이전의 행위를 처벌해서는 안 됨을 강조한다.

① ㄱ, ㄷ　　　② ㄱ, ㄹ　　　③ ㄴ, ㄷ
④ ㄱ, ㄴ, ㄹ　　⑤ ㄴ, ㄷ, ㄹ

단답형　　　　　　　　　　　　　　▶ 20583-0187
02 죄형 법정주의의 내용 (가), (나)를 각각 쓰시오.

죄형 법정주의 내용	위반 사례
(가)	갑국에서는 형법에 '나쁜 짓을 하면 혼난다.'라고 규정하고 있다. 여기서 '나쁜 짓'은 범죄, '혼난다'는 형벌에 해당한다.
(나)	을국의 법관은 고양이를 죽인 A에 대한 재판에서 고양이를 죽인 것에 대해 범죄로 규정한 법률이 없음에도 불구하고, 같은 반려동물인 개를 죽인 경우에 대해 범죄로 규정한 법률을 적용하여 A에게 유죄를 선고하였다.

03 다음은 범죄의 성립 요건을 나타낸 것이다. A~C에 해당하는 사례로 옳은 것은?

▶ 20583-0188

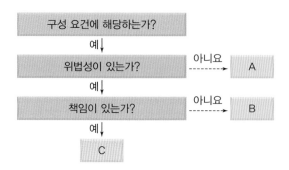

구성 요건에 해당하는가?
예↓
위법성이 있는가? ----아니요----> A
예↓
책임이 있는가? ----아니요----> B
예↓
C

① A: 심신 상실자 갑은 지나가던 행인을 폭행하여 전치 6주의 상해를 입혔다.
② A: 회사원 을은 자신의 딸을 죽이겠다는 협박에 어쩔 수 없이 회사의 기밀을 훔쳤다.
③ B: 병은 자신의 집에 들어온 강도를 제압하는 과정에서 가벼운 상처를 입혔다.
④ C: 심신 미약자 정은 편의점에서 물건을 훔쳐 달아났다.
⑤ C: 대학생 무는 친구가 자신의 자전거를 타도 된다고 하여 친구 집에 들어가 자전거를 가지고 나왔다.

04 다음 사례의 법원 판결에 대한 옳은 설명만을 〈보기〉에서 고른 것은?

▶ 20583-0189

> 갑은 음식점에서 같이 식사를 하던 을을 폭행하여 상해를 입힌 혐의로 기소되어 징역 1년에 치료 감호 처분을 받았다. 법원은 갑의 죄는 무거우나 갑이 평소에 심신 장애로 약을 복용하고 있는 점과 폭행 당시에도 심신이 미약한 상태였다는 점을 고려하였다고 밝혔다.

◀ 보기 ▶
ㄱ. 갑에 대해 책임이 없다고 판단하였다.
ㄴ. 갑에게 선고한 형벌은 징역이 부과된다.
ㄷ. 갑의 행위가 위법성이 없다고 판단하였다.
ㄹ. 갑에게 대안적 제재 수단에 해당하는 처분을 하였다.

① ㄱ, ㄴ ② ㄱ, ㄷ ③ ㄴ, ㄷ ④ ㄴ, ㄹ ⑤ ㄷ, ㄹ

05 다음 사례에서 A~C에 해당하는 위법성 조각 사유를 옳게 연결한 것은?

▶ 20583-0190

위법성 조각 사유	사례
A	갑은 편의점에서 절도 행위 후 도주하고 있는 범인을 쫓아가 체포한 후 경찰에 인계하였다.
B	을은 흉기를 휘두르며 행인에게 위협을 가하는 사람을 제압하면서 약간의 상해를 입혔다.
C	병은 몇 년 째 자신의 돈을 갚지 않고 도주 중인 사람이 해외로 도피하려 하자 공권력 투입의 시간적 여유가 없어 공항에서 직접 체포하였다.

	A	B	C
①	정당방위	정당 행위	긴급 피난
②	정당방위	자구 행위	정당 행위
③	정당 행위	정당방위	자구 행위
④	정당 행위	정당방위	긴급 피난
⑤	긴급 피난	정당방위	정당 행위

06 A, B에 대한 옳은 설명만을 〈보기〉에서 있는 대로 고른 것은?

▶ 20583-0191

구분	내용
A	심신 장애 상태, 마약류, 알코올이나 그 밖의 약물 중독 상태 등에서 범죄 행위를 한 자로서 재범의 위험성이 있어 특수한 교육·개선 및 치료가 필요하다고 인정되는 자에 대해 감호 시설에서 적절한 보호와 치료를 받도록 한다.
B	선고 유예, 집행 유예, 가석방 처분 등을 받은 경우 범죄인을 교도소나 기타의 시설에 수용하지 않고 사회생활을 영위하게 하면서 보호 관찰관의 지도·감독을 받도록 한다.

◀ 보기 ▶
ㄱ. A는 심신 상실자에게도 부과할 수 있다.
ㄴ. A와 달리 B는 범죄인에 대한 교화를 목적으로 한다.
ㄷ. A는 치료 감호, B는 보호 관찰이다.
ㄹ. A, B 모두 형벌과 함께 부과될 수 있다.

① ㄱ, ㄴ ② ㄱ, ㄹ ③ ㄴ, ㄷ
④ ㄱ, ㄷ, ㄹ ⑤ ㄴ, ㄷ, ㄹ

● **형사 절차의 이해** ─── 형사 사건은 당사자의 요청 없이도 국가가 개입하여 문제를 해결하며,
그 과정에서 인권 보호가 필요함

(1) 형사 절차의 의미: 국가가 수사와 재판을 통해 범죄 사실과 범죄자에 관한 사건의 실체적 진실을 밝혀내어 형벌이나 보안 처분을 부과하고 형을 집행하기 위해서 거쳐야 하는 절차

(2) 형사 절차 흐름의 개요

수사 → 기소 → 공판 → 선고 → 집행

(3) 수사

① 의미: 범죄가 발생하였거나 발생한 것으로 생각되는 경우 범인을 찾고 증거를 수집하는 활동

② 수사 절차

─── 범죄를 실행 중이거나 실행 직후인 자를 말함

수사 개시	고소 및 고발, 현행범의 체포, 긴급 체포, 범인의 자수, 수사 기관의 인지 등에 의해서 수사 절차를 시작함
수사	피의자를 불구속 상태에서 수사하는 것이 원칙이나 정당한 사유가 있는 경우 판사(법관)로부터 영장을 발부받아 피의자를 체포·구속하거나 압수·수색할 수 있음
검찰 송치	사법 경찰관이 피의자, 수사 기록 및 증거물을 검찰에 보냄
수사 종결	• 기소(공소 제기): 검사가 형사 사건에 대하여 법원의 재판을 구하는 행위 • 불기소 처분(기소 유예 처분 포함)

(4) 형사 재판

① 의미: 법원에 의하여 진행되는 공소 제기 이후의 공판 절차로 피고인의 형사 책임 유무와 그 정도를 판단함

② 당사자: 검사, 피고인
③ 절차 ─── 형사 재판의 당사자에 피해자는 포함되지 않음

모두 절차	• 재판장이 피고인에게 진술 거부권 고지 • 인정 신문: 피고인의 연령, 성명 등을 확인 • 검사의 모두 진술: 공소 사실, 죄명, 적용 법조문 낭독 • 피고인의 모두 진술: 공소 사실 인정 여부 진술
심리	• 검사는 피고인이 유죄임을 증명하기 위한 자료와 논거를 제시하고, 피고인은 자기의 처지에서 검사의 주장을 반박함 • 검사의 의견 진술(구형), 피고인과 변호인의 최후 진술
판결 선고	유죄로 인정할만한 증거가 없으면 무죄, 유죄가 입증되면 유죄 판결을 내림

◉ **공판**
넓은 의미에서는 공소 제기로부터 소송 종결까지의 모든 절차를 의미하지만 좁은 의미로는 공판 기일(公判期日)의 절차만을 의미한다. 공판의 주체는 공판 절차를 담당하는 재판 기관으로서의 법원이다.

◉ **고소 및 고발**
고소는 범죄의 피해자 또는 그와 일정한 관계에 있는 자가 수사 기관에 대하여 범죄 사실을 신고하여 범인의 처벌을 구하는 의사 표시를 말한다. 고발은 고소권자와 범인 이외에 제3자가 수사 기관에 범죄 사실을 신고하여 범인의 처벌을 구하는 의사 표시를 말한다.

◉ **기소**
기소(起訴)란 검사가 일정한 형사 사건에 대하여 법원의 심판을 구하는 행위를 말한다. 이를 공소의 제기라고도 한다. 기소는 국가 기관인 검사만 행할 수 있으므로 국가 소추주의 또는 기소 독점주의라고 한다. 검사는 피해자를 위해서만 기소하는 것이 아니라, 사회 질서 유지라는 공익의 측면에서 공익의 대표자로서 기소하는 것이다.

◉ **기소 유예**
죄를 범한 사람에 대하여 공소(公訴)를 제기하지 않는 검사의 처분이다. 검사는 범인의 연령·성행(性行), 지능과 환경, 피해자에 대한 관계, 범행 동기·수단과 결과, 범행 후의 정황 등을 참작하여 소추할 필요가 없다고 사료될 때에는 공소를 제기하지 않을 수 있다.

① 수사의 종결

— 혐의나 의심을 받음

수사 기관이 공소 제기 여부를 결정할 수 있을 정도로 피의 사건이 규명된 경우 수사 절차를 종결하게 되는데, 이를 수사 종결 처분이라고 한다. 수사 절차는 공소를 제기(기소)하거나 제기하지 않는 것(불기소 처분)으로 종결된다. 수사의 개시는 검사 또는 사법 경찰관이 각각 행할 수 있으나 현행법상 수사 종결은 원칙적으로 검사만이 할 수 있다.

분석 | 검사가 기소를 하거나 불기소 처분을 하면 수사는 종결된다. 기소하면 형사 재판이 열리고 불기소 처분을 하면 피의자에 대한 형사 절차는 중단된다. 불기소 처분에는 피의 사실이 인정되지 않거나 범죄를 구성하지 않는 경우에 내리는 '혐의 없음', 위법성 조각 사유나 책임 조각 사유가 있는 경우에 이루어지는 '죄가 안 됨', 피의 사실이 인정되지만 범인의 성행이나 동기 등을 참작하여 공소를 제기하지 않는 '기소 유예' 등이 있다.

② 구체적 형사 재판 절차

개정 선언
↓
인정 신문
↓
모두 진술
↓
쟁점 정리 및 증거 관계의 진술
↓ — 피고인의 범죄 혐의 입증은 원칙적으로 검사가 하여야 함
증거 조사
↓
피고인 신문
↓
검사의 의견 진술
↓
피고인과 변호인의 최후 진술
↓
판결 선고

분석 | ① 진술 거부권 고지와 인정 신문: 법관은 피고인에게 진술 거부권을 고지하고 피고인의 성명, 연령, 주거와 직업 등을 확인한다.
② 모두 진술: 검사는 공소 사실, 죄명 및 적용되는 법조문을 낭독하는데 이를 검사의 모두 진술이라고 한다.
③ 쟁점 정리 및 증거 관계의 진술: 법관은 피고인 또는 변호인에게 쟁점의 정리를 위하여 필요한 질문을 한다. 검사 및 변호인으로 하여금 공소 사실 등의 증명과 관련된 주장과 입증 계획 등을 진술하게 할 수 있다.
④ 증거 조사: 검사, 피고인 또는 변호인은 재판에 증거로 사용할 서류나 물건을 제출할 수 있다.
⑤ 피고인 신문: 검사가 언급한 공소 사실 및 사건과 관련된 일체의 사정에 대하여 신문한다.
⑥ 검사의 의견 진술: 검사는 사건 전반에 대한 의견을 밝히고 구형한다.
⑦ 피고인과 변호인의 최후 진술: 변호인과 피고인이 순차적으로 검사의 의견에 대하여 반박하고 사건에 관한 최종적인 의견을 제시한다.
⑧ 판결 선고: 사건에 대한 심리가 종료되면 법원은 판결을 선고한다.

■ 빈칸 ㉠~㉣에 들어갈 내용을 각각 쓰시오.

(㉠)은/는 범죄가 발생하였거나 발생한 것으로 생각되는 경우 범인을 찾고 증거를 수집하는 활동이다. (㉠)은/는 피의자를 체포·구속하지 않고 하는 것이 원칙이나 예외적으로 (㉡)이/가 발부한 영장이 있으면 구속이 가능하다. (㉠)은/는 기소 또는 (㉢)으로 종결되는데 (㉢)의 유형 중 피의 사실이 인정되지만 범인의 성행이나 동기 등을 참작하여 (㉣)을/를 하는 (㉣)도 있다.

정답과 해설 ▶ 수사는 범죄가 발생하였거나 발생한 것으로 생각되는 경우 범인을 찾고 증거를 수집하는 활동이며, 불구속으로 하는 것이 원칙이다. 그러나 검사의 신청으로 법관이 발부한 영장이 있으면 구속하여 수사할 수 있다. 수사는 기소 또는 불기소 처분으로 종결되는데, 불기소 처분 중 기소 유예는 피의 사실이 인정되지만 기소하지 않는 처분이다.
답 ㉠-수사, ㉡-법관, ㉢-불기소 처분, ㉣-기소 유예

② 형사 재판 절차에 대한 옳은 설명만을 〈보기〉에서 고른 것은?

◀ 보기 ▶
ㄱ. 형사 재판의 당사자는 검사, 피고인이다.
ㄴ. 피고인이 자신이 무죄임을 입증해야만 무죄 판결을 받을 수 있다.
ㄷ. 모두 절차 중 인정 신문은 피고인의 연령, 성명 등을 확인하는 것이다.
ㄹ. 검사는 형사 재판에서 피고인에게 반드시 진술 거부권을 고지해야 한다.

① ㄱ, ㄴ　　② ㄱ, ㄷ　　③ ㄴ, ㄷ
④ ㄴ, ㄹ　　⑤ ㄷ, ㄹ

정답과 해설 ▶ ㄱ. 형사 재판의 당사자는 검사와 피고인이다. 피해자는 형사 재판의 당사자가 아니다. ㄷ. 모두 절차 중 인정 신문은 피고인의 연령, 성명 등을 법관이 확인하는 절차이다. ㄴ. 무죄 추정의 원칙에 따라 피고인에 대한 유죄 입증을 검사가 하지 못하면 피고인은 무죄 판결을 받는다. ㄹ. 판사는 형사 재판에서 피고인에게 반드시 진술 거부권을 고지해야 한다. **답** ②

(5) 형의 선고와 집행

① 형의 선고

유죄 선고	실형	법원의 선고를 받아 실제로 집행되는 형벌
	집행 유예	형을 선고하면서 이를 즉시 집행하지 않고 일정 기간 형의 집행을 미루는 것 → 유예 기간 동안 일정한 범죄를 저지르지 않으면 형 선고의 효력을 상실시킴
	선고 유예	피고인의 유죄를 인정하면서도 정상을 참작하여 형의 선고를 미루는 것 → 일정한 범죄를 저지르지 않고 유예를 받은 날로부터 2년을 경과한 때에는 면소된 것으로 간주함
무죄 선고		기소한 사건에 대해 유죄를 인정할 만한 증거가 없거나 범죄 성립이 되지 않는 경우 ┌ 소송을 진행시켜 실체 판결을 하기 위한 조건 중 실체적 소송 조건을 결하기 때문에 공소가 부적당하다고 하여 소송을 종결시키는 재판

② 판결에 대한 불복: 검사나 피고인이 판결에 불복할 경우 상급 법원에 상소 가능

③ 형의 집행: 법원 판결로 형이 확정될 경우 검사의 지휘에 따라 형을 집행함

④ 가석방 제도: 징역 또는 금고형의 집행을 받고 있는 자(수형자)가 개전의 정이 현저하여 재범의 위험성이 없다고 판단되는 때에 형기 만료 전에 일정한 요건을 갖추면 조건부로 석방되는 제도

● 국민 참여 재판과 소년 사건

(1) 국민 참여 재판

① 의미: 지방 법원 합의부 관할 사건에 대해 국민이 배심원으로 참여하는 형사 재판 제도 → 사법의 민주적 정당성을 강화하고 투명성을 높임

② 재판 절차: 배심원 선정 → 공판 → 평의 및 평결 → 판결 선고

(2) 소년 사건의 처리

① 소년법상 보호 처분 부과 대상자: 10세 이상 19세 미만인 자

② 소년 사건의 처리 절차

┌ 전과로 기록되지 않음

촉법 소년 10세 이상 14세 미만	• 경찰서장이 직접 가정 법원(지방 법원) 소년부로 송치함 • 형벌이 아닌 소년법상 보호 처분을 부과할 수 있음
범죄 소년 14세 이상 19세 미만	• 검사의 조사 후 가정 법원 소년부로 송치 → 소년법상 보호 처분 가능 • 검사의 기소로 형사 재판 → 형벌 부과 가능 • 선도 조건부 기소 유예 처분 → 소년법상 보호 처분 및 형벌을 받지 않음
우범 소년	• 형벌 법령에 저촉되는 행위를 할 우려가 있는 10세 이상 19세 미만의 소년 중 보호자의 정당한 감독에 복종하지 않거나 이유 없이 가정에서 이탈한 소년 • 경찰서장이 가정 법원 소년부로 송치할 수 있음

◉ **가석방 제도**
징역 또는 금고형을 받고 수형 중에 있는 사람이 그 행장(行狀)이 양호하고 개전의 정이 뚜렷하여 나머지 형벌의 집행이 불필요하다고 인정되는 경우 일정한 조건하에 임시로 석방하는 제도이다. 무기에 있어서는 20년, 유기에 있어서는 형기의 3분의 1을 경과한 후에 행정 처분에 의하여 미리 석방하는 제도이다.

◉ **국민 참여 재판**

국민 참여 재판은 일반 시민이 배심원으로 형사 재판에 참여해 유무죄 판단을 한 뒤 판사에게 평의 결과와 양형 의견을 내놓는 재판 제도를 말한다. 배심원단 평결은 권고적 효력만 있고 재판부가 이를 반드시 따라야 하는 것은 아니어서 미국식 배심 제도와는 차이가 있다. 그러나 재판부가 배심원단 평결과 다르게 판결을 선고할 때에는 반드시 판결문에 그 이유를 적어야 하고, 법정에서 피고인에게 설명해 주도록 하였다.

◉ **소년의 특성**
소년은 성인에 비해 심신의 성장이 미숙한 상태이므로 이들의 범죄 사건이나 범죄를 범할 우려가 있는 비행 사건의 경우 성인 사건과는 다른 특별한 취급을 한다.

◉ **소년법상 보호 처분**
1. 보호자 또는 보호자를 대신하여 소년을 보호할 수 있는 자에게 감호 위탁
2. 수강 명령
3. 사회봉사 명령
4. 보호 관찰관의 단기(短期) 보호 관찰
5. 보호 관찰관의 장기(長期) 보호 관찰
6. 「아동 복지법」에 따른 아동 복지 시설이나 그 밖의 소년 보호 시설에 감호 위탁
7. 병원, 요양소 또는 「보호 소년 등의 처우에 관한 법률」에 따른 소년 의료 보호 시설에 위탁
8. 1개월 이내의 소년원 송치
9. 단기 소년원 송치
10. 장기 소년원 송치

③ 집행 유예와 집행 유예 실효 및 취소

형법 제62조(집행 유예의 요건) ① 3년 이하의 징역이나 금고 또는 500만 원 이하의 벌금의 형을 선고할 경우에 제51조의 사항을 참작하여 그 정상에 참작할 만한 사유가 있는 때에는 1년 이상 5년 이하의 기간 형의 집행을 유예할 수 있다. 다만, 금고 이상의 형을 선고한 판결이 확정된 때부터 그 집행을 종료하거나 면제된 후 3년까지의 기간에 범한 죄에 대하여 형을 선고하는 경우에는 그러하지 아니하다.
② 형을 병과할 경우에는 그 형의 일부에 대하여 집행을 유예할 수 있다.

분석| 집행 유예는 유죄의 형(形)을 선고하면서 이를 즉시 집행하지 않고 일정 기간 그 형의 집행을 미루어 주는 제도를 말한다. 형의 집행을 유예하는 경우에는 보호 관찰을 받을 것을 명하거나 사회봉사 또는 수강을 명할 수 있다. 집행 유예의 선고를 받은 자가 유예 기간 중 고의로 범한 죄로 금고 이상의 실형을 선고받아 그 판결이 확정된 때에는 집행 유예 선고는 효력을 잃는다. 집행 유예의 선고를 받은 후 형법 제62조 단서 조항의 사유가 발각된 때에는 집행 유예의 선고를 취소한다. 보호 관찰이나 사회봉사 또는 수강을 명한 집행 유예를 받은 자가 준수 사항이나 명령을 위반하고 그 정도가 무거운 때에는 집행 유예의 선고를 취소할 수 있다. 그리고 집행 유예 선고를 받은 후 그 선고의 실효 또는 취소됨이 없이 유예 기간을 경과한 때에는 형의 선고는 효력을 잃는다.

④ 소년 사건의 처리 절차

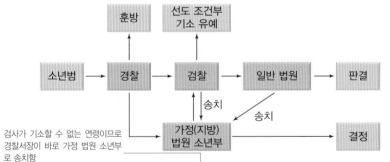

검사가 기소할 수 없는 연령이므로 경찰서장이 바로 가정 법원 소년부로 송치함

분석| 소년법상 보호 처분을 받을 수 있는 연령은 10세 이상 19세 미만이다. 경찰서장은 형벌 법령에 저촉되는 행위를 한 10세 이상 14세 미만인 소년, 형벌 법령에 저촉되는 행위를 할 우려가 있는 10세 이상인 소년(우범 소년) 등에 대해서는 직접 관할 법원 소년부에 송치할 수 있다. 검찰은 14세 이상 19세 미만인 소년범에 대해 보호 처분을 받게 할 목적이라면 가정(지방) 법원 소년부로 송치하고, 죄가 중하여 형벌을 받아야 한다고 판단하면 법원에 기소를 한다. 또한, 검찰은 선도 조건부 기소 유예 처분을 내려 보호 처분 및 형벌을 받게 하지 않을 수도 있다. 검사가 기소한 소년범에 대해 일반 법원은 보호 처분이 필요하다고 판단할 경우에는 가정(지방) 법원 소년부로 송치할 수 있다. 가정(지방) 법원 소년부는 소년범이 형벌을 받아야 한다고 판단하면 관할 지방 법원에 대응한 검찰청 검사에게 송치하여야 한다.

③ 형의 선고 유형인 집행 유예와 선고 유예에 대한 옳은 설명만을 〈보기〉에서 있는 대로 고른 것은?

◀보기▶
ㄱ. 집행 유예, 선고 유예 모두 판결 후 구금되지 않는다.
ㄴ. 선고 유예는 피고인의 무죄를 인정하여 형의 선고를 미루는 것이다.
ㄷ. 집행 유예는 유예 기간 동안 일정한 죄를 저지르지 않으면 형 선고의 효력을 상실시킨다.
ㄹ. 집행 유예 기간에 일정한 범죄를 저지르면 집행 유예가 실효되어 집행 유예된 형벌을 받아야 한다.

① ㄱ, ㄴ ② ㄱ, ㄹ ③ ㄴ, ㄷ
④ ㄱ, ㄷ, ㄹ ⑤ ㄴ, ㄷ, ㄹ

정답과 해설 ▶ ㄴ. 선고 유예는 피고인의 유죄를 인정하되 형의 선고를 미루는 것이다. **답** ④

④ 소년 사건 처리 절차에 대한 설명으로 옳은 것은? (단, 우범 소년은 제외한다.)

① 9세인 자에게 소년법상 보호 처분을 내릴 수 있다.
② 12세인 자에게는 형벌 또는 소년법상 보호 처분을 부과할 수 있다.
③ 15세인 자에게 선도 조건부 기소 유예 처분을 내릴 수 있다.
④ 16세인 자에게는 형벌과 소년법상 보호 처분을 동시에 부과할 수 있다.
⑤ 17세인 자는 경찰서장이 가정 법원 소년부로 송치할 수 있다.

정답과 해설 ▶ ③ 14세 이상 19세 미만인 자에게는 검사가 선도 조건부 기소 유예 처분을 내릴 수 있다. ① 10세 미만인 자에게는 형벌 및 소년법상 보호 처분을 부과할 수 없다. ② 10세 이상 14세 미만인 자에게는 소년법상 보호 처분만 부과할 수 있다. ④ 형벌과 소년법상 보호 처분은 동시에 부과할 수 없다. ⑤ 10세 이상 14세 미만인 자는 경찰서장이 가정 법원 소년부로 송치할 수 있다. **답** ③

● 형사 절차에서의 인권 보호 원칙

무죄 추정의 원칙	피의자, 피고인은 유죄 판결이 확정될 때까지는 무죄로 추정됨 → 수사 및 재판 과정에서 불구속 상태로 진행하는 것이 원칙임
적법 절차의 원칙	공권력에 의한 기본권 제한은 법에 정해진 절차에 의한 경우에만 유효함 → 국가 형벌권의 남용으로부터 국민의 인권 보호
진술 거부권	• 피의자나 피고인이 형사 절차에서 불리한 진술을 강요당하지 않을 권리 • 수사 기관과 법원은 각각 피의자와 피고인에게 권리를 고지(미란다 원칙)할 의무가 있으며 고지 없이 얻은 진술은 증거 능력을 인정하지 않음
변호인의 조력을 받을 권리	피의자나 피고인이 수사 기관과 대등한 관계에서 자신을 방어할 수 있도록 헌법이 변호인의 조력을 받을 권리를 보장함 → 국선 변호인 제도

● 수사 절차에서의 인권 보장 제도

영장 제도	피의자에 대한 체포 · 구속 · 압수 · 수색 시 검사의 청구에 의해 법관이 발부한 영장을 제시해야 함, 현행 범인이거나 긴급 체포 시 예외
구속 전 피의자 심문 제도	• 검사가 구속 영장을 청구한 경우 법관이 피의자를 직접 심문하여 구속 사유가 인정되는지를 판단하는 제도 • 영장 실질 심사 제도라고도 함
구속 적부 심사 제도	구속된 피의자가 구속 절차의 적법성과 필요성을 심사해 줄 것을 법원에 청구하는 제도

● 형사 피해자 등의 인권 보장 제도

┌─ 구조금의 지급에 관한 사항을 심의 · 결정하기 위해 각 지방 검찰청에 범죄 피해 구조 심의회를 두고, 법무부에 범죄 피해 구조 본부 심의회를 설치하였음

범죄 피해자 구조 제도	범죄 행위로 인해 생명 또는 신체에 피해를 당했는데도 가해자로부터 피해를 배상받지 못하는 경우 국가가 피해자 또는 유족에게 일정한 한도의 구조금을 지급하는 제도
형사 보상 제도	• 피의자 또는 피고인이 억울하게 구금된 경우 물질적 · 정신적 피해의 보상을 청구할 수 있도록 한 제도 • 형사 피의자로서 미결 구금된 사람이 무죄 취지의 불기소 처분을 받은 경우, 피고인으로서 미결 구금되었던 사람이 무죄 판결이 확정된 경우, 판결이 확정되어 형의 집행을 받거나 받았던 사람이 재심을 통해 무죄 판결이 확정된 경우
배상 명령 제도	상해죄 등 일정한 사건의 형사 재판 과정에서 피해자의 간단한 신청 절차만으로 민사적 손해 배상 명령까지 받아낼 수 있도록 한 제도 └─ 유죄 판결 시 배상 명령이 가능함
명예 회복 제도	무죄 판결을 받은 사람이 자신의 무죄 사실을 다른 사람에게 알려 명예를 회복할 수 있도록 하는 제도

└─ 무죄 판결 등이 법원에서 확정된 경우 무죄 재판 사건 등에 대한 재판서를 법무부 홈페이지에 게재해 줄 것을 청구할 수 있음

◉ 미란다 원칙

경찰이나 검찰이 범죄 용의자를 연행할 때 그 이유와 변호인의 도움을 받을 수 있는 권리, 진술을 거부할 수 있는 권리 등이 있음을 미리 알려 주어야 한다는 원칙이다.

◉ 국선 변호인 제도

법원이 직권으로 피고인의 이익을 위하여 선임하는 변호인이다. 헌법은 피고인이 스스로 변호인을 구할 수 없는 경우에 국가가 변호인을 선임하도록 하고 있다. 피고인이 구속된 때, 미성년 · 70세 이상의 노인 · 농아자(聾啞者) · 심신 장애자의 의심이 있는 때, 사형, 무기 또는 3년 이상의 징역이나 금고에 해당하는 사건으로 기소된 때 변호인이 없는 경우 법원은 직권으로 변호인을 선정한다. 또 경제적 어려움을 비롯한 그밖의 이유가 있고 피고인의 청구가 있는 경우에 법원은 변호인을 선정하게 된다.

◉ 긴급 체포

긴급 체포는 현행범이 아닌 피의자에 대해 사전 영장을 받아 체포할 수 없는 긴급한 사정이 있는 경우 수사 기관이 그를 영장 없이 체포하는 것이다. 검사 또는 사법 경찰관이 피의자를 긴급 체포하여 구속하고자 할 때 검사는 지체 없이 관할 지방 법원 판사에게 구속 영장을 청구하여야 하고, 사법 경찰관은 검사에게 신청하여 검사의 청구로 관할 지방 법원 판사에게 구속 영장을 청구하여야 한다. 이 경우 구속 영장은 피의자를 체포한 때부터 48시간 이내에 청구하여야 한다.

◉ 재판 절차에서의 인권 보장 제도

구속된 상태에서 재판이 진행될 때 그 피고인의 인권을 보장하기 위한 제도로 보석 제도가 있다. 구속된 피고인은 일정한 보증금의 납부를 조건으로 하여 구속의 집행을 정지하도록 신청할 수 있다.

◉ 배상 명령 제도

가해자가 받는 형사 처벌과 별도로 피해자가 범행으로 입은 피해 보상을 받으려면 따로 민사 소송을 제기하는 것이 원칙이지만, 피해자가 입은 피해에 대해 신속하고 간편하게 보상을 받을 수 있도록 한다는 취지에서 규정된 제도이다. 배상 명령을 신청할 수 있는 형사 사건은 상해, 폭행 등의 경우이다. 배상 명령은 피고인에 대한 유죄 판결 선고와 동시에 이루어지는데, 배상 명령이 기재된 유죄 판결문은 민사 판결문과 동일한 효력이 있으므로 강제 집행을 할 수 있다.

⑤ 영장 실질 심사 제도, 구속 적부 심사 제도

> 당사자 기타 이해관계인에게 개별적으로 서면 또는 구술로 진술할 기회를 주는 일

형사 소송법 제201조의 2(구속 영장 청구와 피의자 심문) ① 제200조의 2 · 제200조의 3 또는 제212조에 따라 체포된 피의자에 대하여 구속 영장을 청구받은 판사는 지체 없이 피의자를 심문하여야 한다. 이 경우 특별한 사정이 없는 한 구속 영장이 청구된 날의 다음날까지 심문하여야 한다.

② 제1항 외의 피의자에 대하여 구속 영장을 청구받은 판사는 피의자가 죄를 범하였다고 의심할 만한 이유가 있는 경우에 구인을 위한 구속 영장을 발부하여 피의자를 구인한 후 심문하여야 한다. 다만, 피의자가 도망하는 등의 사유로 심문할 수 없는 경우에는 그러하지 아니하다.

제214조의 2(체포와 구속의 적부 심사) ① 체포되거나 구속된 피의자 또는 그 변호인, 법정대리인, 배우자, 직계친족, 형제자매나 가족, 동거인 또는 고용주는 관할법원에 체포 또는 구속의 적부 심사를 청구할 수 있다.

분석 | 구속 영장 실질 심사 제도는 구속 영장을 청구받은 판사가 구속 영장이 청구된 피의자를 직접 대면하여 심문하면서 구속 사유가 인정되는지 판단하는 제도이다. 구속 적부 심사 제도는 구속 영장에 의해 구속된 피의자에 대하여 피의자를 포함한 피의자 측의 청구가 있을 때 법원이 그 구속의 적법성과 필요성을 심사하여 구속이 부적법하다고 판단되는 경우에는 피의자를 석방하여 불구속 수사를 진행하는 것을 말한다.

⑥ 형사 보상 제도

> 불기소 처분 중 기소 유예는 범죄 혐의를 인정함에도 불기소하는 것이므로 형사 보상을 청구할 수 없음

• 갑은 구속 수사를 받은 후 검사에 의해 무죄 취지의 불기소 처분을 받았다. 이에 갑은 A 제도를 활용하여 자신이 억울하게 구금되어 있었던 것에 대해 국가에 보상을 청구하려고 한다.

• 을은 구속 재판을 받았지만 법원에서 무죄 판결이 확정되었다. 이에 을은 A 제도를 활용하여 자신이 입은 물질적 · 정신적 피해에 대해 보상을 받으려고 한다.

분석 | 위 사례의 A 제도는 형사 보상 제도이다. 형사 보상 제도는 피의자 또는 피고인으로 구금되었던 자가 무죄 취지의 불기소 처분을 받거나 무죄 판결을 받은 때에 국가에 보상을 청구할 수 있도록 한 제도이다. 형사 보상을 청구할 수 있는 자는 무죄, 면소 또는 공소 기각의 재판을 받은 당사자 또는 기소 유예 이외의 불기소 처분을 받은 피의자이다. 청구권은 양도나 압류할 수는 없으나 상속의 대상이 된다. 형사 보상의 청구는 무죄 재판이 확정된 사실을 안 날부터 3년, 무죄 재판이 확정된 때부터 5년 이내에 하여야 한다. 보상 청구는 무죄 재판을 한 법원 또는 불기소 처분을 한 검사가 소속된 지방 검찰청의 피의자 보상 심의회에 한다. 구금에 대한 보상에서는 그 일수에 따라 1일 5천 원 이상 대통령령이 정하는 금액 이하의 비율에 의한 보상금을 지급해야 한다. 사형 집행에 대한 보상금은 집행 전 구금에 대한 보상금 이외에도 법원이 모든 사정을 고려하여 상당하다고 인정되는 경우 3천만 원 내에서 가산한 금액을 보상할 수 있고, 본인의 사망에 의하여 생긴 재산상의 손실액이 증명된 경우에는 그 손실액도 보상한다.

⑤ 영장 실질 심사 제도, 구속 적부 심사 제도와 관련한 설명으로 옳은 것은?

① 구속 적부 심사는 검사가 청구할 수 있다.

② 영장 실질 심사를 통해 영장이 발부되면 피의자는 기소된다.

③ 영장 실질 심사는 구속 적부 심사와 달리 법관에 의해 이루어진다.

④ 구속 적부 심사 청구가 기각되면 피의자에 대한 구속 수사는 계속된다.

⑤ 영장 실질 심사 제도와 달리 구속 적부 심사 제도는 기소 후에 활용할 수 있다.

정답과 해설 ▶ ④ 피의자 측의 구속 적부 심사 청구가 법원에서 기각되면 피의자에 대한 구속 수사가 계속 진행된다. ① 구속 적부 심사는 피의자 측이 청구한다. ② 영장 실질 심사를 통해 영장이 발부되면 구속 수사가 이루어진다. ③ 영장 실질 심사, 구속 적부 심사 모두 법관에 의해 이루어진다. ⑤ 영장 실질 심사 제도, 구속 적부 심사 제도 모두 기소 전에 활용할 수 있다. **답** ④

⑥ 형사 보상 제도에 대한 옳은 설명만을 〈보기〉에서 고른 것은?

〈보기〉

ㄱ. 구금으로 인한 물질적 · 정신적 피해를 보상받을 수 있는 제도이다.

ㄴ. 구속 수사 후 기소 유예 처분을 받으면 형사 보상을 청구할 수 있다.

ㄷ. 구속 재판 후 집행 유예 판결이 확정되면 형사 보상을 청구할 수 없다.

ㄹ. 불구속 수사 후 무죄 취지의 불기소 처분을 받으면 형사 보상을 청구할 수 있다.

① ㄱ, ㄴ　　② ㄱ, ㄷ　　③ ㄴ, ㄷ
④ ㄴ, ㄹ　　⑤ ㄷ, ㄹ

정답과 해설 ▶ ㄱ. 형사 보상 제도는 구금으로 인해 피의자 또는 피고인 등에게 발생한 물질적 · 정신적 피해를 보상받을 수 있도록 한 제도이다. ㄷ. 집행 유예 판결은 유죄에 해당하므로 형사 보상을 청구할 수 없다. ㄴ. 기소 유예는 유죄임에도 불기소 처분을 하는 것이다. ㄹ. 불구속 수사를 받은 경우에는 형사 보상을 청구할 수 없다. **답** ②

01~10 다음 내용이 옳으면 ○표, 틀리면 ×표 하시오.

01 형사 사건은 당사자의 요청 없이도 국가가 개입하여 문제를 해결한다.　　　　　　　　　　　　　(　)

02 범죄가 발생하였거나 발생한 것으로 생각되는 경우 범인을 찾고 증거를 수집하는 활동을 수사라고 한다.　(　)

03 수사 과정에서 피의자를 체포·구속하여 수사하는 것이 원칙이다.　　　　　　　　　　　　　　(　)

04 수사는 고소 및 고발에 의해서만 개시된다.　(　)

05 형사 재판의 당사자는 검사, 피고인, 피해자이다. (　)

06 선고 유예는 일정한 범죄를 저지르지 않고 유예를 받은 날로부터 2년을 경과한 때에는 면소된 것으로 간주한다.
　　　　　　　　　　　　　　　　　(　)

07 국민 참여 재판은 지방 법원 단독 판사 관할 사건에 대해 국민이 배심원으로 참여하는 형사 재판 제도이다.　(　)

08 소년법상 보호 처분 부과 대상자은 14세 이상 19세 미만인 자이다.　　　　　　　　　　　　(　)

09 10세 이상 14세 미만인 자는 경찰서장이 직접 가정 법원(지방 법원) 소년부로 송치할 수 있다.　　　(　)

10 14세 이상 19세 미만인 자에게는 검사가 선도 조건부 기소 유예 처분을 내릴 수 없다.　　　　　(　)

11~19 빈칸에 알맞은 말을 쓰시오.

11 구속 수사를 위해서는 _____(으)로부터 영장을 발부받아야 한다.

12 기소 또는 _____을/를 하면 수사는 종결된다.

13 _____은/는 검사가 형사 사건에 대하여 법원의 재판을 구하는 행위이다.

14 형사 재판 과정에서 피고인에 대한 유죄의 입증은 _____이/가 해야 한다.

15 형을 선고하면서 이를 즉시 집행하지 않고 일정 기간 형의 집행을 미루는 것을 _____(이)라고 한다.

16 법원 판결로 형이 확정될 경우 _____의 지휘에 따라 형을 집행한다.

17 _____ 제도는 징역 또는 금고형을 집행받고 있는 자(수형자)가 개전의 정이 현저하여 재범의 위험성이 없다고 판단되는 때에 형기 만료 전에 일정한 요건을 갖추면 조건부로 석방되는 제도이다.

18 _____은/는 검사가 구속 영장을 청구한 경우 법관이 피의자를 직접 심문하여 구속 사유가 인정되는지를 판단하는 과정이다.

19 상해죄 등 일정한 사건의 형사 재판 과정에서 피해자의 간단한 신청 절차만으로 민사적 손해 배상 명령까지 받아낼 수 있도록 한 제도를 _____(이)라고 한다.

정답　　01 ○　02 ○　03 ×　04 ×　05 ×　06 ○　07 ×　08 ×　09 ○　10 ×　**11** 법관　**12** 불기소 처분
13 기소　**14** 검사　**15** 집행 유예　**16** 검사　**17** 가석방　**18** 영장 실질 심사 제도(구속 전 피의자 심문 제도)
19 배상 명령 제도

오답 체크 ⓣⁱᵖ　**04** 수사는 고소 및 고발, 수사 기관의 인지, 현행범 체포, 범인의 자수 등으로 개시된다.　**08** 소년법상 보호 처분 부과 대상자는 10세 이상 19세 미만인 자이다.　**10** 14세 이상 19세 미만인 자에게는 검사가 선도 조건부 기소 유예 처분을 내릴 수 있다.

01 형의 선고 유형 A~D에 대한 설명으로 옳은 것은?

형의 선고 유형	내용
A	기소한 사건에 대해 유죄를 인정할 만한 증거가 없거나 범죄 성립이 되지 않는 경우의 선고
B	법원의 선고를 받아 실제로 집행되는 형벌을 선고
C	형을 선고하면서 이를 즉시 집행하지 않고 일정 기간 형의 집행을 미루는 선고
D	피고인의 정상을 참작하여 형의 선고를 미루는 것

① A의 경우 피고인은 형사 보상을 청구할 수 있다.
② B의 경우 피고인은 구금된다.
③ C는 선고 유예, D는 집행 유예이다.
④ C는 유예 기간 동안 일정한 범죄를 저지르지 않으면 형 선고의 효력을 상실시킨다.
⑤ D는 일정한 범죄를 저지르지 않고 유예를 받은 날로부터 1년을 경과한 때에는 면소된 것으로 간주한다.

▶ 20583-0193

02 (가)~(마)는 갑에 대한 형사 절차를 나타낸 것이다. 이에 대한 법적 판단으로 옳은 것은?

(가)	갑은 살인 혐의로 구속되어 수사를 받음
(나)	검사가 갑을 구속 기소함
(다)	1심 법원은 갑에게 징역 5년을 선고함
(라)	2심 법원은 갑에게 무죄를 선고함
(마)	대법원은 원심 판결을 확정함

① (가)에서 검사는 구속 적부 심사를 청구할 수 있다.
② (나)의 구속 기소로 갑에게 무죄 추정의 원칙이 적용되지 않는다.
③ (다)의 법원 선고 즉시 갑은 구금되지 않는다.
④ (라)의 재판은 피고인이 아닌 검사의 항소로 진행되었다.
⑤ (마)의 판결에 따라 갑은 형사 보상을 청구할 수 있다.

▶ 20583-0194

03 밑줄 친 ㉠, ㉡에 대한 옳은 설명만을 〈보기〉에서 있는 대로 고른 것은?

> 갑: A가 저를 폭행하여 전치 5주의 상해를 입혔습니다. A에 대한 법적 절차에는 무엇이 있나요?
> 변호사: ㉠ 민사 절차와 ㉡ 형사 절차가 모두 진행될 수 있습니다.

◀ 보기 ▶
ㄱ. ㉠을 통해 A로부터 재산적 손해뿐만 아니라 정신적 손해에 대한 배상을 받을 수 있다.
ㄴ. ㉠을 통한 재판에서 A의 행위가 정당방위로 인정되면 A의 행위는 불법 행위가 아니다.
ㄷ. ㉡을 통한 재판은 갑이 고소를 해야 진행된다.
ㄹ. ㉡을 통한 재판에서 갑은 소송의 당사자가 아니다.

① ㄱ, ㄷ   ② ㄱ, ㄹ   ③ ㄴ, ㄷ
④ ㄱ, ㄴ, ㄹ   ⑤ ㄴ, ㄷ, ㄹ

▶ 20583-0195

04 (가)~(마)는 형사 절차를 간단하게 나타낸 것이다. 이에 대한 설명으로 옳지 <u>않은</u> 것은?

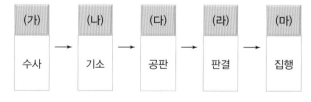

(가) 수사 → (나) 기소 → (다) 공판 → (라) 판결 → (마) 집행

① (가)에서 수사의 대상이 되는 사람을 피의자라고 한다.
② 변호인의 조력을 받을 권리는 (가)가 아닌 (나) 이후에 인정된다.
③ (다)에서 피고인의 범죄 입증은 검사가 하여야 한다.
④ (라)에서 유죄 판결이 확정된 피고인이 반드시 구금되는 것은 아니다.
⑤ (나), (마)는 검사에 의해 이루어진다.

서술형 ▶ 20583-0196

05 그림에 나타난 재판 제도와 적용될 수 있는 사건을 서술하시오.

단답형 ▶ 20583-0198

07 다음 사례의 갑과 을이 활용할 수 있는 형사 절차에서의 보호 제도를 각각 쓰시오.

- 갑은 A에게 폭행을 당하여 전치 10주의 상해를 입었다. A에 대한 형사 소송은 진행 중이나, 갑은 A로부터 민사상 손해 배상을 받기 위해 민사 소송을 제기하는 것에 대해 곤란함을 느끼고 있다.
- 연예인 을은 사기 혐의로 수사를 받던 중 대중 매체를 통해 을에 대한 기사가 전국으로 퍼져나가 마치 을이 범죄를 저지른 사람처럼 되었다. 이후 재판이 계속되어 을은 무죄로 풀려나게 되었다. 을은 자신에 대한 사람들의 부정적 인식을 바꾸고 싶어 한다.

▶ 20583-0197

06 다음은 수사 절차를 나타낸 것이다. 이에 대한 옳은 설명만을 〈보기〉에서 고른 것은?

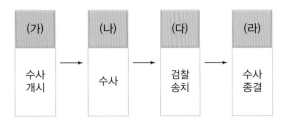

┤ 보기 ├

ㄱ. (가)는 고소 및 고발뿐만 아니라 수사 기관의 인지에 의해서도 이루어진다.

ㄴ. (나)는 불구속으로 하는 것이 원칙이나 검사가 발부한 영장이 있으면 구속 수사도 가능하다.

ㄷ. 12세인 자와 달리 17세인 자는 (다)가 가능하다.

ㄹ. (나)에서 구속 수사 후 (라)에서 불기소 처분을 받으면 형사 보상을 청구할 수 있다.

① ㄱ, ㄴ   ② ㄱ, ㄷ   ③ ㄴ, ㄷ
④ ㄴ, ㄹ   ⑤ ㄷ, ㄹ

▶ 20583-0199

08 (가)~(라)는 갑에 대한 형사 절차를 나타낸 것이다. 이에 대한 옳은 법적 판단만을 〈보기〉에서 고른 것은?

(가)	갑은 절도 혐의로 체포되어 구속 수사를 받음
(나)	갑은 구속 적부 심사를 청구함
(다)	갑은 1심 법원에 보석을 신청함
(라)	2심 법원은 갑에게 징역 1년에 집행 유예 2년을 선고함

┤ 보기 ├

ㄱ. (가)에서 갑은 검사에게 영장 실질 심사를 받았을 것이다.

ㄴ. (나)의 청구가 받아들여지면 갑에 대한 수사는 종결된다.

ㄷ. (다)의 보석 신청은 (나) 단계에서는 활용할 수 없다.

ㄹ. (라)의 선고 직후 갑은 구금되지 않고 석방된다.

① ㄱ, ㄴ   ② ㄱ, ㄷ   ③ ㄴ, ㄷ
④ ㄴ, ㄹ   ⑤ ㄷ, ㄹ

▶ 20583-0200

09 밑줄 친 ㉠~㉺에 대한 옳은 설명만을 〈보기〉에서 있는 대로 고른 것은?

수사는 ㉠ 고소 및 ㉡ 고발, 현행범의 체포, 수사 기관의 인지 등에 의해 개시되며, 무죄 추정의 원칙에 따라 피의 자를 불구속으로 수사하는 것이 원칙이다. 그러나 예외적 으로 ㉢ 영장이 발부되면 ㉣ 구속 상태에서 수사를 진행 할 수 있다. 수사 후 피의자에게 범죄 혐의가 있다고 판단 되면 ㉤ 기소를 하고 범죄 혐의가 없는 등의 사유가 있으 면 ㉥ 불기소 처분을 하여 수사가 종결된다.

◀보기▶
ㄱ. ㉠은 제3자, ㉡은 피해 당사자에 의해 수사가 개시되 는 것이다.
ㄴ. ㉢을 발부하기 위해 법관은 구속 전 피의자 심문을 하 는 것이 원칙이다.
ㄷ. ㉣ 이후 ㉥을 받더라도 형사 보상을 청구할 수 없는 경우가 있다.
ㄹ. ㉤ 이후 피의자는 피고인 신분이 된다.

① ㄱ, ㄷ   ② ㄱ, ㄹ   ③ ㄴ, ㄷ
④ ㄱ, ㄴ, ㄹ   ⑤ ㄴ, ㄷ, ㄹ

▶ 20583-0201

10 빈칸 (가)에 들어갈 제도를 쓰시오.

갑: 제 남편은 얼마 전에 골목길에서 괴한의 습격을 받고 전치 10주의 상해를 입어 입원 중에 있습니다. 범인을 잡아야 치료비를 배상받을 수 있을 텐데 범인을 잡지 못하고 있는 상황입니다. 가정 형편도 어려운데 병원 비 걱정이 태산입니다. 저는 어떻게 하면 좋을까요?
변호사: ＿＿＿＿(가)＿＿＿＿ 을/를 통해 국가로부 터 신체적 피해에 대한 도움을 받을 수 있습니다.

▶ 20583-0202

11 다음은 형사 재판 절차를 간단하게 나타낸 것이다. 이에 대한 옳은 설명만을 〈보기〉에서 있는 대로 고른 것은?

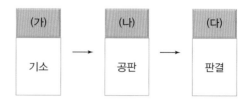

(가) 기소 → (나) 공판 → (다) 판결

◀보기▶
ㄱ. (가) 이후 경한 사건은 단독 판사, 중한 사건은 합의부에 서 재판이 이루어진다.
ㄴ. (나)에서 재판의 당사자는 검사, 피고인, 피해자이다.
ㄷ. 진술 거부권과 달리 변호인의 조력을 받을 권리는 (나) 에서만 인정된다.
ㄹ. (다)에서 선고 유예 판결 시 보호 관찰이 부과될 수 있 다.

① ㄱ, ㄷ   ② ㄱ, ㄹ   ③ ㄴ, ㄷ
④ ㄱ, ㄴ, ㄹ   ⑤ ㄴ, ㄷ, ㄹ

▶ 20583-0203

12 다음 사례에 대한 법적 판단으로 옳은 것은?

같은 동네에 사는 갑(9세), 을(13세), 병(15세)은 아파트 옥상에서 아래로 돌을 던지며 장난을 하다가 주차되어 있 던 차량 여러 대를 파손하였다. 이에 차량 주인들은 형사 조치를 취하려고 한다.

① 갑과 달리 을은 형벌을 받을 수 있다.
② 갑의 행위는 위법성이 없어 범죄가 성립하지 않는다.
③ 병에게 형벌과 소년법상 보호 처분을 함께 부과할 수 있다.
④ 관할 경찰서장은 병을 가정 법원 소년부로 송치할 수 있다.
⑤ 병과 달리 을에게 선도 조건부 기소 유예 처분을 내릴 수 없다.

● 사회법의 발달과 노동법의 등장

(1) 사회법의 등장

① 빈익빈 부익부 현상, 노사 간 대립, 독점 기업 발생 등 근대 자본주의 발전 과정에서 나타난 모순과 부조리를 해결하기 위해 등장

② 국가가 개인 또는 집단 간의 생활 관계에 적극적으로 개입하여 국민의 경제생활과 노사 관계 등을 규제·조정하게 됨

(2) 노동법의 의의와 종류

① 의의: 자본주의 경제 질서에서 경제적 약자인 근로자의 생존권 확보와 사회적 지위 향상을 도모하고, 사용자와 근로자 간의 이해관계 조정 및 대립 완화

② 종류: 근로 기준법, 노동조합 및 노동관계 조정법 등

● 근로자의 권리 보호

(1) 헌법상의 근로자 권리 보호(근로 3권)

단결권	근로자들이 자주적으로 노동조합을 조직·운영할 수 있는 권리
단체 교섭권	노동조합이 근로 조건에 관하여 사용자와 교섭할 수 있는 권리 → 사용자가 정당한 이유 없이 교섭을 거부할 수 없음
단체 행동권	• 단체 교섭의 실효성 확보를 위해 쟁의 행위 등의 단체 행동을 할 수 있는 권리 • 정당한 쟁의 행위에 대해서는 민·형사상 책임이 면제됨

(2) 근로 기준법과 근로 계약

┌─ 근로 기준법의 근로 조건은 최저 기준이므로 사용자는 이 기준을 이유로 기존의 근로 조건을 낮출 수 없음

① 근로 기준법: 헌법에 따라 근로 조건의 기준을 정함으로써 근로자의 기본적 생활을 보장·향상시키며, 균형 있는 국민 경제의 발전을 꾀하는 것을 목적으로 제정된 법

┌─ 근로 계약의 내용이 근로 기준법에 어긋나는 경우 해당 조항은 무효가 됨

② 근로 계약: 근로자가 사용자에게 근로를 제공하고 사용자는 이에 대하여 임금을 지급할 목적으로 체결된 계약

임금	• 법정 최저 임금 이상을 통화 형태로 매월 1회 이상 일정한 날짜에 근로자에게 직접 전액 지급해야 함 • 임금의 계산과 구체적인 지급 방법은 근로 계약 또는 단체 협약으로 정할 수 있음
휴일	소정의 근로일을 개근한 근로자에게 일주일에 평균 1회 이상의 유급 휴일을 주어야 함
근로 시간	• 휴게 시간을 제외하고 원칙적으로 1일 8시간, 1주 40시간을 초과할 수 없음 (휴일을 포함한 주 7일을 의미함) • 사용자와 근로자가 합의한 경우 연장 근로 가능 → 1주 12시간 이내
휴게 시간	근로 시간 도중에 휴게 시간 제공 → 근로 시간이 4시간인 경우 30분 이상, 8시간인 경우 1시간 이상

◉ **사회법**
사적 자치의 원칙, 사유 재산권 존중의 원리가 지배하는 사법(私法) 영역에 국가가 개입하여 공법(公法)적 규제를 가할 수 있도록 제정된 법이다. 공법과 사법의 중간 영역, 제3의 영역으로서의 성격을 가진다.

◉ **노동조합 및 노동관계 조정법**
헌법에 의한 근로 3권을 보장하여 근로 조건의 유지·개선과 근로자의 경제적·사회적 지위의 향상을 도모하고, 노동관계를 공정하게 조정하여 노동 쟁의를 예방·해결함으로써 산업 평화의 유지와 국민 경제의 발전에 이바지하기 위해 제정한 법이다. 노동조합, 단체 교섭 및 단체 협약, 쟁의 행위, 노동 쟁의의 조정, 부당 노동 행위 등에 대해 규정하고 있다.

◉ **쟁의 행위**
노동관계 당사자가 그 주장을 관철할 목적으로 행하는 행위와 이에 대항하는 행위로서 업무의 정상적인 운영을 저해하는 것이다. 쟁의 행위로는 근로자 측의 동맹 파업·태업·보이콧·생산 관리·피케팅 등이 있고, 사용자 측의 직장 폐쇄가 있다. 정당한 쟁의 행위에 대하여는 민·형사상의 책임을 면제하고, 쟁의 기간 중 근로자의 구속을 제한하며, 쟁의 행위 참여를 이유로 한 사용자의 불이익 취급을 부당 노동 행위로 규제하여 쟁의 행위권을 보장한다.

1 사회법과 노동법

공법과 사법의 중간 영역에 해당하기 때문에 법을 어기는
경우 국가가 제재할 수 있는 내용이 규정되어 있음

노동법	자본주의 경제 질서에서 경제적 약자인 근로자의 생존권 확보와 사회적 지위 향상을 도모하고, 사용자와 근로자 간의 이해관계를 조정하고 대립을 완화하는 법 <예> 근로 기준법, 노동조합 및 노동관계 조정법 등
사회 보장법	국민들이 실업, 질병, 재해, 노령, 경제적 궁핍 등으로 인한 생활의 위협에서 벗어나 인간다운 생활을 가능하게 하는 사회 복지 제도를 확립하고 운영하기 위하여 마련된 법 <예> 사회 보장 기본법, 국민 연금법, 국민 건강 보험법, 국민 기초 생활 보장법 등

분석 | 근대 자본주의 국가에서는 개인의 자유로운 경제 활동을 보장하기 위해 치안과 국방 유지 등 최소한의 역할만 하는 소극적 국가가 바람직하다고 보았다. 산업 혁명 이후 생활은 풍요로워졌지만 빈익빈 부익부 현상, 환경 오염 등의 사회 문제가 등장하였다. 이에 인간으로서의 최저 생활을 보장하고 사회적 약자의 보호, 사회 갈등의 해소를 위해 국가가 개입할 필요성이 대두되었다. 이 과정에서 등장한 것이 사회법이다. 사회법에는 노동자의 보호를 위한 노동법, 인간다운 생활을 보장하기 위한 사회 보장법 등이 있다. 노동자를 위한 노동법에 근로 3권이 보장되어 있으며 최저 임금법에 근거하여 최저 임금제를 시행하고 있다. 또한 노동자도 자유롭게 노동조합을 결성할 수 있고 사용자에 대해 정당한 권리를 주장할 수 있다.

2 근로 기준법

제50조(근로 제한) ① 1주간의 근로 시간은 휴게 시간을 제외하고 40시간을 초과할 수 없다.

② 1일의 근로 시간은 휴게 시간을 제외하고 8시간을 초과할 수 없다.

제53조(연장 근로의 제한) ① 당사자 간에 합의하면 1주 간에 12시간을 한도로 제50조의 근로 시간을 연장할 수 있다.

제54조(휴게) ① 사용자는 근로 시간이 4시간인 경우에는 30분 이상, 8시간인 경우에는 1시간 이상의 휴게 시간을 근로 시간 도중에 주어야 한다.

제55조(휴일) ① 사용자는 근로자에게 1주에 평균 1회 이상의 유급 휴일을 보장하여야 한다.

유급 휴일에 근무한 근로자에 지급할 임금에는 유급으로서 당연히
지급되는 임금과 그 유급 휴일의 근로에 대한 통상 임금이 포함됨

분석 | 근로 기준법은 헌법에 따라 근로 조건의 기준을 정함으로써 근로자의 기본적 생활을 보장, 향상시키며 균형 있는 국민 경제의 발전을 도모하기 위해 제정한 법이다. 이 법이 정한 위와 같은 근로 조건은 최저 기준이므로 이 기준을 이유로 근로 조건을 저하시킬 수 없다. 사용자는 근로자에 대해 성별·국적·신앙 또는 사회적 신분을 이유로 차별적 처우를 하지 못한다. 근로 계약 중 법정 기준에 미치지 못하는 근로 조건을 정한 해당 부분은 무효로 한다. 사용자는 근로 계약을 체결하거나 변경할 때 근로 조건을 명시해야 하고, 근로 계약 불이행에 대한 위약금 또는 손해 배상액을 예정하는 계약을 체결하지 못한다.

1 사회법에 대한 옳은 설명만을 〈보기〉에서 있는 대로 고른 것은?

〈보기〉

ㄱ. 공법과 사법의 중간 영역에 해당하는 법이다.

ㄴ. 사법 영역에 공법적 규제를 가할 수 있는 법이다.

ㄷ. 소극적 국가가 바람직한 정부의 역할이라는 것을 강조한다.

ㄹ. 자본주의 발달 과정에서 발생한 문제를 해결하기 위해 등장하였다.

① ㄱ, ㄷ   ② ㄱ, ㄹ   ③ ㄴ, ㄷ

④ ㄱ, ㄴ, ㄹ   ⑤ ㄴ, ㄷ, ㄹ

정답과 해설 ▶ 사회법은 자본주의 발달 과정에서 발생한 빈익빈 부익부, 환경 오염 문제, 독과점 문제 등을 해결하기 위해 등장하였다. 사회법은 사법 영역에 공법적 규제를 가할 수 있는 법으로 공법과 사법의 중간 영역, 제3의 법 영역으로 국가의 적극적 역할을 강조한다.   **답** ④

2 근로 계약과 관련한 근로 기준법의 내용으로 옳은 것만을 〈보기〉에서 있는 대로 고른 것은?

〈보기〉

ㄱ. 1일 근로 시간은 8시간을 초과할 수 없다.

ㄴ. 1주일 근로 시간은 연장 근로를 고려하더라도 40시간을 초과할 수 없다.

ㄷ. 사용자는 근로자에게 근로 시간 8시간에 30분 이상의 휴게 시간을 주어야 한다.

ㄹ. 근로 기준법의 근로 기준은 최저 기준이므로 이 기준을 이유로 근로 조건을 저하시킬 수 없다.

① ㄱ, ㄷ   ② ㄱ, ㄹ   ③ ㄴ, ㄷ

④ ㄱ, ㄴ, ㄹ   ⑤ ㄴ, ㄷ, ㄹ

정답과 해설 ▶ 근로 기준법상 1일 근로 시간은 8시간을 초과할 수 없고, 1주일에 40시간을 초과할 수 없다. 근로 기준법상의 근로 기준을 근거로 근로 조건을 저하시키는 근로 계약은 무효이다. ㄴ. 근로자와 사용자가 합의하면 1주일에 12시간의 연장 근로를 할 수 있다. ㄷ. 사용자는 근로자에게 근로 시간 4시간에 30분 이상, 8시간에 1시간 이상의 휴게 시간을 주어야 한다.   **답** ②

● 근로자 권리의 침해와 구제

(1) 부당 해고

① 의미: 사용자가 정당한 이유와 절차 없이 정당한 해고의 요건을 지키지 않고 해고하는 것

② 구제 절차 ┌ 중앙 노동 위원회 위원장을 상대로 행정 소송을 제기함 ┐
- 지방 노동 위원회 → 중앙 노동 위원회 → 행정 법원(3심제) ┐─ 민사 소송
- 노동 위원회를 거치지 않고 바로 법원에 해고 무효 확인 소송 제기
- 부당 해고를 당한 근로자 개인만 신청 가능 → 노동조합은 안 됨

(2) 부당 노동 행위

① 의미: 근로자의 근로 3권을 침해하는 사용자의 행위
- 근로자의 노동조합 가입, 조직, 활동 등을 이유로 근로자를 해고하거나 근로자에게 불이익을 주는 행위 ┌ 황견 계약(yellow dog contract)이라고도 함
- 노동조합에 가입하지 않을 것 등을 고용 조건으로 하거나 특정한 노동조합의 조합원이 될 것을 고용 조건으로 하는 행위
- 노동조합과의 단체 교섭을 정당한 이유 없이 거부하는 행위 등

② 구제 절차
- 지방 노동 위원회 → 중앙 노동 위원회 → 행정 법원(3심제)
- 근로자 개인뿐만 아니라 노동조합도 구제 절차를 밟을 수 있음

● 청소년의 근로 보호

(1) 근거 법률: 근로 기준법, 청소년 보호법

(2) 청소년 근로자의 근로 보호

취업 연령 제한	• 15세 미만인 재(중학교에 재학 중인 18세 미만인 자 포함)는 원칙적으로 근로를 할 수 없음 • 고용노동부 장관이 발급한 취직 인허증을 지닌 경우에는 15세 미만인 자도 취업 가능 • 18세 미만인 자를 근로자로 고용하는 사용자는 그 연령을 증명하는 가족 관계 증명서와 부모(친권자 또는 후견인)의 동의서를 사업장에 비치하여야 함
근로 내용	사용자는 18세 미만의 근로자를 도덕상 또는 보건상 유해하거나 위험한 사업에 사용할 수 없음
근로 시간	• 18세 미만인 근로자의 근로 시간은 원칙적으로 1일 7시간, 1주 35시간을 넘지 못함 • 연장 근로에 합의하더라도 1일 1시간, 1주 5시간을 초과할 수 없음
근로 계약 과 임금	• 청소년 근로자는 부모(친권자나 후견인)의 동의를 얻어 본인이 직접 근로 계약을 체결해야 하며 부모가 대리할 수 없음 • 청소년 근로자도 성인 근로자와 같이 최저 임금 제도의 적용을 받음 • 청소년 근로자는 독자적으로 임금을 청구할 수 있음

◉ **정당한 해고 요건**
- 정당한 사유가 있어야 함
- 불가피한 경우에 한함
- 합리적이고 공정한 기준으로 해고 대상자를 선정해야 함
- 해고의 사유와 그 시기는 반드시 서면으로 통지해야 함

◉ **부당 노동 행위**
사용자가 헌법상 보장된 근로자의 근로 3권(단결권, 단체 교섭권, 단체 행동권)과 관련된 행위를 침해하거나 방해하는 행위를 말한다. 사용자의 부당 노동 행위에는 불이익 대우, 반조합 계약, 단체 교섭의 거부, 지배 개입 행위가 있다. 불이익 대우는 근로자의 노동조합 조직·가입·활동을 이유로 해고, 전출 등 불이익을 주는 행위와 근로자의 정당한 단체 행동 참가, 부당 노동 행위 신고 등과 관련하여 해고, 전출 기타 불이익을 주는 행위를 말한다. 반조합 계약(황견 계약)은 근로자를 고용할 때 노동조합에 가입하지 않을 것 또는 노동조합에서 탈되할 것을 고용 조건으로 하는 경우를 의미한다. 또한 특정한 노동조합의 조합원이 될 것을 고용 조건으로 하는 경우(일명 유니언숍)에도 부당 노동 행위가 된다.

◉ **청소년 보호법**
청소년에게 유해한 매체물과 약물 등이 청소년에게 유통되는 것과 청소년이 유해한 업소에 출입하는 것 등을 규제하고 청소년을 유해한 환경으로부터 보호·구제함으로써 청소년이 건전한 인격체로 성장할 수 있도록 하는 것을 목적으로 제정된 법이다.

◉ **취직 인허증**
취직 인허증이라 함은 취직이 금지되어 있는 15세 미만자에 대하여 고용노동부 장관이 취직을 인허하는 증명서를 말한다. 사용자는 15세 미만자를 근로자로 사용하지 못한다(근로 기준법 제64조 제1항 본문). 그러나 고용노동부 장관의 취직 인허증을 소지한 자는 예외이다(근로 기준법 제64조 제1항 단서). 이 취직 인허증은 본인의 신청에 따라 의무교육에 지장이 없는 경우 직종을 지정하여서만 발행할 수 있다(근로 기준법 제64조 제2항).

③ 부당 해고, 부당 노동 행위

> 해고의 사유와 시기는 문서로 전달해야 함
> • ○○ 회사에 다니는 갑은 평소에 지각이 잦다는 이유로 직장 상사에게 꾸지람을 듣고 회사에 며칠 나가지 않았다. 이에 ○○ 회사는 갑의 근무 태도를 문제 삼아 해고를 하였는데 해고의 사유와 시기를 구두로 전달하였다. 갑은 자신에 대한 해고가 부당하다며 구제 절차를 진행하려고 한다.
> • ◇◇ 회사에 다니는 을은 노동조합에 가입하여 열성적으로 활동한 결과 노동조합의 위원장이 되었다. 을은 회사에 근로자의 근로 조건 개선을 요구하기 위해 단체 교섭을 요구하였지만 사용자는 정당한 사유 없이 단체 교섭을 거부하였고, 이후 정당한 쟁의 행위를 하였다. 그러나 ◇◇ 회사는 이를 이유로 을을 해고하였고, 을은 해고에 대한 구제 절차를 진행하려고 한다.
> 정당한 사유가 있었다면 부당 노동 행위가 아님

분석 | ○○ 회사는 갑을 해고하면서 해고의 사유와 시기를 구두로 전달하였으므로 갑에 대한 해고는 부당 해고이다. 해고의 사유와 시기는 서면으로 통보해야 정당한 해고의 요건을 충족한다. 부당 해고에 대해 갑은 지방 노동 위원회와 중앙 노동 위원회를 거쳐 행정 법원에 구제를 신청할 수 있고, 이와 별도로 해고 무효 확인 소송(민사 소송)을 제기할 수 있다. ◇◇ 회사는 을이 노동조합 활동 및 단체 행동권을 행사했다는 이유로 을을 해고하였다. 을에 대한 해고는 부당 해고이자 부당 노동 행위에 해당한다. 을은 부당 해고, 부당 노동 행위에 대해 지방 노동 위원회와 중앙 노동 위원회를 거쳐 행정 법원에 구제를 신청할 수 있고, 부당 노동 행위에 대해서는 을뿐만 아니라 노동조합도 구제 신청을 할 수 있다.

④ 청소년 아르바이트 10계명

> 1. 15세 이상의 청소년만 근로가 가능하다. ─ 취직 인허증이 있으면 15세 미만도 근로가 가능함
> 2. 부모님 동의서와 가족 관계 증명서를 제출해야 한다.
> 3. 임금, 근로 시간, 휴일, 업무 내용 등이 포함된 근로 계약서를 작성해야 한다.
> 4. 성인과 동일한 임금을 적용받는다.
> 5. 위험한 일이나 유해한 업종의 일은 할 수 없다.
> 6. 1일 7시간, 1주일 35시간을 초과해서 일할 수 없다.
> 7. 근로자가 5명 이상인 경우 휴일 및 초과 근무 시 50%의 가산 임금을 받을 수 있다.
> 8. 1주일 15시간 이상 근무, 1주일 개근한 경우 하루의 유급 휴일을 지급받을 수 있다.
> 9. 일하다 다치면 산업 재해 보상 보험법, 근로 기준법에 따라 치료와 보상을 받을 수 있다.
> 10. 이 밖에 궁금한 사항이 있거나 임금 체불, 성희롱 등 부당한 처우를 받았다면 상담을 통해 도움을 받을 수 있다.

분석 | 청소년 근로자는 근로 기준법, 청소년 보호법 등의 규정을 통해 보호를 받고 있다. 청소년 근로자도 성인과 동등한 대우를 받지만 근로 시간, 근로 계약 체결 등에 있어서는 특별한 보호를 받는다.

---

③ 부당 해고와 부당 노동 행위의 구제 절차에 대한 옳은 설명만을 〈보기〉에서 있는 대로 고른 것은?

◀ 보기 ▶
ㄱ. 근로 3권을 침해하는 사용자의 행위는 부당 노동 행위이다.
ㄴ. 부당 해고에 대해서는 해고 무효 확인 소송을 제기할 수 있다.
ㄷ. 부당 해고에 대해 노동조합은 노동 위원회에 구제 신청을 할 수 없다.
ㄹ. 부당 노동 행위에 대해 근로자는 사용자를 상대로 행정 소송을 제기할 수 있다.

① ㄱ, ㄷ   ② ㄱ, ㄹ   ③ ㄴ, ㄹ
④ ㄱ, ㄴ, ㄷ   ⑤ ㄴ, ㄷ, ㄹ

정답과 해설 ▶ 근로 3권을 침해하는 사용자의 행위를 부당 노동 행위라고 하며 부당 노동 행위에 대해서는 근로자뿐만 아니라 노동조합도 노동 위원회에 구제 신청을 할 수 있다. 부당 해고에 대해서는 근로자가 노동 위원회에 구제 신청을 하는 것과는 별도로 민사 소송의 일종인 해고 무효 확인 소송을 제기할 수 있다. ㄹ. 행정 소송은 사용자가 아니라 중앙 노동 위원회의 위원장을 상대로 제기하는 것이다.   **답** ④

④ 청소년 근로와 관련한 내용으로 옳지 <u>않은</u> 것은?

① 1일 7시간, 1주 35시간 이내로 근로할 수 있다.
② 임금에 대한 청구는 부모의 동의를 얻어야 한다.
③ 부모의 동의를 얻어 직접 근로 계약을 체결해야 한다.
④ 사용자는 청소년 근로자에게 직접 임금을 지급해야 한다.
⑤ 사용자와 합의한 경우에는 1주 5시간 이내에서 연장 근로를 할 수 있다.

정답과 해설 ▶ ② 청소년 근로자는 독자적으로 임금을 청구할 수 있다.   **답** ②

01~10 다음 내용이 옳으면 ○표, 틀리면 ×표 하시오.

01 사법(私法) 영역에 국가가 개입하여 공법(公法)적 규제를 가할 수 있도록 제정된 법을 사회법이라고 한다. ( )

02 근로자들이 자주적으로 노동조합을 조직·운영할 수 있는 권리를 단체 교섭권이라고 한다. ( )

03 정당한 쟁의 행위에 의한 단체 행동권을 행사하더라도 민·형사상 책임이 면제되는 것은 아니다. ( )

04 임금은 통화 형태로 매월 1회 이상 일정한 날짜에 근로자에게 직접 전액 지급해야 한다. ( )

05 근로 시간은 휴게 시간을 제외하고 원칙적으로 1일 8시간, 1주 35시간을 초과할 수 없다. ( )

06 사용자와 근로자가 합의한 경우 1주일에 15시간 이내에서 연장 근로가 가능하다. ( )

07 부당 해고, 부당 노동 행위 모두 근로자 또는 노동조합이 노동 위원회에 구제 신청을 할 수 있다. ( )

08 18세 미만인 근로자의 근로 시간은 원칙적으로 1일 7시간, 1주 35시간을 넘지 못한다. ( )

09 청소년 근로자는 부모의 동의를 얻어야 임금을 청구할 수 있다. ( )

10 청소년 근로자도 성인 근로자와 같이 최저 임금 제도의 적용을 받는다. ( )

정답
01 ○ 02 × 03 × 04 ○ 05 ×
06 × 07 × 08 ○ 09 × 10 ○

오답 체크 Tip
05 근로 시간은 휴게 시간을 제외하고 원칙적으로 1일 8시간, 1주 40시간을 초과할 수 없다. **09** 청소년 근로자는 독자적으로 임금을 청구할 수 있다.

▶ 20583-0204

01 다음 자료에 대한 법적 판단으로 옳은 것은?

〈근로 계약서〉

사업주 갑과 근로자 을(21세)은 다음과 같이 근로 계약을 체결한다.
1. 계약 기간: 2019년 6월 1일부터 2020년 3월 30일까지
2. 근무 장소: ○○ 회사 물류 창고
3. 업무 내용: 창고 정리 및 관리
4. 임금 / 지급 방법: 시간당 10,000원 / 매월 부모의 통장으로 지급하나 날짜는 정하지 않음
5. 근무일 / 근로 시간: 월~금 / 9:00~18:00
(이하 생략)
* 2019년 최저 임금은 8,350원임

① 계약 기간이 1년이 되지 않으므로 근로 기준법에 어긋난다.
② 임금이 최저 임금보다 많으므로 최저 임금을 적용하여 지급해야 한다.
③ 근로 시간 도중에 1시간의 휴게 시간이 없으면 근로 기준법 위반이다.
④ 매월 부모의 통장으로 임금을 지급하는 것은 근로 기준법 위반이 아니다.
⑤ 매월 임금을 지급하나 날짜를 정하지 않은 것은 근로 기준법 위반이 아니다.

서술형 ▶ 20583-0205

02 A에 해당하는 법을 쓰고 해당 법의 특징을 한 가지만 서술하시오.

빈익빈 부익부 현상, 노사 간 대립, 독점 기업 발생 등 근대 자본주의 발전 과정에서 나타난 모순과 부조리를 해결하기 위해 A가 등장하였다. 이를 통해 국가가 개인 또는 집단 간의 생활 관계에 적극적으로 개입하여 국민의 경제생활과 노사 관계 등을 규제, 조정하게 되었다. A는 사적 자치의 원칙, 사유 재산권 존중의 원리가 지배하는 사법 영역에 국가가 공법적 규제를 가할 수 있도록 하는 법이다.

Educational Broadcasting System

▶ 20583-0206

03 근로자의 권리 (가)~(다)에 대한 옳은 설명만을 〈보기〉에서 있는 대로 고른 것은?

(가)	근로자들이 자주적으로 노동조합을 조직·운영할 수 있는 권리
(나)	노동조합이 근로 조건에 관해 사용자와 교섭할 수 있는 권리
(다)	단체 교섭의 실효성 확보를 위해 단체 행동을 할 수 있는 권리

◀ 보기 ▶
ㄱ. (가)는 사용자에게는 인정되지 않는 권리이다.
ㄴ. 사용자가 정당한 사유 없이 노동조합의 (나) 행사를 거부하면 부당 노동 행위에 해당한다.
ㄷ. 정당한 (다)의 행사로 인한 피해에 대해 노동조합은 민사적·형사적 책임을 지지 않는다.
ㄹ. 회사의 경영에 관여할 목적으로 (나), (다)를 행사하는 것은 정당하다.

① ㄱ, ㄷ   ② ㄱ, ㄹ   ③ ㄴ, ㄹ
④ ㄱ, ㄴ, ㄷ   ⑤ ㄴ, ㄷ, ㄹ

▶ 20583-0207

04 다음 사례에 대한 옳은 법적 판단만을 〈보기〉에서 고른 것은?

갑은 ○○회사의 사용자 을과 '결혼하면 퇴사한다.'는 내용이 포함된 근로 계약을 체결하였다. 회사에 입사한 갑은 1년 후 병을 만나 혼인을 하였다. 이 사실을 알게 된 을은 근로 계약서를 근거로 갑을 해고하였다. 갑은 이에 대해 구제 절차를 거치려고 한다.

◀ 보기 ▶
ㄱ. 사용자 을의 해고는 부당 노동 행위에 해당한다.
ㄴ. 갑은 해고에 대해 노동 위원회에 구제 신청을 할 수 있다.
ㄷ. 갑과 을이 체결한 근로 계약은 전체가 무효이다.
ㄹ. 갑의 해고에 대해 ○○회사의 노동조합은 노동 위원회에 구제 신청을 할 수 없다.

① ㄱ, ㄴ   ② ㄱ, ㄷ   ③ ㄴ, ㄷ   ④ ㄴ, ㄹ   ⑤ ㄷ, ㄹ

▶ 20583-0208

05 다음 사례에 대한 법적 판단으로 옳지 <u>않은</u> 것은?

갑은 노동조합에 가입했다는 이유로 ◇◇ 회사로부터 해고되었다. 이에 갑은 지방 노동 위원회를 거쳐 중앙 노동 위원회에 구제 신청을 하였다. 이후 ◇◇ 회사는 행정 소송을 제기하였고, 2심 법원과 대법원은 1심 법원과 달리 중앙 노동 위원회의 재심 결정이 정당하다고 판결하였다.

① 1심 법원은 갑에 대한 해고가 부당하다고 판단하였다.
② 지방 노동 위원회는 갑에 대한 해고가 정당하다고 판단하였다.
③ 중앙 노동 위원회는 갑에 대한 해고가 부당하다고 판단하였다.
④ 갑은 노동 위원회의 구제 신청과 별도로 해고 무효 확인 소송을 제기할 수 있다.
⑤ 갑의 해고에 대해 ◇◇ 회사의 노동조합도 지방 노동 위원회에 구제 신청을 할 수 있다.

▶ 20583-0209

06 밑줄 친 ㉠~㉣에 대한 옳은 설명만을 〈보기〉에서 있는 대로 고른 것은?

〈근로 계약서〉
갑(근로자, 17세)과 을(사용자)은 다음과 같이 근로 계약을 체결한다.
1. 계약 기간: 2019. 1. 1~2019. 12. 31
2. 근무 장소: _____㉠_____
3. ㉡ 근로 시간: 10시부터 18시까지(휴게 시간 1시간 포함)
4. ㉢ 임금: 시간당 8,000원
5. ㉣ 임금 지급 방법: 갑에게 직접 매월 25일에 지급함
　　　　　　　　* 2019년 최저 임금은 8,350원임

◀ 보기 ▶
ㄱ. ㉠에 청소년에게 유해한 업소는 들어갈 수 없다.
ㄴ. ㉡은 근로 기준법에 어긋난다.
ㄷ. ㉢은 청소년 근로자이므로 법 위반이 아니다.
ㄹ. ㉣은 청소년 근로자에게 직접 주므로 법 위반이 아니다.

① ㄱ, ㄴ   ② ㄱ, ㄹ   ③ ㄴ, ㄷ
④ ㄱ, ㄷ, ㄹ   ⑤ ㄴ, ㄷ, ㄹ

대단원 마무리 정리

01 형법의 이해

(1) 죄형 법정주의 ☆☆

① 의미: "법률이 없으면 범죄도 없고 형벌도 없다." → "적정한 법률이 없으면 범죄도 없고 형벌도 없다."

② 내용(파생 원칙): 관습 형법 금지의 원칙, ① _____ , 적정성의 원칙, 소급효 금지의 원칙, 유추 해석 금지의 원칙

(2) 범죄의 의미와 성립 요건

의미	형법에 의해 금지되어 형벌의 부과 대상이 되는 행위
성립 요건	• 구성 요건 해당성, ② _____ , 책임 • 위법성 조각 사유: 정당 행위, 정당방위, 긴급 피난, 자구 행위, 피해자의 승낙 • 책임 조각 사유: 형사 미성년자(14세 미만) 또는 심신 상실자의 행위, 피할 수 없는 강요된 행위

→ 범죄인의 생명, 자유, 명예, 재산 등을 박탈하는 것

(3) 형벌과 보안 처분

→ 범죄자의 사회 복귀와 사회 질서의 보호라는 목적을 달성하기 위한 대안적 제재 수단

형벌의 종류 ☆	사형, ③ _____ , 금고, 구류, 자격 상실, 자격 정지, 벌금, 과료, 몰수
보안 처분의 종류	치료 감호, 보호 관찰, 수강 명령, 사회봉사 명령 등

02 형사 절차와 인권 보장

(1) 수사

의미	범죄가 발생하였거나 발생한 것으로 생각되는 경우 범인을 찾고 증거를 수집하는 활동
원칙	불구속 수사 원칙 → 예외적으로 필요한 경우 ④ _____ 으로부터 영장을 발부받아 체포 · 구속 가능
절차	수사 개시 → 수사 → 검찰 송치 → 수사 종결

(2) 형사 재판

기소	검사가 형사 사건에 대하여 법원의 재판을 구하는 행위
형사 재판 절차	모두 절차 → 심리 → 판결 선고

(3) 형의 선고와 집행

① 형의 선고: 실형, 집행 유예, 선고 유예, 무죄 선고

② 형의 집행: 법원 판결로 형이 확정될 경우 검사의 지휘에 따라 형을 집행함

③ ⑤ _____ : 징역 또는 금고형의 집행을 받고 있는 자(수형자)가 개전의 정이 현저하여 재범의 위험성이 없다고 판단되는 때에 형기 만료 전에 일정한 요건을 갖추면 조건부로 석방되는 제도

(4) 국민 참여 재판 ☆☆

→ 형사 사건 중 중(重)한 사건인 지방 법원 합의부 관할 사건에만 적용됨

① 지방 법원 합의부 관할 사건에 대해 국민이 배심원으로 참여하는 형사 재판 제도

② 배심원 평결은 권고적 효력만 가지므로 판사는 평결과 다르게 판결할 수 있음

정답 ① 명확성의 원칙
② 위법성
③ 징역
④ 법관(판사)
⑤ 가석방 제도

Self Note

(5) 소년 사건 ☆☆ → 촉법 소년이며 경찰서장이 바로 가정 법원 소년부로 송치함

① 10세 이상 14세 미만: 소년법상 보호 처분

② 14세 이상 19세 미만: 소년법상 보호 처분, 형벌
→ 범죄 소년이며 일단 검찰로 송치된 후 검사의 판단에 따라 기소되거나 가정 법원 소년부로 송치됨

(6) 인권 보장 제도 및 원칙 ☆☆

형사 절차	무죄 추정의 원칙, 적법 절차의 원칙, 진술 거부권, 변호인의 조력을 받을 권리
수사 절차	영장 제도, 구속 전 피의자 심문 제도, 구속 적부 심사 제도
범죄 피해자	범죄 피해자 구조 제도, 형사 보상 제도, 배상 명령 제도, 명예 회복 제도

03 근로자의 권리

(1) 근로자의 권리 보호

① 근로 3권: 단결권, ①   , 단체 행동권

② 근로 계약
→ 쟁의 행위(동맹 파업·태업·보이콧·생산 관리·피케팅)를 할 수 있는 권리

• 임금 통화 형태로 매월 1회 이상 일정한 날짜에 근로자에게 직접 전액 지급

• 근로 시간: 휴게 시간을 제외하고 원칙적으로 1일 8시간, 1주 ②   을 초과할 수 없음

• 사용자와 근로자가 합의한 경우 연장 근로 가능 → 1주 12시간 이내

• 휴게 시간: 근로 시간이 4시간인 경우 30분 이상, 8시간인 경우 1시간 이상

• 휴일: 소정의 근로일을 개근한 근로자에게 일주일에 평균 1회 이상의 유급 휴일을 주어야 함

(2) 근로자 권리의 침해와 구제

부당 해고 ☆☆	• 정당한 이유와 절차 없이 정당한 해고의 요건을 지키지 않고 해고하는 경우 • 지방 노동 위원회 → 중앙 노동 위원회 → 행정 법원(3심제) • 노동 위원회를 거치지 않고 바로 법원에 해고 무효 확인 소송(민사 소송) 제기 가능 • 부당 해고를 당한 근로자 개인만 구제 절차 신청 가능 → 노동조합은 안 됨
부당 노동 행위 ☆☆	• 근로자의 근로 3권을 침해하는 사용자의 행위 • 지방 노동 위원회 → 중앙 노동 위원회 → 행정 법원(3심제) • 근로자 개인뿐만 아니라 ③ 도 구제 절차를 밟을 수 있음

(3) 청소년의 근로 보호
→ 가정 법원은 지정된 미성년 후견인이 없는 경우에는 직권으로 또는 미성년자, 친족, 이해관계인, 검사, 지방 자치 단체의 장의 청구에 의하여 미성년 후견인을 선임함

취업 연령 제한	• 15세 미만인 자(중학교에 재학 중인 18세 미만인 자 포함)는 원칙적으로 근로를 할 수 없음 • 18세 미만인 자를 근로자로 고용하는 사용자는 그 연령을 증명하는 가족 관계 증명서와 부모(친권자 또는 후견인)의 동의서를 사업장에 비치하여야 함
근로 시간	• 18세 미만인 근로자의 근로 시간은 원칙적으로 1일 7시간, 1주 ④ 을 넘지 못함 • 연장 근로에 합의하더라도 1일 1시간, 1주 ⑤ 을 초과할 수 없음
근로 계약과 임금 ☆☆	• 부모(친권자나 후견인)의 동의를 얻어 본인이 직접 근로 계약 체결, 부모가 대리할 수 없음 • 성인 근로자와 같이 최저 임금 제도 적용, 독자적으로 임금 청구 가능

📖 ① 단체 교섭권
② 40시간
③ 노동조합
④ 35시간
⑤ 5시간

▶ 20583-0210

01 A~C에 해당하는 사례가 옳게 연결된 것만을 〈보기〉에서 있는 대로 고른 것은?

> 범죄는 형법에 의해 금지되어 형벌의 부과 대상이 되는 행위이다. 범죄가 성립하기 위해서는 구성 요건 해당성, 위법성, 책임의 요건을 모두 갖추어야 하다. 예를 들면 구성 요건에 해당하지 않거나(A), 구성 요건에는 해당하나 위법성이 없는 경우(B), 구성 요건 해당성과 위법성은 있으나 책임이 없는 경우(C)에는 범죄가 성립하지 않는다.

┤보기├
ㄱ. A-갑은 음식점에서 타인의 우산을 훔칠 생각으로 우산을 들고 나왔는데 자신의 우산을 가져왔다.
ㄴ. B-을은 달려오는 차를 피할 방법이 없어 어쩔 수 없이 옆 가게의 문을 부수고 들어갔다.
ㄷ. B-병(10세)은 편의점에서 음료수와 과자를 훔쳤다.
ㄹ. C-정은 심신 상실의 상태에서 옷 가게에 들어가 옷을 훔쳤다.

① ㄱ, ㄷ   ② ㄱ, ㄹ   ③ ㄴ, ㄷ
④ ㄱ, ㄴ, ㄹ   ⑤ ㄴ, ㄷ, ㄹ

02~03 다음 글을 읽고 물음에 답하시오.

> (가) 선고 유예, 집행 유예, 가석방 처분 등을 받은 경우 범죄인을 교도소나 기타의 시설에 수용하지 않고 사회생활을 영위하게 하면서 보호 관찰관의 지도·감독을 받도록 한다.
> (나) 심신 장애 상태, 마약류·알코올이나 그 밖의 약물 중독 상태 등에서 범죄 행위를 한 자로서 재범의 위험성이 있어 특수한 교육·개선 및 치료가 필요하다고 인정되는 자에 대해 치료 감호 시설에서 적절한 보호와 치료를 받도록 한다.

단답형
▶ 20583-0211
02 (가), (나) 제도를 각각 쓰시오.

서술형
▶ 20583-0212
03 (가), (나) 제도의 공통적인 의의를 서술하시오.

▶ 20583-0213

04 갑에 대한 수사 절차 (가)~(다)에 대한 설명으로 옳은 것은?

(가) 갑은 상해죄 혐의로 체포되어 구속 수사를 받았다.
↓
(나) 갑은 구속 적부 심사를 청구하였다.
↓
(다) 검사는 갑을 기소하였다.

① (가)의 체포를 위해서는 구속과 달리 법관이 발부한 영장이 필요 없다.
② (가)에서 갑에 대한 영장 실질 심사가 검사에 의해 이루어졌을 것이다.
③ (나)의 청구가 인용되면 갑은 기소되지 않는다.
④ (나)의 청구가 기각되면 갑에게 무죄 추정의 원칙이 적용되지 않는다.
⑤ (다)로 인해 갑은 피의자에서 피고인 신분이 된다.

▶ 20583-0214
05 형사 절차 (가)~(마)에 대한 설명으로 옳지 않은 것은?

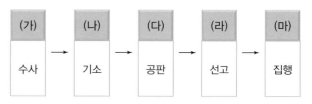

(가) 수사 → (나) 기소 → (다) 공판 → (라) 선고 → (마) 집행

① (가)는 피의자에 대해 불구속으로 이루어지는 것이 원칙이다.
② (나)는 검사에 의해서만 이루어진다.
③ (다)에서 재판의 당사자는 검사와 피고인이다.
④ (라)에서 유죄 판결을 받으면 피고인은 구금된다.
⑤ (마)에서 집행 유예를 받은 사람은 가석방 처분을 받을 수 없다.

06~07 다음 사례를 읽고 물음에 답하시오.

> 갑은 퇴근길에 을에게 폭행을 당하여 전치 10주의 상해를 입었다. 을에 대한 형사 재판이 진행되는 중에 갑은 민사 소송을 따로 제기하지 않고 A 제도를 활용하여 형사 법원 의 판사에게 민사상 손해 배상 명령을 내려달라고 요청하 였고 결국 500만 원의 손해 배상 명령을 받았다.

〔단답형〕　　　　　　　　　　　▶ 20583-0215

06 범죄 피해자를 보호하기 위한 A 제도를 쓰시오.

〔서술형〕　　　　　　　　　　　▶ 20583-0216

07 A 제도를 통해 민사적 손해 배상 명령을 받아낼 수 있는 요건을 한 가지만 서술하시오.

　　　　　　　　　　　　　　　▶ 20583-0217

08 갑~정에 대한 옳은 법적 판단만을 〈보기〉에서 고른 것은?

> • 갑은 절도죄 혐의로 구속 수사를 받았으나 불기소 처분을 받았다.
> • 을은 절도죄 혐의로 불구속 수사를 받았으나 기소 되어 1심 법원에서 무죄 판결을 받았다.
> • 병은 절도죄 혐의로 구속 재판을 받았으나 1심 법 원, 2심 법원에서 무죄 판결을 받았다.
> • 정은 절도죄 혐의로 불구속 재판을 받았으나 대법 원에서 무죄 판결을 받았다.

〔보기〕
ㄱ. 갑과 달리 병은 형사 보상을 청구할 수 있다.
ㄴ. 1심 법원 판결 후 을에게는 무죄 추정의 원칙이 적용되지 않는다.
ㄷ. 병은 2심 법원 판결 후 구금되지 않고 석방될 것 이다.
ㄹ. 정에 대한 대법원의 판결에 대해 검사는 헌법 소 원을 제기할 수 없다.

① ㄱ, ㄴ　② ㄱ, ㄷ　③ ㄴ, ㄷ　④ ㄴ, ㄹ　⑤ ㄷ, ㄹ

　　　　　　　　　　　　　　　▶ 20583-0218

09 다음은 갑에 대한 형사 절차를 간단하게 나타낸 것이다. 이에 대한 설명으로 옳지 **않은** 것은? (단, (가), (나)는 각각 형 사 법원, 가정 법원 소년부 중 하나이다.)

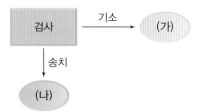

① 갑의 연령은 14세 이상 19세 미만이다.
② (나)는 갑에게 형벌을 부과할 수 없다.
③ 검사는 (나)로 송치하면서 갑에게 선도 조건부 기소 유 예 처분을 내릴 수 있다.
④ 갑은 (가)에서 형벌, (나)에서 소년법상 보호 처분을 동 시에 받지는 않는다.
⑤ (가)는 갑에게 소년법상 보호 처분을 부과할 필요가 있 다고 판단하면 (나)로 송치할 수 있다.

　　　　　　　　　　　　　　　▶ 20583-0219

10 다음 사례에 대한 법적 판단으로 옳은 것은?

> • 갑은 평소 지각이 잦다는 이유로 회사로부터 구두로 해 고 통보를 받았다. 갑은 자신에 대한 해고가 부당하다 고 판단하여 구제 절차를 거치려고 한다.
> • ○○ 회사에 다니던 을은 노동조합 활동에 적극적이었 는데, '노동조합에 가입하면 퇴사하겠다.'는 근로 계약 서상의 내용을 근거로 해고되었다. 을은 자신에 대한 해 고가 부당하다고 판단하여 구제 절차를 거치려고 한다.

① 을은 ○○ 회사를 상대로 행정 소송을 제기할 수 있다.
② 을과 달리 갑은 해고 무효 확인 소송을 제기할 수 있다.
③ ○○ 회사는 을의 단체 행동권을 침해하는 부당 노동 행위를 하였다.
④ 갑과 달리 을의 해고에 대해서는 노동조합이 노동 위원 회에 구제 신청을 할 수 있다.
⑤ '노동조합에 가입하면 퇴사하겠다.'는 근로 계약서상의 내용으로 인해 을과 ○○ 회사의 근로 계약은 전체가 무효이다.

▶ 20583-0220

1 죄형 법정주의의 파생 원칙 A, B를 옳게 연결한 것은?

- 1심 법원은 갑의 행위가 해당 법률에 범죄로 규정되어 있지 않음에도 불구하고 이와 비슷한 법률의 규정으로 갑에게 유죄를 판결하였다. 이에 2심 법원은 1심 법원의 판결이 A 원칙에 어긋난다며 갑에게 무죄를 선고하였다.
- 형법 제1조 제1항에는 '범죄의 성립과 처벌은 행위 시의 법률에 의한다.'라고 규정되어 있으나 제2항에는 '범죄 후 법률의 변경에 의하여 그 행위가 범죄를 구성하지 아니하거나 형이 구법보다 경한 때에는 신법에 의한다.'라고 규정되어 있어 B 원칙의 예외를 인정하고 있다.

	A 원칙	B 원칙
①	적정성의 원칙	명확성의 원칙
②	적정성의 원칙	유추 해석 금지의 원칙
③	명확성의 원칙	소급효 금지의 원칙
④	소급효 금지의 원칙	유추 해석 금지의 원칙
⑤	유추 해석 금지의 원칙	소급효 금지의 원칙

▶ 20583-0221

2 밑줄 친 ㉠~㉤에 대한 설명으로 옳은 것은?

> 갑은 살인죄 혐의로 ㉠ 구속 수사를 받았다.
>
> ↓
>
> 검사는 갑을 ㉡ 구속 기소하였다.
>
> ↓
>
> 1심 법원은 갑에게 ㉢ 징역 2년을 선고하였다.
>
> ↓
>
> 2심 법원은 갑에게 ㉣ 징역 1년에 집행 유예 2년을 선고하였다.
>
> ↓
>
> 대법원은 ㉤ 2심 법원의 판결을 확정하였다.

① ㉠에 대해 갑은 검찰청에 구속 적부 심사를 청구할 수 있다.
② ㉡으로 인해 갑은 진술 거부권을 갖는다.
③ ㉢의 선고로 인한 형벌은 징역이 부과되지 않는다.
④ ㉣ 직후 갑은 구금되지 않고 석방된다.
⑤ ㉤ 이후 갑은 가석방 제도를 통해 석방될 수 있다.

▶ 20583-0222

3 〈자료1〉, 〈자료2〉에 대한 옳은 설명만을 〈보기〉에서 있는 대로 고른 것은?

〈자료 1〉 범죄의 성립 요건 판단

구분	A	B	C	D
구성 요건에 해당합니까?	예	예	예	아니요
위법성이 있습니까?	예	예	아니요	고려하지 않음
책임이 있습니까?	예	아니요	고려하지 않음	고려하지 않음

〈자료 2〉 형사 재판 사례

사례 1	갑이 자신의 아들 을에게 갑자기 달려드는 개를 발로 차서 개를 다치게 한 행위는 타인의 법익에 대한 현재의 위난을 피하기 위한 행위로서 상당한 이유가 있는 행위에 해당한다.
사례 2	병이 지나가던 행인을 폭행하여 상해를 입힌 사건에서 병은 폭행 당시 심신 장애로 판단 능력이 약해진 상태였던 것으로 볼 여지가 있다.

▎보기 ▶

ㄱ. 형사 미성년자의 행위는 D에 해당하여 범죄가 성립하지 않는다.
ㄴ. 갑의 행위에 대해 법원은 C로 보아 범죄가 성립하지 않는다고 판단하였다.
ㄷ. 피할 수 없는 강요된 행위는 B에 해당되어 범죄가 성립하지 않는다.
ㄹ. 병의 행위에 대해 법원은 A로 보아 범죄가 성립한다고 판단하였다.

① ㄱ, ㄴ   ② ㄱ, ㄹ   ③ ㄴ, ㄷ
④ ㄱ, ㄷ, ㄹ   ⑤ ㄴ, ㄷ, ㄹ

▶ 20583-0223

4 다음 서식과 관련한 옳은 설명만을 〈보기〉에서 고른 것은?

A

피고인: 갑   배상 신청인: 을

신청 취지

피고인은 배상 신청인에게 금 5백만 원을 배상하라.

◀ 보기 ▶

ㄱ. 을은 피고인 갑에 대한 형사 재판에서 원고이다.

ㄴ. A는 상해죄 등 일정한 형사 사건에만 적용될 수 있다.

ㄷ. 피고인 갑이 무죄인 경우에도 A로 인한 신청이 받아들여질 수 있다.

ㄹ. 을이 민사 소송을 통해 갑으로부터 손해 배상액 5백만 원을 받았다면 A를 신청할 수 없다.

① ㄱ, ㄴ ② ㄱ, ㄷ ③ ㄴ, ㄷ ④ ㄴ, ㄹ ⑤ ㄷ, ㄹ

▶ 20583-0224

5 밑줄 친 ㉠~㉢에 대한 옳은 법적 판단만을 〈보기〉에서 고른 것은?

갑은 을(18세)과 병(19세)이 정을 폭행하고 있는 것을 보고 을과 병을 제지하려 하였다. 이에 을과 병은 흉기를 꺼내 갑을 찌르려 하였고, ㉠ 갑은 이를 피하려다 을과 병에게 상해를 입혔다. 을과 병이 계속해서 갑을 위협하자 ㉡ 갑은 어쩔 수 없이 옆집 대문을 부수고 들어가 숨었다. 출동한 경찰에 의해 을과 병은 체포되어 ㉢ 형사 절차가 진행되었다. 그러나 을과 병이 갑을 고소하여 갑에 대한 ㉣ 형사 절차가 진행되었다.

◀ 보기 ▶

ㄱ. 부서진 대문의 주인이 갑을 고소하여 재판이 진행되었다면 ㉡으로 인해 책임이 조각되어 범죄가 성립하지 않았을 것이다.

ㄴ. ㉢에서 을과 달리 병은 형벌을 받을 수 있다.

ㄷ. ㉢에서 병과 달리 을에게 선도 조건부 기소 유예 처분을 내릴 수 있다.

ㄹ. ㉣에서 갑이 무죄 판결을 받았다면 ㉠이 위법성 조각 사유에 해당하기 때문이다.

① ㄱ, ㄴ ② ㄱ, ㄷ ③ ㄴ, ㄷ ④ ㄴ, ㄹ ⑤ ㄷ, ㄹ

▶ 20583-0225

6 다음 사례에 대한 옳은 법적 판단만을 〈보기〉에서 고른 것은?

• 갑은 소매치기 직후 도주하고 있는 A를 추격하여 체포한 후 경찰에 인계하였다.

• 을은 자신에게 달려오는 트럭을 피하기 위해 어쩔 수 없이 B의 가게 유리창을 깨고 가게로 들어갔다.

• 병은 옆집에 사는 친구인 C가 자신의 아버지 노트북을 사용해도 좋다고 하여 C의 아버지의 허락 없이 노트북을 가져갔다.

• 정은 심신 장애로 인해 사물을 변별할 능력이 없는 상태에서 지나가던 D를 폭행하여 전치 6주의 상해를 입혔다.

◀ 보기 ▶

ㄱ. 갑과 달리 을의 행위는 위법성이 조각되어 범죄가 성립하지 않는다.

ㄴ. 병의 행위는 피해자의 승낙으로 위법성이 조각되어 범죄가 성립하지 않는다.

ㄷ. 정의 행위는 책임이 조각되어 범죄가 성립하지 않으나 정에게 보안 처분으로 치료 감호를 명할 수는 있다.

ㄹ. 갑~정의 행위는 모두 범죄의 구성 요건에 해당한다.

① ㄱ, ㄴ ② ㄱ, ㄷ ③ ㄴ, ㄷ ④ ㄴ, ㄹ ⑤ ㄷ, ㄹ

▶ 20583-0226

7 밑줄 친 ㉠~㉢에 대한 법적 판단으로 옳은 것은?

경찰은 갑을 상해 혐의로 체포하고 ㉠ 구속 수사를 한 후 사건을 ㉡ 검찰에 송치하였다. 검사는 갑을 상해 혐의로 기소하였고, 갑의 의사에 따라 ㉢ 국민 참여 재판이 진행되었다. 1심 법원은 갑의 행위가 위법성 조각 사유에 해당한다고 판단하여 ㉣ 무죄를 선고하였고, ㉤ 2심 법원은 갑에게 징역 1년에 집행 유예 2년을 선고하였다.

① ㉠은 구속 적부 심사를 통한 법관의 영장 발부가 필요하다.

② ㉡ 직후 갑은 피고인 신분이 된다.

③ ㉢은 형사 재판뿐만 아니라 민사 재판에도 적용된다.

④ 피할 수 없는 강요된 행위는 갑이 ㉣을 받는 사유와 같다.

⑤ ㉤은 고등 법원일 것이다.

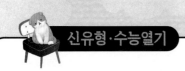
▶ 20583-0227

8 다음 자료에 대한 옳은 설명만을 〈보기〉에서 고른 것은?

취업 동의서

1. 법정 대리인: 갑
2. 청소년(연소) 근로자: 을
3. 사업장: ◇◇ 식당
4. 사용자: 병

본인은 을의 법정 대리인으로서 을이 ◇◇ 식당에서 근로를 하는 것에 동의합니다.

2019년 6월 10일   법정 대리인 갑 (서명)

〈보기〉

ㄱ. 위 서류를 바탕으로 갑이 직접 근로 계약을 체결해야한다.
ㄴ. 위 서류를 바탕으로 계약이 체결되면 을은 갑의 동의없이 임금을 청구할 수 있다.
ㄷ. 위 서류를 바탕으로 근로 계약이 체결되면 병은 갑의통장에 을의 임금을 입금할 수 없다.
ㄹ. ◇◇ 식당이 청소년 유해 업소라도 갑이 동의했으므로 을과 병은 근로 계약을 체결할 수 있다.

① ㄱ, ㄴ   ② ㄱ, ㄷ   ③ ㄴ, ㄷ   ④ ㄴ, ㄹ   ⑤ ㄷ, ㄹ

▶ 20583-0228

9 다음 사례에 대한 법적 판단으로 옳은 것은?

갑은 상해죄로 고소를 당하고 갑에 대한 구속 영장이 발부되었다. 갑은 5일 동안 구속 수사를 받다가 석방되었지만, 갑에 대한 공소가 제기되었다. 갑은 1심 재판에서 징역 1년형을 선고받았고, ○○ 고등 법원은 갑에게 A를 선고하였으며, 상고심은 원심을 확정하였다.

---

① 갑에 대한 구속 영장은 검사가 발부하였다.
② A가 '무죄'라면 갑은 형사 보상을 청구할 수 있다.
③ A가 '유죄'라면 갑이 아닌 검사가 상고하였을 것이다.
④ 갑에 대한 공소 제기로 인해 갑은 변호인의 조력을 받을 권리가 생긴다.
⑤ 갑이 구속 수사 후 석방된 것은 구속 전 피의자 심문 제도에 의해서이다.

▶ 20583-0229

10 그림은 A~C에 대한 형사 절차를 구분한 것이다. 이에 대한 옳은 설명만을 〈보기〉에서 고른 것은? (단, A~C는 각각 8세, 12세, 15세 중 하나이다.)

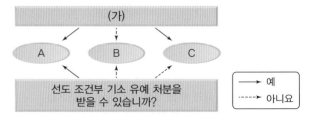

〈보기〉

ㄱ. (가)에 '가정 법원 소년부로 송치될 수 있습니까?'가들어갈 수 없다.
ㄴ. (가)에 '책임이 조각되어 범죄가 성립하지 않습니까?'가 들어갈 수 없다.
ㄷ. B가 12세라면 A는 C와 달리 형벌이 아닌 소년법상 보호 처분을 받는다.
ㄹ. C가 8세라면 A, B는 소년법의 적용을 받을 수 있다.

① ㄱ, ㄴ   ② ㄱ, ㄷ   ③ ㄴ, ㄷ   ④ ㄴ, ㄹ   ⑤ ㄷ, ㄹ

▶ 20583-0230

11 다음 사례에 대한 옳은 설명만을 〈보기〉에서 고른 것은?

○○ 회사는 노동조합의 위원장으로서 파업을 주도했다는 이유로 갑을 해고하였다. ◇◇ 회사는 을의 업무 능력이 떨어진다는 이유로 을에게 구두로 해고를 통보하였다. 이에 갑과 을은 다음과 같은 구제 절차를 거치려고 한다.

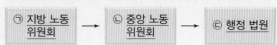

〈보기〉

ㄱ. 을과 달리 갑은 해고 무효 확인 소송을 제기할 수 없다.
ㄴ. 갑과 달리 을의 해고에 대해서는 해당 회사의 노동조합이 ㉠에 구제 신청을 할 수 없다.
ㄷ. ㉠의 결정에 따라 두 회사는 ㉡에 각각 재심을 신청할 수 있다.
ㄹ. 갑, 을 모두 각 회사를 상대로 ㉢에 소송을 제기할 수 있다.

① ㄱ, ㄴ   ② ㄱ, ㄷ   ③ ㄴ, ㄷ   ④ ㄴ, ㄹ   ⑤ ㄷ, ㄹ

VI 국제 관계와 한반도

대단원 한눈에 보기

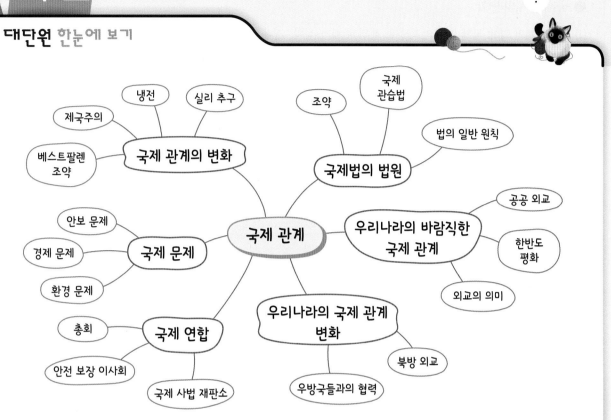

● 국제 관계의 변화

(1) 국제 관계의 의미: 국제 사회의 다양한 행위 주체가 정치, 경제, 사회, 문화 등 여러 영역에서 상호 작용을 통해 만드는 관계

(2) 국제 관계의 특징

① 독립된 주권 국가를 기본 단위로 함
  └ 다른 권력이나 국가로부터 독립되어 간섭을 받지 않고 주권을 온전히 행사할 수 있는 국가

② 무정부성: 국제 문제나 분쟁을 조정하고 해결할 세계 정부가 존재하지 않음

③ 힘의 논리와 국제 규범이 공존함: 자국의 이익을 다른 나라에 강제하기도 하고, 국제법을 존중하며 다른 나라와의 갈등을 평화적으로 해결하기도 함

(3) 국제 관계를 보는 관점

구분	현실주의적 관점	자유주의적 관점
사상적 배경	홉스의 인간관	계몽주의
전제	국가는 자국의 이익 우선시	국가는 이성적 판단 가능
평화 실현 방안	• 힘의 우위 확보 • 동맹 등으로 이룬 세력 균형을 통한 국가의 안전 보장	• 국제법, 국제기구의 중요성 강조 • 집단 안보 체제를 통한 국제 평화 보장 └ 국제 규범과 국제기구를 통해 개별 국가의 안보와 국제 사회의 평화를 확보하고자 하는 전략
한계	• 국가 간 상호 의존적 관계를 간과함 • 복잡한 국제 관계를 정치적 관점에서 지나치게 단순화하여 설명함	자국의 이익을 우선시하고 힘의 논리가 지배하는 현실을 간과함

※ 외부 세력이 침략 의도를 갖지 못하도록 힘의 균형이 존재해야 국가 안보가 가능하다는 입장으로 군사력 증강을 중시하는 전략

(4) 국제 관계의 변화

① 베스트팔렌 조약(1648) 체결: 유럽에서 주권 국가 중심의 새로운 국제 질서 형성

② 제국주의 시대: 19세기 후반 유럽의 강대국들이 경제적 이익의 극대화를 위해 아시아와 아프리카 지역 등에 대한 식민지 쟁탈전을 벌임

③ 제1차 세계 대전(1914~1918): 제국주의 정책으로 인한 국가 간의 충돌로 제1차 세계 대전 발발, 이후 국제 연맹 창설(1920)

④ 제2차 세계 대전(1939~1945): 전체주의 국가와 연합국 간 제2차 세계 대전 발발, 이후 국제 평화 유지를 목적으로 국제 연합 창설(1945)

⑤ 냉전 체제: 미국 중심의 자유 진영과 소련 중심의 공산 진영이 대립하는 냉전 시작
  └ 공산화 위협에 직면한 그리스와 터키에 대한 경제적·군사적 원조 선언인 트루먼 독트린(1947)과 북대서양 조약 기구(NATO), 바르샤바 조약 기구(WTO)의 결성 등이 이 시기의 주요 사건들임

⑥ 냉전 체제의 완화: 닉슨 독트린, 제3 세계 비동맹 국가들의 지위 향상 등

⑦ 탈냉전 시대: 몰타 선언(1989), 독일 통일(1990), 소련의 해체(1991) 등으로 냉전 종식, 민족, 종교, 영토, 자원 등의 분쟁 증가
  └ 미국과 서유럽 등의 자본주의 국가들을 제1 세계, 공산주의 국가들을 제2 세계, 양쪽 모두에 포함되지 않는 국가들을 제3 세계라고 함

◉ **국제 관계의 무정부성**
국내 사회에서는 강제력을 지닌 정부가 국민 간의 다툼을 해결하고 법과 질서를 유지한다. 하지만 국제 사회에는 국제 문제나 분쟁을 조정하고 해결할 수 있는 세계 정부가 존재하지 않아서 국가 간 분쟁 해결 및 불법 행위에 대한 제재가 곤란하다.

◉ **홉스의 인간관**
홉스는 자기 보존 욕구, 경쟁심, 명예에 대한 갈망 등과 같은 인간의 본성으로 인해 국가 성립 이전의 자연 상태를 '만인에 대한 만인의 투쟁 상태'로 보았다.

◉ **베스트팔렌 조약**
종교 개혁을 둘러싼 구교와 신교 간 30년 전쟁(1618~1648)을 끝내기 위해 체결된 조약이다. 이를 계기로 유럽에서 교황의 권위가 약화되고 주권 국가가 국제 관계의 전면에 나서게 되었다.

◉ **국제 연맹**
제1차 세계 대전에서 승리한 연합국을 주축으로 국제 평화를 달성하기 위해 1920년 국제 연맹이 창설되었다. 그러나 미국의 불참, 일본·독일의 탈퇴, 소련의 제명 등으로 강대국의 참여가 부족하였고, 침략국에 대한 군사적 강제력을 행사하지 못하는 한계가 있었다.

◉ **독트린**
국제 관계에서 자국의 정책이나 행동의 기반이 될 원칙을 공식적으로 표명한 것이다.

◉ **냉전 체제의 완화**
냉전이 완화되는 경향이 나타난 1960년대 이후를 데탕트 시기라고 한다. 아시아에 대한 미국의 군사 개입 자제를 선언한 닉슨 독트린(1969) 및 미국 정상의 중국 방문, 중국과 소련의 갈등, 독자 노선을 추구한 프랑스의 소련 및 동유럽에 대한 접근, 경제 대국으로 성장한 일본이 소련 및 중국과 벌인 외교, 제3 세계 비동맹 세력의 부상 등이 그러한 흐름의 주요 사건이다.

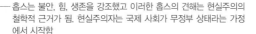 홉스는 불안, 힘, 생존을 강조했고 이러한 홉스의 견해는 현실주의의 철학적 근거가 됨. 현실주의자는 국제 사회가 무정부 상태라는 가정에서 시작함

① 국제 관계를 바라보는 관점: 현실주의적 관점과 자유주의적 관점

> 현실주의는 인간의 본성을 이기적이라고 보고, 자국의 국가 이익을 극대화하려는 국가들 사이의 권력 투쟁이 국제 관계에서 나타난다고 본다. 현실주의는 인간은 이기적이고, 국가 간에는 이익의 조화가 없으며 갈등과 무정부 상태가 일반적이라고 가정한다. 또한 현실주의는 국제 관계의 안정을 위해서 전쟁은 필연적이므로 국가는 힘을 길러 자신을 지키고 자국의 이익을 추구하여야 한다고 본다. 반면, 자유주의는 현실주의에 비해 국가 간 협력과 평화의 가능성을 제시한다. 자유주의는 국가가 안보를 추구하고 서로 경쟁하는 존재이기보다는 국민의 복지를 추구하고 서로 협력하는 존재라고 인식하며, 국제 체제에서 정치력뿐 아니라 경제력과 기술력이 국가 간 정치적 상호 의존을 촉진한다고 주장한다.
>
> – 베일리스 외, 「세계 정치론」 –

분석 | 현실주의적 관점은 국제 사회에서 개별 국가가 자국의 이익을 최우선시한다고 전제한다. 따라서 각국은 국익과 안보를 위해 국제 사회에서 힘의 우위를 확보하거나, 적어도 동맹 등을 통해 위협 세력과 힘의 균형을 유지해야 한다고 본다. 이와 달리 자유주의적 관점은 각국이 국제 관계를 규율하는 법이나 도덕 등 국제 규범을 확립하여 이에 따르거나, 국제기구를 통해 국제 평화 유지 및 공동의 문제 해결에 참여함으로써 공동의 이익을 실현할 수 있다고 본다.

1969년에 미국 대통령 닉슨이 괌에서 아시아에 대한 미국의 군사 개입을 자제하는 선언인 닉슨 독트린을 발표함. 이는 동서간의 냉전 대결 구도를 완화시키는 한편 공산주의 체제와 자본주의 체제의 각 진영 내에서 독자적인 목소리들이 나타나는 계기를 마련함

② 냉전 체제의 형성과 완화, 종식

> 제2차 세계 대전 이후 국제 사회는 자유 진영과 공산 진영으로 나뉘어 이념 및 체제 경쟁을 벌이는 냉전 체제로 진입하였다. 1947년 미국의 트루먼 대통령은 소련에 의한 전복 위협에 직면한 세력을 지원하겠다는 독트린을 발표하고 터키와 그리스에 대한 원조를 선언했다. 이어 소련의 팽창에 대한 봉쇄 정책으로 서유럽의 경제 회복을 위한 마셜 플랜이 시행되었다. 1949년 미국과 서유럽은 북대서양 조약 기구를 결성하여 소련의 군사적 위협에 대응하는 안보 동맹을 출범시켰고, 이에 소련은 동유럽 국가들과 함께 바르샤바 조약 기구를 결성하여 맞섰다. 냉전 체제는 중국과 프랑스, 독일, 일본 등의 부상과 제3 세계의 등장 등으로 인해 서서히 완화되다가 1989년 몰타 선언, 1990년 독일의 통일, 1991년 소련의 해체 등으로 종식되었다.

분석 | 제2차 세계 대전 이후에는 미국 중심의 자유 진영과 소련 중심의 공산 진영이 대립하는 양극 체제가 자리 잡으면서, 이념과 체제를 중심으로 국제 관계가 형성되기도 하였다. 하지만 냉전이 완화되는 시기를 거쳐 1991년 소련의 붕괴와 함께 이념 대립이 사실상 종식되고, 국제 사회는 양극 체제에서 다극 체제로 재편되었다. 그 결과 이념에 따른 갈등은 줄었지만 민족, 종교, 영토, 자원 등 다양한 이유로 발생하는 분쟁은 오히려 증가하고 있다.

---

1 국제 관계를 바라보는 갑과 을의 관점에 대한 설명으로 옳은 것은?

> 갑: 국가는 이성적 존재로 도덕과 윤리에 따라 움직이는 것이 일반적이다.
> 을: 국제 사회는 힘이 없으면 불이익을 당하는 철저한 약육강식의 사회이다.

① 갑은 국제 평화를 위해서 국가 간 세력 균형이 필수적이라고 본다.
② 갑은 국제 사회에서 국가들이 국제 평화보다 자국의 이익을 우선시한다고 본다.
③ 을은 국제 사회를 홉스의 자연 상태로 이해한다.
④ 을은 국제 사회에서 국제법과 국제기구의 역할을 중시한다.
⑤ 갑과 을 모두 개별 국가의 이익은 국제 사회 전체의 이익과 조화를 이룰 수 있다고 본다.

정답과 해설 ▶ 갑은 자유주의적 관점, 을은 현실주의적 관점을 가지고 있다. ③ 자유주의적 관점에서는 국가를 이성적인 판단이 가능한 존재로 보는 반면, 현실주의적 관점에서는 국제 사회를 만인에 대한 만인의 투쟁 상태, 즉 홉스의 자연 상태로 이해한다. **답** ③

2 국제 사회에서 발생한 주요 사건을 시기 순으로 나열하시오.

> ㄱ. 동유럽 국가들의 공산 정권 붕괴, 독일 통일, 소련 해체
> ㄴ. 북대서양 조약 기구(NATO)와 바르샤바 조약 기구(WTO) 결성
> ㄷ. 공산주의와 자본주의 진영의 다원화, 비동맹 국가들의 국제적 위상 강화
> ㄹ. 유럽 열강들이 아시아, 아프리카, 중남미 등에 경쟁적으로 식민지 건설
> ㅁ. 종교적 갈등에서 비롯된 30년 전쟁을 종결짓는 조약 체결의 결과 교황과 황제로부터 독립된 주권 국가 등장

정답과 해설 ▶ ㅁ. 베스트팔렌 조약(1648) - ㄹ. 19세기경 제국주의 시대 - ㄴ. 냉전 체제 형성 - ㄷ. 냉전 체제 완화 - ㄱ. 냉전 체제의 종식 순으로 발생하였다. **답** ㅁ-ㄹ-ㄴ-ㄷ-ㄱ

핵심 개념 정리 01 국제 관계와 국제법

(5) 오늘날의 국제 관계

① 세계화로 국가 간의 상호 의존성 심화

② 자국의 경제적 실리 추구 경향 강화

③ 민족, 종교, 자원, 영토 등에 따른 분쟁 증가

④ 다양한 국제 사회 행위 주체들의 활동 증가

● **국제법**

(1) 국제법의 의미: 다양한 국제 사회 행위 주체들의 행위를 규율하여 국제 질서를 유지하는 규범이나 원칙

(2) 국제법의 의의

① 국제 관계 주체들의 행위 기준과 행동 규범 제공

② 갈등이나 분쟁을 예방하고 해결하는 제도적 수단

③ 국가 간 신뢰를 유지하고 평화를 보장하는 주요 수단

(3) 국제법의 법원(法源)

협약, 협정, 규약, 의정서 등도 조약에 해당함

조약	• 의미: 국가나 국제기구 상호 간에 체결하는 법적 구속력을 가진 합의 • 서로에게 일정한 행위를 하거나 하지 않을 것을 내용으로 하며, 문서 형식의 합의가 일반적임 • 우리나라의 경우 조약의 체결권 및 비준권은 대통령에게 있음(단, 권한을 위임받은 자에 의해서도 체결 가능) • 종류: 양자 조약(당사국이 둘인 경우), 다자 조약(당사국이 셋 이상인 경우) • 사례: 한·미 상호 방위 조약, 한·중 어업 협정, 교토 의정서 등
국제 관습법	• 의미: 국제 사회의 반복적인 관행이 국제 사회에서 법 규범으로 승인되어 효력을 가지게 된 관습 법규 • 국제 관습법이 성립되면 원칙적으로 국제 사회의 모든 국가에 대한 법적 구속력 발생(포괄적 구속력) • 사례: 국내 문제 불간섭 원칙 등
법의 일반 원칙	• 의미: 문명국들이 공통적으로 승인하여 따르는 법의 보편적인 원칙 • 국제 분쟁 발생 시 관련 법규가 없거나 법규의 내용이 명확하지 않을 경우 재판의 준거로 활용 ┌ 권리의 행사와 의무의 이행은 상대방의 신뢰에 어긋나지 않게 신의를 좇아 성실히 해야 함을 강조하는 법의 일반 원칙 • 사례: 신의 성실의 원칙, 권리 남용 금지의 원칙, 손해 배상 책임의 원칙 등 └ 겉으로 보기에는 권리를 행사하는 것처럼 보이지만 실제로는 공공의 복리에 반하기 때문에 권리의 행사라고 할 수 없는 경우 그에 따른 법률 효과도 발생하지 않는다는 원칙

(4) 국제법의 한계

① 국제 사회에는 국제법을 제정할 입법 기구가 존재하지 않아 국제 사회 전반에 적용되는 일반적인 법 제정이 어려움

② 국제법을 강제적으로 집행할 중앙 정부가 존재하지 않아 국제법 위반 행위에 대한 실질적인 제재가 어려움 ┐

이러한 한계에도 불구하고 국제법을 준수해야 한다는 인식은 높아지고 있으며, 국가 간 분쟁의 평화적 해결 수단으로 국제법의 중요성이 더욱 커짐

◉ **국제법과 국내법의 특징**

구분	국제법	국내법
제정	당사국 간의 합의에 의해 형성	권위를 가진 입법부에 의해 제정
적용	• 다수의 국가 사이에 적용 • 국가 상호 관계 혹은 국제기구 등을 규율	한 나라의 주권이 미치는 범위 안에서 적용
구속력	강제적 집행 기구나 집행 수단이 없어 구속력이 약함	• 국가 내의 모든 개인에게 효력을 미침 • 법을 위반하면 처벌이 가해지므로 구속력이 강함

◉ **법원(法源)**

법을 생기게 하는 근거 또는 존재 형식을 말하며, 법관이 재판 기준으로 적용하는 법 규범의 존재 형식으로 크게 성문법과 불문법이 있다.

◉ **조약과 관련된 헌법 조항**

• 제6조 ① 헌법에 의하여 체결·공포된 조약과 일반적으로 승인된 국제 법규는 국내법과 같은 효력을 가진다.

• 제60조 ① 국회는 상호 원조 또는 안전 보장에 관한 조약, 중요한 국제 조직에 관한 조약, 우호 통상 항해 조약, 주권의 제약에 관한 조약, 강화 조약, 국가나 국민에게 중대한 재정적 부담을 지우는 조약 또는 입법 사항에 관한 조약의 체결·비준에 대한 동의권을 가진다.

• 제73조 대통령은 조약을 체결·비준하고, 외교 사절을 신임·접수 또는 파견하며, 선전 포고와 강화를 한다.

◉ **비준**

전권을 위임받은 이가 서명한 국가 간의 조약 등에 대해 대통령 또는 헌법상의 조약 체결권자가 최종적으로 확인하는 절차이다.

◉ **우리나라에서 국제법과 국내법의 관계**

우리나라에서 헌법은 국제법보다 상위의 지위를 가진다. 조약의 경우 정부의 체결 및 국회의 비준 동의를 거쳐 국내법으로 수용되며 국제 관습법은 별도의 절차 없이 국내법으로 수용된다. 특히 헌법 제60조 제1항에 명시된 중요 조약은 국회의 동의가 필수적이다.

③ 국제법의 법원(法源)

— 국제 연합의 사법 기관으로 국제 분쟁의 법적 해결을 위해 설치된 기관

〈국제 사법 재판소 규정 제38조〉

1. 재판소는 재판소에 회부된 분쟁을 국제법에 따라 재판하는 것을 임무로 하며, 다음을 적용한다.
   가. 분쟁국에 의하여 명백히 인정된 규칙을 확립하고 있는 일반적인 또는 특별한 국제 협약
   나. 법으로 수락된 일반 관행의 증거로서의 국제 관습
   다. 문명국에 의하여 인정된 법의 일반 원칙
   라. 법칙 결정의 보조 수단으로서의 사법 판결 및 제국의 가장 우수한 국제법 학자의 학설

분석 | 국제법에는 국가나 국제기구 상호 간 또는 국가와 국제기구 간의 명시적인 합의로 성립되는 조약, 국제 사회의 일반적 관행과 법적 확신에 기초한 국제 관습법, 법의 일반 원칙 등이 있다. 국제 사법 재판소 규정 제38조에 따르면, 우선적 재판 기준으로 열거하고 있는 것은 조약, 국제 관습법과 법의 일반 원칙이다. 그리고 법칙 결정의 보조 수단으로 들고 있는 판례와 학설이 있다.

④ 국제법의 한계

사람들이 기름을 얻기 위해 고래를 남획해 개체 수가 급격히 줄자 포경 규제를 위한 국제적 움직임이 시작됐다. 1986년 국제 포경 위원회(IWC)는 전 세계의 상업적 포경을 금지했다. 처음에는 반발하던 일본도 1988년부터 포경 금지에 동참했다. 그러나 일본은 연구 목적이라는 미명 아래 고래를 대량으로 계속 잡으면서 국제 사회와 마찰을 빚었고, 급기야 호주 정부가 국제 사법 재판소(ICJ)에 제소하는 사태까지 이르렀다. 재판소는 2014년 남극해에서 일본의 포경을 금지하는 판결을 내렸지만, 일본은 "옛날부터 고래를 식량과 여러 용도로 이용하는 문화와 생활이 구축돼 왔다."는 이유를 들며 국제 포경 위원회의 탈퇴와 상업 포경의 재개를 선언했다.　　　　　　　　　　　- ○○신문, 2018. 12. 27. -

분석 | 국제 사회에는 국제 사법 재판소의 판결 내용을 해당 국가가 이행하도록 강제할 수 있는 집행 기구가 존재하지 않는다. 따라서 일본이 국제 사법 재판소의 판결 내용을 따르지 않아도 이를 제재할 수 있는 수단이 존재하지 않는다. 또한 조약과 같은 국제법의 적용에는 국가 간의 권력 관계가 반영된다. 가령 약소국이 국제법을 위반하면 강대국에 의해 제재를 받을 수 있지만, 강대국의 국제법 위반에 대해서는 비난을 할 수 있을 뿐 실질적인 제재 조치를 취하기는 어렵다.

— 법의 집행이나 법을 위반한 국가에 대한 제재가 현실적으로 곤란함

③ 국제법의 법원(法源) A, B에 대한 설명으로 옳은 것은?

A는 국가 간, 국가와 국제기구 간, 혹은 국제기구 간에 체결된 합의로 주로 문서의 형식으로 이루어진다. B는 국제 사회의 반복적인 관행이 법적 확신을 얻어 법적 효력을 가지게 되는 것이다.

① A는 보편적인 법의 일반 원칙을 의미한다.
② A는 우리나라에서 헌법과 같은 효력을 지닌다.
③ B의 예로 국내 문제 불간섭 원칙을 들 수 있다.
④ B는 우리나라에서 국회의 동의 절차를 거쳐야만 법적 효력을 가진다.
⑤ A와 달리 B는 원칙적으로 체결 당사국에게만 법적 구속력을 가진다.

정답과 해설 ▶ A는 조약, B는 국제 관습법이다.

답 ③

④ 자료를 통해 추론할 수 있는 국제 사회의 특징으로 가장 적절한 것은?

1997년 일본에서 지구 온난화를 막기 위한 '교토 의정서'가 채택되었다. 교토 의정서는 선진국들의 온실가스 감축을 의무화하는 것을 주요 내용으로 하였고 미국, 일본, EU 회원국 등 총 38개국이 감축 대상국이 되었다. 그런데 2001년 미국이 자국 산업 보호를 명목으로 교토 의정서에서 탈퇴하였다. 하지만 미국에 대해 국제 사회는 특별한 조치를 가할 수 없었다.

① 강제력을 가진 중앙 정부가 존재한다.
② 국제 문제의 해결은 국제법에 따라 이루어진다.
③ 국제기구를 통해 국가 간 이해관계의 조정이 이루어진다.
④ 국제 관계는 인간의 이타심과 도덕에 근거하여 형성된다.
⑤ 국제법을 위반하는 행위에 대해서 실질적인 제재를 하기 어렵다.

정답과 해설 ▶ 국제 사회에는 국가 간 분쟁을 해결하고 불법 행위를 제재할 중앙 정부가 없다. **답 ⑤**

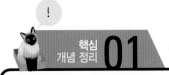

핵심 개념 정리 01 국제 관계와 국제법

● **국제 관계의 행위 주체**

(1) 국가: 일정한 영토와 국민을 바탕으로 주권을 갖는 독립적 행위 주체 → 국제 사회의 가장 기본적인 행위 주체

(2) 초국가적 행위체

① 국가의 범위를 넘어 국제적으로 영향력을 행사하는 행위 주체

② 종류: 정부 간 국제기구, 국제 비정부 기구, 다국적 기업 등
  예) 국제 연합, 유럽 연합 등   예) 국제 앰네스티, 국경 없는 의사회, 그린피스 등

(3) 국가 내부적 행위체

① 한 국가의 일부분이지만, 독자적으로 국제 사회에서 활동하는 행위 주체

② 종류: 지방 자치 단체, 한 국가 내부의 소수 인종, 소수 민족과 이익 집단, 시민 단체 등

(4) 영향력 있는 개인

① 국제적으로 영향력이 강한 인물

② 사례: 강대국의 전직 국가 원수, 저명한 학자 및 예술가, 운동선수 등 국제적 영향력이 강한 인물

◉ **정부 간 국제기구**
국가 간의 협정에 의해 정부가 회원으로 가입해야 하는 국제기구이다.

◉ **국제 비정부 기구**
국경을 넘어 활동하는 시민 개개인 또는 민간단체들에 의해 조직된 국제기구이다.

◉ **다국적 기업**
여러 국가에 걸쳐 자산을 보유한 기업으로서 생산, 마케팅, 연구 개발의 거점을 세계 각국에 두어 체계화된 경영 전략에 따라 세계적 차원에서 사업을 전개하고 있다.

---

5 국제 관계의 행위 주체

• 국제 앰네스티는 인간의 존엄성을 해치는 위협에 맞서 인권을 지키기 위해 활동하는 국제단체이다. 정치적 이데올로기와 종교, 경제적 이익으로부터 독립적인 비정부 기구로 국가와 기업의 지원 없이 회원들의 자발적 후원으로 운영되고 있다.

• 다국적 기업은 세계화 이후 그 영향력과 활동이 확대되고 있으며, 국제 정치에서도 중요한 행위자가 되고 있다. 이러한 다국적 기업의 활동은 국가 간 협력 증진에 기여하기도 하고, 후진국의 경제 성장에 도움을 주기도 하지만 후진국 노동자들을 경제적으로 착취하고, 후진국의 정치적 부패를 조장한다는 비판을 받기도 한다.

• 미국의 지미 카터 대통령은 대통령 재임 당시보다 퇴임 후의 활동으로 더 유 ┌─1977년~1981년
명하다. 그는 퇴임 후 남북한 문제를 비롯한 수많은 지구촌 분쟁에 개입하여 평화 분위기를 조성하는 데 힘썼고, 제3 세계의 발전을 위해 노력하는 등 그 공로를 인정받아 노벨 평화상을 수상하기도 하였다.

분석 | 국제 사회에는 국가 외에도 다양한 행위 주체들이 활동하고 있다. 국제 연합과 같은 정부 간 국제기구는 물론 국경 없는 의사회와 같은 국제 비정부 기구, 다국적 기업 등이 그 대표적 사례이다. 또한 국가 내의 지방 자치 단체나 소수 민족, 소수 인종 등이 독자적으로 국제 행위를 하거나 강대국의 전직 원수나 저명한 학자, 가수, 운동선수 등이 국제 사회에서 영향력을 행사하기도 한다.

5 다음 국제 관계의 행위 주체들이 가지는 공통점은?

• 다국적 기업
• 국경 없는 의사회
• 세계 무역 기구(WTO)

① 국제 비정부 기구에 해당한다.

② 둘 이상의 주권 국가로 구성되는 조직체이다.

③ 국가의 범위를 넘어 국제적으로 영향력을 행사하는 초국가적 행위체이다.

④ 한 국가의 일부분이지만, 독자적 영역을 가지고 국제적으로 활동하는 주체이다.

⑤ 일정한 영토와 국민을 바탕으로 주권을 가지는 국제 사회의 가장 기본적인 행위 주체이다.

정답과 해설 ▶ 초국가적 행위체란 국가를 구성원으로 하거나, 국가의 범위를 넘어 국제적으로 영향력을 행사하는 행위 주체로 정부 간 국제기구, 국제 비정부 기구, 다국적 기업 등이 이에 해당한다. **답③**

01~07 다음 내용이 옳으면 ○표, 틀리면 ×표 하시오.

01 국제 사회에서는 강제력을 가진 중앙 정부가 국제 분쟁을 해결하고 국가의 불법 행위에 대해 제재할 수 있다.

( )

02 자유주의적 관점에서는 세력 균형 전략만이 국제 평화를 보장하는 수단이라고 본다. ( )

03 냉전의 종식 이후 국지적 분쟁의 발생 빈도는 감소하였다.

( )

04 일반적으로 조약 체결의 주체는 국가이지만, 국제기구도 조약 체결의 주체가 될 수 있다. ( )

05 원칙적으로 조약은 체결하지 않은 국가에 대해서도 포괄적 구속력을 지닌다. ( )

06 조약과 국제 관습법은 우리나라에서 헌법과 같은 효력을 가진다. ( )

07 국가는 국제 사회의 가장 기본적인 행위 주체에 해당한다.

( )

08~10 다음 괄호 안의 내용 중 알맞은 말에 ○표 하시오.

08 (닉슨 독트린 / 트루먼 독트린)은 냉전 체제의 완화에 기여하였다.

09 (국내법 / 국제법)은 이를 제정할 입법 기구나 집행할 중앙 정부가 존재하지 않는다.

10 (국내 문제 불간섭 원칙 / 신의 성실의 원칙)은 국제 관습법에 해당한다.

11~14 빈칸에 알맞은 말을 쓰시오.

11 _____ 조약 이후 유럽에서 주권 국가 체제가 일반화되었으며, 근대적 형태의 국제 질서 체제가 구축되었다.

12 홉스의 인간관에 기반을 두어 개별 국가들이 국제 사회에서 자국의 이익을 우선시한다고 보는 관점은 _____ 관점이다.

13 우리나라의 경우 조약의 체결권 및 비준권은 _____에게 있다.

14 제1차 세계 대전에서 승리한 연합국을 주축으로 1920년 _____이/가 창설되었으나, 침략국에 대한 군사적 강제력을 행사하지 못하는 한계가 있었다.

15~17 다음 내용에 해당하는 국제법의 법원을 〈보기〉에서 골라 쓰시오.

┤ 보기 ├
㉠ 조약   ㉡ 국제 관습법   ㉢ 법의 일반 원칙

15 국가나 국제기구 상호 간 또는 국가와 국제기구 간의 명시적인 합의로 성립된다. ( )

16 권리 남용 금지의 원칙, 손해 배상 책임의 원칙 등을 사례로 들 수 있다. ( )

17 국제 사회의 반복적인 관행이 법적으로도 요구되거나 허용된다는 확신을 하게 되는 경우 형성된다. ( )

정답 01 × 02 × 03 × 04 ○ 05 × 06 × 07 ○ 08 닉슨 독트린 09 국제법 10 국내 문제 불간섭 원칙 11 베스트팔렌 12 현실주의적 13 대통령 14 국제 연맹 15 ㉠ 16 ㉢ 17 ㉡

오답 체크 `Tip` 03 영토, 인종, 민족, 종교 등의 이유로 다양한 분쟁과 갈등이 발생하고 있다. 05 조약은 원칙적으로 체결국에게만 효력이 있다.

▶ 20583-0231

01 다음 글에서 추론할 수 있는 국제 사회의 특징으로 가장 적절한 것은?

> 파리 기후 변화 협약은 2020년에 만료되는 교토 의정서를 대체할 새로운 국제 기후 변화 방지 대책으로 2015년 전 세계 195개국이 서명하여 채택하였다. 파리 기후 변화 협약은 지구 평균 기온 상승폭을 산업 혁명 이전보다 2℃ 이상 상승하지 않도록 온실가스 배출량을 단계적으로 감축하는 내용을 담고 있다.

① 국제 사회에서 중앙 정부의 영향력이 증대하고 있다.
② 국제 사회는 공동 문제 해결을 위해 상호 협조하고 있다.
③ 경제적 통상 마찰이나 문화 갈등이 국제 사회의 안정을 위협하고 있다.
④ 이념 대결로 인한 동맹국과의 군사 안보 협력이 최우선 과제로 부각되고 있다.
⑤ 개별 국가 단위로 해결하지 못하는 문제를 담당하기 위해 결성된 국제기구의 영향력이 커지고 있다.

▶ 20583-0232

02 국제 관계를 바라보는 관점 (가), (나)에 대한 설명으로 옳은 것은?

> (가) 국제 사회는 오로지 권력과 같은 힘에 의해 주도된다. 각국은 자국의 이익을 위해 계산적으로 움직일 뿐이므로 배려나 양보를 기대할 수 없다.
> (나) 국제 사회는 보편적인 선이나 국제 규범에 의해 지배되고 있다. 국제적으로 발생하는 다양한 문제들에 대응하기 위해 국가 간에 협력이 이루어진다.

① (가)는 국가를 이성적·도덕적인 존재로 본다.
② (가)는 국제기구를 통해 각국이 평화를 달성할 수 있다고 본다.
③ (나)는 홉스식 자연 상태를 통해 국제 사회를 설명하려고 한다.
④ (나)는 국가 간 상호 의존적 관계를 간과한다는 비판을 받는다.
⑤ (가)는 세력 균형 전략, (나)는 집단 안보 전략을 강조한다.

▶ 20583-0233

03 (가)~(다) 시기에 대한 설명으로 옳은 것은?

(가) 냉전 형성	→	(나) 냉전 완화	→	(다) 냉전 종식

① (가) 이후 베스트팔렌 조약을 통해 주권 국가가 국제 사회에 등장하게 되었다.
② (나)로 인해 전 세계에 유럽 중심의 국제 질서가 형성되었다.
③ (다) 시기에 제3 세계가 등장하여 다극 체제가 형성되었다.
④ (가)와 (나) 시기 사이에는 이념보다 실리를 중시하는 방향으로 국제 관계가 전개되었다.
⑤ (가), (나), (다) 시기에 각각 일어난 주요 사건으로 트루먼 독트린, 닉슨 독트린, 몰타 선언을 들 수 있다.

▶ 20583-0234

04 국제 관계의 행위 주체 (가)~(다)에 대한 옳은 설명만을 〈보기〉에서 고른 것은?

종류	활동 사례
(가)	A는 여러 나라의 민간 회원들이 참여하고 있는 국제적인 환경 보호 단체로 주로 핵실험 반대 및 자연 보호를 목적으로 활동한다.
(나)	갑국의 지방 자치 단체인 B는 을국의 병 주(州)와 자매결연 40주년을 기념하는 행사를 개최하였다.
(다)	스포츠 스타인 C는 갑국의 동계 올림픽 유치를 위한 홍보 대사로 선정된 후 물심양면으로 애써 갑국이 동계 올림픽을 유치하는 데 기여하였다.

보기

ㄱ. (가)는 국가의 범위를 넘어 국제적인 영향력을 행사한다.
ㄴ. (나)는 국제 사회에서 주권을 가진 독립적 행위 주체이다.
ㄷ. 국제 연합의 전(前) 사무총장은 (다)에 해당한다.
ㄹ. (가)~(다)는 모두 한 국가의 일부분이지만, 독자적으로 국제 사회에서 활동하는 행위 주체이다.

① ㄱ, ㄴ ② ㄱ, ㄷ ③ ㄴ, ㄷ ④ ㄴ, ㄹ ⑤ ㄷ, ㄹ

05 (가), (나)에 대한 설명으로 옳은 것은?

▶ 20583-0235

> (가) 난민의 지위에 관한 협약 제22조(공공 교육) 1. 체약국
> 은 난민에게 초등 교육에 대하여 자국민에게 부여하
> 는 대우와 동등한 대우를 부여한다.
> (나) 난민법 제33조(교육의 보장) ① 난민 인정자나 그 자
> 녀가 「민법」에 따라 미성년자인 경우에는 국민과 동일
> 하게 초등 교육과 중등 교육을 받는다.

① 우리나라에서 (가)의 체결권은 대통령에, 비준권은 국
   회에 있다.
② (가)는 국제 관습법과 달리 원칙적으로 체결 당사국에
   게만 구속력을 지닌다.
③ (나)는 우리나라 지방 의회의 자치 입법권 행사로 만들
   어진 것이다.
④ (나)는 (가)와 달리 문서화되지 않았다는 특징을 지니
   고 있다.
⑤ (가)와 달리 (나)는 헌법의 하위 법규로 인정된다.

단답형

▶ 20583-0236

06 A와 B, 그리고 (가)가 무엇인지 각각 쓰시오.

> • A는 1947년 3월 미국 대통령이 의회에서 선언한 미국
>   외교 정책에 관한 원칙이다. 이 원칙에 입각하여 당시
>   공산 세력의 직접적인 위협에 직면하고 있던 그리스와
>   터키의 정부에 대하여 미국의 경제적 · 군사적 원조가
>   제공되었다.
> • 1969년 미국 대통령은 베트남 전쟁을 계기로 아시아에
>   대한 미국의 군사적 개입을 피하는 것을 주요 내용으로
>   하는 외교 정책인 B를 발표하였다.
> • A는 양극 체제인 (가) 체제가 형성되는 계기를 마련해
>   주었고 B는 군사적 개입을 피함으로써 미 · 소 중심의
>   (가) 체제가 완화되는 계기가 되었다.

07 다음은 헌법 조항의 일부이다. 밑줄 친 ㉠~㉢에 대한
설명으로 옳은 것은?

▶ 20583-0237

> 제6조 ① 헌법에 의하여 체결 · 공포된 ㉠ 조약과 ㉡ 일
> 반적으로 승인된 국제 법규는 ㉢ 국내법과 같은 효력
> 을 가진다.

① ㉠은 문명국들이 공통적으로 승인하여 따르는 법의 보
   편 원칙이다.
② ㉡의 예로는 '국내 문제 불간섭 원칙'이 있다.
③ ㉠, ㉡은 국제 사회에서 포괄적 구속력을 가진다.
④ ㉠, ㉡의 경우 우리나라에서는 국회의 동의가 있어야
   법적 효력을 갖는다.
⑤ ㉠, ㉡은 ㉢과 달리 강제적으로 집행할 기구가 존재한다.

서술형

▶ 20583-0238

08 다음 글을 통해 추론할 수 있는 국제법의 한계를 두 가
지 서술하시오.

> 국내법은 국가 내의 권위 있는 입법 기관에서 제정하며
> 국가 내 모든 개인에게 효력이 미친다. 그러나 국제 사회
> 에는 입법 기구가 존재하지 않고, 국가 간 필요에 의해 그
> 때마다 당사자 간 협의로 조약이 체결된다. 또한 국제법
> 은 이를 강제적으로 적용하고 집행할 수 있는 기구가 존
> 재하지 않는다. 즉, 국제법의 적용과 집행은 개별 국제 관
> 계 행위 주체의 자발적 의지와 협력에 의존하고 있는 것이
> 다.

핵심 개념 정리 02 국제 문제와 국제기구

● **국제 문제** ─ 개별 국가나 지역을 넘어 여러 국가나 국제 사회 전반에 영향을 미치는 문제

(1) 국제 문제의 양상과 특징

① 국제 문제의 양상 ─ 냉전 체제 종식 이후 국제 사회는 이념과 체제 대결에서 벗어났지만, 국지적 분쟁의 수는 오히려 증가함

평화와 안보 문제	• 양상: 인종 · 민족 · 종교적 갈등과 분쟁, 전쟁, 군비 증강, 테러 등 • 해결 방안: 분쟁 당사국의 상호 존중과 양보, 국제법 강화 및 국제 기구의 중재 역할 강화
경제 문제	• 양상: 빈곤 문제, 자원 문제, 남북문제 등 • 해결 방안: 선진국의 적극적인 원조와 지구촌 의식, 인류 공동의 노력 ─ 식량, 주거, 건강, 교육, 위생 등이 제대로 보장되지 못하는 문제
환경 문제	• 양상: 지구 온난화, 오존층 파괴, 산성비, 수질 오염, 열대림 파괴, 사막화 등 • 해결 방안: 국제적 협력 요청, 민간의 자발적 관심과 노력
기타	난민 문제, 아동 노동 등 인권 관련 문제

② 국제 문제의 특징 ─ 개별 국가들이 지구의 환경 보호보다 자국의 이익을 우선시하는 경우가 많아 환경 문제 해결을 위한 국제 사회의 협력이 쉽지 않은 상황임
- 국경을 초월하여 발생함
- 영향이 다음 세대에까지 이어짐
- 포괄적인 다수에게 무차별적으로 영향을 미침
- 피해 규모 파악과 이에 대한 적절한 보상이 어려움

(2) 국제 문제의 발생 배경과 해결 방안

① 발생 배경: 민족, 인종, 종교 등의 차이와 이를 부정하는 태도, 자국의 이익 추구 경향

② 해결 방안: 국가들 간의 긴밀한 공조와 협력, 지구 공동체 의식에 기반을 둔 다양한 국제 사회 행위 주체들의 노력

● **국제기구** ─ 국제 사회는 국제 협력과 공조 체제를 구축하기 위해 여러 국제기구를 창설하였고, 이를 중심으로 문제를 해결하고 있음

(1) 국제기구의 의의와 유형

① 의의: 평화 유지에 기여, 인권 신장을 위한 활동, 환경 보호 활동 등

② 유형

기준	유형	종류
회원 자격	정부 간 국제기구	국제 연합(UN), 유럽 연합(EU) 등
	국제 비정부 기구	국제 앰네스티(AI), 국경 없는 의사회(MSF) 등
지리적 범위	세계적 국제기구	국제 연합(UN), 세계 무역 기구(WTO) 등
	지역적 국제기구	유럽 연합(EU), 북대서양 조약 기구(NATO) 등
기능적 범위	포괄적 국제기구	국제 연합(UN), 유럽 연합(EU) 등
	제한적 국제기구	세계 무역 기구(WTO), 북대서양 조약 기구(NATO) 등

◉ **테러**
특정 목적을 가진 개인 또는 단체가 폭력을 사용하여 적이나 상대편을 위협하거나 공포에 빠뜨리는 행위이다.

◉ **남북문제**
선진화된 북반구 지역의 국가와 상대적으로 경제 발전이 더딘 남반구 지역의 국가 간에 발생하는 경제적 격차에 따른 갈등을 의미한다.

◉ **국제 앰네스티(AI)**
인권과 관련된 시민 활동을 하는 국제 인권 단체이다. 주로 세계 각국의 인권 침해 상황을 고발하고 이의 시정을 요구한다.

◉ **국경 없는 의사회(MSF)**
세계 최대의 인도주의 국제 의료 구호 조직으로 1971년에 정식 설립되었다. 국가 간 협정의 틀에 묶여 있는 국제 적십자사의 한계를 넘기 위해 만들어진 단체로, 어떤 정부나 이념, 단체로부터도 도움이나 영향력을 받지 않는 순수 민간 자원 봉사 기구이다.

◉ **북대서양 조약 기구(NATO)**
1949년 미국 워싱턴에서 조인된 북대서양 조약을 기초로 미국, 캐나다와 유럽 10개국 등 12개국이 참가해 발족시킨 집단 방위 기구이다. 냉전 체제하에서 구소련을 중심으로 한 동구권의 위협에 대항하기 위한 집단 방위 기구(회원국 일방에 대한 공격을 전화원국에 대한 공격으로 간주)로 창설되었다. 1955년 서독이 NATO에 가입하자 소련 등의 공산권 국가들은 이에 대한 대항 조치로 지역 안보 기구인 '바르샤바 조약 기구'를 창설했다.

① 난민 문제

> 시리아 내전이 악화하면서 수백만 명의 시리아 인이 자국에서 인권을 보장받지 못해 난민이 되었으며, 이들 난민의 수용과 보호 문제는 국제적인 문제가 됨

2014년 실시된 유럽 의회 선거에서 난민 문제는 그 영향력을 입증했다. 선거 결과 반(反)난민을 내세우는 정당들이 대약진하며 유럽 정치 지형을 뒤흔들었다. 유럽 연합(EU)의 개별 회원국 총선이나 대선 등에서도 반난민을 정면에 내세운 정당들이 처음으로 원내에 진출하고 세력을 확대하는 것은 물론 집권에 성공하거나 정권을 연장하였다. 이탈리아와 오스트리아, 헝가리, 폴란드를 비롯한 남유럽 및 동유럽 일부 국가에서는 EU에 맞서 난민을 받아들이지 않겠다는 저항이 거세져 EU내 분란이 격화했다. 난민을 수용해 온 국가에서도 난민에 대한 반감이 커지고 있어 사회 문제가 되고 있다. 이 때문에 2019년 유럽 의회 선거에서도 난민 이슈가 강력한 영향을 끼칠 것으로 예상되고 있다.

– ○○신문, 2019. 05. 19. –

분석 | 오늘날 국제 사회의 문제는 정치, 경제, 사회, 문화 등 거의 전 영역에서 우리 생활과 관련되어 있다. 특히 국제 난민 문제는 빈곤, 내전, 정치적 박해 등에서 시작하여 난민을 수용하는 국가의 입장까지 맞물리면서 복잡한 양상을 띠고 있다. 이것은 어느 한 국가의 노력만으로는 해결이 거의 불가능하므로 전 지구 차원의 공조 노력이 더욱 절실해지고 있다.

② 국제기구

19세기 들어 국제 사회는 유럽을 중심으로 교류가 확대되고 상호 의존성이 커지면서 공통의 관심사를 논의하고 합의점을 도출해야 할 필요성도 점차 커졌다. 특히 전쟁 방지와 국제 질서 유지라는 측면에서 이러한 필요성은 더욱 시급한 것이었다. 이러한 국제기구 혹은 협의체는 1815년 나폴레옹 전쟁의 결과로 체결된 '비엔나 회의'와 '비엔나 체제'가 그 효시라고 할 수 있다. 비엔나 체제는 나폴레옹 전쟁 이전의 상태로 유럽을 되돌리는 것에 목표를 두고 그러한 상태하에서 평화를 추구한 강대국 중심의 회의체였다. 경제 및 사회 분야에서는 18세기부터 시작된 산업 혁명에 힘입어 19세기에는 통신·교통의 발달, 무역의 증가 등으로 국가 간의 접촉이 빈번해져 국제 교류가 더욱 활성화되었다. 교통 문제를 해결하기 위한 기구로 라인강, 엘베강 등을 관리하기 위한 국제 하천 위원회들(River Commissions)이 탄생하였고 통신 문제를 다루기 위해서 1868년에 만국 전기 통신 연합(ITB, 후에 ITU), 1874년에 만국 우편 연합(GPU, 후에 UPU)이 설치되었다. 이와 함께 각국에서 인도적·종교적·경제적·과학적·기술적 문제를 다루는 민간단체들(NGO) 혹은 국제 적십자사(ICRC), 국제 노동 기구(ILO)와 같은 반관반민(半官半民) 단체들도 생겨나기 시작했다.

– 행정안전부 국가기록원 –

분석 | 국제기구에는 국가를 회원으로 하는 정부 간 국제기구와 개인이나 민간단체를 회원으로 하는 국제 비정부 기구가 있다. 국제기구는 국제 사회의 다양한 문제를 해결하기 위하여 경제, 의료 증진 등과 같은 분야에서 활동하며 우리 생활에 큰 영향을 미치고 있다.

> 오늘날의 국제기구는 상호 유기적인 연관을 가지며 기능을 발휘하는 것이 특징임

---

① 밑줄 친 (가)~(나)에 들어갈 내용으로 옳은 것만을 〈보기〉에서 고른 것은?

> 수업 주제: 국제 문제
> (1) 발생 원인: 국가 간 이해관계의 충돌, 민족, 종교, 이념 등의 차이로 인한 갈등 등
> (2) 특징: _____ (가)
> (3) 해결 방안: _____ (나)

《 보기 》
ㄱ. (가)–세계화에 따라 국제 문제가 개별 국가에 미치는 영향의 범위는 축소되고 있다.
ㄴ. (가)–강제성을 가진 기구가 없어 문제 해결을 위한 국가 간의 합의를 도출하기 어렵다.
ㄷ. (나)–이념 대결에서 벗어나 자국의 이익을 추구한다.
ㄹ. (나)–국제법과 국제기구 등을 통해 협력을 제도화한다.

① ㄱ, ㄴ   ② ㄱ, ㄷ   ③ ㄴ, ㄷ
④ ㄴ, ㄹ   ⑤ ㄷ, ㄹ

정답과 해설 ▶ 국제 문제가 개별 국가에 미치는 영향력은 점차 커지고 있으며, 국제 문제 해결을 위해서는 세계 각국이 협력할 수 있는 공조 체제 구축이 필요하다.　　　**답** ④

② 그림에 나타난 국제기구 A~C의 예를 〈보기〉에서 고르시오.

```
정부 간 국제기구입니까?  ---아니요--→ A
          │예
          ↓
포괄적 국제기구입니까?  ---아니요--→ B
          │예
          ↓
          C
```

《 보기 》
ㄱ. 국제 연합(UN)
ㄴ. 국경 없는 의사회(MSF)
ㄷ. 세계 무역 기구(WTO)

정답과 해설 ▶ 국제 연합(UN)은 정부 간, 포괄적 국제기구이고, 세계 무역 기구(WTO)는 정부 간, 제한적 국제기구이다. 국경 없는 의사회(MSF)는 국제 비정부 기구이다.　　**답** A–ㄴ, B–ㄷ, C–ㄱ

(2) 국제 연합(UN)

① 설립 목적

- 전쟁 예방, 국지적인 분쟁 해결, 평화적 분쟁 조정 등 세계적 범위의 평화 유지
- 사회 · 경제 · 문화 등 다양한 분야의 활동을 통한 국가 간 우호와 협력 증진

② 설립 배경

- 제2차 세계 대전 이후 실질적인 권한을 갖는 국제기구의 필요성 대두
- 미국 등 강대국이 주도하고 신생 독립국들이 대거 참여하여 실질적인 국제기구의 역할을 함

③ 주요 기관 ─ 6개 주요 기관과 각종 전문 기구 등으로 구성

총회	• 모든 회원국이 참여하는 최고 의결 기관 • 기능: 국제 평화에 관한 권고, 안전 보장 이사회 비상임 이사국 선출, 새로운 가입국의 승인 등 • 표결 방식: 1국 1표 원칙 적용
안전 보장 이사회	• 국제 평화와 안전 유지에 관한 국제 연합의 실질적 의사 결정 기관 • 기능: 국제 분쟁 조정 절차나 방법 권고, 침략국에 대한 경제 · 외교적 제재나 군사적 개입 • 구성: 5개 상임 이사국(미국, 영국, 프랑스, 러시아, 중국)과 10개 비상임 이사국
국제 사법 재판소	• 국가 간의 분쟁에 대해 국제법을 적용하여 해결하는 사법 기관 • 구성: 국제 연합 총회 및 안전 보장 이사회에서 선출한 국적이 다른 15명의 재판관 • 원칙적으로 분쟁 당사국 간 합의가 있어야 재판 가능 • 당사국의 판결 불복 시 국제 사법 재판소가 취할 수 있는 직접적인 제재 수단이 없음
국제 연합 전문 기구	• 경제 사회 이사회와 협력하여 국제 사회의 분야별 관심사를 전문적으로 조사 · 연구하는 기구 • 국제 연합 교육 과학 문화 기구(UNESCO), 국제 노동 기구(ILO), 세계 보건 기구(WHO), 국제 연합 식량 농업 기구(FAO) 등
기타	사무국, 경제 사회 이사회, 신탁 통치 이사회 등

└ 국제 연합 전문 기구들이 수행하는 경제, 사회, 문화의 여러 활동을 지휘 · 조정할 목적으로 설립

④ 한계

- 안전 보장 이사회 상임 이사국의 거부권 행사로 위기 상황에 대한 적절한 대처가 어려운 경우가 자주 발생함
- 국제 관계의 행위 주체가 국제 연합의 권고안을 따르지 않을 때 국제 문제를 해결하기 위해 강대국의 영향력에 의존하는 경향이 있음
- 회원국들의 분담금 미납에 따른 재정적인 어려움

◉ **안전 보장 이사회의 비상임 이사국**
10개국으로 구성되며, 국제 연합 총회에서 회원국들의 무기명 투표로 매년 5개국을 다시 선출한다. 임기는 2년이며, 중임은 가능하지만 연임은 불가능하다.

◉ **안전 보장 이사회의 표결 방식**
국제 연합(UN) 안전 보장 이사회의 의결 정족수는 절차에 관한 문제의 경우 15개 이사국 중 9개국 이상의 찬성이지만, 국가들의 이해가 걸린 실질적이고 중대한 문제를 결정할 때는 상임 이사국의 반대 없이 9개국 이상의 찬성이 있어야 한다.

◉ **사무국**
국제 연합의 행정 기관으로서 최고 책임자는 사무총장이다. 사무총장은 국제 연합의 행정 사무를 관장하며, 국제 연합을 대표하여 총회나 이사회로부터 위임받은 활동을 수행한다.

─ 국제 연합 신탁 통치령하에 있는 민족이나 집단의 독립을 지원하기 위한 기구인데 현재는 사실상 활동을 멈춘 상태임

◉ **국제 연합의 분담금**
국제 연합은 회원국의 경제력에 따라 분담금을 책정하고 있는데, 몇몇 강대국이 대부분의 분담금을 내는 반면 일부 회원국의 분담금 납부 실적은 저조하다. 따라서 국제 연합의 정책 결정 시 분담금 비율이 높은 강대국의 영향력을 배제하기가 어렵다.

③ 국제 연합(UN) 안전 보장 이사회의 표결 방식

시리아 화학 무기 사태의 진상 조사를 위한 유엔 안전 보장 이사회(안보리) 결의안이 부결됐다. 미국과 러시아가 각각 자국의 입장을 담아 제출한 결의안은 모두 무산됐다. 안보리를 거치면서 오히려 미국과 러시아의 대결 전선이 뚜렷해졌고, 시리아의 군사적 위기감은 한층 고조된 양상이다. 안보리는 뉴욕 유엔 본부에서 회의를 열어 미국이 마련한 '시리아 결의안' 표결에 들어갔으나, 러시아가 거부권을 행사했다. 서방이 주도하는 시리아 결의안에 대한 러시아의 거부권 행사는 이번이 12번째다. 곧이어 러시아가 제출한 또 다른 시리아 결의안이 상정되자, 이번에는 미국·영국·프랑스가 일제히 거부권을 행사했다. 미국을 비롯한 서방 진영과 러시아가 거부권을 주고받으면서 한 치도 물러서지 않겠다는 의지를 공식화한 셈이다. 중국은 미국 주도 결의안에 기권하고, 러시아 주도 결의안엔 찬성표를 던졌다.   – ○○신문, 2018. 04. 11. –

분석 | 국제 연합 안전 보장 이사회의 의결 정족수는 3/5(15개 이사국 중 9개국) 이상이지만, 국가들의 이해가 걸린 실질적이고 중대한 문제를 결정할 때는 상임 이사국 5개국(미국, 영국, 프랑스, 러시아, 중국)의 반대 없이 3/5 이상의 동의가 필요하다. 즉, 상임 이사국들의 거부권을 인정한 다수결제로서 국제 사회의 힘의 논리가 반영되어 있음을 확인할 수 있다.

└─ 이 5개국을 주축으로 하여 탄생한 국제 연합은 국제 사회의 문제를 처리함에 있어 강대국들의 의견 일치가 중요하다고 하는 국제 정치의 현실을 반영하여 이들 5개국에 상임 이사국이 되어 거부권을 행사할 수 있는 권리를 부여함

③ 국제 연합의 주요 기관 A~C에 대한 설명으로 옳은 것은?

- A는 국제 연합 회원국이 모두 참여하는 최고 의결 기관이다.
- B는 국가 간의 분쟁에 대해 국제법에 따른 판결을 내릴 수 있다.
- C는 15개 이사국으로 구성되며, 국제 평화와 안전 유지에 관한 국제 연합의 실질적 의사 결정 기관이다.

① A의 표결 방식에는 국제 사회의 힘의 논리가 반영되어 있다.
② B는 판결에 불복하는 당사국에 대하여 직접 제재를 가할 수 있다.
③ C는 의결 과정에서 회원국 간 동등한 지위를 보장한다.
④ A와 B는 물리적 강제력을 직접 행사할 수 있다.
⑤ A와 C는 B의 재판관을 선출하는 권한이 있다.

정답과 해설 ▶ A는 총회, B는 국제 사법 재판소, C는 안전 보장 이사회이다. 국제 사법 재판소의 재판관은 총회와 안전 보장 이사회의 투표로 선출된다.
답 ⑤

④ 국제 사법 재판소의 한계

니카라과에 반미 정부가 들어서자, 미국은 다른 중미 국가를 보호한다는 이유로 반정부군을 지원하고 니카라과 항만과 해군 기지 등을 공격하였다. 이 사건에 대하여 국제 사법 재판소는 1986년 6월 27일 "미국은 다른 나라의 주권을 침범했으므로 손해 배상금을 지급하라."라는 판결을 내렸다. 그런데 미국은 이 판결을 따를 의무가 없다며 배상금을 지급하지 않았다. 니카라과는 이 문제를 국제 연합 안전 보장 이사회로 가져갔지만 상임 이사국인 미국은 거부권을 행사했다. 니카라과는 다시 국제 연합 총회에 호소했고 94 대 3이라는 압도적 표차로 결의안이 통과됐지만 국제 연합 총회 결의안도 구속력은 없었다. 이후 니카라과에 새로운 정권이 들어서게 되었고 니카라과는 미국으로부터 거액의 원조금을 받는 대가로 1991년 국제 사법 재판소 제소를 취하했다.

분석 | 국제 사법 재판소는 기본적으로 당사국이 소송을 제기하는 데 동의하지 않는 사건에 대해서는 재판을 할 수 없다. 게다가 국제 사법 재판소의 판결을 당사국이 이행하지 않을 경우 직접적으로 제재할 수 있는 수단이 없어 분쟁 당사국들이 판결 내용을 이행하지 않는 경우도 있다.

└─ 강제 관할권 수락 선언과 같은 예외적인 경우를 제외하고 당사국 간 합의가 없는 사건에 대해 강제적 관할권을 행사하지 못함

④ 국제 사법 재판소에 대한 설명으로 옳은 것은?

① 15개국의 이사국으로 구성되어 있다.
② 국제 연합의 회원국에 대해서만 재판할 수 있다.
③ 국제기구나 개인도 재판의 당사자가 될 수 있다.
④ 침략이나 테러 행위에 대한 국제적 제재안을 결의하는 기구이다.
⑤ 기본적으로 분쟁 당사국 간 합의가 있어야 국제 분쟁에 대한 재판 관할권을 갖는다.

정답과 해설 ▶ 국제 사법 재판소는 원칙적으로 당사국 간의 동의가 있는 때에만 재판할 권리를 가진다.
답 ⑤

저절로 암기 | ☐ 1회 (/) ☐ 2회 (/) ☐ 3회 (/)

01~04 다음 괄호 안의 내용 중 알맞은 말에 ○표 하시오.

01 북반구의 선진국과 상대적으로 경제 발전이 뒤처진 남반구의 개발 도상국 간에 발생하는 경제적 격차와 그에 따른 갈등을 (국제 문제 / 남북문제)라고 한다.

02 국제 연합(UN)은 (정부 간 국제기구 / 국제 비정부 기구), (세계적 / 지역적) 국제기구, (포괄적 / 제한적) 국제기구에 해당한다.

03 세계 무역 기구(WTO)는 (정부 간 국제기구 / 국제 비정부 기구), (세계적 / 지역적) 국제기구, (포괄적 / 제한적) 국제기구에 해당한다.

04 (국제 사법 재판소 / 총회)는 원칙적으로 당사국 간의 동의가 있는 때에만 재판할 권리를 가지며 당사국이 판결에 불복하면 직접 제재할 수 없다.

05~08 다음과 관련 있는 국제 연합의 주요 기관을 〈보기〉에서 골라 쓰시오.

┤보기├
ㄱ. 총회　　　　　　　ㄴ. 사무국
ㄷ. 국제 사법 재판소　ㄹ. 안전 보장 이사회

05 국제법에 따라 국가 간의 분쟁을 해결한다. ( )

06 모든 회원국이 참여하는 최고 의결 기관으로 1국 1표 원칙이 적용된다. ( )

07 국제 연합 및 산하 기관의 운영에 대한 사무를 담당한다. ( )

08 국제 평화와 안전 유지에 관한 국제 연합의 실질적 의사 결정을 담당한다. ( )

┌─────────────────────────────────┐
│ 정답 | **01** 남북문제 **02** 정부 간 국제기구, │
│ 세계적, 포괄적 **03** 정부 간 국제기구, │
│ 세계적, 제한적 **04** 국제 사법 재판소 │
│ **05** ㄷ **06** ㄱ **07** ㄴ **08** ㄹ │
│ 오답 체크 Tip │
│ **04** 국제 사법 재판소는 당사국의 판결 불복 │
│ 시 직접 제재할 수 있는 수단이 없다. │
└─────────────────────────────────┘

▶ 20583-0239

01 다음 자료에 나타난 국제 문제에 대한 옳은 설명만을 〈보기〉에서 고른 것은?

┤보기├
ㄱ. 피해에 대한 보상 주체와 대상이 명확하다.
ㄴ. 포괄적인 다수에게 무차별적으로 영향을 미친다.
ㄷ. 최근 국제 관계에서 일시적으로 발생하고 있는 문제이다.
ㄹ. 문제 해결 과정에서 국가 간 공조 체제가 강화될 수 있다.

① ㄱ, ㄴ　　② ㄱ, ㄷ　　③ ㄴ, ㄷ
④ ㄴ, ㄹ　　⑤ ㄷ, ㄹ

▶ 20583-0240

02 표의 (가)~(다)에 해당하는 국제기구를 바르게 연결한 것은?

구분	(가)	(나)	(다)
정부 간 국제기구입니까?	○	○	×
포괄적 기능을 수행합니까?	○	×	×

○: 예, ×: 아니요

	(가)	(나)	(다)
①	국제 연합(UN)	세계 무역 기구(WTO)	국경 없는 의사회(MSF)
②	국제 연합(UN)	유럽 연합(EU)	국제 앰네스티(AI)
③	유럽 연합(EU)	국제 앰네스티(AI)	북대서양 조약 기구(NATO)
④	국제 앰네스티(AI)	국제 연합(UN)	다국적 기업
⑤	북대서양 조약 기구(NATO)	국제 앰네스티(AI)	국경 없는 의사회(MSF)

Educational Broadcasting System

▶ 20583-0241

03 국제 연합의 주요 기관 (가), (나)에 대한 옳은 설명만을 〈보기〉에서 고른 것은?

(가) 안전 보장 이사회   (나) 국제 사법 재판소

◀ 보기 ▶

ㄱ. (가)는 경제적 · 사회적 · 문화적 · 인도적 활동을 지 휘 · 관리한다.

ㄴ. (나)는 조약과 국제 관습법 등의 국제법을 근거로 판 결을 내린다.

ㄷ. (가)의 이사국과 (나)의 재판관이 소속되어 있는 국가 는 동일하게 구성된다.

ㄹ. (나)의 판결을 당사국이 이행하지 않을 경우, (가)는 판결의 이행 권고 또는 필요한 조치에 관한 결정을 내 릴 수 있다.

① ㄱ, ㄴ   ② ㄱ, ㄷ   ③ ㄴ, ㄷ   ④ ㄴ, ㄹ   ⑤ ㄷ, ㄹ

단답형

▶ 20583-0242

04 밑줄 친 ⊙에 들어갈 알맞은 용어를 쓰시오.

〈수행 평가 발표 자료〉

• 학습 활동: 국제 문제를 골라 그 현황을 조사하여 발표 하기

• 선정한 주제: _____⊙_____

• 현황:

(단위: 억 달러)

순위	국가	국내 총생산	대륙
1	미국	18조 6,244	북아메리카
2	중국	11조 2,321	동아시아
3	일본	4조 9,365	동아시아
4	독일	3조 4,792	유럽
5	영국	2조 6,291	유럽
121	가봉	140	아프리카
122	자메이카	139	중앙아메리카
123	니카라과	132	중앙아메리카
124	모리셔스	121	아프리카
125	부르키나파소	121	아프리카

(국제 통화 기금, 2017)

▶ 20583-0243

05 그림은 국제기구 (가)의 조직도이다. 이에 대한 옳은 설 명만을 〈보기〉에서 고른 것은?

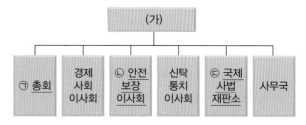

◀ 보기 ▶

ㄱ. (가)는 국제 문제 해결에 강제력을 행사하는 중앙 정 부이다.

ㄴ. ⊙은 회원국이 모두 참여하는 최고 의결 기관이다.

ㄷ. ⓛ의 표결 방식은 국제 관계를 바라보는 현실주의적 관점으로 설명될 수 있다.

ㄹ. ⓒ에는 (가)의 회원국만이 재판을 신청할 수 있다.

① ㄱ, ㄴ   ② ㄱ, ㄷ   ③ ㄴ, ㄷ
④ ㄴ, ㄹ   ⑤ ㄷ, ㄹ

서술형

▶ 20583-0244

06 빈칸 (가), (나)에 들어갈 내용을 각각 서술하시오.

국제 연합은 국제 평화의 실현에 기여하고 있지만, 몇 가 지 극복해야 할 한계도 있다. 우선 안전 보장 이사회가 국 제 평화보다 상임 이사국의 이익을 우선시하는 경향이 나 타날 수 있다. 상임 이사국의 이해관계에 반하는 안건이 의결되기 어려운 이유는 _____(가)_____ 한 편, 국제 사법 재판소의 설립 목적은 국제 분쟁의 평화적 해결이지만, 이를 위해 적극적인 역할 수행을 하기에는 다음과 같은 한계를 지닌다. _____(나)_____ 즉, 당사국에 대해 강제적 관할권*을 일반적으로 행사하 지는 못한다.

*관할권: 재판에 있어서의 관할권은 정해진 바에 따라 어떤 사건의 재판을 담당 할 수 있는 법원의 권한을 의미한다.

● 우리나라 국제 관계의 모습

(1) 우리나라 국제 관계의 변화 ┌ 한반도는 대륙과 해양이 만나는 지정학적 위치상 전략적 요충지로 외세의 침입이 잦았음

① **과거의 국제 관계:** 중국 중심의 동아시아 국제 질서 속에서 중국과의 관계를 중시하며 주변 나라와 관계를 맺음

② 일세 강점기를 거친 후 광복을 맞았으나 남북으로 분단되었고 1950년 6 · 25 전쟁으로 분단이 고착화 됨

③ 탈냉전과 세계화 시대를 맞이하여 주변 국가와 군사, 안보 측면에서 경쟁과 대립이 지속되는 한편, 사회적 · 경제적 측면에서 교류가 활발해지고 상호 의존성도 더욱 커지고 있음

(2) 우리나라의 국제 관계와 국제 문제 ┌ 우리나라는 경제 협력 개발 기구(OECD) 및 세계 무역 기구(WTO)에 가입하여 세계 경제 질서를 준수하고 있으며 여러 나라와 자유 무역 협정(FTA)을 맺거나 진행 중임

안보	북한의 적대적 태도로 인한 한반도 긴장 관계 → 우리나라 안보 및 세계 평화를 위협하는 요인으로 작용, 관련국 간의 전략적 협력 및 주도권 경쟁 공존
역사 갈등	일본의 역사 왜곡, 일본군 위안부 문제, 중국의 동북 공정 사업
무역 경쟁	경제적 실리를 추구하는 과정에서 미국과의 협력과 갈등 경험, 산업 및 기술 측면에서 최대 교역국인 중국과의 경쟁 심화

● 우리나라의 바람직한 국제 관계

(1) 외교 정책

① **외교의 의미:** 한 국가가 국제 사회에서 자국의 이익을 평화적 방법으로 달성하려는 활동

② **외교 정책의 변화:** 외교관들에 의한 공식적인 대외 활동 → 국가의 대외적 목표를 달성하려는 모든 활동 └ 전통적 의미의 외교

③ **외교의 방법:** 설득, 타협, 위협 └ 현대적 의미의 외교

④ **외교의 추세:** 이념이나 명분보다 실리 추구, 지역 내 국가 간 경제 협력의 가속화 └ 국가 간의 외교에서 가장 중요한 활동은 협상으로 각국은 이 과정에서 상대국을 설득하거나 타협하기도 하고, 때로는 정치적 · 군사적 압력을 행사하여 상대국을 위협하기도 하면서 자국의 외교 목적을 달성하기 위하여 노력함

(2) 우리나라 외교 정책의 과제

① **안보 및 평화 통일 외교:** 국가 안보를 확보하고 평화 통일 기반을 조성하기 위해 국제 사회의 협력을 이끌어 내는 외교

② **경제 · 통상 외교:** 부족한 자원과 자본 및 기술의 확보와 통상 증대, 해외 시장 개척을 위한 외교

③ **문화 외교:** 다른 나라 문화에 대한 이해 증진 및 우리 문화의 세계화를 위한 외교

④ **자주적 · 주체적 외교:** 국제 사회에서 우리나라의 독자적인 위상을 확보하기 위한 외교

⑤ **세계화 외교:** 지구촌 공동체의 문제를 해결하는 데 기여하기 위한 외교

◉ **경제적 측면에서 우리나라의 국제 관계**
우리나라는 광복 이후 1990년대 후반까지 미국을 비롯한 여러 나라로부터 공적 개발 원조(ODA)를 받아 이를 바탕으로 고도의 경제 성장을 이루었고, 1996년 경제 협력 개발 기구(OECD)에 가입하였다. 이후 공적 개발 원조를 받던 나라에서 공적 개발 원조를 지원해 주는 나라로 성장하였다.

◉ **동북 공정**
중국 국경 안에서 전개된 모든 역사를 중국 역사로 만들기 위해 2002년부터 중국이 추진한 동북쪽 변경 지역의 역사와 현상에 관한 연구 프로젝트이다. 중국은 동북 공정을 통해 만리장성의 동쪽 끝을 옛 고구려와 발해 지역까지 늘려 발표함으로써 고구려와 발해가 중국의 지방 정권이었다는 왜곡된 주장을 펼치고 있다.

◉ **우리나라 외교 정책의 변화**

1950년대	반공을 바탕으로 한 미국 중심의 외교
1960년대	제3 세계 국가에 대한 외교 강화
1970년대	일부 사회주의 국가에 문호 개방
1980년대 후반	북방 외교, 평화 통일 기반 조성, 경제적 실리 추구
1990년대 이후	이념을 초월한 실리 외교 강화, 대북 포용 정책 추진

◉ **북방 외교**
1980년대 후반 정부가 중국, 소련 또는 동유럽 사회주의 국가들과의 관계 개선을 통해 한반도의 긴장 완화와 평화 정착, 통일 기반 조성을 도모했던 외교 정책을 말한다.

❶ 우리나라의 국제 문제

센카쿠 열도(댜오위다오)는 현재 일본이 실효적으로 지배하고 있으며 일본, 중국(홍콩 포함)과 대만이 영유권을 주장하고 있음. 각국은 센카쿠 열도에 대해 각각 역사적·국제법적으로 자국의 고유 영토라는 인식을 가지고 있음

• 일본은 독도 문제에 대해 독도는 17세기에 일본이 영유권을 확립한 고유 영토라고 하면서 현재도 영유권을 주장하고 있다. 일본은 과거 여러 차례에 걸쳐 국제 사법 재판소에 독도 문제를 제소하려 했다. 하지만 우리나라가 '독도가 우리 고유의 영토이므로 그 권리를 확인받을 이유가 없다.'는 이유로 이를 거부하여 제소는 무산되었다. 국제 사법 재판소는 원칙적으로 분쟁 당사국이 다 동의하여야 재판을 할 수 있으므로 일본만 제소할 경우 국제 사법 재판소에서 독도 문제를 다룰 수는 없다.

• 중국은 2013년 실질적 영유권 주장을 강화하기 위해 센카쿠 열도(댜오위다오)와 이어도를 포함한 주변 배타적 경제 수역 상공을 중국 방공 식별 구역*으로 선포했다. 더불어 인근 해역에 수시로 함정과 항공기를 보내서 무력시위를 하고 있다. 이에 따라 중국이 이어도 문제를 영토 분쟁화할 것을 우려하는 목소리가 커지고 있다.

*방공 식별 구역 : 자국 영공으로 접근하는 군용 항공기를 조기에 식별하기 위해 영공 외곽의 공해 상공에 설정한 구역

분석 | 국내 갈등과 달리 국제 갈등은 당사국의 주권과 직접 연관된 것이기 때문에 해결하기가 매우 어렵다. 특히 영토나 역사를 둘러싼 갈등은 국가 간 주권 충돌의 양상으로 나타나 해결안을 마련하기가 쉽지 않다. 우리나라를 둘러싼 국제 문제를 해결하기 위해서는 한반도를 포함한 동아시아의 복잡한 역사적·문화적 맥락을 이해할 필요가 있다. 또한 주변국과의 협력을 도모하고, 상대국과의 충분한 논의를 통해 상호 양보하고 타협함으로써 갈등이 원만하게 해결될 수 있도록 해야 한다.

❷ 공공 외교

강제나 강압적 방식이 아닌 매력을 통해 상대방의 자발적인 동의와 협력을 끌어내는 힘을 '소프트 파워'라고 함. 각 나라의 문화, 정치적 가치관, 대외 정책 등이 대표적임

공공 외교란 외국 국민들과의 직접적인 소통을 통해 우리나라의 역사, 전통, 문화, 예술, 가치, 정책, 비전 등에 대한 공감대를 확산하고 신뢰를 확보함으로써 외교 관계를 증진시키고, 우리의 국가 이미지와 국가 브랜드를 높여 국제 사회에서 우리나라의 영향력을 높이는 외교 활동을 말한다. 정부 간 소통과 협상 과정을 일컫는 전통적 의미의 외교와 대비되는 개념으로, 문화·예술, 원조, 지식, 언어, 미디어, 홍보 등 다양한 기제를 활용하여 외국 대중(Foreign Public)에게 직접 다가가 그들의 마음을 사고, 감동을 주어 긍정적인 이미지를 만들어 나간다는 것이 공공 외교의 기본 개념이다.　　　 – 외교부 누리집, 2019 –

분석 | 공공 외교란 주로 대사나 외교 사절이 국가 간의 관계를 조정해 나가는 전통적 외교에서 벗어나 상대 국가의 국민들에게 자국의 입장을 알리고 설득하기 위해 노력하는 다양한 활동을 말한다. 즉, 공공 외교는 다른 나라 국민과의 직접적인 소통을 통해 우리나라의 역사, 전통, 문화, 예술, 가치, 정책 등을 알려 우호 관계를 증진하고, 국제 사회에서 우리나라의 영향력을 높이는 외교 활동이다.

🐱 확인학습

❶ 우리나라를 둘러싼 국제 문제에 대한 옳은 설명만을 〈보기〉에서 있는 대로 고른 것은?

◀ 보기 ▶
ㄱ. 탈냉전 이후 북한이 핵 개발을 포기하여 한반도를 둘러싼 국가 간의 군사적 긴장은 낮아졌다.
ㄴ. 일본군 위안부 문제 등에 대한 일본의 역사 왜곡으로 인해 우리나라와 일본 간 갈등이 존재한다.
ㄷ. 일본은 독도를 자국의 영토라고 지속적으로 주장하며 독도 문제를 국제 분쟁으로 공식화하려 하고 있다.
ㄹ. 중국이 고구려 등 우리나라의 고대 역사를 중국 역사에 편입시키려는 동북 공정 사업을 진행하는 것은 우리나라와 중국 간의 갈등 요인이 되고 있다.

① ㄱ, ㄴ　　② ㄱ, ㄷ　　③ ㄴ, ㄹ
④ ㄱ, ㄷ, ㄹ　⑤ ㄴ, ㄷ, ㄹ

정답과 해설 ▶ 북한의 핵 문제는 한반도의 안보를 위협하는 중요한 요인이다. 북한의 핵 개발은 일본과 중국, 미국 등 한반도를 둘러싼 국가 간의 군사적 긴장을 높이는 요인으로 작용하고 있다.　🔴 ⑤

❷ 오늘날 외교의 일반적인 특징으로 옳은 것은?

① 실리보다 이념이나 명분을 더욱 중시한다.
② 외교 분야가 안보와 평화 문제로 한정되고 있다.
③ 외교 활동은 외교관의 공식적인 대외 활동만을 의미한다.
④ 국가 간의 상호 의존성이 높아지면서 외교 활동은 국제기구 내에서만 이루어지고 있다.
⑤ 외교는 주로 협상을 통해 이루어지며 이 과정에서 설득이나 타협, 군사적·정치적 위협 등이 나타나기도 한다.

정답과 해설 ▶ 국가 간의 외교에서 가장 중요한 활동은 협상이다. 각국은 협상 과정에서 상대국을 설득하거나 타협하기도 하고, 때로는 정치적·군사적 압력을 행사하여 상대국을 위협하기도 하면서 자국의 외교 목적을 달성하기 위하여 힘쓴다.　🔴 ⑤

개념 체크

저절로 암기 Tip | ☐1회 (/) ☐2회 (/) ☐3회 (/)

01~04 다음 내용이 옳으면 ○표, 틀리면 ×표 하시오.

01 한반도에는 여전히 군사적 긴장이 존재하며, 지정학적인 위치로 인해 한반도를 둘러싼 강대국들의 이해관계가 충돌하고 있다. (   )

02 외교는 한 국가가 자국의 이익을 위해 경제적인 범위에 한정하여 펼치는 활동을 의미한다. (   )

03 과거에는 외교 활동이 외교관의 공식적인 대외 활동에만 국한되었지만, 오늘날에는 민간 차원의 국제적 교류를 포함하여 국가의 대외적 목표를 달성하려는 모든 활동을 외교로 본다. (   )

04 우리나라는 1950년대에 냉전 체제의 심화로 국가의 안보보다 실리를 최우선으로 추구하는 외교 전략을 활용하였다. (   )

05~07 빈칸에 알맞은 말을 쓰시오.

05 _____은/는 한 국가가 국제 사회에서 정치적 목적이나 자국의 이익을 평화적인 방법으로 달성하려는 행위를 말한다.

06 국가 간의 외교에서 가장 중요한 활동은 _____(으)로 각국은 이 과정에서 상대국을 설득하거나 타협하기도 하고, 때로는 정치적·군사적 압력을 행사하기도 한다.

07 1980년대 후반 우리나라가 소련, 중국, 동유럽 국가 등 사회주의 국가들과의 관계 개선을 추진하는 외교를 _____(이)라고 한다.

정답
01 ○ 02 × 03 ○ 04 × 05 외교
06 협상 07 북방 외교

오답 체크 Tip
02 외교란 한 국가가 자국의 이익을 위하여 국제 사회에서 평화적인 방법으로 펼치는 모든 대외 활동을 의미한다.

기본 문제

▶ 20583-0245

01 밑줄 친 부분의 적절한 사례만을 〈보기〉에서 고른 것은?

> 한반도는 태평양과 유라시아 대륙을 연결하는 지정학적 요충지로서 미국과 중국을 비롯한 주변국의 이해관계가 복잡하게 얽혀 있는 지역이다. 최근에 등장한 우리나라를 둘러싼 국제 분쟁을 해결하기 위해서는 한반도를 포함한 동아시아의 복잡한 역사적 맥락을 이해할 필요가 있다

보기
ㄱ. 일본의 과거사 왜곡 문제
ㄴ. 동북 공정 사업에 따른 한·중 간 갈등
ㄷ. 센카쿠 열도(댜오위다오)의 영유권 주장에 따른 한·중 간 갈등
ㄹ. 후쿠시마 원자력 발전소 사고 이후 한국 정부가 일본 수산물 수입 금지 조치를 내리고 이에 일본이 반발

① ㄱ, ㄴ   ② ㄱ, ㄷ   ③ ㄴ, ㄷ
④ ㄴ, ㄹ   ⑤ ㄷ, ㄹ

▶ 20583-0246

02 다음은 학생의 프로젝트 수업 발표 자료이다. ㉠에 들어갈 내용으로 옳은 것은?

> 주제: _____㉠_____
> • 한반도는 태평양과 유라시아 대륙을 연결하는 위치로 강대국의 이해관계가 얽혀 언제든지 세력 경쟁이 나타날 수 있는 지정학적 요충지
> • 주변국과의 긴밀한 공조를 통한 북한 핵문제의 평화적 해결
> • 미국, 중국 등 강대국 중심의 외교에서 다자 외교를 통한 외교 다변화 모색

① 오늘날 새롭게 나타나는 국제 문제
② 오늘날 국제 관계 질서의 변화 양상
③ 한반도의 지정학적 위치가 갖는 특징
④ 우리나라의 바람직한 국제 관계 방향
⑤ 국제 문제 해결을 위한 세계 각국의 공조 체제 구축 방안

▶ 20583-0247

03 ㉠~㉢의 시기에 해당하는 우리나라의 외교 정책에 대한 옳은 설명만을 〈보기〉에서 고른 것은?

시기	국제 정세
㉠ 1950년대	양극 체제의 형성
㉡ 1960년대	제3 세계의 부상
㉢ 1970년대	이념 대립의 완화
㉣ 1980년대 후반	공산 진영의 붕괴

┤ 보기 ├
ㄱ. ㉠-안보보다 실리를 중시하는 외교를 추구하였다.
ㄴ. ㉡-비동맹주의를 표방하는 국가들로 외교 대상국을 확대시켰다.
ㄷ. ㉢-자유 진영 국가 중심의 외교를 강화하였다.
ㄹ. ㉣-사회주의 국가들과 관계를 개선하는 북방 정책이 도입된 시기이다.

① ㄱ, ㄴ   ② ㄱ, ㄷ   ③ ㄴ, ㄷ
④ ㄴ, ㄹ   ⑤ ㄷ, ㄹ

▶ 20583-0249

05 다음 자료에서 설명하는 외교 전략에 부합하는 사례만을 〈보기〉에서 고른 것은?

공공 외교란 정부 간 소통과 협상 과정을 일컫는 전통적 의미의 외교와 대비되는 개념으로, 문화·예술, 원조, 지식, 미디어 등 다양한 수단을 활용하여 외국 대중에게 직접 다가가 긍정적 이미지를 만들어 나가는 외교 전략이다.

┤ 보기 ├
ㄱ. 한국 관광 홍보 강화
ㄴ. 동맹국과의 안보 협력 강화
ㄷ. 한류 콘텐츠 개발 지원 확대
ㄹ. 대사와 외교 사절을 통한 국가 간 수교 관계 강화

① ㄱ, ㄴ   ② ㄱ, ㄷ   ③ ㄴ, ㄷ
④ ㄴ, ㄹ   ⑤ ㄷ, ㄹ

단답형
▶ 20583-0248

04 (가), (나)의 사례를 각각 하나씩 쓰시오.

〈우리나라를 둘러싼 국제 문제〉

중국
베이징
(가) 우리나라와 중국 간 갈등
(나) 우리나라와 일본 간 갈등
일본
도쿄

서술형
▶ 20583-0250

06 밑줄 친 (가)에 들어갈 내용을 서술하시오.

정부 수립 이후 우리나라 외교의 중요한 목표 중 하나는 한반도에 평화를 정착시키고, 국가 안보를 확보하는 것이었다. 이는 냉전 체제가 종식된 현재의 국제 질서에서도 마찬가지이다. 한반도에는 여전히 남북 간 긴장이 존재하며, 지정학적인 위치로 인해 한반도를 둘러싼 강대국들의 이해관계가 충돌하고 있다. 따라서 한반도에 평화를 정착시키기 위해 우리나라는 자주적인 안보를 추구하면서 동시에 _____ (가) _____

Self Note

01 국제 관계와 국제법

(1) 국제 관계의 특징

① 독립된 주권 국가를 기본 단위로 함

② [①] : 국제 문제나 분쟁을 조정하고 해결할 세계 정부가 존재하지 않음 ✿

③ 힘의 논리와 국제 규범이 공존함

(2) 국제 관계를 보는 관점 ✰✿

[②] 관점	• 국가는 자국의 이익 우선시 → '만인에 대한 만인의 투쟁'을 강조한 홉스의 인간관 • 힘의 우위 확보 • 동맹 등으로 이룬 세력 균형을 통한 국가의 안전 보장
[③] 관점	• 국가는 이성적 판단 가능 • 국제법, 국제기구의 중요성 강조 ✿ • 집단 안보 체제를 통한 국제 평화 보장

(3) 국제 관계의 변화

[④] 조약	유럽에 주권 국가 중심의 국제 사회 형성
제국주의 시대	유럽 중심의 국제 사회가 세계 여러 지역으로 확장
냉전 체제의 형성	자유 진영과 공산 진영 간의 이념 대립 → 트루먼 독트린
냉전 체제의 완화	데탕트 시기, 닉슨 독트린, 제3 세계의 부상
탈냉전 시대	몰타 선언, 독일 통일, 구 소련의 해체

(4) 국제법의 법원(法源)

조약 ✰✿	• 국가나 국제기구를 당사자로 하여 상호 간에 체결하는 법적 구속력을 가진 명시적 합의 • 한·미 상호 방위 조약, 한·중 어업 협정, 교토 의정서 등
[⑤]	• 국제 사회의 반복적인 관행이 국제 사회에서 법 규범으로 승인되어 효력을 가지게 된 관습 법규 • 국내 문제 불간섭 원칙 등 포괄적 구속력을 가짐 ←
법의 일반 원칙	• 문명국들이 공통적으로 승인하여 따르는 법의 일반 원칙 • 신의 성실의 원칙, 권리 남용 금지의 원칙, 손해 배상 책임의 원칙 등

(5) 국제 관계의 행위 주체

국가	국제 사회의 가장 기본적인 행위 주체
[⑥]	정부 간 국제기구, 국제 비정부 기구, 다국적 기업 등
국가 내부적 행위체	지방 자치 단체, 한 국가 내부의 소수 인종, 소수 민족과 이익 집단, 시민 단체 등
영향력 있는 개인	강대국의 전직 국가 원수, 저명한 학자 및 예술가, 운동선수 등 국제적 영향력이 강한 인물

답 ① 무정부성
② 현실주의적
③ 자유주의적
④ 베스트팔렌
⑤ 국제 관습법
⑥ 초국가적 행위체

Self Note

O2 국제 문제와 국제기구

(1) 국제 문제의 양상

평화와 안보 문제	인종 · 민족 · 종교적 갈등과 분쟁, 전쟁, 군비 증강, 테러 등
경제 문제	빈곤 문제, 자원 문제, 남북문제 등
환경 문제	지구 온난화, 오존층 파괴, 산성비, 수질 오염, 열대림 파괴, 사막화 등
기타	난민 문제, 아동 노동 등 인권 관련 문제

(2) 국제 문제의 특징 ☆

① ① [   ]을 초월하여 발생함

② 영향이 다음 세대에까지 이어짐

③ 포괄적인 다수에게 무차별적으로 영향을 미침

④ 피해 규모 파악과 이에 대한 적절한 보상이 어려움

(3) 국제기구의 유형 ☆

기준	유형	종류
회원 자격	정부 간 국제기구	② [ ], 유럽 연합(EU) 등
	국제 비정부 기구	국제 앰네스티(AI), 국경 없는 의사회(MSF) 등
지리적 범위	세계적 국제기구	국제 연합(UN), ③ [ ] 등
	지역적 국제기구	유럽 연합(EU), 북대서양 조약 기구(NATO) 등
기능적 범위	포괄적 국제기구	국제 연합(UN), 유럽 연합(EU) 등
	제한적 국제기구	세계 무역 기구(WTO), 북대서양 조약 기구(NATO) 등

(4) 국제 연합 ☆

국제 연합(UN) 안전 보장 이사회의 의결 정족수는 절차에 관한 문제의 경우 15개 이사국 중 9개국 이상의 찬성이지만, 국가들의 이해가 걸린 실질적이고 중대한 문제를 결정할 때는 상임 이사국 5개국(미국, 영국, 프랑스, 러시아, 중국)의 반대 없이 9개국 이상의 찬성이 있어야 함

총회	모든 회원국이 참여하는 최고 의결 기관, 1국 1표 원칙
④ [ ]	5개 상임 이사국과 10개 비상임 이사국으로 구성된 국제 평화와 안전 유지에 관한 국제 연합의 실질적 의사 결정 기관
⑤ [ ]	국제 연합의 사법 기관 ☆ → 원칙적으로 분쟁 당사국 모두의 합의가 있어야만 재판이 가능함

O3 우리나라의 국제 관계

(1) 우리나라의 국제 관계와 국제 문제

안보	북한의 적대적 태도로 인한 한반도 긴장 관계
역사 갈등	일본의 역사 왜곡, 일본군 위안부 문제, 중국의 동북 공정 사업
무역 경쟁	미국, 중국 등과 경제적 실리를 추구하려는 과정에서 협력과 갈등 경험

정답 ① 국경
② 국제 연합(UN)
③ 세계 무역 기구(WTO)
④ 안전 보장 이사회
⑤ 국제 사법 재판소

01 ▶ 20583-0251

다음은 국제 관계를 바라보는 관점을 비교한 것이다. 자료에 대한 옳은 설명만을 〈보기〉에서 고른 것은?

A 관점	구분	B 관점
무정부 상태	국제 사회	도덕, 법률, 제도 존재
국가	행위자	국가, 국제기구 등
권력, 힘	규정 요인	국가 간 상호 의존
㉠	평화 실현 방안	㉡

┤ 보기 ├

ㄱ. A 관점은 각국이 자국의 이익을 위한 힘의 우위 확보를 추구한다고 본다.

ㄴ. B 관점은 냉전 체제의 국제 질서를 설명하기에 용이하다.

ㄷ. B 관점은 A 관점과 달리 국제 협력을 통한 국제 문제의 해결을 중시한다.

ㄹ. ㉠에는 '집단 안보 전략', ㉡에는 '세력 균형 전략'이 들어갈 수 있다.

① ㄱ, ㄴ ② ㄱ, ㄷ ③ ㄴ, ㄷ ④ ㄴ, ㄹ ⑤ ㄷ, ㄹ

02 ▶ 20583-0252

국제기구의 유형 A~C에 대한 설명으로 옳은 것은?

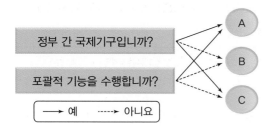

① 세계 무역 기구(WTO)는 A에 해당한다.

② 국경 없는 의사회(MSF)는 B에 해당한다.

③ 국제 연합(UN)은 C에 해당한다.

④ B는 A와 달리 특정 지역을 기반으로 활동하는 국제기구이다.

⑤ A에 해당하는 국제기구 수가 증가할수록 B에 해당하는 국제기구 수는 감소한다.

03 ▶ 20583-0253

(가)~(다)는 국제 사회의 변천 과정에서 나타났던 주요 선언들이다. 이에 대한 옳은 설명만을 〈보기〉에서 고른 것은?

(가) 공산주의의 위협을 받는 국가에 대한 미국의 경제적 · 군사적 지원 선언, 소련의 영향력 확장을 방지함

(나) 베트남 전쟁과 같은 미국의 아시아에 대한 직접적 · 군사적 개입 철회

(다) 미국과 소련의 군비 축소와 전략 핵무기 및 화학 무기 감축 선언, 미국과 소련의 대결 관계를 경제적 협력 관계로 전환함

┤ 보기 ├

ㄱ. (가)로 인해 냉전 체제가 종식되었다.

ㄴ. (나)는 냉전 체제 완화에 기여하였다.

ㄷ. (다) 이후 국제 사회에서 국가들이 이념보다 경제적 실리를 추구하는 경향이 강화되었다.

ㄹ. (가)와 (나) 사이에 식민지 쟁탈을 위한 제국주의 경향이 강화되었다.

① ㄱ, ㄴ ② ㄱ, ㄷ ③ ㄴ, ㄷ ④ ㄴ, ㄹ ⑤ ㄷ, ㄹ

04 ▶ 20583-0254

그림의 A~C에 대한 설명으로 옳은 것은? (단, A~C는 각각 조약, 국제 관습법, 법의 일반 원칙 중 하나이다.)

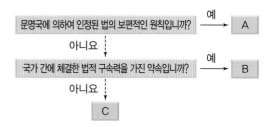

① A는 국제 사회에서의 관행이 규범화된 것이다.

② B의 경우 우리나라에서는 국회가 체결 권한을 가진다.

③ C에는 신의 성실의 원칙, 권리 남용 금지의 원칙 등이 있다.

④ B와 C 모두 원칙적으로 문서 형식의 명시적 합의에 의해 성립된다.

⑤ A~C 모두 국제 사법 재판소의 재판 준거가 된다.

▶ 20583-0255

05 밑줄 친 (가)에 해당하는 국제 문제로 옳은 것은?

제2차 세계 대전 이후 제국주의의 식민지 체제가 붕괴되고, 이로 인해 정치적 독립과 함께 민족적 자각심이 높아진 구식민지 국가들이 경제 주권과 경제 자립을 주장하면서 ___(가)___ 는 중요한 국제 문제로 부상하였다. 이들 신생 독립국들은 정치적 기반이 취약하고 국내의 자본과 기술이 부족하여 경제 성장이 늦어졌다. 뿐만 아니라, 선진 공업국의 다국적 기업들이 이들 개발 도상국의 경제 구조에 결정적인 영향력을 행사하게 되었다. 그리하여 부의 분배를 둘러싼 선진국과 개발 도상국 간에 상호 대립과 갈등이 국제 정치면에서 심각한 문제로 대두되었다.

① 남북문제　　② 환경 문제　　③ 보건 문제
④ 인권 문제　　⑤ 안보 문제

▶ 20583-0256

06 국제 연합의 주요 기관인 A~C에 대한 옳은 설명만을 〈보기〉에서 고른 것은? (단, A~C는 각각 총회, 안전 보장 이사회, 국제 사법 재판소 중 하나이다.)

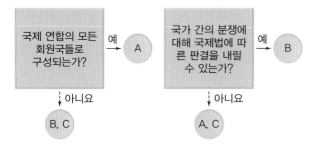

보기

ㄱ. A의 표결 방식에는 1국 1표 원칙이 적용된다.
ㄴ. B는 판결에 불복하는 당사국에 대하여 직접 제재를 가할 수 없다.
ㄷ. C의 모든 이사국은 거부권을 행사할 수 있다.
ㄹ. B가 A와 C에게 제시한 의견은 법적 구속력을 가진다.

① ㄱ, ㄴ　② ㄱ, ㄷ　③ ㄴ, ㄷ　④ ㄴ, ㄹ　⑤ ㄷ, ㄹ

▶ 20583-0257

07 다음 글의 내용과 부합하는 진술로 가장 적절한 것은?

외교란 한 국가가 자국의 이익을 위하여 국제 사회에서 평화적인 방법으로 달성하려는 모든 활동을 의미한다. 오늘날 국제 사회가 복잡해지고 교통·통신의 발달로 다양한 행위자들에 의한 국제 교류가 활발해지면서, 대부분의 국가들은 다양한 수단을 동원하여 자국의 대외적인 위상을 높이고 국익을 극대화하기 위해 노력하고 있다.

① 경제적 실리 추구보다는 이념을 강조하는 외교로 변화하고 있다.
② 국제 분쟁을 해결하는 데 있어서 협상보다 물리적 방법이 선호된다.
③ 외교의 범위가 경제 및 문화 영역 등에서 안보 문제에 한정되고 있다.
④ 공식 사절 등에 의한 외교뿐만 아니라 민간 외교의 중요성도 강조되고 있다.
⑤ 자유주의적 관점보다 현실주의적 관점에 입각한 외교 정책의 수립이 필요하다.

08~09 다음 글을 읽고 물음에 답하시오.

국내 분쟁과 달리 국제 분쟁은 당사국의 A와 직접 연관된 것이기 때문에 해결하기가 매우 까다롭다. 특히 영토나 역사를 둘러싼 갈등은 국가 간 A의 충돌 양상으로 나타나 해결안을 마련하기가 쉽지 않다. 국제 분쟁 당사국 간에 자율적으로 갈등을 해결할 수 없을 때 원만한 해결을 위해서 주변 국가나 국제 사회의 일정한 개입이 필요할 수 있는데, 이 경우에도 해당 국가의 A가 침해될 수 있다.

단답형

▶ 20583-0258

08 A에 해당하는 용어를 쓰시오.

서술형

▶ 20583-0259

09 국제 분쟁의 해결 과정에서 국가의 A가 중요하게 다루어져야 하는 이유를 서술하시오.

▶ 20583-0260

1 다음 두 사례를 종합하여 추론할 수 있는 국제 사회의 특징으로 가장 적절한 것은?

- 갑국과 을국은 환경 문제에 공동 대응하기로 하는 성명서를 발표하였다. 온실 가스 감축을 놓고 다퉜던 두 나라가 합의함에 따라 기후 변화 대응에 큰 진전이 있을 것으로 기대된다.
- 영유권 분쟁 지역에서 갑국 경비정의 활동을 놓고 갑국과 을국이 갈등을 빚고 있다. 갑국은 을국이 근해 섬 지방을 군사 기지화하는 시도에 대해 우려를 표명하며 관련 수역에 자국 군함을 보내어 순시를 감행하였다. 을국은 이에 대해 항의 서한을 갑국에 보냈다.

① 국제 사회는 힘의 논리가 지배한다.
② 국가 간의 협력과 갈등 관계가 공존한다.
③ 각국은 자국의 이익 추구보다 국제 규범 준수를 중시한다.
④ 개별 국가의 이익보다 국제 평화를 위한 협력이 중시된다.
⑤ 국가에 대해 강제력 있는 국제 규범을 집행할 기구가 없다.

▶ 20583-0261

2 국제 관계를 바라보는 갑, 을의 관점에 대한 옳은 설명만을 〈보기〉에서 고른 것은?

갑: 국가는 자국의 이익 추구가 가장 중요해. 국익을 위해서는 국제 사회에서 힘의 우위를 확보해야 해.
을: 국제 규범을 준수하고 국제기구를 통해 문제를 해결해야 공동의 이익을 실현하고 국제 평화를 유지할 수 있어.

┤ 보기 ├
ㄱ. 갑의 관점은 국제 관계에서 국가 간 상호 의존적 관계를 중시해야 한다고 본다.
ㄴ. 갑의 관점은 개별 국가의 이익과 국제 사회 전체의 이익이 조화를 이룰 수 있다고 본다.
ㄷ. 을의 관점은 국제 사회에 보편적 선이나 규범 그리고 이성이 존재한다고 본다.
ㄹ. 갑의 관점과 달리 을의 관점은 평화 유지를 위한 집단 안보 체제를 중시한다.

① ㄱ, ㄴ ② ㄱ, ㄷ ③ ㄴ, ㄷ ④ ㄴ, ㄹ ⑤ ㄷ, ㄹ

▶ 20583-0262

3 다음 자료에 대한 설명으로 옳은 것은?

갑국은 자국에 체류하고 있는 난민들을 강제 송환하겠다는 방침을 밝혔다. 이에 대해 주변국과 국제 인권 단체 A는 갑국이 ⊙ '난민의 지위에 관한 협약'에 가입하였으므로 이에 따른 난민 인정 절차를 마련할 것을 촉구하였다. 그러나 갑국은 ⓒ '국내 문제 불간섭의 원칙'을 내세우며 난민들을 각자의 국가에 계속 송환할 것이라는 입장을 밝혔다.

① ⊙과 같은 국제법의 법원(法源)은 주로 문서의 형식을 갖춘다.
② 국제법상 ⊙보다 ⓒ의 효력이 우선한다.
③ ⊙과 ⓒ은 우리나라에서 국내의 승인 절차를 거쳐야만 효력이 발생한다.
④ ⓒ과 달리 ⊙은 강제적으로 집행할 국제기구가 존재한다.
⑤ A는 ⊙을 위배했다는 이유로 갑국을 국제 사법 재판소에 제소할 수 있다.

▶ 20583-0263

4 그림은 국제 사회의 주요 사건과 시기를 나열한 것이다. (가)~(라)에 대한 옳은 설명만을 〈보기〉에서 고른 것은?

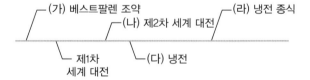

┤ 보기 ├
ㄱ. (가)로 인해 국제 평화와 안보를 유지하는 집단 안보 체제가 형성되었다.
ㄴ. (나) 시기 이후 미국과 소련 등 주요 열강이 주축이 된 국제 연맹이 결성되었다.
ㄷ. (다) 시기에는 미국과 구소련을 중심으로 하는 양극 체제가 형성되었다.
ㄹ. (라) 이후 민족, 종교, 인종 차이로 인한 갈등이 확대되어 국지적 분쟁이 증가하고 있다.

① ㄱ, ㄴ ② ㄱ, ㄷ ③ ㄴ, ㄷ ④ ㄴ, ㄹ ⑤ ㄷ, ㄹ

▶ 20583-0264

5 표는 질문 (가)~(다)를 활용하여 국제법의 법원(法源) A, B를 비교한 것이다. 이에 대한 설명으로 옳은 것은? (단, A, B 는 각각 조약, 국제 관습법 중 하나이다.)

법원＼질문	(가)	(나)	(다)
A	아니요	예	아니요
B	예	아니요	아니요

① A가 조약이면 (나)에는 "당사국 간의 명시적 수용 절차를 거쳐야만 성립하는가?"가 적절하다.
② B가 국제 관습법이면 (가)에는 "우리나라의 경우 체결·비준 권한이 국회에 있는가?"가 적절하다.
③ (가)가 "주로 문서의 형식으로 이루어진 합의인가?"이면 A는 체결 당사국에게만 효력이 있다.
④ (다)에는 "우리나라에서 법률의 효력을 지니는가?"가 적절하다.
⑤ (다)에는 "국제 사법 재판소의 판결 근거로 활용할 수 있는가?"가 들어갈 수 있다.

▶ 20583-0265

6 다음 글의 주장에 부합하는 진술만을 〈보기〉에서 고른 것은?

마을에 공동으로 소에게 풀을 먹일 수 있는 공유지가 있다면 누구나 사용할 수 있어 경쟁적으로 소에게 풀을 먹이게 되고 방목장 목초지는 곧 황폐화된다. 이를 '공유지의 비극'이라고 한다. 국제 문제에서 나타나는 공유지의 비극을 해소하기 위해서는 국가별 소유권의 도입이 필요하다. 소유권이 도입된다면, 소유국들은 자신이 보유한 자원을 지나치게 이용하지 않고 훼손, 남획 등을 자제할 것이다.

〈보기〉
ㄱ. 초국가적인 국제기구를 통해 환경 문제를 해결할 수 있다.
ㄴ. 국제 문제 해결에 있어 개별 국가의 자율적 통제를 중시한다.
ㄷ. 국제 문제의 해결을 위한 국제 비정부 기구의 역할이 강조된다.
ㄹ. 국가별 소유권을 도입하여 개별 국가의 합리적인 판단을 통해 환경 문제를 해결할 수 있다.

① ㄱ, ㄴ ② ㄱ, ㄷ ③ ㄴ, ㄷ ④ ㄴ, ㄹ ⑤ ㄷ, ㄹ

▶ 20583-0266

7 다음 자료에 대한 설명으로 옳은 것은?

국제 연합의 모든 회원국으로 구성된 (가)는 A국 등 5개국을 국제 연합의 기관 (나)의 이사국으로 선출하였다. (나)에서 실시한 ○○국 무역 제재안에 대해 이사국들은 다음과 같이 의사 표시를 하였고, 안건은 부결되었다.(단, 불참하거나 기권한 국가는 없다.)

○ : 찬성
✕ : 반대

① (가)는 안전 보장 이사회이다.
② (나)는 만장일치제를 채택하고 있다.
③ (나)의 표결에서는 (가)와 달리 1국 1표주의가 적용된다.
④ H국은 (나)의 상임 이사국이다.
⑤ 국제 사법 재판소의 재판관을 선출하는 권한은 (나)에만 있다.

▶ 20583-0267

8 국제 연합의 주요 기관 A~C에 대한 설명으로 옳은 것은?

• 갑국의 화학 무기 공격 현장 조사를 요구하는 결의안에 대해 A의 이사국 중 10개국이 찬성하였지만, 이사국인 을국이 반대하여 부결되었다.
• 국제 연합의 주요 사법 기관인 B의 관할권을 확대함으로써 국제 사회의 분쟁을 보다 효과적으로 해결해야 한다는 주장이 있다. 그런데 국제 연합의 개혁을 위해서는 최고 의결 기관인 C에서 헌장을 개정해야 한다.

① A는 국제 분쟁 해결에 군사력 사용을 결정할 수 있다.
② B에서의 재판은 제3국의 제소만으로도 열릴 수 있다.
③ C는 경제적, 사회적, 문화적, 인도적 활동을 지휘·관리한다.
④ A의 의사 결정 방식은 C와 달리 주권 평등의 원칙에 기초하고 있다.
⑤ B의 판결을 당사국이 이행하지 않을 경우, C는 판결의 이행을 위해 적절한 조치를 취할 수 있다.

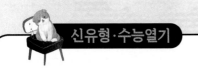

▶ 20583-0268

9 다음 글의 내용과 부합하지 <u>않는</u> 진술은?

외교란 한 국가가 국제 사회에서 자국의 이익을 평화적인 방법으로 달성하려는 활동이다. 오늘날 국제 사회가 복잡해지고 교통·통신의 발달로 다양한 행위자들에 의한 국제 교류가 활발해지면서 외교의 중요성과 개방성이 강화되고 있다. 대부분의 국가들은 다양한 수단을 동원하여 자국의 대외적인 위상을 높이고 국익을 극대화하기 위해 노력하고 있다.

① 이념보다는 실리를 추구하는 외교로 변화하고 있다.
② 외교는 국제기구와 같은 제3자의 도움을 활용하지 않고 국가 간의 전면적인 협상을 통해 이뤄진다.
③ 외교는 주로 협상을 통해 이루어지고 목적 달성을 위해 상대국에 정치적·군사적 압력을 행사하기도 한다.
④ 외교의 범위가 민간 차원의 국제적 교류를 포함하여 국가의 대외적 목표를 달성하려는 모든 활동으로 확대되고 있다.
⑤ 환경이나 자원, 인권 문제 등에 관한 국제적 관심과 상호 의존성이 높아짐에 따라 관련 문제에 공동으로 대응하기 위한 외교 활동이 활발해지고 있다.

▶ 20583-0269

10 다음과 같은 정책을 시행한 시기의 국제 정세에 대한 설명으로 옳은 것은?

우리나라 정부는 중국과 소련, 동유럽 국가, 그리고 기타 사회주의 국가 및 북한을 대상으로 하는 외교 정책을 적극적으로 추진하였다. 이러한 외교 정책은 사회주의 국가와의 경제 협력을 통해 경제적 이익을 증진시키며 남북한 교류와 협력 관계를 발전시키는 것을 목적으로 하였다.

① 다양한 세력의 부상으로 다극 체제가 형성되었다.
② 소련의 팽창 정책과 미국의 봉쇄 정책의 충돌이 나타났다.
③ 세계화가 확산되면서 이념에 기초한 양극 체제가 강화되었다.
④ 닉슨 독트린의 발표와 더불어 제3 세계 비동맹 국가들의 국제적 지위가 향상되었다.
⑤ 이데올로기에 따른 경쟁 구도가 사라지고 국가 간 관계에서 실리를 추구하는 경향이 강화되었다.

▶ 20583-0270

11 다음 자료에 대한 옳은 분석 및 추론만을 〈보기〉에서 있는 대로 고른 것은? (단, A국과 B국 모두 군비 증가 또는 군비 감소만 선택할 수 있다.)

표는 두 나라의 군사비 증감에 따른 변화를 정리한 것이다. 괄호 안의 숫자는 A국과 B국 순으로 각각의 선택에서 얻을 수 있는 이익의 크기이다. A국과 B국은 상호 군비 감축 협약을 맺은 상태이다.

A국＼B국	군비 증가	군비 감소
군비 증가	(−10, −10)	(20, −20)
군비 감소	(−20, 20)	(10, 10)

〖보기〗
ㄱ. 각국이 자국의 이익만을 추구한다면 협약은 이행되지 않는다.
ㄴ. 두 나라 모두 협약을 이행하는 것이 두 나라 이익의 합을 극대화시킨다.
ㄷ. A국이 협약을 이행하고 B국이 협약을 이행하지 않는다면 A국이 더 큰 이익을 얻게 된다.
ㄹ. 협약이 이행되지 않고 자국의 이익만을 계속 추구한다면 각 나라의 군비는 협약 이전보다 증가할 것이다.

① ㄱ, ㄴ   ② ㄱ, ㄷ   ③ ㄷ, ㄹ
④ ㄱ, ㄴ, ㄹ   ⑤ ㄴ, ㄷ, ㄹ

▶ 20583-0271

12 다음 글에 나타난 우리나라의 외교 정책 방향으로 가장 적절한 것은?

1980년대까지만 하더라도 우리나라의 국제 관계는 미국을 비롯한 자유주의 진영 국가에 집중되었다. 하지만 이러한 서구 사회 중심의 외교 정책은 세계화 시대를 맞이한 21세기의 다극화된 국제 질서 하에서는 한계를 드러낼 수밖에 없다.

① 주변국과의 동맹 관계를 강화해야 한다.
② 경제적 실리를 우선적으로 추구해야 하다.
③ 외교 영역의 확대와 다변화를 시도해야 한다.
④ 자유 진영 중심의 외교 기조를 유지해야 한다.
⑤ 정부뿐만 아니라 민간 차원에서도 적극적으로 외교에 참여해야 한다.

개념완성
정치와 법

대한민국 헌법

대한민국 헌법

전문

유구한 역사와 전통에 빛나는 우리 대한국민은 3·1운동으로 건립된 대한민국임시정부의 법통과 불의에 항거한 4·19민주이념을 계승하고, 조국의 민주개혁과 평화적 통일의 사명에 입각하여 정의·인도와 동포애로써 민족의 단결을 공고히 하고, 모든 사회적 폐습과 불의를 타파하며, 자율과 조화를 바탕으로 자유민주적 기본질서를 더욱 확고히 하여 정치·경제·사회·문화의 모든 영역에 있어서 각인의 기회를 균등히 하고, 능력을 최고도로 발휘하게 하며, 자유와 권리에 따르는 책임과 의무를 완수하게 하여, 안으로는 국민생활의 균등한 향상을 기하고 밖으로는 항구적인 세계평화와 인류공영에 이바지함으로써 우리들과 우리들의 자손의 안전과 자유와 행복을 영원히 확보할 것을 다짐하면서 1948년 7월 12일에 제정되고 8차에 걸쳐 개정된 헌법을 이제 국회의 의결을 거쳐 국민투표에 의하여 개정한다.

제1장 총강

제1조 ① 대한민국은 민주공화국이다.
② 대한민국의 주권은 국민에게 있고, 모든 권력은 국민으로부터 나온다.
제2조 ① 대한민국의 국민이 되는 요건은 법률로 정한다.
② 국가는 법률이 정하는 바에 의하여 재외국민을 보호할 의무를 진다.
제3조 대한민국의 영토는 한반도와 그 부속도서로 한다.
제4조 대한민국은 통일을 지향하며, 자유민주적 기본질서에 입각한 평화적 통일 정책을 수립하고 이를 추진한다.
제5조 ① 대한민국은 국제평화의 유지에 노력하고 침략적 전쟁을 부인한다.
② 국군은 국가의 안전보장과 국토방위의 신성한 의무를 수행함을 사명으로 하며, 그 정치적 중립성은 준수된다.
제6조 ① 헌법에 의하여 체결·공포된 조약과 일반적으로 승인된 국제법규는 국내법과 같은 효력을 가진다.
② 외국인은 국제법과 조약이 정하는 바에 의하여 그 지위가 보장된다.

제7조 ① 공무원은 국민전체에 대한 봉사자이며, 국민에 대하여 책임을 진다.
② 공무원의 신분과 정치적 중립성은 법률이 정하는 바에 의하여 보장된다.
제8조 ① 정당의 설립은 자유이며, 복수정당제는 보장된다.
② 정당은 그 목적·조직과 활동이 민주적이어야 하며, 국민의 정치적 의사형성에 참여하는데 필요한 조직을 가져야 한다.
③ 정당은 법률이 정하는 바에 의하여 국가의 보호를 받으며, 국가는 법률이 정하는 바에 의하여 정당운영에 필요한 자금을 보조할 수 있다.
④ 정당의 목적이나 활동이 민주적 기본질서에 위배될 때에는 정부는 헌법재판소에 그 해산을 제소할 수 있고, 정당은 헌법재판소의 심판에 의하여 해산된다.
제9조 국가는 전통문화의 계승·발전과 민족문화의 창달에 노력하여야 한다.

제2장 국민의 권리와 의무

제10조 모든 국민은 인간으로서의 존엄과 가치를 가지며, 행복을 추구할 권리를 가진다. 국가는 개인이 가지는 불가침의 기본적 인권을 확인하고 이를 보장할 의무를 진다.
제11조 ① 모든 국민은 법 앞에 평등하다. 누구든지 성별·종교 또는 사회적 신분에 의하여 정치적·경제적·사회적·문화적 생활의 모든 영역에 있어서 차별을 받지 아니한다.
② 사회적 특수계급의 제도는 인정되지 아니하며, 어떠한 형태로도 이를 창설할 수 없다.
③ 훈장등의 영전은 이를 받은 자에게만 효력이 있고, 어떠한 특권도 이에 따르지 아니한다.
제12조 ① 모든 국민은 신체의 자유를 가진다. 누구든지 법률에 의하지 아니하고는 체포·구속·압수·수색 또는 심문을 받지 아니하며, 법률과 적법한 절차에 의하지 아니하고는 처벌·보안처분 또는 강제노역을 받지 아니한다.
② 모든 국민은 고문을 받지 아니하며, 형사상 자기에게 불리한 진술을 강요당하지 아니한다.
③ 체포·구속·압수 또는 수색을 할 때에는 적법한

절차에 따라 검사의 신청에 의하여 법관이 발부한 영장을 제시하여야 한다. 다만, 현행범인인 경우와 장기 3년 이상의 형에 해당하는 죄를 범하고 도피 또는 증거인멸의 염려가 있을 때에는 사후에 영장을 청구할 수 있다.

④ 누구든지 체포 또는 구속을 당한 때에는 즉시 변호인의 조력을 받을 권리를 가진다. 다만, 형사피고인이 스스로 변호인을 구할 수 없을 때에는 법률이 정하는 바에 의하여 국가가 변호인을 붙인다.

⑤ 누구든지 체포 또는 구속의 이유와 변호인의 조력을 받을 권리가 있음을 고지받지 아니하고는 체포 또는 구속을 당하지 아니한다. 체포 또는 구속을 당한 자의 가족등 법률이 정하는 자에게는 그 이유와 일시·장소가 지체없이 통지되어야 한다.

⑥ 누구든지 체포 또는 구속을 당한 때에는 적부의 심사를 법원에 청구할 권리를 가진다.

⑦ 피고인의 자백이 고문·폭행·협박·구속의 부당한 장기화 또는 기망 기타의 방법에 의하여 자의로 진술된 것이 아니라고 인정될 때 또는 정식재판에 있어서 피고인의 자백이 그에게 불리한 유일한 증거일 때에는 이를 유죄의 증거로 삼거나 이를 이유로 처벌할 수 없다.

제13조 ① 모든 국민은 행위시의 법률에 의하여 범죄를 구성하지 아니하는 행위로 소추되지 아니하며, 동일한 범죄에 대하여 거듭 처벌받지 아니한다.

② 모든 국민은 소급입법에 의하여 참정권의 제한을 받거나 재산권을 박탈당하지 아니한다.

③ 모든 국민은 자기의 행위가 아닌 친족의 행위로 인하여 불이익한 처우를 받지 아니한다.

제14조 모든 국민은 거주·이전의 자유를 가진다.

제15조 모든 국민은 직업선택의 자유를 가진다.

제16조 모든 국민은 주거의 자유를 침해받지 아니한다. 주거에 대한 압수나 수색을 할 때에는 검사의 신청에 의하여 법관이 발부한 영장을 제시하여야 한다.

제17조 모든 국민은 사생활의 비밀과 자유를 침해받지 아니한다.

제18조 모든 국민은 통신의 비밀을 침해받지 아니한다.

제19조 모든 국민은 양심의 자유를 가진다.

제20조 ① 모든 국민은 종교의 자유를 가진다.

② 국교는 인정되지 아니하며, 종교와 정치는 분리된다.

제21조 ① 모든 국민은 언론·출판의 자유와 집회·결사의 자유를 가진다.

② 언론·출판에 대한 허가나 검열과 집회·결사에 대한 허가는 인정되지 아니한다.

③ 통신·방송의 시설기준과 신문의 기능을 보장하기 위하여 필요한 사항은 법률로 정한다.

④ 언론·출판은 타인의 명예나 권리 또는 공중도덕이나 사회윤리를 침해하여서는 아니된다. 언론·출판이 타인의 명예나 권리를 침해한 때에는 피해자는 이에 대한 피해의 배상을 청구할 수 있다.

제22조 ① 모든 국민은 학문과 예술의 자유를 가진다.

② 저작자·발명가·과학기술자와 예술가의 권리는 법률로써 보호한다.

제23조 ① 모든 국민의 재산권은 보장된다. 그 내용과 한계는 법률로 정한다.

② 재산권의 행사는 공공복리에 적합하도록 하여야 한다.

③ 공공필요에 의한 재산권의 수용·사용 또는 제한 및 그에 대한 보상은 법률로써 하되, 정당한 보상을 지급하여야 한다.

제24조 모든 국민은 법률이 정하는 바에 의하여 선거권을 가진다.

제25조 모든 국민은 법률이 정하는 바에 의하여 공무담임권을 가진다.

제26조 ① 모든 국민은 법률이 정하는 바에 의하여 국가기관에 문서로 청원할 권리를 가진다.

② 국가는 청원에 대하여 심사할 의무를 진다.

제27조 ① 모든 국민은 헌법과 법률이 정한 법관에 의하여 법률에 의한 재판을 받을 권리를 가진다.

② 군인 또는 군무원이 아닌 국민은 대한민국의 영역안에서는 중대한 군사상 기밀·초병·초소·유독음식물공급·포로·군용물에 관한 죄중 법률이 정한 경우와 비상계엄이 선포된 경우를 제외하고는 군사법원의 재판을 받지 아니한다.

③ 모든 국민은 신속한 재판을 받을 권리를 가진다. 형사피고인은 상당한 이유가 없는 한 지체없이 공개재판을 받을 권리를 가진다.

④ 형사피고인은 유죄의 판결이 확정될 때까지는 무죄로 추정된다.

⑤ 형사피해자는 법률이 정하는 바에 의하여 당해 사건의 재판절차에서 진술할 수 있다.

제28조 형사피의자 또는 형사피고인으로서 구금되었던 자가 법률이 정하는 불기소처분을 받거나 무죄판결을 받은 때에는 법률이 정하는 바에 의하여 국가에 정당한 보상을 청구할 수 있다.

제29조 ① 공무원의 직무상 불법행위로 손해를 받은 국민은 법률이 정하는 바에 의하여 국가 또는 공공단체에 정당한 배상을 청구할 수 있다. 이 경우 공무원 자신의 책임은 면제되지 아니한다.

② 군인 · 군무원 · 경찰공무원 기타 법률이 정하는 자가 전투 · 훈련등 직무집행과 관련하여 받은 손해에 대하여는 법률이 정하는 보상외에 국가 또는 공공단체에 공무원의 직무상 불법행위로 인한 배상은 청구할 수 없다.

제30조 타인의 범죄행위로 인하여 생명 · 신체에 대한 피해를 받은 국민은 법률이 정하는 바에 의하여 국가로부터 구조를 받을 수 있다.

제31조 ① 모든 국민은 능력에 따라 균등하게 교육을 받을 권리를 가진다.

② 모든 국민은 그 보호하는 자녀에게 적어도 초등교육과 법률이 정하는 교육을 받게 할 의무를 진다.

③ 의무교육은 무상으로 한다.

④ 교육의 자주성 · 전문성 · 정치적 중립성 및 대학의 자율성은 법률이 정하는 바에 의하여 보장된다.

⑤ 국가는 평생교육을 진흥하여야 한다.

⑥ 학교교육 및 평생교육을 포함한 교육제도와 그 운영, 교육재정 및 교원의 지위에 관한 기본적인 사항은 법률로 정한다.

제32조 ① 모든 국민은 근로의 권리를 가진다. 국가는 사회적 · 경제적 방법으로 근로자의 고용의 증진과 적정임금의 보장에 노력하여야 하며, 법률이 정하는 바에 의하여 최저임금제를 시행하여야 한다.

② 모든 국민은 근로의 의무를 진다. 국가는 근로의 의무의 내용과 조건을 민주주의원칙에 따라 법률로 정한다.

③ 근로조건의 기준은 인간의 존엄성을 보장하도록 법률로 정한다.

④ 여자의 근로는 특별한 보호를 받으며, 고용 · 임금 및 근로조건에 있어서 부당한 차별을 받지 아니한다.

⑤ 연소자의 근로는 특별한 보호를 받는다.

⑥ 국가유공자 · 상이군경 및 전몰군경의 유가족은 법률이 정하는 바에 의하여 우선적으로 근로의 기회를 부여받는다.

제33조 ① 근로자는 근로조건의 향상을 위하여 자주적인 단결권 · 단체교섭권 및 단체행동권을 가진다.

② 공무원인 근로자는 법률이 정하는 자에 한하여 단결권 · 단체교섭권 및 단체행동권을 가진다.

③ 법률이 정하는 주요방위산업체에 종사하는 근로자의 단체행동권은 법률이 정하는 바에 의하여 이를 제한하거나 인정하지 아니할 수 있다.

제34조 ① 모든 국민은 인간다운 생활을 할 권리를 가진다.

② 국가는 사회보장 · 사회복지의 증진에 노력할 의무를 진다.

③ 국가는 여자의 복지와 권익의 향상을 위하여 노력하여야 한다.

④ 국가는 노인과 청소년의 복지향상을 위한 정책을 실시할 의무를 진다.

⑤ 신체장애자 및 질병 · 노령 기타의 사유로 생활능력이 없는 국민은 법률이 정하는 바에 의하여 국가의 보호를 받는다.

⑥ 국가는 재해를 예방하고 그 위험으로부터 국민을 보호하기 위하여 노력하여야 한다.

제35조 ① 모든 국민은 건강하고 쾌적한 환경에서 생활할 권리를 가지며, 국가와 국민은 환경보전을 위하여 노력하여야 한다.

② 환경권의 내용과 행사에 관하여는 법률로 정한다.

③ 국가는 주택개발정책등을 통하여 모든 국민이 쾌적한 주거생활을 할 수 있도록 노력하여야 한다.

제36조 ① 혼인과 가족생활은 개인의 존엄과 양성의 평등을 기초로 성립되고 유지되어야 하며, 국가는 이를 보장한다.

② 국가는 모성의 보호를 위하여 노력하여야 한다.

③ 모든 국민은 보건에 관하여 국가의 보호를 받는다.

제37조 ① 국민의 자유와 권리는 헌법에 열거되지 아니한 이유로 경시되지 아니한다.

② 국민의 모든 자유와 권리는 국가안전보장 · 질서유지 또는 공공복리를 위하여 필요한 경우에 한하여 법률로써 제한할 수 있으며, 제한하는 경우

에도 자유와 권리의 본질적인 내용을 침해할 수
없다.

제38조 모든 국민은 법률이 정하는 바에 의하여 납세의 의
무를 진다.

제39조 ① 모든 국민은 법률이 정하는 바에 의하여 국방의
의무를 진다.

② 누구든지 병역의무의 이행으로 인하여 불이익한
처우를 받지 아니한다.

제3장 국회

제40조 입법권은 국회에 속한다.

제41조 ① 국회는 국민의 보통·평등·직접·비밀선거에 의
하여 선출된 국회의원으로 구성한다.

② 국회의원의 수는 법률로 정하되, 200인 이상으로
한다.

③ 국회의원의 선거구와 비례대표제 기타 선거에 관
한 사항은 법률로 정한다.

제42조 국회의원의 임기는 4년으로 한다.

제43조 국회의원은 법률이 정하는 직을 겸할 수 없다.

제44조 ① 국회의원은 현행범인인 경우를 제외하고는 회기
중 국회의 동의없이 체포 또는 구금되지 아니한
다.

② 국회의원이 회기전에 체포 또는 구금된 때에는
현행범인이 아닌 한 국회의 요구가 있으면 회기
중 석방된다.

제45조 국회의원은 국회에서 직무상 행한 발언과 표결에 관
하여 국회외에서 책임을 지지 아니한다.

제46조 ① 국회의원은 청렴의 의무가 있다.

② 국회의원은 국가이익을 우선하여 양심에 따라 직
무를 행한다.

③ 국회의원은 그 지위를 남용하여 국가·공공단체
또는 기업체와의 계약이나 그 처분에 의하여 재
산상의 권리·이익 또는 직위를 취득하거나 타인
을 위하여 그 취득을 알선할 수 없다.

제47조 ① 국회의 정기회는 법률이 정하는 바에 의하여 매
년 1회 집회되며, 국회의 임시회는 대통령 또는
국회재적의원 4분의 1 이상의 요구에 의하여 집
회된다.

② 정기회의 회기는 100일을, 임시회의 회기는 30일
을 초과할 수 없다.

③ 대통령이 임시회의 집회를 요구할 때에는 기간과
집회요구의 이유를 명시하여야 한다.

제48조 국회는 의장 1인과 부의장 2인을 선출한다.

제49조 국회는 헌법 또는 법률에 특별한 규정이 없는 한 재
적의원 과반수의 출석과 출석의원 과반수의 찬성으
로 의결한다. 가부동수인 때에는 부결된 것으로 본
다.

제50조 ① 국회의 회의는 공개한다. 다만, 출석의원 과반수
의 찬성이 있거나 의장이 국가의 안전보장을 위
하여 필요하다고 인정할 때에는 공개하지 아니할
수 있다.

② 공개하지 아니한 회의내용의 공표에 관하여는 법
률이 정하는 바에 의한다.

제51조 국회에 제출된 법률안 기타의 의안은 회기중에 의결
되지 못한 이유로 폐기되지 아니한다. 다만, 국회의
원의 임기가 만료된 때에는 그러하지 아니하다.

제52조 국회의원과 정부는 법률안을 제출할 수 있다.

제53조 ① 국회에서 의결된 법률안은 정부에 이송되어 15일
이내에 대통령이 공포한다.

② 법률안에 이의가 있을 때에는 대통령은 제1항의
기간내에 이의서를 붙여 국회로 환부하고, 그 재
의를 요구할 수 있다. 국회의 폐회중에도 또한 같
다.

③ 대통령은 법률안의 일부에 대하여 또는 법률안을
수정하여 재의를 요구할 수 없다.

④ 재의의 요구가 있을 때에는 국회는 재의에 붙이
고, 재적의원과반수의 출석과 출석의원 3분의 2
이상의 찬성으로 전과 같은 의결을 하면 그 법률
안은 법률로서 확정된다.

⑤ 대통령이 제1항의 기간내에 공포나 재의의 요구
를 하지 아니한 때에도 그 법률안은 법률로서 확
정된다.

⑥ 대통령은 제4항과 제5항의 규정에 의하여 확정된
법률을 지체없이 공포하여야 한다. 제5항에 의하
여 법률이 확정된 후 또는 제4항에 의한 확정법률
이 정부에 이송된 후 5일 이내에 대통령이 공포하
지 아니할 때에는 국회의장이 이를 공포한다.

⑦ 법률은 특별한 규정이 없는 한 공포한 날로부터
20일을 경과함으로써 효력을 발생한다.

제54조 ① 국회는 국가의 예산안을 심의·확정한다.

② 정부는 회계연도마다 예산안을 편성하여 회계연

도 개시 90일전까지 국회에 제출하고, 국회는 회계연도 개시 30일전까지 이를 의결하여야 한다.

③ 새로운 회계연도가 개시될 때까지 예산안이 의결되지 못한 때에는 정부는 국회에서 예산안이 의결될 때까지 다음의 목적을 위한 경비는 전년도 예산에 준하여 집행할 수 있다.

1. 헌법이나 법률에 의하여 설치된 기관 또는 시설의 유지·운영
2. 법률상 지출의무의 이행
3. 이미 예산으로 승인된 사업의 계속

제55조 ① 한 회계연도를 넘어 계속하여 지출할 필요가 있을 때에는 정부는 연한을 정하여 계속비로서 국회의 의결을 얻어야 한다.

② 예비비는 총액으로 국회의 의결을 얻어야 한다. 예비비의 지출은 차기국회의 승인을 얻어야 한다.

제56조 정부는 예산에 변경을 가할 필요가 있을 때에는 추가경정예산안을 편성하여 국회에 제출할 수 있다.

제57조 국회는 정부의 동의없이 정부가 제출한 지출예산 각 항의 금액을 증가하거나 새 비목을 설치할 수 없다.

제58조 국채를 모집하거나 예산외에 국가의 부담이 될 계약을 체결하려 할 때에는 정부는 미리 국회의 의결을 얻어야 한다.

제59조 조세의 종목과 세율은 법률로 정한다.

제60조 ① 국회는 상호원조 또는 안전보장에 관한 조약, 중요한 국제조직에 관한 조약, 우호통상항해조약, 주권의 제약에 관한 조약, 강화조약, 국가나 국민에게 중대한 재정적 부담을 지우는 조약 또는 입법사항에 관한 조약의 체결·비준에 대한 동의권을 가진다.

② 국회는 선전포고, 국군의 외국에의 파견 또는 외국군대의 대한민국 영역안에서의 주류에 대한 동의권을 가진다.

제61조 ① 국회는 국정을 감사하거나 특정한 국정사안에 대하여 조사할 수 있으며, 이에 필요한 서류의 제출 또는 증인의 출석과 증언이나 의견의 진술을 요구할 수 있다.

② 국정감사 및 조사에 관한 절차 기타 필요한 사항은 법률로 정한다.

제62조 ① 국무총리·국무위원 또는 정부위원은 국회나 그 위원회에 출석하여 국정처리상황을 보고하거나

의견을 진술하고 질문에 응답할 수 있다.

② 국회나 그 위원회의 요구가 있을 때에는 국무총리·국무위원 또는 정부위원은 출석·답변하여야 하며, 국무총리 또는 국무위원이 출석요구를 받은 때에는 국무위원 또는 정부위원으로 하여금 출석·답변하게 할 수 있다.

제63조 ① 국회는 국무총리 또는 국무위원의 해임을 대통령에게 건의할 수 있다.

② 제1항의 해임건의는 국회재적의원 3분의 1 이상의 발의에 의하여 국회재적의원 과반수의 찬성이 있어야 한다.

제64조 ① 국회는 법률에 저촉되지 아니하는 범위안에서 의사와 내부규율에 관한 규칙을 제정할 수 있다.

② 국회는 의원의 자격을 심사하며, 의원을 징계할 수 있다.

③ 의원을 제명하려면 국회재적의원 3분의 2 이상의 찬성이 있어야 한다.

④ 제2항과 제3항의 처분에 대하여는 법원에 제소할 수 없다.

제65조 ① 대통령·국무총리·국무위원·행정각부의 장·헌법재판소 재판관·법관·중앙선거관리위원회 위원·감사원장·감사위원 기타 법률이 정한 공무원이 그 직무집행에 있어서 헌법이나 법률을 위배한 때에는 국회는 탄핵의 소추를 의결할 수 있다.

② 제1항의 탄핵소추는 국회재적의원 3분의 1 이상의 발의가 있어야 하며, 그 의결은 국회재적의원 과반수의 찬성이 있어야 한다. 다만, 대통령에 대한 탄핵소추는 국회재적의원 과반수의 발의와 국회재적의원 3분의 2 이상의 찬성이 있어야 한다.

③ 탄핵소추의 의결을 받은 자는 탄핵심판이 있을 때까지 그 권한행사가 정지된다.

④ 탄핵결정은 공직으로부터 파면함에 그친다. 그러나, 이에 의하여 민사상이나 형사상의 책임이 면제되지는 아니한다.

제4장 정부

제1절 대통령

제66조 ① 대통령은 국가의 원수이며, 외국에 대하여 국가

를 대표한다.

② 대통령은 국가의 독립·영토의 보전·국가의 계속성과 헌법을 수호할 책무를 진다.

③ 대통령은 조국의 평화적 통일을 위한 성실한 의무를 진다.

④ 행정권은 대통령을 수반으로 하는 정부에 속한다.

제67조 ① 대통령은 국민의 보통·평등·직접·비밀선거에 의하여 선출한다.

② 제1항의 선거에 있어서 최고득표자가 2인 이상인 때에는 국회의 재적의원 과반수가 출석한 공개회의에서 다수표를 얻은 자를 당선자로 한다.

③ 대통령후보자가 1인일 때에는 그 득표수가 선거권자 총수의 3분의 1 이상이 아니면 대통령으로 당선될 수 없다.

④ 대통령으로 선거될 수 있는 자는 국회의원의 피선거권이 있고 선거일 현재 40세에 달하여야 한다.

⑤ 대통령의 선거에 관한 사항은 법률로 정한다.

제68조 ① 대통령의 임기가 만료되는 때에는 임기만료 70일 내지 40일전에 후임자를 선거한다.

② 대통령이 궐위된 때 또는 대통령 당선자가 사망하거나 판결 기타의 사유로 그 자격을 상실한 때에는 60일 이내에 후임자를 선거한다.

제69조 대통령은 취임에 즈음하여 다음의 선서를 한다.
"나는 헌법을 준수하고 국가를 보위하며 조국의 평화적 통일과 국민의 자유와 복리의 증진 및 민족문화의 창달에 노력하여 대통령으로서의 직책을 성실히 수행할 것을 국민 앞에 엄숙히 선서합니다."

제70조 대통령의 임기는 5년으로 하며, 중임할 수 없다.

제71조 대통령이 궐위되거나 사고로 인하여 직무를 수행할 수 없을 때에는 국무총리, 법률이 정한 국무위원의 순서로 그 권한을 대행한다.

제72조 대통령은 필요하다고 인정할 때에는 외교·국방·통일 기타 국가안위에 관한 중요정책을 국민투표에 붙일 수 있다.

제73조 대통령은 조약을 체결·비준하고, 외교사절을 신임·접수 또는 파견하며, 선전포고와 강화를 한다.

제74조 ① 대통령은 헌법과 법률이 정하는 바에 의하여 국군을 통수한다.

② 국군의 조직과 편성은 법률로 정한다.

제75조 대통령은 법률에서 구체적으로 범위를 정하여 위임받은 사항과 법률을 집행하기 위하여 필요한 사항에 관하여 대통령령을 발할 수 있다.

제76조 ① 대통령은 내우·외환·천재·지변 또는 중대한 재정·경제상의 위기에 있어서 국가의 안전보장 또는 공공의 안녕질서를 유지하기 위하여 긴급한 조치가 필요하고 국회의 집회를 기다릴 여유가 없을 때에 한하여 최소한으로 필요한 재정·경제상의 처분을 하거나 이에 관하여 법률의 효력을 가지는 명령을 발할 수 있다.

② 대통령은 국가의 안위에 관계되는 중대한 교전상태에 있어서 국가를 보위하기 위하여 긴급한 조치가 필요하고 국회의 집회가 불가능한 때에 한하여 법률의 효력을 가지는 명령을 발할 수 있다.

③ 대통령은 제1항과 제2항의 처분 또는 명령을 한 때에는 지체없이 국회에 보고하여 그 승인을 얻어야 한다.

④ 제3항의 승인을 얻지 못한 때에는 그 처분 또는 명령은 그때부터 효력을 상실한다. 이 경우 그 명령에 의하여 개정 또는 폐지되었던 법률은 그 명령이 승인을 얻지 못한 때부터 당연히 효력을 회복한다.

⑤ 대통령은 제3항과 제4항의 사유를 지체없이 공포하여야 한다.

제77조 ① 대통령은 전시·사변 또는 이에 준하는 국가비상사태에 있어서 병력으로써 군사상의 필요에 응하거나 공공의 안녕질서를 유지할 필요가 있을 때에는 법률이 정하는 바에 의하여 계엄을 선포할 수 있다.

② 계엄은 비상계엄과 경비계엄으로 한다.

③ 비상계엄이 선포된 때에는 법률이 정하는 바에 의하여 영장제도, 언론·출판·집회·결사의 자유, 정부나 법원의 권한에 관하여 특별한 조치를 할 수 있다.

④ 계엄을 선포한 때에는 대통령은 지체없이 국회에 통고하여야 한다.

⑤ 국회가 재적의원 과반수의 찬성으로 계엄의 해제를 요구한 때에는 대통령은 이를 해제하여야 한다.

제78조 대통령은 헌법과 법률이 정하는 바에 의하여 공무원을 임면한다.

제79조 ① 대통령은 법률이 정하는 바에 의하여 사면·감형 또는 복권을 명할 수 있다.

② 일반사면을 명하려면 국회의 동의를 얻어야 한다.

③ 사면·감형 및 복권에 관한 사항은 법률로 정한다.

제80조 대통령은 법률이 정하는 바에 의하여 훈장 기타의 영전을 수여한다.

제81조 대통령은 국회에 출석하여 발언하거나 서한으로 의견을 표시할 수 있다.

제82조 대통령의 국법상 행위는 문서로써 하며, 이 문서에는 국무총리와 관계 국무위원이 부서한다. 군사에 관한 것도 또한 같다.

제83조 대통령은 국무총리·국무위원·행정각부의 장 기타 법률이 정하는 공사의 직을 겸할 수 없다.

제84조 대통령은 내란 또는 외환의 죄를 범한 경우를 제외하고는 재직중 형사상의 소추를 받지 아니한다.

제85조 전직대통령의 신분과 예우에 관하여는 법률로 정한다.

제2절 행정부

제1관 국무총리와 국무위원

제86조 ① 국무총리는 국회의 동의를 얻어 대통령이 임명한다.

② 국무총리는 대통령을 보좌하며, 행정에 관하여 대통령의 명을 받아 행정각부를 통할한다.

③ 군인은 현역을 면한 후가 아니면 국무총리로 임명될 수 없다.

제87조 ① 국무위원은 국무총리의 제청으로 대통령이 임명한다.

② 국무위원은 국정에 관하여 대통령을 보좌하며, 국무회의 구성원으로서 국정을 심의한다.

③ 국무총리는 국무위원의 해임을 대통령에게 건의할 수 있다.

④ 군인은 현역을 면한 후가 아니면 국무위원으로 임명될 수 없다.

제2관 국무회의

제88조 ① 국무회의는 정부의 권한에 속하는 중요한 정책을 심의한다.

② 국무회의는 대통령·국무총리와 15인 이상 30인 이하의 국무위원으로 구성한다.

③ 대통령은 국무회의의 의장이 되고, 국무총리는 부의장이 된다.

제89조 다음 사항은 국무회의의 심의를 거쳐야 한다.
1. 국정의 기본계획과 정부의 일반정책
2. 선전·강화 기타 중요한 대외정책
3. 헌법개정안·국민투표안·조약안·법률안 및 대통령령안
4. 예산안·결산·국유재산처분의 기본계획·국가의 부담이 될 계약 기타 재정에 관한 중요사항
5. 대통령의 긴급명령·긴급재정경제처분 및 명령 또는 계엄과 그 해제
6. 군사에 관한 중요사항
7. 국회의 임시회 집회의 요구
8. 영전수여
9. 사면·감형과 복권
10. 행정각부간의 권한의 획정
11. 정부안의 권한의 위임 또는 배정에 관한 기본계획
12. 국정처리상황의 평가·분석
13. 행정각부의 중요한 정책의 수립과 조정
14. 정당해산의 제소
15. 정부에 제출 또는 회부된 정부의 정책에 관계되는 청원의 심사
16. 검찰총장·합동참모의장·각군참모총장·국립대학교총장·대사 기타 법률이 정한 공무원과 국영기업체관리자의 임명
17. 기타 대통령·국무총리 또는 국무위원이 제출한 사항

제90조 ① 국정의 중요한 사항에 관한 대통령의 자문에 응하기 위하여 국가원로로 구성되는 국가원로자문회의를 둘 수 있다.

② 국가원로자문회의의 의장은 직전대통령이 된다. 다만, 직전대통령이 없을 때에는 대통령이 지명한다.

③ 국가원로자문회의의 조직·직무범위 기타 필요한 사항은 법률로 정한다.

제91조 ① 국가안전보장에 관련되는 대외정책·군사정책과 국내정책의 수립에 관하여 국무회의의 심의에 앞서 대통령의 자문에 응하기 위하여 국가안전보장회의를 둔다.

② 국가안전보장회의는 대통령이 주재한다.

③ 국가안전보장회의의 조직·직무범위 기타 필요한 사항은 법률로 정한다.

제92조 ① 평화통일정책의 수립에 관한 대통령의 자문에 응하기 위하여 민주평화통일자문회의를 둘 수 있다.

② 민주평화통일자문회의의 조직·직무범위 기타 필요한 사항은 법률로 정한다.

제93조 ① 국민경제의 발전을 위한 중요정책의 수립에 관하여 대통령의 자문에 응하기 위하여 국민경제자문회의를 둘 수 있다.

② 국민경제자문회의의 조직·직무범위 기타 필요한 사항은 법률로 정한다.

제3관 행정각부

제94조 행정각부의 장은 국무위원 중에서 국무총리의 제청으로 대통령이 임명한다.

제95조 국무총리 또는 행정각부의 장은 소관사무에 관하여 법률이나 대통령령의 위임 또는 직권으로 총리령 또는 부령을 발할 수 있다.

제96조 행정각부의 설치·조직과 직무범위는 법률로 정한다.

제4관 감사원

제97조 국가의 세입·세출의 결산, 국가 및 법률이 정한 단체의 회계검사와 행정기관 및 공무원의 직무에 관한 감찰을 하기 위하여 대통령 소속하에 감사원을 둔다.

제98조 ① 감사원은 원장을 포함한 5인 이상 11인 이하의 감사위원으로 구성한다.

② 원장은 국회의 동의를 얻어 대통령이 임명하고, 그 임기는 4년으로 하며, 1차에 한하여 중임할 수 있다.

③ 감사위원은 원장의 제청으로 대통령이 임명하고, 그 임기는 4년으로 하며, 1차에 한하여 중임할 수 있다.

제99조 감사원은 세입·세출의 결산을 매년 검사하여 대통령과 차년도국회에 그 결과를 보고하여야 한다.

제100조 감사원의 조직·직무범위·감사위원의 자격·감사대상공무원의 범위 기타 필요한 사항은 법률로 정한다.

제101조 ① 사법권은 법관으로 구성된 법원에 속한다.

② 법원은 최고법원인 대법원과 각급법원으로 조직된다.

③ 법관의 자격은 법률로 정한다.

제102조 ① 대법원에 부를 둘 수 있다.

② 대법원에 대법관을 둔다. 다만, 법률이 정하는 바에 의하여 대법관이 아닌 법관을 둘 수 있다.

③ 대법원과 각급법원의 조직은 법률로 정한다.

제103조 법관은 헌법과 법률에 의하여 그 양심에 따라 독립하여 심판한다.

제104조 ① 대법원장은 국회의 동의를 얻어 대통령이 임명한다.

② 대법관은 대법원장의 제청으로 국회의 동의를 얻어 대통령이 임명한다.

③ 대법원장과 대법관이 아닌 법관은 대법관회의의 동의를 얻어 대법원장이 임명한다.

제105조 ① 대법원장의 임기는 6년으로 하며, 중임할 수 없다.

② 대법관의 임기는 6년으로 하며, 법률이 정하는 바에 의하여 연임할 수 있다.

③ 대법원장과 대법관이 아닌 법관의 임기는 10년으로 하며, 법률이 정하는 바에 의하여 연임할 수 있다.

④ 법관의 정년은 법률로 정한다.

제106조 ① 법관은 탄핵 또는 금고 이상의 형의 선고에 의하지 아니하고는 파면되지 아니하며, 징계처분에 의하지 아니하고는 정직·감봉 기타 불리한 처분을 받지 아니한다.

② 법관이 중대한 심신상의 장해로 직무를 수행할 수 없을 때에는 법률이 정하는 바에 의하여 퇴직하게 할 수 있다.

제107조 ① 법률이 헌법에 위반되는 여부가 재판의 전제가 된 경우에는 법원은 헌법재판소에 제청하여 그 심판에 의하여 재판한다.

② 명령·규칙 또는 처분이 헌법이나 법률에 위반되는 여부가 재판의 전제가 된 경우에는 대법원은 이를 최종적으로 심사할 권한을 가진다.

③ 재판의 전심절차로서 행정심판을 할 수 있다. 행정심판의 절차는 법률로 정하되, 사법절차가 준

용되어야 한다.

제108조 대법원은 법률에 저촉되지 아니하는 범위안에서 소송에 관한 절차, 법원의 내부규율과 사무처리에 관한 규칙을 제정할 수 있다.

제109조 재판의 심리와 판결은 공개한다. 다만, 심리는 국가의 안전보장 또는 안녕질서를 방해하거나 선량한 풍속을 해할 염려가 있을 때에는 법원의 결정으로 공개하지 아니할 수 있다.

제110조 ① 군사재판을 관할하기 위하여 특별법원으로서 군사법원을 둘 수 있다.
② 군사법원의 상고심은 대법원에서 관할한다.
③ 군사법원의 조직·권한 및 재판관의 자격은 법률로 정한다.
④ 비상계엄하의 군사재판은 군인·군무원의 범죄나 군사에 관한 간첩죄의 경우와 초병·초소·유독음식물공급·포로에 관한 죄중 법률이 정한 경우에 한하여 단심으로 할 수 있다. 다만, 사형을 선고한 경우에는 그러하지 아니하다.

제6장 헌법재판소

제111조 ① 헌법재판소는 다음 사항을 관장한다.
1. 법원의 제청에 의한 법률의 위헌여부 심판
2. 탄핵의 심판
3. 정당의 해산 심판
4. 국가기관 상호간, 국가기관과 지방자치단체간 및 지방자치단체 상호간의 권한쟁의에 관한 심판
5. 법률이 정하는 헌법소원에 관한 심판
② 헌법재판소는 법관의 자격을 가진 9인의 재판관으로 구성하며, 재판관은 대통령이 임명한다.
③ 제2항의 재판관중 3인은 국회에서 선출하는 자를, 3인은 대법원장이 지명하는 자를 임명한다.
④ 헌법재판소의 장은 국회의 동의를 얻어 재판관중에서 대통령이 임명한다.

제112조 ① 헌법재판소 재판관의 임기는 6년으로 하며, 법률이 정하는 바에 의하여 연임할 수 있다.
② 헌법재판소 재판관은 정당에 가입하거나 정치에 관여할 수 없다.
③ 헌법재판소 재판관은 탄핵 또는 금고 이상의 형의 선고에 의하지 아니하고는 파면되지 아니한다.

제113조 ① 헌법재판소에서 법률의 위헌결정, 탄핵의 결정, 정당해산의 결정 또는 헌법소원에 관한 인용결정을 할 때에는 재판관 6인 이상의 찬성이 있어야 한다.
② 헌법재판소는 법률에 저촉되지 아니하는 범위안에서 심판에 관한 절차, 내부규율과 사무처리에 관한 규칙을 제정할 수 있다.
③ 헌법재판소의 조직과 운영 기타 필요한 사항은 법률로 정한다.

제7장 선거관리

제114조 ① 선거와 국민투표의 공정한 관리 및 정당에 관한 사무를 처리하기 위하여 선거관리위원회를 둔다.
② 중앙선거관리위원회는 대통령이 임명하는 3인, 국회에서 선출하는 3인과 대법원장이 지명하는 3인의 위원으로 구성한다. 위원장은 위원중에서 호선한다.
③ 위원의 임기는 6년으로 한다.
④ 위원은 정당에 가입하거나 정치에 관여할 수 없다.
⑤ 위원은 탄핵 또는 금고 이상의 형의 선고에 의하지 아니하고는 파면되지 아니한다.
⑥ 중앙선거관리위원회는 법령의 범위안에서 선거관리·국민투표관리 또는 정당사무에 관한 규칙을 제정할 수 있으며, 법률에 저촉되지 아니하는 범위안에서 내부규율에 관한 규칙을 제정할 수 있다.
⑦ 각급 선거관리위원회의 조직·직무범위 기타 필요한 사항은 법률로 정한다.

제115조 ① 각급 선거관리위원회는 선거인명부의 작성 등 선거사무와 국민투표사무에 관하여 관계 행정기관에 필요한 지시를 할 수 있다.
② 제1항의 지시를 받은 당해 행정기관은 이에 응하여야 한다.

제116조 ① 선거운동은 각급 선거관리위원회의 관리하에 법률이 정하는 범위안에서 하되, 균등한 기회가 보장되어야 한다.
② 선거에 관한 경비는 법률이 정하는 경우를 제외하고는 정당 또는 후보자에게 부담시킬 수 없다.

제8장 　지방자치

제117조 ① 지방자치단체는 주민의 복리에 관한 사무를 처리하고 재산을 관리하며, 법령의 범위안에서 자치에 관한 규정을 제정할 수 있다.

② 지방자치단체의 종류는 법률로 정한다.

제118조 ① 지방자치단체에 의회를 둔다.

② 지방의회의 조직·권한·의원선거와 지방자치단체의 장의 선임방법 기타 지방자치단체의 조직과 운영에 관한 사항은 법률로 정한다.

제9장 　경제

제119조 ① 대한민국의 경제질서는 개인과 기업의 경제상의 자유와 창의를 존중함을 기본으로 한다.

② 국가는 균형있는 국민경제의 성장 및 안정과 적정한 소득의 분배를 유지하고, 시장의 지배와 경제력의 남용을 방지하며, 경제주체간의 조화를 통한 경제의 민주화를 위하여 경제에 관한 규제와 조정을 할 수 있다.

제120조 ① 광물 기타 중요한 지하자원·수산자원·수력과 경제상 이용할 수 있는 자연력은 법률이 정하는 바에 의하여 일정한 기간 그 채취·개발 또는 이용을 특허할 수 있다.

② 국토와 자원은 국가의 보호를 받으며, 국가는 그 균형있는 개발과 이용을 위하여 필요한 계획을 수립한다.

제121조 ① 국가는 농지에 관하여 경자유전의 원칙이 달성될 수 있도록 노력하여야 하며, 농지의 소작제도는 금지된다.

② 농업생산성의 제고와 농지의 합리적인 이용을 위하거나 불가피한 사정으로 발생하는 농지의 임대차와 위탁경영은 법률이 정하는 바에 의하여 인정된다.

제122조 국가는 국민 모두의 생산 및 생활의 기반이 되는 국토의 효율적이고 균형있는 이용·개발과 보전을 위하여 법률이 정하는 바에 의하여 그에 관한 필요한 제한과 의무를 과할 수 있다.

제123조 ① 국가는 농업 및 어업을 보호·육성하기 위하여 농·어촌종합개발과 그 지원등 필요한 계획을 수립·시행하여야 한다.

② 국가는 지역간의 균형있는 발전을 위하여 지역경제를 육성할 의무를 진다.

③ 국가는 중소기업을 보호·육성하여야 한다.

④ 국가는 농수산물의 수급균형과 유통구조의 개선에 노력하여 가격안정을 도모함으로써 농·어민의 이익을 보호한다.

⑤ 국가는 농·어민과 중소기업의 자조조직을 육성하여야 하며, 그 자율적 활동과 발전을 보장한다.

제124조 국가는 건전한 소비행위를 계도하고 생산품의 품질향상을 촉구하기 위한 소비자보호운동을 법률이 정하는 바에 의하여 보장한다.

제125조 국가는 대외무역을 육성하며, 이를 규제·조정할 수 있다.

제126조 국방상 또는 국민경제상 긴절한 필요로 인하여 법률이 정하는 경우를 제외하고는, 사영기업을 국유 또는 공유로 이전하거나 그 경영을 통제 또는 관리할 수 없다.

제127조 ① 국가는 과학기술의 혁신과 정보 및 인력의 개발을 통하여 국민경제의 발전에 노력하여야 한다.

② 국가는 국가표준제도를 확립한다.

③ 대통령은 제1항의 목적을 달성하기 위하여 필요한 자문기구를 둘 수 있다.

제10장 　헌법개정

제128조 ① 헌법개정은 국회재적의원 과반수 또는 대통령의 발의로 제안된다.

② 대통령의 임기연장 또는 중임변경을 위한 헌법개정은 그 헌법개정 제안 당시의 대통령에 대하여는 효력이 없다.

제129조 제안된 헌법개정안은 대통령이 20일 이상의 기간 이를 공고하여야 한다.

제130조 ① 국회는 헌법개정안이 공고된 날로부터 60일 이내에 의결하여야 하며, 국회의 의결은 재적의원 3분의 2 이상의 찬성을 얻어야 한다.

② 헌법개정안은 국회가 의결한 후 30일 이내에 국민투표에 붙여 국회의원선거권자 과반수의 투표와 투표자 과반수의 찬성을 얻어야 한다.

③ 헌법개정안이 제2항의 찬성을 얻은 때에는 헌법개정은 확정되며, 대통령은 즉시 이를 공포하여야 한다.

부칙 〈헌법 제10호, 1987. 10. 29.〉

제1조 이 헌법은 1988년 2월 25일부터 시행한다. 다만, 이 헌법을 시행하기 위하여 필요한 법률의 제정·개정과 이 헌법에 의한 대통령 및 국회의원의 선거 기타 이 헌법시행에 관한 준비는 이 헌법시행 전에 할 수 있다.

제2조 ① 이 헌법에 의한 최초의 대통령선거는 이 헌법시행일 40일 전까지 실시한다.

② 이 헌법에 의한 최초의 대통령의 임기는 이 헌법시행일로부터 개시한다.

제3조 ① 이 헌법에 의한 최초의 국회의원선거는 이 헌법공포일로부터 6월 이내에 실시하며, 이 헌법에 의하여 선출된 최초의 국회의원의 임기는 국회의원선거후 이 헌법에 의한 국회의 최초의 집회일로부터 개시한다.

② 이 헌법공포 당시의 국회의원의 임기는 제1항에 의한 국회의 최초의 집회일 전일까지로 한다.

제4조 ① 이 헌법시행 당시의 공무원과 정부가 임명한 기업체의 임원은 이 헌법에 의하여 임명된 것으로 본다. 다만, 이 헌법에 의하여 선임방법이나 임명권자가 변경된 공무원과 대법원장 및 감사원장은 이 헌법에 의하여 후임자가 선임될 때까지 그 직무를 행하며, 이 경우 전임자인 공무원의 임기는 후임자가 선임되는 전일까지로 한다.

② 이 헌법시행 당시의 대법원장과 대법원판사가 아닌 법관은 제1항 단서의 규정에 불구하고 이 헌법에 의하여 임명된 것으로 본다.

③ 이 헌법중 공무원의 임기 또는 중임제한에 관한 규정은 이 헌법에 의하여 그 공무원이 최초로 선출 또는 임명된 때로부터 적용한다.

제5조 이 헌법시행 당시의 법령과 조약은 이 헌법에 위배되지 아니하는 한 그 효력을 지속한다.

제6조 이 헌법시행 당시에 이 헌법에 의하여 새로 설치될 기관의 권한에 속하는 직무를 행하고 있는 기관은 이 헌법에 의하여 새로운 기관이 설치될 때까지 존속하며 그 직무를 행한다.

올림포스

[국어, 영어, 수학의 EBS 대표 교재, 올림포스]

2015 개정 교육과정에 따른 모든 교과서의 기본 개념 정리
내신과 수능을 대비하는 다양한 평가 문항
수행평가 대비 코너 제공

국어, 영어, 수학은 EBS 올림포스로 끝낸다.

[올림포스 16책]

국어 영역 : 국어, 현대문학, 고전문학, 독서, 언어와 매체, 화법과 작문
영어 영역 : 독해의 기본1, 독해의 기본2, 구문 연습 300
수학 영역 : 수학(상), 수학(하), 수학Ⅰ, 수학Ⅱ, 미적분, 확률과 통계, 기하

고교 국어 입문 1위
베스트셀러

윤혜정의 개념의 나비효과 입문편 & 입문편 워크북

윤혜정 선생님

입문편

시, 소설, 독서. 더도 말고 덜도 말고 딱 15강씩.
영역별로 알차게 정리하는 필수 국어 개념 입문서
3단계 Step으로 시작하는 국어 개념 공부의 첫걸음

입문편 | 워크북

'윤혜정의 개념의 나비효과 입문편'과 찰떡 짝꿍 워크북
바로 옆에서 1:1 수업을 해 주는 것처럼 음성 지원되는
혜정샘의 친절한 설명과 함께하는 문제 적용 연습

EBS

개념
완성

사회탐구영역

중간고사·기말고사 대비 4회분
범위별 비법 노트 + 모의 중간/기말고사 + 꼼꼼해설

정치와 법

1 정치의 의미

> '국회에서의 입법 활동', '학급에서의 학급 규칙 제정 활동'과 같이 좁은 의미와 넓은 의미의 정치 사례를 묻는 문제가 출제될 가능성이 높아.

(가) 사회적 희소가치의 배분을 둘러싼 권력 현상은 국가 수준에서 형성되기 때문에 사회적 갈등을 해결하고 질서를 유지하는 국가의 활동을 정치로 보아야 한다.

(나) 권력 현상은 국가는 물론 다른 사회 집단에서도 나타나기 때문에 국가를 포함한 사회 집단이 갈등을 해결하고 사회 집단 내 의사를 형성하는 것도 정치로 보아야 한다.

넓은 의미의 정치는 개인이나 집단 간 이해관계의 대립이나 갈등을 조정하고 해결하는 활동을 정치로 본다.

요것만은 꼭 체크!

'아파트 쓰레기 처리 문제를 해결하기 위한 주민 회의'는 ①☐☐ 의미의 정치에는 해당하지만 ②☐☐ 의미의 정치에는 해당하지 않는다.
　　　　　　　　　　　　　　　　　　정답 | ① 넓은 ② 좁은

2 법의 이념 −정의

> 정의는 법이 실현하고자 하는 궁극적 목표야. 정의 중 평균적 정의와 배분적 정의를 묻는 문제의 출제 가능성이 높아.

법은 남에게 불법으로 손해를 끼친 경우 그 손해를 배상하게 하고, 남의 물건을 훔친 경우에는 형벌이라는 제재를 가한다. 때에 따라서는 많은 돈을 번 자에게 세율을 높게 하고, 능력을 잘 발휘한 자에게 고액의 봉급과 승진의 우선권을 주기도 한다. 이와 같이 법은 각자의 행위에 대하여 각자의 몫을 주는 것을 이념으로 하고 있다.

각자의 행위에 대하여 정당한 몫을 주는 것은 법이 추구하는 이념 중 정의에 해당한다. 정의는 법이 추구하는 궁극적 이념으로 아리스토텔레스는 법의 본질을 평등으로 보았으며, 평등에는 모든 사람을 동등하게 취급하는 평균적 정의와 능력과 공헌도 등에 따라 다르게 취급하는 배분적 정의가 있다.

요것만은 꼭 체크!

정의는 차이를 고려하지 않고 모든 사람을 동등하게 대우하는 ①☐☐☐ 정의와 개인의 능력과 상황, 필요 등에 따른 차이를 고려하는 ②☐☐☐ 정의로 구분할 수 있다.
　　　　　　　　　　　　　　　　정답 | ① 평균적 ② 배분적

3 법의 이념 −법적 안정성

> 법의 이념인 정의, 합목적성, 법적 안정성을 사례를 통해 도출하는 문제가 출제할 가능성이 높아.

형사 소송법 제249조
① 공소 시효는 다음 기간의 경과로 완성한다.
1. 사형에 해당하는 범죄에는 25년
2. 무기 징역 또는 무기 금고에 해당하는 범죄에는 15년

민법 제162조
① 채권은 10년간 행사하지 아니하면 소멸 시효가 완성된다.
② 채권 및 소유권 이외의 재산권은 20년간 행사하지 아니하면 소멸 시효가 완성한다.

우리 형사 소송법에서는 공소 시효를, 민법에서는 소멸 시효를 다루고 있다. 이러한 시효 제도는 일정한 기간 동안 계속된 사실 상태로 발생한 새로운 법률관계를 인정함으로써 거래의 안정과 사회 질서를 유지하기 위한 것이다. 시효 제도는 법적 안정성 실현을 목적으로 한다.

요것만은 꼭 체크!

법의 이념에는 정의, ①☐☐☐☐, ②☐☐ ☐☐☐이 있다.
　　　　　　　　　　　　정답 | ① 합목적성 ② 법적 안정성

4 로크의 사회 계약설

> 저항권의 인정, 권력 분립, 자연권의 일부 위임과 같은 로크의 사상을 파악해 두자.

모든 인간은 평등하게 태어났으며, 신은 인간에게 양도할 수 없는 권리를 부여했다. 생명과 자유, 그리고 행복 추구의 권리를 확보하기 위해 인류는 정부를 조직했고, 정부의 권력은 인민의 동의로부터 나올 때 정당한 권력이 된다. 어떠한 형태의 정부이든 이러한 목적을 파괴할 경우에는 언제든지 정부를 변혁 내지 폐지하여 인민의 안전과 행복을 가장 효과적으로 가져올 수 있는 새로운 정부를 조직하는 것이 인민의 권리이다.

인민 간의 계약에 의한 국가 조직, '정부를 변혁 내지 폐지'와 같은 저항권의 인정 등을 통해 제시된 글의 필자가 로크임을 알 수 있다.

요것만은 꼭 체크!

로크는 자연권의 전부 양도설을 주장한 홉스와 달리 ①☐☐ ☐☐☐을 주장했으며, 부당한 정치권력에 대한 ②☐☐☐을 인정하였다.
　　　　　　　　　　　　　정답 | ① 일부 위임설 ② 저항권

5 사회 계약설

> 홉스와 로크, 루소는 모두 국가를 수단으로 보았다는 공통점이 있어. 세 사람의 공통점뿐만 아니라 차이점도 출제 가능성이 높아.

갑: 개인들은 모두 자유롭고 평등하게 태어나지만, 자연 상태에서는 원하는 것을 모두 충족할 수 없어 만인에 대한 만인의 투쟁 상태에 빠진다. 이에 개인들은 자연권을 제3자에게 양도하는 계약을 맺고 국가를 수립하게 된다.

을: 자연 상태에서 개인들은 자유롭고 평등하지만, 종종 타인의 권리를 침해하는 이가 나타나기도 한다. 이에 개인들은 자신의 생명, 자유, 재산 등을 확실하게 보전하기 위해 자연권 일부를 신탁(信託)하는 계약을 맺고 국가를 수립하게 된다.

갑은 자연권의 국가 양도설을 주장한 홉스이고, 을은 자연권의 일부 신탁설을 주장한 로크이다.

요것만은 꼭 체크!

국민 주권론을 주장한 로크, 루소와 달리 홉스는 ① □□□ □□□을 주장하였다.   정답 | ① 군주 주권론

6 법치주의

> 형식적 법치주의는 통치의 합법성을 강조하는 반면에, 실질적 법치주의는 통치의 합법성뿐만 아니라 통치의 정당성도 중시해.

갑: 법이 구속력을 갖는 것은 국민의 대표 기관인 의회가 일정한 절차를 거쳐 제정하였기 때문입니다. 따라서 법의 내용과 목적의 타당성 여부와 상관없이 그 법에 따른 권력 행사는 당연히 구속력을 가집니다.

을: 절차적 정당성을 갖춘 법이 곧 정의는 아니며, 정의롭지 못한 법이 합법적으로 제정되어 역사적 비극이 발생하기도 하였습니다. 법이 적법한 절차를 거쳤더라도 그 내용과 목적이 정의에 부합할 때에만 구속력을 갖게 됩니다.

갑은 형식적 법치주의를 옹호하고 있고, 을은 실질적 법치주의를 강조하고 있다.

요것만은 꼭 체크!

'악법은 법이 아니다.'라고 본 ① □□□ 법치주의는 통치의 합법성뿐만 아니라 ② □□□도 강조한다.   정답 | ① 실질적 ② 정당성

7 법치주의의 한계

> 법치주의와 민주주의의 관계는 중요한 내용이기 때문에 올바른 이해가 필요해.

갑국은 선거인단 대의원이 대통령을 선출한다. 각 지역의 선거인단 대의원 후보는 대통령 후보에 대한 지지를 표명하고, 헌법에 따라 국민은 각 지역의 인구수와 상관없이 각 선거구에서 동수의 대의원을 투표로 선출하여 선거인단을 구성한다. 이러한 대통령 선출 방식은 선거인단 대의원 선거에서 국민으로부터 최다 득표를 한 대통령 후보라도 당선에 실패할 수 있어 대표성의 문제를 야기하기도 한다. 따라서 국민들 사이에 헌법 개정의 필요성에 대한 인식이 확산되고 있다. 그러나 헌법 제정자들이 법의 안정성을 위해 개정 절차를 매우 까다롭게 규정하였기 때문에 현 상황에서 대통령 선출 방식을 바꾸는 것은 사실상 불가능하다.

법에 의한 통치, 즉 법치주의가 오히려 국민 의사를 반영하지 못할 수 있음을 알 수 있다.

요것만은 꼭 체크!

① □□□□는 법을 통한 사회 질서 유지를 추구하는 속성이 있는 반면, ② □□□□는 변화하는 국민의 의사를 반영하기 때문에 변화의 역동성을 내재한다.   정답 | ① 법치주의 ② 민주주의

8 우리 헌법의 기본 원리1

> 헌법의 기본 원리 중 자유 민주주의와 복지 국가의 원리는 출제 비중이 높아.

우리 헌법의 기본 원리	관련 헌법 조항	실현 방안
(가)	모든 국민은 거주·이전의 자유를 가진다.	A
(나)	모든 국민은 인간다운 생활을 할 권리를 가진다.	B

우리 헌법의 기본 원리 중 (가)는 자유 민주주의, (나)는 복지 국가의 원리이다. 따라서 A는 법치주의의 실현, 권력 분립, 적법 절차의 원리 등이 해당한다. 그리고 B는 최저 임금제의 실시, 근로 3권의 보장 등이 해당한다.

요것만은 꼭 체크!

상향식 의사 결정 과정의 보장은 ① □□ □□□□를 실현하기 위한 방안이고, 사회 보장 제도의 실시는 ② □□ □□□□ □□를 실현하기 위한 방안이다.   정답 | ① 자유 민주주의 ② 복지 국가의 원리

9 우리 헌법의 기본 원리2

헌법의 기본 원리를 실현하기 위한 방안과 각 실현 방안을 규정하고 있는 헌법 조항을 묻는 문제가 출제될 가능성이 높기 때문에 숙지하고 있어야 해.

표는 각 헌법의 기본 원리를 실현하기 위한 헌법 조항 일부를 보여 주고 있다.

헌법의 기본 원리	관련 헌법 조항
(가)	전문 …… 자율과 조화를 바탕으로 자유 민주적 기본 질서를 더욱 확고히 하여 ……
(나)	제1조 ① 대한민국은 민주 공화국이다.
(다)	제31조 ⑤ 국가는 평생 교육을 진흥하여야 한다.
(라)	제32조 ① 모든 국민은 근로의 권리를 가진다.

(가)는 자유 민주주의, (나)는 국민 주권주의, (다)는 문화 국가의 원리, (라)는 복지 국가의 원리에 해당한다.

요것만은 꼭 체크!

국민의 참정권 보장은 헌법의 기본 원리 중 ① ▢▢▢▢▢▢를 실현하기 위한 방안이고, 법치주의는 ② ▢▢▢▢▢▢를 실현하기 위한 방안이다.   정답 | ① 국민 주권주의 ② 자유 민주주의

10 참정권

참정권의 성격, 참정권의 역사적 전개 과정, 참정권의 구체적 내용 등은 출제될 가능성이 높은 주제야.

다음은 헌법 재판소의 결정 내용이다.

헌법 재판소는 집행 유예 기간 중인 자의 A를 제한하고 있는 ○○법의 해당 부분은 헌법 제37조 제2항을 위반하여 청구인들의 A를 침해하였을 뿐만 아니라 평등 원칙도 위반한 것이라고 결정하였다. 헌법 재판소는 그 이유에서 형사 책임과 주권의 행사는 다른 차원의 문제로서 범죄자가 저지른 범죄의 경중을 전혀 고려하지 않고 공동체의 운영을 주도하는 국가 조직의 구성에 참여하는 것을 전면적·획일적으로 제한하는 것은 헌법에 위반된다고 하였다.

'공동체의 운영을 주도하는 국가 조직의 구성에 참여하는 것'이라는 단서를 통해 기본권 A는 참정권임을 알 수 있다. 참정권은 주권자로서 국가의 정치 과정에 적극 참여할 수 있는 능동적 권리이다.

요것만은 꼭 체크!

① ▢▢▢은 능동적 권리에 해당하며, ② ▢▢▢, 공무 담임권, 국민 투표권 등이 해당한다.   정답 | ① 참정권 ② 선거권

11 청구권

청구권은 다른 기본권들과 달리 권리 자체가 목적이 아니라 다른 기본권을 실현하기 위한 수단적 권리라는 것을 명심해야 해.

표의 사례는 청구권에 해당하는 A, B가 행사된 사례이다.

권리	사례
A	살인범으로 몰려 약 260일 간 억울한 옥살이를 하다 무죄 석방된 갑은 국가를 상대로 2,000만 원의 보상을 청구하였다.
B	을의 아버지는 야간에 귀가하다 강도에 의해 상해를 입어 열흘 만에 숨졌다. 생계가 막막해진 을은 국가를 상대로 구조금을 신청하였다.

A는 형사 보상 청구권, B는 범죄 피해자 구조 청구권에 해당하며 두 권리 모두 청구권에 해당한다.

요것만은 꼭 체크!

청구권은 ① ▢▢▢ 보장을 위한 기본권으로, 사회권과 마찬가지로 ② ▢▢▢ 권리에 해당한다.   정답 | ① 기본권 ② 적극적

12 자유권과 사회권

기본권의 성격을 묻는 문제 중 특히 자유권과 사회권의 성격을 묻는 문제는 출제 빈도가 매우 높기 때문에 숙지하고 있어야 해.

다음은 기본권 A와 B의 성격을 비교한 것이다.

A는 국가의 간섭 배제를 내용으로 한다. A는 국가 권력과 상충되는 성격이 강하기 때문에 국가의 기능이 확대될수록 침해될 수 있기 때문이다. 이에 비해 B는 국가의 개입을 전제로 하는 기본권이다. B는 인간다운 생활의 보장을 국가에 요구하는 권리이기 때문에 B의 보장에 충실하기 위해서는 국가의 기능확대가 필수적이다.

A는 국가 권력과 상충되는 성격이 강하므로 자유권이고, B는 국가 기능 확대가 필수적이기 때문에 사회권에 해당한다.

요것만은 꼭 체크!

기본권 중 ① ▢▢▢은 소극적·방어적 성격을 띠는 반면, 청구권과 ② ▢▢▢은 적극적 권리의 성격을 띤다.   정답 | ① 자유권 ② 사회권

13 기본권의 제한

> 기본권 제한의 목적, 형식, 방법적 요건과 기본권 제한의 한계를 묻는 문제가 출제될 가능성이 높아.

학교 정화 구역 내에서의 극장 시설 및 영업을 일률적으로 금지하고 있는 학교 보건법 관련 조항에 대하여 헌법 재판소는 극장 운영자의 기본권 침해는 물론이거니와 극장의 자유로운 운영에 대한 제한 및 학생들의 기본권도 과도하게 침해하여 헌법 정신에 어긋난다는 결정을 내렸다. 이 결정은 아무리 학생에 대한 보호라는 취지가 정당하다 할지라도 그 방식과 범위에 구분을 두지 않고 무조건적으로 규제하는 것은 자유로운 문화 향유에 관한 권리 등 기본권을 침해한다는 점을 보여 준다.

학교 정화 구역 내의 극장 설치를 금지하는 법은 직업 선택의 자유의 본질적 내용을 침해하고, 표현과 예술의 자유를 침해할 뿐 아니라, 학생들의 자유로운 문화 향유권을 근본적으로 침해한다는 것이 헌법 재판소의 논리이다.

요것만은 꼭 체크!

기본권은 국가 안전 보장, ① ☐☐☐☐, 공공복리를 위해 ② ☐☐ 로써 제한될 수 있다.
정답 │ ① 질서 유지 ② 법률

14 우리나라 제3차 개정 헌법 –의원 내각제 헌법

> 최근 선거 결과와 결합하여 정부 형태를 묻는 문제 형식으로 출제되고 있어.

제33조 ① 민의원 의원의 임기는 4년으로 한다. 단, 민의원이 해산된 때에는 그 임기는 해산과 동시에 종료한다.
제35조 ② 민의원이 해산된 때에는 해산된 날로부터 20일 이후 30일 이내에 민의원 의원의 총선거를 실시하여야 한다.
제68조 ① 행정권은 국무원에 속한다.
③ 국무원은 민의원에 대하여 연대 책임을 진다.
제71조 국무원은 민의원에서 국무원에 대한 불신임 결의안을 가결한 때에는 10일 이내에 민의원 해산을 결의하지 않는 한 총사직하여야 한다.

1960년 6월 15일에 실시된 3차 개헌으로 의원 내각제를 내용으로 하고 있다. 민의원(의회 의원) 해산, 불신임 결의 등을 통해 의원 내각제 요소를 확인할 수 있다.

요것만은 꼭 체크!

의원 내각제는 의회에 의해 ① ☐☐이 구성되며 의회는 ② ☐☐☐☐☐☐을 통해, 행정부는 ③ ☐☐☐☐☐을 통해 서로를 견제한다.
정답 │ ① 내각(행정부) ② 내각 불신임권 ③ 의회 해산권

15 정부 형태

> 대통령제와 의원 내각제 정부 형태의 특징을 비교해서 묻는 문제가 자주 출제되고 있어. 게다가 요즘은 선거 결과 분석과 결합해서 출제되기도 해.

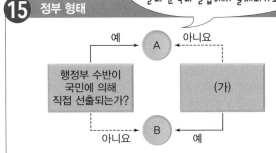

국민에 의해 행정부 수반이 직접 선출되는 정부 형태는 대통령제이므로 A는 대통령제, B는 의원 내각제이다. 따라서 (가)에는 '의회는 내각 불신임권을 갖는다.'와 같은 의원 내각제의 특징이 들어가야 한다.

요것만은 꼭 체크!

정부 형태 중 ① ☐☐☐☐는 권력 분립의 원리에 충실한 반면, ② ☐☐ ☐☐☐는 권력 융합적 성격을 갖는다.
정답 │ ① 대통령제 ② 의원 내각제

16 우리나라의 정부 형태

> 우리나라 헌법의 의원 내각제 요소를 묻는 문제는 출제 가능성이 높기 때문에 숙지하고 있어야 해.

(가) 국회 의원과 정부는 법률안을 제출할 수 있다.
(나) 법률안에 이의가 있을 때에는 대통령은 제1항의 기간 내에 이의서를 붙여 국회로 환부하고, 그 재의를 요구할 수 있다.
(다) 국회는 국무총리 또는 국무 위원의 해임을 대통령에게 건의할 수 있다.
(라) 국무 회의는 정부의 권한에 속하는 중요한 정책을 심의한다.

(가)는 정부의 법률안 제출권, (나)는 대통령의 법률안 거부권, (다)는 국회의 국무총리 또는 국무 위원 해임 건의권, (라)는 국무 회의인데, 이 중 (나)는 대통령제 요소이고, (가), (다), (라)는 의원 내각제 요소이다.

요것만은 꼭 체크!

국회 의원이 국무 위원을 겸직할 수 있는 것은 우리 헌법의 ① ☐☐ ☐☐☐ 요소이다.
정답 │ ① 의원 내각제

1. 다음 글의 필자가 생각하는 정치의 의미로 가장 적절한 진술은?

사람들이 모여 사회를 이루고 사는 곳에서는 어디서나 이해관계를 둘러싼 갈등이 발생할 수밖에 없다. 이러한 갈등을 그대로 두면 사회는 혼란에 빠지고 무질서해져서 결국 개인이나 공동체의 삶이 위태로워질 수 있다. 이와 같은 대립과 갈등을 조정하고 해결하기 위하여 합의된 규칙을 만들거나 특정 개인 혹은 집단에 권위를 부여해서 갈등을 해결하는 과정이 바로 정치 현상이다.

① 정치는 소수 엘리트들의 활동이다.
② 정치는 특정 집단의 이익 실현 활동이다.
③ 정치는 모든 사회 집단에서 나타나는 현상이다.
④ 정치는 국가 기구 내에서만 나타나는 권력 현상이다.
⑤ 정치는 사회 구성원 전체의 삶의 질을 향상시키려는 활동이다.

2. 다음 사례에 공통적으로 나타나 있는 정치의 기능으로 가장 적절한 것은?

• 환경 보전을 위해 묶여 있던 도시 외곽의 농지와 임야의 개발 제한 구역 해제 확대 여부를 둘러싸고 사회적 논쟁이 벌어지자, 국회에서는 찬반 양측을 대표하는 전문가들을 불러 공청회를 열었다.
• ○○ 아파트 바로 앞에 시립 박물관을 유치하기 위해 노력하겠다는 아파트 입주자 대표 회의의 결정에 대해 찬반이 엇갈리자, 입주자 대표 회의는 주민 전체 투표를 하고 그 결과에 따라 유치 노력 여부를 결정하기로 하였다.

① 사회의 안정적 발전을 도모한다.
② 구성원들 간의 이해관계를 조정한다.
③ 국민의 기본적 권리와 자유를 신장한다.
④ 구성원들 간의 실질적 평등을 보장한다.
⑤ 권력 행사를 통해 사회 질서를 유지한다.

3. 근대 사상가 갑, 을에 대한 설명으로 옳은 것은?

근대 사상가 갑과 을은 자연 상태에서 나타나는 제약을 벗어나기 위해 사회를 만들었다고 주장하였다. 갑에 따르면 자연 상태는 '만인에 대한 만인의 투쟁'이 이어지는 상태로 각 개인의 생명을 지키기도 어려운 상태이다. 한편, 을에 따르면 자연 상태는 자유와 평등의 이상향과도 같지만, 누구나 자연법의 집행권을 가지기 때문에 자기 소유물을 지키거나 권리를 지키는 데 있어서 한계를 가지고 있다.

① 갑은 대의 민주주의를 선호한다.
② 을은 개인에 앞서 국가가 존재한다고 본다.
③ 갑과 달리 을은 절대 군주제를 옹호한다.
④ 을과 달리 갑은 국가를 목적이 아닌 수단으로 본다.
⑤ 갑, 을 모두 국가 권력은 개인의 자유로운 계약에 바탕을 두고 있다고 본다.

4. 다음과 같은 주장을 한 역사적 사건에 대한 옳은 설명만을 〈보기〉에서 고른 것은?

• 21세 이상의 모든 남성에게 선거권을 부여하라.
• 비밀 투표를 원칙으로 하라.
• 하원 의원 출마자의 재산 자격을 없애라.
• 하원 의원에게 봉급을 지급하라.
• 선거구를 동등하게 하라.
• 선거를 매년 시행하라.

〈보기〉
ㄱ. 참정권 확대 과정에 이바지하였다.
ㄴ. 근대 민주 정치 발전 과정에서 나타났다.
ㄷ. 직접 민주 정치 요소의 도입을 강조하였다.
ㄹ. 추첨제, 윤번제에 따른 공직자 선출을 주장하였다.

① ㄱ, ㄴ   ② ㄱ, ㄷ   ③ ㄴ, ㄷ
④ ㄴ, ㄹ   ⑤ ㄷ, ㄹ

5. 법치주의를 보는 갑, 을의 관점에 대한 설명으로 옳은 것은?

> 갑: 법은 국민의 대표 기관인 의회가 일정한 절차를 거쳐 제정한 것입니다. 따라서 법의 내용과 목적의 타당성 여부와 관계없이 그 법에 따른 권력 행사는 당연히 구속력을 가집니다.
> 을: 절차적 정당성을 갖춘 법일지라도 그 내용과 목적이 정의에 부합하지 않을 때 그 법의 구속력은 인정할 수 없습니다.

① 갑의 관점은 법이 실질적 정당성을 가져야만 그 효력이 인정된다고 본다.
② 을의 관점은 법률에 근거한 독재를 용인할 우려가 있다.
③ 갑과 달리 을의 관점은 국가가 국민의 기본권을 제한할 경우 법에 근거를 두어야 한다고 본다.
④ 을과 달리 갑의 관점은 통치자를 제외한 모든 사람이 법에 구속되어야 한다고 본다.
⑤ 갑과 을의 관점 모두 법에 근거하지 않은 국가 권력의 자의적 행사를 경계한다.

6. 다음 사례를 통해 알 수 있는 헌법의 의의로 가장 적절한 것은?

> 최근 헌법 재판소는 ○○법 제△△조의 내용이 헌법에 부합하지 않는다고 결정하였다. 헌법 재판소는 해당 법 조항이 국민의 기본적인 알 권리를 지나치게 제약하고 해당 법 조항에 대한 법정 최고 형량이 유사한 다른 법 조항의 그것에 비해서도 특별한 사유 없이 두 배 정도로 너무 높게 규정되어 있는 것 등으로 인해 헌법에 어긋난다고 본 것이다. 이로 인해 정치권에서는 해당 법 조항의 폐지 혹은 대체 입법의 추진 등에 대해 논의를 시작하였다.

① 국가 기구에 일정한 권한을 부여한다.
② 모든 국민의 인간다운 생활을 보장한다.
③ 모든 법령의 정당성을 판단하는 근거이다.
④ 다원화된 이익을 합리적으로 조정하고 사회 통합을 실현한다.
⑤ 국가 성립에 필요한 각종 요건과 국가 권력 행사의 절차를 규정한다.

7. (가)~(다)에 대한 설명으로 옳지 않은 것은? (단, (가)~(다)는 각각 고유한 의미의 헌법, 근대 입헌주의 헌법, 현대 복지 국가의 헌법 중 하나이다.)

> (가) 국민의 인간다운 생활 보장을 추구하는 헌법을 말하며, 실질적 평등과 국민의 사회적 기본권 보장을 강조한다.
> (나) 통치 기관의 존립 근거가 될 뿐 아니라 개인의 자유권을 중심으로 한 국민의 기본권 보장을 명시하고, 이를 위해 국가 권력을 제한한 헌법을 가리킨다.
> (다) 국가의 통치 체제에 대한 기본적인 내용을 규정한 기본법을 의미하며, "조선 시대에도 헌법인 경국대전을 가지고 있었다."라고 할 때의 헌법은 이에 속한다.

① (가)는 사회권을 기본권으로 인정한다.
② (나)는 개인주의와 자유주의를 바탕으로 하고 있다.
③ (다)는 '국가가 있는 곳에 헌법이 있다.'라고 할 때의 헌법을 의미한다.
④ (가), (나)에서 모두 헌법은 최고법이다.
⑤ (나)와 달리 (다)는 국가 기관의 조직과 구성에 대해 규정하고 있다.

8. 우리 헌법의 기본 원리 (가)~(다)에 대한 옳은 설명만을 〈보기〉에서 고른 것은?

기본 원리	관련 헌법 내용
(가)	모든 국민은 인간다운 생활을 할 권리를 가진다.
(나)	대한민국의 주권은 국민에게 있고, 모든 권력은 국민으로부터 나온다.
(다)	…… 자율과 조화를 바탕으로 자유 민주적 기본 질서를 더욱 확고히 하여 ……

〈보기〉
ㄱ. (가)는 경제적 측면에서 형평성보다 효율성을 강조한다.
ㄴ. (다)는 개인의 자유와 권리를 보장하고 국민적 합의에 근거하여 국가 권력을 행사하는 것을 의미한다.
ㄷ. (가)와 달리 (나)는 개인의 생활에 대한 국가의 간섭 배제를 중시한다.
ㄹ. 복수 정당제의 보장은 (나), (다)의 실현 방안으로 볼 수 있다.

① ㄱ, ㄴ   ② ㄱ, ㄷ   ③ ㄴ, ㄷ
④ ㄴ, ㄹ   ⑤ ㄷ, ㄹ

9. (가)~(다) 헌법 조항과 관련된 설명으로 옳지 <u>않은</u> 것은?

> (가) 대한민국은 국제 평화의 유지에 노력하고 침략적 전쟁을 부인한다.
> (나) 외국인은 국제법과 조약이 정하는 바에 의하여 그 지위가 보장된다.
> (다) 헌법에 의하여 체결·공포된 조약과 일반적으로 승인된 국제 법규는 국내법과 같은 효력을 가진다.

① (가)는 모든 종류의 전쟁 수행을 금지하는 것은 아니다.
② (가)의 실현 사례로 국제 평화 유지 활동 참여를 들 수 있다.
③ (나)에 따르면 외국인도 모든 참정권이 보장된다.
④ (나)의 조약 및 국제 법규보다 헌법이 우선하여 적용된다.
⑤ (가)~(다)에 공통적으로 나타난 우리 헌법의 기본 원리는 국제 평화주의이다.

10. 그림은 기본권을 구분한 것이다. A~C에 대한 설명으로 옳은 것은? (단, A~C는 각각 사회권, 자유권, 청구권 중 하나이다.)

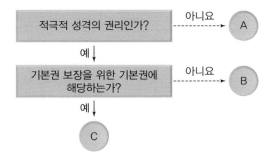

① A의 보장 방안으로 최저 임금제의 실시를 들 수 있다.
② A를 보장하는 헌법 조항으로 "모든 국민은 사생활의 비밀과 자유를 침해받지 않는다."를 들 수 있다.
③ B는 수단적 권리로서의 성격을 가진다.
④ B는 근대 시민 사회 성립 과정에서 명시되었다.
⑤ C가 최초로 규정된 헌법은 독일 바이마르 헌법이다.

11. 다음과 같은 상황을 배경으로 나타난 기본권에 대한 설명으로 옳은 것은?

> 자본주의가 발달하면서 물질적으로 풍요로운 사회가 나타났지만 빈부 격차의 확대, 계급 갈등의 심화, 노동자의 삶의 질 악화 등이 심각한 사회 문제로 등장하였다. 이에 모든 사회 구성원에게 최소한의 인간다운 삶을 보장해 주어야 한다는 인식이 확산되었다.

① 불합리한 차별을 받지 않을 권리이다.
② 국가 권력에 대한 방어적·소극적 권리이다.
③ 헌법에 열거하지 않아도 포괄적으로 보장된다.
④ 청원권, 재판 청구권 등이 구체적 사례에 해당한다.
⑤ 국가의 적극적인 역할을 요구할 수 있는 근거가 된다.

12. 기본권과 관련하여 갑, 을의 주장에 대한 옳은 분석만을 〈보기〉에서 고른 것은?

> 갑: 주택가라는 이유만으로 시위를 전면적으로 금지하는 것은 시위를 통해 자신의 요구를 표출하려는 사람들의 자유를 과도하게 제한하려는 것입니다.
> 을: 주택가에서 시위를 하는 것에 대해 제한이 없다면 주민들은 사생활 침해로 인해 고통을 받을 것입니다.

---- 〈보기〉 ----
ㄱ. 갑은 주택가에서의 전면 시위 규제가 필요 이상으로 기본권을 제한한다고 본다.
ㄴ. 을은 소극적·방어적 권리에 속하는 기본권의 보장을 강조하고 있다.
ㄷ. 갑이 중시하는 기본권보다 을이 중시하는 기본권의 등장 시기가 늦다.
ㄹ. 갑과 을이 중시하는 기본권은 모두 법률에 의해서도 제한할 수 없다.

① ㄱ, ㄴ   ② ㄱ, ㄷ   ③ ㄴ, ㄷ
④ ㄴ, ㄹ   ⑤ ㄷ, ㄹ

[13~14] 그림은 전형적인 정부 형태 중 하나를 나타내고 있다. 물음에 답하시오.

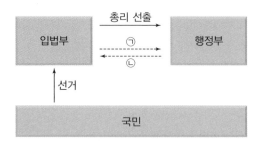

13. 그림에 나타난 정부 형태가 지닌 특징만을 〈보기〉에서 고른 것은?

─── 〈보기〉 ───
ㄱ. 연립 내각이 출현할 수 있다.
ㄴ. 의회 다수당의 횡포를 견제하기 어렵다.
ㄷ. 국가 원수와 행정부 수반이 같은 사람이다.
ㄹ. 행정부 수반은 의회에 대해 책임을 지지 않는다.

① ㄱ, ㄴ   ② ㄱ, ㄷ   ③ ㄴ, ㄷ
④ ㄴ, ㄹ   ⑤ ㄷ, ㄹ

14. ㉠, ㉡에 해당하는 입법부와 행정부의 상호 견제 수단으로 옳은 것은?

	㉠	㉡
①	의회 해산권	내각 불신임권
②	의회 해산권	법률안 거부권
③	내각 불신임권	의회 해산권
④	내각 불신임권	법률안 거부권
⑤	법률안 거부권	내각 불신임권

15. 표는 전형적인 정부 형태를 가진 갑국의 의회 의원 선거 결과를 나타낸 것이다. 이에 대한 옳은 추론만을 〈보기〉에서 고른 것은?

정당별 의회 의석률(단위: %)

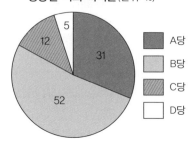

A당
B당
C당
D당

─── 〈보기〉 ───
ㄱ. 갑국이 대통령제 국가라면 여소야대 현상이 나타날 것이다.
ㄴ. 갑국이 의원 내각제 국가라면 총리는 B당 소속일 것이다.
ㄷ. 갑국이 의원 내각제 국가라면 특정 정당이 단독으로 내각을 구성할 수 있을 것이다.
ㄹ. 정부 형태와 무관하게 집권당은 B당이 될 것이다.

① ㄱ, ㄴ   ② ㄱ, ㄷ   ③ ㄴ, ㄷ
④ ㄴ, ㄹ   ⑤ ㄷ, ㄹ

16. 표는 우리 헌법의 주요 개정 내용이다. 이에 대한 옳은 설명만을 〈보기〉에서 고른 것은?

개정 헌법	주요 개정 내용
(가)	초대 대통령에 한해 중임 제한 철폐
(나)	의원 내각제, 대통령 국회 간선제, 국회 양원제 도입
(다)	통일 주체 국민 회의에서 대통령과 국회 의원 정수의 1/3 선출, 대통령이 법관 임명
(라)	대통령 직선제 및 5년 단임제

─── 〈보기〉 ───
ㄱ. (가)는 대통령의 장기 집권을 위한 기반을 제공하였다.
ㄴ. (나)는 권력 분립의 원리에 충실한 정부 형태를 취하고 있다.
ㄷ. (다)는 국가 기구 간 견제와 균형이 제대로 이루어지지 않았다.
ㄹ. (라)는 4·19 혁명을 계기로 등장하였다.

① ㄱ, ㄴ   ② ㄱ, ㄷ   ③ ㄴ, ㄷ
④ ㄴ, ㄹ   ⑤ ㄷ, ㄹ

[17~18] (가), (나)는 각각 민주주의 발전 과정에서 나타난 시대별 민주주의의 특징 중 일부이다. 이를 보고 물음에 답하시오.

(가) 모든 시민이 정치에 직접 참여하는 직접 민주 정치를 실시하였다. 시민들은 추첨제와 윤번제를 통해 누구나 공직에 참여할 수 있었다.
(나) 시민 혁명을 통해 대의 민주제가 확립되고 인간의 존엄성, 자유와 평등 같은 민주주의 이념이 널리 확산되었다. 국가의 정책 결정 과정에 참여할 수 있는 사람들은 부유한 시민 계급들이었다.

단답형
17. (가), (나)의 민주주의가 나타난 시대를 쓰시오.

정답
_____

_____

서술형
18. (가), (나)의 민주주의에서 공통적으로 찾을 수 있는 특징을 서술하시오.

정답
_____

_____

_____

[19~20] (가), (나)의 기본권 침해 사례를 읽고 물음에 답하시오.

(가) 대학생인 갑은 얼마 전 등교하던 중 갑자기 경찰관에게 체포되었지만, 그 과정에서 체포의 이유 및 변호인의 조력을 받을 권리를 전혀 고지받지 못했다.
(나) 고등학생인 을은 방과 후에 ○○ 편의점에서 아르바이트를 하고 있는데, 미성년자라는 이유로 최저 임금에 미달하는 급여를 받고 있다. 다른 일자리를 찾지 못한 을은 어쩔 수 없이 그 처지를 받아들이고 있다.

단답형
19. (가), (나)에서 침해된 기본권의 유형을 쓰시오.

정답
_____

_____

서술형
20. (가), (나)의 기본권이 가진 특징을 각각 두 가지 이상 서술하시오.

정답
_____

_____

_____

1학기 중간고사

1. ③	2. ②	3. ⑤	4. ①	5. ⑤	6. ③
7. ⑤	8. ④	9. ③	10. ②	11. ⑤	12. ①
13. ①	14. ③	15. ③	16. ②	17~20. 해설 참조	

1. ① 제시문은 사회적 갈등 해결에 주목하고 있으며, 그러한 해결 과정을 엘리트들의 활동에 국한해서 살피고 있지는 않다. ✕
② 제시문은 개인이나 공동체 전체의 삶을 위태롭지 않게 하기 위해서 정치 현상이 나타난다고 보고 있으므로 정치를 특정 집단과만 연결시키기는 어렵다. ✕
③ 모든 사회 집단에서는 갈등이 발생하고 이를 해결하는 과정에서 정치 현상이 나타난다고 보고 있다. 즉, 모든 사회 집단에서 정치 현상이 나타난다는 것이다. ⭕
④ 정치를 국가 기구 내의 활동으로 보는 내용은 없다. ✕
⑤ 갈등 해결과 삶의 질 향상을 직접 연관시킨 내용은 찾아볼 수 없다. ✕

2. 첫 번째 사례는 국가 기관인 국회에서 사회적 논쟁 해결을 위한 노력을 하는 것이고, 두 번째 사례는 아파트 입주자 대표 회의가 아파트 내의 찬반 문제를 해결하기 위해 노력을 하는 것이다.
① 사회의 안정적 발전과 직접적으로 관련된 내용은 나타나 있지 않다. ✕
② 두 사례 모두 구성원들 간의 이해관계를 조정하는 것이다. ⭕
③ 두 번째 사례는 권리와 자유 신장보다는 그러한 권리와 자유를 누리는 과정에서 드러나는 이해관계를 조정하는 내용이 나타나 있다. ✕
④ 실질적 평등 문제와 관련된 내용은 없다. ✕
⑤ 두 번째 사례는 권력 행사와 관련된 내용이 아니다. ✕

3. 갑은 홉스, 을은 로크이다.
① 홉스는 절대 군주제, 로크는 대의 민주주의를 선호한다. ✕
② 사회 계약론은 자연 상태에서 개인들이 맺은 사회 계약에 의해 국가가 등장한다고 본다. ✕
③ 절대 군주제를 옹호하는 것은 갑, 즉 홉스이다. ✕
④ 홉스와 로크 모두 국가를 목적이 아닌 수단으로 본다. ✕

⑤ 홉스와 로크 모두 개인들의 자유로운 계약, 즉 사회 계약을 통해 국가가 나타난다고 본다. ⭕

4. 자료는 차티스트 운동(인민 헌장 운동) 과정에서 차티스트들이 주장한 내용이다.
ㄱ. 남성에게만 선거권을 주도록 요구한 점에서는 차티스트 운동도 일정한 한계를 갖지만 그 이전의 부유한 상공인들에게만 선거권을 부여한 것에 비해서는 선거권 및 참정권 부여 범위를 넓게 잡은 것이고, 그 논리와 실천의 확장 과정에서 보통 선거제 확립에 기여한 것으로 인정받는다. ⭕
ㄴ. 차티스트 운동은 근대 민주주의 발전 과정인 1830년대부터 1840년대에 나타났다. ⭕
ㄷ. 직접 민주 정치 요소에 대한 내용은 없다. ✕
ㄹ. 추첨제, 윤번제는 고대 아테네 민주주의와 관련된다. ✕

5. 갑의 관점은 형식적 법치주의, 을의 관점은 실질적 법치주의에 부합한다.
① 실질적 정당성을 가져야 법의 효력이 인정된다고 보는 것은 실질적 법치주의이다. ✕
② 법률에 근거한 독재를 용인할 우려가 있는 것은 형식적 법치주의이다. ✕
③ 형식적 법치주의와 실질적 법치주의 모두 국가가 국민의 기본권을 제한하기 위해서는 법에 근거를 두어야 한다고 본다. ✕
④ 형식적 법치주의와 실질적 법치주의 모두 통치자도 법에 구속되어야 한다고 본다. ✕
⑤ 형식적 법치주의와 실질적 법치주의 모두 법치주의의 유형이며, 법치주의는 국가 권력이 법에 근거를 두지 않고 자의적으로 행사되는 것을 경계한다. ⭕

6. ① 조직 수권 규범에 대한 언급은 없다. ✕
② 인간다운 생활 보장과 제시문의 내용은 직접적인 관련이 없다. ✕
③ 헌법에 부합하지 않는 법의 폐지는 헌법이 모든 법령의 제정 근거이자 정당성 평가의 근거가 된다는 의미이며, 이런 측면에서 헌법이 최고 규범이라는 특징을 갖는다. ⭕
④ 사회 통합과 관련한 내용은 제시문에서 찾을 수 없다. ✕

⑤ 헌법은 국가라는 공동체를 구성하고 조직하는 목적과 내용을 갖는데, 제시문에서는 관련 내용을 찾기 힘들다. ✗

7. (가)는 현대 복지 국가의 헌법, (나)는 근대 입헌주의 헌법, (다)는 고유한 의미의 헌법이다.
① 현대 복지 국가 헌법은 사회권을 기본권으로 인정한다. O
② 근대 입헌주의 헌법의 바탕에는 개인주의와 자유주의가 있다. O
③ '국가가 있는 곳에 헌법이 있다.'는 말은 모든 국가가 국가 기관을 조직·구성하고 이들 기관의 권한과 상호 관계 등을 규정한 규범이 있다는 것을 의미하며, 경국대전은 이런 의미에서 헌법에 해당한다고 볼 수 있다. O
④ 헌법은 시대와 무관하게 한 나라의 최고법이다. O
⑤ 모든 헌법은 국가 기관의 조직과 구성에 대해 규정하고 있다. ✗

8. (가)는 복지 국가의 원리, (나)는 국민 주권주의, (다)는 자유 민주주의이다.
ㄱ. 복지 국가의 원리는 경제적 측면에서 효율성보다는 형평성을 강조한다. ✗
ㄴ. 자유 민주주의는 자유주의와 민주주의가 결합된 원리로서, 개인의 자유와 권리를 보장하고 국민적 합의에 근거하여 국가 권력을 행사하는 것을 의미한다. O
ㄷ. 국민 주권주의와 개인 생활에 대한 국가의 간섭 배제는 관련이 없다. ✗
ㄹ. 복수 정당제의 보장은 국민 주권주의 및 자유 민주주의 모두의 실현 방안이다. O

9. (가)~(다) 모두 국제 평화주의의 원리와 관련된 헌법 조항이다.
① 국제 평화주의는 침략적 전쟁의 수행을 금지하는 것이지 모든 전쟁 수행을 금지하는 것은 아니다. O
② 국제 연합 등의 국제 평화 유지 활동에 참여하는 것은 (가)의 사례로 볼 수 있다. O
③ 법률에 특별한 규정이 없는 한 외국인의 참정권은 제한된다. ✗
④ 우리나라의 법률 체계상 헌법은 최고법의 위치를 가진다. (다)에 나타난 조약 및 국제 법규는 국내법과 같은 효력을 가지므로 헌법이 우선 적용된다. O
⑤ (가)~(다) 모두 국제 평화주의와 관련된 헌법 조항이다. O

10. 사회권, 자유권, 청구권 중 적극적 성격의 권리가 아닌 A는 자유권, 기본권 보장을 위한 기본권인 C는 청구권, 그렇지 않은 B는 사회권이다.
① 최저 임금제의 실시는 사회권의 보장 방안이다. ✗
② 사생활의 비밀과 자유 보장은 자유권의 내용이다. O
③ 수단적 권리는 청구권이다. ✗
④ 근대 시민 사회 성립 과정에서 명시된 것은 자유권이다. ✗
⑤ 독일 바이마르 헌법에서 최초로 규정된 기본권은 사회권이다. ✗

11. 제시문과 같은 배경에서 등장한 기본권은 사회권이다.
① 불합리한 차별을 받지 않을 권리는 평등권이다. ✗
② 국가 권력에 대한 방어적·소극적 권리는 자유권이다. ✗
③ 헌법에 열거하지 않아도 포괄적으로 보장되는 권리는 자유권이다. ✗
④ 청원권, 재판 청구권은 청구권의 내용이다. ✗
⑤ 사회권은 국민의 최소한의 인간다운 삶을 보장하기 위해 국가가 적극적으로 나설 것을 요구할 수 있는 권리이다. O

12. ㄱ. 갑은 다른 조건 없이 주택가라는 이유만으로 시위를 전면적으로 금지하는 것이 필요 이상으로 기본권을 제한한다고 보고 있다. O
ㄴ. 을은 사생활의 자유, 즉 자유권의 보장을 강조하고 있다. O
ㄷ. 갑과 을 모두 자유권의 보장에 대해 이야기하고 있다. ✗
ㄹ. 자유권도 법률에 의해 제한할 수 있다. ✗

13. 국민의 선거에 의해 입법부인 의회가 구성되고, 의회에서 총리를 선출함으로써 행정부를 구성하는 정부 형태는 의원 내각제이다.
ㄱ. 전형적인 의원 내각제에서는 의회 내 과반수를 차지한 정당이 없을 경우 연립 내각이 구성된다. O
ㄴ. 의원 내각제에서는 의회 다수당이 행정부를 구성하기 때문에 의회 다수당의 횡포를 견제하기 어렵다. O
ㄷ. 국가 원수와 행정부 수반이 같은 사람인 정부 형태는 대통령제이다. ✗
ㄹ. 행정부 수반이 의회에 대해 책임을 지지 않는 정부 형태는 대통령제이다. ✗

14. ㉠은 행정부에 대한 입법부의 견제 수단, ㉡은 입법부에 대한 행정부의 견제 수단이다.

① 의회 해산권은 입법부 견제 수단, 내각 불신임권은 행정부 견제 수단이다. ✕

② 의회 해산권은 입법부 견제 수단, 법률안 거부권은 대통령제에서 행정부가 입법부를 견제하는 수단이다. ✕

③ 내각 불신임권은 행정부 견제 수단, 의회 해산권은 입법부 견제 수단이다. ◯

④ 내각 불신임권은 행정부 견제 수단, 법률안 거부권은 대통령제에서 행정부가 입법부를 견제하는 수단이다. ✕

⑤ 법률안 거부권은 대통령제에서 행정부가 입법부를 견제하는 수단이고, 내각 불신임권은 행정부 견제 수단이다. ✕

15. 정당별 의회 의석률 순위는 B당이 52%로 1위, A당이 31%로 2위, C당이 12%로 3위, D당이 5%로 4위이다.

ㄱ. 갑국이 대통령제 국가라고 할 때 대통령의 소속 정당을 알 수 없으므로 여소야대 여부도 알 수 없다. ✕

ㄴ. 갑국이 의원 내각제 국가라면 B당이 과반수 의석을 차지하였으므로 B당 소속 의원이 총리가 될 것이다. ◯

ㄷ. 갑국이 의원 내각제 국가라면 과반수 의석을 차지한 B당이 단독으로 내각을 구성할 수 있을 것이다. ◯

ㄹ. 갑국이 의원 내각제 국가라면 집권당은 B당이 되지만, 대통령제 국가라면 대통령의 소속 정당을 알 수 없어 집권당이 B당이라고 확정할 수 없다. ✕

16. (가)는 1954년의 2차 개헌, (나)는 1960년의 3차 개헌, (다)는 1972년의 7차 개헌, (라)는 1987년의 9차 개헌 헌법 내용이다.

ㄱ. 중임 제한의 철폐는 장기 집권의 가능성을 유발한다. ◯

ㄴ. 의원 내각제는 권력 분립형 정부 형태보다는 권력 융합형 정부 형태로 볼 수 있다. ✕

ㄷ. 7차 개헌, 이른바 유신 개헌은 권위주의적 대통령이 3권의 균형을 무너뜨리고 군림할 수 있게 한 것이 특징이다. ◯

ㄹ. 9차 개헌은 4 · 19 혁명이 아닌 1987년의 6월 민주 항쟁을 계기로 등장하였다. ✕

주관식

17. (가)는 고대 아테네 민주주의의 특징, (나)는 근대 민주주의의 특징이다.

단답형

(가) 고대, (나) 근대

18.

서술형

고대 아테네의 민주주의는 시민의 범위에서 여성, 외국인, 노예를 배제하였다. 근대 민주주의는 부유한 남성만을 시민으로 보고 여성, 노동자, 농민 등을 배제하였다. 즉, 고대 아테네 민주주의와 근대 민주주의 모두 제한적 민주 정치라는 특징을 가지고 있었다.

19. (가)에서 침해된 기본권은 자유권이고, (나)에서 침해된 기본권은 사회권이다.

단답형

(가) 자유권, (나) 사회권

20.

서술형

(가) 자유권은 개인이 자신의 자유로운 생활 영역에 대해서 국가 권력에 의한 간섭이나 침해를 받지 않을 권리로서 방어적 · 소극적 권리이며, 가장 오래된 기본권이다. (나) 사회권은 인간다운 생활의 보장을 국가에 요구할 수 있는 권리로서 복지 국가의 필수적 요소이며, 가장 최근에 등장한 현대적 권리이고 적극적 권리이다.

1 국회의 입법 과정

> 헌법의 개정과 법률의 제·개정 절차를 묻는 문제는 비교해서 출제될 가능성이 매우 높아.

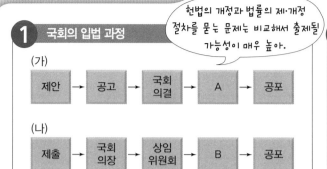

(가)는 우리나라의 헌법 개정 절차, (나)는 법률 제·개정 절차를 보여 준다. A는 국민 투표, B는 본회의에 해당한다.

요것만은 꼭 체크!

헌법 개정안은 국회 재적 의원 과반수 혹은 ①□□□에 의해 제안될 수 있으며, 법률안은 ②□□ 혹은 국회 의원에 의해서 제출된다.

정답 | ① 대통령 ② 정부

2 국가 예산 과정

> 예산안의 편성, 집행, 결산 과정에는 여러 헌법 기관이 관여하므로 잘 숙지하고 있어야 해.

그림은 우리나라의 예산 과정을 나타낸 것이다.

(가)	(나)	(가)	(다)	(나)
편성	심의·의결	집행	결산 검사	결산 심사

예산안을 편성하는 기관은 정부이고, 예산안을 심의하고 의결하는 기관은 국회이다. 그리고 예산을 집행하는 곳은 정부이며 집행된 예산안의 결산 검사 기관은 감사원이다. 그리고 국회는 최종적으로 결산 심사를 한다. 따라서 (가)는 정부, (나)는 국회, (다)는 감사원이다.

요것만은 꼭 체크!

①□□□은 대통령 직속의 독립적 헌법 기관으로 국가 예산안의 결산 검사 및 공무원의 직무를 ②□□한다.　정답 | ① 감사원 ② 감찰

3 심급 제도(상소 제도)

> 심급 제도에서 1심을 담당하는 재판부와 2심을 담당하는 재판부를 묻는 문제가 출제될 가능성이 높아.

```
                    대법원
              ┌──────┴──────┐
             ⓛ            ⓛ
         고등 법원      지방 법원 본원
                         합의부
            ↑ⓣ            ↑ⓣ
      지방 법원 및      지방 법원 및
      지원 합의부       지원 단독 판사
```

심급 제도는 공정한 재판을 목적으로 하며, ㉠은 항소 혹은 항고, ㉡은 상고 혹은 재항고에 해당한다. 일반적으로 1심에서 가벼운 사건은 지방 법원 단독 판사가 담당하고 중한 사건일 경우에는 합의부에서 담당한다.

요것만은 꼭 체크!

지방 법원 합의부가 1심을 담당한 형사 재판에서 1심 판결에 불복하고 2심에 ①□□하게 되면, 2심은 ②□□ □□에서 담당한다.

정답 | ① 항소 ② 고등 법원

4 헌법 재판소의 권한 – 헌법 소원 심판

> 위헌 심사형 헌법 소원 심판과 위헌 법률 심판을 비교하는 문제는 출제 가능성이 높아. 두 심판의 청구권자와 청구 절차를 숙지하고 있어야 해.

- 변호사 갑은 로스쿨 출신 변호사로 하여금 연수 기간 6개월 동안 사건을 수임할 수 없도록 한 변호사법 조항으로 인해 직업의 자유와 평등권을 침해받았다며 헌법 재판소에 A를 청구하였다.
- 간호 학원을 운영하는 을은 학원 설립·운영 등록이 효력을 잃었는데도 계속 간호 학원을 운영했다는 혐의로 기소되었다. 을은 해당 법률 규정이 헌법에 위반된다며 법원에 위헌 법률 심판 제청 신청을 했지만 받아들여지지 않자 헌법 재판소에 B를 청구하였다.

A는 기본권 침해 구제를 내용으로 하는 권리 구제형 헌법 소원 심판, B는 위헌 심사형 헌법 소원 심판에 해당한다. 위헌 심사형 헌법 소원 심판을 청구하는 것은 먼저 법원에 신청한 위헌 법률 심판 제청이 기각된 후에 가능하다.

요것만은 꼭 체크!

위헌 법률 심판의 청구권자는 ①□□이며, 위헌 심사형 헌법 소원 심판의 청구권자는 재판 ②□□□이다.

정답 | ① 법원 ② 당사자

5 헌법 기관

> 우리나라의 헌법 기관을 추론하는 문제는 최근 자주 출제되고 있으므로 기출 문제를 꼭 풀어봐야 해.

- A는 B의 결정에 의해 파면되었다.
- C는 B의 구성원 중 3인을 선출하였다.
- C는 □□조약 비준 동의안을 의결하였고 A는 비준하였다.

비준 동의안 의결권은 국회에 있으므로 C는 국회이다. 비준권은 대통령에게 있으므로 A는 대통령이다. 대통령의 파면은 헌법 재판소에 의해 결정되므로 B는 헌법 재판소이다.

요것만은 꼭 체크!

①□□□□는 국무 회의의 부의장이고, ②□□□에 의해 임명된다. 그리고 ③□□□□는 국무 위원에 대한 임명 제청권을 가지고 있다.

정답 | ① 국무총리 ② 대통령 ③ 국무총리

6 지방 자치

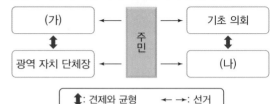

> 중앙 정부와 지방 정부의 관계, 지방 자치 단체장과 지의회의 자치 입법권은 반드시 비교해서 이해해야 해.

그림은 우리나라 지방 자치 제도를 나타낸 것이다.

```
(가)  ←  주민  →  기초 의회
 ↕               ↕
광역 자치 단체장  ←  주민  →  (나)
```

↕ : 견제와 균형   ← → : 선거

(가)는 광역 자치 단체장과 견제와 균형 관계에 있으므로 광역 의회에 해당하고, (나)는 기초 의회와 견제와 균형 관계에 있으므로 기초 자치 단체장에 해당한다.

요것만은 꼭 체크!

지방 의회는 ①□□를 제정 및 개정할 권한을 가지며, 지방 자치 단체장은 ②□□을 제정 및 개정할 권한을 가진다.

정답 | ① 조례 ② 규칙

7 정치 과정

> 투입, 산출, 환류 과정에 관여하고 정책 결정 기구에 해당하는 정치 주체들을 파악해 두어야 해.

```
    요구 및 지지        정책 결정
         정책 결정 기구
 ┌────────────────────────────┐
 ㉠                          ㉡
 └────────────────────────────┘
         정치의 주제
              ←
            ㉢
```

㉠은 투입, ㉡은 산출, ㉢은 환류에 해당한다. 투입 과정에서는 개인과 집단의 요구나 지지, 불만이 표출된다. 산출의 주체는 정부이며, 환류 과정에서 산출에 대한 평가와 수정 등이 이루어진다.

요것만은 꼭 체크!

정치 과정에서 입법부와 행정부는 ①□□ □□ □□□에 해당하며, 민주주의 국가에서는 전체주의 국가보다 ②□□이 활발하게 이루어진다.

정답 | ① 정책 결정 기구 ② 투입

8 정치 참여

> 개인과 집단의 정치 참여 방법을 묻는 문제의 출제 가능성이 높으니 숙지하고 있어야 해.

민주 정치의 기본 원리는 다스리는 자와 다스림을 받는 자를 일치시키는 것, 즉 시민들 스스로가 스스로를 다스리는 것을 핵심으로 한다. 따라서 민주 정치는 시민들의 합리적 사고와 판단에 기초한 이 활동에 의해서만 가능하다. 선거에서 소중한 한 표를 행사하는 것, 시민 단체에 가입해서 활동하는 것 등이 이에 해당한다. 만약 이를 소홀히 한다면 시민은 정치의 주체가 아닌 객체로 전락하게 될 것이다.

밑줄 친 '이 활동'은 '정치 참여'를 의미한다. 대의 민주 정치를 통하여 시민의 의사가 정치에 반영되지 않을 때, 주권자인 시민이 직접 정치 과정에 참여함으로써 대의제의 한계를 보완하게 된다.

요것만은 꼭 체크!

개인적 정치 참여 방법 중 ①□□에 참여하는 것은 가장 기본적인 방법이고, ②□□에 가입하여 활동하는 것은 가장 대표적인 집단 참여 방법이다.

정답 | ① 선거 ② 정당

9 민주 선거의 원칙

> 민주 선거의 원칙은 선거 사례를 제시하고 각 사례가 위반하고 있는 원칙을 묻는 형식으로 출제되고 있어.

- 갑국은 소득세를 일정 금액 이상 납부하지 않는 사람에게는 선거권을 부여하지 않고 있다.
- 을국은 국교(國敎)인 ○○교를 믿는 사람들에게만 선거권을 부여하고 있다.
- 병국은 한 선거구에 1년 미만 거주한 유권자에게는 1표, 1년 이상 거주한 유권자에게는 2표를 부여하고 있다.

갑국과 을국은 일정액 이상의 납세 여부와 종교를 이유로 선거권을 부여하고 있지 않기 때문에 보통 선거의 원칙을 위반하고 있고, 병국은 평등 선거의 원칙을 위반하고 있다.

요것만은 꼭 체크!

민주 선거의 원칙 중 보통 선거의 반대 개념은 ①□□ 선거이고, 평등 선거의 반대 개념은 ②□□ 선거이다.　　정답 | ① 제한 ② 차등

10 득표율과 의석률

> 소선거구제와 중·대선거 구제의 장단점은 확실히 숙지하고 있어야 해.

궁극적으로 선거는 '대표성'을 중시하는 것이므로 대표성이 과장되거나 과소평가되어서는 곤란하다. 즉, 각 정당의 득표율(=해당 정당의 득표수/전체 득표수)과 의석률(=해당 정당의 의석수/전체 의석수) 간의 비례성(=의석률/득표율)이 상식에 합치되어야 한다. 각 정당별로 비례성이 1로 나타나는 경우가 가장 이상적이며, 1보다 큰 경우는 과대 대표의 경우를 의미하고, 반대의 경우는 과소 대표되었음을 가리킨다.

소선거구제는 의석률과 득표율의 괴리가 큰 선거구제이며, 한 선거구에서 여러 명의 당선자를 선출하는 중·대선거구제는 사표의 발생이 상대적으로 적어 소선구제에 비해 비례율이 1에 더 가깝다.

요것만은 꼭 체크!

다수 대표제는 거대 정당에 유리하여 정당 제도 중 ①□□□를 촉진하는 데 유리하다.　　정답 | ① 양당제

11 선거 제도

> 소선거구제와 중·대선거구제를 비교해서 묻는 문제는 실제 선거 결과와 결합해서 항상 출제되고 있으므로 이에 대비해야 해.

표는 ○○국의 한 선거구의 선거 결과를 나타낸 것이다.

구분	A당		B당		C당	D당
후보자	갑	을	병	정	무	기
득표율(%)	22	18	33	17	7	3
결과	당선	당선	당선	낙선	낙선	낙선

한 선거구에서 3명이 당선된 것을 통해 ○○국은 중·대선거구제를 채택하고 있음을 알 수 있다. 중·대선거구제는 2명 이상을 선출하기 때문에 한 정당에서 여러 명의 후보자를 공천할 수 있다. 그리고 중·대선거구제는 병과 을의 득표율에서 알 수 있듯이 당선자가 얻은 표 가치의 차등 문제가 발생할 수 있다.

요것만은 꼭 체크!

중·대선거구제는 소선거구제에 비해 ①□□ □□의 의회 진출이 용이하고 ②□□가 적게 발생한다.

정답 | ① 군소 정당(소수 정당) ② 사표

12 비례 대표 선출 방식

> 비례 대표제는 선거 결과 분석 문제와 결합해서 출제되고 있기 때문에 유형 및 각각의 장단점을 파악하자.

(가) 유권자는 지역구 의회 의원 후보자에게만 투표한다. 지역구 선거에서는 최다 득표자 1인을 당선인으로 결정한다. 비례 대표 의석수는 각 정당이 얻은 지역구 의석수에 비례하여 정당별로 배분한다.

(나) 유권자는 지역구 의회 의원 후보자와 정당에 각각 1표를 행사한다. 지역구 선거에서는 최다 득표자 1인을 당선인으로 결정한다. 비례 대표 의석수는 각 정당이 얻은 정당 득표율에 비례하여 정당별로 배분한다.

(가)는 1인 1표제의 비례 대표 선출 방식을 설명한 것이다. (가)는 지역구 선거에서 무소속 후보자에 투표한 유권자의 표가 비례 대표 선출에 반영되지 않으므로 평등 선거에 위배된다는 비판을 받으며, 지지하는 정당에 직접 투표하지 않는다는 점에서도 비판을 받는다. 이에 따라 현재 우리나라는 (나)와 같이 1인 2표제의 정당 명부식 비례 대표제를 채택하고 있다.

요것만은 꼭 체크!

현재 우리나라는 ①□□ □□□ 비례 대표제를 채택하고 있다.

정답 | ① 정당 명부식

13 우리나라의 선거 제도

> 우리나라의 선거 제도는 대부분 소선구거제를 채택하고 있지만 기초 의회 의원의 선출에서는 중·대선거 구제를 채택하고 있어.

구분		선거구제	선출 방식	임기
대통령 선거		–	다수 대표제	5년
국회 의원 선거		소선거구제	다수 대표제 비례 대표제	4년
지방 선거	광역 자치 단체의 장	–	다수 대표제	4년
	기초 자치 단체의 장	–	다수 대표제	4년
	광역 의회 의원	소선거구제	다수 대표제 비례 대표제	4년
	기초 의회 의원	중·대선거구제	다수 대표제 비례 대표제	4년

우리나라는 대통령 선거의 경우 상대 다수 대표제를 채택하고 있다. 국회 의원 선거의 경우 지역구 의원은 다수 대표제를, 비례 대표 의원은 정당 명부식 비례 대표제의 1인 2표제를 채택하고 있다.

요것만은 꼭 체크!

우리나라 국회, 광역 의회, 기초 의회 모두 지역구 의원과 ①☐☐ ☐☐ 의원으로 구성되어 있고, 지역구에서 선출되는 기초 의회 의원 선거구 제도는 ②☐☐☐☐☐☐를 채택하고 있다.

정답 | ① 비례 대표 ② 중·대선거구제

14 양당제와 다당제

> 양당제와 다당제의 특징을 비교하는 문제는 자료와 같이 다양한 형식을 이용해서 출제될 가능성이 매우 높아.

그림은 정당 제도 A, B를 비교한 것이다.

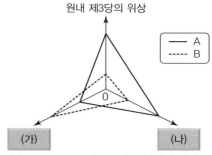

*0에서 멀수록 그 정도가 명확하거나 혹은 높거나 큼

양당제와 다당제 중 원내 제3당의 위상이 높은 것은 다당제이므로 A는 다당제, B는 양당제이다. 따라서 (가)에는 양당제의 특징이 들어가야 하고, (나)에는 다당제의 특징이 들어가야 한다.

요것만은 꼭 체크!

정당 제도 중 ①☐☐☐는 ②☐☐☐에 비해 정치적 책임 소재가 명확하고 정국 안정에 기여한다는 장점이 있다.

정답 | ① 양당제 ② 다당제

15 우리 헌법에 나타난 정당 제도

> 정치 참여 집단 중 정당의 성격과 기능을 묻는 문제는 자주 출제되기 때문에 관련 내용을 숙지하고 있어야 해.

제8조 ① 정당의 설립은 자유이며, 복수 정당제는 보장된다.
② 정당은 그 목적·조직과 활동이 민주적이어야 하며, ……
③ …… 국가는 법률이 정하는 바에 의하여 정당 운영에 필요한 자금을 보조할 수 있다.
④ 정당의 목적이나 활동이 민주적 기본 질서에 위배될 때에는 정부는 헌법 재판소에 그 해산을 제소할 수 있고, 정당은 헌법 재판소의 심판에 의하여 해산된다.

우리 헌법은 정당 설립의 자유를 보장하고 있으며, 복수 정당제를 통해 다양한 국민의 의사를 정책 결정 과정에 반영하고자 한다.

요것만은 꼭 체크!

정당은 ①☐☐ ☐☐을 목적으로 하며, 각종 선거에 ②☐☐☐를 공천하는 정치적 충원 기능을 수행한다. 정답 | ① 정권 획득 ② 후보자

16 정치 참여 집단

> 정당, 이익 집단, 시민 단체의 특징을 비교해서 묻는 문제는 난이도가 낮으면서도 매년 출제되고 있으니 숙지하고 있어야 해.

표는 정당, 이익 집단, 시민 단체의 공통점 및 차이점을 나타낸 것이다.

질문\답변	예		아니요	
(가)	이익 집단	시민 단체	정당	
(나)	이익 집단		정당	시민 단체

(가)에는 이익 집단과 시민 단체의 공통점이 들어가야 하므로 '대의제의 한계를 보완한다.' 등이 들어갈 수 있다. (나)는 정당과 시민 단체의 공통점이 들어가야 하므로 '집단의 사익 실현을 목적으로 한다.' 등이 들어갈 수 있다.

요것만은 꼭 체크!

정치 참여 집단 중 ①☐☐은 ②☐☐ ☐☐을 목표로 하며, 의회와 정부를 매개하는 기능을 한다. ③☐☐ ☐☐은 공익보다는 사익을 목적으로 한다. 정답 | ① 정당 ② 정권 획득 ③ 이익 집단

1. 밑줄 친 ㉠~㉤ 중 옳지 <u>않은</u> 것은?

㉠ 국회는 국민의 대표인 국회 의원으로 구성된 대의 기관이며 법을 만드는 입법부이다. 우리나라는 ㉡ 단원제로 운영되며, 국회 의원의 임기는 4년이고 중임할 수 있다. 국회 의원은 ㉢ 현행범인 경우를 제외하고는 회기 중 국회의 동의 없이 체포 또는 구금되지 않는다. 국회는 효율적으로 안건을 심의하기 위해 ㉣ 상임 위원회, 특별 위원회를 두어 위원회 중심으로 운영하며, ㉤ 국회 의원 10인 이상으로 구성된 교섭 단체를 두어 국회의 중요 의사를 협의·조정한다. 국회의 회의는 정기회와 임시회로 구분되며, 정기회는 100일, 임시회는 30일을 초과할 수 없다.

① ㉠ ② ㉡ ③ ㉢ ④ ㉣ ⑤ ㉤

2. 다음은 우리나라 국가 기관의 역할에 대한 글이다. 빈칸 ㉠~㉣에 들어갈 말로 옳은 것은?

입법권은 ____㉠____ 의 가장 기본적인 권한이다. 법률의 제정 및 개정은 국회 의원 ____㉡____ 이상이나 ____㉢____ 가 법률안을 제출하면 소관 상임 위원회의 심사를 거쳐 본회의에서 의결하고, 대통령의 공포로 확정된다. 한편, 헌법 개정은 더 엄격한데, 국회 재적 의원 과반수 또는 대통령이 발의하면 국회에서 재적 의원 2/3 이상의 찬성으로 의결하고, ____㉣____ 로 확정된다.

	㉠	㉡	㉢	㉣
①	국회	10인	행정부	국민 투표
②	국회	10인	입법부	국민 투표
③	국회	20인	행정부	국민 투표
④	법원	20인	입법부	대통령의 공포
⑤	법원	1/3	사법부	대통령의 공포

3. 다음은 우리나라의 특정 국가 기관이 수행했던 연간 주요 업무의 일부이다. 이 국가 기관에 대한 설명으로 옳지 <u>않은</u> 것은?

- 1월 신임 헌법 재판관 임명
- 3월 신임 국무총리 임명장 수여
- 7월 주요 20개국 정상 회의 참석
- 10월 법률안 거부권 행사

① 국무 회의의 의장이다.
② 임기는 5년이며 중임할 수 있다.
③ 조약을 체결 및 비준할 수 있는 권한을 가진다.
④ 국군을 통수하고 공무원을 임면하는 권한을 가진다.
⑤ 국가의 원수로서 대외적으로 국가를 대표하며, 행정부의 수반이다.

4. 다음 헌법 조항을 옳게 이해한 학생만을 〈보기〉에서 있는 대로 고른 것은?

제52조	국회 의원과 정부는 법률안을 제출할 수 있다.
제61조	국회는 국정을 감사하거나 특정한 국정 사안에 대하여 조사할 수 있으며, ……
제63조	① 국회는 국무 총리 또는 국무 위원의 해임을 대통령에게 건의할 수 있다.
제65조	① 대통령, …… 공무원이 그 직무 집행에 있어서 헌법이나 법률을 위배한 때에는 국회는 탄핵의 소추를 의결할 수 있다.

〈보기〉

갑: 제52조에는 행정부와 입법부가 모두 언급되어 있네.
을: 제63조 ①에서 대통령은 국회의 동의 없이 각부 장관을 임명할 수 없다는 점을 알 수 있어.
병: 제65조는 입법부의 대통령 탄핵 심판권을 규정하고 있어.
정: 제61조, 제63조, 제65조는 입법부가 행정부를 견제할 수 있는 권한이군.

① 갑, 을   ② 갑, 정   ③ 병, 정
④ 갑, 을, 병   ⑤ 을, 병, 정

5. 다음 수업 장면에서 교사의 질문에 대해 옳은 답을 한 학생만을 〈보기〉에서 있는 대로 고른 것은?

〈(가), (나)의 국가 기관에 대해 말해 볼까요?〉

(가) / (나) 헌법재판소 Constitutional Court of Korea

──── 〈보기〉 ────
갑: (가)는 적극적이고 능동적인 성격을 가진 사법권을 가져요.
을: (가)에서 대법원장은 국회의 동의를 얻어 대통령이 임명해요.
병: (가)에서 1심 판결에 불복하여 2심 법원에 재판을 청구하는 것을 항고라고 하죠.
정: 위헌 법률 심판권과 헌법 소원 심판권은 (나)의 권한이에요.
무: (가), (나) 모두 시민의 권리를 구제하고 법질서를 유지하는 기능이 있어요.

① 갑, 을   ② 을, 정   ③ 병, 무
④ 갑, 병, 정   ⑤ 을, 정, 무

6. 다음은 수업 시간의 판서 내용이다. 수업 주제로 가장 적절한 것은?

┌─────────────────────────────────┐
│ 수업 주제: _____   │
│ (1) 주민의 정치의식과 책임 의식 고양 │
│ (2) 근거리 행정의 실현   │
│ (3) 권력 분립 효과 달성   │
│ (4) 전국적 정책 시행을 위한 단계적이고 효율적인 행정의 │
│   실현   │
└─────────────────────────────────┘

① 정치 참여의 의의
② 지방 자치의 의의
③ 지방 자치 시행의 조건
④ 지방 자치 단체의 종류
⑤ 중앙 정부와 지방 자치 단체의 관계

[7~8] 다음은 과거 우리나라의 특정 시기에 있었던 일에 대한 기사 내용이다. 이를 읽고 물음에 답하시오.

┌─────────────────────────────────────┐
│ ○○신문   2009년 ○월 ○일 │
│   │
│ ⊙ 헌법 재판소 "집시법 10조는 헌법 보장 자유 침해"…… │
│ 지난해 10월 서울 중앙 시법 형사7 단독 박△△ 판사는 미국산 │
│ 광우병 쇠고기 수입 반대 촛불 집회를 주도한 혐의로 기소된 안 │
│ □□ 국민 대책위 조직팀장의 신청을 받아들여 이 조항에 대한 │
│ 위헌 법률 심판을 제청했다. 이에 헌재 전원 재판부는 야간 옥 │
│ 외 집회를 금지한 ⓛ 집시법 10조와 이를 위반했을 경우 벌칙을 │
│ 규정한 23조 1호에 대해 재판관 5(위헌) 대 2(헌법 불합치) 대 │
│ 2(합헌) 의견으로 ⓒ 헌법 불합치 결정을 내렸다. 헌법 재판소 │
│ 는 내년 6월 30일까지만 한시적으로 해당 조항을 적용하도록 │
│ 해 개정이 불가피하게 됐다. 만약 시한 내에 법 개정이 이뤄지 │
│ 지 않을 경우 내년 7월 1일부로 이 조항은 자동 폐기된다. 야간 │
│ 옥외 집회가 가능해짐에 따라 향후 집회 문화의 큰 변화가 예상 │
│ 된다.   │
└─────────────────────────────────────┘

7. 밑줄 친 ⊙에 대한 설명으로 옳지 <u>않은</u> 것은?

① 헌법 관련 최종 심판 기관이다.
② 법관의 자격을 가진 9인의 재판관으로 구성된다.
③ 정당 해산 심판권과 권한 쟁의 심판권도 가지고 있다.
④ 재판관 중 3인은 국회에서, 3인은 대법원장이, 3인은 대통령이 임명한다.
⑤ 헌법 재판소장은 국회의 동의를 얻어 헌법 재판소 재판관 중에서 대통령이 임명한다.

8. 위 기사의 내용을 옳게 이해한 학생만을 〈보기〉에서 고른 것은?

──── 〈보기〉 ────
갑: 위헌 심사형 헌법 소원 심판 사례에 해당하네.
을: ⊙이 위헌 법률 심판권을 행사한 사례야.
병: 국민의 기본권 보장과 관련한 ⊙의 역할이 나타나 있네.
정: ⓒ으로 ⓛ이 즉시 무효가 되었군.

① 갑, 을   ② 갑, 병   ③ 을, 병
④ 을, 정   ⑤ 병, 정

9. 밑줄 친 ㉠~㉥에 대한 설명으로 옳지 않은 것은?

현행 헌법상 지방 정부에 주어진 권한으로는 자치 입법권, 자치 행정권 등이 있다. 자치 입법권 규정에 따라 ㉠ 지방 의회는 법률과 명령의 범위 안에서 ㉡ 조례를 제정할 수 있고, ㉢ 지방 자치 단체장은 법령과 조례의 범위 안에서 지역의 사무 처리를 위한 ㉣ 규칙을 제정할 수 있다. 또한 자치 행정권 규정에 따라 지방 자치 단체장은 ㉤ 자치 사무와 ㉥ 위임 사무를 관리하고 집행한다.

① ㉢은 광역 자치 단체장과 기초 자치 단체장으로 나눌 수 있다.
② ㉤의 예로 주민 복리 증진에 관한 사무를 들 수 있다.
③ ㉥의 예로 국세 징수 업무를 들 수 있다.
④ ㉠과 ㉢은 지방 자치 단체 내에서 사법부의 역할도 수행한다.
⑤ ㉡과 ㉣의 내용은 모두 법률과 명령에 위배되어서는 안 된다.

10. 다음 사례에 대한 옳은 설명만을 〈보기〉에서 고른 것은?

최근 성폭행 사건에 대한 정부 및 관련 기관의 안이한 대처에 항의하는 대규모 집회가 있었다. 이 집회에는 직장인 갑과 대학생 을도 참가하였다. 갑은 우리나라의 여성들이 남성 지배 집단으로부터 억압받고 있다는 생각으로 페미니즘에 동조하여 여성 인권과 관련된 사건들에 대해 관련 기관에 온라인 민원을 넣는 등 적극적으로 활동하고 있다. 또한 자신이 가입한 직장 노동조합에서도 여성 임원의 비중을 늘릴 것을 주장하고 있다. 한편, 을은 갑과 마찬가지로 남녀평등의 가치를 지향하지만 최근의 페미니즘 운동에는 반감을 느끼고 그 문제점들에 대해 지적하는 인터넷 개인 방송을 하고 있다.

*페미니즘: 여성 억압의 원인과 상태를 기술하고 여성 해방을 궁극적 목표로 하는 운동 또는 이론

〈보기〉

ㄱ. 갑과 달리 을은 정치 과정에 적극적으로 참여하고 있다.
ㄴ. 을과 달리 갑은 이익 집단에 가입되어 있다.
ㄷ. 을보다 갑의 정치 참여 방법이 목적 달성에 더 효율적이다.
ㄹ. 갑과 을은 모두 개인적 차원에서 정치 참여를 경험하였다.

① ㄱ, ㄴ ② ㄱ, ㄷ ③ ㄴ, ㄷ
④ ㄴ, ㄹ ⑤ ㄷ, ㄹ

11. 다음은 선거의 원칙과 관련한 대화이다. 이에 대한 옳은 설명만을 〈보기〉에서 있는 대로 고른 것은?

갑: 우리나라는 일정 연령 이상이면 누구에게나 투표권을 부여하고 있어.
을: 다른 나라처럼 선거권자 연령을 더 낮추는 것이 좋겠어.
병: 정치 전문가에게는 일반 국민보다 더 많은 표를 부여할 필요가 있어.
정: 치매 노인 등과 같은 경우 가족 중 건강한 사람이 대신 투표할 수 있어야 해.

〈보기〉

ㄱ. 갑은 우리나라가 보통 선거를 실시하고 있음을 밝히고 있다.
ㄴ. 을의 주장은 선거 당선자의 대표성을 약화시킨다.
ㄷ. 병의 주장은 평등 선거의 원칙에 부합하지 않는다.
ㄹ. 정의 주장은 직접 선거의 원칙에 부합하지 않는다.

① ㄱ, ㄴ ② ㄱ, ㄹ ③ ㄴ, ㄷ
④ ㄱ, ㄷ, ㄹ ⑤ ㄴ, ㄷ, ㄹ

12. 다음 자료에 대한 옳은 설명 및 분석만을 〈보기〉에서 고른 것은?

갑국은 전형적인 대통령제 국가이며, 현재 대통령은 □□당 소속이다. 유권자는 지역구 선거와 정당 투표에서 각각 1표씩 행사하며, 지역구 선거구는 250개이고 각 선거구의 당선자 수는 모두 동일하다. 최근 갑국의 의회 의원 선거 결과는 다음과 같다.

구분	정당 득표율(%)	의석수(석)	
		지역구	비례 대표
○○당	36	110	18
□□당	40	100	20
△△당	14	25	7
◇◇당	4	0	2
기타 정당	6	15	3
계	100	250	50

〈보기〉

ㄱ. 여소야대 정국이 나타났다.
ㄴ. 지역구 선거는 소선거구제로 실시되었다.
ㄷ. 지역구 의석률은 정당 득표율과 비례 관계에 있다.
ㄹ. 입법부와 행정부가 상호 의존적으로 구성되는 정부 형태이다.

① ㄱ, ㄴ ② ㄱ, ㄷ ③ ㄴ, ㄷ
④ ㄴ, ㄹ ⑤ ㄷ, ㄹ

13. 밑줄 친 공무원이 우려하고 있는 바로 가장 적절한 것은?

재·보궐 선거가 치러진 낮 12시 ○○시 △△동에 마련된 제1투표소, 유권자는 한 명도 보이지 않았다. 새 □□구청장을 결정할 투표함을 사이에 두고 선관위원 5명과 참관인 2명만 자리를 지키고 있었다. 유권자 수 3,500명이 넘는 이곳 투표소에서 6시간 동안 투표한 유권자는 불과 300여 명, 한 선관위원은 "그나마도 절반이 50대 이상" 이라고 했다. 최종 투표율은 23.6%였다. 한 구청 공무원은 "이런 투표율로 국민들이 뽑은 단체장이라고 할 수 있는가?"라며 씁쓸해 했다.

*재·보궐 선거: 당선인의 선거법 위반 등으로 공정한 선거가 이루어지지 않았을 경우 당선을 무효화시키고 다시 선거를 치르는 재선거와 당선자가 임기 중 사퇴, 사망, 실형 선고 등으로 인해 그 직위를 잃어 공석 상태가 되는 경우 치러지는 보궐 선거를 함께 이르는 말

① 국회의 국민 대표성이 약화될 수 있다.
② 지방 선거의 당선자를 확정할 수 없다.
③ □□구의 재정이 악화될 우려가 있다.
④ □□구 의회의 구민 대표성이 약화될 수 있다.
⑤ □□구청장의 정당성과 권위가 약화될 수 있다.

14. 전형적인 대통령제를 시행하고 있는 ○○국의 시기별 의회 의석수 변화이다. 이에 대해 옳게 이해한 학생만을 〈보기〉에서 있는 대로 고른 것은? (단, T기와 T+1기의 대통령은 모두 A당 소속이며, 전통적으로 대통령은 A당 또는 B당에서 배출하였다.)

정당	의석수(석)	
	T기	T+1기
A당	155	143
B당	130	148
C당	10	5
D당	5	4
계	300	300

— 〈보기〉 —
갑: 다당제보다는 양당제에 가깝군.
을: T기에 비해 T+1기가 정국 안정에 유리한 국면이야.
병: T+1기에는 대통령이 의회를 해산할 수도 있겠네.
정: T+1기에는 T기에 비해 행정부의 정책 추진력이 약해질 수 있겠네.

① 갑, 을   ② 갑, 정   ③ 병, 정
④ 갑, 을, 병   ⑤ 을, 병, 정

15. 다음 자료를 통해 내릴 수 있는 결론으로 가장 적절한 것은?

아래 기사는 2019년 일본이 한국에 대해 일방적으로 무역 규제 조치를 단행한 직후 몇몇 언론들의 보도 내용을 비교한 것이다.

△△일보	○○신문	□□일보
일본, 한국으로 수출되는 반도체 부품의 통관 절차 강화 ……	부당한 무역 규제 조치로 한국 경제를 공격하는 일본 ……	현 정권의 외교 무능이 무역 규제로 나타나 ……

① 언론은 객관적 사실만을 보도하는 정치 참여 주체이다.
② 상업주의는 언론이 자극적인 것을 위주로 보도하게 한다.
③ 언론의 보도에 대해 비판적인 관점에서 접근할 필요가 있다.
④ 언론은 여론을 반영하기는 하지만 여론 형성을 주도하지는 않는다.
⑤ 언론의 보도 내용과 방향은 대중들의 취향과 관심에 의해 결정된다.

16. 표는 K국의 의회 의원 선거 자료이다. 이에 대한 옳은 분석만을 〈보기〉에서 있는 대로 고른 것은? (단, 비례 대표 의원은 우리나라의 선출 방식과 동일하며, T대와 T+1대의 대통령은 모두 □□당 소속이다.)

〈T대〉

구분	의석수(석)	
	지역구 의원수	비례 대표 의원수
○○당	140	25
□□당	120	20
△△당	24	8
기타 정당	7	3
무소속	9	–
계	300	56

*지역구 선거구: 150개

〈T+1대〉

구분	의석수(석)	
	지역구 의원수	비례 대표 의원수
○○당	104	19
□□당	130	25
△△당	3	8
기타 정당	11	4
무소속	2	–
계	250	56

*지역구 선거구: 250개

— 〈보기〉 —
ㄱ. T대의 선거구 수는 총 151개이다.
ㄴ. T대의 지역구 의원 선거 제도는 소선거구제이다.
ㄷ. T+1대에서는 여소야대 정국이 나타나고 있다.
ㄹ. T+1대는 T대와 달리 지역구 선거에서 소선거구제가 도입되었다.

① ㄱ, ㄴ   ② ㄱ, ㄹ   ③ ㄴ, ㄷ
④ ㄱ, ㄷ, ㄹ   ⑤ ㄴ, ㄷ, ㄹ

[17~18] 그림은 우리나라의 국가 기관과 그 관계를 나타낸 것이다. 이를 보고 물음에 답하시오.

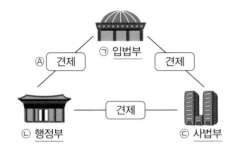

단답형

17. A에 해당하는 권한을 두 가지만 찾아 쓰시오. (단, 세 가지 이상 쓸 경우 앞의 두 가지만 채점함)

• 탄핵 소추권	• 법률안 거부권
• 대법원장 임명권	• 위헌 법률 심사 제청권

정답

서술형

18. 다음의 세 가지 문구를 모두 사용하여 ㉠, ㉡, ㉢의 기본적인 역할을 차례대로 서술하시오.

• 법을 제정	• 법을 적용	• 법을 집행

정답

[19~21] 표는 ○○국의 의회 의원 선거 결과이다. 이를 보고 물음에 답하시오.

〈각 정당의 선거구별 득표수〉

선거구 \ 정당	A당	B당	C당	D당	유효 투표 총계
(가)	★650	400	★600	200	1,850
(나)	★600	★700	300	400	2,000
(다)	600	★650	★650	200	2,100
(라)	★750	★500	300	350	1,900
(마)	300	★800	400	★500	2,000
총득표수	2,900	3,050	2,250	1,650	9,850

★표가 있는 숫자는 해당 선거구에서 해당 정당의 후보가 그 만큼의 표를 얻어 당선되었음을 의미한다.

단답형

19. ○○국의 선거구제 유형을 제시하시오.

정답

단답형

20. 사표가 가장 많이 발생한 선거구는 어디이며, 사표는 몇 표인지 쓰시오.

정답

서술형

21. ○○국의 선거구제가 갖는 장점과 단점을 각각 한 가지씩만 서술하시오. (단, 장점 및 단점에 각각 두 가지 이상 쓴 경우 각각 앞의 한 가지만 채점한다.)

정답

1학기 기말고사

1. ⑤	2. ①	3. ②	4. ②	5. ⑤	6. ②
7. ④	8. ③	9. ④	10. ④	11. ④	12. ①
13. ⑤	14. ②	15. ③	16. ②	17~21. 해설 참조	

1. ① 국회는 우리나라의 입법부이며, 국민의 대표인 국회 의원으로 구성된다. ○
② 우리 헌법은 국회를 1개의 합의체로 구성하는 단원제를 채택하였다. 국회 의원의 임기는 4년이며 횟수의 제한 없이 중임할 수 있다. ○
③ 우리 헌법은 국회 의원의 활동을 지원하기 위해 불체포 특권과 면책 특권을 인정한다. ○
④ 국회는 상임 위원회와 특별 위원회를 두어 위원회 중심으로 운영된다. ○
⑤ 교섭 단체는 국회에서 20인 이상의 국회 의원의 의사를 종합·통일하여 사전에 상호 교섭함으로써 국회의 원활한 의사 진행을 도모하기 위한 의원 단체를 말한다. ✕

2. ① 입법권은 국회의 가장 기본적인 권한이다. 법률의 제정 및 개정을 위해 국회 의원 10인 이상이나 정부가 법률안을 제안할 수 있다. 헌법의 개정은 최종적으로 국민 투표를 거쳐 확정된다. ○
② 국회 의원 10인 이상이 곧 입법부이다. 따라서 ⓒ에는 군이 입법부가 들어갈 필요가 없다. ✕
③ 국회 의원 10인 이상이면 법률안을 제출할 수 있다. ✕
④ 법원은 국회가 만든 법을 적용하여 분쟁을 해결하는 권한, 즉 사법권을 가진다. ✕
⑤ 헌법 개정은 국민 투표를 통해 확정된다. 대통령의 공포로 확정되는 것은 법률이다. ✕

3. 헌법 재판소 재판관과 국무총리를 임명할 수 있는 권한, 법률안 거부권 등을 가진 국가 기관은 대통령이다.
①, ③, ④, ⑤ 대통령은 국무 회의의 의장이다. 대통령은 국군 통수권자이며, 조약의 체결 및 비준권과 행정부의 수반으로서 공무원을 임면하는 권한을 가진다. 또한 국가의 원수로서 국가를 대표한다. ○
② 대통령의 임기는 5년이며 중임할 수 없다. ✕

4. 제시된 자료는 우리 헌법 중 주로 국회의 권한과 관련된 것이다. 제52조에는 정부의 권한도 나타나 있다. 제52조와 제

63조 ①은 의원 내각제적 요소이기도 하다.
갑. 제52조에서 국회는 입법부, 정부는 행정부에 해당한다. ○
을. 제63조 ①은 국회의 인사에 관한 권한 중 해임 건의권을 말하고 있을 뿐 임명 동의권을 언급하고 있지는 않다. ✕
병. 입법부는 탄핵 소추권을 가진다. 탄핵 심판권은 헌법 재판소의 권한이다. ✕
정. 국정 감사권, 국정 조사권, 국무총리 및 국무 위원 해임 건의권, 탄핵 소추권 등은 모두 행정부를 견제할 수 있는 입법부의 권한이다. ○

5. 갑. 사법권은 법적 분쟁이 실제로 발생하였을 때나 당사자가 그 해결을 의뢰하였을 때 발동하므로 소극적이고 수동적인 성격의 권한이다. ✕
을. 대법원장은 국회의 동의를 얻어 대통령이 임명하고, 임기는 6년으로 중임할 수 없다. ○
병. 1심 판결에 불복하여 2심 법원에 재판을 청구하는 것은 항소이며, 2심 판결에 불복하여 대법원에 재판을 청구하는 것을 상고라고 한다. 항고는 1심 법원이 소송 절차에 관한 신청을 기각한 결정·명령에 대하여 신청했던 당사자가 2심 법원에 다시 신청하는 것이다. ✕
정. 헌법 재판소의 권한은 위헌 법률 심판, 탄핵 심판, 정당 해산 심판, 권한 쟁의 심판, 헌법 소원 심판이 있다. ○
무. 법원과 헌법 재판소는 모두 시민의 권리를 구제하고 법질서를 유지하는 기능을 한다. ○

6. ① (1)은 정치 참여의 의의에도 부합되지만 (2), (3), (4)는 정치 참여의 의의와는 거리가 있다. ✕
② 지방 자치는 주민의 정치의식과 책임 의식을 고양시키며, 자기 지역의 문제를 전문적이고 효율적으로 처리할 수 있는 근거리 행정을 실현한다. 또한 중앙 정부의 권한을 지방 정부로 이양하여 권력 분립 효과를 기대할 수 있고, 특정 정책을 지방 자치 단체에서 먼저 실시해 보고 그 결과에 기반하여 전국으로 확대할 것인지를 판단할 수 있는 효율적인 행정의 실현도 가능하게 한다. 이러한 것을 포괄할 수 있는 주제어는 '지방 자치의 의의'가 적절하다. ○
③, ④ 판서된 내용과 관련이 없다. ✕
⑤ (3), (4)는 중앙 정부와 지방 자치 단체의 관계에 포함될 수 있지만 (1), (2)는 중앙 정부와 지방 자치 단체의 관계와는 거리가 있다. ✕

7. 제시된 기사는 법원이 재판의 전제가 된 법률의 위헌 여부를 심판해 달라는 당사자의 신청을 받아 헌법 재판소에 위헌 법률 심판을 제청하여, 헌법 재판소가 해당 법률에 대해

'헌법 불합치' 결정을 내린 사안이다.

① 헌법 재판소는 헌법과 관련한 분쟁에 대하여 최종적으로 심판하는 기관이다. ⭕

② 헌법 재판소는 법관의 자격이 있는 9인의 재판관으로 구성된다. ⭕

③ 헌법 재판소는 위헌 법률 심판, 탄핵 심판, 정당 해산 심판, 권한 쟁의 심판, 헌법 소원 심판 등의 권한을 가진다. ⭕

④ 헌법 재판관 중 3인은 국회에서, 3인은 대법원장이 지명하나 9명 모두 임명권자는 대통령이다. 국회나 대법원장이 임명 권한을 갖고 있는 것은 아니다. ❌

⑤ 9명의 헌법 재판관 중 헌법 재판소장은 국회의 동의를 얻어 재판관 중에서 대통령이 임명한다. ⭕

8. 갑. 기사에서는 당사자의 신청을 법원이 받아들여 헌법 재판소에 제청을 하였으므로 위헌 심사형 헌법 소원 심판이 아니라 위헌 법률 심판의 사례이다. ❌

을. 위헌 법률 심판은 법률의 위헌 여부가 재판의 전제가 되었을 때 그 사건을 담당하는 법원이 직권 또는 당사자의 신청에 따른 결정으로 헌법 재판소에 위헌 여부를 제청하면, 헌법 재판소가 그 법률의 위헌 여부를 심판하는 제도이다. 제시된 기사는 그 제도가 적용된 구체적인 사례에 해당한다. ⭕

병. 제시된 기사는 특정 법률에 의해 국민의 기본권이 침해당하고 있다는 주장에 대하여 헌법 재판소가 그 주장이 타당하다는 결론을 내린 사례이다. ⭕

정. 헌법 불합치 결정은 그 즉시 해당 법률을 무효화하는 것이 아니라, 헌법에 합치되는 새로운 법률을 제정하도록 강제하면서 그 법률이 제정되기 전까지는 해당 법률의 효력이 인정되도록 하는 조치이다. ❌

9. ① 지방 자치 단체는 크게 광역 자치 단체와 기초 자치 단체로 나눌 수 있으므로 지방 자치 단체장 역시 광역 자치 단체장과 기초 자치 단체장으로 나눌 수 있다. ⭕

② 자치 사무는 지방 정부가 독립된 법인격을 지닌 주체로서 중앙 정부와 관계없이 스스로 처리하는 사무이다. 주민 복리 증진에 관한 사무는 자치 사무의 예이다. ⭕

③ 지방 정부는 중앙 정부의 하급 행정 기관의 지위도 있으므로 일정한 중앙 사무는 중앙 정부에서 위임받아 처리하는데, 이러한 사무를 위임 사무라 한다. 국세 징수 업무는 위임 사무의 예이다. ⭕

④ 우리나라의 지방 자치는 지방 정부의 사법권을 인정하지 않는다. ❌

⑤ 조례나 규칙은 법률과 명령의 범위 내에서 제정되어야 한다. ⭕

10. 갑과 을은 기본적으로 남녀평등의 가치에는 동조하지만, 페미니즘 운동에 대해서는 서로 다른 입장을 가지고 정치에 참여하고 있다.

ㄱ. 갑과 을은 모두 정치 과정에 적극적으로 참여하고 있는 것이며, 참여 방법이나 일부 입장이 다를 뿐이다. ❌

ㄴ. 갑은 노동조합에 가입되어 있다. 노동조합은 노동자들의 이익을 도모하는 이익 집단에 해당한다. ⭕

ㄷ. 어떤 참여 방법이 더 효율적인지에 대해서는 제시된 자료만으로는 판단하기 어렵다. ❌

ㄹ. 개인 자격으로 집회에 참여한 것, 관련 기관에 민원을 넣은 것, 개인 방송을 하는 것 등은 모두 개인적 차원에서 정치에 참여하는 것이다. ⭕

11. ㄱ. 보통 선거는 일정 연령 이상이면 누구에게나 투표권을 주는 것을 의미하므로 갑은 우리나라가 보통 선거를 실시하고 있음을 말하고 있다. ⭕

ㄴ. 선거권자의 연령을 낮추면 선거에 참여할 수 있는 유권자가 늘어나고 그만큼 국민의 대표성이 높아질 수 있다. ❌

ㄷ. 평등 선거는 모든 유권자에게 동등한 투표권을 주는 것을 의미한다. 따라서 병의 주장은 평등 선거의 원칙에 맞지 않다. ⭕

ㄹ. 직접 선거는 유권자 본인이 직접 투표하는 것을 의미한다. 노인 본인이 아닌 다른 사람이 대신하여 투표하는 것은 직접 선거에 위배된다. ⭕

12. 자료에서 갑국은 지역구 선거와 정당 투표를 따로 실시하였음을 알 수 있다.

ㄱ. 지역구와 비례 대표를 합하여 총 300개의 의석 중 여당인 □□당이 120석을, 나머지 정당(야당)이 180석을 차지하게 되었으므로 여소야대 정국이다. ⭕

ㄴ. 제시된 조건에 따르면, 지역구 선거구마다 1명씩 선출된 것으로 보아야 하므로 소선거구제임을 알 수 있다. ⭕

ㄷ. ○○당과 □□당만 보아도 정당 득표율과 지역구 의석률이 비례하지 않음을 알 수 있다. ❌

ㄹ. 입법부와 행정부가 상호 의존적으로 구성되는 정부 형태는 대통령제가 아니라 의원 내각제이다. ❌

13. ① 제시된 자료는 지방 선거에 대한 것이다. 국회 의원에 대한 것이 아니므로 국회의 국민 대표성 문제를 언급하는 것은 논리적 비약이다. ❌

② 구청 공무원은 낮은 투표율을 걱정하는 것이다. 투표율이 낮다고 해서 당선자를 확정할 수 없는 것은 아니다. ✗

③ 제시된 자료에서 재정 문제를 언급하고 있지는 않다. ✗

④ 제시된 선거는 지방 선거 중에서도 지방 자치 단체장을 선출하는 선거이다. □□구 의회 의원을 선출하는 선거가 아니었으므로 구의회 의원의 구민 대표성을 언급하는 것은 논리적 비약이다. ✗

⑤ 낮은 투표율로 당선된 구청장의 정당성과 권위는 약화될 수 있다. ○

14. 두 시기 모두 대통령이 A당 소속이므로 T기는 여대야소 국면, T+1기는 여소야대 국면이다.

갑. 전통적으로 대통령이 항상 A당 또는 B당에서 배출되었고, 제시된 시기에도 A당과 B당이 총의석수의 대부분을 차지하고 있으므로 양당제에 가깝다. ○

을. T+1기에는 여당이 총의석의 과반을 차지하지 못하는 여소야대 국면이다. 이러한 국면에서는 행정부의 정책 집행에 대해 야당의 견제가 심해지면서 여야 대치 정국과 같은 불안정한 모습이 나타날 수 있다. ✗

병. 전형적인 대통령제에서 대통령은 의회를 해산할 수 있는 권한이 없다. ✗

정. T+1기는 여당이 총의석의 과반을 차지하지 못하는 여소야대 국면이다. 이러한 국면에서는 야당의 견제가 심해져 행정부의 정책 추진이 어려움을 겪을 수 있다. ○

15. ① 제시된 자료에서는 △△일보가 객관적 사실만을 보도하려는 모습이 보이나, 나머지 두 언론사는 언론사의 의도가 개입된 듯한 모습을 보이고 있다. ✗

② 상업주의는 언론사가 광고 수입 등을 통해 자사의 이윤 추구에 몰두하는 모습을 지적하는 것이다. 제시된 자료에는 이와 관련된 내용이 나타나 있지 않다. ✗

③ 제시된 자료는 '일본의 무역 규제 조치'라는 동일한 사안에 대해 서로 다른 논조와 의도가 엿보이는 언론의 보도 행태를 보여 주고 있다. 이는 소비자들이 언론의 보도에 대해 비판적이고 성찰적으로 접근해야 함을 시사한다. ○

④ 언론은 여론 형성을 주도하기도 한다. 제시된 언론의 보도 행태에서도 일부 언론의 의도가 엿보이며, 이는 여론에 영향을 주려는 것으로 볼 수 있다. ✗

⑤ 제시된 사례는 대중들의 취향과 관심이 아니라 언론의 의도에 의해 보도 방향이 결정될 수 있음을 시사한다. ✗

16. 발문에서 K국이 정당 명부식 비례 대표제를 시행하고 있다는 점을 파악하고, 지역구 선거구 수와 지역구 의원수를 통해 선거구제를 파악할 수 있어야 한다.

ㄱ. 지역구 선거구 150개와 비례 대표 의원 선거구(전국구) 1개를 합하면 선거구는 총 151개이다. ○

ㄴ. T대의 지역구 선거구는 150개인데, 지역구 의원수는 300명이다. 따라서 1개 선거구에서 2명을 선출했다고 볼 수 있다. 1개 선거구에서 2명 이상의 당선자를 선출하는 것은 중·대선거구제 방식에 해당한다. ✗

ㄷ. 대통령이 □□당 소속인 상태에서 T+1대에서 □□당의 의석이 전체 의석의 과반이므로 여대야소 정국이다. ✗

ㄹ. T대는 지역구 선거구가 150개인데, 지역구 의원이 300명이므로 중·대선거구제가 적용되었음을 알 수 있다. 반면, T+1대에는 지역구 선거구 수가 250개인데, 지역구 의원도 250명이다. 따라서 소선거구제가 도입된 것이다. ○

주관식

17. 탄핵 소추권은 입법부가 행정부를 견제하는 수단이며, 법률안 거부권은 행정부가 입법부를 견제하는 수단이다.

단답형
탄핵 소추권, 법률안 거부권

18.

서술형
㉠은 법을 제정하는 기관이며, ㉡은 법을 집행하는 기관, 그리고 ㉢은 법을 적용하여 분쟁을 해결하는 기관이다.

19. 각 선거구에서 대표가 2명 선출되었으므로 중·대선거구제임을 파악할 수 있다.

단답형
중·대선거구제

20. 사표는 (가) 선거구에서 600표, (나) 선거구에서 700표, (다) 선거구에서 800표, (라) 선거구에서 650표, (마) 선거구에서 700표 발생하였다.

단답형
(다) 선거구, 800표

21.

서술형
장점: 군소 정당의 의회 진출 기회가 커 시민들의 다양한 의사를 반영하기에 유리하다.
단점: 한 선거구의 대표가 여러 명이므로 정책 성공이나 실패의 책임 소재를 따지기 어렵다.

1 민법의 적용

> 민법은 개인 간의 사적인 법률관계를 다루며, 개인은 대등하다고 전제함을 기억해 두자.

(가) 민수는 친구인 혜정이에게 천만 원을 빌렸다. 약속한 날짜까지 민수가 돈을 갚지 않자 혜정이는 채무 이행을 청구하였다.

(나) 저(갑)는 전처와 이혼하고 현재의 아내 을과 재혼하여 을의 전혼(前婚) 자녀 병(6세)도 함께 살고 있습니다. 그런데 병이 초등학교에 입학하는데 아이의 성을 저와 똑같이 할 수 있는 방법은 없을까요?

돈을 빌려주고 갚기로 한 것은 민법상 계약이다. (가)에서 민수는 돈을 갚지 않고 있으므로 채무 불이행 책임을 져야 한다. (나)에서 갑이 을의 전혼 자녀 병을 친양자로 입양하면 병은 갑의 성을 따르게 되고 갑과 을의 혼인 중 출생자로 간주된다. 이러한 내용은 민법에 규정되어 있다. 즉, 민법은 재산 관계와 가족 관계를 규율하는 대표적인 사법이다.

요것만은 꼭 체크!

민법은 개인과 개인 간에 발생하는 사적인 법률관계를 다루는 대표적인 ①□□이다. 민법은 주로 재산 관계와 ②□□ 관계를 다루고 있다.

정답 | ① 사법 ② 가족

2 근대 민법의 기본 원칙

> 근대 민법의 3대 원칙의 내용과 문제점을 파악하고, 그 결과 어떤 방식으로 수정되었는지를 알아두자.

(가) 소유자는 법률의 범위 내에서 그 소유물을 사용, 수익, 처분할 권리가 있다.

(나) 법률 행위의 당사자가 법령 중의 선량한 풍속 기타 사회 질서에 관계없는 규정과 다른 의사를 표시한 때에는 그 의사에 의한다.

(다) 고의 또는 과실로 인한 위법 행위로 타인에게 손해를 가한 자는 그 손해를 배상할 책임이 있다.

(가)는 소유권 절대의 원칙, (나)는 사적 자치의 원칙, (다)는 과실 책임의 원칙과 관련된 민법 규정이다. 근대 민법의 3대 원칙은 개인주의, 자유주의, 합리주의를 바탕으로 형성되었다.

요것만은 꼭 체크!

전근대 신분 사회에서는 가족이나 친족이 저지른 죄에 대해 잘못이 없는 사람이 처벌을 받거나 발생한 손해를 배상해야 하는 일도 있었다. ①□□ □□의 원칙은 근대 사회의 개인을 이러한 불합리한 ②□□ □□에서 벗어날 수 있도록 해 주는 근거가 되었다.

정답 | ① 과실 책임 ② 연대 책임

3 계약 공정의 원칙

> 계약 공정의 원칙의 기본적인 내용을 이해하고 이와 관련된 기출 문제를 자주 풀어보자.

공정 거래 위원회는 서울 소재 24개 장례식장의 약관에서 외부 음식물 일체 반입 금지(장례식장 제공 음식 사용 강제) 조항을 바로잡았다고 밝혔다. 약관법에 비춰볼 때 해당 조항은 장례식장 영업자가 제공하는 음식물의 사용을 강제하고, 음식물에 대한 이용자의 자율적 선택권을 부당하게 제한한다고 공정위는 설명했다. 바뀐 약관에는 변질 우려가 적은 비조리 음식(과일류, 음료 · 주류 등)의 반입은 원칙적으로 허용하며, 변질 가능성이 큰 조리 음식(밥, 국, 전류, 반찬류 등)은 당사자 간 협의로 반입 여부를 결정한다는 내용이 담겼다.

계약 공정의 원칙은 계약 내용이 불공정해서는 안 된다는 것인데, 주로 공정 거래 위원회가 발표한 불공정 약관의 사례를 제시문으로 내는 경우가 많다.

요것만은 꼭 체크!

①□□ □□의 원칙이란 계약의 내용이 사회 질서에 반하거나 ②□□의 이익을 침해할 경우 법적 효력이 인정되지 않는다는 원칙이다.

정답 | ① 계약 공정 ② 공공

4 무과실 책임의 원칙

> 무과실 책임의 원칙의 기본적인 내용을 이해하고 각종 사례를 정리하면서 기출 문제를 많이 풀어보자.

도로 공사 과정에서 발생한 먼지와 공사 현장 인근 사과 농장의 손해 사이에 인과 관계가 있음이 증명되었다. 도로 공사 업체 측은 공사를 진행하면서 먼지 발생에 따른 피해를 최소화하기 위해 주기적으로 물 뿌리기와 공사 차량 저속 운행 등의 방안을 적극적으로 이행하였다. 하지만 공사 중에 발생한 먼지의 양이 적더라도 농약 살포 시 농약의 흡수를 방해할 수 있어 사과 수확량에 영향을 미칠 수 있다. 그러므로 도로 공사 업체는 사과 농장의 손해에 대한 책임을 면할 수 없다.

– 중앙 환경 분쟁 조정 위원회, 2016. 7. 6. –

무과실 책임 원칙은 제조물 결함으로 인한 제조업자의 책임, 환경 오염으로 인한 환경 오염 원인자 책임에서 주로 적용된다.

요것만은 꼭 체크!

오늘날에는 ①□□ □□의 원칙과 함께 고의나 과실이 없어도 타인에게 피해를 준 경우 일정한 요건에 따라 책임을 져야 한다는 ②□□□ □□의 원칙도 적용되고 있다.

정답 | ① 과실 책임 ② 무과실 책임

5 계약의 성립

> 청약과 승낙의 의사 표시가 일치한 시점이 계약의 성립 시기야.

계약은 청약과 승낙이라는 서로 다른 두 의사 표시의 합치로 성립한다. 그림에서 갑이 홍보물 배달을 요청한 것이 청약이고, 오전 10시까지 배달하겠다는 을의 의사 표시가 승낙이다. 그래서 계약이 성립되었고, 계약의 성립으로 갑과 을에게는 일정한 권리와 의무가 발생한다.

요것만은 꼭 체크!

계약이 성립하려면 당사자 사이에 ①□□과 ②□□이라는 두 의사 표시의 합치가 있어야 한다.

정답 | ① 청약 ②승낙

7 미성년자의 계약

> 미성년자의 계약에서는 취소, 철회, 취소권 제한 등을 철저히 공부하여 혼동하지 않도록 해.

갑(18세)은 집에 있던 노트북을 인터넷 중고 사이트에 50만 원에 판매한다는 내용의 글을 올렸다. 회사원 을(30세)이 인터넷에서 이를 확인하고 전화를 걸어왔다. 갑과 을 사이에 계약이 성립되어 을은 갑의 계좌에 50만 원을 입금했고, 갑은 을에게 노트북을 보냈다. 며칠 뒤 갑의 아버지가 이 사실을 알게 되었다. 한편, 거래 당시 을은 갑이 미성년자임을 알지 못했다.

갑은 법정 대리인인 부모의 동의 없이 노트북을 판매하는 계약을 체결했으므로 갑 또는 갑의 아버지는 이 계약을 취소할 수 있다. 한편, 을은 뒤늦게 갑이 미성년자임을 알았으므로 갑의 아버지에게 이 계약의 추인 여부에 대해 확답을 촉구할 수 있다. 또는 갑의 아버지가 추인하기 전에 먼저 그 계약을 철회할 수도 있다.

요것만은 꼭 체크!

미성년자가 법정 대리인의 ①□□ 없이 단독으로 계약을 체결하였다면, 미성년자 본인이나 법정 대리인이 이를 ②□□할 수 있다.

정답 | ① 동의 ② 취소

6 계약서의 분석

> 계약서를 보면 을이 갑에게서 3천만 원을 빌렸음을 알 수 있어.

금전 차용 계약서

1. 채권자 : 갑 / 채무자 : 을
2. 금액 : 삼천만 원
3. 이자율 : 연 5%
4. 변제 기일 : 2021. 2. 6

… (생략) …

갑과 을은 합의에 따라 계약을 체결하고, 신의에 따라 성실히 계약을 이행할 것을 약속한다.

2020년 2월 5일

채권자 갑 (인)   채무자 을 (인)

갑은 돈을 빌려주었으므로 앞으로 돈을 받을 채권을 갖고 있다. 을은 돈을 빌렸으므로 돈을 갚아야 할 채무를 지고 있다.

요것만은 꼭 체크!

계약의 내용을 명확히 하도록 ①□□□ 작성을 생활화할 필요가 있다. 계약 내용에 대해 ②□□을 받아 두면 분쟁이 발생한 경우 유력한 증거로 활용할 수 있다.

정답 | ① 계약서 ② 공증

8 특수 불법 행위 책임

> 불법 행위와 손해 배상 책임은 주로 사례를 분석하는 문항이 자주 나와.

(가) 갑의 자녀 을(7세)이 A 소유의 자동차를 향해 장난감 총을 쏘았는데, 이로 인해 자동차 유리가 파손되었다.

(나) 병이 운영하는 가게의 종업원인 정(20세)은 오토바이로 배달하다가 B를 치어 전치 4주의 상해를 입혔다.

(가)에서 을은 7세로서 책임 능력이 없으므로 책임 무능력자의 감독자에게 감독자 책임을 물을 수 있다. 따라서 A는 을의 감독자인 갑에게 배상 책임을 물을 수 있다. (나)에서 피용자인 정의 업무 관련 사고로 B가 입은 손해에 대하여 정의 사용자인 병이 배상 책임을 질 수 있다.

요것만은 꼭 체크!

책임 능력이 없는 미성년자가 타인에게 손해를 가한 때에는 이를 감독할 법정 의무가 있는 자가 책임 무능력자의 ①□□□ 책임을 진다. 고용한 직원이 업무와 관련하여 타인에게 손해를 가한 경우 ②□□□는 피용자의 선임 및 사무 감독상의 과실에 대해 배상 책임을 진다.

정답 | ① 감독자 ② 사용자

⑨ 혼인의 성립

> 혼인의 요건에서 형식적 요건인 혼인 신고를 묻는 경우가 자주 나와. 또 일상 가사 대리권, 성년 의제 등을 잘 알아두자.

혼인 신고서

구분	남편(부)		아내(처)	
혼인 당사자	갑		을	
부모	부	A	부	C
	모	B	모	D
동의자	남편	부		
		모		
	아내	부	C	
		모	D	

법률혼 부부로 인정되려면 반드시 혼인 신고를 해야 한다. 갑과 을이 혼인을 했는데, 을이 부모의 동의를 받았다. 이를 통해 을은 18세임을 알 수 있다. 을은 혼인을 하고 나면 성년으로 의제되어 행위 능력자가 된다.

요것만은 꼭 체크!

18세 미성년자가 혼인하기 위해서는 부모의 ①◻◻를 얻어야 한다. 실질적 요건을 모두 갖추었어도 ②◻◻ ◻◻를 하지 않았다면 사실혼 관계만 인정될 수 있다.

정답 | ① 동의 ② 혼인 신고

⑪ 친양자 입양 절차

> 일반 입양과 친양자 입양의 차이점을 정확히 알아두자.

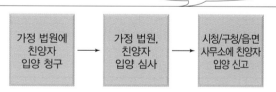

친양자를 입양하기 위해서는 가정 법원에 친양자 입양 심판을 청구해야 하며, 가정 법원은 그 청구를 기각할 수도 있다.

일반 입양의 경우에는 친생부모의 성과 본을 그대로 유지하며 친생부모와의 친족 및 상속 관계가 유지되지만, 친양자로 입양되면 양부모의 성과 본을 따르고 입양 전의 친족 관계가 종료된다.

요것만은 꼭 체크!

①◻◻◻로 입양된 자녀는 양부모의 성과 본을 따르며, 입양 전의 친족 관계는 모두 ②◻◻된다.

정답 | ① 친양자 ② 종료

⑩ 이혼의 유형

> 이혼 숙려 기간은 협의상 이혼에서, 이혼 조정은 재판상 이혼에서 필요한 절차임을 명심해.

(가)

……
신청 취지
'위 당사자 사이에는 진의에 따라 이혼하기로 합의하였다. 위와 같이 이혼 의사가 확인되었다.'라는 확인을 구함

(나)

……
청구 취지
1. 원고와 피고는 이혼한다.
2. 소송 비용은 피고의 부담으로 한다.
라는 판결을 바랍니다.

(가)는 이혼 의사 확인 신청서로서 협의상 이혼의 경우 법원에 제출하는 서류이다. (나)는 재판상 이혼의 경우 이혼 소송을 제기할 때 필요한 서류이다. 협의상 이혼은 당사자의 이혼 의사가 합치했을 때 하는 것이고, 재판상 이혼은 민법에 정한 이혼 사유에 해당하고 당사자 간에 이혼 의사가 불일치할 때 제기한다.

요것만은 꼭 체크!

협의상 이혼은 ①◻◻ ◻◻ ◻◻을 거친 후 법원의 이혼 의사 확인을 받아야 한다. ②◻◻◻ ◻◻은 소송 전에 이혼 조정을 먼저 거친다.

정답 | ① 이혼 숙려 기간 ② 재판상 이혼

⑫ 유언과 상속

> 유언의 효력이 있을 경우와 없을 경우의 상속분, 상속인, 유류분을 함께 물어볼 수 있어.

유언장

본인 갑은 재산 14억 원 전부를 ◇◇복지 재단에 준다.

2020년 2월 10일
……

- 갑의 가족 관계 : 배우자 을, 아들 병, 딸 정, 노모 무
- 갑의 유언은 자필로 작성되었으며, 유언의 방식을 갖추었음
- 갑은 2020년 3월 2일에 사망

갑의 재산은 유언에 의해 ◇◇복지 재단으로 넘어가지만 법정 상속인은 일정액을 유류분으로 반환 청구할 수 있다. 법정 상속분은 을 6억 원, 병과 정은 각각 4억 원씩이다. 배우자와 직계 비속의 유류분은 법정 상속분의 1/2이다.

요것만은 꼭 체크!

피상속인에게 배우자와 직계 비속이 있는 경우 상속분은 ①◻◻ 분할하되, 피상속인의 ②◻◻◻는 50%를 가산하여 상속받는다.

정답 | ① 균등 ② 배우자

13 죄형 법정주의의 의미와 등장 배경

> 죄형 법정주의 의미의 변천은 형식적 법치주의, 실질적 법치주의와 연관시켜 묻는 경우가 있어.

의미	'법률이 없으면 범죄도 없고 형벌도 없다.' → 범죄의 종류와 그 처벌이 내용은 범죄 행위 이전에 미리 성문의 법률에 규정되어 있어야 한다는 근대 형법의 기본 원리
등장 배경	국가의 자의적인 형벌권 행사로부터 시민의 자유와 권리를 보호하려는 근대 인권 사상의 요청

근대적 의미의 죄형 법정주의는 법률의 내용을 문제 삼지 않아 입법자의 자의적 판단에 의한 형벌권의 남용을 초래하였다. 이에 따라 오늘날에는 실질적 법치주의를 바탕으로 하여 '적정한 법률이 없으면 범죄도 없고 형벌도 없다.'라는 현대적 의미의 죄형 법정주의가 확립되었다.

요것만은 꼭 체크!

① □□ □□□□는 범죄의 종류와 처벌은 그 행위 이전에 미리 ② □□에 규정되어 있어야 한다는 의미이다.

정답 | ① 죄형 법정주의 ② 법률

14 죄형 법정주의의 파생 원칙

> 죄형 법정주의에서 명확성의 원칙은 문장에서 쉽게 파악할 수 있으나 유추 해석 금지의 원칙은 상당히 까다로워.

> (가) A국 형법에는 '나쁜 짓을 한 자는 처벌받는다.', '청소년답지 못한 행동을 하면 엄하게 벌한다.'라고 규정되어 있다.
> (나) B국 형법에는 '절도를 저지른 자는 징역 10년 이상에 처한다.', '살인을 저지른 자는 징역 5년 이하에 처한다.'라고 규정되어 있다.

(가)는 '나쁜 짓', '처벌', '청소년답지 못한 행동', '엄하게 처벌' 등이 명확하지 않아 명확성의 원칙에 어긋난다. (나)는 절도죄를 살인죄보다 무겁게 처벌함으로써 적정성의 원칙에 어긋난다.

요것만은 꼭 체크!

적정성의 원칙은 범죄로 규정되는 행위와 이에 대한 ① □□ 간에 적정한 ② □□이 이루어져야 한다는 원칙이다. 정답 | ① 형벌 ② 균형

15 범죄의 성립 요건

> 범죄의 성립 요건과 관련해서 특히 위법성 조각 사유와 책임 조각 사유를 정확히 공부해야 해.

> (가) 갑은 집 근처 음식점 앞에서 을의 고양이를 보고 자신이 잠깐 친구에게 부탁받아 돌보다가 잃어버린 고양이인 줄 알고 집으로 데려갔다.
> (나) 병은 길을 가던 중 저절로 목줄이 풀린 이웃집 개가 사납게 달려와 자신의 허벅지를 물려고 하자 놀란 나머지 개를 걷어차 상처를 입혔다.
> (다) 보석상 점원인 정은 강도가 흉기로 위협하면서 보석상 금고문을 열라고 강요하자 협박에 못 이겨 금고문을 열어 주었다. 정에게 다른 방법은 없었다.

범죄가 성립하려면 그 행위가 형법 등에서 정한 구성 요건에 해당하고 위법성이 있으며 그 행위자에게 책임을 물을 수 있어야 한다. (가)는 절도죄의 구성 요건인 고의가 없으므로 구성 요건에 해당하지 않고, (나)는 긴급 피난으로서 위법성이 조각되며, (다)는 강요에 의한 행위로 책임이 조각된다.

요것만은 꼭 체크!

형법에서는 ① □□□ 조각 사유로 정당 행위, 정당방위, ② □□ □□, 자구 행위, 피해자의 승낙을 규정하고 있다.

정답 | ① 위법성 ② 긴급 피난

16 형사 제재의 유형

> 징역과 금고는 정역(定役) 의무의 유무로 구분하고 형벌과 보안 처분은 함께 내려질 수도 있음을 알아두자.

구분	의미	종류
(가)	범죄 행위를 한 자에게 공권력을 행사하여 책임을 전제로 부과하는 처벌	사형, 징역, 금고, 구류, 벌금, 과료, 몰수, 자격 상실, 자격 정지
(나)	범죄 행위를 한 자의 재범 위험성을 막기 위하여 행하는 개선 및 교육 처분	보호 관찰, 치료 감호, 사회봉사 명령, 수강 명령 등

(가)는 형벌, (나)는 보안 처분이다. 일반적으로 형벌은 범죄자가 저지른 범죄에 대가를 부과한다는 의미가 있다. 또한 형벌은 범죄자를 처벌함으로써 일반인의 범죄를 예방하는 것을 목적으로 한다. 보안 처분은 미래의 재범 위험성을 방지하기 위한 예방적 성격의 제재라는 점에서 과거의 범죄 행위에 부과하는 제재인 형벌과 구별된다.

요것만은 꼭 체크!

① □□ □□은 미래의 재범 위험성을 방지하기 위한 예방적 성격의 제재로서 반드시 법률과 적법한 ② □□에 따라야 한다.

정답 | ① 보안 처분 ② 절차

1. 다음 법 조항이 공통적으로 강조하는 민법의 원칙으로 옳은 것은?

> • 환경 정책 기본법 제44조 ① 환경 오염 또는 환경 훼손으로 피해가 발생한 경우에는 해당 환경 오염 또는 환경 훼손의 원인자가 그 피해를 배상하여야 한다.
> • 민법 제758조(공작물 등의 점유자, 소유자의 책임) ① 공작물의 설치 또는 보존의 하자로 인하여 타인에게 손해를 가한 때에는 공작물 점유자가 손해를 배상할 책임이 있다. 그러나 점유자가 손해의 방지에 필요한 주의를 해태하지 아니한 때에는 그 소유자가 손해를 배상할 책임이 있다.

① 계약 자유의 원칙
② 계약 공정의 원칙
③ 과실 책임의 원칙
④ 무과실 책임의 원칙
⑤ 소유권 공공복리의 원칙

2. 다음 자료의 ㉠~㉣에 대한 옳은 설명만을 〈보기〉에서 고른 것은?

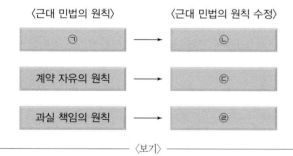

〈근대 민법의 원칙〉		〈근대 민법의 원칙 수정〉
㉠	→	㉡
계약 자유의 원칙	→	㉢
과실 책임의 원칙	→	㉣

> ─────〈보기〉─────
> ㄱ. ㉠은 개인의 재산권이 절대적 권리임을 강조한다.
> ㄴ. ㉡에 따라 ㉠은 현대 사회에서 인정되지 않는다.
> ㄷ. ㉢에 따라 불공정한 내용의 계약의 효력은 무효이다.
> ㄹ. 과실 책임의 원칙은 ㉣로 대체되었다.

① ㄱ, ㄴ   ② ㄱ, ㄷ   ③ ㄴ, ㄷ
④ ㄴ, ㄹ   ⑤ ㄷ, ㄹ

3. 밑줄 친 ㉠~㉢에 대한 옳은 설명만을 〈보기〉에서 있는 대로 고른 것은?

> 갑은 을로부터 1천만 원을 빌리기로 하는 계약을 ㉠ 구두로 합의하였다.
> ↓
> 갑과 을은 1년 후에 원금과 이자를 갚기로 하는 ㉡ 계약서를 작성하였다.
> ↓
> 1년 후 갑은 을에게 ㉢ 돈을 갚지 않았고, 을은 돈을 갚으라고 요구하였다.

> ─────〈보기〉─────
> ㄱ. ㉠으로 갑은 채무자, 을은 채권자가 된다.
> ㄴ. ㉠이 아닌 ㉡으로 인해 갑과 을의 계약은 성립하였다.
> ㄷ. ㉢은 갑의 채무 불이행에 해당한다.
> ㄹ. ㉢으로 인해 을에게 손해가 발생하면 을은 갑에게 손해 배상 청구를 할 수 있다.

① ㄱ, ㄴ   ② ㄱ, ㄹ   ③ ㄴ, ㄷ
④ ㄱ, ㄷ, ㄹ   ⑤ ㄴ, ㄷ, ㄹ

4. 다음 사례에 대한 법적 판단 및 추론으로 옳은 것은?

> 갑(17세)은 판매자 을로부터 고가의 자전거를 구매하려 하였다. 을은 갑이 미성년자임을 알고 갑에게 부모 동의서를 요구했다. 갑은 자신이 위조한 동의서를 을에게 보여 주었고 을은 의심 없이 자전거를 갑에게 판매하였다. 며칠 후 갑의 부모는 갑이 자신의 동의 없이 자전거를 구매한 사실을 알고 이를 취소하려고 한다.

① 을은 갑의 부모에게 확답을 촉구할 권리를 행사할 수 있다.
② 을에게 자전거 구매 계약에 대한 철회권이 인정된다.
③ 갑이 동의서를 위조했기 때문에 자전거 구매 계약은 무효이다.
④ 갑이 동의서를 위조하였으므로 갑의 부모와 달리 갑은 자전거 구매 계약을 취소할 수 없다.
⑤ 자전거 구매 계약은 확정적으로 유효이므로 갑과 갑의 부모는 자전거 구매 계약을 취소할 수 없다.

5. 다음 사례에 대한 옳은 법적 분석만을 〈보기〉에서 고른 것은?

- 미성년자 갑은 같은 학교에 다니는 학생을 폭행하여 전치 5주의 상해를 입혔다.
- 심신 상실자 을은 아파트 옥상에서 돌을 던져 지나가던 사람에게 전치 5주의 상해를 입혔다.
- 병 소유의 건물에 부착되어 있던 PC방(정이 운영) 간판이 떨어져 지나가던 사람이 전치 5주의 상해를 입었다.

〈보기〉
ㄱ. 갑은 불법 행위 책임이 없다.
ㄴ. 갑의 부모는 특수 불법 행위 책임을 진다.
ㄷ. 을은 책임 능력이 없기 때문에 불법 행위 책임을 지지 않는다.
ㄹ. 정이 면책되면 병이 무과실 책임을 진다.

① ㄱ, ㄴ   ② ㄱ, ㄷ   ③ ㄴ, ㄷ
④ ㄴ, ㄹ   ⑤ ㄷ, ㄹ

6. 표는 혼인 효력의 유무를 구분하기 위한 것이다. 이에 대한 옳은 설명만을 〈보기〉에서 있는 대로 고른 것은?

구분	A	B	C
혼인의 실질적 요건을 갖추었는가?	아니요	예	예
혼인의 형식적 요건을 갖추었는가?	아니요	아니요	예

〈보기〉
ㄱ. A는 양 당사자들 간에 협조, 동거, 부양의 의무가 발생한다.
ㄴ. B와 달리 C의 경우에는 배우자 간 상속권이 있다.
ㄷ. C와 달리 B는 친족 관계가 발생하지 않는다.
ㄹ. B, C 모두 부부간 일상 가사 대리권이 발생한다.

① ㄱ, ㄴ   ② ㄱ, ㄹ   ③ ㄴ, ㄷ
④ ㄱ, ㄷ, ㄹ   ⑤ ㄴ, ㄷ, ㄹ

7. 다음 사례에 대한 법적 판단으로 옳은 것은? (단, 사례의 혼인은 모두 법률혼이다.)

〈보기〉
- 갑은 거액의 주식 투자로 돈을 잃게 되자 배우자 을과 자녀 병에게 상습적으로 이에 대한 화풀이를 하였다. 결국 을은 갑에게 이혼을 요구하였고 갑은 이를 받아들여 ㉠ 이혼을 하였다.
- A는 배우자 B, 자녀 C와 함께 살았으나 생활비를 주지 않고 집에 잘 들어오지도 않으며 다른 이성과 함께 살고 있었다. 이 사실을 알게 된 B는 이혼 소송을 제기하여 ㉡ 이혼을 하였다.

① ㉠의 경우 자녀 병이 성인이라면 이혼 숙려 기간을 거치지 않았을 것이다.
② ㉠과 달리 ㉡의 경우에 이혼 귀책 사유가 있는 상대방에게 손해 배상을 청구할 수 있다.
③ ㉡과 달리 ㉠의 경우에는 재산 분할 청구권을 행사할 수 없다.
④ ㉠, ㉡의 효력은 이혼 신고를 한 때 발생한다.
⑤ ㉠, ㉡의 경우 자녀가 성인이라면 친권자를 지정하지 않아도 된다.

8. 다음 사례에 대한 법적 판단으로 옳지 않은 것은?

갑은 배우자 을, 친생자 병, 친양자 정, 노모 무와 함께 살고 있었다. 갑은 여행을 하던 중 교통사고를 당해 사망하였다. 갑의 사망 후 '모든 재산을 정에게 물려준다.'라는 유언장이 발견되었으나 효력 유무에 대한 다툼이 있다. 갑의 재산은 14억 원이고, 빚은 없다.

① 갑의 유언이 효력이 있다면 무는 유류분 반환 청구를 할 수 없다.
② 갑의 유언이 효력이 있다면 정은 최소 9억 원의 재산을 받을 수 있다.
③ 갑의 유언이 효력이 있다면 을은 병보다 1억 원이 많은 유류분 반환을 청구할 수 있다.
④ 갑의 유언이 효력이 없다면 병과 정은 동일한 상속액을 받는다.
⑤ 갑의 유언이 효력이 없다면 배우자 을은 병과 정의 상속액 합보다 많은 상속액을 받는다.

9. 교사의 질문에 옳게 대답한 학생의 수는?

교사: 사실혼과 비교하여 법률혼만의 특징을 발표해 보세요.
갑: 친족 관계가 발생합니다.
을: 부부간 상속 문제가 발생합니다.
병: 혼인 의사의 합치가 있었습니다.
정: 부부간 동거, 협조, 부양의 의무가 발생합니다.

① 0명   ② 1명   ③ 2명
④ 3명   ⑤ 4명

10. 형벌의 효과에 대한 (가)~(다) 관점에 대한 옳은 설명만을 〈보기〉에서 있는 대로 고른 것은?

(가)	형벌은 가해자의 범죄 행위에 대해 응징하는 효과를 가지고 있다.
(나)	형벌은 범죄를 저지른 자가 앞으로 범죄를 저지르지 않도록 하는 효과가 있다.
(다)	형벌은 일반 국민이 범죄를 저지르지 않게 하는 효과가 있다.

〈보기〉
ㄱ. (가)는 형벌의 인과응보 효과를 강조한다.
ㄴ. (나)와 달리 (다)는 형벌의 교화 기능을 강조한다.
ㄷ. (다)와 달리 (나)는 죄형 법정주의를 부정한다.
ㄹ. (가)와 달리 (나), (다)는 형벌의 범죄 예방 효과를 강조한다.

① ㄱ, ㄴ   ② ㄱ, ㄹ   ③ ㄴ, ㄷ
④ ㄱ, ㄷ, ㄹ   ⑤ ㄴ, ㄷ, ㄹ

11. 밑줄 친 (가)에 들어갈 내용으로 가장 적절한 것은?

○○ 지방 법원은 갑(25세)의 행위가   (가)   에 해당하기 때문에 범죄가 성립하지 않는다고 판단하였다. 갑은 경찰관에게 상해를 입힌 혐의로 기소되었다. 경찰이 음주 운전 혐의로 갑을 순찰차에 태우려고 하는데 갑이 이를 거부하였다. 그러자 경찰이 갑에게 변호인의 조력을 받을 권리, 진술 거부권 등을 고지하지 않은 채 강제로 순찰차에 태우려고 하였고 갑이 반항하는 과정에서 경찰에게 상해를 입혔다. 이에 법원은 갑의 행위는 부당한 침해에서 벗어나기 위한 상당한 이유가 있는 행위라고 판단한 것이다.

① 위법성 조각 사유 중 정당방위
② 위법성 조각 사유 중 정당 행위
③ 구성 요건에 해당하지 않는 행위
④ 책임 조각 사유 중 심신 상실자의 행위
⑤ 책임 조각 사유 중 형사 미성년자의 행위

12. 다음은 형벌의 종류를 정리한 것이다. 이에 대한 설명으로 옳지 **않은** 것은?

(가)	사형
자유형	㉠ 징역, ㉡ 금고, 구류
명예형	㉢ 자격 상실, 자격 정지
재산형	㉣ 벌금, 과료, ㉤ 몰수

① (가)에는 '생명형'이 들어간다.
② ㉠은 ㉡과 달리 정역을 부과한다.
③ ㉢은 다른 형벌의 효과로 당연히 부과되는 형벌이다.
④ ㉣은 5만 원 이하의 금액을 부과한다.
⑤ ㉤은 범죄 행위로 취득한 재산에 가할 수 있다.

13. 밑줄 친 ㉠, ㉡에 대한 옳은 설명만을 〈보기〉에서 고른 것은?

- ㉠ 형법 제250조(살인, 존속 살해) ① 사람을 살해한 자는 사형, 무기 또는 5년 이상의 징역에 처한다.
- ㉡ 도로 교통법 제151조(벌칙) 차 또는 노면 전차의 운전자가 업무상 필요한 주의를 게을리하거나 중대한 과실로 다른 사람의 건조물이나 그 밖의 재물을 손괴한 경우에는 2년 이하의 금고나 500만 원 이하의 벌금에 처한다.

〈보기〉
ㄱ. ㉡은 ㉠과 달리 죄형 법정주의의 원칙을 따르지 않는다.
ㄴ. ㉠, ㉡ 모두 국가의 자의적 형벌권 남용을 방지한다.
ㄷ. ㉠, ㉡ 모두 범죄와 그에 따른 형벌을 규정하고 있다.
ㄹ. ㉠은 '실질적 의미의 형법', ㉡은 '형식적 의미의 형법'에 해당한다.

① ㄱ, ㄴ ② ㄱ, ㄷ ③ ㄴ, ㄷ
④ ㄴ, ㄹ ⑤ ㄷ, ㄹ

14. 죄형 법정주의의 파생 원칙 A, B로 옳은 것은?

죄형 법정주의의 파생 원칙	위반 사례
A	형법에 '사회 구성원들이 나쁜 행동이라고 판단하는 행위를 한 경우에는 가차 없이 처벌한다.'라고 규정하였다.
B	행위 당시에는 범죄로 규정하는 법률이 없어 처벌을 못했으나 1년 후 해당 행위를 법률에 범죄로 규정하고 1년 전 행위를 한 사람을 처벌하였다.

	A	B
①	명확성의 원칙	소급효 금지의 원칙
②	명확성의 원칙	유추 해석 금지의 원칙
③	적정성의 원칙	소급효 금지의 원칙
④	적정성의 원칙	유추 해석 금지의 원칙
⑤	관습 형법 금지의 원칙	소급효 금지의 원칙

15. 밑줄 친 ㉠, ㉡에 대한 옳은 법적 판단만을 〈보기〉에서 고른 것은?

- 갑은 지하철을 타고 퇴근하다가 소매치기를 하는 A를 발견하고 A를 그 자리에서 붙잡아 경찰에 인계하였다. A는 갑을 고소하였지만 ㉠ 법원은 갑에게 무죄를 선고하였다.
- 을은 퇴근길에 골목길에서 여러 사람에게 폭행을 당하고 있는 B를 발견하고 B를 떼어놓는 과정에서 폭행을 가한 사람 중 일부에게 상해를 입혔다. 이에 을은 고소를 당하였지만 ㉡ 법원은 을에게 무죄를 선고하였다.

〈보기〉
ㄱ. ㉠은 갑의 행위가 구성 요건에 해당하지 않기 때문이다.
ㄴ. ㉠의 이유는 갑의 행위를 정당 행위에 해당한다고 보았기 때문이다.
ㄷ. ㉡의 이유는 을의 행위를 정당방위에 해당한다고 보았기 때문이다.
ㄹ. ㉠의 이유는 갑, ㉡의 이유는 을에게 책임이 없다고 보았기 때문이다.

① ㄱ, ㄴ ② ㄱ, ㄷ ③ ㄴ, ㄷ ④ ㄴ, ㄹ ⑤ ㄷ, ㄹ

16. 그림의 A~D에 해당하는 사례로 옳은 것은?

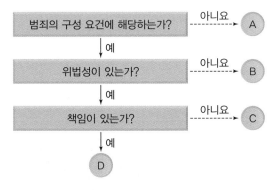

① A-대학생 갑은 자신을 물려고 쫓아오는 맹견을 피하기 위해 상점의 유리창을 깼다.
② B-회사원 을은 피할 수 없는 강요된 행위로 편의점에서 절도를 하였다.
③ B-심신 상실자 병은 지나가던 행인을 폭행하여 상해를 입혔다.
④ C-미성년자 정은 같은 동네에 사는 친구를 폭행하여 상해를 입혔다.
⑤ D-심신 미약자 무는 아파트 옥상에서 돌을 던져 지나가던 사람에게 상해를 입혔다.

[17~18] 다음 사례를 읽고 물음에 답하시오.

(가) 갑(8세)과 을(17세)은 아파트 지하 주차장에서 갑의 주도로 불장난을 하다가 병의 차량을 태워 훼손하였다. 이에 병은 차량 훼손에 대한 손해 배상을 청구하려고 한다.

(나) A의 음식점에서 근무하는 B는 뜨거운 음식을 C에게 가져다 주는 과정에서 실수로 음식을 쏟았다. 이로 인해 C는 화상을 입었고, 손해 배상을 청구하려고 한다.

서술형
17. (가)에서 병이 손해 배상을 청구할 수 있는 경우를 모두 서술하시오.

정답

_____

_____

_____

서술형
18. (나)에서 C가 손해 배상을 청구할 수 있는 대상을 모두 쓰고, 그 대상이 지게 되는 책임의 유형을 서술하시오.

정답

_____

_____

[19~20] 다음 자료를 읽고 물음에 답하시오. (단, A~C는 친생자, 친양자, 일반 입양에 의한 양자 중 하나이다.)

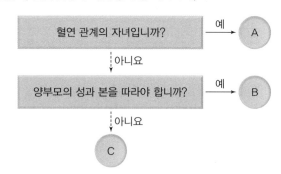

단답형
19. A~C가 친생자, 친양자, 일반 입양에 의한 양자 중 무엇인지 각각 쓰시오.

정답

_____

_____

서술형
20. B와 C의 차이점에 대해 서술하시오.

정답

_____

_____

2학기 중간고사

1. ④	2. ②	3. ④	4. ⑤	5. ⑤	6. ⑤
7. ⑤	8. ⑤	9. ③	10. ②	11. ①	12. ④
13. ③	14. ①	15. ③	16. ⑤	17~20. 해설 참조	

1. 환경 정책 기본법 제44조 제1항, 민법 제758조 제1항은 모두 고의나 과실이 없는 경우에도 그에 대한 손해 배상 책임을 질 수 있다는 무과실 책임의 원칙을 적용하는 규정이다.
① 계약 자유의 원칙은 개인이 자율적인 판단에 기초하여 법률관계를 형성해 나갈 수 있다는 원칙이다. ✕
② 계약 공정의 원칙은 계약 내용이 사회 질서에 위반되거나 공정하지 못한 경우에는 법적 효력이 발생하지 않을 수 있다는 원칙이다. ✕
③ 과실 책임의 원칙은 자신의 고의나 과실에 따른 위법한 행위로 타인에게 손해를 끼친 경우에만 책임을 진다는 원칙이다. ✕
④ 무과실 책임의 원칙은 자신에게 직접적인 고의나 과실이 없는 경우에도 일정한 요건에 따라 손해 배상 책임을 질 수 있다는 원칙이다. ⭕
⑤ 소유권 공공복리의 원칙은 소유권에 공공의 개념을 적용하여 소유권을 공공복리에 적합하도록 행사하여야 한다는 원칙이다. ✕

2. ㉠은 소유권 절대의 원칙, ㉡은 소유권 공공복리의 원칙, ㉢은 계약 공정의 원칙, ㉣은 무과실 책임의 원칙이다.
ㄱ. 소유권 절대의 원칙은 개인의 재산권이 절대적 권리임을 강조한다. ⭕
ㄴ. 소유권 절대의 원칙은 소유권 공공복리의 원칙으로 보완된 것이지 현대 사회에서 인정되지 않는 것이 아니다. ✕
ㄷ. 계약 공정의 원칙에 따라 불공정한 내용의 계약의 효력은 무효이다. ⭕
ㄹ. 과실 책임의 원칙은 무과실 책임의 원칙과 병존한다. ✕

3. 계약은 계약을 체결하고 싶다는 의사 표시인 청약과 이를 받아들이겠다는 의사 표시인 승낙으로 성립한다. 따라서 계약은 구두로도 성립한다.
ㄱ. 계약은 구두로도 성립하므로 ㉠으로 인해 갑은 채무자, 을은 채권자가 된다. ⭕

ㄴ. 계약서를 작성하지 않고 구두로도 계약은 성립한다. ✕
ㄷ. 계약 체결 후 채무를 이행하지 않으면 채무 불이행에 해당한다. ⭕
ㄹ. 채무 불이행으로 인해 손해가 발생하면 채권자는 채무자에게 손해 배상 청구를 할 수 있다. ⭕

4. 갑이 부모의 동의서를 위조하여 계약을 체결하였으므로 계약은 확정적으로 유효하다.
① 계약은 확정적으로 유효하므로 을은 갑의 부모에게 확답을 촉구할 권리를 행사할 필요가 없다. ✕
② 을에게 자전거 구매 계약에 대한 철회권이 인정되지 않는다. ✕
③ 갑이 동의서를 위조했기 때문에 자전거 구매 계약은 확정적으로 유효하다. ✕
④ 사례에서 갑은 부모의 동의서를 위조했으므로 자전거 구매 계약은 확정적으로 유효하다. 따라서 갑과 갑의 부모는 모두 자전거 구매 계약을 취소할 수 없다. ✕
⑤ 자전거 구매 계약은 확정적으로 유효하므로 갑과 갑의 부모는 자전거 구매 계약을 취소할 수 없다. ⭕

5. ㄱ. 미성년자 갑은 책임 능력 유무에 따라 불법 행위 여부가 결정된다. ✕
ㄴ. 갑의 부모는 갑의 책임 능력 유무에 따라 특수 불법 행위 책임을 지는지 여부가 결정된다. ✕
ㄷ. 을은 책임 능력이 없기 때문에 불법 행위 책임을 지지 않는다. ✕
ㄹ. 공작물 점유자인 정이 면책되면 공작물 소유자인 병이 무과실 책임을 진다. ⭕

6. A는 혼인의 실질적 요건, 형식적 요건을 모두 갖추지 못한 경우이고, B는 사실혼, C는 법적으로 유효한 법률혼이다.
ㄱ. A는 양 당사자들 간에 협조, 동거, 부양의 의무가 발생하지 않는다. ✕
ㄴ. 사실혼과 달리 법률혼의 경우에는 배우자 간 상속권이 있다. ⭕
ㄷ. 법률혼과 달리 사실혼은 친족 관계가 발생하지 않는다. ⭕
ㄹ. 사실혼과 법률혼 모두 부부간 일상 가사 대리권이 발생한다. ⭕

7. 이혼의 유형 중 ㉠은 협의상 이혼, ㉡은 재판상 이혼이다.
① 협의상 이혼의 경우 자녀 병이 성인이라면 1개월의 이혼 숙려 기간을 거쳐야 한다. ✕

② 협의상 이혼, 재판상 이혼 모두 이혼 귀책 사유가 있는 상대방에게 손해 배상을 청구할 수 있다. ✗

③ 협의상 이혼, 재판상 이혼 모두 재산 분할 청구권을 행사할 수 있다. ✗

④ 협의상 이혼은 이혼 신고를 한 때, 재판상 이혼은 이혼 판결이 확정될 때 효력이 발생한다. ✗

⑤ 협의상 이혼, 재판상 이혼 모두 자녀가 성인이라면 친권자를 지정하지 않아도 된다. ⭕

8. ① 갑의 유언이 효력이 있다면 무는 법정 상속권자가 아니므로 유류분 반환 청구를 할 수 없다. ⭕

② 갑의 유언이 효력이 있다면 을, 병이 각각 3억 원, 2억 원의 유류분 반환 청구를 할 수 있으므로 정은 최소 9억 원의 재산을 받을 수 있다. ⭕

③ 갑의 유언이 효력이 있다면 을은 병보다 1억 원이 많은 유류분 반환을 청구할 수 있다. ⭕

④ 갑의 유언이 효력이 없다면 병과 정은 동일한 상속액을 받는다. ⭕

⑤ 갑의 유언이 효력이 없다면 배우자 을은 6억 원, 병은 4억 원, 정은 4억 원을 상속받는다. ✗

9. 사실혼과 법률혼은 모두 혼인 의사의 합치가 있고, 부부 간 동거, 협조, 부양의 의무가 발생한다. 부부간 상속 문제 및 친족 관계가 발생하는 것은 사실혼이 아닌 법률혼이다. 따라서 갑과 을이 옳은 답을 했다.

10. 형벌의 효과 중 (가)는 응보의 효과, (나)는 범죄자의 재범 예방 효과, (다)는 일반 국민의 범죄 예방 효과를 강조한다.

ㄱ. (가)는 형벌의 인과응보 효과를 강조한다. ⭕

ㄴ. (나), (다) 모두 형벌의 교화 기능을 강조한다. ✗

ㄷ. (나), (다) 모두 죄형 법정주의를 인정한다. ✗

ㄹ. (가)와 달리 (나), (다)는 형벌의 범죄 예방 효과를 강조한다. ⭕

11. (가)에 들어갈 내용은 위법성 조각 사유 중 정당방위이다. 경찰이 갑에게 변호인의 조력을 받을 권리, 진술 거부권 등을 고지하지 않은 채 강제로 순찰차에 태우려고 하자 갑이 이에 반항하는 과정에서 경찰에게 상해를 입혔다. 이에 법원은 갑의 행위는 부당한 침해에서 벗어나기 위한 상당한 이유가 있는 행위, 즉 정당방위라고 판단한 것이다.

12. 형벌 중 사형은 생명을 박탈하는 형벌이다. 따라서 (가)에 들어갈 내용은 생명형이다.

① (가)에는 '생명형'이 들어간다. ⭕

② 징역은 금고와 달리 정역을 부과한다. ⭕

③ 자격 상실은 다른 형벌의 효과로 당연히 부과된다. ⭕

④ 벌금은 원칙적으로 5만 원 이상의 금액을 부과한다. ✗

⑤ 몰수는 범죄 행위에 이용한 물건이나 범죄 행위로 취득한 재산 등에 가할 수 있다. ⭕

13. 형식적 의미의 형법은 '형법'이라는 명칭이 붙은 법률이고, 실질적 의미의 형법은 법의 명칭과 형식을 불문하고 범죄와 그에 대한 형사 제재를 규율하고 있는 모든 법 규범이다.

ㄱ. 형식적 의미의 형법, 실질적 의미의 형법 모두 죄형 법정주의 원칙을 따른다. ✗

ㄴ. 형식적 의미의 형법, 실질적 의미의 형법 모두 국가의 자의적 형벌권 남용을 방지한다. ⭕

ㄷ. 형식적 의미의 형법, 실질적 의미의 형법 모두 범죄와 그에 따른 형벌을 규정하고 있다. ⭕

ㄹ. 형법은 '형식적 의미의 형법', 도로 교통법은 '실질적 의미의 형법'에 해당한다. ✗

14. 죄형 법정주의의 파생 원칙 중 A는 명확성의 원칙, B는 소급효 금지의 원칙이다. '나쁜 행동', '처벌한다' 등의 표현은 어떤 행위가 범죄이며 각각의 범죄에 대해 어떤 형벌이 부과되는지가 법률에 구체적으로 명확하게 규정되어야 한다는 명확성의 원칙에 위배된다. 범죄와 그 처벌은 행위 당시의 법률에 의해야 하고, 행위 후에 법률을 제정하여 그 법으로 처벌하는 것은 소급효 금지의 원칙에 위배된다.

15. ㉠의 이유는 현행범 체포, 즉 위법성 조각 사유 중 정당 행위에 해당하기 때문이고, ㉡의 이유는 위법성 조각 사유 중 정당방위에 해당하기 때문이다.

ㄱ. 갑의 행위는 구성 요건에 해당한다. ✗

ㄴ. 법원은 갑의 행위를 정당 행위에 해당한다고 보아 무죄를 선고하였다. ⭕

ㄷ. 법원은 을의 행위를 정당방위에 해당한다고 보아 무죄를 선고하였다. ⭕

ㄹ. 갑, 을의 행위 모두 위법성 조각 사유에 해당한다. ✗

16. A는 구성 요건에 해당하지 않아 범죄가 성립하지 않고, B는 위법성이 조각되어 범죄가 성립하지 않고, C는 책임이 조

각되어 범죄가 성립하지 않고, D는 구성 요건 해당성, 위법성, 책임의 요건을 모두 갖추어 범죄가 성립한다.

① 대학생 갑이 자신을 물려고 쫓아오는 맹견을 피하기 위해 상점의 유리창을 깬 것은 긴급 피난에 해당하므로 B이다. ✕

② 회사원 을이 피할 수 없는 강요된 행위로 편의점에서 절도를 한 것은 C에 해당한다. ✕

③ 심신 상실자 병이 지나가던 행인을 폭행하여 상해를 입힌 것은 C에 해당한다. ✕

④ 미성년자 정이 같은 동네에 사는 친구를 폭행하여 상해를 입힌 것은 책임 유무에 따라 C 또는 D에 해당한다. ✕

⑤ 심신 미약자 무가 아파트 옥상에서 돌을 던져 지나가던 사람에게 상해를 입힌 것은 D에 해당한다. ⭘

주관식

17.
서술형

갑: 책임 능력이 없어 손해 배상 책임이 없다.
갑의 부모: 특수 불법 행위 책임을 진다.
을: 손해 배상 책임을 진다.
을의 부모: 일반 불법 행위 책임을 진다.

18.
서술형

C는 종업원 B에게 일반 불법 행위 책임을 물을 수 있고, 사용자 A에게 특수 불법 행위 중 사용자 배상 책임을 물을 수 있다.

19.
단답형

A-친생자, B-친양자, C-일반 입양에 의한 양자

20.
서술형

친양자는 양부모의 성과 본을 따르는 등 친부모와의 친족 관계가 단절되지만, 일반 입양에 의한 양자는 친부모와의 친족 관계가 단절되지 않는다.

형사 절차에서 수사와 공판, 집행 단계의 내용을 정확히 알고 있어야 해.

우선 가해자의 연령이 14세 이상인가 살펴보고, 10세 이상인가 19세 미만인가를 보고 소년법 적용 여부를 판단해야 해.

1 형사 절차

(가) 갑은 상습적으로 취객의 지갑을 훔쳐 오다가 경찰에 적발되어 구속되었다. 검사는 형편이 어려운 갑이 아기 분윳값을 마련하려다 범행을 저지르게 되었다는 사정을 참작하여 기소를 유예하였다.

(나) 을은 불법 스포츠 도박 사이트를 운영하다 경찰에 체포·구속되어 재판을 받았고, 1심 법원은 을에게 징역 6월에 집행 유예 1년을 선고하였다. 을과 검찰이 항소하지 않아 이 판결은 확정되었다.

(가)에서 갑은 기소 유예 처분을 받았으므로 유예 기간 동안 아무런 범죄가 없으면 재판을 받지 않고 사건이 종결된다. (나)에서 을은 집행 유예를 받았으므로 교도소에 복역하지 않고 일상생활을 할 수 있다. 1년간 일정한 범죄를 저지르지 않으면 징역 6월의 선고의 효력이 상실된다.

요것만은 꼭 체크!

① ☐☐ ☐☐는 형의 선고 자체를 미루고 2년 동안 범죄를 저지르지 않으면 면소된 것으로 간주하는 제도이다. ② ☐☐ ☐☐는 형을 선고하면서 일정한 기간 형의 집행을 유예하고, 그 기간 동안 범죄를 저지르지 않으면 형 선고의 효력을 잃게 하는 제도이다.

정답 | ① 선고 유예 ② 집행 유예

2 소년범의 처리 절차

밤늦게 귀가하던 갑은 A(13세), B(14세), C(18세)로부터 무차별 폭행을 당했다. 경찰 조사 결과 A와 B는 갑을 폭행하는 데 깊이 가담하였지만, C는 한 차례 폭행 후 옆에서 망을 본 것에 불과하였다.

A, B, C는 형법상 폭행죄를 저질렀다는 혐의를 받고 있다. A는 13세로서 형사 미성년자이지만 소년법상 보호 처분을 받을 수 있는 연령이다. 따라서 관할 경찰서장은 A를 가정 법원 소년부로 송치해야 한다. B와 C는 형법이 적용되는 연령이므로 검사는 이들을 기소하여 형사 재판을 받도록 하거나 가정 법원 소년부로 송치하여 심판을 받도록 할 수 있다.

요것만은 꼭 체크!

14세 이상의 소년이 죄를 범하게 되면 검사는 수사 결과 보호 처분에 해당하는 사유가 있다고 인정한 경우에는 사건을 관할 법원 ① ☐☐☐에 송치해야 하며, 죄가 중하여 형벌을 받아야 한다고 판단하면 ② ☐☐하여 형사 법원에서 재판을 받도록 한다.

정답 | ① 소년부 ② 기소

3 국민 참여 재판 제도

국민 참여 재판은 1심 형사 합의부재판이라는 것, 배심원은 평의와 평결을 하며, 법관은 배심원의 평결을 따르지 않아도 된다는 것이 핵심이야.

국민 참여 재판 제도는 국민이 배심원으로 재판에 참여하는 형사 재판 제도이다. 배심원이 된 국민이 법정 공방을 지켜본 후 피고인의 유무죄에 관한 평결을 내리고 적정한 형을 토의하면, 재판부가 이를 참고하여 판결을 내린다. 배심원은 심리에 관여한 판사와 함께 토의하면서 어느 정도의 형벌을 부과할지에 대한 의견을 밝힐 수 있다. 배심원의 평결은 권고적 효력만을 가지므로 판사는 배심원의 평결과 다르게 판결할 수 있다. 국민 참여 재판은 지방 법원 합의부(1심) 관할 사건을 대상으로 한다.

요것만은 꼭 체크!

국민 참여 재판은 지방 법원 ① ☐☐☐ 관할 사건을 대상으로 시행하며 ② ☐☐☐의 평결과 양형은 법적 구속력이 없다.

정답 | ① 합의부 ② 배심원

4 구속 적부 심사 제도

형사 절차와 관련된 인권 보장 제도는 주로 청구서 양식을 제시하고 이와 관련된 제도의 특징을 묻는 문항이 자주 출제돼.

피의자 갑은 도로교통법 위반 피의 사건으로 2020년 5월 2일에 발부한 구속 영장에 의해 구속 수감 중인 바 …… 피의자 갑의 석방을 허가하여 주시기 바랍니다.

〈청구 취지〉

"피의자 갑의 석방을 명한다."라는 결정을 구합니다.

……

구속 상태의 갑은 구속 적부 심사를 청구하였다. 법원은 갑의 청구가 이유 있다고 판단하면 갑을 석방하여 불구속 상태에서 수사를 받도록 할 수 있다.

요것만은 꼭 체크!

구속된 피의자와 그의 변호인 등은 ① ☐☐ ☐☐ ☐☐ 제도를 활용할 수 있다. 만일 구속이 위법하거나 불필요하다고 인정되는 경우 법원은 구속된 피의자의 ② ☐☐을 명한다.

정답 | ① 구속 적부 심사 ② 석방

5 근로자의 근로 3권

> 부당 노동 행위의 사례를 제시하고 선지 중에 근로 3권을 설명하는 경우가 있어.

(가) A사에 입사한 갑은 동료의 권유로 A사 노동조합에 가입하였다.

(나) 갑은 노동조합 활동을 열심히 한 끝에 노동조합 간부를 맡았다. 얼마 전에는 회사 측 대표와 임금 협상에 나섰다.

(다) A사 노동조합은 회사 측과 임금 및 근로 조건 개선에 대한 협상을 했으나 결렬되어 합법적인 절차에 따라 쟁의 행위를 하기로 했다. 노동조합 간부인 갑은 쟁의 행위를 주도하였다.

(가)에서 갑은 노동조합에 가입했으므로 단결권을 행사하였다. (나)에서 갑은 노동조합 간부로서 회사 측과 임금 협상을 벌였으므로 단체 교섭권을 행사했다. (다)에서 노동조합의 쟁의 행위는 단체 행동권의 행사에 해당한다.

요것만은 꼭 체크!

① □□□와 사용자 간에 분쟁이 발생하면 ① □□□는 자신의 의견을 관철하기 위해 일정한 절차를 거쳐 쟁의 행위를 할 수 있는데, 이를 ② □□ □□□이라고 한다.

정답 | ① 근로자 ② 단체 행동권

7 부당 노동 행위의 구제 절차

> 단순한 부당 해고는 근로자 개인만이 노동 위원회에 구제 신청을 할 수 있지만 부당 노동 행위에 대해서는 노동조합도 구제 신청을 할 수 있어.

◇◇기업에 근무하는 갑은 특별한 사유 없이 회사로부터 해고를 당했다. 노동조합 설립을 주도한 것에 대한 회사의 보복이라 생각한 갑은 회사를 상대로 소송을 제기하였다.

갑은 노동조합의 설립을 주도했다는 이유로 해고를 당했다고 생각하기 때문에 회사 측이 부당 노동 행위를 했다고 보고 있다. 부당 노동 행위란 사용자가 노동조합 활동을 이유로 근로자에게 불이익을 주는 행위를 말한다. 이 경우 갑은 노동 위원회에 구제 신청을 할 수 있는데 갑이 속한 노동조합도 구제 신청을 할 수 있다.

요것만은 꼭 체크!

사용자의 ① □□ □□ □□로 인하여 권리를 침해당한 근로자 또는 노동조합은 노동 위원회를 통해 구제를 받을 수 있다. 그러나 노동 위원회의 판정에 불복하는 경우 법원에 ② □□ □□을 제기할 수 있다.

정답 | ① 부당 노동 행위 ② 행정 소송

6 근로 계약서의 분석

> 근로자의 근로 시간, 휴게 시간, 연장 근로 시간, 임금 등에 대한 규정을 정확히 알아 두자.

근로 계약서

사업주 A(40세)와 근로자 B(25세)는 다음과 같이 근로 계약을 체결한다.

1. 근로 계약 기간: 2020년 1월 1일~2020년 12월 31일
2. 근무 장소: (주) ○○회사
3. 업무 내용: 창고 관리
4. 근로 시간: 오전 9시~오후 6시(휴게 시간 1시간 포함)
5. 근무일: 매주 월~금

…(이하 생략)…

근로자는 원칙적으로 1일 8시간, 1주 40시간까지 근로가 가능하다. 또한 4시간 근로에는 30분 이상, 8시간 근로에는 1시간 이상의 휴게 시간을 주어야 한다. 따라서 오전 9시부터 오후 6시까지에서 도중에 1시간의 휴게 시간을 주면 적법하다.

요것만은 꼭 체크!

근로자의 근로 시간은 1일 ① □시간 이내이고, 1주에 40시간을 초과할 수 없다. 근로 시간이 4시간인 경우에는 30분 이상, 8시간인 경우에는 1시간 이상의 ② □□ □□이 있어야 한다.

정답 | ① 8 ② 휴게 시간

8 청소년의 근로

> 연소 근로자의 근로 계약의 경우 법정 대리인의 동의를 받아야 한다는 점, 근로 시간 등에서 차이가 있어.

근로 기준법에서는 15세 이상 18세 미만의 청소년 근로자를 연소 근로자라고 한다. 연소 근로자의 근로 계약은 법정 대리인의 동의를 받아 본인이 직접 체결하여야 하며, 연소 근로자는 독자적으로 임금을 청구할 수 있다. 연소 근로자의 법정 근로 시간은 1일 7시간, 1주일에 35시간을 초과할 수 없으며, 근로자와 사용자가 합의하면 1일 1시간, 1주일에 5시간까지 연장 근로를 할 수 있다. 그 밖에 성인 근로자에게 적용되는 휴일, 휴식 시간, 최저 임금 등의 기준이 연소 근로자에게도 똑같이 적용된다.

요것만은 꼭 체크!

① □□세 미만인 연소 근로자는 도덕상 또는 보건상 유해하거나 위험한 사업에 근무할 수 없다. 근로 시간은 1일에 ② □시간, 1주일에 35시간을 초과하지 못한다.

정답 | ① 18 ② 7

9 국제 사회의 변천 과정

> 냉전 체제의 형성, 완화, 종식과 관련된 사건은 꼭 그 내용을 깊이 있게 공부해 두자.

(가)	(나)	(다)
신성 로마 제국 황제의 지배를 받던 공국들은 이제 자국 영토에 대한 완전한 주권과 외교권, 조약 체결권 등을 갖는다.	미국은 공산주의 세력의 위협을 받고 있는 국가를 경제적·군사적으로 지원함으로써 소련의 영향력 확장을 막아야 한다.	미국과 소련은 핵무기와 화학 무기를 감축하고, 양국 간의 군사적 대결 관계를 경제적 협력 관계로 전환하기 위해 노력한다.

(가)는 1648년 베스트팔렌 조약으로, 주권 국가 중심의 국제 사회가 형성되는 계기가 되었다. (나)는 1947년 트루먼 독트린으로, 냉전 체제의 형성을 초래했다. (다)는 1989년 몰타 선언으로, 냉전 체제의 종식을 가져왔다.

요것만은 꼭 체크!

① □□ 체제는 1960년대에 접어들면서 완화되기 시작하여 1989년 미국과 소련이 동서 협력을 선언한 ② □□ □□ 이후 독일이 통일되고 소련이 붕괴되면서 막을 내렸다.   정답 | ① 냉전 ② 몰타 선언

10 국제 관계를 보는 관점

> 자유주의적 관점은 집단 안보 전략을, 현실주의적 관점은 세력 균형 전략을 강조한다는 점을 알고 있어야 해.

(가) 자유주의적 관점은 국제 관계의 평화 실현을 위한 방안으로 국제법, 국제기구 등의 국제 제도가 필요하다고 본다. 또한 국가가 안보를 추구하고 서로 경쟁하는 존재라기보다는 국민의 복지를 추구하고 서로 협력하는 존재라고 인식한다.

(나) 홉스의 인간관에 기초한 현실주의적인 관점은 인간은 이기적이고 국가 간에는 갈등과 무정부 상태가 일반적이라고 가정한다. 현실주의적 관점에 따르면 전쟁은 필연적이므로 국가는 생존을 확보하기 위해 힘을 길러 자신을 지키고 자국의 이익을 추구하여야 한다.

요것만은 꼭 체크!

자유주의적 관점에서 강조하는 ① □□□□□은 국제 규범을 집행할 국제기구를 두고 국제 평화를 실현할 수 있다는 전략이다. 현실주의적 관점에서 강조하는 ② □□□□□은 힘의 균형이 존재해야 국가 안보가 가능하다는 입장에서 국가의 생존 확보를 중시하는 전략이다.   정답 | ① 집단 안보 전략 ② 세력 균형 전략

11 국제법의 법원

> 국제법의 법원은 종류, 특징, 국내에서의 구속력 등 다양한 내용을 묻는 경우가 많아.

(가)	(나)	(다)
국내 문제 불간섭의 원칙	• 신의 성실의 원칙 • 권리 남용 금지의 원칙	• 교토 의정서 • 한·중 어업 협정

(가)는 국제 관습법, (나)는 법의 일반 원칙, (다)는 조약이다. 국제 관습법은 오랜 기간 반복되어 온 관행을 국제 사회에서 암묵적으로 따라야 할 규범으로 인정하여 성립된 국제법이다. 법의 일반 원칙은 국제 사회의 문명국들이 공통으로 인정하여 국내법에 반영하고 있는 행위 원칙을 말한다. 조약은 국제법 주체 간에 체결된 명시적 합의로 조약 외에 협약, 협정, 의정서 등 다양한 용어로 불린다. 조약은 원칙적으로 조약을 체결한 당사국 간에만 구속력을 지니지만, 법의 일반 원칙은 국제 사회에서 포괄적 구속력을 가진다.

요것만은 꼭 체크!

국제 사회에서 오랜 기간 반복되어 온 관행이 모두가 따라야 할 법적 의무로 인정됨으로써 성립하는 ① □□ □□□은 ② □□과 달리 원칙적으로 국제 사회에서 포괄적 구속력을 갖는다.   정답 | ① 국제 관습법 ② 조약

12 국제법의 한계

> 국제법은 중앙 정부가 없어 강제가 어렵고, 국제법 제정 과정에 강대국의 영향력이 작용해.

국제 사회는 1986년부터 국제 포경 규제 협약에 따라 멸종 위기에 놓인 고래의 상업적 포경 활동을 금지하고 있다. 그러나 일본은 고래의 생태와 해양 생태 등을 연구한다고 주장하며 고래잡이를 계속하였고, 결국 2019년 7월 국제 포경 규제 협약을 탈퇴하였다.

일본은 멸종 위기에 처한 고래를 보호하기 위해 만든 국제 포경 규제 협약을 지키지 않다가 결국 이 협약마저 탈퇴하였다. 이처럼 국제법은 이를 강제적으로 집행할 중앙 정부가 존재하지 않아, 국제법을 지키지 않는 국가에 국제법의 이행을 강제하기가 어렵다

요것만은 꼭 체크!

개별 국가와 달리 국제 사회에는 법을 제정할 입법 기관이나 집행할 ① □□□□가 존재하지 않는다. 따라서 국제법의 제정이 어렵고, 법을 위반한 국가에 대한 ② □□도 현실적으로 곤란하다.   정답 | ① 중앙 정부 ② 제재

13 국제 문제의 특징과 종류

국제 문제는 사례를 제시하고 그 특징을 묻는 경우가 대부분인데 다른 문제에 섞여 출제되기도 해.

국제 문제의 특징	• 전 지구적인 위기를 초래함 • 어느 한 국가의 노력만으로는 해결하기 어려움 • 강제성을 가진 기구가 없어 국가 간 합의를 도출하기 어려움
국제 문제의 종류	• 평화 위협: 종교, 인종, 자원 등을 이유로 한 국지적 전쟁 증가, 비무장 민간인을 공격하는 테러 증가 • 경제 문제: 세계화로 국가 간 빈부 격차(남북문제) 심화 • 환경 오염: 산성비, 오존층 파괴, 지구 온난화 현상 • 인권 침해: 아동 노동, 내전으로 발생하는 난민, 종교적 관습 등으로 인한 여성 인권 침해 등

국제 문제는 국가 간 이해관계의 충돌, 집단 간 종교나 관습 등의 차이로 인한 갈등 등으로부터 비롯된다. 또한 국제 사회를 통제할 수 있는 강제력을 갖춘 규범이 없고, 차이를 존중하는 관용과 인류애에 기초한 세계 시민 의식이 부족할 때 국제 문제의 양상은 심화된다.

요것만은 꼭 체크!

① □□□□는 북반구에 위치한 부유한 국가들과 남반구에 위치한 가난한 국가들 간의 경제적 격차와 그에 따른 갈등을 의미한다. 이 문제는 최근 ②□□□를 거치면서 더욱 심화되는 양상을 보이고 있다.

정답 | ① 남북문제 ② 세계화

15 우리나라와 국제 관계

한반도를 둘러싼 국제 관계는 그 자체로는 나오지 않고 국제법이나 국제 문제, 국제 사회를 보는 관점과 관련지어 제시문 형태로 나올 수 있어.

북한의 핵과 미사일 실험 등으로 한반도를 둘러싼 긴장이 지속하는 가운데 미국 대통령이 '힘을 통한 평화'를 주창하며 핵무기 현대화 등 국방력 강화에 시동을 걸었다. 그러자 러시아와 중국 등이 이에 질세라 병력 확충과 신무기 개발에 나서며 군비 경쟁의 전운이 돌고 있다. 주변 강대국들이 군비 경쟁에 몰두하면서 과거 냉전 시대와 같은 상황이 벌어지는 것 아니냐는 우려의 목소리도 나오고 있다.

요것만은 꼭 체크!

최근 한반도와 동아시아를 전략적 요충지로 여기고 있는 ①□□은 급부상하고 있는 ②□□의 영향력을 견제하기 위해 우리나라, 일본 등 우방국과의 군사적 협력을 강화하고 있다.

정답 | ① 미국 ② 중국

14 국제 연합의 주요 기관

국제 연합에서 총회, 안전 보장 이사회, 국제 사법 재판소는 핵심적인 기관이므로 철저히 이해하도록 해.

• A는 국제 연합의 최고 의결 기관으로서 국제 연합의 활동 범위에 속하는 문제에 대해 토의, 권고하는 권한을 지닌다.
• B는 국가 간의 법적 분쟁을 국제법에 따라 해결하는 사법 기구이며, 서로 다른 국적을 가진 15명의 재판관으로 구성된다.
• C는 국제 평화와 안전 유지에 일차적 책임을 지며, 분쟁 지역에 평화 유지군을 파견할 수 있다. C의 결정은 국제 연합 회원국들에 대해 강제성을 지닌다.

A는 총회, B는 국제 사법 재판소, C는 안전 보장 이사회이다. 국제 사법 재판소는 국적이 서로 다른 15명의 재판관으로 구성되며, 원칙적으로 분쟁 당사국의 합의가 있어야 재판을 진행할 수 있다. 안전 보장 이사회는 5개 상임 이사국과 10개 비상임 이사국으로 구성된다.

요것만은 꼭 체크!

안전 보장 이사회에서 안건을 표결할 때에는 9개국 이상의 찬성으로 의결하는데, 절차 사항이 아닌 ①□□ □□의 경우 ②□□ □□□ 중 한 국가라도 거부권을 행사하면 안건은 통과될 수 없다.

정답 | ① 실질 사항 ② 상임 이사국

16 공공 외교의 개념

최근의 외교는 기존의 외교관 중심에서 벗어나 민간 차원의 문화 외교까지 포함하는 다양화를 추진하고 있어.

공공 외교는 정부 간 소통과 협상 과정을 일컫는 전통적 의미의 외교와 달리 문화·예술, 지식, 미디어 등 다양한 수단과 통로를 활용하여 외국 대중에게 직접 다가가 그들의 마음을 사고 감동을 주어 긍정적인 국가 이미지를 만들어 나가는 것을 목표로 한다.

공공 외교(Public Diplomacy)란 외국 국민과의 직접적인 소통을 통해 우리나라의 역사, 전통, 문화, 예술, 가치, 정책, 비전 등에 대한 공감대를 확산하고 국가 이미지를 높여 국제 사회에서 우리나라의 영향력을 증대시키는 외교 활동을 말한다.

요것만은 꼭 체크!

1950년대 우리나라는 냉전 체제의 심화로 인해 ①□□ □□를 최우선으로 추구하는 외교 전략을 활용하였다. 그러나 1980년대 후반에는 사회주의 국가들과의 관계 개선을 추진하는 ②□□ □□를 시도하였다.

정답 | ① 국가 안보 ② 북방 외교

1. (가)~(다)의 형사 절차에 대한 설명으로 옳은 것은?

(가) 수사 → (나) 기소 → (다) 재판

① (가)는 검사의 공소 제기를 통해서 개시된다.
② (가)는 원칙적으로 피의자가 구속된 상태에서 진행된다.
③ (나)는 판사의 권한이다.
④ (다)의 단계에서 피고인은 구속 적부 심사를 청구할 수 있다.
⑤ (가)와 (다)의 단계에서 피의자 또는 피고인에게 진술 거부권, 변호인의 조력을 받을 권리가 공통적으로 인정된다.

2. 그림은 형사 절차의 일부를 나타낸 것이다. (가), (나) 단계에 대한 설명으로 옳은 것은?

피의자 갑에 대한 피의자 신문을 시작하겠습니다. (가) 검사 갑

피고인 갑에 대한 재판을 시작하겠습니다. (나) 법관 갑

① (가) 단계에서 구속된 갑에 대해 가석방을 실시할 수 있다.
② (가) 단계에서 갑을 구속하려면 검사가 영장을 발부해야 한다.
③ (나) 단계에서 원고는 피해자, 피고인은 갑이다.
④ (나) 단계에서 범죄의 입증 책임은 범죄 피해자에게 있다.
⑤ (가) 단계뿐만 아니라 (나) 단계에서도 갑은 무죄로 추정된다.

3. 다음 사례에 대한 옳은 법적 분석만을 〈보기〉에서 고른 것은?

갑(14세)과 을(17세)은 길가에 세워져 있던 자전거를 야간에 훔쳐 타고 다니다가 자전거 주인 병에게 발각되었다. 이후 갑과 을은 경찰서에서 범죄 사실에 대한 조사를 받고 있다.

〈보기〉

ㄱ. 을이 소년법상 보호 처분을 받게 되면 전과 기록으로 남게 된다.
ㄴ. 병이 공소를 제기하면 을에 대한 형사 절차가 시작된다.
ㄷ. 갑과 을은 모두 형사 처벌을 받을 수 있다.
ㄹ. 갑과 을은 가정 법원 소년부에서 소년법상 보호 처분을 받을 수 있다.

① ㄱ, ㄴ   ② ㄱ, ㄷ   ③ ㄴ, ㄷ
④ ㄴ, ㄹ   ⑤ ㄷ, ㄹ

4. 다음 사례에 대한 법적 판단으로 옳은 것은?

갑, 을, 병은 함께 절도 행위를 한 후 경찰서에서 조사를 받게 되었다. 검사는 갑의 여러 정황을 고려하여 갑에게는 기소 유예 처분을 내렸으나 을과 병은 법원에 공소를 제기하였다. 이후 을은 징역 6월에 집행 유예 2년, 병은 징역 8월의 판결이 확정되었다.

① 갑이 19세 미만인 경우 선도를 받는 조건으로 기소를 유예할 수 있다.
② 을은 유예 기간 동안 죄를 짓지 않으면 면소된 것으로 간주된다.
③ 병에 대한 형의 집행은 판사가 지휘한다.
④ 갑은 을, 병과 달리 형사 보상을 청구할 수 있다.
⑤ 을과 병은 교도소에 구치되어 정역에 복무하게 된다.

5. 다음은 A와 B 사이에 체결된 근로 계약서의 내용이다. 이에 대한 설명으로 옳은 것은? (단, 2019년의 최저 임금은 시간당 8,350원이다.)

> **근로 계약서**
>
> 사업주 A(40세)와 근로자 B(27세)는 다음과 같이 근로 계약을 체결한다.
> 1. 계약 기간: 2019년 1월 5일부터 2019년 10월 4일까지
> 2. 근로 시간: 9시부터 18시까지(휴게 시간: 12시~13시)
> 3. 근무일: 월요일부터 금요일까지
> 4. 임금: 시간당 8,000원
> 5. 업무 내용: 자동차 조립 작업

① A는 근로 기준법에 규정된 근로 조건의 기준을 이유로 근로 조건을 낮출 수 없다.
② A와 B가 합의하더라도 18시 이후 근로를 시킬 수 없다.
③ A와 B가 합의했으므로 B는 시간당 8,350원의 임금을 요구할 수 없다.
④ 계약서에 노동조합 가입과 관련한 내용이 없어서 계약서는 무효이다.
⑤ 근로 계약서의 일부 조항이 근로 기준법에 위배될 경우 계약 전체가 무효가 된다.

6. 다음 사례에 대한 옳은 법적 판단만을 〈보기〉에서 고른 것은?

> • 갑은 자녀를 돌보기 위해 육아 휴직을 하게 되었는데 휴직 기간이 끝나자 사용자는 정당한 사유 없이 갑을 해고하였다.
> • 회사원 을은 노동조합에 가입하여 활동하였고 사용자는 을이 노동조합에 가입했다는 이유만으로 해고하였다.

> ── 〈보기〉 ──
> ㄱ. 갑은 법원에 민사 소송을 제기하여 구제를 받을 수 있다.
> ㄴ. 을은 갑과 달리 노동 위원회에 구제를 신청할 수 있다.
> ㄷ. 을이 속한 노동조합도 노동 위원회에 구제 신청을 할 수 있다.
> ㄹ. 갑과 을의 사례는 각각 부당 노동 행위, 부당 해고에 해당한다.

① ㄱ, ㄴ
② ㄱ, ㄷ
③ ㄴ, ㄷ
④ ㄴ, ㄹ
⑤ ㄷ, ㄹ

7. 밑줄 친 ㉠~㉣에 대한 옳은 설명만을 〈보기〉에서 고른 것은?

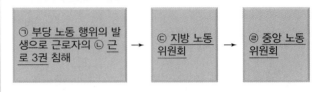

> ── 〈보기〉 ──
> ㄱ. 노동조합과의 단체 교섭을 정당한 이유 없이 거부하는 행위는 ㉠에 해당한다.
> ㄴ. ㉡에는 단결권, 단체 교섭권, 단체 행동권이 있다.
> ㄷ. ㉢의 심사를 거쳐야만 해고 무효 확인 소송을 제기할 수 있다.
> ㄹ. ㉣의 최종 결정에 대해서는 불복할 수 없다.

① ㄱ, ㄴ
② ㄱ, ㄷ
③ ㄴ, ㄷ
④ ㄴ, ㄹ
⑤ ㄷ, ㄹ

8. 밑줄 친 ㉠에 해당하는 옳은 내용만을 〈보기〉에서 고른 것은?

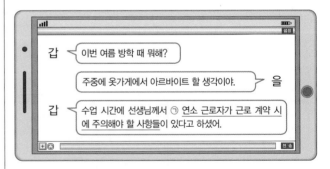

> ── 〈보기〉 ──
> ㄱ. 본인이 원한다면 최저 임금제의 적용을 받지 않는다.
> ㄴ. 법정 대리인의 동의를 받아야만 임금을 청구할 수 있다.
> ㄷ. 법정 대리인이 미성년자의 근로 계약을 대신 체결할 수 없지만, 계약이 유효하려면 법정 대리인의 동의를 얻어야 한다.
> ㄹ. 15세 이상 18세 미만인 자의 근로 시간은 원칙적으로 1일에 7시간, 1주에 35시간을 초과하지 못한다.

① ㄱ, ㄴ
② ㄱ, ㄷ
③ ㄴ, ㄷ
④ ㄴ, ㄹ
⑤ ㄷ, ㄹ

9. 그림의 (가)~(마)에 대한 설명으로 옳은 것은?

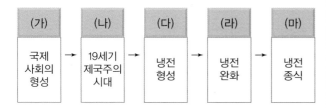

① (가) 시기에 국제 사회에서는 자유주의적 관점에 기반을 둔 양극 체제가 형성되었다.
② (나) 시기에 국제 사회의 범위는 유럽에 한정되어 있었다.
③ 닉슨 독트린 발표는 (다)에 큰 영향을 미쳤다.
④ 트루먼 독트린 발표는 (라)의 계기가 되었다.
⑤ (마) 이후에는 이념보다 경제적 실리를 중시하는 경향이 강화되었다.

11. (가)~(다)는 국제법의 법원(法源)이다. 이에 대한 설명으로 옳은 것은?

> (가) 국가 간에 체결하는 법적 구속력을 가진 문서로 된 합의
> (나) 문명국들이 보편적으로 승인하여 따르는 법의 보편적인 원칙
> (다) 국제 사회의 반복적인 관행이 국제 사회에서 법 규범으로 승인되어 효력을 가지게 된 법

① (다)는 (가)보다 일반적으로 법적 효력에 있어서 우위에 있다.
② (다)는 우리나라에서 (가), (나)와 달리 헌법의 효력을 가진다.
③ (다)와 달리 (나)는 포괄적 구속력을 가진다.
④ 국제 사회를 보는 현실주의적 관점은 (가)와 (다)의 중요성을 강조한다.
⑤ (나)의 예로는 신의 성실의 원칙, (다)의 예로는 국내 문제 불간섭 원칙을 들 수 있다.

10. 국제 관계를 바라보는 관점 (가), (나)에 대한 설명으로 옳은 것은?

> (가) 국제 사회는 상호 신뢰와 합의에 따라 공동의 이익을 추구하므로 각국은 기후 협약의 이행에 동참할 것이다.
> (나) 국제 사회는 힘의 논리가 지배하므로 일부 강대국이 자국의 이익에 따라 협약을 거부하면 종국적으로 기후 협약은 파기될 것이다.

① (가)는 국가 간 힘의 우위 경쟁을 당연시한다.
② (나)는 집단 안보 전략으로 평화를 달성할 수 있다고 본다.
③ (가)와 달리 (나)는 국가를 이성적인 존재로 본다.
④ (나)에 비해 (가)는 국제 사회에서 국제기구와 국제법의 역할을 중시한다.
⑤ (가)에 비해 (나)는 국가 간의 관계를 권력 관계보다는 상호 의존적 관계로 본다.

12. (가)~(라)에 해당하는 국제기구를 옳게 연결한 것만을 〈보기〉에서 고른 것은?

> • (가)는 국제 비정부 기구이고, (나), (다), (라)는 정부 간 국제기구이다.
> • (나)와 달리 (다), (라)는 포괄적 기능을 수행한다.
> • (다)는 세계적 국제기구이고, (나)와 (라)는 지역적 국제기구이다.

---〈보기〉---
ㄱ. (가)-국경 없는 의사회(MSF)
ㄴ. (나)-북대서양 조약 기구(NATO)
ㄷ. (다)-유럽 연합(EU)
ㄹ. (라)-세계 무역 기구(WTO)

① ㄱ, ㄴ   ② ㄱ, ㄷ   ③ ㄴ, ㄷ
④ ㄴ, ㄹ   ⑤ ㄷ, ㄹ

13. 다음은 학생의 필기 노트이다. (가)~(다)에 들어갈 적절한 내용만을 〈보기〉에서 고른 것은?

〈주제: ○○ 문제〉

1. 특징
   ① 국경을 초월하여 발생함
   ② 피해 규모 파악과 이에 대한 적절한 보상이 어려움
   ③ _____(가)_____
2. 양상
   ① 난민 문제: 시리아 내전이 악화하면서 수백만 명의 시리아 인이 자국에서 인권을 보장받지 못해 난민이 되었다.
   ② 환경 문제: 지구 온난화로 빙하가 녹으면서 해수면이 높아지고 세계 각지에서 기상 이변이 발생하고 있다.
   ③ 남북문제: _____(나)_____
3. 해결 방안: _____(다)_____

〈보기〉

ㄱ. (가): 특정 국가에게 책임 소재를 묻기 용이함
ㄴ. (가): 포괄적인 다수에게 무차별적으로 영향을 미침
ㄷ. (나): 남반구와 북반구 간의 이념 대결 문제
ㄹ. (다): 국가들 간의 긴밀한 공조와 협력

---

① ㄱ, ㄴ   ② ㄱ, ㄷ   ③ ㄴ, ㄷ   ④ ㄴ, ㄹ   ⑤ ㄷ, ㄹ

14. 밑줄 친 ㉠~㉤의 시기에 해당하는 우리나라의 외교 방향으로 적절하지 <u>않은</u> 것은?

시기	국제 정세
1950년대	㉠ 냉전 체제
1960년대	㉡ 비동맹 국가들의 국제적 지위 향상
1970년대	㉢ 냉전 체제의 완화
1980년대	㉣ 소련의 개혁 개방
1990년대	㉤ 사회주의 붕괴

① ㉠ – 미국 중심의 반공 이념 외교
② ㉡ – 제3 세계 국가에 대한 외교
③ ㉢ – 자유 진영 국가와의 우호 관계 강화에 외교력 집중
④ ㉣ – 북방 외교 추진
⑤ ㉤ – 통상 및 경제적 실리 외교 강화

15. 국제 연합의 주요 기관 (가)~(다)에 대한 설명으로 옳은 것은?

(가) 국적이 서로 다른 15명의 재판관으로 구성되며 국가 간의 분쟁을 법적으로 해결하는 국제 연합의 사법 기관이다.
(나) 5개 상임 이사국과 10개 비상임 이사국으로 구성되며, 국제 평화와 안전의 유지 또는 회복에 필요한 군사적 조치를 취할 수 있다.
(다) 회원국 전체로 구성되며 가입국 승인 및 국제 평화와 안전의 유지에 대한 권고, 다양한 국제 문제에 대한 결의안 채택 등의 활동을 수행한다.

---

① (가)는 원칙적으로 분쟁 당사국들의 합의가 없어도 재판을 진행할 수 있다.
② (가)는 국제 연합의 회원국이 아닌 국가의 분쟁에 대해서도 재판할 수 있다.
③ (나)의 표결에서 모든 이사국은 거부권을 행사할 수 있다.
④ (다)의 의사 결정에서는 주권 평등의 원칙이 적용되지 않는다.
⑤ (가)~(다)는 강제력을 행사하는 세계 정부의 주요 기관이다.

16. 빈칸 (가)에 들어갈 내용으로 가장 적절한 것은?

현대 사회에서는 교통과 통신이 발달하고 민간 교류가 활발해지면서, 국제 관계가 정부 간의 공식적인 관계를 넘어서서 여러 사회 집단 및 개개인의 영역에까지 영향을 미치고 있다. 또한 상당수의 국제 문제는 정부뿐만 아니라 시민 단체, 다국적 기업, 지방 자치 단체 등이 함께 힘을 모을 때 효과적으로 풀 수 있다. 따라서 우리 외교가 더욱 힘을 발휘하기 위해서는 _____(가)_____ 해야 한다.

---

① 북한 핵문제를 평화적으로 해결
② 민간 차원의 공공 외교를 활성화
③ 국제기구의 활동에 적극적으로 참여
④ 외교의 범위를 국가 안보 문제로 수렴
⑤ 국가 내부의 정치 주체들로부터 외교 정책의 지지를 이끌어 내는 방안을 강구

구속을 하려면 반드시 판사가 발부한 영장이 제시되어야 한다. 아울러 판사가 영장을 발부하기 위해서는 '증거 인멸*'과 도주 우려'라는 분명한 이유가 있어야 한다. 영장 청구를 받은 판사는 피의자와 검사, 변호인 등이 참석한 상태에서 피의자에게 증거 인멸과 도주 우려가 있는지 판단하는데, 이것을 A라고 한다. 아울러 누구든지 체포 또는 구속을 당한 때에는 체포 또는 구속이 과연 법에 맞는 조치인지, 체포 또는 구속의 사유가 정당한지를 판단해 달라고 법원에 요구할 수 있는데 이를 B라고 한다.

*증거가 될 만한 것들을 감추거나 없애버리는 일

단답형

17. A, B 제도의 명칭을 쓰시오.

정답

서술형

18. A, B 제도를 운영하는 공통적인 목적을 '공권력'과 '개인'의 관계에 초점을 맞추어 서술하시오.

정답

[19~20] 다음 글을 읽고 물음에 답하시오.

(가) 국가 간 분쟁을 평화적으로 해결하기 위해 설립된 국제 연합의 사법 기관으로서, 조약, 국제 관습법, 법의 일반 원칙 등 국제법을 적용하여 사법적 절차에 따라 국가 간 분쟁을 해결한다.

(나) 국제 연합의 핵심 임무인 국제 평화와 안보 유지를 위한 책임과 권한을 가지는 국제 연합의 주요 기관이다. 미국, 영국, 프랑스, 중국, 러시아로 이루어진 영구 상임 이사국과 10개의 비상임 이사국으로 구성된다.

서술형

19. (가)의 명칭을 쓰고 그 한계점을 두 가지 이상 서술하시오.

정답

서술형

20. (나)의 명칭을 쓰고, (나)의 의사 결정 방식을 절차 사항과 실질 사항으로 나누어 서술하시오.

정답

정답과 해설 부록

2학기 기말고사

1. ⑤	2. ⑤	3. ⑤	4. ①	5. ①	6. ②
7. ①	8. ⑤	9. ⑤	10. ④	11. ⑤	12. ①
13. ④	14. ③	15. ②	16. ②	17~20. 해설 참조	

1. ① 수사는 주로 고소나 고발, 자수, 현행범 체포, 범죄 신고가 있을 때 시작된다. 검사의 공소 제기를 기소라고 한다. ✕
② 수사 기관은 피의자를 체포, 구속하지 않고 수사하는 것이 원칙이다. ✕
③ 기소 또는 공소 제기는 검사의 권한이다. ✕
④ 수사 단계에서 체포 또는 구속된 피의자가 체포·구속의 적법성과 필요성의 심사를 요청하고 석방을 청구하는 제도를 구속 적부 심사 제도라고 한다. ✕
⑤ 수사 단계의 피의자뿐만 아니라 재판을 받는 피고인에게도 진술 거부권, 변호인의 조력을 받을 권리가 인정된다. ⭕

2. ① 가석방은 형 집행 단계에서 이루어진다. ✕
② 불구속 수사가 원칙이지만 피의자가 일정한 주거가 없거나 증거를 없앨 우려, 도망할 우려가 있는 경우에는 법관이 발부한 영장에 의하여 구속할 수 있다. ✕
③ 형사 재판에서 원고는 검사이다. ✕
④ 형사 소송에서 검사는 피고인이 유죄임을 입증해야 하고, 피고인은 검사의 주장을 반박하여 자신을 방어하게 된다. ✕
⑤ 형사 절차에서 피의자 또는 피고인은 유죄로 판결이 확정되기 전까지 무죄로 추정된다. ⭕

3. 14세 이상 19세 미만의 소년이 죄를 범하게 되면 보호 처분 또는 형사 처벌을 받을 수 있다.
ㄱ. 가정 법원 소년부 또는 지방 법원 소년부에서 내리는 보호 처분은 소년의 장래에 부정적인 영향을 미치지 않게 하기 위해 형사 처분과는 달리 전과 기록이 남지 않는다. ✕
ㄴ. 공소 제기는 검사의 권한이다. ✕
ㄷ. 검사는 소년에 대한 형사 사건을 수사한 결과 죄가 중하여 형벌을 받아야 한다고 판단하면 일반 법원에 기소한다. ⭕
ㄹ. 검사는 소년에 대한 형사 사건을 수사한 결과 보호 처분에 해당하는 사유가 있다고 인정한 경우에는 사건을 관할 법원 소년부에 송치하고 소년부에서는 보호 처분을 부과할 수 있다. ⭕

4. ① 선도 조건부 기소 유예 처분은 계속 선도할 필요가 있다고 판단되는 14세 이상 19세 미만인 소년에 대하여 선도 위원회의 선도 등을 조건으로 검사가 기소 유예를 결정하는 제도이다. ⭕
② 집행 유예는 형을 선고하면서 일정한 기간 형의 집행을 유예하고, 그 기간 동안 범죄를 저지르지 않으면 형 선고의 효력을 잃게 하는 제도이다. ✕
③ 형의 집행은 검사가 담당한다. ✕
④ 기소 유예 처분을 받으면 형사 보상을 청구할 수 없다. ✕
⑤ 집행 유예는 일정 기간 형의 집행을 미루게 되므로 을은 사회로 복귀하게 된다. ✕

5. ① 근로 기준법은 근로 조건에 관한 최저 기준을 정한 법으로 사용자는 근로 기준법에 규정된 근로 조건의 기준을 이유로 근로 조건을 낮출 수 없다. ⭕
② 근로 시간은 원칙적으로 1일 8시간, 1주 40시간을 초과할 수 없는데, 당사자 간에 합의하면 1주일에 12시간까지 연장할 수 있다. ✕
③ 임금은 최저 임금법의 기준보다 낮아서는 안 된다. 따라서 A와 B가 임금에 관해 최저 임금에 미치지 못하는 금액으로 합의를 했어도 A는 B에게 최저 임금을 지급해야 한다. ✕
④ 노동조합과 관련된 내용이 없어도 근로 계약은 성립한다. ✕
⑤ 근로 계약의 내용이 근로 기준법에서 정한 기준에 미치지 못하면 해당 부분만 무효가 될 뿐 전체 계약이 무효가 되는 것은 아니다. ✕

6. ㄱ. 부당 해고를 당한 갑은 민사 소송을 제기하여 해고의 무효를 확인받아 구제를 받을 수 있다. ⭕
ㄴ. 부당 해고와 부당 노동 행위 모두 노동 위원회에 구제를 신청할 수 있다. ✕
ㄷ. 부당 해고의 경우 해고 당사자인 근로자만이 노동 위원회에 구제 신청을 할 수 있지만, 부당 노동 행위에 대해서는 노동조합도 노동 위원회에 구제 신청을 할 수 있다. ⭕
ㄹ. 갑의 사례는 부당 해고, 을의 사례는 부당 노동 행위이자 부당 해고에 해당하는 사례이다. ✕

7. ㄱ. 부당 노동 행위에는 근로자의 노동조합 가입, 조직, 활동 등을 이유로 근로자를 해고하거나 근로자에게 불이

익을 주는 행위, 근로자가 노동조합에 가입하지 아니할 것 또는 탈퇴할 것을 고용 조건으로 하거나 특정한 노동조합의 조합원이 될 것을 고용 조건으로 하는 행위, 노동조합과의 단체 교섭을 정당한 이유 없이 거부하는 행위 등이 있다. ⭕

ㄴ. 근로 3권에는 근로자가 근로 조건의 향상을 위하여 노동조합이나 그 밖의 단결체를 조직·운영하고, 이에 가입할 수 있는 권리인 단결권, 근로자가 노동조합을 통해 사용자 측과 교섭하여 근로 조건을 결정할 수 있는 권리인 단체 교섭권, 근로자가 주장을 관철할 목적으로 파업 등의 쟁의 행위를 할 수 있는 단체 행동권이 있다. ⭕

ㄷ. 부당 해고인 경우 노동 위원회를 거치지 않고 바로 법원에 민사 소송인 해고 무효 확인 소송을 제기할 수 있다. ❌

ㄹ. 중앙 노동 위원회의 재심 판정에도 불복할 경우 중앙 노동 위원회 위원장을 상대로 행정 소송을 제기할 수 있다. ❌

8. ㄱ. 청소년도 성인과 같은 최저 임금이 적용되며, 동등한 지위에서 계약을 체결하고 근로 기준법의 적용을 받는다. ❌

ㄴ. 임금은 법정 대리인의 동의 없이도 미성년자가 독자적으로 청구할 수 있다. ❌

ㄷ. 미성년자가 근로 계약을 맺을 때는 법정 대리인의 동의를 얻어 본인이 근로 계약을 체결해야 하고, 법정 대리인이 대신 근로 계약을 체결할 수 없다. ⭕

ㄹ. 15세 이상 18세 미만인 자의 근로 시간은 1일에 7시간, 1주일에 35시간을 초과하지 못하며, 당사자 사이의 합의에 따라 1일에 1시간, 1주일에 5시간을 한도로 연장할 수 있다. ⭕

9. ① (가)는 베스트팔렌 조약을 계기로 주권 국가 중심의 새로운 국제 질서가 형성되는 시기이다. ❌

② (나) 시기에는 유럽 국가들이 세계를 지배하게 되면서 유럽의 국민 국가 체제가 전 세계로 확산되었다. ❌

③ 닉슨 독트린 발표는 (라)에 영향을 미쳤다. ❌

④ 트루먼 독트린 발표는 (다) 시기에 일어난 주요 사건이다. ❌

⑤ 냉전의 해체 이후 각 국가는 이념 대결에서 벗어나 자국의 이익을 추구하는 경향이 강화되었다. ⭕

10. (가)는 자유주의적 관점, (나)는 현실주의적 관점이다.
① 국제 관계를 힘의 관점에서 설명하는 것은 현실주의적 관점이다. ❌

② 현실주의적 관점에서는 동맹 등으로 이룬 세력 균형을 통한 국가의 안전 보장을 강조한다. ❌

③ 자유주의적 관점에서 국가를 이성적인 존재로 본다. ❌

④ 국제기구와 국제법의 역할을 중시하는 것은 자유주의적 관점이다. ⭕

⑤ 국가 간의 관계를 상호 의존적 관계로 보는 관점은 자유주의적 관점이다. ❌

11. (가)는 조약, (나)는 법의 일반 원칙, (다)는 국제 관습법이다.
① 국제 분쟁이 발생하면 성문화되어 있고 구체적인 조약의 내용을 우선적인 근거로 들어 분쟁을 해결할 수 있지만, 일반적으로 국제법의 법원들 간에는 어떤 것이 더 우위에 있다고 단정지을 수는 없다. ❌

② 대한민국 헌법 제6조 제1항은 "헌법에 의하여 체결·공포된 조약과 일반적으로 승인된 국제 법규는 국내법과 같은 효력을 가진다."라고 규정하고 있다. ❌

③ 법의 일반 원칙과 국제 관습법은 원칙적으로 국제 사회에서 포괄적인 구속력을 가진다. ❌

④ 국제 사회를 보는 자유주의적 관점이 국제법의 중요성을 강조한다. ❌

⑤ 법의 일반 원칙의 사례로는 신의 성실의 원칙, 권리 남용금지의 원칙, 손해 배상 책임의 원칙 등을 들 수 있고, 국제 관습법의 사례로는 국내 문제 불간섭 원칙을 들 수 있다. ⭕

12. (가)는 국제 비정부 기구이고 (나)는 정부 간·제한적·지역적 국제기구이다. (다)는 정부 간·포괄적·세계적 국제기구이고, (라)는 정부 간·포괄적·지역적 국제기구이다.
ㄱ. 국경 없는 의사회(MSF)는 국제 비정부 기구이다. ⭕

ㄴ. 북대서양 조약 기구(NATO)는 정부 간, 제한적, 지역적 국제기구이다. ⭕

ㄷ. 유럽 연합(EU)은 정부 간, 포괄적, 지역적 국제기구이다. ❌

ㄹ. 세계 무역 기구(WTO)는 정부 간, 제한적, 세계적 국제기구이다. ❌

13. ㄱ. 국제 문제는 책임 소재가 분명하지 않은 경우가 많다. ❌

ㄴ. 국제 문제는 국경을 초월하여 발생하고 포괄적인 다수에게 무차별적으로 영향을 미친다. ⭕

ㄷ. 남북문제는 북반구에 위치한 부유한 국가들과 남반구에 위치한 가난한 국가들 간의 경제적 격차와 그에 따른 갈등을 의미한다. ❌

ㄹ. 국제 문제의 해결을 위해서는 보편적 규범을 구현하기 위한 국제법과 국제기구를 강화하여 국가 간 협력 관계를 구축하고, 관용과 세계 시민 의식을 배양하는 것이 필요하다. ○

14. ① 1950년대에 우리 정부는 냉전 체제 속에서 공산 진영 국가를 배제한 채 미국을 중심으로 하는 자유 진영 국가와 우호 관계를 맺었다. ○
② 1960년대 제3 세계의 등장 이후에는 이들을 향한 외교에 관심을 가지게 되었다. ○
③ 1970년대 냉전이 완화되고 중국과 미국 등 강대국들이 이념보다 실리를 추구하는 외교 전략을 펼치자, 우리 정부는 차츰 공산 진영 국가들과 관계를 맺기 시작하였다. ✕
④ 1980년대 후반 사회주의 국가들이 붕괴 조짐을 보이며 국제 정세가 급변하자 우리 정부는 적극적으로 북방 외교 정책을 펼쳐 구소련, 중국 등 공산권 국가와 수교하였다. ○
⑤ 1990년대 이후에는 외교의 다변화가 이루어지고 통상 외교 및 경제적 실리 외교가 강화되었다. ○

15. (가)는 국제 사법 재판소, (나)는 안전 보장 이사회, (다)는 총회이다.
① 국제 사법 재판소는 원칙적으로 분쟁 당사국 간 합의가 있어야 재판이 가능하다. ✕
② 국가만 국제 사법 재판소에 재판을 청구할 수 있는데, 국제 연합 회원국뿐만 아니라 비회원국도 재판을 청구할 수 있다. ○
③ 안전 보장 이사회에서 실질적이고 중대한 문제를 결정할 때는 상임 이사국 5개국(미국, 영국, 프랑스, 러시아, 중국)의 반대 없이 9개국 이상의 찬성이 있어야 한다. 즉, 상임 이사국들에만 거부권을 인정하고 있다. ✕
④ 총회에서 안건을 의결할 때에는 모든 회원국이 주권 평등의 원칙에 따라 1국 1표 원칙이 적용된다. ✕
⑤ 국제 연합(UN)은 강제력을 행사하는 세계 정부가 아니다. ✕

16. 상당수의 국제 문제는 각국 정부뿐만 아니라 다양한 주체가 함께 힘을 모을 때 효과적으로 풀 수 있다.
① 한반도에 평화를 정착시키는 것은 우리나라의 중요한 과제이지만 제시문의 내용과 직접 관련이 없다. ✕
② 우리나라의 외교적 역량을 강화하려면 정부의 공식적 외교뿐만 아니라 문화, 예술, 환경, 스포츠 등 다양한 분야에서 민간 외교 자원을 적극적으로 활용할 필요가 있다. ○

③ 국제기구를 통하여 국제 문제 해결에 적극적으로 참여함으로써 한국의 기여도를 높이는 방법이지만 제시문의 내용과 직접 관련이 없다. ✕
④ 안보와 정치 문제도 중요하지만 세계화·정보화의 흐름에 맞게 외교의 방법과 형태를 다양화하여 실리를 추구하여야 한다. ✕
⑤ 다변화된 국제 관계에서는 자유주의 중심의 외교보다도 다양한 외교를 통하여 여러 국가와의 외교 관계를 돈독히 하고 협력의 분야를 넓히는 것이 바람직하다. ✕

주관식

17. 구속 전 피의자 심문 제도는 검사로부터 구속 영장의 청구를 받은 판사가 피의자를 직접 심문하여 구속 사유를 판단하는 것으로 영장 실질 심사 제도라고도 한다. 또한 구속된 피의자와 그의 변호인 등은 구속 적부 심사 제도를 활용할 수 있다.

단답형
A: 구속 전 피의자 심문 제도(영장 실질 심사 제도)
B: 구속 적부 심사 제도

18. 피의자 또는 피고인을 구금하는 구속은 신체의 자유를 강력히 제한한다. 구속 전 피의자 심문 제도와 구속 적부 심사 제도는 구속의 남용을 방지하기 위한 사법적인 통제 장치들이다.

서술형
국가 공권력의 행사 과정에서 부당하게 침해될 수 있는 개인의 인권을 보호하기 위한 것이다.

19.
서술형
(가)는 국제 사법 재판소이다.
① 원칙적으로 분쟁 당사국 모두의 합의가 있어야만 재판이 가능하다.
② 국제 사법 재판소가 판결에 불복하는 당사국을 직접 제재할 방법이 없다.

20.
서술형
(나)는 안전 보장 이사회이다. 절차에 관한 문제의 경우 15개 이사국 중 9개국 이상의 찬성이 필요하지만, 국가들의 이해가 걸린 실질적이고 중대한 문제인 실질 사항을 결정할 때는 상임 이사국 5개국(미국, 영국, 프랑스, 러시아, 중국)의 반대 없이 9개국 이상의 찬성이 있어야 한다.

뻔한 기본서는 잊어라! 2015 개정교육과정 반영!
2년 동안 EBS가 공들여 만든 신개념 수학 기본서
수학의 왕도와 함께라면 수포자는 없다!!

1. 개념의 시각화

직관적 개념 설명으로 쉽게 이해한다.

- 개념도입시 효과적인 시각적 표현을 적극 활용하여 직관적으로 쉽게 개념을 이해 할 수 있다.
- 복잡한 자료나 개념을 명료하게 정리 제시하여 시각적 이미지와 함께 정보를 제공
  하여 개념 이해 도움을 줄 수 있다.

2.국내 최대 문항

세분화된 개념 확인문제로 개념을 다진다.

- 개념을 세분화한 문제를 충분히 연습해보며 개념을 확실히 이해할 수 있도록 문항을
  구성하였다.
- 반복 연습을 통해 자연스럽게 대표문제로 이행할 수 있다.

3.단계적 문항 구성

기초에서 고난도 문항까지 계단식 구성

- 기초 개념 확인문제에서부터 대표문제, 기본&실력 종합문제를 거쳐 고난도, 신유형 문항까지
  풀다보면 저절로 실력이 올라갈 수 있도록 단계적으로 문항을 구성하였다.

4.단계별 풀이 전략

풀이 단계별 해결 전략을 구성하여 해결 과정의 구체적인 방법을 제시한다.

- 대표 문제의 풀이 과정에 해결 전략을 2~3단계로 제시하여 문항 유형에 따른 해결 방법을
  살펴볼 수 있도록 한다.

내신에서 수능으로
수능의 시작, 감부터 잡자!

국어, 영어, 수학 I, 수학 II, 확률과 통계, 미적분

내신에서 수능으로 연결되는 포인트를 잡는 학습 전략

내신형 문항
내신 유형의 문항으로
익히는 개념과 해결법

동일한 소재·유형

수능형 문항
수능 유형의 문항을
통해 익숙해지는 수능

오늘의 철학자가 이야기하는
고전을 둘러싼 지금 여기의 질문들

EBS X 한국철학사상연구회
오늘 읽는 클래식

"클래식 읽기는 스스로 묻고 사유하고 대답하는 소중한 열쇠가 된다.
고전을 통한 인문학적 지혜는
오늘을 살아가는 우리에게 삶의 이정표를 제시해준다."

- 한국철학사상연구회

한국철학사상연구회 기획 I 각 권 정가 13,000원

오늘 읽는 클래식을
원전 탐독 전, 후에 반드시 읽어야 할 이유

01/ 한국철학사상연구회 소속 오늘의 철학자와 함께 읽는 철학적 사유의 깊이와
현대적 의미를 파악하는 구성의 고전 탐독

02/ 혼자서는 이해하기 힘든 주요 개념의 친절한 정리와 다양한 시각 자료

03/ 철학적 계보를 엿볼 수 있는 추천 도서 정리

2015 개정 교육과정

EBS

정답과 해설

개념완성

사회탐구영역

기본 개념부터 실전 연습, 수능 + 내신까지
한 번에 다 끝낼 수 있는 **탐구영역 기본서**

정치와 법

**"완벽한 학교시험을 위한
특별한 준비"**

1. |특별부록|중간고사·기말고사
대비 **4회분**
범위별 비법 노트 + 모의 중간/기말고사 + 꼼꼼해설

2. 출판사별 교과서 조견표 수록

작품 감상과 지문 해석, **6**개 원리로 모두 정리됩니다!

EBS가 만든 수능·내신 대비 국어 기본서

국어 독해의 원리 시리즈

수능
신경향
반영

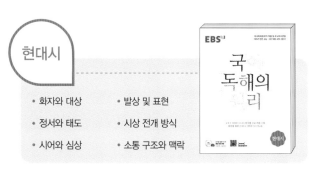

현대시

- 화자와 대상
- 정서와 태도
- 시어와 심상
- 발상 및 표현
- 시상 전개 방식
- 소통 구조와 맥락

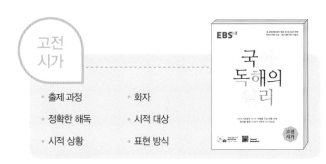

고전 시가

- 출제 과정
- 정확한 해독
- 시적 상황
- 화자
- 시적 대상
- 표현 방식

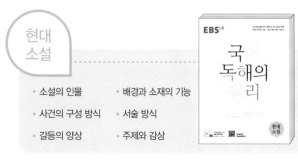

현대 소설

- 소설의 인물
- 사건의 구성 방식
- 갈등의 양상
- 배경과 소재의 기능
- 서술 방식
- 주제와 감상

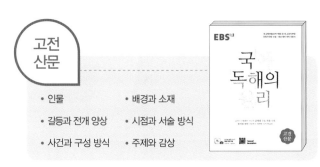

고전 산문

- 인물
- 갈등과 전개 양상
- 사건과 구성 방식
- 배경과 소재
- 시점과 서술 방식
- 주제와 감상

독서 비문학

- 핵심 정보 짚기
- 관계로 읽기
- 구조로 읽기
- 정보 추리하기
- 관점(입장) 따지기
- 사례 적용하기

EBS 개념완성 정치와 법
정답과 해설

Educational Broadcasting System

I 민주주의와 헌법

01 정치와 법

기본 문제
본문 12~13쪽

01 ⑤	02 ②	03 법적 안정성	04 ②
05 ③	06 ②	07 ④	08 ⑤

01 정치의 의미 이해

제시된 글은 정치를 국가와 관련된 활동으로 설명하고 있으므로 좁은 의미에서 정치를 바라보고 있다.

①, ② 넓은 의미의 정치에 해당한다. ✕
③ 좁은 의미의 정치에서는 국가와 관련된 활동만 정치로 본다. ✕
④ 좁은 의미의 정치와 관련 없다. ✕
⑤ 좁은 의미의 정치에 해당한다. ○

02 정치의 기능 이해

첫 번째 사례에서는 주차장 부족 문제를 둘러싼 주민 간의 갈등 해소 과정을 보여 주고 있다. 두 번째 사례에서는 영업 피해를 둘러싼 개인과 지방 자치 단체 간의 이해 갈등을 법원이 해결하는 과정을 보여 주고 있다.

①, ⑤ 정치의 기능에 해당하지만 사례와는 관련 없다. ✕
② 사례를 통해 정치는 구성원들 간의 이해관계를 조정하는 기능이 있음을 확인할 수 있다. ○
③ 정치의 기능에 해당하지만 사례와는 관련 없다. ✕
④ 제시된 사례와는 관련 없다. ✕

03 법적 안정성의 이해

문제접근 시효 제도는 이미 구축된 법률관계를 보호하여 사회생활의 안정을 추구하기 위한 것이므로, 법적 안정성을 중시하고 있음을 알 수 있다.

단답형 답안 법적 안정성

04 고대 아테네 민주 정치의 이해

제시된 제도들을 시행했던 국가는 고대 그리스의 아테네이다.

① 아테네는 치자와 피치자, 즉 다스리는 자와 다스림을 받는 자의 동일성을 추구한 정치 체제였다. ○
② 천부 인권 사상은 서양 근대 사회에서 계몽주의 사상이 등장하면서 나타났다. 아테네는 신분제에 기초한 사회였기 때문에 옳지 않은 진술이다. ✕
③ 아테네의 민주 정치는 자유민인 성인 남자만이 정치에 참여할 수 있었다. ○
④ 아테네는 모든 시민이 민회에 모여 국가의 중요한 의사 결정에 참여하였다. ○
⑤ 아테네의 모든 시민은 추첨제와 윤번제를 통해 일생에 한 번 이상은 공직에 취임할 수 있었다. ○

틀린 사람을 위한 조언 이 문제를 틀린 사람은 고대 아테네 민주 정치의 특징을 이해하지 못했기 때문이야. 아테네는 직접 민주 정치를 실현했지만 신분제에 근거한 사회였다는 것을 알고 있어야 해.

05 시민 혁명의 이해

자료는 시민 혁명의 발생 과정을 보여 주고 있다.

① 프랑스 대혁명 이후 여성, 노동자, 빈민 등은 선거권을 부여받지 못했다. 모든 성인이 선거권을 보유하게 된 것은 20세기 이후이다. ✕
② 근대 민주 사회는 대의제를 바탕으로 하였다. ✕
③ 시민 혁명 당시 프랑스는 신분제 사회였다. 프랑스 국민의 대다수를 차지하고 있던 평민들은 신분제로 인한 고통에서 벗어나기 위해 혁명을 이끌었다. ○
④ 입헌 군주제를 지향한 것은 영국의 명예혁명이었다. ✕
⑤ 홉스는 군주 주권론을 주장하였으므로 옳지 않다. ✕

06 로크의 사회 계약 사상 이해

제시된 글은 사회 계약론자인 로크의 주장이다.

① 로크, 루소, 홉스 모두 국가를 목적이 아니라 수단으로 보았다. ✕
② 로크는 2권 분립론을 주장하였다. ○
③ 로크는 인민의 자유와 권리를 천부적인 것으로 간주하였다. ✕

④ 루소의 주장에 해당한다. ✗
⑤ 홉스의 주장에 해당한다. ✗

틀린 사람을 위한 조언 이 문제를 틀린 사람은 로크와 루소를 구분해서 이해하지 못했기 때문이야. 루소는 직접 민주주의를 지지한 반면, 로크는 간접 민주주의와 권력 분립을 지지했다는 것을 알고 있어야 해.

07 형식적 법치주의의 폐해 이해

제시된 글은 의회가 제정한 법률에 의한 것이라면 그 법률의 목적이나 내용을 문제 삼지 않는 법치주의를 비판하고 있으므로, 글의 주제로 '형식적 법치주의의 폐해'가 적절하다.

① 제시된 글은 대의제를 비판하고 있지 않다. ✗
② 기본권 제한과 관련된 내용은 제시되어 있지 않다. ✗
③ 정치권력의 독점화 현상은 주제로 보기 어렵다. ✗
④ 제시된 글은 형식적 법치주의의 폐해를 말하고 있다. O
⑤ 형식적 법치주의와 실질적 법치주의 모두 법 제정 절차의 적법성을 중시한다. ✗

08 법치주의의 이해

㉠은 형식적 법치주의, ㉡은 실질적 법치주의에 해당한다.

① 법치주의는 '인(人)의 통치'를 부정한다. ✗
② 형식적 법치주의에 해당한다. ✗
③ 법의 내용이 정의에 부합되어야 한다고 보는 것은 실질적 법치주의이다. ✗
④ 형식적 법치주의와 실질적 법치주의 모두 통치의 합법성을 중시한다. ✗
⑤ 형식적 법치주의와 실질적 법치주의 모두 법 제정 절차의 적법성을 중시한다. O

02 헌법의 의의와 기본 원리

01 ②   **02** ②   **03** ④   **04** ④   **05** ①

06 (가) 복지 국가의 원리, (나) 문화 국가의 원리, (다) 자유 민주주의

01 헌법의 의의 이해

제시된 글은 헌법을 통한 국가 권력의 한계를 규정하고 있다. 즉, 국가 권력이 기본권을 보장하기 위한 수단으로서의 역할을 해야 함을 말하고 있다.

①, ③ 제시된 글을 통해 도출할 수 없다. ✗
② '헌법에 …… 국가 권력에 의한 인권 침해를 방지하도록 한 것'을 통해 도출할 수 있다. O
④ 헌법의 최고 규범성은 제시되어 있지만 글이 말하고자 하는 바와는 거리가 있다. ✗
⑤ 헌법의 의의에 해당하지만 제시된 글과는 관련이 없다. ✗

02 자유 민주주의의 원리 이해

제시된 글은 법치주의에 대해 설명하고 있다. 법치주의는 국민의 대표 기관인 의회에서 제정된 법률에 의해서만 통치 행위를 할 수 있다는 것을 의미하며, 이는 국민의 자유와 권리 보호를 목적으로 한다.

①, ③, ④, ⑤ 제시된 글로부터 도출하기 어려운 기본 원리이다. ✗
② 법치주의는 우리 헌법의 기본 원리 중 자유 민주주의를 실현하기 위한 방안에 해당한다. O

03 헌법의 기본 원리 이해

(가)는 국민 주권주의, (나)는 자유 민주주의이다.

① 복지 국가의 원리에 해당한다. ✗
② 자유 민주주의는 소극적 국가관을 바탕으로 한다. ✗
③ 문화 국가의 원리에 해당한다. ✗
④ 복수 정당제 채택은 국민 주권주의, 자유 민주주의의 공통적인 실현 방안에 해당한다. O
⑤ 국민 투표제는 국민 주권주의를 실현하기 위한 제도이다. ✗

04 복지 국가의 원리 이해

'사회적 약자에 대한 배려가 강조되면서 이를 해결할 수 있는 국가'는 복지 국가에 해당하므로 제시된 글은 복지 국가의 원리를 설명하고 있다.

① 자유 민주주의에 해당한다. ✗
② 국가 권력 기관 간의 견제와 균형은 권력 분립에 해당하며, 권력 분립은 자유 민주주의의 실현 방안이다. ✗

③ 복지 국가의 원리는 적극적 국가관을 전제로 한다. ✕
④ 복지 국가의 원리는 국민의 인간다운 삶을 보장하기 위한 기본적 수요 충족을 국가의 의무로 간주한다. ◯
⑤ 국민 주권주의에 해당한다. ✕

틀린 사람을 위한 조언 이 문제를 틀린 사람은 복지 국가의 원리의 등장 배경에 대한 이해가 부족했기 때문이야. 복지 국가의 원리는 국민의 삶의 질을 보장하기 위해 등장 했음을 알고 있어야 해.

05 국민 주권주의의 이해

제시된 글에 나타난 헌법의 기본 원리는 국민 주권주의이다.

ㄱ. 국민 주권주의를 명시적으로 규정하고 있다. ◯
ㄴ. 선거권은 국민이 나라의 주인으로서 가지는 권리이므로 국민 주권주의와 관련이 있다. ◯
ㄷ. 사회권에 대한 규정으로 이는 복지 국가의 원리와 관련이 있다. ✕
ㄹ. 민주적인 정당 운영은 자유 민주주의와 관련이 있다. ✕

06 헌법의 기본 원리 이해

문제접근 근로 3권은 근로자의 권리 보장을 위한 것으로 복지 국가의 원리를 실현하기 위한 방안이고, 평생 교육의 진흥은 문화 국가의 원리를 실현하기 위한 방안이다. 그리고 통신의 비밀 보장은 자유 민주주의를 실현하기 위한 방안이다.

단답형 답안 (가) 복지 국가의 원리, (나) 문화 국가의 원리, (다) 자유 민주주의

03 기본권의 보장과 제한

기본 문제			
			본문 26~27쪽
01 ④	02 ②	03 ②	
04 갑: 형사 보상 청구권			
을: 범죄 피해자 구조 청구권			
05 ⑤	06 ④	07 ④	08 ④

01 기본권의 성격 이해

기본권의 성격에 대해 갑과 을은 견해를 달리하고 있다. 갑은 기본권을 국가의 구체적인 법에 의해 보장되는 권리로 간주하여 실정법상의 권리로 보고 있다. 이에 비해 을은 인간으로 태어나면서 자연적으로 가지는 권리, 즉 천부 인권으로 간주하여 국가 이전의 자연법상 권리로 보고 있다.

ㄱ. 갑은 기본권을 실정법상의 권리로 보고 있다. ◯
ㄴ. 을은 기본권을 국가와 관계없이 인정되는 초국가적 권리로 보고 있다. ◯
ㄷ. 을은 기본권을 천부 인권으로 보고 있다. ◯
ㄹ. 갑은 법률에 의해 기본권을 제한할 수 있다는 입장이다. 이에 비해 을은 기본권이 국가에 의해서 제한될 수 없다는 입장이다. ✕

02 평등권의 이해

헌법 제11조는 평등권을 규정하고 있다.

① 사회적 특수 계급을 인정하지 않는다는 내용을 통해 신분제를 부정하고 있음을 알 수 있다. ◯
② 차이를 인정하지 않는 것이 아니라 차이를 이유로 한 불합리한 차별을 금지하고 있다. ✕
③ 평등권의 내용에 해당한다. ◯
④ 헌법 제11조는 모든 인간이 평등하다는 견해를 바탕으로 한다. ◯
⑤ 평등권은 다른 기본권 보장의 전제가 되는 기본권이다. ◯

틀린 사람을 위한 조언 이 문제를 틀린 사람은 차이와 차별을 구분하지 못했기 때문이야. 차이는 인정해야 하지만 차이를 이유로 불평등하게 대우해서는 안 된다는 것에 유의해야 해.

03 참정권의 이해

대중 민주주의의 실현을 가능하게 한 기본권이라는 내용을 통해 밑줄 친 '기본권'이 참정권에 해당함을 알 수 있다. 참정권은 주권자로서 국가의 정치 과정에 적극적으로 참여할 수 있는 권리이다.

① 자유권에 해당한다. ✕
② 참정권은 능동적 권리에 해당한다. ◯
③ 참정권은 국가를 전제로 인정되는 국가 내적 권리이다. ✕
④ 청구권에 해당한다. ✕
⑤ 참정권은 본질적 성격의 기본권에 해당하지 않는다. ✕

04 청구권의 내용 이해

문제접근 갑은 형사 피의자 또는 형사 피고인으로 구금되었던 자가 법률이 정하는 불기소 처분을 받거나 무죄 판결을 받을 경우 국가에 대해 정당한 보상을 청구할 수 있는 권리인 형사 보상 청구권을 행사하였다. 을은 타인의 범죄 행위로 생명이나 신체에 대한 피해를 입은 국민이 국가에 대해 구조를 요청할 수 있는 권리인 범죄 피해자 구조 청구권을 행사하였다.

단답형 답안 갑: 형사 보상 청구권, 을: 범죄 피해자 구조 청구권

05 기본권의 종류 이해

A는 사회권, B는 자유권, C는 참정권에 해당한다.

① 다른 기본권 보장을 위한 수단적 성격의 권리는 청구권이다. ✕
② 국가의 존재를 배경으로 인정되는 권리는 사회권과 참정권이다. ✕
③ 천부 인권의 성격을 갖는 것은 자유권이다. ✕
④ 자유권은 포괄적 권리에 해당한다. ✕
⑤ 사회권과 참정권은 적극적 권리, 자유권은 소극적 권리에 해당한다. ⭕

06 자유권과 사회권의 이해

㉠은 자유권, ㉡은 사회권이다.

① 자유권은 소극적 권리에 해당한다. ✕
② 차티스트 운동은 노동자 계급의 참정권 획득 운동이므로 틀린 진술이다. ✕
③ 수단적 권리에 해당하는 것은 청구권이다. ✕
④ 사회권과 달리 자유권은 방어적, 소극적 성격을 갖는 기본권이다. ⭕
⑤ 자유권과 사회권 모두 법률에 의해 제한될 수 있는 권리이다. ✕

틀린 사람을 위한 조언 이 문제를 틀린 사람은 자유권과 사회권의 성격에 대한 이해가 부족했기 때문이야. 자유권은 소극적이고 방어적 성격인 반면, 사회권은 적극적인 성격을 띠고 있음을 알고 있어야 해.

07 기본권의 종류 이해

A는 국가 배상 청구권, 즉 청구권에 해당하며, B는 적법 절차의 원리를 규정한 자유권에 해당한다.

① 국가 운영에 참여할 수 있는 기본권은 참정권에 해당하므로 구분 기준이 될 수 없다. ✕
② 참정권을 구분할 수 있는 질문이므로 A, B를 구분하는 기준이 될 수 없다. ✕
③, ⑤ 사회권을 구분할 수 있는 질문이므로 A, B를 구분하는 기준이 될 수 없다. ✕
④ 청구권은 다른 기본권을 보장하기 위한 수단적 권리이고 자유권은 그렇지 않으므로 두 기본권을 구분하는 기준이 된다. ⭕

08 기본권 제한의 한계 이해

① 기본권은 법률로써 제한할 수 있다. ✕
② 집회 및 시위의 자유는 무제한의 권리가 아니다. ✕
③ 옳은 진술이지만 문제가 요구하는 바와는 관련이 없다. ✕
④ 시위로 인해 교통 정체가 발생할 수 있지만 그렇다고 해서 시위 자체를 금지시키는 것은 국민의 표현의 자유, 즉 기본권의 본질을 침해하는 것일 수 있다. 공공복리와 국가 안전 보장, 사회 질서 유지를 위해 기본권은 법률로써 제한할 수 있지만, 제한할 경우에도 그 본질적인 내용은 침해할 수 없다. ⭕
⑤ 공익을 위해 사익은 제한될 수 있다. ✕

대단원 종합 문제
본문 30~31쪽

01	②	02	⑤	03	⑤	04	해설 참조
05	④	06	⑤	07	④		
08	과잉 금지의 원칙			09	④		

01 홉스의 사회 계약설 이해

인간의 본성을 이기적으로 보고 자연 상태를 무질서 상태로 보았기 때문에 제시된 글은 홉스의 주장임을 알 수 있다.

① 자연권의 일부 위임설을 주장한 것은 로크이다. ✕
② 홉스는 국왕이 계약의 당사자가 아니어서 계약으로부터 자유롭기 때문에 절대 권력을 갖는다고 주장하였다. ⭕
③ 권력 분립을 주장한 사람은 로크이다. ✕
④ '인민의 의사는 대표될 수도 없고 대표되어서도 안 된다.'는 대의제를 부정하는 의미이다. 대의제를 부정한 것은 루소이다. ✕

⑤ 통치자의 권위를 신으로부터 부여받았다고 보는 것은 왕권 신수설이다. 홉스는 사회 계약론자이기 때문에 왕권신수설을 부정하였다. ✕

틀린 사람을 위한 조언 이 문제를 틀린 사람은 자연 상태를 바라보는 사회 계약 사상가들의 입장을 몰랐기 때문이야. 홉스는 자연 상태를 만인의 만인에 대한 투쟁 상태로 간주한 반면, 로크는 평화롭지만 개인의 안전과 권리 보장이 다소 불안전한 상태로 보고 있음을 알고 있어야 해.

02 민주주의의 발달 과정 이해

대의제를 채택한 것은 근대 민주 정치와 현대 민주 정치이므로 A, B는 각각 근대 민주 정치와 현대 민주 정치 중 하나이고, C는 고대 아테네 민주 정치에 해당한다.

① 현대 민주 정치와 근대 민주 정치 모두 국민 주권론을 바탕으로 한다. ✕

② 치자와 피치자의 일치를 추구하는 민주 정치는 고대 아테네 민주 정치이다. ✕

③ 아테네 민주 정치와 참여 민주주의의 활성화와는 관련이 없다. ✕

④ A는 근대 민주 정치와 현대 민주 정치 중 하나이고, 근대 민주 정치와 현대 민주 정치 모두 사회 계약설을 바탕으로 하므로 틀린 진술이다. ✕

⑤ 정치 참여에 제한을 둔 것은 고대 아테네 민주 정치와 근대 민주 정치이므로 B는 근대 민주 정치이다. 따라서 A는 현대 민주 정치이다. 현대 민주 정치는 보통 선거를 채택하고 있다. ○

틀린 사람을 위한 조언 이 문제를 틀린 사람은 고대 아테네의 민주 정치, 근대 민주 정치, 현대 민주 정치의 공통점과 차이점을 몰랐기 때문이야. 고대 아테네의 민주 정치와 근대 민주 정치는 정치 참여에 제한을 두었다는 공통점이 있고, 근대 민주 정치와 현대 민주 정치는 대의제를 채택했고 사회 계약설에 바탕을 둔다는 공통점이 있다는 것을 알고 있어야 해.

03 법치주의의 이해

갑은 법의 목적이나 내용이 정의에 부합해야 한다고 하였으므로 실질적 법치주의의 입장을 취하고 있다. 법의 목적이나 내용과 관계없이 합법적인 절차를 거친 법은 준수되어야 한다고 보는 을은 형식적 법치주의의 입장을 취하고 있다.

① 실질적 법치주의는 법을 판단할 때 절차적 합법성과 실질적 정당성을 모두 고려한다. ✕

② 실질적 법치주의와 형식적 법치주의 모두 정치권력의 자의적 행사를 경계한다. ✕

③ 두 관점 모두 국민의 자유와 권리를 제한할 때에는 법에 근거를 두어야 한다고 본다. ✕

④ 법 만능주의로 인한 위험성을 강조하는 것은 실질적 법치주의이다. ✕

⑤ 실질적 법치주의와 형식적 법치주의 모두 적법 절차에 따른 법의 제정과 그에 따른 통치, 즉 통치의 합법성을 요구한다. ○

04 자유 민주주의의 이해

문제접근 국가 권력의 창출이 국민적 합의에 근거해야 정당성이 있다는 것을 통해 민주주의를 도출할 수 있고, '국민의 자유와 권리를 최대한 보장하기 위해'를 통해 자유주의를 도출할 수 있다. 따라서 두 글을 종합해서 도출할 수 있는 우리 헌법의 기본 원리는 자유 민주주의이다.

서술형 답안 자유 민주주의를 도출할 수 있다. 이를 실현하기 위한 방안으로는 법치주의, 적법 절차의 원리, 사법권의 독립, 복수 정당제를 기반으로 하는 자유로운 정당 활동, 상향식 의사 결정 과정 등이 있다.

05 헌법의 법적 의의 이해

ㄱ. 자료의 첫 줄에 제시된 것처럼 헌법은 우리나라 법 가운데 최상위의 근본 규범에 해당한다. ○

ㄴ. 헌법은 조직 수권 규범으로, 모든 권력의 주체는 헌법을 통해 부여받은 권한만을 행사할 수 있다. ○

ㄷ. 헌법은 국가 권력 분립과 상호 견제의 내용을 규정하고 있다. ○

ㄹ. 헌법의 사회 통합 규범으로서의 의의는 헌법의 정치적 의의에 해당하며, 제시된 글에는 나와 있지 않다. ✕

06 기본권의 종류 파악

신체의 자유는 자유권에 해당한다. 인간다운 생활을 할 권리는 사회권에 해당한다. 선거권은 참정권에 해당하며, 청원권은 청구권에 해당한다. 따라서 (가)는 자유권, (나)는 사회권, (다)는 참정권, (라)는 청구권이다.

① 자유권은 국가 권력으로부터 개인의 자유와 권리를 확보하려는 기본권으로 이는 국가 권력에 대한 불신을 바탕으로 한다. ○

② 사회권을 실현하기 위해서는 비용이 소요되며 이는 국가의

재정 부담으로 귀결된다. ⭕
③ 역사적으로 자유권이 가장 오래되었다. ⭕
④ 사회권, 청구권은 적극적 권리로 분류된다. ⭕
⑤ 천부 인권의 성격을 갖는 것은 자유권만 해당한다. 참정권과 청구권, 사회권은 실정법상의 권리에 해당한다. ❌

틀린 사람을 위한 조언 이 문제를 틀린 사람은 자유권의 성격에 대한 이해가 부족했기 때문이야. 사회권, 참정권, 청구권과 달리 자유권은 국가 이전의 권리, 즉 천부 인권의 성격을 갖는다는 점을 알고 있어야 해.

07 기본권의 종류 이해

초국가적 성격을 지니는 기본권은 자유권이므로 A는 자유권이고 B와 C는 각각 사회권과 청구권 중 하나이다.

① 수단적 성격을 가지는 기본권은 청구권이다. ❌
② 본질적이고 포괄적인 권리는 자유권이다. ❌
③ 국가 운영에 참여할 권리는 참정권이다. ❌
④ 사회권과 청구권 모두 적극적 권리로 분류된다. ⭕
⑤ 원칙적으로 자유권은 외국인에게도 부여된다. 참정권은 외국인에게는 원칙적으로 부여되지 않는다. ❌

08 기본권 제한의 한계 이해

문제접근 국민의 기본권을 제한하기 위해서는 기본권 제한의 목적이 정당해야 하고, 그 제한이 최소한이어야 하며, 달성하려는 공익과 제한되는 사익의 균형이 유지되어야 한다는 과잉 금지의 원칙을 준수해야 한다.

단답형 답안 과잉 금지의 원칙

09 기본권 제한의 한계 이해

제시된 글에서 국회와 정부는 인터넷 언론 매체의 설립을 금지하고, 공공 문제에 대한 개인이나 집단의 의사 표시는 정부의 허가를 받을 것을 요구하고 있다.

① 공공복리와 국가 안전 보장, 질서 유지를 위해 기본권은 법률로써 제한할 수 있다. ❌
②, ③ 제시된 글에 대한 비판과는 관련이 없다. ❌
④ 제시된 내용은 언론·출판 자유의 본질적인 내용을 침해한다는 비판을 받을 수 있다. ⭕
⑤ 표현의 자유도 기본권 제한의 요건에 따라 제한될 수 있는 권리이다. ❌

신유형·수능열기
본문 32~34쪽

| 1 ③ | 2 ④ | 3 ① | 4 ② | 5 ④ | 6 ④ |
| 7 ④ | 8 ④ | 9 ③ | 10 ④ | 11 ④ | 12 ③ |

1 정치의 의미 이해

(가)는 정치를 소수의 통치 엘리트만의 전유물이라고 보므로 좁은 의미의 정치에 해당한다. (나)는 국가 형성 이전의 정치 현상을 설명할 수 있으므로 넓은 의미의 정치에 해당한다.

① 사법부는 국가 작용에 해당하므로 좁은 의미에서는 정치 현상으로 간주한다. ⭕
② 넓은 의미의 정치는 이해관계의 대립으로 인한 갈등을 조정하면서 공동체의 목적을 실현하기 위한 인간의 활동을 정치로 본다. ⭕
③ 좁은 의미의 정치와 넓은 의미의 정치 모두 의회의 입법 과정을 정치로 본다. ❌
④ ㉠에는 좁은 의미의 정치 내용이 들어가야 한다. 좁은 의미에서는 국가와 사회 집단은 성격이 다르므로 국가와 관련된 현상만을 정치로 본다. ⭕
⑤ ㉡에는 넓은 의미의 정치가 들어가야 한다. 넓은 의미에서는 아파트 자치회 규약 제정 과정도 정치로 본다. ⭕

2 민주주의의 발전 과정 이해

제시된 자료는 프랑스 시민 혁명의 발생 배경 및 결과 등을 보여 주고 있다.

ㄱ. 절대 왕정은 왕의 권한을 신이 부여하였다는 왕권신수설을 옹호하였다. ⭕
ㄴ. 시민 혁명 당시의 구체제는 신분제를 바탕으로 하였다. ⭕
ㄷ. 영토가 넓고 인구가 많아 대의제를 채택한 것으로, 대의제가 직접 민주제보다 민주 정치에 부합해서 채택했다고 볼 수 없다. ❌
ㄹ. 근대 민주 사회는 재산이 있는 남성에게만 선거권을 부여했다는 한계가 있다. ⭕

3 실질적 법치주의의 이해

통치가 합법적이면 정당하다고 보는 것은 형식적 법치주의이므로 A는 실질적 법치주의, B는 형식적 법치주의에 해당한다.

① 위헌 법률 심사제는 법률의 내용이 헌법에 어긋나는지를

심판하여 실질적 법치주의를 실현하는 데 목적이 있다. O
② 통치권을 강화하는 수단으로 악용되는 것은 형식적 법치주의이다. X
③ 법의 목적과 내용이 정의에 부합되어야 한다고 보는 것은 실질적 법치주의이다. X
④ 통치의 합법성과 정당성을 모두 중시하는 것은 실질적 법치주의이다. X
⑤ 형식적 법치주의, 실질적 법치주의 모두 법에 의한 지배를 강조한다. 인간에 의한 지배는 법치주의와 대립된다. X

4 사회 계약설의 이해

왜 신유형인가? 그동안은 자료의 내용 등을 묻는 답지가 구성되는 형태가 제시되었는데, 본 문항은 자료에 내용을 제시하지 않고 자료에 답지를 대입해서 해결하도록 출제되었다.

ㄱ. 자연권의 국가 양도설을 주장한 것은 홉스이고, 홉스는 군주의 절대적 지배를 옹호하였다. O
ㄴ. 인간의 본성을 이기적인 것으로 본 것은 홉스이므로 A, C는 각각 루소와 로크 중 하나에 해당한다. 루소와 로크, 홉스 모두 국가를 목적이 아닌 수단으로 보았다. X
ㄷ. 대의 민주제를 옹호한 것은 로크이며, 사회 계약 이후 모든 권리를 제3자에게 양도했다고 본 것은 홉스이다. X
ㄹ. (가)에 의하면 B, C는 각각 루소와 로크 중 하나이고, 일반 의지에 의한 통치를 주장한 것은 루소이므로 B는 루소, C는 로크에 해당한다. 영국의 명예혁명을 정당화하는 데 기여한 것은 로크이므로 옳은 진술이다. O

틀린 사람을 위한 조언 ▶ 이 문제를 틀린 사람은 국가와 자연권의 관계에 대한 이해가 부족했기 때문이야. 홉스는 인간이 자연권을 국가에 전부 양도했다고 본 반면, 로크는 국가에 자연권의 일부를 위임했다고 보았다는 차이점을 알고 있어야 해.

5 민주 정치의 발전 과정 파악

사회 계약 사상을 바탕으로 하지 않는 것은 고대 아테네 민주 정치이므로 A는 고대 아테네 민주 정치에 해당한다. B와 C는 각각 근대 민주 정치와 현대 민주 정치 중 하나이다.

ㄱ. 근대 민주 정치와 현대 민주 정치 모두 국민 주권론을 바탕으로 하므로 B가 근대 민주 정치인지 현대 민주 정치인지 여부와 관계없이 옳은 진술이다. O
ㄴ. 근대 민주 정치와 현대 민주 정치 모두 대의 민주제를 바탕으로 하고 있으므로 틀린 진술이다. X
ㄷ. 근대 민주 정치와 현대 민주 정치 모두 모든 국민의 천부 인권을 인정하므로 옳은 진술이다. O
ㄹ. 근대 민주 정치는 노동자, 여성 등에게는 선거권을 부여하지 않았으므로 옳은 진술이다. O

6 프랑스 인권 선언의 이해

프랑스 인권 선언은 프랑스 혁명의 목표와 의의가 잘 담겨져 있는 세계 최초의 인권 선언이다. 프랑스 혁명은 절대 왕정을 타도하고 봉건적 특권을 타파하여 자유와 평등의 이념을 유럽에 전파하고 시민 사회를 형성하는 데 결정적인 역할을 하였다.

① 제2조를 통해 파악할 수 있다. O
② 제1조를 통해 파악할 수 있다. O
③ 제3조를 통해 국민 주권주의를 천명하고 있다. O
④ 제4조에서 '각자의 자연권의 행사는 사회의 다른 구성원에게 같은 권리의 향유를 보장하는 이외의 제약'을 통해 자연권의 행사로 인해 타인의 권리 향유를 방해하는 것은 제한할 수 있음을 보여 주고 있다. X
⑤ 제2조의 '압제에 대한 저항'을 통해 파악할 수 있다. O

7 헌법의 의미 변화 이해

시민 혁명 당시에 제정되었던 헌법은 근대 입헌주의 헌법에 해당하며, 근대 입헌주의 헌법이나 현대 복지 국가의 헌법 모두 고유한 의미의 헌법을 공통적으로 포함하고 있다. 따라서 A는 근대 입헌주의 헌법, B는 현대 복지 국가 헌법, C는 고유한 의미의 헌법이다.

ㄱ. 재산권의 불가침성 강조는 국민의 자유와 권리를 강조하는 것이므로 근대 입헌주의 헌법과 관련 있다. X
ㄴ. 헌법은 국가 통치 기관을 조직·구성하고 이들 기관의 권한과 상호 관계 등을 규정한 규범이라는 견해는 고유한 의미의 헌법에 해당하며, 이는 근대 입헌주의 헌법이나 현대 복지 국가의 헌법 모두 포함하고 있는 요소이다. O
ㄷ. 근대 입헌주의 헌법과 현대 복지 국가 헌법 모두 권력 분립을 바탕으로 한다. X
ㄹ. 생존권 보장을 통한 모든 국민의 인간다운 삶 보장은 복지 국가를 실현하기 위한 방안이므로 현대 복지 국가의 헌법과 관련 있다. O

틀린 사람을 위한 조언 ▶ 이 문제를 틀린 사람은 헌법의 의미에 대한 변천 내용을 몰랐기 때문이야. 현대 복지 국가 헌법은 근대 입헌주의 헌법과 달리 생존권의 보장을 강조하고 있음을 알고 있어야 해.

8 헌법의 기본 원리 이해

(가)는 자유 민주주의의 원리, (나)는 복지 국가의 원리, (다)는 국제 평화주의이다.

① 위헌 법률 심판 제도는 법률이 헌법에 어긋나는가를 심사하고 판단하기 위한 것이다. 이는 헌법이 가장 상위의 규범이므로 그보다 하위 규범인 법률은 헌법을 위반할 수 없다는 헌법의 최고 규범성을 실현하는 수단이 된다. O
② 복수 정당제는 자유 민주주의를 실현하기 위한 방안이다. O
③ 국민 기초 생활 보장 제도는 사회권을 실현하기 위한 것이며 사회권은 복지 국가의 원리와 관련있다. O
④ 남북 분단의 현실을 반영한 우리 헌법만이 가지는 특유의 원리는 평화 통일 지향이다. ✕
⑤ 자유 민주주의와 달리 복지 국가의 원리는 국가의 적극적 역할을 전제로 하는 원리이다. O

9 헌법의 기본 원리 이해

A는 자유 민주주의, B는 국민 주권주의에 해당한다.

① 국가 권력 분립은 자유 민주주의를 실현하기 위한 방안이다. O
② 자유주의와 민주주의가 결합된 원리는 자유 민주주의이다. O
③ 최저 임금제의 실시는 복지 국가의 원리와 관련있다. ✕
④ 자유 민주주의와 국민 주권주의 모두 정치권력의 정당성을 국민의 합의에서 찾는다. O
⑤ 복수 정당제의 채택은 자유 민주주의와 국민 주권주의 모두를 실현하기 위한 방안에 해당한다. O

틀린 사람을 위한 조언 ▶ 이 문제를 틀린 사람은 헌법의 기본 원리 중 자유 민주주의에 대한 이해가 부족했기 때문이야. 자유 민주주의는 자유주의와 민주주의가 결합된 원리이기 때문에 정치권력의 정당성을 국민의 합의에서 찾는 것은 국민 주권의 원리뿐만이 아니라 자유 민주주의에도 해당함을 알고 있어야 해.

10 기본권의 이해

A는 자유권이고, B와 C는 각각 청구권과 사회권 중 하나이다.

ㄱ. A는 자유권인데, 수단적 권리에 해당하는 '것은 청구권이다. ✕
ㄴ. 사회권은 국가에 대해 인간다운 삶의 보장을 요구하는 권리이다. O
ㄷ. 자유권이 사회권보다 먼저 강조되었다. ✕
ㄹ. 적법 절차의 원리를 포함하는 기본권은 자유권이므로 ⊙은 '예', ⓛ과 ⓒ은 '아니요'이다. O

11 기본권의 종류 이해

갑은 사회권을 침해당했고, 을은 청구권에 해당하는 형사 보상 청구권을 행사하였다. 병은 자유권에 해당하는 적법 절차의 원리를 침해당했고, 정은 청구권에 해당하는 국가 배상 청구권을 행사하려 한다.

① 갑이 침해당한 기본권은 사회권이다. O
② 자유권은 소극적·방어적 성격을 띠는 기본권이다. O
③ 국가 배상 청구권은 공무원의 직무상 불법 행위나 공공시설의 설치 또는 관리의 잘못으로 손해를 입은 국민이 법률이 정하는 바에 의하여 국가 또는 공공 단체에 정당한 배상을 청구할 수 있는 권리이다. O
④ 포괄적 성격을 갖는 기본권은 자유권이다. 사회권은 해당하지 않는다. ✕
⑤ 청구권은 기본권 보장을 위한 기본권에 해당한다. O

12 자유권의 성격 이해

방어적 권리로 분류되고 헌법에 열거되지 않아도 보장되는 권리, 즉 포괄적 권리에도 해당하는 기본권은 자유권이다.

① 국가에 급부를 요구하는 권리는 사회권이다. 사회권은 국가의 존재를 배경으로 해서만 존재하는 기본권이다. ✕
② 기본권 보장을 위한 수단적 권리는 청구권이다. ✕
③ 적법 절차의 원리는 자유권을 실현하기 위한 방안에 해당한다. O
④ 자유권 역시 다른 기본권과 마찬가지로 법률에 의해 제한될 수 있다. ✕
⑤ 사회권의 등장 배경에 대한 설명이다. ✕

틀린 사람을 위한 조언 ▶ 이 문제를 틀린 사람은 청구권과 사회권의 성격을 이해하지 못했기 때문이야. 청구권과 사회권은 국가에 대해 어떠한 행동이나 배려를 요구하는 권리, 즉 국가에 급부를 요구하는 권리라는 것을 알고 있어야 해.

II 민주 국가와 정부

01 정부 형태

기본 문제
본문 40~41쪽

01	①	02	④	03	해설 참조	04	④
05	①	06	①	07	해설 참조		

01 정부 형태의 이해

A는 의원 내각제, B는 대통령제이다.

① 의원 내각제와 대통령제 모두에서 사법부의 독립은 보장된다. ✗
② 행정부가 법률안을 제출할 수 있는 것은 의원 내각제의 특징이다. ○
③ 의회 의원이 각료를 겸직할 수 있는 것은 의원 내각제의 특징이다. ○
④ 행정부가 의회 해산권을 가지는 것은 의원 내각제의 특징이다. ○
⑤ 의회가 행정부 불신임권을 가지는 것은 의원 내각제의 특징이다. ○

02 국가별 정부 형태의 이해

갑국은 의원 내각제, 을국은 대통령제의 특징을 보이고 있다.

ㄱ. 행정부 수반이 법률안 거부권을 가지는 것은 대통령제 정부 형태를 가진 을국의 특징이다. ✗
ㄴ. 갑국은 의원 내각제 국가이므로 의회가 내각 불신임권을 행사할 수 있다. ○
ㄷ. 을국은 대통령제 국가이므로 행정부 수반이 의회에서의 선출이 아닌 국민의 선거에 의해 선출된다. ✗
ㄹ. 을국의 의회는 행정부 수반인 대통령에 대해 탄핵 소추권을 행사할 수 있다. ○

틀린 사람을 위한 조언 이 문제를 틀린 사람은 을국에서 행정부 수반이 의회 의원을 각료 후보로 지명했다는 말에서 을국이 의원 내각제 국가라고 생각했을 수 있어. 그런데 뒷부분의 각료가 되기 위해 의회 의원직을 사퇴했다는 점에서 의회 의원직과 각료 겸직이 허용되지 않음을 추론하면, 을국은 대통령제 국가임을 알 수 있어.

03 의원 내각제의 장·단점 이해

문제접근 의회 다수당의 대표가 행정부 수반이 되고, 의원들이 각료를 겸직하는 경우가 많은 전형적인 정부 형태는 의원 내각제이다. 전형적인 의원 내각제에서 다수당이란 단순한 제1당의 개념이라기보다는 의회 과반수 의석을 차지한다는 것을 의미하며, 만약 제1당이 과반수 의석을 차지하지 못하는 경우 다른 정당과의 협상을 통해 연립 정부를 구성하는 것이 일반적이다.

서술형 답안 '다수당의 횡포가 나타날 수 있다.', '연립 정부를 구성할 경우 정국 불안이 나타날 수 있다.' 등이 있다.

04 대통령제와 의원 내각제의 비교 이해

행정부가 의회를 해산할 수 있는 정부 형태는 의원 내각제이다. 두 정부 형태의 특징을 비교하는 것이므로 A는 의원 내각제, B는 대통령제이다.

① 대통령제에서는 행정부와 의회가 독립되어 있으므로 행정부가 의회를 해산할 수 없다. 따라서 ㉠에는 '아니요'가 들어간다. ○
② 사법부의 독립은 대통령제와 의원 내각제 모두에서 보장된다. ○
③ 국가 원수가 행정부 수반인 정부 형태는 대통령제이므로 (나)에는 해당 질문이 들어갈 수 있다. ○
④ 행정부 수반의 임기가 보장되는 것은 대통령제이므로, (다)에 해당 질문이 들어가면 ㉡에는 '아니요', ㉢에는 '예'가 들어간다. ✗
⑤ 의회 의원과 각료의 겸직이 허용되는 것은 의원 내각제이다. ○

틀린 사람을 위한 조언 이 문제를 틀린 사람은 ㉠에 해당하는 답을 못 찾았을 거야. 대통령제와 의원 내각제의 특징을 비교할 때 행정부의 의회 해산권은 서로 다른 특징을 보이기 때문에 ㉠에는 '아니요'가 들어가야 하고, 그러면 A는 의원 내각제, B는 대통령제임을 알 수 있어.

05 의원 내각제의 특징 이해

갑국은 내각의 수명이 매우 짧으며 최근 연립 내각을 구성했다는 점에서 의원 내각제 정부 형태를 취하고 있음을 알 수 있다. 의원 내각제의 경우 과반수 의석을 확보한 정당이 없을 경우 연립 내각이 등장하는 것이 일반적이며 이때 연립 내각 구성 정당들 간의 정책적 이견 등으로 인해 정국 불안이 나타날 수 있다.

① 정당별 의석률을 조사하면 의회 내 과반수 의석을 확보한

정당의 유무를 알 수 있으므로 자료와 같은 현상이 나타난 이유를 탐구할 수 있다. O

② 내각의 법률안 제출은 의원 내각제에서 나타나는 특징이지만 그 건수와 내각 교체의 빈도는 관련이 없다. ✗

③ 의원 내각제 국가에서도 행정부 수반인 총리의 법률상 임기는 있지만, 내각이 교체되면 총리도 교체될 수 있다는 점에서 그 실제 임기는 가변적이다. ✗

④ 국민들의 의회 의원 선거 참여율과 내각 교체의 빈도는 관련이 없다. ✗

⑤ 의회의 공직자에 대한 탄핵 소추권 행사는 일반적으로 대통령제 정부 형태에서 나타나며, 그 건수와 의원 내각제에서의 내각 교체 빈도는 관련이 없다. ✗

06 우리나라 정부 형태의 변화 이해

우리나라의 정부 형태는 헌법의 제정 및 개정에 따라 변화하였다. ㉠은 대한민국 정부가 수립되고 제헌 헌법이 제정된 1948년, ㉡은 4·19 혁명이 일어난 1960년, ㉢은 5·16 군사 정변 이후 5차 개헌이 된 1962년, ㉣은 유신 개헌이 이루어진 1972년, ㉤은 6월 민주 항쟁이 일어난 1987년임을 알 수 있다.

① 제헌 헌법에 따라 우리나라는 국회에서의 간선으로 대통령을 선출하였다. ✗

② 4·19 혁명의 결과 나타난 1960년의 헌법에서는 대통령제 정부 형태를 의원 내각제 정부 형태로 변경하였다. O

③ 5·16 군사 정변 이후의 헌법 개정 결과 우리나라는 다시 대통령제 정부 형태를 가지게 되었으며, 이때 대통령은 국민의 직선으로 선출되었다. O

④ 1972년의 이른바 유신 헌법에 따라 대통령은 통일 주체 국민 회의에서 간선으로 선출하게 되었다. O

⑤ 1987년의 9차 개헌 결과 대통령 직선제가 이루어졌다. O

틀린 사람을 위한 조언 이 문제를 틀린 사람은 정부 형태의 변천 과정을 연도와 연관시키는 것이 낯설어서일 거야. 우리 현대 정치사에 있어 매우 중요한 연도를 정확히는 아니더라도 그 시대적 순서 및 정부 형태, 그 구성 방법과 관련하여 알아두는 것이 필요해.

07 우리 헌법에 나타난 정부 형태의 특징

문제접근 A는 대통령제, B는 의원 내각제이다. 문제는 우리나라 정부 형태 중 의원 내각제 요소에 해당하는 내용을 묻고 있다.

단답형 답안 국무총리와 국무 회의의 존재, 국회 의원의 국무위원 겸직 등이 있다.

02 우리나라의 국가 기관

기본 문제 　　　　　　　　　　本文 49~51쪽

01 ④	02 ⑤		
03 A: 교섭 단체, B: 위원회		04 ①	
05 ②	06 A: 국무총리, B: 국무 회의		
07 ⑤	08 ④	09 ④	10 ①
11 A: 위헌 법률 심판, B: 위헌 심사형 헌법 소원 심판, C: 권리 구제형 헌법 소원 심판			
12 ④			

01 법률 제정 과정의 이해

국회는 입법 기관으로서 법률을 제정하는 국가 기관이다.

① 법률안을 제출할 수 있는 것은 10인 이상의 국회 의원이나 국회 위원회 또는 정부이다. O

② 국회에 제출된 법률안은 1차로 소관 상임 위원회의 심의·의결을 거쳐야 한다. O

③ 법률안에 대한 최종적인 표결은 본회의에서 이루어진다. O

④ 법률안이 통과되기 위해서는 국회 재적 의원 과반수의 출석 및 출석 의원 과반수의 찬성이 필요하다. 제시문에서 재적 의원이 300명이므로 재적 의원 과반수에 해당하는 151명 이상의 의원이 참석한 것은 문제가 없지만 출석 의원 180명의 과반수는 91명 이상이므로 90명이 찬성하였는데 가결되었다는 것은 잘못된 내용이다. ✗

⑤ 대통령이 공포한 법률안은 특별한 규정이 없는 한 공포 후 20일이 지나면 법률안의 효력이 발생한다. O

틀린 사람을 위한 조언 이 문제를 틀린 사람은 ㉣에서 과반수의 의미와 1/2 이상을 혼동하였을 거야. 과반수는 1/2을 초과하는 것(1/2 미포함)이고 1/2 이상은 1/2을 포함하여 그 보다 많은 것을 의미해.

02 헌법 개정 절차의 이해

국회는 입법 기관으로서 법률안 제·개정은 물론 헌법 개정에 대해서도 역할을 한다.

① 헌법 개정은 국회 재적 의원 과반수 또는 대통령의 발의로 제안된다. ✗

② 헌법 개정안을 공고하는 주체는 대통령이다. ✗

③ 헌법 개정안에 대한 국회 의결을 위해서는 재적 의원 2/3 이상의 찬성이 필요하다. ✕

④ 헌법 개정안은 국민 투표 결과 확정되므로 대통령이 재의를 요구할 수 없다. ✕

⑤ 국민 투표 결과 확정된 헌법 개정안은 대통령이 공포한다. 〇

03 국회의 구성과 역할에 대한 이해

문제접근 국회 본회의는 의장 1인, 부의장 2인이 진행하지만 보다 효율적인 의사 진행을 위해 교섭 단체와 위원회를 두고 있다. 또 국회 의원들의 의정 활동을 돕기 위한 다양한 제도들도 운영하고 있다.

단답형 답안 A: 교섭 단체, B: 위원회

04 국회의 권한 이해

국회는 국민의 대표 기관이자 입법 기관이며 국정 통제 기관으로서 여러 가지 권한을 가지고 있다.

ㄱ. 국정 조사는 정기적으로 실시하는 국정 감사와 달리 특정한 국정 사안에 대해서만 실시한다. 〇

ㄴ. 국회의 동의를 거쳐야 하는 사안이 부결되면 해당 사안은 진행할 수 없다. 〇

ㄷ. 법률안의 개정이 이루어지기 위해서는 국회 재적 의원 과반수의 출석 및 출석 의원 과반수의 찬성이 필요하다. 법률안에 대한 투표가 진행되었다는 점은 국회 재적 의원 과반수가 출석하였다고 볼 수 있으나, 출석 의원 과반수만 찬성하면 의결이 되므로 재적 의원 과반수가 찬성했는지 여부는 알 수 없다. ✕

ㄹ. 국회의 건의안에 대통령이 구속되는 것은 아니다. ✕

틀린 사람을 위한 조언 이 문제를 틀린 사람은 국회의 동의권에 대해 잘못 이해하고 있을 거야. 동의란 행정부의 수장인 대통령이 단독으로 결정할 수 없는 사항에 대하여 국회가 뜻을 같이한다는 의미야. 즉, 어떤 사안에 대해 동의한다는 것은 대통령과 국회가 공동으로 결정한 것으로 볼 수 있고, 국회의 동의가 필요한 사안에 국회가 동의하지 않을 경우 그 사안을 진행할 수 없는 거지.

05 대통령의 권한 이해

대통령은 국가 원수이자 행정부의 수반으로서 여러 가지 권한을 가진다.

① 법률안 거부권 행사는 국회 다수당의 횡포를 방지하기 위한 것이다. 국회 소수파의 의사 진행 방해를 견제하는 것은 일사 부재의의 원칙이다. ✕

② 대통령이 거부권을 행사한 법률안이 국회에서 재의결되면 대통령은 다시 거부권을 행사할 수 없기 때문에 법률로서 확정된다. 〇

③ 대통령령은 우리나라 법규범 체계상 명령에 해당하므로 법률보다 하위에 속한다. ✕

④ 대통령령 발포 등 행정부의 주요 사항은 반드시 국무 회의의 심의를 거쳐야 한다. ✕

⑤ 대통령의 법률안 거부권은 행정부의 수반으로서 입법부를 견제하기 위한 수단으로 볼 수 있으며, 대통령령 발포는 행정부 수반으로서 법률의 범위 안에서 행할 수 있는 조치이다. ✕

06 행정 기구의 이해

문제접근 국무총리는 행정부의 2인자이며, 국무 회의는 대통령과 국무총리 및 국무 위원들로 구성된 행정부의 중요 정책을 심의하는 최고 심의 기관이다.

단답형 답안 A: 국무총리, B: 국무 회의

07 감사원에 대한 이해

주어진 헌법 조항의 A에 해당하는 헌법 기관은 감사원이다.

ㄱ. 행정부의 최고 심의 기관은 국무 회의이다. ✕

ㄴ. 감사원의 장, 즉 감사원장은 대통령이 임명한다. ✕

ㄷ. 감사원은 헌법상 대통령에 속하지만 대통령으로부터 독립하여 직무를 수행한다. 〇

ㄹ. 감사원은 세입·세출의 결산을 검사하여 대통령과 차년도 국회에 그 결과를 보고하여야 한다. 〇

08 사법권 독립의 이해

(가)~(라)는 사법권 독립을 보장하는 헌법 조항들이다.

① 사법권 독립을 위해서는 법관의 신분 보장이 매우 중요하다. 〇

② 법원의 독립은 법원이 다른 국가 기관으로부터 조직 및 권한상으로 독립되어야 함을 의미하는 것이다. ◯

③ 법관은 외부의 모든 간섭이나 압력에서 벗어나 헌법과 법률에 의하여 그 양심에 따라 독립하여 심판하는 것이 필요하다. ◯

④ 해당 조항은 파면에 대해서만 언급하고 있다. 즉, 법관도 탄핵 또는 금고 이상의 형의 선고가 아닌 다른 사유로 징계나 기타의 불이익을 당할 수 있다. ✕

⑤ 사법권 독립의 궁극적 목표는 국민의 기본권 보장이다. ◯

틀린 사람을 위한 조언 이 문제를 틀린 사람은 법관이 겪는 불이익 일반과 파면을 혼동하였을 거야. 이처럼 원래 사용하는 용어와 유사한 용어를 사용하는 경우의 차이에 대해 유의할 필요가 있어.

09 심급 제도의 이해

공정한 재판을 확보하기 위해 급이 다른 법원에서 여러 번 재판을 받을 수 있도록 하는 제도를 심급제라 하며, 그림은 일반적인 3심제의 진행 상황을 보여 주고 있다.

① ㉠은 항소, ㉡은 상고이며, 이는 하급심의 판결에 불복할 경우 상급 법원에 다시 재판을 청구하는 상소에 대한 명칭이다. ◯

② 지방 법원 및 지원 단독 판사가 행한 1심의 결과에 불복할 경우 지방 법원 본원 합의부에서 원칙적으로 2심이 진행된다. ◯

③ 지방 법원 및 지원 합의부에서 행한 1심의 결과에 불복할 경우 고등 법원에서 2심이 진행된다. ◯

④ (가)는 가벼운 사건, (나)는 무거운 사건을 다루는 절차이다. ✕

⑤ 심급제의 시행 목적은 국민의 기본권 보장이다. ◯

틀린 사람을 위한 조언 이 문제를 틀린 사람은 단독 판사와 합의부의 차이에 대해 이해하지 못했을 거야. 단독 판사는 가벼운 사건, 합의부는 무거운 사건을 다룬다는 점을 알아야 해.

10 헌법 재판소에 대한 이해

헌법 재판소는 헌법 해석과 관련한 분쟁을 해결함으로써 헌법을 수호하고 국민의 기본권을 보장하는 역할을 한다.

ㄱ. 헌법 재판소는 9인의 재판관으로 구성된다. ◯

ㄴ. 헌법 재판소 재판관은 모두 대통령이 임명한다. 다만 9인 중 3인은 국회에서 선출하는 자를, 3인은 대법원장이 지명하는 자를 임명한다. ◯

ㄷ. 헌법 재판소장은 대통령이 헌법 재판소 재판관 중에서 국회의 동의를 얻어 임명한다. ✕

ㄹ. 헌법 재판소는 원칙적으로 법원의 판결에 대한 심판은 담당하지 않는다. ✕

틀린 사람을 위한 조언 이 문제를 틀린 사람은 헌법 재판소 재판관을 대통령이 모두 임명한다는 것이 틀렸다고 생각했을 거야. 헌법 재판소 재판관 9인 중 3인은 국회가 선출하고, 3인은 대법원장이 지명하지만 그 임명은 대통령이 한다는 것을 알아야 해.

11 헌법 재판소의 기능 이해

문제접근 모든 법률, 명령, 규칙 등의 내용은 헌법에 위반되어서는 아니 되며 대통령, 입법부, 행정부, 사법부 등 모든 국가 기관은 그 권한을 행사함에 있어서 헌법을 준수하여야 한다. 그런데 구체적인 문제에서 어떻게 하는 것이 헌법에 부합하는 것인지에 관하여 국가 기관 사이, 또는 국가 기관과 국민 사이에서 의견의 차이와 분쟁이 발생할 수 있는데, 이러한 다툼을 해결하여 국가 공권력 작용이 헌법을 준수하게 하고 국민의 기본권을 보호하게 하는 재판이 바로 헌법 재판이다. 이러한 헌법 재판의 구체적인 심판 유형 중 가장 대표적인 것은 위헌 법률 심판 및 헌법 소원 심판이며, 제시문은 이러한 두 가지 유형의 심판 유형의 구체적인 적용 사례를 제시하고 있다.

단답형 답안 A: 위헌 법률 심판, B: 위헌 심사형 헌법 소원 심판, C: 권리 구제형 헌법 소원 심판

12 국가 기관 간 견제 수단의 이해

㉠은 국회의 정부에 대한 견제 수단, ㉡은 법원의 국회에 대한 견제 수단이다.

①, ②, ③ 국정 감사권, 국정 조사권 모두 국회의 정부에 대한 견제 수단이다. 탄핵 소추권은 국회가 정부는 물론 법원이나 헌법 재판소의 고위직 공무원을 견제하는 수단이다. ✕

④ 탄핵 소추권의 행사 대상에는 정부가 포함되며, 위헌 법률 심판 제청권은 국회가 제정한 법률의 위헌 여부를 가려달라고 법원이 헌법 재판소에 제청하는 것이므로 법원이 국회를 견제하는 수단이다. ◯

⑤ 위헌 법률 심판 제청권은 국회에 대한 법원의 견제 수단이고, 국정 조사권은 정부에 대한 국회의 견제 수단이다. ✕

03 지방 자치의 의의와 과제

기본 문제					본문 56~57쪽

01 ④	02 ①	03 ㉠ 조례, ㉡ 규칙
04 ①	05 ③	06 ④

01 지방 자치의 의의 이해

밑줄 친 '이것'은 지방 자치이다.

ㄱ. 지방 자치는 중앙 정부와 지방 자치 단체 간의 수직적 권력 분립에 기여한다. **O**

ㄴ. 지방 자치는 수직적 권력 분립을 통해 중앙 정부로의 권력 집중을 방지하는 역할을 한다. **O**

ㄷ. 지방 자치 시행으로 국가 정책의 통일성을 확보하는 것은 어려울 수 있다. **✕**

ㄹ. 지방 자치를 통해 지역 실정에 맞는 정책을 개발하고 시행할 수 있다. **O**

> **틀린 사람을 위한 조언** 이 문제를 틀린 사람은 권력 분립 관련 용어를 혼동하였을 거야. 중앙 정부 차원에서는 수평적 권력 분립, 중앙 정부와 지방 정부의 관계에서는 수직적 권력 분립 실현이 중시돼.

02 지방 자치 단체의 구성에 대한 이해

㉠은 지방 의회, ㉡은 지방 자치 단체장이다. 우리나라의 지방 의회와 지방 자치 단체장은 모두 지역 주민들의 선거에 의해 선출된다.

① 지방 의회는 지방 행정 사무에 대한 감사와 조사를 할 수 있다. **O**

② 지방 자치 단체의 예산안을 심의·확정하는 것은 지방 의회이다. **✕**

③ 지방 의회는 조례를, 지방 자치 단체장은 규칙을 제정할 수 있다. **✕**

④ 지방 의회 의원과 지방 자치 단체장의 임기는 모두 4년이다. **✕**

⑤ 주민 투표는 주민에게 과도한 부담을 주거나 중대한 영향을 미치는 지방 자치 단체의 주요 결정 사항 등에 대해 지방 자치 단체장이 주민에게 의견을 묻고자 할 때 실시한다. **✕**

03 지방 자치 법규의 이해

> **문제접근** 지방 자치 단체는 그 자치권의 한 작용으로서 법 규범을

제정할 수 있다. 우리 헌법 제117조 제1항의 "지방 자치 단체는 …… 법령의 범위 안에서 자치에 관한 규정을 제정할 수 있다."에서 '자치에 관한 규정'에는 조례와 규칙이 있다.

> **단답형 답안** ㉠ 조례, ㉡ 규칙

04 지방 자치 단체의 역할 이해

제시된 지방 자치법 조항은 지방 자치 단체의 종류와 조직, 운영, 국가와 지방 자치 단체의 관계, 지방 자치 행정의 방향 등을 보여 주고 있다.

① 제시된 조항에는 주민들의 지방 자치 참여 방안이 없다. **✕**

② 제1조의 '국가와 지방 자치 단체 사이의 기본적인 관계'라는 문구 및 전반적인 내용에서 중앙 정부와 지방 정부의 분권에 대해 언급하고 있음을 알 수 있다. **O**

③ 제1조의 '지방을 균형 있게 발전시키며, 대한민국을 민주적으로 발전시키려는 것을 목적으로 한다.'는 문구에서 지방의 발전을 통해 국가적 발전을 도모하고 있음을 알 수 있다. **O**

④ 제8조에서 지방 자치 단체가 사무를 처리할 때 주민의 편의와 복리 증진을 위해 노력하여야 한다는 원칙을 제시하고 있다. **O**

⑤ 제1조에서 지방 자치 단체의 종류와 조직에 대해 언급함으로써 지방 자치 단체에 일정한 조직이 필요함을 보여 주고 있다. **O**

> **틀린 사람을 위한 조언** 이 문제를 틀린 사람은 지방 자치법이라는 용어로 인해 자료에 주민들의 지방 자치 참여 방안도 제시되어 있다고 생각했을 거야. 주어진 자료를 꼼꼼히 살펴보는 것이 필요해.

05 주민 참여 수단의 이해

주민들이 지방 자치 행정에 참여할 수 있는 수단으로는 주민 투표제, 주민 소환제, 주민 조례 제정 및 개폐 청구제 외에도 주민 예산 참여제, 주민 감사 청구제, 주민 소송제 등이 있다.

① 위법·부당한 행위를 한 대표자를 파면하기 위한 주민 참여 수단은 주민 소환제이다. **✕**

② 지방 자치 단체의 중요 정책을 투표로 결정하는 제도는 주민 투표제이다. **✕**

③ 주민 조례 제정 및 개폐 청구제는 직접적인 주민 발안 제도

가 아닌, 지역 주민들이 해당 지방 자치 단체의 장에게 조례를 제정하거나 개정 혹은 폐지할 것을 청구하는 제도이다. **O**

④ 주민 투표제, 주민 소환제는 모두 직접적 주민 참여 제도에 해당한다. **X**

⑤ 중앙 정부 차원의 국민 참여 제도 혹은 직접 민주 정치 제도로는 국민 투표제, 국민 발안제, 국민 소환제가 있는데, 현재 우리나라에서는 국민 투표제만 마련되어 있다. **X**

틀린 사람을 위한 조언 이 문제를 틀린 사람은 주민들의 지방 자치 참여 수단들이 지닌 특징을 충분히 이해하지 못하고 있을 거야. 지방 자치의 중요성이 커지고 있으므로 해당 수단들에 대해 충분히 이해하는 것이 필요해.

06 우리나라 지방 자치의 현실 이해

우리나라의 지방 자치는 많은 발전을 이루고 있지만 그 자율성이 제약되는 경우도 많아 그에 대해 이해하고 대책을 세우는 것이 필요하다.

ㄱ. 지방 선거 투표율은 주민들의 참여 문제와 연관되며 지방 자치 단체의 자율성 제약 여부와 직접 연관시키기는 어렵다. **X**

ㄴ. 지방 재정 자립도가 낮으면 중앙 정부에 대한 의존도가 커질 수 있으므로 시·도별 지방 재정 자립도는 지방 자치 단체의 자율성 제약과 관련이 있다. **O**

ㄷ. 지방 자치 단체 간 분쟁 건수와 지방 자치 단체의 자율성 제약 여부를 직접 연관시키기는 어렵다. **X**

ㄹ. 중앙 정부의 지방 자치 단체에 대한 법률적 통제는 헌법과 법률에 부합하는 지방 자치 시행에 기여하지만, 그 정도가 커질수록 지방 자치 단체의 자율성을 제약할 수 있다. **O**

대단원 종합 문제   본문 60~61쪽

01 ③	02 ③	03 ⑤	04 해설 참조
05 ③	06 ③	07 ④	
08 (가) 주민 참여 예산제, (나) 주민 소환제			

01 정부 형태의 이해

(가)는 대통령제, (나)는 의원 내각제 정부 형태이다.

① 대통령제는 행정부 수반인 대통령이 법률안 거부권을 가진다. **O**

② 의원 내각제에서는 의회 의원의 각료 겸직이 허용된다. **O**

③ 대통령제와 의원 내각제 모두에서 의회는 법률안을 제출하므로, 해당 질문은 두 정부 형태를 구분하는 기준으로 적절하지 않다. **X**

④ 대통령제와 달리 의원 내각제에서는 행정부가 의회에 대해 연대 책임을 진다. **O**

⑤ 대통령제와 의원 내각제 모두에서 사법부의 독립을 보장한다. **O**

02 국회 의원의 특권 이해

A는 면책 특권이다.

ㄱ. 국회 의원의 면책 특권, 그리고 또 하나의 특권인 불체포 특권은 헌법에 명시되어 있기 때문에 그 폐지를 위해서는 헌법 개정이 필요하다. **X**

ㄴ. 면책 특권은 국회 의원의 임기 후에도 적용된다. **O**

ㄷ. 면책 특권은 국회 의원이 국회에서 직무상 행한 발언과 표결에 관하여 국회 외에서 책임을 지지 않는 권리로서 단순히 체포되지 않을 권리는 아니다. **X**

ㄹ. 갑이 행한 발언이 면책 특권의 대상이 된다면 갑은 군사 기밀 누설에 대한 법적 책임을 면할 수 있다. **O**

틀린 사람을 위한 조언 이 문제를 틀린 사람은 국회 의원의 특권에 대해 이해가 부족할 거야. 국회 의원의 면책 특권과 불체포 특권에 대해 주의를 기울여 이해할 필요가 있어.

03 헌법 기관에 대한 이해

A는 대통령, B는 감사원, C는 국무 회의, D는 국무총리이다.

① 대통령은 국민이 선거를 통해 선출한다. **X**

② 국무 회의는 심의 기관으로, 대통령이 국무 회의의 결과에 반드시 따를 필요는 없다. **X**

③ 감사원은 예산의 결산이 아닌 이미 이루어진 결산의 검사 기능을 가지고 있다. **X**

④ 행정부의 구체적인 사무를 집행하는 기관은 행정 각부이며, 국무 회의는 행정부의 중요 정책을 심의하는 기관이다. **X**

⑤ 국무 회의와 국무총리 제도는 우리나라의 정부 형태가 가진 의원 내각제적 요소에 해당한다. **O**

틀린 사람을 위한 조언 ▶ 이 문제를 틀린 사람은 예산의 결산 기능과 예산의 결산에 대한 검사 기능을 혼동했을 거야. 감사원은 예산의 결산에 대한 검사 기능을 해.

04 정부 형태의 이해

문제접근 t대 의회 의석률 과반수를 차지한 정당은 A당, t+1대 의회 의석률 과반수를 차지한 정당은 B당이다. 그런데 문제에는 두 시기 모두 행정부 수반이 A당 소속이라는 단서가 있다. 즉, 갑국의 정부 형태는 의회 의석률과 행정부 수반의 소속 정당이 무관한 정부 형태이다.

서술형 답안
갑국의 정부 형태는 대통령제이다. 이는 A당이 의회 내 과반수 의석을 차지한 t대 의회와 그렇지 못한 t+1대 의회 모두에서 행정부 수반이 A당 소속이라는 점에서 알 수 있다.

05 감사원과 국회의 역할 이해

A는 감사원, B는 국회이다.

① 감사원은 대통령 소속이지만 직무상 독립된 헌법 기관이다. **O**
② 감사원장을 임명하기 위해서는 국회의 동의가 필요하다. **O**
③ 감사원은 행정부 자체에서 행한 예산의 결산에 대해 최종적으로 검사하여 대통령과 차년도 국회에 보고하고, 국회는 예산 결산에 대한 심사를 한다. **X**
④ 국정 조사는 특정한 국정 사안이 발생하였을 때 실시한다. **O**
⑤ 국정 조사권은 국정 감사권과 마찬가지로 국회의 국정 통제 권한 중 하나이다. **O**

틀린 사람을 위한 조언 ▶ 이 문제를 틀린 사람은 국정 조사와 국정 감사를 혼동하였을 거야. 국정 조사는 특정 사안 발생 시, 국정 감사는 해마다 정기적으로 행하는 것임을 인식해야 해.

06 사법 개혁의 이해

제시문은 사법 개혁의 핵심을 법관이 외부의 압력에서 독립하여 재판할 수 있는 여건을 구비하는 것이라고 보고 있다.

① 법관의 임용 기준 강화와 법관의 재판상 독립은 직접 관련이 없다. **X**
② 법관 선발 경로의 다양화는 법관 구성의 다양화를 통해 법적 판단의 다양화 및 소수자의 입장에 대한 이해 등을 목적으로 하는 것으로 법관의 재판상 독립 확보와는 어느 정도 거리가 있다. **X**
③ 법관이 사법부 내·외의 자율성 침해 요소에 맞서기 위한 방안으로 부당한 압력에 맞섰을 경우 불이익을 받지 않는다. 또 잘못된 압력에 넘어가 판결하였을 경우 그에 대해 제재를 할 수 있는 공정한 법관 평가 체계가 마련되어야 한다. **O**
④ 법관 전체의 통일적 양형 기준을 마련하는 것은 법관이 재판을 진행하는 데 재량권을 행사할 여지를 줄일 것이다. **X**
⑤ 대법원장에 의한 법관들의 통제 강화는 법관의 재판상 독립을 해칠 가능성이 크다. **X**

07 헌법 소원 심판의 이해

(가)는 권리 구제형 헌법 소원 심판, (나)는 위헌 심사형 헌법 소원 심판이다.

ㄱ. 권리 구체형 헌법 소원 심판의 주체는 일반 국민이다. **X**
ㄴ. 다른 법률에 구제 절차가 있으면 권리 구제형 헌법 소원 심판을 청구하기 전에 반드시 그 절차를 거쳐야 한다. **O**
ㄷ. 대통령령, 국무총리령은 법률이 아닌 명령이다. 명령·규칙 또는 처분이 헌법이나 법률에 위반되는지 여부가 재판의 전제가 된 경우에는 대법원이 이를 최종적으로 심사할 권한을 가지고 있다. **X**
ㄹ. 위헌 심사형 헌법 소원 심판은 재판의 전제가 된 법률만을 심판의 대상으로 한다. **O**

08 주민 참여 제도의 이해

문제접근 다양한 주민 참여 제도가 있는데 (가)는 지방 자치 단체의 예산 편성 과정에 주민들이 직접 참여할 수 있는 제도이고, (나)는 대표자가 위법·부당한 행위 등을 할 경우 그에 대해 통제하는 것을 목적으로 하는 제도이다.

단답형 답안
(가) 주민 참여 예산제, (나) 주민 소환제

신유형·수능열기

본문 62~64쪽

1 ④	2 ⑤	3 ⑤	4 ③	5 ④	6 ③
7 ④	8 ③	9 ④	10 ④	11 ②	12 ②

1 정부 형태의 이해

갑국은 연립 내각이 구성된 것으로 보아 의원 내각제 정부 형태를 취하고 있고, 을국은 갑국과 정부 형태가 다르며 제1당이 여당이 아닌 정당, 즉 야당인 것으로 보아 대통령제 정부 형태를 취하고 있다.

ㄱ. 의원 내각제에서 의회는 내각을 해산할 수 있다. ✖

ㄴ. 갑국은 연립 내각을 구성하였으므로 정치적 책임 소재가 불분명한 경우가 발생할 수 있다. ⭕

ㄷ. 을국은 국가 원수와 행정부 수반이 동일 인물이므로 소속 정당이 다를 수 없다. ✖

ㄹ. 을국은 여소야대 현상이 나타나고 있으며 이때 여야 간 대립이 심한 경우에는 안정적인 국정 운영이 곤란할 수 있다. ⭕

틀린 사람을 위한 조언 이 문제를 틀린 사람은 제1당, 과반수 의석 등의 용어로 인해 을국의 정부 형태를 의원 내각제라고 착각했을 수 있어. 이런 유형의 문제는 발문에서 두 나라의 정부 형태가 다르다고 명시되어 있는지 먼저 파악할 필요가 있어.

2 헌법 기관들에 대한 이해

왜 신유형인가? 이 문제는 국회의 중요한 권한인 국가 기관 구성권에서 국회가 행사하는 임명 동의권을 행사하기 위해 필요한 인사 청문회 과정과 그 효과에 대해 묻고 있다는 점에서 신유형으로 볼 수 있다.

A는 대통령, B는 국무 회의, C는 감사원, D는 국회이다.

① 국무 회의는 행정부의 최고 심의 기관이다. ⭕

② 감사원은 국가의 세입 · 세출에 대한 결산 검사를 담당하는 헌법 기관이다. ⭕

③ 국무 회의는 의결 기관이 아닌 심의 기관으로, 대통령은 국무 회의의 심의 결과를 반드시 따를 필요는 없다. ⭕

④ 국회가 감사원장 등의 임명에 대한 동의안을 처리하기 위해 인사 청문회를 하는 것은 국회의 권한 중 국정 통제 권한을 행사하는 것이다. ⭕

⑤ 국회가 감사원장 후보자의 임명에 동의하지 않을 경우 대통령은 감사원장을 임명할 수 없다. ✖

3 우리나라 정부 형태의 특징 이해

A는 대통령제, B는 의원 내각제이다.

① 의회 의원의 각료 겸직이 허용되는 것은 의원 내각제이다. ✖

② 행정부 수반이 법률안 거부권을 가지는 것은 대통령제이다. ✖

③ 대통령제는 입법부와 행정부가 정치적으로 대립할 경우 이를 해결할 정치적 수단이 부족한 반면, 의원 내각제는 의회 해산권과 내각 불신임권 등을 통해 그 대립을 신속하게 해결할 제도적 수단이 존재한다. ✖

④ 대통령제와 의원 내각제 모두에서 입법권은 의회에 있다. ✖

⑤ 국무총리 제도는 우리나라 정부 형태가 가진 의원 내각제적 요소에 해당한다. ⭕

4 국회의 입법 절차 이해

우리나라는 대통령제를 중심으로 하면서 의원 내각제적 요소를 일부 가미한 정부 형태이다. 우리나라 정부 형태가 가진 의원 내각제적 요소 중 한 가지가 정부의 법률안 제출권이다.

① 법률안을 제출할 수 있는 주체는 정부 또는 국회 의원(10인 이상 혹은 국회 위원회)이다. ⭕

② 정부가 법률 제 · 개정안 제출과 같은 국정 관련 중요한 사안을 처리하기 위해서는 반드시 국무 회의의 심의를 거쳐야 한다. ⭕

③ 국회 본회의에서 법안을 의결하기 위해서는 국회 재적 의원 과반수의 출석 및 출석 의원 과반수의 찬성이 필요하다. ✖

④ 대통령이 공포한 법안은 특별한 규정이 없는 한 공포 후 20일을 경과함으로써 효력을 발휘한다. ⭕

⑤ 대통령이 거부권을 행사하며 국회에 환부 및 재의를 요구한 법안을 국회가 재의결하면 그 법안은 바로 법률로서 확정된다. ⭕

틀린 사람을 위한 조언 이 문제를 틀린 사람은 법률안을 의결하기 위한 조건과 대통령이 거부권을 행사한 법률안을 재의결하기 위한 조건을 혼동하였을 거야. 법률안의 재의결 조건이 더 엄격하다는 점을 명심하는 것이 중요해.

5 국회의 구성과 권한 이해

국회는 효율적인 업무 처리를 위해 각종 조직을 가지고 있으며, 국민의 대표 기관이자 입법 기관, 국정 통제 기관으로서 다양한 권한을 가지고 있다.

① 비준에 대한 동의 과정을 거친 조약은 법률과 동일한 효력을 가진다. ○
② 국회 임시회는 대통령 또는 국회 재적 의원 1/4 이상의 요구에 의하여 집회된다. ○
③ 정부가 법률 제·개정안을 제출하기 위해서는 반드시 국무 회의의 심의를 거쳐야 한다. ○
④ 국회 의원 20인 이상으로 구성되는 것은 교섭 단체이다. ✕
⑤ 국정 조사는 특정 국정 사안이 발생할 경우에 행해진다. ○

6 법률안 제안 방식의 이해

(가)는 의원이 제안하였고 (나)는 정부가 제안하였다.

ㄱ. 국무 회의의 심의를 거쳐야 하는 법률안은 정부 제안 법률안이다. ✕
ㄴ. 전형적인 대통령제는 정부가 법률안을 제안할 수 없다. ○
ㄷ. 법률안 제안 주체가 누구인가와 법률안 의결 정족수는 무관하다. 즉, 일반적으로 두 방식 모두 재적 의원 과반수의 출석, 출석 의원 과반수의 찬성을 통해 법안을 의결한다. ○
ㄹ. 국회 의결 이후 대통령의 거부권 행사 가능성이 높은 것은 정부 제안 법률안보다는 국회 의원 제안 법률안이다. ✕

틀린 사람을 위한 조언 이 문제를 틀린 사람은 두 법률안 제출 방식을 충분히 이해하지 못했을 거야. (가)는 제안자가 의원이라는 것, (나)는 정부라는 점에서 실마리를 찾아야 해.

7 정부 형태와 정치 상황의 이해

왜 신유형인가? 이 문제는 유사한 기존 문항들이 시기별 정당별 의석률, 행정부 수반의 소속 정당을 통해 정부 형태를 추론하고 그 특징을 물었던 것과는 달리 중간에 정부 형태를 변경시킨 신유형의 문제이며, 문제의 난도도 높은 편이다.

t 시기 행정부 수반의 소속 정당은 제2당인 C당이므로 대통령제 정부 형태이고, t+2 시기가 되면서 정부 형태가 변경되었으므로 t+1 시기의 정부 형태도 대통령제임을 알 수 있다. 그리고 t+2 시기가 되면서 정부 형태가 바뀌었으므로 t+2 시기의 정부 형태는 의원 내각제이다.

① 대통령제에서 행정부 수반은 국민의 선거에 의해 선출된다. ✕
② t 시기에는 여소야대 현상, t+1 시기에는 여대야소 현상이 나타났다. 따라서 t 시기보다 t+1 시기에 행정부와 의회 간의 갈등이 나타날 가능성이 낮다. ✕
③ t 시기에는 여소야대 현상, t+1 시기에는 여대야소 현상이 나타났다. 따라서 t 시기보다 t+1 시기에 행정부 수반인 대통령의 법률안 거부권 행사 가능성이 낮다. ✕
④ t+1 시기의 정부 형태는 여대야소의 대통령제 정부 형태인 데 반해, t+2 시기의 정부 형태는 연립 내각 상태의 의원 내각제 정부 형태라고 볼 수 있다. 따라서 t+1 시기보다 t+2 시기에 정국 불안이 초래될 가능성이 높다고 할 수 있다. ○
⑤ t+1 시기는 과반수 의석을 가진 정당이 있지만 t+2 시기에는 과반수 의석을 가진 정당이 없다. 따라서 t+2 시기에 다수당의 횡포가 나타날 가능성이 낮다. ✕

8 심급 제도의 이해

왜 신유형인가? 유사한 다른 문제들은 1심의 구성에 대한 정보를 주고 문제를 해결하도록 요구하는 반면, 이 문제는 1심의 구성에 대한 구체적 정보가 전혀 없어 난도를 높인 신유형 문제라고 볼 수 있다.

형사 재판은 3심제를 채택하고 있으며, 그림에서 1심의 결과에 불복하여 2심에 상소한 경우에 대한 용어로 항소를 사용한 것으로 보아 결정이나 명령이 아닌 판결에 대한 3심 진행 절차에 대해 묻고 있다.

① 2심의 판결에 불복하여 3심을 청구하는 것은 항고가 아닌 상고이다. ✕
② 1심에서 1명의 판사가 심리하였다면, 즉 지방 법원이나 지원의 단독 판사가 1심을 진행하였다면 2심인 A 법원은 고등 법원이 아닌 지방 법원 본원 합의부이다. ✕
③ B 법원은 대법원이다. 국회 의원 선거의 유무효를 다루는 선거 소송은 대법원에서 단심제로 진행된다. ○
④ 국회는 모든 법관에 대해 탄핵 소추를 할 수 있다. ✕
⑤ 모든 급의 법원은 재판의 전제가 된 위법 명령·규칙 및 처분에 대한 심사권을 가진다. 다만 그 최종적인 심사권은 대법원에 있다. ✕

틀린 사람을 위한 조언 이 문제를 틀린 사람은 1심이 단독 판사에 의해 진행되는지 합의부에 의해 진행되는지에 대한 정보가 없어 혼란을 겪었기 때문일 거야. 1심 진행 재판부의 구성에 대해 확실한 이해가 필요해.

9 헌법 재판소에 대한 이해

(가)는 헌법의 해석에 대한 다툼을 해결하여 국가 공권력 작용이 헌법을 준수하게 하고 국민의 기본권을 보호하게 하는 재판을 맡고 있는 기관으로 헌법 재판소이다.

ㄱ. 헌법 재판소는 헌법의 해석에 관한 분쟁을 사법적 절차를 거쳐 해결하고 국민의 기본권을 보장하는 기관이다. O
ㄴ. 헌법 재판소의 장, 즉 헌법 재판소장은 국회의 동의를 얻어 대통령이 임명한다. O
ㄷ. 헌법 재판소의 결정에 대해서는 원칙적으로 일사부재리의 원칙이 적용된다. 즉, 헌법 재판소는 이미 심판을 거친 동일한 사건에 대하여는 다시 심판할 수 없다. X
ㄹ. 헌법 재판소는 권한 쟁의 심판도 담당한다. O

틀린 사람을 위한 조언 이 문제를 틀린 사람은 법원에서 행해지는 심판 절차와 헌법 재판소에서 행해지는 심판 절차를 혼동했을 거야. 법원의 심판은 3심제가 적용되지만, 헌법 재판소의 심판은 단심으로 모든 것이 종결돼.

10 헌법 재판소 심판의 이해

A는 위헌 법률 심판, B는 위헌 심사형 헌법 소원이다.

① 위헌 법률 심판을 제청하는 법원은 대법원만이 아닌 재판을 진행하는 모든 심급의 법원을 의미한다. X
② 위헌 법률 심판 제청은 재판을 진행하는 법원이 독자적인 판단으로 하기도 하지만, 재판 당사자의 제청 신청을 받아들여 제청할 수도 있다. X
③ B는 위헌 심사형 헌법 소원이다. X
④ 헌법 재판소는 이미 심판을 거친 동일한 사건에 대하여는 다시 심판할 수 없다. O
⑤ 헌법 재판소의 심판 결과에 대해서는 불복 절차를 밟을 수 없다. X

틀린 사람을 위한 조언 이 문제를 틀린 사람은 헌법 재판소의 결정에 대한 상소가 불가능하다는 것을 몰랐을 거야. 법원의 판결에 대해 헌법 재판소에 상소하는 것도, 헌법 재판소의 결정에 대해 법원에 상소하는 것도 불가능해.

11 주민 참여 제도의 이해

A는 주민 투표제, B는 주민 소환제이다.

① 주민들이 지방 정치에 참여할 수 있는 가장 기본적인 방법은 (지방) 선거이다. X
② 임기 전 지방 자치 단체의 공직자를 해임하기 위한 주민 참여 제도는 주민 소환제이다. O
③ 지방 자치 단체의 중요 정책을 투표로 결정하는 것은 주민 투표제이다. X
④ 주민 참여 제도 중 어느 것이 주민의 참여 의식과 책임 의식 제고에 더 기여하는지에 대한 일반적인 평가는 어렵다. X
⑤ 두 제도 모두 직접 민주 정치적 제도로 볼 수 있다. X

12 주민 투표제와 주민 소환제의 비교 이해

주민 투표제와 주민 소환제 모두 주민들의 지방 자치 참여 제도이다.

① 주민 참여가 활발해진다고 해서 지역 이기주의 문제가 해결된다고 보기는 힘들다. X
② 주민 참여 제도들은 지방 행정의 민주성과 책임성을 제고하는 데 기여한다. O
③ 주민 참여가 활발해질수록 지방 자치 단체장의 소신 행정은 오히려 위축될 가능성도 있다. X
④ 주민 참여가 활발해질수록 지방 의회와 지방 자치 단체장 간의 갈등 조정이 용이해진다고 보기는 힘들다. X
⑤ 주민 참여가 활발해지는 것은 지방 자치 단체의 업무 수행에 있어 민주성, 책임성은 제고하지만 능률성과 신속성은 약화시킬 수 있다. X

III 정치 과정과 참여

01 정치 과정과 시민의 정치 참여

기본 문제
본문 70~71쪽

| 01 | ③ | 02 | ① | 03 | 산출 | 04 | 해설 참조 |
| 05 | ⑤ | 06 | ③ | 07 | ④ | | |

01 정치 과정의 이해

일반적으로 정치 과정은 투입, 산출, 환류 과정으로 설명할 수 있다. A는 투입, B는 산출, C는 환류이다.

① 입법부는 국가 기관으로서 정책 결정 기구에 해당하며 산출의 주체이다. 시민은 투입이나 환류 과정에 직접적으로 참여할 수 있다. ✕
② 정치적 무관심이 심할수록 투입 과정이 뚜렷하게 나타나지 않을 것이다. ✕
③ 투입 과정에서 시민들의 지지를 많이 받는 정책일수록 정책 결정 기구가 정책을 수립하기 쉬울 것이다. ◯
④ 환류는 기존 정책에 대한 반응으로 또다시 투입으로 작용하여 기존 정책의 수정을 이끌어 내기도 한다. ✕
⑤ 언론의 자유가 보장될수록 투입과 환류가 원활히 이루어질 것이다. ✕

02 시민의 정치 참여 사례 이해

제시문은 홍콩 시민들의 정치 참여에 초점이 맞춰져 있다. 홍콩 시민들은 △△법안을 내놓은 정책 결정 기구에 대하여 항의하고 철폐를 주장하고 있다.

① △△법안이 나온 것은 일종의 정책 추진을 하겠다는 당국의 입장이며, 이에 대한 시민들의 반발이므로 환류로 볼 수 있고, 이 환류는 다시 법안 폐기를 위한 투입 과정이 될 수 있다. ◯
② 시민들이 집회를 한 사례일 뿐, 시민 단체가 구체적으로 나타나 있지 않다. ✕
③ 제시문만으로 △△법안이 다수 시민의 요구에 의해 마련되었는지는 알 수 없다. ✕
④ 법안은 아직 국회에서 통과되기 전의 것이므로 최종적인 정책 결정이라고 보기 어렵다. ✕

⑤ 시민들은 이익 집단이 아니라 정책 결정 기구인 정부를 비판하고 있다. ✕

03 정치 과정의 이해

문제접근 투입은 사회의 다양한 요구가 표출되는 것이며, 산출은 정책 결정 기구가 정책을 수립하여 집행하는 것이고, 환류는 산출된 정책에 대한 사회의 평가가 재투입되는 것이다. 신문 기사가 이 중 어느 모습에 해당하는 것인지 판단하면 된다.

단답형 답안 산출

04 정책 결정 기구의 역할 이해

문제접근 '정책 결정 기구'라는 단어가 제시되었으므로 그 단어를 반드시 사용하여 설명하여야 한다. 제시문의 내용을 구체적으로 언급하면서 설명하면 된다.

서술형 답안 정부 관계 부처는 정책 결정 기구라고 볼 수 있다. 즉, 정책 결정 기구가 정책을 발표하는 모습이므로 '산출'에 해당한다.

05 정치 과정의 이해

제시된 내용은 투입, 산출, 환류의 과정을 단계별로 나타내고 있다.

ㄱ. 시민의 불만 표출은 투입(또는 환류)의 과정으로 볼 수 있다. 시민은 집회, 청원 등 다양한 방법을 통해 이 과정에 참여할 수 있다. ✕
ㄴ. 정당은 정책 결정 기구라고 볼 수 없다. 따라서 정당이 당론을 결정하는 것은 일종의 투입 과정으로 볼 수 있다. 시민 개인, 시민 단체, 이익 집단, 정당, 언론 등 다양한 정치 참여 주체가 정책 결정 기구에 의견을 표출할 수 있다. ✕
ㄷ. 국회는 국가 기관으로 정책 결정 기구에 해당한다. 국회의 의결은 정책이 결정되는 모습이다. ◯
ㄹ. A 협회나 B 단체의 속성이 드러나 있지는 않지만 국회의 법안 의결에 대한 반응이므로 환류 과정에 해당한다. ◯

06 구체적인 정치 과정 사례의 이해

제시된 사례는 이익 집단과 시민 단체, 정책 결정 기구의 상호 작용 속에서 '한약사 제도'가 탄생하는 과정을 보여 주고 있다.

갑. 제시된 사례에 선거 과정이 나타나 있지는 않다. ✕

을. 이익 집단이나 시민 단체를 통한 정치 참여는 집단적 정치 참여 사례로 볼 수 있다. ○

병. 시위는 일종의 집회에 해당한다. ○○○ 협회가 반대 시위를 하는 것은 집회를 통한 정치 참여에 해당한다. ○

정. 이익 집단이 자신들의 이익(사익)을 위해 의견을 표출하는 것은 민주주의 사회에서 당연한 권리이다. 다만, 그 사익 추구 행위가 공익을 저해할 때 비난을 받기도 한다. ✕

틀린 사람을 위한 조언 ▶ 이 문제를 틀린 사람은 이익 집단에 대해 오해하고 있기 때문이야. 민주주의는 모든 개개인들이 자신들의 자유와 권리를 위해 의견을 표출할 수 있는 사회라는 점에서, 이익 집단의 사익 추구를 나쁘게 보아서는 안 돼.

07 구체적인 정치 과정 사례의 이해

① ㉠은 ○○○ 협회의 행위이다. ○○○ 협회는 ○○○들의 이익을 추구하는 이익 집단이다. ✕

② ㉡은 시민 단체가 일종의 중재안을 마련한 것일 뿐, 정부 정책 결정 기구에 의한 산출 과정이 아니다. ✕

③ ㉣은 정부가 내놓은 기존의 △△법 개정안에 대한 ○○○ 협회, 대한 □□회, 시민 단체 등의 반응을 바탕으로 기존 정책을 수정·보완한 것이므로 환류 과정을 거친 정책이다. ✕

④ 정부가 내놓은 △△법 개정안에 대해서 ㉠은 ○○○ 협회가 반응한 모습이고, ㉡은 대한 □□회가 반응한 모습이므로 모두 정책에 대한 환류의 과정에 해당한다. ○

⑤ ㉣은 정책이 산출되는 모습이며, ㉢은 환류이자 투입의 과정에 해당한다. ✕

02 선거와 선거 제도

기본 문제			본문 79~81쪽
01 선거의 기능	**02** ⑤	**03** ①	**04** ④
05 ④	**06** ⑤	**07** 해설 참조	**08** ⑤
09 ③	**10** ①	**11** ③	**12** ④

01 선거의 기능 이해

문제접근 (1)~(4)의 내용을 모두 포괄할 수 있는 제목을 제시하되

5글자로 제시하라는 단서까지 고려하여야 한다. (1)~(4)의 내용은 모두 선거와 관련된 것임을 숙지하고 있어야 한다.

단답형 답안 선거의 기능

02 선거구제의 유형과 특징 이해

첫 번째 질문에서 A는 소선거구제, B는 중·대선거구제임을 파악할 수 있다.

① 다수 대표제는 소선거구제나 중·대선거구제 모두에서 적용하는 것이다. 따라서 (가)에 들어갈 수 있는 질문이 아니다. ✕

② 상대적으로 사표가 많이 발생하는 것은 소선거구제이다. 따라서 (가)에 들어갈 수 있는 질문이 아니다. ✕

③ 다당제는 소선거구제나 중·대선거구제 모두에서 형성될 수 있다. ✕

④ 중·대선거구제가 일반적으로 소선거구제에 비해 선거구의 범위가 크기 때문에 후보자의 선거 운동 비용이 많이 발생하는 편이다. ✕

⑤ 중·대선거구제는 한 선거구에서 2명 이상의 대표가 선출되기 때문에 소선거구제에 비해 군소 정당의 의회 진출 가능성이 높다. ○

03 민주 선거의 원칙 이해

갑은 평등 선거의 원칙에 위배되는 주장을 하고 있으며, 을은 평등 선거의 원칙을 지켜야 한다고 주장하고 있다.

① 평등 선거의 원칙은 유권자에게 동등한 선거권을 부여하여, 투표 가치에 차등을 두지 않는 것이다. 정치학자는 2표를 행사하고 대학 신입생은 1표만 행사한다면 평등 선거의 원칙에 위배된다. ○

② 보통 선거는 재산, 교육 수준, 성별 등을 이유로 선거권을 제한하지 않고 일정한 나이에 달한 모든 국민에게 선거권을 부여하는 것이다. 갑의 말만으로 보통 선거에 대한 입장을 명백히 파악할 수는 없으나, 만약 어느 정도의 교육 수준에 달하지 못한 사람에게는 선거권을 주지 않아야 한다는 입장이라면 보통 선거의 원칙에 위배된다. ✕

③ 갑과 을은 모두 선거의 원칙을 말하고 있다. 선거는 일반적으로 대표자를 선출하는 것이므로 대의제의 기본적인 수단이다. ✕

④ 을의 말만으로 보통 선거에 반대한다고 볼 수 없다. 일반적으로 평등 선거에 찬성하는 사람은 보통 선거에도 찬성할 가능성이 높다. ✗

⑤ 제시된 자료만으로 선거의 기능에 대한 입장을 파악하기는 어렵다. ✗

04 정당 명부식 비례 대표제의 이해

(가)는 과거 우리나라의 비례 대표 의원 선출 방식, (나)는 현재 우리나라의 비례 대표 의원 선출 방식인 정당 명부식 비례 대표제이다.

① 정당 명부식 비례 대표제는 (나)의 방식이다. ✗

② 현재 우리나라의 비례 대표 의원 선출 방식은 정당 명부식 비례 대표제이므로 (나)의 방식이다. ✗

③ (가)의 방식은 지역구 의원 후보자에 대한 투표를 정당에 대한 지지표로 계산하는 것이다. 이는 유권자의 직접 투표를 통해 비례 대표 의원의 당선자를 결정하지 않았다는 점에서 직접 선거의 원칙에 위배된다. 직접 선거의 원칙에 위배되지 않는 것은 (나)의 방식이다. ✗

④ (가)의 방식은 지역구 선거에서 정당 소속이 아닌 무소속 후보에게 투표한 유권자는 비례 대표 선거에 참가하지 못한 결과를 초래하므로 평등 선거의 원칙에 위배된다. 이를 보완할 수 있는 것이 (나)의 방식이다. ○

⑤ 지역구 의원 선거에서 무소속 후보를 찍은 유권자는 (가)의 방식에서는 비례 대표 의원 선거에 표를 행사하는 것이 원천적으로 차단되므로 (나)의 방식을 더 선호할 것이다. ✗

틀린 사람을 위한 조언 ▶ 이 문제를 틀린 사람은 (가) 방식의 비례 대표제가 평등 선거의 원칙에 위배되는 이유를 몰랐기 때문이야. (가)와 같이 1인 1표제 하에서 비례 대표제를 시행한다면, 무소속 후보에게 표를 준 사람의 1표의 가치는 지지하는 정당의 후보자에게 표를 준 사람의 1표의 가치보다 낮아지는 결과를 초래한다는 점에서 평등 선거의 원칙에 위배되는 거야.

05 선거구제의 중요성 이해

그림은 (가) 시기와 (나) 시기의 선거구 변화로 인해 정당별 의회 의석 수가 달라질 수 있음을 보여 준다.

① 제시된 자료만으로는 표의 등가성 문제를 말하기 어렵다. ✗

② 제시된 자료는 선거구 획정 방식에 따라 정당별 유불리가 달라질 수 있음을 보여 준다. 비례 대표제는 오히려 선거

구 획정 문제가 발생하지 않을 수 있으므로 비례 대표제를 도입해서는 안 된다는 내용이 수업 주제가 되기에는 부적절하다. ✗

③ 제시된 자료만으로 단순 다수 대표제 방식이 민주적이냐 비민주적이냐의 문제를 논하기는 어렵다. ✗

④ 선거구 획정 방식이 변함에 따라 갑당은 제1당이 되었지만, 을당과 병당은 손해를 보았다. ○

⑤ K국의 대표 선출 방식은 자료에서 변동이 없으므로 자료를 통해 파악할 수 있는 진술이 아니다. ✗

06 지역구 의원 선거와 비례 대표 의원 선거의 차이점 이해

지역구 의원 선거와 비례 대표 의원 선거의 차이를 투표용지를 통해 이해할 수 있는지 묻는 문항이다.

① 비례 대표 의원 선거는 정당에 대한 투표이므로 반드시 정당이 표시되어야 한다. ✗

② 투표용지에 정당별 후보자가 표시되어 있는 것이 아니고, 정당과 그 정당의 기호만 표기되어 있다. 정당별 비례 대표 후보자는 정당별 명부에 있다. ✗

③, ④ 선호 순위를 표기하는 것은 아니고, 지지하는 정당 하나에만 표시하는 것이다. ✗

⑤ 비례 대표 의원 선거는 후보자가 아닌 정당에 투표하는 것이므로 정당의 기호와 정당명만 표기된다. ○

07 선거 관리 위원회의 기능 파악

문제접근 ▶ 선거 관리 위원회의 설립 목적은 다양하게 말할 수 있지만, '공영'이라는 용어를 사용하라는 단서에 유의하여야 한다.

서술형 답안 ▶ 선거 공영제의 원칙에 따라 공정하게 선거를 운영 및 관리하고자 한다. ('공영'이라는 용어를 사용하여 기타 타당한 목적을 서술한 경우 정답 인정)

08 선거 제도의 이해

지역구 선거는 선거구당 1명만이 선출되는 소선거구제라는 점과 비례 대표 선거는 전국을 하나의 선거구로 본다는 점에 유의해야 한다.

ㄱ. 지역구 100개에 비례 대표 선거구 1개를 합하여 선거구는 총 101개이다. 비례 대표 의석은 총 100개이지만, 선거구는 1개로 봐야 한다. ✗

ㄴ. 의석률과 득표율의 차이는 사표 발생 유무를 판단하는 근
거가 되지 못한다. 사표는 실질적으로 후보자의 당선에
영향을 미치지 못한 표를 의미한다. 따라서 해당 지역구
에서 A당 후보가 당선되지 못하면 A당 지지자의 표는 사
표가 된다. ✕

ㄷ. A당의 의석수는 총 68석, B당의 의석수는 총 65석이다.
두 당의 의석을 합하면 133석으로 과반이 된다. ◯

ㄹ. 지역구 의석률과 총의석률을 비교하면 아래의 표와 같다.
지역구 의석률보다 총의석률이 높은 당은 B당과 D당이
다. 지역구 의석수와 비례 대표 의석수가 동일하기 때문
에 지역구 의석률보다 비례 대표 의석률이 높으면, 지역
구 의석률보다 총의석률이 높게 나타난다는 점에 착안하
면 아래 표를 작성하지 않아도 간단히 파악할 수 있다. ◯

구분	지역구 의석률(%)	의석수 (지역구+비례 대표)	총의석률(%)
A당	40	40+28=68	34
B당	30	30+35=65	32.5
C당	20	20+11=31	15.5
D당	10	10+26=36	18

틀린 사람을 위한 조언 ▶ 이 문제를 틀린 사람은 사표의 개념을 정확히 모르기 때문이야. 사표가 많다는 것은 투표에 참여한 유권자의 민의가 제대로 반영되지 못했다는 의미라는 것을 알아두자.

09 선거구제와 대표 결정 방식의 이해

표는 소선거구제 및 다수 대표제가 적용된 선거 결과를 보여 주고 있다.

ㄱ. A당은 득표수가 전체 유효 투표수의 1/3 가량인데 의석률
은 3/4이 되므로 과대 대표된 것이다. ✕

ㄴ. 4개의 선거구에서 4명의 당선자가 선출되었다는 점을 통
해 각 선거구에서 한 명만 당선되는 소선거구제라는 점을
파악할 수 있다. ◯

ㄷ. *로 표시된 수의 득표를 통해 당선되었다는 점에서 단순
다수 대표제가 적용되었음을 알 수 있다. ◯

ㄹ. 사표는 유효한 투표지만 낙선자를 찍어 대표자 당선에 영
향을 미치지 못한 표이다. (다)에서 발생한 사표는 A당과
C당이 받은 표의 합계이므로 600표이다. 이는 (가), (나)
에서 발생한 사표보다 많은 수치이다. ✕

틀린 사람을 위한 조언 ▶ 이 문제를 틀린 사람은 과소 대표와 과대 대표의 의미를 정확히 구분하지 못했기 때문이야. 득표율에 비해서 의석률이 낮으면 과소 대표, 득표율에 비해서 의석률이 높으면 과대 대표에 해당하는 거야.

10 우리나라 선거의 문제점 파악

개선 방안을 통해 (가)가 지역주의라는 것을 파악할 수 있다. (나)에는 후보자의 선거 비용 부담을 완화시킬 수 있는 대안이 들어가야 한다.

① '정치인의 지역 감정 자극 행위 자제'에서 지역주의에 대한
개선 방안임을 파악할 수 있다. 선거 공영제는 후보자의
선거 비용 부담을 완화시키는 방안이 될 수 있다. ◯

② 후보자의 자격 기준 강화를 후보자의 선거 비용 부담을 완
화시키는 대안으로 보기는 어렵다. ✕

③ 개선 방안을 볼 때 '낮은 선거 참여율'은 (가)에 적절하지
않다. ✕

④ 개선 방안을 볼 때 '낮은 선거 참여율'은 (가)에 적절하지
않으며, 후보자의 자격 기준 강화가 후보자의 선거 비용
부담을 완화시키는 대안이 될 수도 없다. ✕

⑤ 개선 방안을 볼 때 '인물 위주의 투표'는 (가)에 적절하지
않으며, 정당의 국민 경선 제도 강화가 후보자의 선거 비
용 부담을 완화시키는 대안이 될 수도 없다. ✕

11 선거 제도에 대한 이해

표에 따라 의석률을 계산해 보면, A당은 54%, B당은 33%, C당은 5%가 된다.

① 소선거구제는 지역구에서 1명씩 선출하는 것이므로 지역구
의원수는 총 100명이다. ✕

② 단순 다수 대표제는 사표가 많이 발생하는 선출 방식이다.
이 방식 하에서 A당은 제1당으로서 유리한 입장에 있으므
로 사표 문제를 적극적으로 제기할 것이라고 보기는 어렵
다. ✕

③ A당과 B당은 득표율보다 의회 의석률이 높다. 이는 A당과
B당을 지지하는 유권자의 의사가 의회에서 과대 대표되고
있는 것이다. ◯

④ 대통령이 A당에서 나왔다면 A당이 여당이 된다. 의회 의
원 선거 결과에 따르면 A당의 의석이 과반을 넘으므로 여
대야소 정국이 되어 오히려 정국이 안정될 수 있다. ✕

⑤ 현재의 선거구에서 가장 불리한 입장에 있는 당은 C당이라
고 볼 수 있다. 득표율에 비해서 의회 의석률이 낮기 때문
이다. 이 점에서 B당이 선거구제 변화를 가장 적극적으로
요구한다고 판단할 근거가 없다. ✕

틀린 사람을 위한 조언 ▶ 이 문제를 틀린 사람은 득표율과 의석률의 차이를 정확하게 이해하지 못했기 때문이야. 득표율은 전체 유효 투표 중 해당 정당이 얻은 득표의 비율이고, 의석률은 전체 의회 의석수 중 해당 정당이 얻은 의석의 비율이야.

12 우리나라 선거 제도에 대한 이해

'나'는 대통령 선거와 총선거에서 자신이 경험한 내용을 친구에게 말하고 있다.

① ㉠에 해당하는 선거는 대통령 선거이다. 대통령 탄핵 등의 특별한 사유가 없는 한 대통령 선거는 5년마다 실시된다. ✗

② 개인의 의사와 여론이 선거에 반영되는 것은 산출보다는 투입 또는 환류에 해당한다. ✗

③ ㉢은 국회 의원을 뽑는 총선거이다. 지방 의회 의원은 지방 선거에서 선출한다. ✗

④ 지역구 의원은 하나의 선거구에서 한 명의 당선자를(소선 거구제) 1회의 투표에서 최다 득표를 얻은 사람으로(단순 다수 대표제) 선출한다. ○

⑤ 우리나라는 정당 명부식 비례 대표제로 운영한다. 즉, 지역구 의원에서 집계된 정당별 득표가 아니라 별도의 정당 투표에서 얻은 정당별 득표 비율에 따라 비례 대표 의석을 배분한다. ✗

03 다양한 정치 주체와 시민 참여

기본 문제

본문 86~87쪽

01 ①	02 이익 집단	03 ③	04 ⑤
05 ⑤	06 해설 참조	07 해설 참조	

01 정당, 시민 단체, 이익 집단의 특징 비교

(가)에는 정당과 시민 단체의 공통점이, (나)에는 시민 단체와 이익 집단의 공통점이 들어가야 한다.

① 공익 추구를 목적으로 하는 것은 정당과 시민 단체의 공통점이다. 이익 집단은 공익 추구를 목적으로 하지 않으므로 ㄱ은 (가)에 들어갈 말로 적합하다. 직접적인 정권 획득을 추구하지 않는다는 것은 시민 단체와 이익 집단의 공통점이다. 정당은 정권 획득을 추구하므로 ㄴ은 (나)에 적합하다. ○

②, ③, ④, ⑤ '직접적인 정권 획득을 추구하지 않는가?'는 (나)에 적합하고, '공익 추구를 목적으로 하는가?'는 (가)에 적합하다. '정부의 정책 결정에 영향력을 행사하는가?'에

대한 답은 정당, 시민 단체, 이익 집단 모두 '예'이므로 (가), (나) 어디에도 적합하지 않다. ✗

02 이익 집단의 특징 이해

문제접근 교육 과정상 정치 참여 주체는 크게 개인과 집단으로 나눌 수 있으며, 집단은 다시 정당, 시민 단체, 이익 집단으로 나눌 수 있다. 제시문에서 '자신들의 이익을 집단적으로 표출'이라는 표현을 놓치지 않으면 쉽게 답을 찾을 수 있다.

단답형 답안 이익 집단(압력 단체)

03 다양한 정치 참여 주체에 대한 이해

단계별 퀴즈를 통해 정치 참여 주체를 파악할 수 있는지 묻는 문항이다. (가)에는 정당에만 해당하는 특징이 들어가야 하며, ㉠은 공익 추구가 목적이 아닌 정치 주체가 들어가야 한다.

①, ② ㉠에는 공익을 위해 활동하지 않는 주체가 들어가야 한다. 언론이나 시민 단체는 기본적으로 공익을 위해 활동한다. ✗

③ 공직 선거에서 후보자를 공천하는 것은 정당에만 해당하는 내용이므로 (가)에 적합한 진술이다. ○

④ (가)에는 정당에만 해당하는 특징이 들어가야 한다. 정당은 직접적으로 정권 획득을 추구한다. ✗

⑤ (가)에는 정당에만 해당하는 특징이 들어가야 한다. 정당은 국민들의 여론을 반영하기도 하지만 주도적으로 여론을 형성하는 활동을 하기도 한다. ✗

틀린 사람을 위한 조언 이 문제를 틀린 사람은 정당, 이익 집단, 시민 단체의 특성을 정확히 파악하지 못했기 때문이야. 정당, 이익 집단, 시민 단체의 특성을 비교해서 알아두자.

04 언론에 대한 이해

갑은 언론의 상업주의가 정치적 무관심을 유발하거나 공익을 저해할 수 있다는 점을 지적하고 있으며, 을은 언론에 의해 여론이 조작될 수도 있음을 지적하고 있다.

① 갑과 을은 언론의 부작용을 지적하고 있다는 점에서 언론에 대한 규제를 반대한다고 보기 어렵다. ✗

② 언론은 기본적으로 공익 실현을 추구하는 기관이다. 갑과 을은 공익 실현을 추구하지 않는 언론이 바람직하지 않다는 점을 지적하고 있는 것이다. ✗

③ 갑과 을은 모두 언론 보도의 신속성과 관련한 입장을 드러내지 않았다. ✗

④ 언론이 자기 의견이 아닌 객관적 사실만을 보도해야 한다는 주장은 을의 말과 일맥상통할 수 있으나 갑의 말과는 논리적으로 연결되기 어렵다. ✗

⑤ 갑은 언론의 상업주의적 보도 행태가 정치적 무관심을 유발하고 공익도 저해할 수 있다는 점을 지적하고 있고 을은 언론이 여론 조작의 주체가 될 수도 있다고 지적하고 있다. 이런 점에서 언론이 정치 참여 주체로서 큰 영향력을 행사할 수 있다는 점에 동의할 것임을 추론할 수 있다. ○

05 정치 참여 주체에 대한 이해

㉠은 시민 단체, ㉡은 이익 집단이며, ㉢은 정책 결정 주체이다. 세 주체 모두 정치 과정에 참여하는 주체이지만, 각각의 역할과 특징이 다르다는 점에 주의해야 한다.

갑. 시민 단체나 이익 집단 모두 정치권력의 획득을 목적으로 하지는 않는다. ✗

을. ㉠은 정부 입장에 동조하며 ㉡을 고발했을 수도 있다. ✗

병. 정부나 정당과 달리 이익 집단과 시민 단체는 정책 집행 과정이나 그 결과에 대해 정치적 책임을 지지는 않는다. ○

정. 한국△△△연합회는 이익 집단으로서 특수 이익을 추구하는 단체이며, '○○하는 엄마들'은 시민 단체로서 공공의 이익을 추구하는 단체이다. 이 두 단체의 입장이 서로 충돌하고 있는 상황이 제시되어 있다. ○

틀린 사람을 위한 조언 ▶ 이 문제를 틀린 사람은 정권 획득을 추구하는 것과 정권에 영향을 미치려고 하는 것을 제대로 구분하지 못했기 때문이야. 자기 집단 구성원 중에서 국회 의원이나 대통령 등 선출직 공직자를 배출하려는 것은 '정권 획득을 추구'하는 것이고, 자신들이 원하는 법률이나 정책이 추진되도록 정치권력에 로비를 하거나 압력 등을 행사하는 것은 '정권에 영향을 미치는 행위'야.

06 시민 단체, 이익 집단의 공통점 이해

문제접근 ▶ A는 이익 집단, B는 시민 단체라는 점을 파악하고, 두 정치 참여 주체의 공통점을 서술한다.

서술형 답안 ▶ 정치적 책임을 지지 않는다.

07 시민 단체, 이익 집단의 특징 이해

문제접근 ▶ A(이익 집단)가 아니라 B(시민 단체)의 특징을 설명해야 한다는 점에 유의한다.

서술형 답안 ▶ 사익이 아닌 공익 추구를 목적으로 한다.

대단원 종합 문제 본문 90~91쪽

01 ④ **02** ③ **03** ⑤

04 (가) 소선거구제, (나) 중·대선거구제

05 해설 참조 **06** ④ **07** ④ **08** ②

09 A: 이익 집단, B: 정당 **10** 해설 참조

01 정치 과정과 정치 참여의 의의

제시문은 공동체(숲)에 속한 인간(나무)이 단순히 공동체의 부속품으로 존재해서는 안되고, 공동체의 의사 결정에도 주체적으로 참여해야 한다는 점을 강조하고 있다.

① 제시문은 자유와 평등의 관계에 대한 것이 아니다. ✗

② 제시문의 핵심은 숲이라는 공동체와 그 안의 나무 모두가 소중하며 공동체의 의사 결정에도 관심을 가져야 한다는 것이지, 개인이 공동체를 위해 존재한다고 말하는 것은 아니다. ✗

③ 민주주의가 기본적으로 개개인의 자유와 권리를 중요시하는 개인주의를 바탕으로 하는 것은 맞지만, 제시문이 그 점을 강조하고 있지는 않다. 제시문은 개개인이 온전한 인간으로서 존재하려면 공동체의 의사 결정에도 관심을 가져야 한다는 점을 강조하고 있다. ✗

④ 나무로서의 인간이 온전히 살아가기 위해서는 숲이라는 공동체에 관심을 가져야 한다는 취지의 글이다. 정치란 바로 공동체의 의사 결정과 관련한 일이다. ○

⑤ 제시문이 공동체의 일에 참여하기 위해서는 자기 계발 등이 필요하다는 내용을 말하고 있지는 않다. ✗

02 정치 과정과 정치 참여 주체에 대한 이해

제시된 사례는 정책 결정 기구인 ○○군의 정책 결정에 대한 주민들의 반응 등이 나타나 있으며, 일반적인 정치 과정을 파악할 수 있다.

ㄱ. 정책 결정 전에 실시된 공청회 등은 일종의 투입 과정이라고 할 수 있다. ✕

ㄴ. ○○군은 지방 자치 단체로 정책 결정 기구에 해당한다. ○

ㄷ. 핵폐기물 처리장을 유치하기로 한 것은 산출에 해당하고, 그것에 반발하는 주민들의 모습은 환류라고 볼 수 있다. ○

ㄹ. 제시문에 이익 집단이 나타나 있지는 않다. 지역 주민들은 이익 집단으로 볼 수 없다. ✕

03 정치 참여 주체의 이해

국회를 구성하는 것은 국회 의원이며, 정당은 국회 의원을 배출하는 단체이다. 제시된 상황은 국회를 구성하는 여야 정당이 국회 활동을 제대로 이행하지 못하는 모습에 대해 시민 단체가 반발하고 있는 것이다.

① 제시된 사례는 시민 단체가 정당들에게 강한 불만을 제기하고 제대로 된 활동을 촉구하는 상황이다. ✕

② 정당은 국가 정책을 결정하는 것이 아니라 국가 정책을 결정하는 기관이나 공직에 자기 정당 사람들이 진출할 수 있도록 노력하는 집단이다. 이 사례에서는 국회 의원들로 구성된 국회가 국가 정책을 결정하는 기구에 해당한다. ✕

③ 정권이나 공직 획득을 목적으로 하는 것은 국회가 아니라 정당이다. 국회는 국회 의원들로 구성된 국가 기관으로서 그 자체가 정치권력이며 공직이다. ✕

④ 시민 단체와 정당은 공익을 추구한다는 공통점이 있다. ✕

⑤ 정치적 책임이란 정치권력의 행사로 생긴 결과에 대해 정치가가 지는 책임이다. 정당은 정치가들의 집단이라고 볼 수 있고, 정치권력을 획득하고자 하는 집단이기 때문에 당연히 정치적 책임을 진다. 그러나 시민 단체는 정치권력에 영향을 주고자 하지만 직접적으로 정치권력을 행사하지 않기 때문에 정치적 책임을 지지 않는다. ○

(틀린 사람을 위한 조언) 이 문제를 틀린 사람은 정치적 책임의 의미를 확실히 몰랐기 때문이야. 정치적 책임을 지는 예로는 정치가가 공직이나 소속 정당의 직위에서 사임하는 경우를 들 수 있어.

04 선거 제도의 이해

(문제접근) 지역구 의원 선거에서 소선거구제와 중·대선거구제를 구별할 수 있는지 그리고 그 특징은 무엇인지 묻고 있다.

(단답형 답안) (가) 소선거구제, (나) 중·대선거구제

05 선거 제도의 이해

(문제접근) 비례 대표 의원 선거에서는 현재 우리나라의 정당 명부식 비례 대표제의 장점을 알고 있는지 묻고 있다.

(서술형 답안) (가)의 비례 대표 선거는 직접 선거 원칙에 어긋난다. (가)보다 (나)의 선거 제도가 다당제를 촉진한다.

06 선거구제의 이해

중·대선거구제가 소선거구제와 다른 점을 알고 있는지 묻는 문항이다.

ㄱ. 중·대선거구제는 한 선거구에서 2명 이상을 선출하기 때문에 소선거구제에 비해 사표가 적게 발생한다. ✕

ㄴ. 중·대선거구제는 2명 이상의 대표를 선출하므로 군소 정당의 후보가 당선되기에 유리하다. ○

ㄷ. 일반적으로 소선거구제 방식이 지역 명망가에게 유리하다. ✕

ㄹ. 중·대선거구제에서는 2명 이상의 후보가 당선된다. 예를 들어, 50%의 지지를 받은 1위 후보자와 30%의 지지를 받은 2위 후보자가 당선될 경우 두 후보 모두 당선되지만, 결국 1위 후보를 지지한 표와 2위 후보를 지지한 표의 가치가 달라진다. ○

(틀린 사람을 위한 조언) 이 문제를 틀린 사람은 소선거구제와 중·대선거구제의 특징을 정확히 이해하지 못했기 때문이야. '동일 선거구 내의 유권자의 투표 가치 차등 문제'가 무엇을 의미하는지 정확히 파악해야 해. 예를 들어, 동일 선거구에서 득표 순위 1위가 100표로 당선되고 2위가 80표로 당선되었다면, 2위를 당선시킨 표의 가치가 1위를 당선시킨 표의 가치보다 높아지는 결과가 되는 거야.

07 선거구제 및 정당 제도에 대한 이해

선거 제도의 변화와 선거 결과에 따른 정당제의 변화를 종합적으로 이해하고 있는지 묻는 문항이다.

① 비례 대표 의원 선거는 전국을 한 개의 선거구로 보므로 A기의 선거구는 101개이다. ✕

② B기에 여당의 지역구 의석수는 200석×0.45=90석, 비례 대표 의원 의석수는 50석×0.5=25석이다. 따라서 여당의 총 의석수는 115석이다. ✕

③ C기는 여당이 지역구 의석률과 비례 대표 의석률을 종합하면 과반이므로 여소야대 국면이 아니라 여대야소 국면이다. ✕

④ A기에 여당과 제1야당의 지역구 의석률은 각각 55%와 30%이므로 나머지 정당들은 지역구 의석의 15%만 가져간다. 또한 비례 대표 의석률도 각각 64%와 24%이므로 나머지 정당들은 비례 대표 의석의 12%만 가져간다. 그런데 B기에는 여당과 제1야당의 지역구 의석률은 각각 45%와 24%로 줄어들어 나머지 정당들이 지역구 의석의 31%를 가져간다. 또한 비례 대표 의석률도 각각 50%와 16%로 줄어들어 나머지 정당들이 비례 대표 의석의 34%를 가져간다. 이러한 변화는 A기가 양당제적 속성이 강했으나 B기에는 다당제적 속성이 강했음을 보여 준다. ⭕
⑤ C기는 B기에 비해 지역구 선거에서 득표율과 의석률의 차이가 커졌다. ❌

08 우리나라의 지방 선거에 대한 이해

제시된 자료는 모두 지방 선거에서 선출하는 공직자와 그 선출 방법에 대한 것이다.

갑. 지방 선거에서는 광역 자치 단체장, 기초 자치 단체장, 광역 의회 의원, 기초 의회 의원, 교육감을 선출한다. ⭕
을. 광역 의회 지역구 의원은 소선거구제이므로 한 선거구에서 1명을 선출한다. ❌
병. 기초 의회 지역구 의원 선거는 중·대선거구제이고, 광역 의회 지역구 의원 선거는 소선거구제이므로 사표 문제는 광역 의회 지역구 의원 선거에서 더 심할 것이다. ⭕
정. 교육감 선거에서는 정당 공천을 하지 않으므로 유권자가 후보자의 정치적 성향을 중요시한다고 보기 어렵다. 반면 지방 선거에서 다른 공직자들은 모두 정당 공천제가 적용되므로 유권자가 후보자의 소속 정당이나 정치적 성향을 중요한 판단 기준으로 삼을 것이다. ❌

09 정치 참여 주체에 대한 이해

[문제접근] 정당, 시민 단체, 이익 집단을 구분하는 전형적인 기준에 대한 것이므로, 첫 번째 질문을 통해 A가 이익 집단이라는 것을, B가 정당이라는 것을 알 수 있다.

[단답형 답안] A: 이익 집단, B: 정당

10 정치 참여 주체에 대한 이해

[문제접근] (가)에는 시민 단체에는 해당하지 않고 정당에만 해당하는 내용이 들어가야 한다.

[서술형 답안] 공직 및 정권 획득을 목표로 하는가?

신유형·수능열기
본문 92~94쪽

| 1 ② | 2 ③ | 3 ④ | 4 ② | 5 ⑤ | 6 ② |
| 7 ② | 8 ④ | 9 ④ | | | |

1 정치 참여 주체에 대한 이해

A는 이익 집단, B는 시민 단체, C는 정당이다.

① A는 이익 집단이다. 이익 집단은 자기 집단의 이익을 실현하기 위해 정책을 결정하는 국가 기관에 압력을 행사하기도 한다. ⭕
② B는 시민 단체이다. 시민 단체가 입법부에 영향력을 행사하기도 한다는 점은 이익 집단과 공통적인 부분이다. ❌
③ C는 정당이다. 정당은 입법부(의회)와 행정부(정부)를 연결하는 매개체의 역할을 수행한다. ⭕
④ 시민 단체는 정당과 달리 정치권력을 행사할 수 있는 위치에 있지 않기 때문에 정치적 책임을 지지 않는다. ⭕
⑤ 이익 집단, 시민 단체, 정당은 모두 정치 과정에 참여하는 주체로서 투입이나 환류 과정에 참여하는 주체이다. ⭕

2 선거구제에 대한 이해

도식은 (가), (나)에 들어갈 질문에 따라 ㉠과 ㉡이 달라지고, 또한 ㉠과 ㉡에 따라 (가), (나)에 들어가 질문이 달라지는 구조이다. 즉, 논리적 판단을 통해 각각에 들어갈 내용을 파악해야 하는 문항이다.

① ㉠이 소선거구제라면 (가)에는 중·대선거구제만이 '예'라고 답할 수 있는 질문이 들어가야 한다. '한 선거구에서 1인의 대표를 선출하는가?'는 소선거구제만이 '예'라고 답할 수 있는 질문이다. ❌
② ㉡이 중·대선거구제라면 (나)에는 소선거구제만이 '예'라고 답할 수 있는 질문이 들어가야 한다. '다당제 촉진에 유리한가?'는 중·대선거구제만이 '예'라고 답할 수 있는 질문이다. ❌
③ 양당제 촉진에 유리한 선거구제는 소선거구제이다. ㉡이 소선거구제라면 (가)에는 소선거구제만이 '예'라고 답할 수 있는 질문이 들어가야 한다. '상대적으로 사표 문제가 심각한가?'는 그러한 질문에 해당한다. ⭕
④ '동일 선거구 내에서 당선자 간 투표 가치의 차등 문제가 발생할 수 있는가?'에 '예'로 답할 수 있는 것은 중·대선거구제이다. ❌

⑤ '소수당이나 신인 정치인의 의회 진출에 불리한가?'에 '예'로 답할 수 있는 것은 소선거구제이다. ✕

3 선거 제도에 대한 이해

제시된 선거 제도는 소위 연동형 비례 대표제에 해당하는 내용이다. 2019년에 우리 국회에서는 연동형 비례 대표제와 유사한 선거 제도를 도입하기 위한 논의를 하기 시작했다.

갑. 유효 투표 총수의 3% 이상을 득표하지 못한 정당과 그 정당의 득표수는 의석 할당 계산에서 제외되므로, 결과적으로 그 정당에 투표한 유권자의 표는 사표가 된다. ✕

을. 특정 정당의 지역구 당선자수가 그 정당의 득표율에 따른 의석수보다 많더라도 지역구 당선자는 그대로 인정되기 때문에 그만큼 의석수가 늘어날 수 있다. 예를 들어 지역구 선거에서 갑당, 을당, 정당이 각각 70석, 20석, 10석을 확보하고 정당 투표에서 각각 30%, 50%, 20%를 득표했다면, 총의석수는 갑당 70석, 을당 100석, 정당 40석이 되어 원래 전체 의석수 200석보다 10석이 많아진다. ⭕

병. 결과적으로 정당 득표율에 거의 비례하여 의석률이 결정되므로, 정당의 의석률과 정당 득표율의 차이가 크지 않은 제도이다. ✕

정. 지역구 당선자가 70명이고 정당 득표율이 50%이면, 총 200석에서 50%인 100석을 배정받을 수 있으므로 지역구 당선자 70명에 더하여 30명을 추가하여 총 100석을 얻게 된다. ⭕

틀린 사람을 위한 조언 ▶ 이 문제를 틀린 사람은 비례 대표제 방식을 정확히 이해하지 못했기 때문이야. 비례 대표제가 정당 득표율과 정당 의석률을 일치시키려는 제도라는 점을 잊지 말고 총의석수가 몇 석인지를 파악해야 해.

4 선거 제도 및 정당 제도에 대한 종합적 이해

왜 신유형인가? 수험생에게 흥미를 유발할 수 있는 십자말풀이 게임을 활용하였을 뿐만 아니라, 수행 평가 형식을 변형한 유형이다.

제시된 설명에 맞게 십자말풀이 칸에 낱말을 써 넣는 것이 아니라 반대로 십자말풀이의 단어를 풀어 설명하도록 착안안 수행 평가이다. 각 단어에 대한 설명이 옳은지 판단하면 된다.

㉠ 국회 의원으로 구성된 정책 결정 기구는 국회이지 정당이 아니므로 틀린 설명이다. ✕

㉡ 하나의 선거구에서 한 명의 당선자를 선출하는 선거구제는 소선거구제이므로 맞는 설명이다. ⭕

㉢ 일반적으로 정당 간 대립 시 중재가 용이한 것으로 평가받는 정당 제도는 양당제가 아니라 다당제이므로 틀린 설명이다. ✕

㉣ 각 정당의 유효 득표 비율에 따라 의석을 배분하는 제도는 비례 대표제이므로 맞는 설명이다. ⭕

㉤ 유권자의 투표 가치에 차등을 두지 않는 선거의 원칙은 평등 선거이므로 틀린 설명이다. 보통 선거는 재산, 인종, 성별 등에 관계없이 일정 연령 이상 도달한 사람에게 모두 투표권을 주는 것을 의미한다. ✕

5 정치 참여 주체에 대한 이해

A는 시민 단체, B는 정당, C는 이익 집단에 해당하는 집단이다.

① 공천을 통해 공직자를 배출하는 정치 충원 기능은 정당의 대표적인 기능이다. ⭕

② C는 이익 집단에 해당한다. 이익 집단은 공익보다는 특수 이익, 즉 자기 집단의 이익을 도모하는 집단이다. ⭕

③ 시민 단체는 정당과 마찬가지로 공익을 추구한다. ⭕

④ 정당은 시민 단체나 이익 집단과 달리 국회 진출을 통해 정치권력을 행사하므로 정치적 책임을 진다.

⑤ 이익 집단도 개인이 정치에 참여하기 위한 수단이 될 수 있으므로 정치 사회화에 기여한다. ✕

6 선거 결과에 대한 분석

〈후보자별 득표수〉에서 지역구 의석수를 파악하면 A당은 갑, 병, 정의 선거구에서 1석씩 얻어 총 3석을 차지하고, B당은 무, 기의 선거구에서 1석씩 얻어 총 2석을 차지하고, C당은 을 선거구에서 1석을 얻고, D당은 1석도 얻지 못하게 된다. 비례 대표 의석의 경우 유효 득표율이 10% 미만인 D당을 제외하고 득표율을 계산하여 의석을 할당하면 다음과 같다.

정당	A당	B당	C당	D당	합계
득표율(%)	36	34	30	제외	100
득표율×비례 대표 총의석수	1.8	1.7	1.5	제외	5
할당 의석수(석)	1+1	1+1	1	제외	5

ㄱ. A당이 총 5석으로 최다 의석을 확보하고 있지만, 전체 의석수는 11석이므로 과반에 미치지 못한다. ○

ㄴ. 각 선거구별로 득표율이 과반인지와 관계없이, 득표율이 가장 높은 후보가 당선되므로 상대 다수 대표제이다. ✕

ㄷ. C당은 지역구 의석 1석과 비례 대표 의석 1석으로 총 2석을 확보하고 있어 A당이나 B당이 의안을 통과시키고자 할 때 결정력을 갖는 영향력을 행사할 수 있다. ○

ㄹ. 가장 많은 사표가 발생한 정당은 C당이다. C당이 당선자를 배출한 을 선거구 외의 나머지 선거구에서 얻은 표는 모두 사표가 된다. ✕

7 정치 과정 및 정치 참여 주체에 대한 종합적 이해

제시된 사례는 영월 동강댐 건설이 백지화된 정치 과정을 보여 주고 있다.

ㄱ. 환경 단체는 시민 단체이다. 시민 단체는 정치권력을 직접 행사하지 않기 때문에 정치적 책임을 지지 않는다. ○

ㄴ. ㉠, ㉢, ㉣ 모두 정책 결정 기구이다. ✕

ㄷ. 대통령이 댐 건설 백지화를 발표한 것은 댐을 건설하겠다는 기존의 정책에 대해 환경 단체들이 반발하면서(환류 과정) 새롭게 나타난 결과이다. 따라서 환류에 따른 산출 과정으로 볼 수 있다. ○

ㄹ. 환경 단체의 참여로 법안 정비나 피해 보상 합의 등에 비용이 더 들어갔다고 해서 민주주의가 저해된 것은 아니다. 각 정치 참여 주체가 정치 과정에 참여하는 것 자체가 민주주의이다. 법안 정비나 피해 보상을 위한 비용은 당연히 투입되어야 할 비용일 수 있으며, 민주적 정치 과정에 필요한 비용을 투입한 것으로 볼 수 있다. ✕

8 양당제와 다당제에 대한 이해

왜 신유형인가? 이런 유형의 문항 구조는 전체 내용을 모두 읽어본 후에 어떤 제도에 대한 설명인지 추론할 수 있으며, 그와 동시에 그 중 잘못된 설명 하나를 찾아낼 수 있는 구조이다.

㉠~㉤ 중 4개는 양당제에 대한 설명임을 알 수 있다.

① 영국, 미국 등의 앵글로 색슨 국가에서는 양당제가 일반적인 정당 제도이다. ○

② 양당제는 정권 교체가 명확하고 정책 논쟁이 분명하고 이해되기 쉽다는 장점이 있다. ○

③ 양당제에서는 다당제에 비해 소수 의견이 반영되기 어렵다는 단점이 있다. ○

④ 일반적으로 중·대선거구제보다는 소선거구제에서 양당제가 형성되기 쉽다. ✕

⑤ 3개 이상의 정당이 의석을 갖고 있더라도 2개의 주요 정당만이 교대로 정권을 획득하는 양상이라면 양당제로 분류된다. 즉, 양당제에서도 군소 정당은 존재할 수 있다. ○

9 선거 제도에 대한 이해

갑국의 현행 선거 결과와 개편안에 따른 예상 선거 결과는 다음과 같다.

〈현행〉

A당	B당	C당	D당	E당
1석	3석	0석	0석	2석

〈개편안〉

선거구 통합 방식은 아래와 같이 두 개의 안이 있을 수 있으며, 해당 선거구에서 특정 정당이 2인을 공천하더라도 모두 당선 가능한 경우에는 2인을 공천한다는 점을 유의해야 한다.

(1안)

구분	정당 의석수
1–4 선거구	B당 2석 또는 A당 1석, B당 1석
2–5 선거구	A당 1석, E당 1석
3–6 선거구	B당 1석, E당 1석

(2안)

구분	정당 의석수
1–4 선거구	B당 2석 또는 A당 1석, B당 1석
2–3 선거구	A당 1석, B당 1석
5–6 선거구	E당 2석 또는 A당 1석, E당 1석

① 현행은 하나의 선거구에서 1명을 선출하게 되므로 소선거구제이며, 개편안은 하나의 선거구에서 2명을 선출하므로 중·대선거구제에 해당한다. ○

② 현행에서 A당과 C당의 득표율은 각각 약 26.7%, 10%이다. 그런데 의석 점유율은 각각 약 16.7%(1석/6석) C당은 0%이므로 두 정당 모두 과소 대표되었다. ○

③ 현행에서도 C당과 D당은 의석을 하나도 확보하지 못하였으며, 개편안으로 바뀌더라도 의석을 하나도 확보하지 못하는 상황이다. ○

④ 개편안에서 A당은 1안에서는 1석~2석이 되며, 2안에서는 1석~3석이다. 따라서 A당이 얻을 수 있는 최소 의석수는 1석, 최대 의석수는 3석이다. ✘

⑤ 현행에서 B당의 의석수는 3석이다. 그런데 개편안에서 선거구가 1-4, 2-3, 5-6으로 통합된다면 B당의 의석수는 2석~3석이 된다. 즉, 현행보다 줄어들 수도 있다. ◯

틀린 사람을 위한 조언 이 문제를 틀린 사람은 자료에 제시된 규칙에 따라 선거구를 통합하는 경우가 다양할 수 있다는 것을 생각하지 못했기 때문이야. 즉, 선거구 1은 선거구 2와 통합할 수도 있지만, 선거구 4와도 통합할 수 있다는 점에 유의해야 해.

IV 개인 생활과 법

01 민법의 이해

기본 문제
본문 98~99쪽

01 ⑤	**02** ③	**03** ②
04 무과실 책임의 원칙		**05** 해설 참조
06 ⑤	**07** ③	

01 민법의 내용 이해

미성년자가 계약을 체결할 때 필요한 규정을 담아 놓은 A법은 민법이다.

① 민법은 개인 간의 대등한 사적 법률관계를 다루고 있다. ◯
② 민법은 주로 재산 관계와 가족 관계를 다루는데, 가족 관계에는 혼인과 이혼, 친자 관계, 유언과 상속 등이 있다. ◯
③ 민법은 개인의 자율적인 판단에 기초하여 서로 간에 자유롭게 법률관계를 형성해 나가도록 법적으로 보장하고 지원한다. 따라서 개인의 생활 관계에 대한 국가의 간섭을 가능한 한 배제한다. ◯
④ 민법은 재산 관계를 규율하는데, 소유권, 임차권 등 법적으로 보호받는 재산권의 개념과 관련된 규정뿐만 아니라 계약, 불법 행위 등으로 발생하는 권리와 의무의 성격과 내용도 규정하고 있다. ◯
⑤ 민법은 재산권의 내용을 다루고 있다. 재산권이 침해되었을 때의 구체적인 구제 절차는 민사 소송법 등에 규정되어 있다. ✘

02 민법의 적용 사례 이해

제시문에서 A법은 민법이다. 민법은 개인과 개인 간의 법률관계에 적용되며 주로 재산 관계와 가족 관계를 다룬다.

ㄱ. 유언장을 변조한 행위는 형법에서 규정한 범죄 행위이다. 이로 인해 갑이 구속된 것은 형사 소송법의 절차에 따른 것이다. ✘
ㄴ. 은행에서 돈을 빌리면서 자신의 주택을 담보로 제공한 것은 민법에서 규정한 저당권과 관련된다. 즉, 민법의 재산

관계가 적용된 사례이다. ○

ㄷ. 미성년자가 혼인을 하기 위해서는 부모의 동의를 얻어야 한다. 이는 민법의 가족 관계가 적용된 경우이다. ○

ㄹ. 세금 부과 처분은 국가 기관이 하는 것이며, 이에 대해 이의를 제기한 것은 국가와 국민 간의 공적인 관계로서 행정법의 영역이다. ✕

03 민법의 원칙 이해

(가)는 근대 민법의 원칙 중 계약 자유의 원칙, (나)는 근대 민법의 원칙을 수정한 것으로서 계약 공정의 원칙이다.

① 계약 자유의 원칙은 계약 체결 과정에서 누구의 간섭도 받지 않고 당사자가 자유롭게 할 수 있다는 것이므로 개인주의, 자유주의를 바탕으로 한다. ○

② 불공정한 내용의 계약을 무효로 하는 근거가 되는 것은 계약 공정의 원칙이다. ✕

③ 오늘날 계약 내용에서 불공정한 내용이 없도록 해야 한다는 계약 공정의 원칙이 중시되고 있지만 자유로운 계약 체결은 원칙적으로 가능하다. ○

④ 계약 공정의 원칙은 경제적 강자가 경제적 약자에게 부당한 계약을 강요하지 못하게 함으로써 계약 체결에 있어 경제적 약자를 보호하는 효과가 있다. ○

⑤ 현대 사회의 민법에서는 계약 자유의 원칙을 기본으로 하면서 계약 내용에서의 계약 공정의 원칙이 중시된다. ○

틀린 사람을 위한 조언 이 문제를 틀린 사람은 계약 자유의 원칙과 계약 공정의 원칙을 정확히 구분하지 못했기 때문이야. 계약 자유의 원칙에서는 계약 내용이 공정한지 불공정한지는 전혀 문제 삼지 않아. 계약 당사자의 자유로운 의사 합치가 있으면 되는 거야.

04 무과실 책임의 원칙 이해

문제접근 자료는 소비자가 압력 밥솥을 정상적으로 사용하는 과정에서 갑자기 폭발하였으므로 제조물의 결함으로 추정되고, 제조물의 결함으로 인한 손해에 대해서는 소비자가 제조업자의 과실을 증명하기 어려우므로 제조업자는 과실이 없더라도 배상 책임을 져야 한다는 내용의 판결이다. 즉, 제조물 결함에 의한 손해에 대해서는 무과실 책임의 원칙이 적용된다는 것이다.

단답형 답안 무과실 책임의 원칙

05 소유권 공공복리의 원칙 이해

문제접근 구청에서 자전거 도로를 개설하려고 하는데 갑이 터무니없이 높은 액수의 보상금을 요구하면서 자기 땅이니 내놓을 수 없다고 주장한다. 소유권 절대의 원칙에 비추어 보면 갑의 주장은 타당하나 소유권 공공복리의 원칙에 비추어 보면 타당하지 않다. 아무리 자기의 소유권이라고 해도 공공복리를 위해서는 어느 정도 제한이 가능하기 때문이다.

서술형 답안 갑의 행위는 자기의 소유권이라도 공공복리를 위해서는 제한될 수 있다는 소유권 공공복리의 원칙에 반한다.

06 근대 민법의 수정 원칙 이해

근대 민법의 기본 원칙은 시간이 지나면서 일정한 한계에 부딪히게 되었다. 오늘날에는 권리의 불가침성과 절대성을 강조하던 근대 민법의 기본 원칙에서 나아가 권리의 사회성과 공공성까지 고려하는 방향으로 수정·보완되었다. (가)는 소유권 공공복리의 원칙, (나)는 계약 공정의 원칙, (다)는 무과실 책임의 원칙이다.

① 소유권 공공복리의 원칙은 자기 소유의 재산권이라도 공공복리에 적합하게 행사해야 함을 강조한다. ○

② 계약 공정의 원칙은 계약 당사자 간의 현실적인 불평등 관계에 따라 발생할 수 있는 불공정한 계약을 방지함으로써 당사자 간 평등하고 공정한 계약을 강조한다. ○

③ 과실 책임의 원칙은 고의나 과실이 없으면 책임을 지지 않음에 따라 사회적 강자의 책임 회피 수단으로 전락하기도 했다. 따라서 사회적 강자의 책임 회피를 막고 사회적 약자를 보호하기 위해 무과실 책임의 원칙이 등장하였다. ○

④ 소유권 공공복리의 원칙, 계약 공정의 원칙, 무과실 책임의 원칙은 모두 자유로운 경제생활에서 뒤처지기 쉬운 경제적 약자를 보호하는 취지를 담고 있다. ○

⑤ 자신의 행위에 대한 주의 의무를 강조하는 것은 과실 책임의 원칙이다. 이것은 자신의 행위에 과실이 없으면 피해가 발생해도 책임을 지지 않는다는 것이다. 무과실 책임의 원칙은 어떤 피해가 발생했을 때 자신에게 직접적인 고의나 과실이 없더라도 책임을 져야 하는 것을 말한다. ✕

틀린 사람을 위한 조언 이 문제를 틀린 사람은 자신의 행위에 대한 주의 의무를 과실 책임의 원칙과 연결시키지 못했기 때문이야. 과실 책임을 다르게 표현하면 자신의 과실, 즉 주의를 게을리하지 않으면 책임지지 않는다는 의미임을 알고 있어야 해.

07 근대 민법의 수정 원칙과 관련한 민법 조항 이해

근대 민법은 개인주의, 자유주의 사상을 바탕으로 소유권 절대의 원칙, 계약 자유의 원칙, 과실 책임의 원칙이 핵심이었다. 그러나 자본주의의 발달로 이러한 민법의 원칙들이 오히려 사회적 정의에 반하는 현상이 나타나자 공공성과 공정성을 새로운 이념으로 하여 소유권 공공복리의 원칙, 계약 공정의 원칙, 무과실 책임의 원칙이 나타났다.

ㄱ. 미성년자의 자유로운 처분 행위 규정에서는 공공성과 공정성의 이념을 찾아보기 어렵다. ✗

ㄴ. 아무리 당사자 간 자유롭게 체결한 법률 행위라도 그 내용이 선량한 풍속 기타 사회 질서에 위반한다면 효력이 발생하지 않도록 하는 것은 계약의 공정성을 반영한 것으로서 계약에서의 공정성의 이념이 포함되어 있다. ○

ㄷ. 당사자의 궁박, 경솔 또는 무경험으로 인하여 현저하게 공정을 잃은 법률 행위는 계약 공정의 원칙에 비추어 무효로 하는 것이 사회 정의에 맞는다는 것으로 계약에서의 공정성의 이념이 포함되어 있다. ○

ㄹ. 고의 또는 과실로 인한 위법 행위로 타인에게 손해를 가한 자는 그 손해를 배상할 책임이 있다는 것은 자기의 고의나 과실이 아니면 책임을 지지 않는다는 것으로 근대 민법의 원칙인 과실 책임의 원칙에 해당한다. 공공성과 공정성의 이념이 포함되어 있지 않다. ✗

02 재산 관계와 법

기본 문제

본문 107~109쪽

01 ②	**02** ⑤	**03** ②
04 (가) 무효, (나) 취소		**05** 해설 참조
06 ②	**07** ③	**08** ⑤	**09** 해설 참조
10 ①	**11** 책임 능력		**12** 해설 참조
13 ⑤	**14** ③		

01 계약의 성립 시기 이해

차용 증서는 돈을 빌리고 빌려주는 내용을 기재한 계약서이다. 빌리는 사람은 차용인 또는 채무자, 빌려주는 사람은 채권자가 된다.

① 갑이 을에게 4,000만 원을 빌렸으므로 갑은 돈을 갚아야 할 채무를 지고 있다. 을은 갑에게 4,000만 원을 빌려주었으므로 을은 돈을 받을 채권을 가지고 있다. 따라서 갑은 채무자, 을은 채권자이다. ✗

② 계약은 청약과 승낙의 의사 표시가 합치한 때에 성립한다. 갑은 4,000만 원을 빌려달라는 청약을 2020년 6월 28일에 했고, 을은 빌려주겠다는 승낙을 다음 날인 2020년 6월 29일에 했다. 따라서 청약과 승낙의 의사 표시가 합치된 2020년 6월 29일에 계약이 성립한 것이다. ○

③ 미성년자가 계약을 할 때는 원칙적으로 법정 대리인의 동의를 얻어야 한다. 동의를 얻지 않고 행한 계약은 미성년자 본인 또는 법정 대리인이 취소할 수 있다. 따라서 갑이 18세의 미성년자라면 이 계약은 처음부터 무효가 아니라 일단은 유효하지만 갑이나 갑의 법정 대리인이 취소하면 무효와 마찬가지의 효과가 나타난다. ✗

④ 계약의 법적 효력은 원칙적으로 계약의 성립과 함께 발생한다. ✗

⑤ 갑이 기한 내 돈을 갚지 않을 경우 채무 불이행으로 인한 손해 배상 책임이 발생할 수 있다. ✗

> **틀린 사람을 위한 조언** 이 문제를 틀린 사람은 계약 성립 시기를 정확히 모르는 거야. 계약은 청약과 승낙의 의사 표시가 합치되었을 때 성립하는 거야. 무조건 계약서 작성이나 계약의 내용이 이행된 시점이라고 생각하면 안 돼.

02 유효한 계약 성립 요건 이해

계약이 유효하게 성립하기 위해서는 계약 당사자가 의사 능력과 행위 능력을 갖춰야 하고, 계약 내용이 실현 가능하고 적법해야 하며, 반사회적이지 않아야 한다.

① 6세의 갑은 의사 능력이 없다고 봐야 한다. 따라서 의사 무능력자인 갑이 부모 모르게 고가의 게임기를 구입한 법률 행위는 무효이다. ✗

② 을은 17세로서 의사 능력은 있지만 미성년자이므로 부모의 동의를 받아서 법률 행위를 해야 한다. 부모 동의 없이 학원비로 오토바이를 구입한 을의 행위는 을이나 을의 부모가 취소할 수 있다. ✗

③ 만취 상태에서는 정상적인 판단이 이루어질 수 없으므로 병은 의사 무능력인 상태에서 계약하였다. 따라서 병이 C에게 자신의 토지를 증여하기로 한 계약은 무효이다. ✗

④ 도박은 반사회적인 행위이므로 정이 도박을 이유로 D에게서 돈을 빌리기로 한 계약은 무효이다. ✗

⑤ E의 요청에 무가 승낙한 것은 계약의 성립 요건이다. 또한 무 또는 E가 의사 능력이나 행위 능력이 없다는 내용도 찾아볼 수 없으며, 돈을 빌려달라는 것 자체는 반사회적인 행위가 아니므로 계약은 유효하게 성립되었다고 볼 수 있다. ○

03 계약의 성립 시기 이해

계약은 당사자 간에 청약과 승낙의 의사 표시가 합치된 때에 성립한다.

① 갑이 을에게 2천만 원을 빌려달라고 요청한 것은 청약이다. ✕

② 을이 갑에게 2천만 원을 빌려주겠다고 약속한 것은 승낙이다. 이때 갑의 청약과 을의 승낙의 의사 표시가 합치했으므로 계약이 성립한다. ○

③ 을이 인터넷 뱅킹으로 1,000만 원을 우선 보낸 것은 계약의 일부를 이행한 행위이다. ✕

④ 을은 나머지 1,000만 원까지 보냄으로써 계약을 완전히 이행하였다. ✕

⑤ 계약서를 작성한 것은 향후 분쟁에 대비하기 위한 것이다. 계약서 작성 일자가 계약의 성립일인 것은 아니다. 다만 다른 약속이 없을 경우에는 일반적으로 계약서를 작성함으로써 청약과 승낙의 의사 표시가 일치한 것으로 본다. ✕

04 무효와 취소의 이해

문제접근 계약의 무효란 특정인의 주장이 없어도 당연히 법률 행위의 효력이 없는 것으로 보아 법률 행위의 효력이 처음부터 발생하지 않는 것을 말한다. 민법에서는 선량한 풍속 또는 사회 질서에 반하는 내용의 계약이나 당사자 간에 지나치게 불공정한 계약은 그 효력을 인정하지 않는다. 예를 들어 도박으로 생긴 채무 부담과 같이 사회 질서에 위반되는 계약은 무효이므로 효력이 없다. 계약의 취소란 일단 행위 시에는 효력이 인정되지만 취소권을 행사하면 소급하여 처음부터 효력이 없어지는 것을 말한다. 미성년자가 법정 대리인의 동의 없이 한 법률 행위는 당사자나 법정 대리인이 취소할 수 있다.

단답형 답안 (가) 무효, (나) 취소

05 채무 불이행의 이해

문제접근 계약이 성립되면 계약 체결의 당사자 간에는 일정한 권리와 의무가 발생한다. 계약 당사자는 신의 성실의 원칙에 따라 계약으로

인해 발생한 의무를 성실하게 이행해야 한다. 만약 계약에 따른 의무를 불이행하였다면 손해 배상과 같은 법적 책임을 질 수 있다.

서술형 답안 채무 불이행에 따른 손해를 배상해 달라고 요구할 수 있다.

06 미성년자의 계약 이해

갑은 18세로서 미성년자이다. 미성년자는 행위 능력이 제한되므로 유효한 법률 행위를 위해서는 원칙적으로 법정 대리인의 동의를 얻어야 한다.

① 미성년자가 법정 대리인인 부모의 동의 없이 맺은 계약은 일단 유효하지만 미성년자 본인 또는 법정 대리인이 취소할 수 있다. ✕

② 미성년자가 법정 대리인인 부모의 동의 없이 맺은 계약은 법정 대리인이 취소할 수 있다. ○

③ 미성년자가 단독으로 체결한 계약을 취소할 때는 부모의 동의를 얻을 필요가 없다. ✕

④ 미성년자가 단독으로 체결한 계약을 취소할 때는 거래 상대방에게 위약금을 줄 필요가 없다. ✕

⑤ 미성년자가 단독으로 체결한 계약은 처음부터 무효가 아니라 취소권자가 취소해야 처음으로 소급하여 효력이 발생하지 않는다. ✕

틀린 사람을 위한 조언 이 문제를 틀린 사람은 미성년자의 계약 취소 효과에 대해 정확히 모르고 있어. 미성년자가 법정 대리인의 동의를 얻지 않았을 때 그 계약을 취소할 수 있는데 이때 미성년자 측에서는 위약금을 줄 필요가 없어. 그냥 현 상태 그대로 상품을 돌려주고 대금을 돌려받으면 돼.

07 미성년자의 계약에서 취소권 배제 사유 이해

갑은 18세로서 미성년자이므로 법정 대리인의 동의를 얻어야 유효하게 법률 행위를 할 수 있다. 미성년자가 법정 대리인의 동의 없이 단독으로 계약을 체결하였다면, 미성년자 본인이나 법정 대리인이 이를 취소할 수 있다. 하지만 미성년자가 속임수를 써서 자신이 성년자인 것처럼 믿게 하거나, 법정 대리인의 동의가 있었던 것처럼 믿게 하여 계약을 체결한 경우에는 그 계약을 취소할 수 없다.

① 갑은 미성년자로서 행위 능력이 제한될 뿐이다. 제한 능력자가 단독으로 법률 행위를 할 경우 그 계약은 일단 유효하다. 후에 취소권자가 취소하면 무효와 마찬가지의 효과가 나타난다. ✕

② 계약 체결 당시 갑의 상태가 의사 무능력 상태라고 볼 수 있는 내용은 제시되어 있지 않다. ✕
③ 갑은 법정 대리인인 아버지 을의 동의서를 위조하여 병에게 제시함으로써 병을 속여 부동산을 팔았으므로 갑 또는 을은 이 계약을 취소할 수 없다. ○
④ 을이 법정 대리인으로서 동의를 하지 않았지만 갑이 동의서를 위조하여 병을 속였으므로 을은 취소권을 행사할 수 없다. ✕
⑤ 갑이 제시한 동의서를 믿었다는 것을 병의 과실로 볼 수는 없다. ✕

틀린 사람을 위한 조언 이 문제를 틀린 사람은 갑이 할아버지로부터 물려받은 재산은 갑 자신의 것이니까 당연히 자기 마음대로 처분해도 되는 줄로 알고 있었을 거야. 미성년자는 아무리 자기 재산이라도 함부로 처분할 수는 없어. 용돈의 범위를 넘는 재산의 처분은 반드시 법정 대리인의 동의를 얻어야 해.

08 미성년자의 계약 이해

미성년자는 법률 행위를 할 때 원칙적으로 법정 대리인의 동의를 얻어야 한다. 법정 대리인의 동의가 필요한 사안인데도 미성년자가 동의를 얻지 않고 계약을 체결하였다면, 그 계약은 일단 유효하지만 미성년자 본인이나 법정 대리인이 취소할 수 있다.

① A(17세)는 미성년자이므로 A가 단독으로 행한 계약을 A의 법정 대리인인 부모는 위약금 없이 취소할 수 있다. ✕
② 미성년자라도 부모의 동의를 얻으면 유효하게 법률 행위를 할 수 있다. 부모의 동의를 얻지 않은 법률 행위는 무효가 아니라 취소할 수 있다. ✕
③ 미성년자가 체결한 계약을 취소하기 위해서는 별도로 동의를 얻을 필요가 없다. 즉, A는 부모의 동의를 얻을 필요가 없고, 부모는 A의 동의를 얻을 필요 없이 취소할 수 있다. ✕
④ A가 부모를 속였다고 해서 계약 자체가 무효인 것은 아니다. 만일 A가 부모 동의를 받은 것처럼 속이거나 성년인 것처럼 속인 경우에는 계약이 확정적으로 유효하다. ✕
⑤ 미성년자가 단독으로 행한 계약은 미성년자 본인이나 법정 대리인이 취소할 수 있다. A가 스마트폰을 구입하여 사용했더라도 현재의 상태에서 돌려주면 된다. ○

09 미성년자의 법률 행위 이해

문제접근 단순히 권리만을 얻거나 의무만을 면하는 행위, 처분이 허락된 재산을 사용하는 행위 등은 법정 대리인의 동의 없이 미성년

단독으로 할 수 있다. 부모님이 준 용돈은 처분이 허락된 재산이므로 용돈의 범위 내에서 참고서를 구입하는 것은 부모의 동의 없이도 가능하다. 임금 청구나 이미 허락한 영업과 관련한 법률 행위 등도 미성년자가 단독으로 할 수 있다.

서술형 답안 미성년자가 법정 대리인의 동의 없이도 완전하고 유효한 법률 행위를 할 수 있는 경우이다.

10 책임 무능력자의 감독자 책임 이해

제시된 내용은 책임 무능력자의 감독자 책임을 말한다. 가해자인 을의 행위로 병이 손해를 입었지만 을이 책임 무능력자이므로 배상 책임을 지지 않는다. 이 경우에는 을의 법정 감독 의무자인 갑이 책임 무능력자의 감독자 책임을 진다. 만일 갑이 을을 감독함에 있어서 과실 없음을 증명한다면 갑도 배상 책임을 지지 않는다.

① 갑의 유치원생 아들 을은 8세이므로 책임 무능력자이다. 을이 병을 폭행하여 상해를 입힌 경우 을의 감독자인 갑이 배상 책임을 져야 한다. 이 경우 갑이 지는 책임은 책임 무능력자의 감독자 책임으로서 제시된 상황에 부합한다. ○
② 간판은 공작물이며, 갑은 공작물의 점유자, 을은 공작물의 소유자, 병은 피해자이다. 공작물의 보존 관리의 하자로 인한 손해에 대해서는 1차적으로 점유자가 책임을 진다. 점유자에게 과실이 없을 경우에는 소유자가 무과실 책임을 진다. 이것은 공작물 점유자 및 소유자 책임으로서 제시된 상황과 맞지 않다. ✕
③ 을은 18세로서 미성년자이지만 책임 능력이 있다. 따라서 병은 을이나 갑에 대해서 배상 책임을 요구할 수 있다. 이때 갑은 아들 을을 제대로 감독하지 못한 과실에 대한 일반 불법 행위 책임을 진다. 따라서 제시된 상황과 맞지 않다. ✕
④ 을의 불법 행위로 병이 손해를 입었고, 갑은 을의 사용자이다. 이 경우 갑은 사용자 배상 책임을 진다. 따라서 제시된 상황과 맞지 않다. ✕
⑤ 갑은 개의 소유자, 을은 점유자, 병은 피해자이다. 동물에 의해 손해를 가했을 경우에는 동물 점유자가 책임을 진다. 즉, 동물 점유자 배상 책임으로서 제시된 상황과 맞지 않다. ✕

11 책임 능력의 이해

문제접근 밑줄 친 '이것'은 책임 능력이다. 책임 능력이란 자신의 행위에 따른 책임을 변식할 수 있는 능력을 의미하는데 객관적 기준은

없고 사안에 따라 개별적으로 책임 능력의 유무를 판단한다. 가해자에게 책임 능력이 있어야 불법 행위가 성립한다. 즉, 어린아이나 심신 상실자는 책임 능력이 없기 때문에 불법 행위가 성립하지 않는다.

단답형 답안 책임 능력

12 불법 행위의 성립 요건 이해

문제접근 갑이 승용차를 몰고 가다가 중앙선을 침범하였다. 중앙선 반대편에는 트럭이 주차되어 있었는데 갑의 승용차가 트럭과 충돌하여 갑이 크게 다쳤다. 갑은 트럭이 불법 주차되어 있었기 때문에 자신이 손해를 입은 것이라고 주장했지만 법원은 트럭이 주차되어 있지 않았더라도 갑이 가로수나 콘크리트 벽에 부딪쳐 결국 사고를 당했을 것이라며 트럭이 그 자리에 불법 주차되어 있었기 때문에 갑이 다친 것은 아니라고 했다. 즉, 트럭의 불법 주차와 갑의 손해 사이에는 인과 관계가 없으므로 트럭 운전자의 불법 행위가 성립하지 않는다는 것이다. 따라서 트럭 운전자에게 손해 배상 책임을 물을 수 없다.

서술형 답안 트럭 운전자의 불법 주차 행위와 갑의 손해 사이의 인과 관계를 인정할 수 없어 불법 행위로 볼 수 없다.

13 특수 불법 행위 책임 이해

갑은 을의 사용자, 을은 피용자이다. 피용자인 을의 불법 행위에 대해 갑은 사용자 배상 책임을 질 수 있다. 창틀은 공작물이고, 병은 공작물의 소유자, 정은 공작물의 점유자이다. 공작물의 설치나 관리의 하자로 인한 손해에 대해서는 공작물의 점유자가 1차적으로 배상 책임을 지고, 공작물의 점유자에게 과실이 없을 경우에는 공작물의 소유자가 무과실 책임을 진다.

ㄱ. 을은 피용자로서 불법 행위를 한 당사자이므로 손님에 대해 일반 불법 행위 책임을 진다. 갑은 을의 사용자로서 사용자 배상 책임이라는 특수 불법 행위 책임을 질 수 있다. O

ㄴ. 갑의 사용자 배상 책임이 인정되기 위해서는 먼저 을의 불법 행위 책임이 전제되어야 한다. ✗

ㄷ. 공작물로 인한 손해에서 정은 공작물의 점유자이다. 공작물의 점유자가 공작물을 관리하는 데 주의 의무를 다하지 않았다면 배상 책임은 소유자가 아닌 점유자에게 있다. O

ㄹ. 갑은 을의 사용자이므로 사용자 배상 책임, 정은 창틀을 현재 점유하고 있는 점유자이므로 공작물 점유자 책임을 질 수 있다. O

틀린 사람을 위한 조언 이 문제를 틀린 사람은 사용자 배상 책임은 반드시 피용자의 불법 행위 성립을 전제로 함을 몰랐기 때문이야. 일단 피용자의 행위가 불법 행위여야 사용자에게도 사용자 배상 책임을 물을 수 있어.

14 사용자 배상 책임 이해

사례에서 갑은 피해자, 을은 병의 사용자, 병은 가해자이다. 병의 불법 행위로 인해 갑이 피해를 입었는데, 병은 을의 사무 감독을 받고 있는 상황이었으므로 병에게는 일반 불법 행위 책임이, 을에게는 사용자 배상 책임이 인정될 수 있다. 사용자 배상 책임은 특수 불법 행위 책임에 해당한다.

① 갑이 출입 금지 구역에 들어간 잘못이 있다 하더라도 갑의 손해에 대해 을과 병은 배상 책임을 지게 된다. 다만 갑이 출입 금지 구역으로 들어간 잘못에 대해서는 배상액 산정에서 고려될 수 있다. ✗

② 불법 행위로 인한 손해에 대해서는 금전 손해 배상이 원칙이다. ✗

③ 을의 사용자 배상 책임이 인정되기 위해서는 먼저 병의 불법 행위 책임이 전제되어야 한다. 만일 병의 행위가 불법 행위가 아니라면 을은 사용자 배상 책임을 지지 않는다. O

④ 을과 병이 공동으로 갑에게 손해를 준 것은 아니므로 공동 불법 행위자 책임을 지지 않는다. 따라서 갑은 을 또는 병에게 1,000만 원을 청구할 수 있다. ✗

⑤ 을이 병을 선임·감독하는 데 있어 자신의 과실이 경미함을 증명하더라도 사용자 배상 책임이 면제되는 것은 아니다. ✗

틀린 사람을 위한 조언 이 문제를 틀린 사람은 피해자 본인의 과실이 있을 경우에는 가해자에게 배상 요구를 할 수 없는 것으로 잘못 알고 있기 때문이야. 아무리 불법 행위의 성립에서 피해자 본인의 과실이 있더라도 가해자의 행위로 인해 자신이 피해를 입은 것이 분명하면 손해 배상을 청구할 수 있어. 물론 피해자 본인의 과실에 대해서는 배상액 산정에서 고려되겠지.

03 가족 관계와 법

기본 문제

본문 116~117쪽

01 ②	02 ⑤	03 친권		04 ⑤
05 ④	06 해설 참조		07 ②	08 ④
09 ③	10 해설 참조		11 해설 참조	

01 법률혼과 사실혼의 이해

갑과 을은 결혼식은 올리지 않아도 혼인 신고를 했으므로 법률혼 부부이다. 병과 정은 부부로서 생활을 하고 있지만 혼인 신고를 하지 않았기 때문에 사실혼 부부이다.

① 갑과 을은 법률혼 부부이므로 아들 A는 혼인 중 출생자이다. ✗
② 병과 정은 사실혼 부부이다. 사실혼 부부라도 상호 부양의 의무, 협조의 의무, 일상 가사 대리권 등 일정한 권리와 의무가 있다. ⭕
③ 병과 정은 혼인 신고를 하지 않았으므로 병이 사망할 경우 정은 상속권이 없다. ✗
④ 혼인의 형식적 요건은 혼인 신고이다. 갑과 을은 혼인 신고를 했기 때문에 혼인의 형식적 요건을 갖추었다. 결혼식은 혼인의 요건과 관계가 없다. ✗
⑤ 병과 정은 사실혼 부부이므로 부부 관계를 해소하기 위해서는 법적인 이혼 절차를 밟을 필요가 없다. ✗

틀린 사람을 위한 조언 이 문제를 틀린 사람은 사실혼 부부와 법률혼 부부의 법적 효과를 정확히 알지 못하고 있기 때문이야. 사실혼 부부라도 부양 및 협조의 의무, 일상 가사 대리권 등이 인정되는 거야. 또 혼인의 형식적 요건은 혼인 신고이지 결혼식이 아니야. 결혼식은 사회적 관습일 뿐이지 혼인의 성립 요건과는 관계가 없어.

02 이혼의 유형 이해

A는 쌍방의 이혼 의사 합치에 의한 이혼으로 협의상 이혼, B는 법률이 정한 이혼 사유가 있어야 가능하므로 재판상 이혼이다. (가)에는 재판상 이혼과 협의상 이혼의 공통점이 들어가야 한다.

① 원칙적으로 이혼 숙려 기간을 거쳐야 하는 것은 협의상 이혼이다. ✗
② 사실혼 부부는 혼인 신고를 하지 않았으므로 법률혼 부부로 인정받지 못한다. 따라서 법적인 이혼 절차인 협의상 이혼이나 재판상 이혼을 거칠 필요가 없다. ✗
③ 이혼 신고서가 접수되어야 이혼의 효력이 발생하는 것은 협의상 이혼이다. ✗
④ 법원으로부터 이혼 의사 확인서를 받는 절차를 거치는 것은 협의상 이혼이다. ✗
⑤ 재판상 이혼과 협의상 이혼 모두에서 부부 공유 재산에 대한 분할 청구권이 인정된다. ⭕

틀린 사람을 위한 조언 이 문제를 틀린 사람은 협의상 이혼과 재판상 이혼의 효력 발생 시점을 정확히 알지 못하고 있기 때문이야. 협의상 이혼은 이혼 신고서가 행정 관청에 접수된 때에, 재판상 이혼은 이혼 확정 판결이 난 때에 이혼의 효력이 발생하는 거야.

03 친권의 이해

문제접근 밑줄 친 '이것'은 친권이다. 친권은 부모가 미성년 자녀에 대해 갖는 권리로서, 구체적으로는 미성년 자녀의 재산 관리, 법률 행위의 동의 및 대리, 거소 지정, 징계 등을 들 수 있다. 친권은 자녀에 대한 부모의 권리로서의 성격도 있지만, 자녀를 보호하고 올바르게 양육해야 하는 의무로서의 성격도 강하다. 친권은 자녀 보호와 양육에 필요한 수준에서 행사해야 하며 자녀를 학대하거나 교육을 거부하는 등 친권을 남용해서는 안 된다.

단답형 답안 친권

04 일상 가사 대리권 이해

남편이 아내(을) 모르게 주식 투자를 위해 갑에게서 2천만 원을 빌렸는데, 갑은 을에게 2천만 원을 대신 갚으라고 한다. 이에 대해 을은 주식 투자가 일상 가사 대리권 행사의 대상에 해당하지 않는다고 주장하면서 2천만 원을 갚을 의무가 없음을 주장할 수 있다.

① 사실혼 부부라도 일상 가사 대리권은 인정된다. ✗
② 남편과 이혼 절차를 밟고 있더라도 아직 이혼이 확정된 것은 아니므로 일상 가사 대리권은 인정된다. ✗
③ 일상 가사 대리권은 부부가 서로 동의를 구하지 않고 법률 행위를 하더라도 대리권을 가진 것으로 보는 것이다. 을이 남편의 금전 차용 사실을 몰랐더라도 그 내용이 일상 가사의 범위로 볼 수 있다면 대리권은 인정된다. ✗
④ 일상 가사 대리권은 재산이 누구의 명의로 되어 있는지와는 관련이 없다. ✗
⑤ 주식 투자를 위한 금전 차용은 부부의 일상 가사라고 보기 어렵기 때문에 을은 2천만 원을 갚을 의무가 없다고 주장할 수 있다. ⭕

05 친양자 제도 이해

A의 친생부모는 병과 정이고, 갑과 을은 양부모이다. A는 가정 법원의 허가를 받아 친양자가 된 것이다. 친양자 입양은 조건이 까다롭다. 친양자 입양을 위해서는 혼인 후 3년이 지난 부부가 합의하여 입양할 것, 친양자가 될 자가 미성년자일 것, 친양자가 될 자의 친부모가 친양자 입양에 동의할 것 등의 요건을 갖추어야 한다.

36 EBS 개념체크 정치와 법

ㄱ. 친양자로 입양되면 친생부모와의 관계가 종료되므로 A는 병이 사망할 경우 상속인이 되지 못한다. ✘

ㄴ. 친양자로 입양되면 양부모가 친권을 행사한다. ⭕

ㄷ. 친양자로 입양되면 양부모의 혼인 중 출생자로 간주된다. ✘

ㄹ. 친양자로 입양되면 양부모의 성을 따르는 것이 원칙이다. ⭕

틀린 사람을 위한 조언 이 문제를 틀린 사람은 친양자, 친양자가 아닌 일반 양자의 법적 문제를 잘 모르고 있는 거야. 친양자로 입양되면 양부모의 성과 본으로 바뀌는 것이 원칙이고, 친생부모와의 관계가 단절돼. 친양자가 아닌 일반 양자로 입양되면 친생부모와의 관계가 유지되므로 양부모의 성과 본으로 바뀌지 않아. 또 친양자로 입양되면 그 자녀는 양부모의 혼인 중 출생자로 인정되고, 친양자가 아닌 일반 양자로 입양된 자녀는 양부모의 친생자와 동일한 지위를 갖게 돼.

06 이혼 숙려 제도의 이해

문제접근 제시된 조항에서 밑줄 친 부분은 이혼 숙려 제도에 해당한다. 이혼 숙려 제도는 감정에 치우쳐 경솔하게 이혼하는 것을 막으려는 장치로, 부부가 법원에 협의상 이혼을 신청한 후 일정 숙려 기간이 지나야 법원이 이혼 의사를 확인해 주는 제도이다.

서술형 답안 이혼 숙려 제도, 경솔한 이혼과 그에 따른 폐해를 방지하기 위해서이다.

07 친권의 이해

(가)는 친권이다. 친권은 부모가 미성년인 자녀에 대해 갖는 신분·재산상의 여러 권리와 의무를 말한다. 친권은 자녀에 대한 부모의 권리로서의 성격도 있지만, 자녀를 보호하고 올바르게 양육해야 하는 의무로서의 성격도 강하다.

① 친권은 부모가 공동으로 행사하는 것이 원칙이지만, 부모 중 한쪽이 행사할 수 없을 때는 다른 한쪽이 행사한다. ⭕
② 부모가 이혼한다고 해서 친권이 소멸되는 것은 아니다. 자녀가 미성년일 경우에는 친권 행사자를 정해야 한다. 부부의 협의로 정하고, 협의가 안 될 때는 법원이 지정한다. ✘
③ 양자의 경우에는 양부모가 친권을 행사한다. ⭕
④ 과거에는 친권이 부모에게 인정되는 권리로서의 성격이 강했지만, 오늘날에는 부모가 자녀를 여러 가지 위험으로부터 보호하고 올바르게 양육해야 하는 의무로서의 성격도 강하다. ⭕
⑤ 친권은 미성년 자녀의 복리를 위하여 부모에게 인정되는 권리이므로 부모가 친권을 남용하여 자녀의 복리를 해치거나 해칠 우려가 있는 경우에는 가정 법원의 판결에 의해 친권이 상실, 일시 정지되거나 일부 제한될 수도 있다. ⭕

08 유언의 형식 이해

자필 증서 유언은 유언자가 자필로 유언의 내용을 적고, 연월일, 주소, 이름까지 모두 정확하게 기재하고 도장까지 찍어야 법적 효력이 인정된다. 판례는 주소를 간단히 기재한 것으로는 유언의 효력을 인정할 수 없다는 내용이다.

① 효력이 있는 유언이 있을 경우에는 법정 상속이 아닌 유언 내용에 따라 상속이 이루어진다. ✘
② 자기 스스로 작성한 유언장은 법적인 요건을 갖추면 당연히 효력을 인정받는다. ✘
③ 유언을 집행할 때는 유언자의 뜻도 중요하지만 유언의 형식도 중요함을 판례에서 강조하고 있다. ✘
④ 판례는 자필 증서 유언에서 주소를 정확히 기재하지 않을 경우 그 유언의 효력을 인정할 수 없다는 내용이다. 이렇게 유언에서 일정한 형식을 강조하는 것은 유언과 관련하여 이해관계를 가진 자가 유언의 내용을 함부로 위조하거나 변조하는 것을 예방하는 데 그 목적이 있다. ⭕
⑤ 유언장이 효력을 갖기 위해 필요한 형식적 요건에 대한 기준은 이미 마련되어 있다. ✘

09 가족 관계의 이해

제시문에서는 친양자, 이혼의 유형, 유언과 상속을 묻고 있다. 친양자는 입양되면서 친생부모와의 관계가 종료된다. 이혼은 협의상 이혼과 재판상 이혼이 있는데 재판상 이혼을 하려면 이혼 사유가 법에 정해진 것이어야 한다. 자필 증서 유언은 유언자가 자필로 유언의 내용을 적고, 연월일, 주소, 이름까지 모두 정확하게 기재하고 도장까지 찍어야 법적 효력이 인정된다. 유언자가 모든 재산을 다른 사람에게 준다고 해도 상속인은 일정한 비율의 유류분을 청구할 수 있다.

① 친양자는 양부모의 혼인 중 출생자로 간주된다. ✘
② 협의상 이혼은 이혼 의사 확인, 이혼 숙려 기간을 거쳐야 한다. 이혼 조정을 거치는 것은 재판상 이혼이다. ✘

③ 유언은 유언장을 작성한 날이 아니라 유언자가 사망한 날에 효력이 발생한다. **O**

④ 자필 증서 유언이 효력을 갖기 위해서는 유언자의 서명이 아니라 날인이 있어야 한다. **X**

⑤ 을의 사망으로 인한 법정 상속인은 배우자 무, 직계 비속 A와 B이며, 법정 상속분은 무 6억 원, A와 B는 각각 4억 원씩이다. 을은 ◇◇양로원에 14억 원의 재산을 준다는 유효한 유언을 했지만 A와 B가 최대한의 유류분권을 행사했으므로 법정 상속분의 절반인 2억 원씩을 반환받을 수 있게 된다. **X**

> **틀린 사람을 위한 조언** ➤ 이 문제를 틀린 사람은 유언과 상속에 대해 정확하게 알지 못하고 있는 거야. 유언은 5가지가 있는데, 이 중에서 자필 유언은 유언자의 서명만으로는 효력이 없고 날인이 있어야 해.

10 상속분의 분배 이해

문제접근 갑의 법정 상속인은 배우자 을, 직계 비속 병과 정이다. 배우자는 직계 비속이나 직계 존속과 공동 상속인인데 공동 상속인의 상속분에 50%를 가산하므로 을, 병, 정의 상속분은 1.5:1:1의 비율이다. 따라서 을은 3억 원, 병과 정은 각각 2억 원씩이 법정 상속분이다.

단답형 답안 법정 상속인 – 을, 병, 정
법정 상속인의 상속분 – 을 3억 원, 병 2억 원, 정 2억 원

11 유류분 제도의 이해

문제접근 유류분(遺留分)은 상속인이 법률상 반드시 취득하도록 보장되어 있는 상속 재산의 가액을 말하며 유언자의 의사만으로 재산을 자유롭게 처분할 경우, 남은 가족의 생활 안정을 해칠 우려가 있기 때문에 법으로 최소한의 상속분을 정하는 제도이다. 유류분을 신청할 수 있는 유가족은 피상속인의 직계 비속, 배우자, 직계 존속, 형제자매이다. 직계 비속과 배우자의 유류분은 법정 상속분의 1/2이며 직계 존속과 형제자매의 유류분은 법정 상속분의 1/3이다. 그리고 4촌 이내 방계 혈족은 유류분을 받지 못한다.

서술형 답안 일정 범위의 상속인에게 최소한의 권익 보호(최소한의 생활 보장)를 하고자 한다.

01 ②	**02** ④	**03** ⑤

04 A: 계약 자유의 원칙, B: 계약 공정의 원칙

05 ② **06** ⑤ **07** ④ **08** 해설 참조

01 미성년자의 계약 이해

갑(18세)은 미성년자이므로 부모의 동의를 얻어 계약을 체결해야 한다. 그런데 부모의 동의 없이 오토바이 구매 계약을 체결했다. 미성년자가 단독으로 법률 행위를 했을 경우 미성년자 본인 또는 그 법정 대리인이 이 법률 행위를 취소할 수 있다.

ㄱ. 미성년자인 갑이 부모의 동의를 얻지 않고 계약을 체결했으므로 갑 또는 갑의 부모는 이 계약을 취소할 수 있다. **O**

ㄴ. 갑이 미성년자임을 이유로 취소할 경우에는 위약금을 줄 필요가 없다. **X**

ㄷ. 을은 거래 당시 갑이 미성년자임을 몰랐으므로 갑의 부모에게 계약의 철회를 통보할 수 있다. **O**

ㄹ. 을은 갑이 아니라 갑의 부모에게 계약에 대한 추인 여부의 확답을 촉구할 수 있다. **X**

02 공작물 점유자 및 소유자 책임 이해

베란다 난간은 건물에 부착된 공작물이다. 공작물의 관리 하자로 인한 손해에 대해서는 1차적으로 공작물 점유자가 책임을 지지만, 공작물 점유자에게 과실이 없음이 증명되면 공작물 소유자가 무과실 책임을 진다.

① 공작물 관리상의 하자로 인한 손해에 대해서는 1차적으로 공작물 점유자가 배상 책임을 진다. **X**

② 을과 병이 함께 협력하여 갑에게 손해를 입힌 것은 아니므로 을과 병이 공동 불법 행위자 책임을 지는 것은 아니다. **X**

③ 배상 책임의 주체가 정해지면 그 주체가 재산적 손해와 정신적 손해 등 모든 손해에 대한 배상 책임을 진다. **X**

④ 을은 공작물 점유자이므로 1차적으로 배상 책임을 지지만 베란다 난간의 관리 소홀에 고의나 과실이 없다면 병이 소유자로서 무과실 책임을 진다. **O**

⑤ 갑에게 과실이 있더라도 공작물 점유자나 소유자가 책임을 지지 않는 것은 아니다. 갑의 과실 여부는 손해 배상액 산정에서 고려될 뿐이다. **X**

이 문제를 틀린 사람은 공작물 점유자 및 소유자 책임에 대해 정확하게 알지 못하고 있어. 공작물의 관리상 하자로 인한 손해에서는 1차적으로 공작물의 점유자가 책임을 지고, 만일 점유자에게 고의나 과실이 없을 경우에는 2차적으로 소유자가 책임을 져. 이때 소유자는 자신의 고의나 과실이 없더라도 무조건 책임을 지는 무과실 책임이야.

03 계약의 이해

계약은 청약과 승낙의 의사 표시의 합치로 성립된다. 계약서를 작성한 날짜에 반드시 계약이 성립된 것으로 볼 수는 없다.

① 갑은 을로부터 돈을 빌렸으므로 앞으로 돈을 갚아야 할 채무를 진다. 따라서 갑은 채무자이다. 을은 갑에게 돈을 빌려주었으므로 앞으로 돈을 돌려받을 채권을 가진다. 따라서 을은 채권자이다. ✗

② 갑과 을이 2019년 5월 31일에 계약서를 작성했지만 갑의 청약과 을의 승낙의 의사 표시는 하루 전인 5월 30일에 합치되었으므로 2019년 5월 30일에 계약이 성립되었다. ✗

③ 계약은 특별한 규정이 없는 한 성립과 동시에 효력이 발생한다. 공증은 사적인 계약을 국가가 공적으로 증명하는 것으로 차후 분쟁이 발생했을 때 중요한 증거 자료로 활용된다. 반드시 공증을 받아야 법적 효력이 발생하는 것은 아니다. ✗

④ 갑 또는 을이 의사 능력이 없는 자라면 계약 자체가 무효이다. ✗

⑤ 갑이 기일 내에 변제하지 않으면, 갑은 채무 불이행 책임을 진다. 따라서 을은 채무 불이행에 따른 손해에 대해 갑에게 손해 배상을 청구할 수 있다. ○

04 민법의 원칙 이해

문제접근 계약 체결의 자유, 계약 상대방 선택의 자유, 내용 결정의 자유, 계약 방식의 자유 등은 계약 자유의 원칙을 실현하는 데 필요한 요소이다. 계약의 자유란 계약 체결 과정에서 누구의 강요와 간섭도 받지 않을 자유를 말한다. 그러나 계약 자유의 원칙은 계약 자유라는 이름으로 사회적 약자에게 부당한 계약을 강요하는 일이 많아지면서 실질적으로 평등하고 공정한 계약이 강조됨에 따라 계약 공정의 원칙으로 수정·보완되었다. 계약 공정의 원칙이란 계약의 내용이 사회 질서에 반하거나 공공의 이익을 침해할 경우 법적 효력이 인정되지 않는다는 원칙이다.

단답형 답안 A: 계약 자유의 원칙, B: 계약 공정의 원칙

05 혼인의 성립과 효과 이해

혼인(婚姻)이란 남녀가 부부가 되는 일로, 법적으로는 일종의 계약에 해당한다. 혼인은 개인적인 사건임과 동시에 사회적으로도 의미 있는 행위이기 때문에, 적법하고 유효한 혼인으로 인정받기 위해서는 실질적 요건과 형식적 요건을 갖추어야 한다. 실질적 요건으로는 혼인 당사자가 18세 이상일 것, 자유로운 의사에 의한 혼인일 것, 일정한 범위 내의 친족 간의 혼인이 아닐 것, 중혼이 아닐 것 등이 해당하며, 혼인의 형식적 요건은 혼인 신고이다.

① 혼인의 실질적 요건으로 혼인 당사자가 민법에서 금지하는 일정한 친족 관계가 아닐 것이 요구된다. 8촌 이내의 혈족, 6촌 이내의 혈족의 배우자, 배우자의 6촌 이내의 혈족, 배우자의 4촌 이내의 혈족의 배우자인 인척이거나 이러한 인척이었던 자 사이의 혼인은 인정되지 않는다. ○

② 혼인의 형식적 요건은 혼인 신고이다. 결혼식에서의 혼인 서약서 작성은 혼인의 성립 요건과 무관하다. ✗

③ 18세의 미성년자가 부모의 동의를 얻어 혼인하면 성년으로 의제되어 행위 능력에서의 제한을 받지 않는다. ○

④ 식료품 구매나 자녀 교육비 지출 등과 같이 가정의 공동생활을 위한 일상적인 거래와 관련된 채무에 대해서는 부부가 연대 책임을 갖고 있다. ○

⑤ 혼인 신고를 하지 않은 사실혼 부부도 동거, 부양, 협조의 의무를 진다. ○

06 재판상 이혼 이해

제시된 자료에서는 원고와 피고가 있으므로 소송과 관련된 것임을 알 수 있다. 주문을 보면 원고와 피고의 이혼, 위자료, 친권자 및 양육자 지정이 있어 재판상 이혼의 판결임을 알 수 있다.

① 갑이 자녀를 양육하게 되므로 자녀를 양육하지 않는 을은 자녀 병을 만날 수 있는 면접 교섭권을 갖는다. ○

② 법원은 을이 갑에게 위자료를 주어야 한다고 판결하고 있으므로 혼인 파탄의 책임이 을에게 있음을 인정하였다. ○

③ 부부간의 이혼으로 부부간의 법적 관계가 소멸한다. 따라서 을이 사망할 경우 갑은 을의 재산에 대한 상속권을 갖지 못한다. 그러나 부모의 이혼은 친자 관계에는 영향을 주지 않으므로 을이 사망할 경우 자녀 병은 을의 재산에 대한 상속권을 가진다. ○

④ 재판상 이혼은 이혼의 판결이 확정된 때 이혼의 효력이 발생한다. ○

⑤ 이혼 숙려 기간은 협의상 이혼에서 거쳐야 할 절차이다. ✗

07 상속의 이해

가계도를 보면 A에게는 배우자는 없었고, 자녀인 B와 C, 아버지인 E가 있었다. A의 사망으로 B와 C가 법정 상속인이 되었다. A가 남긴 자필 증서가 유효하더라도 법정 상속인 B와 C는 법정 상속분의 절반을 유류분으로 반환받을 수 있다.

① 법정 상속인은 B와 C이므로 B가 상속을 포기한다면 C가 단독 상속인이 된다. E는 A의 직계 존속으로 상속 2순위자이므로 1순위자가 있는 상태에서는 상속인이 될 수 없다. ✘

② A의 유언이 인정되지 않을 경우 법정 상속이 이루어지는데 법정 상속인은 B와 C이다. D는 C의 배우자이므로 상속인이 아니다. ✘

③ A의 유언이 인정되면 △△양로원은 최대 10억 원을 받는다. 만일 B와 C가 유류분권을 최대로 행사하면 최소 5억 원을 받는다. ✘

④ A의 유언이 인정될 경우 B는 법정 상속분인 5억 원의 1/2인 2억 5천만 원을 유류분으로 반환받을 수 있다. ⭕

⑤ 자필 유언은 유언자가 자필로 작성하여 날인해야 효력이 인정된다. 컴퓨터로 유언을 작성하여 날인한 경우에는 유언의 효력이 인정되지 않는다. ✘

08 미성년자의 불법 행위 책임 이해

[문제접근] 미성년자가 불법 행위를 했을 경우 책임 능력이 있느냐 없느냐가 중요하다. 책임 능력이 없는 미성년자가 불법 행위를 했을 경우 그 미성년자 본인은 책임을 지지 않는다. 그 미성년자를 감독할 법정 의무자가 배상 책임을 진다. 책임 능력이 있는 미성년자가 불법 행위를 했을 경우에는 그 미성년자 본인과 법정 감독 의무자가 배상 책임을 진다. 이 사례에서 갑과 을은 모두 미성년자이지만 연령으로 봐서 갑은 책임 능력이 있고, 을은 없다고 볼 수 있다. 따라서 갑과 갑의 어머니 정은 배상 책임을 진다. 을은 책임 능력이 없으므로 배상 책임을 지지 않고 을의 어머니 무가 책임을 진다.

[서술형 답안] 이 사례에서 불법 행위 책임을 질 수 있는 사람은 갑, 정, 무이다. 갑은 18세로서 책임 능력이 있기 때문이며, 갑의 어머니 정은 미성년자인 갑에 대한 감독상의 과실을 이유로 불법 행위 책임을 질 수 있다. 을은 9세로서 책임 능력이 없기 때문에 불법 행위 책임을 지지 않는다. 그러나 을의 어머니 무는 책임 무능력자의 감독자 책임을 진다.

---

1 ③	2 ②	3 ⑤	4 ③	5 ④	6 ①
7 ①	8 ⑤	9 ⑤	10 ②	11 ⑤	12 ③

1 민법과 형법의 이해

갑은 절도죄로 체포되었으므로 (가)는 형법, 을은 병과 리모델링 계약을 체결했으므로 (나)는 민법이다.

ㄱ. 침해당한 권리를 구제하는 절차와 관련된 법은 소송법이다. 소송법에는 민사 소송법, 형사 소송법, 행정 소송법 등이 있다. 형법은 범죄와 형벌을 다루는 법으로 사회 질서를 유지하기 위해 필요한 내용을 규율하고 있다. ✘

ㄴ. 민법은 계약, 물건, 불법 행위와 손해 배상, 가족 등 개인을 주체로 한 대등한 법률관계를 다룬다. ⭕

ㄷ. 형법은 국가와 국민 간의 공적 생활 관계를, 민법은 개인과 개인 간의 사적 생활 관계를 규율한다. ⭕

ㄹ. 형법은 사회 질서를 유지하기 위해 금지해야 할 행위를 범죄로 규정하고 범죄를 저질렀을 때 부과할 형벌을 규정하고 있다. 민법은 사회 구성원의 자율적인 행위를 원칙으로 하면서 최소한의 기준만 제시하고 있다. 형법은 위반했을 때 형벌 등 제재가 무겁지만 민법은 기준을 벗어나더라도 손해 배상 등으로 제재가 가해지므로 형법에 비해 무겁지 않다. ✘

2 민법의 원칙 이해

(가)는 사유 재산권 존중의 원칙, (나)는 계약 공정의 원칙, (다)는 무과실 책임의 원칙이다.

① 사유 재산권 존중의 원칙은 개인의 사유 재산권에 대한 절대적 지배를 인정하고, 국가나 다른 개인은 이를 침해하거나 제한할 수 없다는 원칙이다. 따라서 이 원칙에 의하면 공익을 위해서라도 사유 재산권을 제한할 수 없다. ✘

② 계약 공정의 원칙이란 계약 내용이 사회 질서에 반하거나 공공의 이익을 침해할 경우 법적 효력이 인정되지 않는다는 원칙이다. 따라서 계약 내용이 불공정하면 계약의 효력이 발생하지 않을 수 있다. ⭕

③ 무과실 책임의 원칙이란 고의나 과실이 없어도 타인에게 피해를 준 경우 일정한 요건에 따라 책임을 져야 한다는 원칙이다. 사업자의 환경 침해나 제조물 책임 등 특수한 경

우에는 고의 또는 과실이 없어도 무과실 책임의 원칙을 적용하여 사업자나 제조사에 책임을 물을 수 있도록 하고 있다. 개발 제한 구역 지정은 소유권 공공복리의 원칙이 적용된 사례이다. ✗

④ 근대 민법의 원칙인 사유 재산권 존중의 원칙은 자유주의, 개인주의를 바탕으로 형성된 것이다. 그러나 근대 민법의 수정 원칙인 계약 공정의 원칙이나 무과실 책임의 원칙 등은 권리의 공공성, 공정성을 강조한다. ✗

⑤ 계약 자유의 원칙과 과실 책임의 원칙은 개인주의와 자유주의를 바탕으로 형성된 것이므로 경제적 강자에 대한 규제와는 관련이 없다. ✗

3 민법의 원칙 이해

제시문에서 A는 계약 자유의 원칙, B는 계약 공정의 원칙, C는 사유 재산권 존중의 원칙, D는 소유권 공공복리의 원칙이다.

① 계약 자유의 원칙에 의하면 개인은 자신의 의사에 따라 타인과 자유롭게 계약을 맺음으로써 권리를 취득하거나 의무를 부담하는 법률관계를 형성할 수 있다. 따라서 개인의 자유로운 판단을 존중한다는 것을 전제로 한다. O

② 계약 공정의 원칙은 계약 내용이 사회 질서에 반하거나 공정성을 잃으면 법적 효력이 인정되지 않을 수도 있다는 원칙이다. O

③ 사유 재산권 존중의 원칙은 개인이 소유하는 재산에 대한 사적 지배를 인정하고 국가나 다른 개인은 이를 함부로 간섭하거나 제한할 수 없다는 원칙이다. 이로 인해 개인의 사유 재산에 대한 절대적 지배권이 인정된다. O

④ 소유권 공공복리의 원칙은 개인의 소유권이 공공의 이익에 부합하도록 행사되어야 한다는 원칙으로서 재산권 행사의 공공복리 적합성을 강조한다. O

⑤ 현대 사회에서는 계약 자유의 원칙, 사유 재산권 존중의 원칙을 기본으로 하면서 공공성과 공정성을 추가하여 계약 공정의 원칙, 소유권 공공복리의 원칙을 적용하고 있다. 따라서 오늘날에는 계약 자유의 원칙, 계약 공정의 원칙, 사유 재산권 존중의 원칙, 소유권 공공복리의 원칙이 모두 적용된다. ✗

4 계약의 성립 이해

을은 등산복을 구입하려는 소비자이고, 갑은 판매자이다. 갑과 을 간 등산복 매매 계약이 성립하는 모습을 보여 주고 있다.

① 청약은 일정한 조건을 정하여 계약을 체결하고 싶다는 의사 표시이므로 구체적이어야 한다. 가을에 입을 수 있는 등산복을 구입하고 싶다는 것은 어느 제품을 특정하여 구입하겠다는 의사 표시가 아니므로 청약으로 볼 수 없다. ✗

② 승낙은 청약을 받아들이겠다는 의사 표시이다. 청약과 승낙의 의사 표시가 합치하면 계약이 성립하며, 이로 인해 당사자는 권리와 의무를 갖게 된다. 갑이 특정 제품을 소개하는 것은 승낙으로 볼 수 없으므로 계약이 성립되지 않아 을이 등산복을 인도받을 권리는 발생하지 않는다. ✗

③ ⓒ은 을이 특정 제품을 지정하여 구입하겠다는 의사 표시이므로 청약에 해당한다. ⓔ은 을의 청약에 대해 승낙하는 의사 표시이므로 을의 청약과 갑의 승낙의 의사 표시가 합치되어 계약이 체결된다. O

④ 을이 신용카드를 주면서 결제해 달라고 하는 것은 을이 대금을 지불해야 할 채무를 이행하는 것이다. 이에 따라 갑은 등산복을 인도해야 할 채무를 가지고, 을은 등산복을 받을 채권을 갖는다. ✗

⑤ 갑이 등산복을 을에게 인도해 주었다고 해서 갑과 을의 법률관계가 소멸되는 것은 아니다. 을이 등산복을 구입하고서도 이 계약을 철회할 수도 있으며 하자가 발견된 경우 채무 불이행 책임을 물을 수도 있으므로 두 사람의 법률관계가 소멸되었다고 볼 수 없다. ✗

5 미성년자의 계약 이해

왜 신유형인가? 그동안 미성년자의 계약을 제시문으로 주고서 이에 대한 분석을 묻는 유형이 많이 출제되었다. 그러나 본 문항은 미성년자의 계약에 대해 모둠별로 법적 판단을 내리고 어떤 모둠이 제대로 평가했는지를 찾아내는 유형이다.

미성년자는 제한 능력자이기 때문에 법률 행위를 할 때는 원칙적으로 법정 대리인의 동의를 얻어야 한다. 동의를 얻지 않고 행한 법률 행위는 미성년자 본인이나 법정 대리인이 취소할 수 있다. 미성년자인 갑과 병은 법정 대리인의 동의 없이 계약을 체결했다. 특히 병은 법정 대리인의 동의서를 위조하여 상대방을 속이고 계약을 체결했다.

① 미성년자의 단독 행위를 이유로 미성년자 본인이 매매 계약을 취소할 경우에는 법정 대리인의 동의를 얻을 필요가 없다. ✗

② 미성년자와 거래한 계약 상대방이 거래 당시에 미성년자임을 몰랐을 경우에는 미성년자 본인 또는 미성년자의 법정 대리인에게 철회권을 행사할 수 있다. ✗

③ 미성년자가 단독으로 행한 법률 행위를 취소할 경우에는 위약금을 줄 필요가 없다. ✗

④ 병은 미성년자인데 거래 상대방인 정에게 법정 대리인의 동의를 얻은 것으로 속여서 거래했으므로 이 계약은 확정적으로 유효하다. 따라서 병과 병의 법정 대리인은 이 계약을 취소할 수 없다. ⭕

⑤ 병은 정을 속여서 거래했으므로 이 계약은 확정적으로 유효하다. 정은 병의 법정 대리인에게 이 계약의 추인 여부의 확답을 촉구할 필요가 없다. ❌

틀린 사람을 위한 조언 이 문제를 틀린 사람은 미성년자의 계약에 대해 잘 모르고 있는 거야. 갑과 병 모두 법정 대리인의 동의 없이 거래했지만, 병은 동의서를 위조하여 정을 속였기 때문에 병이나 병의 법정 대리인은 취소권이 없어. 갑의 경우는 거래 상대방인 을이 갑이 미성년자임을 알았는지가 관건이야. 거래 당시 갑이 미성년자임을 알고 있었다면 철회권을 행사할 수 없는 거야.

6 불법 행위 성립 요건 이해

어떤 사람의 행위가 불법 행위로 인정되기 위해서는 몇 가지 요건을 갖추어야 한다. 먼저 가해 행위가 고의 또는 과실에 의한 것이며, 위법성이 있어야 한다. 또한 가해 행위로 인해 타인에게 손해가 발생해야 하고, 가해 행위와 손해 발생 간에 상당한 인과 관계가 있어야 한다. 그리고 가해자 스스로 자신의 행위가 불법 행위로서 법률상 책임이 발생할 수 있다는 것을 변식할 수 있는 능력, 즉 책임 능력이 있어야 한다.

① 갑이 을의 개를 때려 상해를 입힌 것은 개가 갑자기 달려들어 자신을 해치려는 상태에서 급히 피난하기 위한 행위이다. 즉, 법원은 갑의 행위가 긴급 피난으로서 위법성이 조각되므로 불법 행위가 성립하지 않는다고 보았다. ⭕

② 갑이 을의 개를 때린 것은 순간적으로 피하기 위한 행위이므로 갑의 행위에 고의나 과실이 없었다고 보기는 어렵다. ❌

③ 손해 배상 능력은 불법 행위의 성립 요건과 무관한다. ❌

④ 갑은 30세로서 회사원이므로 책임 능력이 없다고 볼 수는 없다. ❌

⑤ 갑이 개를 때려 을의 개가 상해를 입었으므로 갑의 행위와 을의 손해 발생 간에 상당한 인과 관계가 존재하였다. ❌

7 특수 불법 행위 책임의 이해

왜 신유형인가? 불법 행위 책임은 대체로 사례를 제시하고 그 사례에서 배상 책임이 누구에게 있는지, 그리고 그 근거는 무엇인지를 묻는 문항이 많았다. 그런데 이번에는 갑, 을, 병의 관계를 도식

으로 제시하고 이 도식에 맞는 사례를 찾는 문항이다. 우선 도식의 내용을 파악하여 책임 무능력자의 감독자 책임임을 알아내고 그 사례를 선지에서 찾아야 한다.

갑이 을에게 가해 행위를 했지만 을이 갑에게 책임을 묻는 것은 불가능하다. 그러나 갑에 대한 감독 책임을 가진 병에게 배상 책임을 묻는 것은 가능하다. 따라서 자료는 특수 불법 행위 책임 중 책임 무능력자의 감독자 책임을 나타낸다고 볼 수 있다.

① 갑은 5세로서 책임 능력이 없으므로 을은 갑에게 불법 행위 책임을 물을 수 없다. 을은 갑의 법정 의무 감독자인 부모 병에게 책임 무능력자의 감독자 책임을 물을 수 있다. 따라서 제시된 그림의 적절한 사례이다. ⭕

② 병은 사용자, 갑은 피용자, 을은 피해자이다. 갑의 불법 행위로 병은 사용자 배상 책임을 질 수 있는데, 을은 갑에게도 불법 행위 책임을 물을 수 있으므로 제시된 그림의 적절한 사례가 아니다. ❌

③ 건물에 부착된 간판은 공작물이다. 공작물의 설치 관리상의 하자로 인한 손해에서는 1차적으로 공작물 점유자가 배상 책임을 지고, 점유자에게 과실이 없음이 증명되면 소유자가 무과실 책임을 진다. 또한 병이 갑의 감독자가 아니므로 제시된 그림의 적절한 사례가 아니다. ❌

④ 갑은 개의 점유자, 병은 소유자, 을은 피해자이다. 동물에 의한 손해에서는 동물 점유자가 배상 책임을 진다. 따라서 제시된 그림의 적절한 사례가 아니다. ❌

⑤ 갑과 병이 함께 을에게 폭행을 가한 것은 공동 불법 행위자 책임으로서 두 사람이 연대 책임을 진다. 따라서 제시된 그림의 적절한 사례가 아니다. ❌

틀린 사람을 위한 조언 이 문제를 틀린 사람은 책임 무능력자의 감독자 책임을 정확하게 알지 못하고 있어. 그림에서 을이 갑에게 배상 청구를 할 수 없다는 점을 눈여겨 봐야 해. 특수 불법 행위 책임에서 피해자가 가해자에게 배상 청구를 할 수 없는 것은 책임 무능력자의 감독자 책임 하나뿐이야.

8 공동 불법 행위자 책임 이해

갑, 을, 병이 함께 A를 때려 상해를 입혔다. A는 눈을 크게 다쳤는데, 눈을 때린 사람이 누구인지는 알 수 없다. 이 경우 공동 불법 행위자 책임이 적용된다.

① 공동 불법 행위자 책임에서는 가해자가 연대하여 배상 책임을 진다. 피해자는 가해자 1명만을 상대로 책임을 물을 수도 있고, 가해자 모두를 상대로 책임을 물을 수도 있다. 따라서 A는 을을 상대로만 손해 배상을 청구할 수 있다. ⭕

② 공동 불법 행위자 책임에서 피해자는 가해자 모두를 상대로 손해 배상액을 분담하여 책임을 물을 수 있다. 따라서 A는 갑, 을, 병 모두에게 금액을 각각 나누어 손해 배상 책임을 물을 수 있다. ○

③ 갑, 을, 병은 민사상 불법 행위와는 별도로 형사상 범죄를 저질렀으므로 A가 고소할 경우 형사 절차에 따라 형사 책임을 지게 된다. ○

④ 가해자가 누구인지 모를 경우 가해자로 지목되었더라도 자신이 불법 행위를 하지 않았다는 것을 증명하면, 책임은 면제된다. ○

⑤ 갑, 을, 병이 A를 때린 행위는 갑의 사무 감독 행위와는 관련이 없다. 따라서 사용자 배상 책임이 적용되지 않으므로 갑이 을, 병의 선임과 사무 감독에 상당한 주의를 다하였음을 증명할 필요도 없으며, 증명하더라도 면책되는 것이 아니다. ✗

9 이혼의 유형 이해

왜 신유형인가? 이혼의 유형을 묻는 문항은 대체로 제시문에서 이혼의 사례를 통해 협의상 이혼인지 재판상 이혼인지를 파악하거나 이혼의 유형과 관련된 도식을 제시하고 그 유형을 파악한 다음 각각의 이혼의 특성을 선지에서 찾아내는 방식이었다. 이번에 제시된 유형은 이혼 상담을 하러 온 두 쌍의 부부에게서 받은 설문 결과를 바탕으로 이혼의 유형을 파악하고 각각의 유형에 대한 특징을 찾아내는 방식이다.

갑과 을 부부는 성격 차이로 이혼하려고 하며, 이혼에 대해 두 사람이 합의했다. 이를 통해 갑과 을 부부는 협의상 이혼을 준비하고 있음을 알 수 있다. A와 B 부부는 A의 지속적인 폭행이 민법에서 정한 재판상 이혼 사유에 해당하며, 두 사람이 이혼에 대해 의견 일치가 되지 않았다는 점을 알 수 있다. 이를 통해 A와 B 부부는 재판상 이혼을 해야 함을 알 수 있다.

① 협의상 이혼은 이혼 신고를 함으로써 이혼의 효력이 발생한다. ✗

② A와 B는 재판상 이혼을 해야 한다. 재판상 이혼에서는 이혼 조정, 이혼 소송, 이혼 판결을 거친다. 이혼 숙려 기간을 거치는 것은 협의상 이혼이다. ✗

③ 상대 배우자에게 부부 공동 재산에 대한 분할을 청구할 수 있는 것은 협의상 이혼뿐만 아니라 재판상 이혼에서도 가능하다. ✗

④ 이혼 후 양육권과 친권을 누가 가지는가는 부부가 협의해서 정하면 된다. 한쪽이 양육권을 가진다고 해서 다른 쪽

이 친권을 가져야 하는 것은 아니다. 한쪽이 친권과 양육권 모두를 가질 수도 있다. ✗

⑤ 이혼 후 한쪽이 양육권을 가지면 양육권을 갖지 못한 당사자는 자녀를 지속적으로 만날 수 있는 면접 교섭권을 가진다. ○

10 혼인의 유형 이해

갑과 을은 혼인 신고를 하고 부부 공동생활을 하고 있으므로 **법률혼** 부부이다. 병과 정은 부부 공동생활을 하고 있으나 아직 혼인 신고를 하지 않은 상태이므로 사실혼 부부이다.

① 상속권은 법률혼 부부에게만 인정된다. 갑과 을은 법률혼 부부이므로 배우자 사망 시 상속인이 된다. 그러나 병과 정은 사실혼 부부이므로 배우자 사망 시 상속인이 되지 못한다. ○

② 일상 가사에 관한 대리권은 법률혼 부부뿐만 아니라 사실혼 부부에게도 인정된다. 따라서 을과 정도 일상 가사 대리권을 행사할 수 있다. ✗

③ 18세인 갑과 을은 미성년자이지만 혼인 신고를 한 법률혼 부부이므로 성년으로 의제되어 부모의 동의를 얻지 않고도 유효한 계약을 체결할 수 있다. ○

④ 갑과 을은 혼인 신고를 한 법률혼 부부이므로 부부 관계를 해소하기 위해서는 법적인 이혼 절차를 밟아야만 한다. ○

⑤ A는 법률혼 부부인 갑과 을에게서 태어났으므로 혼인 중 출생자이다. B는 사실혼 부부인 병과 정에게서 태어났으므로 병과 정의 혼인 외 출생자이다. ○

11 친양자 입양 이해

일반 입양의 경우에는 친생부모의 성과 본을 그대로 유지하며 입양 전 친족 관계가 유지되지만, 친양자로 입양되면 양부모의 성과 본을 따르고 입양 전의 친족 관계가 종료된다. 친양자를 입양하기 위해서는 가정 법원에 친양자 입양 심판을 청구해야 하며, 가정 법원은 친양자가 될 사람의 복리를 위하여 그 청구를 기각할 수도 있다. 친양자 제도는 양자를 양부모의 친자와 동일하게 보아 입양 아동이 법적으로뿐만 아니라 실제 생활에서도 완전한 가족이 되도록 하기 위한 제도라고 할 수 있다.

① 친양자 입양을 위해서는 혼인 후 3년이 지난 부부가 합의하여 입양할 것, 친양자가 될 자가 미성년자일 것, 친양자가 될 자의 친생부모가 친양자 입양에 동의할 것 등의 요건을 갖추어야 한다. ○

② 친양자 입양을 위해서는 먼저 가정 법원에 친양자 입양을 청구하고, 가정 법원이 이를 허가하는 결정을 내려야 한다. ○

③ 친양자로 입양된 자는 양부모의 혼인 중의 출생자로 간주된다. ○

④ 친양자로 입양된 자는 원칙적으로 양부모의 성과 본을 따르게 된다. ○

⑤ 친양자로 입양되면 입양 전 친족 관계가 종료되므로 친생 부모가 사망하더라도 상속인이 되지 못한다. ✕

12 유언과 상속의 이해

갑은 자필 유언을 남겼는데 이 유언장의 효력이 있느냐 없느냐에 따라 상속분이 달라진다. 갑의 유언이 효력이 없으면 법정 상속이 이루어지고, 유언의 효력이 인정되면 유언에 따라 상속이 이루어지지만 상속인은 유류분을 청구할 수 있다.

① 상속의 1순위는 피상속인의 직계 비속이다. 피상속인의 배우자는 공동 상속인이다. 따라서 갑의 법정 상속인은 배우자 을, 직계 비속 병과 정이다. 직계 존속은 상속의 2순위자이므로 무는 법정 상속인이 아니다. ✕

② 병과 정이 상속을 포기하면 을은 직계 존속인 무와 공동으로 상속받는다. ✕

③ 자필 유언장에는 유언자의 날인이 반드시 있어야 한다. 만일 갑의 유언장에 날인이 없다면 유언은 효력이 없으므로 법정 상속이 진행된다. 따라서 을은 6억 원, 병과 정은 각각 4억 원씩을 상속받는다. ○

④ 갑의 유언장이 법적 효력이 있다면 무는 14억 원을 받을 수 있지만 상속인이 모두 최대한의 유류분을 청구한다면 7억 원을 받을 수 있다. 따라서 무는 최소 7억 원을 받을 수 있다. ✕

⑤ 갑의 유언장이 법적 효력이 있고, 정이 유류분을 청구하지 않더라도 병은 자신의 법정 상속분의 절반인 2억 원만 유류분으로 청구할 수 있다. ✕

V 사회생활과 법

01 형법의 이해

기본 문제
본문 130~131쪽

01	④						
02	(가) 명확성의 원칙, (나) 유추 해석 금지의 원칙						
03	④	04	④	05	③	06	④

01 죄형 법정주의 이해

죄형 법정주의는 범죄와 형벌이 성문의 법률에 규정되어 있어야 한다는 것을 강조하여 국가의 자의적 형벌권 남용을 금지하는 형법의 기본 원리이다.

ㄱ. 죄형 법정주의는 범죄와 형벌이 미리 성문의 법률에 규정되어 있어야 함을 강조한다. ○

ㄴ. 현대적 의미에서는 법률의 정당성까지 강조하여 '적정한 법률이 없으면 범죄도 없고 형벌도 없다.'로 이해된다. ○

ㄷ. 죄형 법정주의는 법관의 자의적 판단뿐만 아니라 입법자의 자의로부터 국민의 자유와 권리를 보장하고자 한다. ✕

ㄹ. 죄형 법정주의는 범죄와 그 처벌은 행위 당시의 법률에 의해야 하고 행위 후에 법률을 제정하여 그 법으로 이전의 행위를 처벌해서는 안 됨을 강조한다. ○

틀린 사람을 위한 조언 이 문제를 틀린 사람은 죄형 법정주의가 법관의 자의적 판단뿐만 아니라 입법자의 자의로부터 국민의 자유와 권리를 보장하고자 한다는 내용을 몰랐기 때문이야. 죄형 법정주의는 법 제정자와 법 적용자 모두에게 적용된다는 것을 알아야 해.

02 죄형 법정주의의 파생 원칙 이해

문제접근 '나쁜 짓', '혼난다'라는 표현은 범죄와 형벌의 내용이 명확하지 않다. 따라서 (가)는 죄형 법정주의의 파생 원칙 중 명확성의 원칙이다. 고양이를 죽인 것에 대해 범죄로 규정한 법률이 없음에도 불구하고, 개를 죽인 것을 범죄로 규정한 법률을 적용하여 처벌하는 것은 유추 해석 금지의 원칙에 어긋난다. 따라서 (나)는 유추 해석 금지의 원칙이다.

단답형 답안 (가) 명확성의 원칙, (나) 유추 해석 금지의 원칙

03 범죄의 성립 요건 이해

범죄가 성립하기 위해서는 구성 요건 해당성, 위법성, 책임의 요건을 모두 갖추어야 한다. A는 구성 요건에는 해당하지만 위법성이 조각되어 범죄가 성립하지 않는 경우이고, B는 구성 요건 해당성, 위법성은 있으나 책임이 없어 범죄가 성립하지 않는 경우이다. C는 구성 요건 해당성, 위법성, 책임의 요건을 모두 갖추어 범죄가 성립하는 경우이다.

① 심신 상실자의 행위는 책임이 조각되어 범죄가 성립하지 않는다. ✘
② 자신의 딸을 죽이겠다는 협박에 어쩔 수 없이 회사의 기밀을 훔친 것은 피할 수 없는 강요된 행위이므로 책임이 조각되어 범죄가 성립하지 않는다. ✘
③ 자신의 집에 들어온 강도를 제압하는 과정에서 가벼운 상처를 입힌 것은 정당방위에 해당한다. ✘
④ 심신 미약자의 행위는 책임 감경 사유이지 조각 사유가 아니므로 범죄가 성립한다. ⭕
⑤ 피해자의 승낙은 위법성 조각 사유에 해당한다. ✘

04 범죄의 성립 요건 이해

법원은 갑이 을을 폭행할 당시에 심신 미약의 상태였다는 것을 고려하여 형을 감경하였다. 이는 심신 미약자의 행위는 책임 감경 사유에 해당하기 때문이다.

ㄱ. 법원은 갑에 대해 책임이 감경된다고 판단하였다. ✘
ㄴ. 징역은 1개월 이상 교도소 등에 구금하고 정역을 부과하는 형벌이다. ⭕
ㄷ. 법원은 갑의 행위가 구성 요건 해당성, 위법성, 책임이 있다고 판단하였다. ✘
ㄹ. 치료 감호는 대안적 제재 수단에 해당하는 보안 처분 중 하나이다. ⭕

틀린 사람을 위한 조언 ▶ 이 문제를 틀린 사람은 심신 미약자는 책임 조각 사유가 아니라 감경 사유라는 것을 몰랐기 때문이야. 심신 상실자와 달리 심신 미약자의 행위는 책임이 조각되지 않기 때문에 범죄가 성립한다는 사실을 알아야 해.

05 위법성 조각 사유 이해

편의점에서 절도 행위 후 도주하는 범인을 쫓아가 체포한 후 경찰에 인계한 것은 현행범 체포로 법령에 의한 행위이다. 법령에 의한 행위는 위법성 조각 사유 중 정당 행위에 해당하여 범죄가 성립하지 않는다.

흉기를 휘두르며 행인에게 위협을 가하는 사람을 제압하는 과정에서 약간의 상해를 입힌 것은 부당한 침해를 방위하기 위한 상당한 이유가 있는 행위로 위법성 조각 사유 중 정당방위에 해당한다. 몇 년 째 자신의 돈을 갚지 않고 도주 중인 사람이 해외로 도피하려 하자 공권력 투입의 시간적 여유가 없어 공항에서 직접 체포한 것은 위법성 조각 사유 중 자구 행위에 해당한다.

06 보안 처분 이해

범죄자의 사회 복귀와 사회 질서 보호라는 목적을 달성하기 위한 대안적 제재 수단을 보안 처분이라고 한다. 보안 처분 중 A는 치료 감호, B는 보호 관찰이다.

ㄱ. 심신 상실자의 행위는 책임이 조각되어 형벌을 부과할 수 없으나 보안 처분 중 치료 감호는 부과할 수 있다. ⭕
ㄴ. 치료 감호, 보호 관찰은 모두 보안 처분에 해당하며, 보안 처분은 범죄인에 대한 교화를 목적으로 한다. ✘
ㄷ. A는 치료 감호, B는 보호 관찰이다. ⭕
ㄹ. 치료 감호와 보호 관찰은 형벌과 함께 부과할 수 있다. ⭕

02 형사 절차와 인권 보장

기본 문제			본문 139~141쪽
01 ④	02 ⑤	03 ④	04 ②
05 해설 참조		06 ②	
07 갑: 배상 명령 제도, 을: 명예 회복 제도			
08 ⑤	09 ⑤	10 범죄 피해자 구조 제도	
11 ②	12 ⑤		

01 형의 선고 유형 비교

형의 선고 유형 중 A는 무죄 선고, B는 실형 선고, C는 집행 유예, D는 선고 유예이다. 이중 실형 선고, 집행 유예, 선고 유예는 모두 유죄 선고이다.

① 무죄 선고를 받더라도 구속 수사나 구속 재판을 받지 않았다면 형사 보상을 청구할 수 없다. ✘

② 실형 선고로 모두 구금되는 것은 아니다. 재산형의 경우에는 피고인이 구금되지 않는다. ✗

③ C는 집행 유예, D는 선고 유예이다. ✗

④ 집행 유예는 유예 기간 동안 일정한 범죄를 저지르지 않으면 형 선고의 효력을 상실시킨다. ○

⑤ 선고 유예는 일정한 범죄를 저지르지 않고 유예를 받은 날로부터 2년을 경과한 때에는 면소된 것으로 간주한다. ✗

틀린 사람을 위한 조언 ▶ ①로 답한 사람은 형사 보상을 청구하기 위해서는 무죄 판결을 받더라도 형사 절차 중 구속된 경우가 있어야 한다는 사실을 몰랐기 때문이야. 형사 보상은 구속된 적이 있는 피의자, 피고인이 무죄 취지의 불기소 처분, 무죄 판결을 받은 경우 등에 청구할 수 있다는 내용을 알고 있어야 해.

02 형사 절차 이해

형사 절차는 국가가 수사와 재판을 통해 범죄 사실과 범죄자에 관한 사건의 실체적 진실을 밝혀내어 형벌이나 보안 처분을 부과하고 형을 집행하기 위해서 거쳐야 하는 절차이다.

① 구속 수사 중 피의자 측은 법원에 구속 적부 심사를 청구할 수 있다. ✗

② 무죄 추정의 원칙은 기소 여부와 상관없이 피의자, 피고인 모두에게 인정된다. ✗

③ 징역은 교도소 등에 구금되는 형벌이므로 법원 선고 즉시 갑은 구금된다. ✗

④ 2심은 피고인 또는 검사의 항소로 진행되었다. ✗

⑤ 구속 수사 및 구속 재판을 받고 무죄 판결을 받았으므로 갑은 형사 보상을 청구할 수 있다. ○

틀린 사람을 위한 조언 ▶ ②로 답한 사람은 무죄 추정의 원칙이 피의자, 피고인 모두에게 적용된다는 점을 몰랐기 때문이야. 무죄 추정의 원칙은 판결이 확정될 때까지 적용된다는 점을 알아야 해.

03 형사 재판, 민사 재판의 이해

A가 갑을 폭행하여 전치 5주의 상해를 입힌 것에 대해 갑은 불법 행위로 인한 손해 배상을 청구할 수 있고, 형사 고소를 할 수 있다. 이에 따라 민사 재판과 형사 재판이 진행될 수 있다.

ㄱ. 불법 행위로 인한 손해에는 재산적 손해뿐만 아니라 정신적 손해도 포함된다. ○

ㄴ. A의 행위가 정당방위로 인정되면 위법성이 조각되므로 불법 행위가 아니다. ○

ㄷ. 형사 재판은 검사의 기소로 진행된다. ✗

ㄹ. 형사 재판에서 피해자는 재판의 당사자가 아니다. ○

틀린 사람을 위한 조언 ▶ 이 문제를 틀린 사람은 수사가 고소 및 고발, 현행범 체포, 긴급 체포, 범인의 자수, 수사 기관의 인지 등에 의해 개시된다는 사실을 몰랐기 때문이야. 수사가 개시되는 경우는 여러 가지가 있다는 점을 알아야 해.

04 형사 절차 이해

형사 절차는 수사의 개시로 시작되고 범죄 혐의가 인정되면 검사의 기소로 형사 재판이 이루어진다. 공판 절차에서 검사는 피고인의 유죄를 입증해야 한다. 이후 유죄 판결이 선고되면 검사의 지휘로 형의 집행이 이루어진다.

① 수사의 대상이 되는 사람을 피의자라고 한다. ○

② 변호인의 조력을 받을 권리는 피의자, 피고인 모두에게 인정된다. ✗

③ 공판 절차에서 피고인의 범죄 입증은 검사가 하여야 한다. ○

④ 유죄 판결 중 벌금형 등의 재산형은 구금되지 않는다. ○

⑤ 기소 및 집행은 검사에 의해 이루어진다. ○

05 국민 참여 재판 이해

문제접근 국민 참여 재판은 형사 재판 중 지방 법원 합의부 관할 사건에 적용될 수 있으며, 20세 이상의 배심원이 재판에 참여하여 평의 및 평결을 내면 판사는 이를 고려하여 판결을 한다. 판사는 배심원의 평결을 따르지 않아도 되지만 따르지 않을 경우 이에 대한 이유를 밝혀야 한다. 국민 참여 재판은 재판에 대한 국민의 신뢰도를 높이는 등의 목적을 가지고 있다.

서술형 답안 국민 참여 재판, 지방 법원 합의부 관할 형사 사건에 적용된다.

06 수사 절차 이해

수사는 고소 및 고발, 수사 기관의 인지 등으로 개시되며, 수사 후 피의자 및 관련 자료를 검찰로 송치하고 검찰이 이를 토대로 기소 또는 불기소 처분 여부를 결정하면 수사가 종결된다.

ㄱ. 수사는 고소 및 고발뿐만 아니라 수사 기관의 인지, 현행
범 체포, 범인의 자수, 긴급 체포 등에 의해서도 이루어진
다. **O**

ㄴ. 수사는 불구속으로 하는 것이 원칙이나 법관이 발부한 영
장이 있으면 구속 수사도 가능하다. **X**

ㄷ. 12세인 자는 형벌을 받지 않기 때문에 17세인 자와 달리
검찰로 송치되지 않는다. **O**

ㄹ. 구속 수사 후 무죄 취지의 불기소 처분을 받아야 형사 보
상을 청구할 수 있다. **X**

틀린 사람을 위한 조언 ▶ 이 문제를 틀린 사람은 검사가 신청한 영장을 법관이
발부한다는 사실과 모든 불기소 처분의 경우에 형사 보상을 청구할 수 있는
것이 아니라는 사실을 몰랐기 때문이야. 영장은 법관이 발부하고, 기소 유예
를 제외한 무죄 취지의 불기소 처분인 경우에 형사 보상을 청구할 수 있다는
사실을 알아야 해.

07 형사 절차에서의 피해자 보호 제도 이해

문제접근 형사 피해자 갑이 민사 소송을 통해 손해 배상을 받는 것
에 대해 곤란함을 느끼고 있으므로, 갑에게는 형사 재판에서 민사적 손
해 배상 명령까지 받아낼 수 있는 배상 명령 제도가 필요하다. 을은 사
기 혐의로 명예가 실추되었는데 이후 무죄 판결을 받았으므로 실추된
명예를 회복하기 위해 명예 회복 제도를 활용할 수 있다.

단답형 답안 갑: 배상 명령 제도, 을: 명예 회복 제도

08 형사 절차 이해

구속 적부 심사 청구는 구속 수사를 받는 피의자가 구속에 대한 적법
성과 정당성을 심사해 줄 것을 법원에 청구하는 것이다. 보석 신청은
구속 재판을 받는 피고인이 일정한 보증금 납부를 조건으로 석방해 줄
것을 요구하는 것이다.

ㄱ. 구속 수사를 위해 영장을 발부해야 하는데 이 과정에서 법
관은 갑에 대해 영장 실질 심사를 하였을 것이다. **X**

ㄴ. 구속 적부 심사 청구가 인용되면 갑은 불구속 수사를 받게
된다. **X**

ㄷ. 보석 신청은 수사 단계가 아닌 재판 단계에서 활용할 수
있다. **O**

ㄹ. 집행 유예는 구금되지 않고 석방된다. **O**

09 수사 절차 이해

수사는 고소 및 고발, 현행범 체포, 긴급 체포, 범인의 자수, 수사 기관
의 인지 등에 의해 개시되며, 수사 후 검사의 기소 또는 불기소 처분으
로 종결된다.

ㄱ. 고소는 피해 당사자, 고발은 제3자에 의해 수사가 개시되
는 것이다. **X**

ㄴ. 구속 영장 발부를 위해 법관은 구속 전 피의자 심문을 하
는 것이 원칙이다. **O**

ㄷ. 구속 수사를 받은 후 무죄 취지의 불기소 처분을 받아야
형사 보상을 청구할 수 있다. 기소 유예는 불기소 처분이
나 무죄 취지가 아니므로 형사 보상을 청구할 수 없다. **O**

ㄹ. 기소 후 피의자는 피고인 신분이 된다. **O**

틀린 사람을 위한 조언 ▶ 이 문제를 틀린 사람은 고소는 피해 당사자, 고발은 제3
자에 의해 이루어진다는 사실을 몰랐기 때문이야. 고소와 고발의 주체에 대
한 명확한 구분이 필요해.

10 범죄 피해자 구조 제도 이해

문제접근 범죄 피해를 당한 사람이 범인을 잡아야 손해 배상 청구를
통해 손해 배상을 받을 수 있는데 범인을 잡지 못하는 등의 사유로 손
해 배상을 받지 못하고, 피해자가 치료비를 부담할 수 없는 등의 사유
가 있으면 국가로부터 생명 및 신체적 피해에 대한 구제를 요청할 수
있다. 이를 범죄 피해자 구조 제도라고 한다.

단답형 답안 범죄 피해자 구조 제도

11 형사 재판 절차 이해

기소는 검사에 의해서만 이루어지며 형사 재판의 당사자는 검사와 피
고인이다. 검사는 피고인이 유죄임을 입증해야 하고 검사가 이를 입증
하지 못하면 판사는 무죄 판결을 내리게 된다.

ㄱ. 경한 사건은 단독 판사, 중한 사건은 합의부에서 재판이
이루어진다. **O**

ㄴ. 형사 재판에서 재판의 당사자는 검사와 피고인이다. **X**

ㄷ. 진술 거부권, 변호인의 조력을 받을 권리는 피의자, 피고
인 모두에게 인정된다. **X**

ㄹ. 선고 유예, 집행 유예 판결 시 보호 관찰이 부과될 수 있
다. **O**

12 소년 사건 처리 절차 이해

소년법상 보호 처분은 가정(지방) 법원 소년부에서 10세 이상 19세 미만인 자에게만 내릴 수 있다. 형벌은 14세 이상인 자에게만 형사 재판을 통해 부과할 수 있다. 10세 미만인 자는 형벌 및 소년법상 보호 처분을 부과할 수 없다.

① 9세, 13세 모두 형사 미성년자이므로 형벌을 받지 않는다. ✕

② 갑의 행위는 구성 요건 해당성, 위법성이 있으나 책임이 없어 범죄가 성립하지 않는다. ✕

③ 병에게 형벌 또는 소년법상 보호 처분을 부과할 수 있다. ✕

④ 병은 검사에 의해 가정 법원 소년부로 송치될 수 있다. ✕

⑤ 선도 조건부 기소 유예 처분은 병에게만 내릴 수 있다. ○

03 근로자의 권리

기본 문제

본문 146~147쪽

01 ③	02 해설 참조	03 ④	04 ④
05 ①	06 ②		

01 근로 계약의 이해

사용자와 근로자는 근로 기준법에 규정된 근로 계약 내용의 기준대로 근로 계약을 체결해야 한다. 만약 근로 기준법의 내용에 어긋난 내용이 있다면 해당 부분만 무효로 되고 근로 기준법의 기준에 따라야 한다.

① 계약 기간이 1년 미만인 것은 근로 기준법 위반이 아니다. ✕

② 임금은 최저 임금 이상이면 된다. ✕
③ 근로 시간 9시간 도중 1시간의 휴게 시간이 없으면 근로 기준법 위반이다. ○
④ 임금은 근로자 본인에게 매월 직접 지급해야 한다. ✕
⑤ 임금은 매월 정해진 날짜에 1회 이상 지급해야 한다. ✕

02 사회법의 이해

문제접근 사회법은 근대 자본주의 사회가 발전하면서 발생한 빈익빈 부익부, 독점 기업 발생, 환경 오염 문제, 노사 간 갈등 문제 등을 해결하기 위해 등장한 법이다. 사회법은 사법 영역에 공법적 규제를 가할 수 있는 근거가 되는 법으로 국가의 적극적 역할을 요구한다.

서술형 답안 사회법, 공법과 사법의 중간 영역에 해당한다, 제3의 법 영역에 해당한다. 등

03 근로 3권의 이해

(가)~(다)는 헌법상 근로자에게 보장된 근로 3권으로 (가)는 단결권, (나)는 단체 교섭권, (다)는 단체 행동권이다. 근로 3권을 침해하는 사용자의 행위는 부당 노동 행위로 금지하고 있다.

ㄱ. 단결권은 근로자에게만 인정된다. 자영업자 및 사용자에게는 인정되지 않는 권리이다. ○
ㄴ. 사용자가 정당한 사유 없이 노동조합의 단체 교섭 요구를 거부하면 부당 노동 행위에 해당한다. ○
ㄷ. 정당한 단체 행동권의 행사로 인한 피해에 대해 노동조합은 민사적·형사적 책임을 지지 않는다. ○
ㄹ. 근로 조건 개선 등이 아닌 회사의 경영에 관여할 목적으로 단체 교섭권 및 단체 행동권을 행사할 수는 없다. ✕

틀린 사람을 위한 조언 이 문제를 틀린 사람은 단체 교섭권과 단체 행동권을 회사 경영에 관여할 목적으로 행사할 수 없다는 점을 몰랐기 때문이야. 회사 경영에 관여하거나 정치 참여를 목적으로 하는 단체 교섭권과 단체 행동권 행사는 금지된다는 점을 알아야 해.

04 부당 해고 구제 절차 이해

'결혼하면 퇴사한다.'는 근로 계약서상의 조건을 이유로 해고하는 것은 정당한 사유에 의한 해고가 아니고 불공정한 계약에 의한 해고이므로 부당 해고에 해당한다. 부당 해고에 대해서 근로자는 노동 위원회에 구제 신청을 할 수 있고, 이와 별도로 해고 무효 확인 소송을 제기할 수 있다.

ㄱ. 사용자 을의 해고는 근로 3권을 침해하는 것이 아니므로 부당 노동 행위는 아니다. ✕
ㄴ. 갑은 해고에 대해 노동 위원회에 구제 신청을 할 수 있다. ○
ㄷ. '결혼하면 퇴사한다.'는 내용이 포함된 근로 계약은 해당 조항만 무효이다. ✕
ㄹ. 갑의 해고에 대해 ○○회사의 노동조합은 노동 위원회에 구제 신청을 할 수 없다. ○

05 부당 노동 행위 구제 절차 이해

근로 3권을 침해하는 사용자의 행위를 부당 노동 행위라고 한다. 사례에서 노동조합에 가입했다는 이유로 해고를 하였으므로 이는 부당 노동 행위 및 부당 해고에 해당한다. 지방 노동 위원회 및 중앙 노동 위원회에 구제 신청을 한 것은 갑이므로 지방 노동 위원회는 갑에 대한 해고가 정당하다고 보았다. 이후 ◇◇ 회사가 행정 소송을 제기하였으므로 중앙 노동 위원회는 갑에 대한 해고가 부당하다고 보았다. 2심 법원과 대법원은 갑에 대한 해고가 부당하다고 보았고, 1심 법원은 갑에 대한 해고가 정당하다고 보았다.

① 1심 법원은 갑에 대한 해고가 부당하지 않다고 판단하였다. ✗
② 지방 노동 위원회는 갑에 대한 해고가 정당하다고 판단하였다. O
③ 중앙 노동 위원회는 갑에 대한 해고가 부당하다고 판단하였다. O
④ 갑은 노동 위원회에 구제 신청을 한 것과 별도로 해고 무효 확인 소송을 제기할 수 있다. O
⑤ 갑의 해고는 부당 노동 행위에 해당하므로 ◇◇ 회사의 노동조합도 지방 노동 위원회에 구제 신청을 할 수 있다. O

06 청소년 근로 계약의 이해

갑은 18세 미만의 청소년 근로자에 해당한다. 청소년 근로자는 근로 계약을 직접 체결하지만 부모의 동의를 얻어야 한다. 또한, 1일 7시간, 1주 35시간을 초과하여 근로할 수 없으며, 임금은 독자적으로 청구할 수 있다.

ㄱ. 청소년 근로자는 청소년에게 유해한 업소에서 근로할 수 없다. O
ㄴ. 근로 시간 8시간 중 1시간이 휴게 시간이므로 실제 근로 시간은 7시간이다. 따라서 근로 기준법에 어긋나지 않는다. ✗
ㄷ. 청소년 근로자도 성인 근로자처럼 최저 임금제가 적용된다. ✗
ㄹ. 임금은 성인 근로자 및 청소년 근로자 모두 근로자 본인에게 직접 지급해야 한다. O

틀린 사람을 위한 조언 이 문제를 틀린 사람은 청소년의 근로 시간이 휴게 시간을 제외하고 1일 7시간 이내여야 한다는 점을 몰랐기 때문이야. 근로 계약서상의 근로 시간에 휴게 시간이 포함되어 있는지 여부를 잘 살펴봐야 해.

01 ④
02 (가) 보호 관찰, (나) 치료 감호
03 해설 참조　　04 ⑤　　05 ④
06 배상 명령 제도　　07 해설 참조
08 ⑤　　09 ③　　10 ④

01 범죄의 성립 요건 이해

A는 구성 요건에 해당하지 않아 범죄가 성립하지 않는 경우이고, B는 위법성이 없어 범죄가 성립하지 않는 경우이고, C는 책임이 없어 범죄가 성립하지 않는 경우이다.

ㄱ. 갑이 타인의 우산을 훔칠 생각은 있었지만 실수로 자신의 우산을 가져온 것은 구성 요건에 해당하지 않아 범죄가 성립하지 않는다. O
ㄴ. 을이 달려오는 차를 피할 방법이 없어 어쩔 수 없이 옆 가게의 문을 부수고 들어간 것은 위법성 조각 사유 중 긴급 피난에 해당하는 행위이다. O
ㄷ. 병(10세)이 편의점에서 음료수와 과자를 훔친 것은 형사 미성년자의 행위로 책임이 조각되어 범죄가 성립하지 않는다. ✗
ㄹ. 정이 심신 상실의 상태에서 옷 가게에 들어가 옷을 훔친 것은 책임이 조각되어 범죄가 성립하지 않는다. O

틀린 사람을 위한 조언 이 문제를 틀린 사람은 형사 미성년자의 행위는 책임이 조각되어 범죄가 성립하지 않는다는 사실을 몰랐기 때문이야. 위법성 조각 사유, 책임 조각 사유에 대해 정확하게 숙지하고 있어야 해.

02 보안 처분의 종류 이해

단답형 답안 (가) 보호 관찰, (나) 치료 감호

03 보안 처분 이해

문제접근 보안 처분은 범죄자의 사회 복귀와 사회 질서의 보호라는 목적을 달성하기 위한 대안적 제재 수단이다.

서술형 답안 범죄인의 교화와 재범 방지를 위한 대안적 제재 수단이다.

04 수사 절차 이해

구속 수사를 위해서는 법관이 발부한 영장이 필요하며, 구속 수사를 받는 피의자는 구속 적부 심사를 법원에 청구할 수 있다. 형사 재판은 검사의 기소로 진행된다.

① 체포, 구속 모두 법관이 발부한 영장이 필요하다. ✗
② 구속 수사를 위한 영장 발부 시 갑에 대한 영장 실질 심사가 법관에 의해 이루어졌을 것이다. ✗
③ 구속 적부 심사 청구가 인용되면 갑은 구속 수사를 받지 않는다. ✗
④ 구속 적부 심사 청구가 기각되더라도 갑에게 무죄 추정의 원칙이 적용된다. ✗
⑤ 검사의 기소로 갑은 피의자에서 피고인 신분이 된다. ○

05 형사 절차 이해

형사 사건은 당사자의 요청 없이도 국가가 개입하여 문제를 해결하며 그 과정에서 인권 보호가 필요하다. 수사는 불구속으로 이루어지는 것이 원칙이고, 검사가 기소하면 검사와 피고인이 재판의 당사자가 된다. 법원이 유죄를 선고하면 검사의 지휘에 따라 형의 집행이 이루어진다.

① 피의자에 대한 수사는 불구속으로 이루어지는 것이 원칙이다. ○
② 기소는 검사에 의해서만 이루어진다. ○
③ 형사 재판에서 재판의 당사자는 검사와 피고인이다. ○
④ 유죄 판결 중 징역, 금고 등은 피고인이 구금되지만, 벌금형 등을 받으면 피고인은 구금되지 않는다. ✗
⑤ 집행 유예를 받은 사람은 가석방 처분을 받을 수 없다. 가석방 처분은 수형자가 일정한 조건을 갖춘 경우 받을 수 있다. ○

> **틀린 사람을 위한 조언** 이 문제를 틀린 사람은 유죄 판결의 유형 중 집행 유예와 선고 유예는 구금되지 않는다는 점을 몰랐기 때문이야. 유죄 판결을 받더라도 집행 유예, 선고 유예 판결은 구금되지 않고 형의 집행을 유예하거나 선고를 유예한다는 사실을 알아야 해.

06 배상 명령 제도 이해

문제접근 폭행으로 상해를 입은 갑이 따로 민사 소송을 제기하지 않고 형사 법원의 판사에게 민사상 손해 배상 명령을 내려달라고 요청한 것으로 보아 갑은 배상 명령 제도를 활용한 것이다.

단답형 답안 배상 명령 제도

07 배상 명령 제도 이해

서술형 답안 일정한 형사 사건에만 신청이 가능하다, 유죄 판결 시에만 가능하다. 등

08 범죄 피해자 등의 인권 보호 제도 이해

형사 보상을 청구하기 위해서는 구속 수사 또는 구속 재판 등과 같이 구금된 적이 있어야 하며, 무죄 취지의 불기소 처분이나 무죄 판결이 확정되어야 한다.

ㄱ. 갑은 구속 수사를 받았으나 불기소 처분에는 기소 유예 처분도 있으므로 형사 보상을 무조건 청구할 수 있는 것은 아니다. 병은 구속 재판 후 2심 법원에서 무죄 판결을 받았으나 아직 확정된 것은 아니므로 형사 보상 청구 여부를 판단할 수 없다. ✗
ㄴ. 을이 무죄 판결을 받았지만 재판이 확정된 것은 아니므로 무죄 추정의 원칙은 적용된다. ✗
ㄷ. 병은 2심 법원 판결 후 구금되지 않고 석방될 것이다. ○
ㄹ. 정에 대한 대법원의 판결에 대해서는 헌법 소원을 제기할 수 없다. ○

09 소년 사건 처리 절차 파악

소년 사건에 대해 검사가 기소를 하면 형사 재판이 이루어지고, 가정 법원 소년부로 송치하면 소년법상 보호 처분을 받을 수 있다.

① 갑의 연령은 14세 이상 19세 미만이다. 10세 이상 14세 미만인 자는 경찰서장이 직접 관할 법원 소년부로 송치한다. ○
② 가정 법원 소년부는 갑에게 형벌이 아닌 소년법상 보호 처분을 부과할 수 있다. ○
③ 검사는 기소나 가정 법원 소년부로 송치하지 않고 갑에게 선도 조건부 기소 유예 처분을 내릴 수 있다. ✗
④ 갑은 형사 법원에서 형벌, 가정 법원 소년부에서 소년법상 보호 처분 중 하나를 받을 수 있다. ○
⑤ 형사 법원은 갑에게 소년법상 보호 처분을 부과할 필요가 있다고 판단하면 가정 법원 소년부로 송치할 수 있다. ○

> **틀린 사람을 위한 조언** 이 문제를 틀린 사람은 선도 조건부 기소 유예 처분이 기소나 가정 법원 소년부 송치를 하지 않고 선도를 조건으로 기소를 유예하는 처분이라는 점을 몰랐기 때문이야. 14세 이상 19세 미만인 범죄 소년에게 검사는 선도 조건부 기소 유예 처분을 내릴 수 있다는 점을 알아야 해.

10 근로자의 권리 보호 이해

갑은 구두로 해고 통보를 받았는데 이는 부당 해고에 해당한다. 을은 노동조합에 가입하면 퇴사한다는 내용의 근로 계약을 체결하였는데 이 내용은 무효이다. 또한 이를 근거로 해고를 한 것은 단결권을 침해하는 부당 노동 행위 및 부당 해고에 해당한다.

① 행정 소송은 중앙 노동 위원회 위원장을 상대로 제기할 수 있다. ✘
② 갑, 을 모두 부당 해고와 관련하여 해고 무효 확인 소송을 제기할 수 있다. ✘
③ ○○ 회사는 을의 단결권을 침해하는 부당 노동 행위를 하였다. ✘
④ 갑과 달리 을의 해고는 부당 노동 행위에 해당하므로 이에 대해서는 노동조합이 노동 위원회에 구제 신청을 할 수 있다. ⭕
⑤ '노동조합에 가입하면 퇴사하겠다.'는 근로 계약서상의 내용으로 인해 을과 ○○ 회사의 근로 계약은 해당 부분이 무효이다. ✘

신유형·수능열기

본문 152~154쪽

1 ⑤	2 ④	3 ⑤	4 ④	5 ⑤	6 ⑤
7 ⑤	8 ③	9 ②	10 ④	11 ③	

1 죄형 법정주의의 파생 원칙 이해

A는 유추 해석 금지의 원칙, B는 소급효 금지의 원칙이다. 해당 법률에 범죄로 규정되어 있지 않음에도 불구하고 이와 비슷한 법률의 규정으로 갑에게 유죄의 판결을 내린 것은 유추 해석 금지의 원칙에 어긋난다. '범죄 후 법률의 변경에 의하여 그 행위가 범죄를 구성하지 아니하거나 형이 구법보다 경한 때에는 신법에 의한다.'라는 규정은 소급효 금지의 원칙에 대한 예외이다.

①, ②, ③ 적정성의 원칙은 범죄 행위의 경중과 행위자가 부담해야 할 형사 책임 사이에 균형을 갖추어야 한다는 것으로 범죄와 형벌을 규정한 법률의 내용도 적정해야 한다는 원칙이다. 명확성의 원칙은 어떤 행위가 범죄이며 각각의 범죄에 대해 어떤 형벌이 부과되는지가 법률에 구체적으로 명확하게 규정되어야 한다는 원칙이다.

2 형사 절차 이해

갑은 구속 수사를 받았는데 이를 위해서는 법관이 발부한 영장이 필요하다. 갑은 구속 기소를 당했으므로 구속 재판을 받고 1심 법원에서 징역 2년을 선고받고 구금되었고, 검사 또는 피고인이 항소하여 2심 법원에서는 징역 1년에 집행 유예 2년을 선고받았다. 검사 또는 피고인이 상고하여 열린 대법원의 재판에서는 2심 법원의 판결이 확정되었다. 따라서 갑은 구금되지 않고 석방된다.

① 구속 수사에 대해 갑은 구속 적부 심사를 법원에 청구할 수 있다. ✘
② 진술 거부권은 피의자, 피고인 모두에게 인정된다. ✘
③ 징역은 1개월 이상 교도소 등에 구금되며, 정역이 부과된다. ✘
④ 집행 유예 선고를 받으면 구금되지 않고 석방된다. ⭕
⑤ 집행 유예는 구금되지 않으므로 가석방 제도가 적용될 수 없다. ✘

틀린 사람을 위한 조언 ①을 선택한 사람은 구속 적부 심사를 법원에 청구한다는 사실을 몰랐기 때문이야. 피의자 등은 구속의 적법성 등의 심사를 법원에 청구할 수 있다는 점을 알아야 해.

3 범죄의 성립 요건 이해

왜 신유형인가? 범죄 성립의 요건을 묻는 형식이 기존과는 다르다. 범죄 성립의 요건은 구성 요건 해당성 → 위법성 → 책임 순으로 판단하는데 해당 자료는 이를 잘 표현한 자료이다.

A는 구성 요건 해당성, 위법성, 책임의 요건을 모두 갖추었기 때문에 범죄가 성립하는 경우이고, B는 구성 요건에 해당하고 위법성이 있으나 책임이 없으므로 범죄가 성립하지 않는다. C는 구성 요건에 해당하나 위법성이 없으므로 범죄가 성립하지 않는다. D는 구성 요건에 해당하지 않으므로 범죄가 성립하지 않는다. 갑의 행위는 위법성 조각 사유 중 긴급 피난으로 범죄가 성립하지 않고, 병의 행위는 책임 감경 사유에 해당하므로 범죄가 성립한다.

ㄱ. 형사 미성년자의 행위는 책임이 조각되어 B에 해당한다. ✘

ㄴ. 갑의 행위에 대해 법원은 위법성 조각 사유 중 긴급 피난으로 보았다. 따라서 C에 해당한다. ⭕

ㄷ. 피할 수 없는 강요된 행위는 책임이 조각된다. 따라서 B에 해당하여 범죄가 성립하지 않는다. ⭕

ㄹ. 병의 행위에 대해 법원은 범죄가 성립한다고 보았다. 따라서 A에 해당한다. ⭕

틀린 사람을 위한 조언 ▶ 이 문제를 틀린 사람은 형사 미성년자의 행위는 책임이 조각되어 범죄가 성립하지 않는다는 점을 몰랐기 때문이야. 형사 미성년자, 심신 상실자, 피할 수 없는 강요된 행위 등은 책임 조각 사유임을 알아야 해.

4 배상 명령 제도 이해

형사 재판을 받는 당사자가 피고인인데 피고인에게 5백만 원을 배상하라고 신청하는 것으로 보아, 형사 재판에서 민사상 손해 배상 명령을 받아낼 수 있는 배상 명령 제도를 활용한다는 것을 알 수 있다.

ㄱ. 피해자 을은 피고인 갑에 대한 형사 재판의 당사자가 아니다. ✕
ㄴ. 배상 명령 제도는 상해죄 등 일정한 형사 사건에만 적용될 수 있다. ◯
ㄷ. 피고인 갑이 유죄인 경우에 배상 명령 신청이 받아들여질 수 있다. ✕
ㄹ. 을이 민사 소송을 통해 갑으로부터 손해 배상액 5백만 원을 받았다면 배상 명령 제도를 활용할 수 없다. ◯

5 형사 절차 이해

갑이 을과 병의 가해 행위를 피하려다 을과 병에게 상해를 입힌 것은 정당방위에 해당하고, 막다른 골목에 이르자 어쩔 수 없이 옆집 대문을 부수고 들어가 숨은 것은 긴급 피난에 해당한다.

ㄱ. 부서진 대문의 주인이 갑을 고소하여 재판이 진행되었다면 ⓒ으로 인해 위법성이 조각되어 범죄가 성립하지 않았을 것이다. ✕
ㄴ. 형사 재판에서 을(18세), 병(19세) 모두 형벌을 받을 수 있다. ✕
ㄷ. 형사 절차에서 병과 달리 을에게 선도 조건부 기소 유예 처분이 내려질 수 있다. ◯
ㄹ. 갑에 대한 형사 재판에서 갑이 무죄 판결을 받았다면 을과 병에게 상해를 입힌 것이 위법성 조각 사유에 해당하기 때문이다. ◯

6 범죄 성립의 요건 이해

갑의 행위는 위법성 조각 사유 중 정당 행위에 해당하고, 을의 행위는 위법성 조각 사유 중 긴급 피난에 해당하여 범죄가 성립하지 않는다.

병의 행위는 범죄가 성립하고, 정은 심신 상실의 상태에서 폭행하였으므로 책임이 조각되어 범죄가 성립하지 않는다.

ㄱ. 갑, 을의 행위는 모두 위법성이 조각되어 범죄가 성립하지 않는다. ✕
ㄴ. 병의 행위는 피해자의 승낙이 없었으므로 범죄가 성립한다. ✕
ㄷ. 정의 행위는 책임이 조각되어 범죄가 성립하지 않지만 정에게 보안 처분으로 치료 감호를 명할 수 있다. ◯
ㄹ. 갑~정의 행위는 모두 구성 요건에 해당한다. ◯

틀린 사람을 위한 조언 ▶ 이 문제를 틀린 사람은 현행범 체포가 위법성 조각 사유 중 정당 행위에 해당하여 범죄가 성립하지 않는다는 점을 몰랐기 때문이야. 법령에 의한 행위, 업무로 인한 행위 기타 사회 상규에 위반되지 않는 행위는 정당 행위에 해당됨을 숙지하고 있어야 해.

7 국민 참여 재판 이해

국민 참여 재판은 지방 법원 합의부 관할 사건에 대해 국민이 배심원으로 참여하는 형사 재판 제도로 사법의 민주적 정당성을 강화하고 투명성을 높이기 위해 도입된 재판 제도이다.

① 구속 수사를 하기 위해서는 영장 실질 심사를 통한 법관의 영장 발부가 필요하다. ✕
② 기소 직후 갑은 피고인 신분이 된다. ✕
③ 국민 참여 재판은 형사 재판에만 적용된다. ✕
④ 피할 수 없는 강요된 행위는 책임이 조각되어 범죄가 성립하지 않는다. ✕
⑤ 국민 참여 재판은 지방 법원 합의부 관할 사건에 대해 열릴 수 있으므로 2심 법원은 고등 법원일 것이다. ◯

틀린 사람을 위한 조언 ▶ ③을 선택한 사람은 국민 참여 재판이 형사 사건 중 지방 법원 합의부 관할 사건에만 적용될 수 있다는 점을 몰랐기 때문이야. 국민 참여 재판은 민사 사건이 아닌 형사 사건에만 적용된다는 점을 반드시 알아야 해.

8 청소년 근로의 이해

취업 동의서는 청소년이 근로 계약을 체결할 때 필요한 부모의 동의서이다. 청소년 근로자는 부모의 동의를 얻어 직접 근로 계약을 체결할 수 있다.

ㄱ. 청소년 근로자는 직접 근로 계약을 체결해야 한다. ✕
ㄴ. 청소년 근로자는 부모의 동의 없이 직접 임금을 청구할 수 있다. ◯

ㄷ. 사용자는 청소년 근로자에게 직접 임금을 지불해야 한다. ◯

ㄹ. 청소년 근로자는 청소년 유해 업소에서 일할 수 없다. ✕

틀린 사람을 위한 조언 이 문제를 틀린 사람은 청소년 근로에 대한 계약은 청소년이 법정 대리인의 동의를 얻어 직접 체결한다는 사실을 몰랐기 때문이야. 청소년 근로자는 근로 계약을 법정 대리인의 동의를 얻어 직접 체결하고, 임금은 단독으로 청구할 수 있다는 사실을 알아야 해.

9 형사 절차에 대한 이해

갑에 대한 구속 영장은 법관이 발부하였고 발부하기 전에 영장 실질 심사를 하였을 것이다. 5일 동안 구속 수사를 받다가 석방된 것은 구속 적부 심사 청구가 받아들여졌을 가능성이 높다.

① 갑에 대한 구속 영장은 법관이 발부하였다. ✕
② A가 '무죄'라면 구속된 적이 있었으므로 갑은 형사 보상을 청구할 수 있다. ◯
③ A가 '유죄'라면 갑 또는 검사가 상고하였을 것이다. ✕
④ 변호인의 조력을 받을 권리는 피의자, 피고인 모두에게 인정된다. ✕
⑤ 갑이 구속 수사 후 석방된 것은 구속 적부 심사 제도에 의해서일 것이다. ✕

10 소년 사건 처리 절차 이해

왜 신유형인가? 소년 사건 처리 절차를 묻는 문항에서 연령을 정하지 않고 질문에 따라 구분하는 문항은 새로운 유형에 해당한다.

선도 조건부 기소 유예 처분을 받을 수 있는 연령은 14세 이상 19세 미만이다. 따라서 A는 15세이다.

ㄱ. 가정 법원 소년부로 송치될 수 있는 연령은 10세 이상 19세 미만이다. 따라서 해당 질문은 (가)에 들어갈 수 있다. ✕

ㄴ. 책임이 조각되어 범죄가 성립하지 않는 연령은 14세 미만이다. A는 15세이므로 해당 질문은 (가)에 들어갈 수 없다. ◯

ㄷ. B가 12세라면 A(15세)는 C(8세)와 달리 형벌 또는 소년법상 보호 처분을 받는다. ✕

ㄹ. C가 8세라면 A(15세), B(12세)는 소년법의 적용을 받아 소년법상 보호 처분을 받을 수 있다. ◯

11 근로자의 권리 보호 절차 이해

갑에 대한 해고는 근로 3권을 침해하는 사용자의 행위이므로 부당 노동 행위에 해당하고, 정당한 기준에 의한 해고가 아니므로 부당 해고에 해당한다. 한편 을에 대한 해고는 구두로 통보했으므로 부당 해고에 해당한다.

ㄱ. 갑과 을 모두 해고 무효 확인 소송을 제기할 수 있다. ✕
ㄴ. 부당 노동 행위는 근로자 또는 노동조합, 부당 해고는 근로자만 노동 위원회에 구제 신청을 할 수 있다. ◯
ㄷ. 지방 노동 위원회의 결정에 따라 중앙 노동 위원회에 두 회사가 각각 재심을 신청할 수 있다. ◯
ㄹ. 중앙 노동 위원회의 재심 결정 내용에 따라 갑, 을 모두 중앙 노동 위원회를 상대로 행정 소송을 제기할 수 있다. ✕

정답과 해설

VI 국제 관계와 한반도

01 국제 관계와 국제법

기본 문제

본문 162~163쪽

01 ②	02 ⑤	03 ⑤	04 ②	05 ②

06 A: 트루먼 독트린, B: 닉슨 독트린, (가): 냉전

07 ②   **08** 해설 참조

01 국제 사회의 특징 이해

기상 이변의 주된 원인은 산업화 과정에서 배출된 이산화탄소 등의 온실가스로, 온실가스가 지구 온난화를 초래하면서 그 영향으로 기후 변화가 발생하고 있다. 이에 국제 사회는 1992년 기후 변화 협약을 체결하여 온실가스의 배출을 규제하고 기후 변화에 대응하기 위한 국제 공조를 시작하였다. 이러한 흐름은 교토 의정서와 파리 협정으로 이어졌다.

① 국제 사회에서는 국제 문제나 분쟁을 조정하고 해결할 수 있는 세계 중앙 정부가 존재하지 않고, 제시문과도 관련이 없는 진술이다. ✗

② 제시문에는 지구 온난화 문제를 해결하기 위해 많은 국가들이 협력하고 있는 모습이 나타나 있다. ○

③ 세계화 과정에서 발생하고 있는 경제적 통상 마찰이나 문화 갈등도 국제 사회의 안정을 위협하는 요인이 될 수 있지만 제시문과 관련이 없는 진술이다. ✗

④ 과거에는 이념 대결로 인해 동맹국과의 군사 안보 협력이 최우선이었으나 현재에는 자국의 경제적 실리 추구 경쟁이 심화하고 있고, 제시문과 관련이 없는 진술이다. ✗

⑤ 국제기구의 영향력이 커지고 있지만 제시문과 관련이 없는 진술이다. ✗

02 국제 관계를 바라보는 관점 비교

(가)는 국제 관계를 바라보는 현실주의적 관점, (나)는 국제 관계를 바라보는 자유주의적 관점이다.

① 현실주의적 관점은 국제 사회가 무정부 상태에 가깝고, 국가는 이기적이며 모두가 자국의 이익만을 추구한다고 본다. ✗

② 자유주의적 관점이 국제 사회에서 국제법과 국제기구의 역할을 중시한다. ✗

③ 현실주의적 관점이 홉스식 자연 상태를 통해 국제 관계를 설명한다. ✗

④ 현실주의적 관점은 국가 간 상호 의존적 관계를 간과한다는 한계가 있다. ✗

⑤ 현실주의적 관점은 동맹 등으로 세력 균형을 이뤄 국가의 안전을 보장할 수 있다고 보고, 자유주의적 관점은 집단 안보 체제를 통해 국제 평화를 보장할 수 있다고 본다. ○

> **틀린 사람을 위한 조언** 〉 이 문제를 틀린 사람은 국제 관계를 바라보는 각각의 관점들과 평화 실현 전략을 연결 짓지 못한 거야. 현실주의적 관점은 세력 균형을 통한 안전 보장을 강조하고 자유주의적 관점은 집단 안보 체제를 통한 평화 보장을 강조한다는 점을 잊지 말아야 해.

03 국제 사회의 변천 과정 이해

1945년 제2차 세계 대전이 끝나고 미국과 소련을 양극으로 한 자유 진영과 공산 진영 간의 이념 대립으로 냉전 체제가 형성되면서 국제 사회의 긴장이 고조되었다. 제3 세계의 부상, 미국과 중국의 수교 등으로 긴장이 다소 완화되기도 했던 냉전 체제는 동·서독의 통일, 동유럽 국가의 공산 정권과 소련의 붕괴로 막을 내리게 되었다.

① 베스트팔렌 조약은 1648년에 체결되었고, 유럽 사회에 주권 국가 중심의 새로운 국제 질서가 형성되었다. ✗

② 제국주의 시기 유럽 국가들이 세계를 지배하게 되면서 유럽의 국민 국가 체제가 전 세계로 확산되었다. ✗

③ 1960년대 이후 제3 세계가 부상하고 자본주의와 공산주의 진영이 다원화되어 냉전 체제가 완화되었다. ✗

④ 이념 대결에서 벗어나 자국의 이익 추구 경향이 강화되는 것은 냉전 종식 이후이고, 냉전 형성기에는 이념 대립이 극심하였다. ✗

⑤ 냉전 형성기에는 트루먼 독트린(1947), 냉전 완화 시기에는 닉슨 독트린(1969), 냉전 종식기에는 몰타 선언(1989)이 발표되었다. ○

> **틀린 사람을 위한 조언** 〉 이 문제를 틀린 사람은 국제 사회의 변천 과정에서 나타난 주요 사건을 파악하지 못한 거야. 특히 냉전 형성기, 냉전 완화기, 냉전 종식기에 일어난 주요 사건을 기억해 두어야 해.

04 국제 관계의 행위 주체 이해

A는 그린피스이므로 (가)는 국제 비정부 기구, B는 지방 자치 단체이므

로 (나)는 국가 내부적 행위체, C는 스포츠 스타이므로 (다)는 영향력 있는 개인이다.

ㄱ. 국제 비정부 기구는 국가의 범위를 넘어 국제적으로 영향력을 행사하는 행위 주체이다. ⭕
ㄴ. 국제 사회에서 주권을 가진 독립적 행위체는 국가이다. ❌
ㄷ. 강대국의 전직 국가 원수, 저명한 학자 및 예술가, 운동선수 등 국제적 영향력이 강한 인물 등이 영향력 있는 개인에 해당한다. ⭕
ㄹ. 한 국가의 일부분이지만, 독자적으로 국제 사회에서 활동하는 행위 주체는 국가 내부적 행위체이다. ❌

05 국내법과 국제법의 비교

(가)는 국제법인 조약, (나)는 국내법인 법률이다. 국내법은 국민의 대표 기관인 입법부에 의해 제정되어 영토 내의 모든 구성원을 구속한다. 그러나 국제법은 고유한 입법 기구가 없어 국제 사회의 모든 국가에 적용할 수 있는 국제법을 제정하기가 쉽지 않다.

① 우리나라에서 조약의 체결·비준 권한은 대통령에게 있다. ❌
② 국제 관습법은 원칙적으로 국제 사회에서 행위 주체들에 대하여 포괄적인 구속력을 갖지만, 조약은 당사국에게만 구속력이 있다. ⭕
③ 우리나라에서 법률은 국회에서 제정한다. ❌
④ 조약은 주로 명시적인 절차를 거쳐 문서로 작성되며, 난민법은 문서화된 성문법이다. ❌
⑤ 우리나라에서 조약은 국내법과 같은 효력을 지니기 때문에 헌법의 하위 법규이다. ❌

틀린 사람을 위한 조언 이 문제를 틀린 사람은 조약의 특징을 이해하지 못한 거야. 조약은 다른 국제법과 달리 일반적으로 문서로 작성되고 체결국에만 효력이 있다는 것을 파악해야 해.

06 국제 사회의 변천 과정에서 일어난 주요 사건 이해

문제접근 국제 사회는 미국과 소련을 중심으로 한 자본주의와 공산주의 진영의 이념 대립으로 냉전 시대를 맞이하게 되었다. 미국은 공산화 위협에 직면한 나라에 대한 경제적·군사적 원조를 내용으로 하는 트루먼 독트린(1947)을 발표하였으며, 군사 동맹인 북대서양 조약 기구를 창설하였다. 소련 등 공산주의 진영은 이에 대항하는 군사 동맹으로 바르샤바 조약 기구를 조직하였다. 이후 국제 사회는 제3 세계의 등장과 자본주의·공산주의 진영의 다원화에 따라 다극 체제로 전환되며,

냉전이 완화되기 시작하였다. 미국은 아시아에 대한 군사적 개입을 자제한다는 내용의 닉슨 독트린(1969)을 발표하였으며, 중국과 소련의 분쟁으로 사회주의 진영 내부에는 분열이 생기기 시작하였다.

단답형 답안 A: 트루먼 독트린, B: 닉슨 독트린, (가): 냉전

07 국제법의 법원(法源) 이해

일반적으로 승인된 국제 법규에는 국제 사회의 반복적인 관행이 국제 사회에서 법 규범으로 승인되어 효력을 가지게 된 관습 법규인 국제 관습법과 문명국들이 공통적으로 승인하여 따르는 법의 보편적인 원칙인 법의 일반 원칙 등이 있다.

① 문명국들이 공통적으로 승인하여 따르는 법의 원칙은 '조약'이 아닌 '법의 일반 원칙'이다. ❌
② 국제 관습법의 대표적인 예로 '국내 문제 불간섭 원칙'이 있고, 법의 일반 원칙에는 '신의 성실의 원칙', '권리 남용 금지의 원칙', '손해 배상 책임의 원칙' 등이 있다. ⭕
③ 국제 관습법은 국제 사회에서 포괄적 구속력을 가지지만, 조약은 원칙적으로 체결 당사국에만 구속력을 가진다. ❌
④ 일부 조약의 경우 우리나라에서는 국회의 동의가 있어야 법적 효력을 갖지만, 일반적으로 승인된 국제 법규는 국회의 동의 절차가 없어도 효력이 생긴다. ❌
⑤ 국내법을 지키지 않을 때는 국가의 공권력에 의해 일정한 제재가 가해지지만 국제법의 경우에는 이를 강제적으로 집행할 세계 정부가 존재하지 않아서 국제법의 이행을 강제하기가 어렵다. ❌

틀린 사람을 위한 조언 이 문제를 틀린 사람은 국제법의 대표적인 사례들을 파악하지 못한 거야. 국제법의 법원(法源)들 각각에 해당하는 사례들을 기억해 두어야 해.

08 국제법의 한계 이해

문제접근 개별 국가와 달리 국제 사회에는 법을 제정할 입법 기구나 집행할 중앙 정부가 존재하지 않는다. 따라서 국제 사회 전반에 적용될 보편적인 국제법의 제정이 어렵다. 또한 강제적으로 국제법을 적용하고 집행할 수 있는 기구도 존재하지 않는다. 즉, 국제법의 적용과 집행은 개별 국제 주체의 자발적 의지와 협력에 의존하고 있으며, 국제법 위반 행위에 대한 실질적인 제재에도 어려움이 따른다.

서술형 답안 국가를 초월한 입법 기구가 없어 국제 사회 전반에 적용되는 일반적인 법 제정이 어렵다.
강제적인 법 집행 기구나 집행 수단이 없어 위반국에 대한 제재가 어렵다.

02 국제 문제와 국제기구

01 ④	02 ①	03 ④	04 남북문제
05 ③	06 해설 참조		

01 국제 문제의 이해

자료는 국제 문제와 관련한 사진들이다. 대표적인 국제 문제에는 안보를 위협하는 전쟁과 테러, 국가 간 경제적 격차와 빈곤, 무분별한 개발에 따른 환경오염과 생태계 파괴 등이 있다.

ㄱ. 국제 문제는 책임 소재가 분명하지 않은 경우가 많다. ✗
ㄴ. 국제 문제는 특히 전 지구적으로 큰 영향을 미치는 경우가 많다. ○
ㄷ. 국제 사회의 세계화 흐름은 사람들의 활동 영역을 전 세계로 넓혔고 그런 만큼 국제 문제는 오늘날 더욱 다양해지고 있으며, 각국은 물론 우리 삶에 미치는 영향력도 커지고 있다. ✗
ㄹ. 국제 문제는 국경을 초월하여 발생하고 한 국가가 해결하기 곤란하며 다수의 국가에 영향을 미치기 때문에 문제 해결을 위해서 국가 간의 협력이 필수적이다. ○

02 국제기구의 이해

정부 간 국제기구이면서 포괄적 기능을 수행하는 (가)의 사례에는 국제 연합(UN)이나 유럽 연합(EU)등이 있다. 정부 간 국제기구이면서 제한적 기능을 수행하는 (나)의 사례에는 세계 무역 기구(WTO)나 북대서양 조약 기구(NATO)가 있다. 정부 간 국제기구가 아닌 (다)의 사례에는 국경 없는 의사회(MSF)나 국제 앰네스티(AI), 그린피스 등이 있다.

① (가)~(다)에 해당하는 적절한 사례들이다. ○
② 유럽 연합(EU)은 포괄적 기능을 수행한다. ✗
③ 국제 앰네스티(AI)는 정부 간 국제기구가 아니다. ✗
④ 국제 앰네스티(AI)는 정부 간 국제기구가 아니며 국제 연합(UN)은 포괄적 기능을 수행한다. ✗
⑤ 북대서양 조약 기구(NATO)는 제한적 기능을 수행하며, 국제 앰네스티(AI)는 정부 간 국제기구가 아니다. ✗

틀린 사람을 위한 조언 이 문제를 틀린 사람은 국제기구의 유형을 제대로 파악하지 못한 거야. 회원 자격, 지리적 범위, 기능적 범위에 따른 국제기구의 유형과 사례들을 잘 파악해 두어야 해.

03 국제 연합(UN)의 주요 기관 이해

안전 보장 이사회는 국제 평화와 안전 유지에 관한 국제 연합의 실질적 의사 결정 기관이다. 국제 사법 재판소는 국가 간 분쟁을 평화적으로 해결하기 위해 설립된 국제 연합의 사법 기관이다.

ㄱ. 경제적 · 사회적 · 문화적 · 인도적 활동을 지휘 · 관리하는 기관은 경제 사회 이사회이다. ✗
ㄴ. 국제 사법 재판소는 조약, 국제 관습법, 법의 일반 원칙 등 국제법을 적용하여 사법적 절차에 따라 국가 간 분쟁을 해결한다. ○
ㄷ. 안전 보장 이사회의 5개 상임 이사국은 미국, 영국, 프랑스, 러시아, 중국이다. 10개 비상임 이사국은 2년 임기로 연임할 수 없으며, 매년 5개국씩 총회에서 선출한다. 국제 사법 재판소는 국제 연합 총회 및 안전 보장 이사회에서 선출된 15명의 재판관으로 구성되는데, 공정한 재판을 위해 재판관은 국적이 모두 다르다. ✗
ㄹ. 국제 사법 재판소의 판결을 당사국이 이행하지 않을 경우, 분쟁 상대국의 요청에 따라 안전 보장 이사회는 판결의 이행 권고 또는 필요한 조치에 관한 결정을 내릴 수 있다. ○

틀린 사람을 위한 조언 이 문제를 틀린 사람은 안전 보장 이사회와 국제 사법 재판소의 특징을 이해하지 못한 거야. 국제 연합 주요 기관들의 특징을 기억해 두어야 해.

04 남북문제의 이해

문제접근 자료에는 경제 성장이 앞선 북반구의 국가와 뒤처진 남반구 국가 간의 경제적 격차가 나타나 있다. 북반구에 위치한 부유한 국가들과 남반구에 위치한 가난한 국가들 간의 경제적 격차와 그에 따른 갈등을 의미하는 문제는 남북문제이다.

단답형 답안 남북문제

05 국제 연합(UN)의 이해

(가)는 국제 연합(UN)이다. 국제 연합은 제2차 세계 대전 이후 세계 평화를 유지하고 국가 간 우호와 협력을 증진하기 위해 1945년에 창설되었다. 국제 연합은 6개 주요 기관과 각종 전문 기구 등으로 구성되어 있고 주요 기관에는 총회와 안전 보장 이사회, 경제 사회 이사회, 사무국, 신탁 통치 이사회 그리고 국제 사법 재판소가 있다.

ㄱ. 국제 연합(UN)은 평화 유지를 위한 국제기구이지만, 세계 중앙 정부에 해당하지는 않는다. ✗

ㄴ. 회원국이 모두 참여하는 최고 의결 기관은 총회이다. ○

ㄷ. 안전 보장 이사회에서는 상임 이사국들에게 거부권을 인정하고 있어 국제 사회에서 힘의 논리가 나타나고 있음을 확인할 수 있다. ○

ㄹ. 국가만 국제 사법 재판소에 재판을 청구할 수 있는데, 국제 연합 회원국뿐만 아니라 비회원국도 재판을 청구할 수 있다. ✗

틀린 사람을 위한 조언 ▶ 이 문제를 틀린 사람은 국제 연합(UN)의 특징과 주요 기관에 대한 이해가 부족한 거야. 국제 사회에서 강력력 있는 중앙 정부가 없다는 점과 안전 보장 이사회의 표결 방식을 잘 파악해 두어야 해.

06 국제 연합(UN)의 한계 이해

문제접근 ▶ 안전 보장 이사회에서 국가들의 이해가 걸린 실질적이고 중대한 문제를 결정할 때는 상임 이사국 5개국(미국, 영국, 프랑스, 러시아, 중국)의 반대 없이 3/5 이상의 찬성이 있어야 한다. 국제 사법 재판소는 국가 간 분쟁에 대해 강제적 관할권이 없다. 따라서 국제 사법 재판소의 관할권에 대하여 원칙적으로 분쟁 당사국 모두의 합의가 있어야만 재판이 가능하다.

서술형 답안 ▶ (가) 안전 보장 이사회에서 상임 이사국이 거부권을 행사할 수 있기 때문이다.
(나) 국제 사법 재판소는 원칙적으로 당사국 간의 동의가 있는 때에만 재판할 권리를 가진다.

03 우리나라의 국제 관계

기본 문제
본문 172∼173쪽

01	①	02	④	03	④	04	해설 참조
05	②	06	해설 참조				

01 우리나라를 둘러싼 국제 분쟁의 이해

한반도를 둘러싼 동아시아에는 과거사와 관련된 갈등이 존재하고 있다. 일본군 위안부 문제 등에 대한 일본의 역사 왜곡으로 인해 우리나라와 일본 간에 갈등이 존재한다. 또한 중국이 고구려 등 우리나라의 고대 역사를 중국 역사에 편입시키려는 동북 공정 사업을 진행하는 것은 우리나라와 중국 간의 갈등 요인이 되고 있다.

ㄱ. 일본은 과거 아시아 국가들에 대한 식민지 지배와 침략 전쟁을 정당화하는 내용을 교과서에 수록하거나 일본군 위안부에 대한 국가 차원의 책임을 회피하는 등, 역사를 왜곡하여 동아시아 국가 간의 신뢰 구축을 저해하고 있다. ○

ㄴ. 중국은 동북 공정을 통해 만리장성의 동쪽 끝을 옛 고구려와 발해 지역까지 늘려 발표함으로써 고구려와 발해가 중국의 지방 정권이었다는 왜곡된 주장을 펼치고 있다. ○

ㄷ. 센카쿠 열도(댜오위다오)의 영유권 주장 문제는 중국과 일본 간의 갈등 사례이다. ✗

ㄹ. 한국과 일본의 갈등 사례이기는 하지만 제시문에 나타난 '역사적 맥락을 이해'해야 하는 문제와는 직접적인 관련이 없다. ✗

틀린 사람을 위한 조언 ▶ 이 문제를 틀린 사람은 우리나라를 둘러싼 국제 분쟁에 대한 이해가 부족한 거야. 우리나라를 둘러싼 안보 문제, 역사 갈등 문제, 무역 문제 등의 사례를 파악해 두어야 해.

02 우리나라의 바람직한 국제 관계의 방향 이해

한반도에는 남북 간 긴장이 여전히 존재하며, 지정학적인 위치로 인해 한반도를 둘러싼 강대국들의 이해관계가 충돌하고 있다. 한편, 경제적 상호 의존이 심화하여 동아시아 지역 내 경제적 협력의 필요성은 더욱 높아지고 있다. 이러한 동아시아의 특수한 상황 속에서 우리나라는 한반도를 포함한 동아시아 지역의 평화를 유지하고, 이를 바탕으로 통일의 기반을 마련하기 위해 세계 각국과 협력하며 외교 활동에 힘써야 한다. 또한 국제 사회를 위협하는 다양한 국제 문제의 해결에도 적극적으로 참여해야 한다.

① 오늘날의 국제 문제에 해당하는 발표 내용에는 평화·안보 위협, 빈곤과 남북문제, 문화적 갈등, 환경·인권·보건 문제 등이 제시되어야 한다. ✗

② 오늘날 국제 관계의 변화 양상에는 상호 의존성이 높아짐, 자국의 경제적 실리 추구 경쟁이 심화됨 등의 내용이 담겨 있어야 한다. ✗

③ '한반도의 지정학적 위치가 갖는 특징'은 발표 내용의 일부에만 해당하는 주제이다. ✗

④ 우리나라의 지정학적 특성을 바탕으로 한반도의 평화와 번영을 이루기 위해서는 다른 나라와의 군사적·경제적 갈등을 안정적으로 통제하고 상호 협력을 이끌어 낼 수 있는 역

량을 갖추어야 한다. 이를 위해 '바람직한 국제 관계의 방향'을 모색해야 한다. ⭕
⑤ 제시된 발표 내용과 관련 없는 주제이다. ❌

03 우리나라 외교 정책의 변화 과정 이해

1950년대에 우리 정부는 냉전 체제 속에서 미국을 중심으로 하는 자유 진영 국가와 우호 관계를 맺었다. 그러나 1970년대 냉전이 완화되자, 우리 정부는 차츰 공산 진영 국가들과 관계를 맺기 시작하였다. 1980년대 후반 사회주의 국가들이 붕괴 조짐을 보이며 국제 정세가 급변하자 우리 정부는 적극적으로 북방 외교 정책을 펼쳐 구소련, 중국 등 공산권 국가와 수교하였고, 제3 세계의 여러 국가와도 수교하였다.

ㄱ. 1950년대에는 냉전 체제의 심화로 인해 국가 안보를 최우선으로 추구하는 외교 전략을 활용하였다. ❌
ㄴ. 1960년대에는 제3 세계 비동맹 국가들의 성장에 맞추어 외교 대상 국가를 확대하는 외교 전략을 활용하였다. ⭕
ㄷ. 냉전 체제가 완화되던 1970년대에는 국제 질서의 흐름에 부응하여 일부 사회주의 국가들에도 문호를 개방하였다. ❌
ㄹ. 1980년대 후반에는 평화 통일 기반을 조성하고, 한반도의 평화를 안정적으로 관리하기 위해 소련, 중국, 동유럽 국가 등 사회주의 국가들과의 관계 개선을 추진하는 북방 외교를 시도하였다. ⭕

틀린 사람을 위한 조언 ▶ 이 문제를 틀린 사람은 우리나라 외교 정책의 변화 과정을 파악하지 못한 거야. 국제 사회의 변천 과정과 맞물려 우리나라의 외교 정책이 어떻게 변화하였는지 시기별로 이해하고 있어야 해.

04 우리나라를 둘러싼 국제 문제의 이해

문제접근 ▶ 이념 대립이 완화되고 세계화의 진행으로 세계 각국의 교류가 활발해지면서 미국, 중국, 일본, 러시아 등 한반도 주변 국가들은 우리나라와 여러 측면에서 긴밀한 협력 관계를 맺게 되었다. 그러나 한편으로는 자국의 이익을 추구하는 경향이 강화되면서 크고 작은 갈등과 분쟁을 겪기도 한다.

단답형 답안 ▶ (가) 동북 공정 문제, 이어도를 둘러싼 해상 영유권 갈등 및 대기 오염 분쟁 등
(나) '동해' 명칭 표기 문제, 과거사 왜곡 문제 등

05 공공 외교 정책의 이해

공공 외교란 주로 대사나 외교 사절이 국가 간의 관계를 조정해 나가는 전통적 외교에서 벗어나 상대 국가의 국민을 포함한 다양한 비정부 행위자에게 자국의 입장을 알리고 설득하며 여론 형성에 긍정적인 영향을 미치기 위해 노력하는 다양한 활동을 말한다.

ㄱ, ㄷ. 공공 외교는 우리나라의 역사, 전통, 문화, 예술, 가치, 정책 등에 대한 공감대를 확산하고 신뢰를 확보함으로써 우호 관계의 증진을 목적으로 한다. ⭕
ㄴ, ㄹ. 동맹국과의 안보 협력 강화나 대사와 외교 사절을 통한 국가 간 수교 관계 강화 등은 전통적 외교에서 강조하는 내용이다. ❌

틀린 사람을 위한 조언 ▶ 이 문제를 틀린 사람은 공공 외교에 대한 이해가 부족한 거야. 공공 외교는 전통적 외교에서 벗어나 다른 나라 국민들과 직접 소통하여 우리나라의 영향력을 높이는 활동이라는 것을 기억하고 있어야 해.

06 우리나라의 바람직한 국제 관계의 방향 이해

문제접근 ▶ 우리나라가 위치한 동아시아 지역은 미국, 러시아, 중국, 일본 등 강대국의 이해관계가 얽혀 이들 간 세력 경쟁이 언제든지 나타날 수 있는 지역이다. 그러나 한편으로 경제적 상호 의존이 심화하여 동아시아 지역 내 경제적 협력의 필요성은 더욱 높아지고 있다. 이러한 동아시아의 특수한 상황 속에서 우리나라는 한반도를 포함한 동아시아 지역의 평화를 유지하고, 이를 바탕으로 통일의 기반을 마련하기 위해 세계 각국과 협력하며 외교 활동에 힘써야 한다.

서술형 답안 ▶ 한반도를 둘러싼 세계 각국과 협력하며 외교 활동에 힘써야 한다.

대단원 종합 문제				본문 176~177쪽
01 ②	02 ②	03 ③	04 ⑤	05 ①
06 ①	07 ④	08 주권	09 해설 참조	

01 국제 사회를 바라보는 관점 비교

A 관점은 현실주의적 관점, B 관점은 자유주의적 관점이다. 현실주의적 관점에서 국가는 자국의 이익을 우선시하는 존재이고, 자유주의적 관점에서 국가는 이성적 판단이 가능한 존재이다.

ㄱ. 현실주의적 관점에서는 힘의 원리에 초점을 두고 개별 국가는 스스로의 힘으로 자국의 안보와 이익을 지켜야 한다고 본다. ○

ㄴ. 냉전 체제의 국제 질서를 설명하기에 용이한 관점은 현실주의적 관점이다. ✕

ㄷ. 자유주의적 관점에서는 국제기구나 국제법을 통해 평화적인 국제 관계가 유지될 수 있다고 파악한다. ○

ㄹ. ㉠에는 '세력 균형 전략', ㉡에는 '집단 안보 전략'이 들어갈 수 있다. ✕

틀린 사람을 위한 조언 이 문제를 틀린 사람은 국제 사회를 바라보는 관점들의 특징을 잘 이해하지 못한 거야. 현실주의적 관점과 자유주의적 관점의 전제와 평화 실현 방안, 한계를 비교해서 파악할 수 있어야 해.

02 국제기구의 이해

A의 사례에는 정부 간 국제기구이면서 포괄적 기능을 수행하는 국제 연합(UN), 유럽 연합(EU) 등이 있다. B의 사례에는 국제 비정부 기구인 국경 없는 의사회(MSF), 국제 앰네스티(AI), 그린피스 등이 있다. C의 사례에는 정부 간 국제기구이면서 제한적 기능을 수행하는 세계 무역 기구(WTO), 북대서양 조약 기구(NATO) 등이 있다.

① 세계 무역 기구(WTO)는 C에 해당한다. ✕
② 국경 없는 의사회(MSF)는 B에 해당한다. ○
③ 국제 연합(UN)은 A에 해당한다. ✕
④ 세계적, 지역적 국제기구를 분류하는 기준은 자료에 제시되어 있지 않다. ✕
⑤ 정부 간 국제기구가 증가한다고 해서 국제 비정부 기구가 감소하지는 않는다. ✕

03 국제 사회의 변천 과정 이해

(가)는 트루먼 독트린(1947), (나)는 닉슨 독트린(1969), (다)는 몰타 선언(1989)에 대한 설명이다.

ㄱ. 냉전 체제의 종식은 (다) 선언과 관련 있다. ✕
ㄴ. 아시아에 대한 미국의 군사 개입 자제 선언인 닉슨 독트린은 냉전 체제 완화에 기여하였다. ○
ㄷ. 오늘날의 국제 사회는 이념 대결에서 벗어나 국제적 실리 추구와 자국의 이익 추구 경향이 강화되고 있다. ○

ㄹ. 식민지 쟁탈을 위한 제국주의 경향이 강화된 시기는 제국주의 시대이다. ✕

틀린 사람을 위한 조언 이 문제를 틀린 사람은 국제 사회의 형성과 변천 과정을 이해하지 못한 거야. 베스트팔렌 조약, 제국주의 시기, 냉전 체제 등 시기별로 나타난 주요 사건을 이해해야 해.

04 국제법의 법원(法源) 이해

다양한 국제 사회 행위 주체들의 행위를 규율하여 국제 질서를 유지하는 규범이나 원칙을 국제법이라고 한다. 국제법은 다양한 형태로 존재하는데 이를 국제법의 법원(法源)이라고 하며, 대표적으로 조약(B), 국제 관습법(C), 법의 일반 원칙(A)이 있다.

① 국제 사회에서의 관행이 규범화된 것은 국제 관습법인 C이다. ✕
② 우리나라에서 조약의 체결 권한은 대통령이 가진다. ✕
③ 법의 일반 원칙의 사례에는 신의 성실의 원칙, 권리 남용 금지의 원칙 등이 있고 국제 관습법의 사례에는 국내 문제 불간섭 원칙 등이 있다. ✕
④ 주로 문서 형식의 명시적 합의에 의해 성립되는 것은 조약이다. ✕
⑤ 국제 사법 재판소는 조약, 국제 관습법, 법의 일반 원칙 등 국제법을 적용하여 사법적 절차에 따라 국가 간 분쟁을 해결한다. ○

05 남북문제의 이해

제시문에서는 높은 기술력과 충분한 자본으로 고부가 가치 상품을 생산하는 선진국과 값싼 노동력을 토대로 상품을 생산하는 개발 도상국 사이의 빈부 격차가 커지면서 발생하는 문제를 지적하고 있다.

① 남북문제는 경제 성장이 앞선 북반구의 국가와 뒤처진 남반구 국가 간의 경제적 격차에서 생기는 정치적 · 경제적 문제를 의미한다. ○
② 환경 문제는 산성비, 오존층 파괴, 지구 온난화와 같이 환경이 파괴되어 인류의 생존을 위협하는 문제를 의미한다. ✕
③ 보건 문제는 신종 독감 등과 같은 전염병의 확산이나 사회 환경에서의 위생이 위협받는 문제를 의미한다. ✕
④ 인권 문제는 낮은 임금을 받으며 열악한 환경에서 일하는 일부 지역의 여성과 아동, 내전으로 인해 삶의 터전을 빼앗기고 떠도는 난민 등 인권 침해로 고통 받는 사람들의 문제를 의미한다. ✕

⑤ 안보 문제는 민족, 인종, 종교 등의 차이나 영토, 자원을 둘러싼 갈등으로 인해 크고 작은 분쟁이나 전쟁이 발생하여 개별 국가의 안보를 위협하는 문제를 의미한다. ✕

틀린 사람을 위한 조언 이 문제를 틀린 사람은 남북문제에 대한 이해가 부족한 거야. 국제 사회에서 나타나는 국제 문제의 양상을 안보, 경제, 환경, 인권 등의 주제별로 파악하고 있어야 해.

06 국제 연합(UN)의 주요 기관 이해

A는 총회, B는 국제 사법 재판소, C는 안전 보장 이사회이다. 총회는 모든 회원국이 참여하는 국제 연합의 최고 의사 결정 기관이다. 안전 보장 이사회는 국제 평화와 안전 유지에 관한 국제 연합의 실질적 의사 결정 기관이다. 국제 사법 재판소는 국가 간의 분쟁에 대해 국제법을 적용하여 해결하는 국제 연합의 사법 기관이다.

ㄱ. 총회는 1국 1표 원칙이 적용된다. ◯
ㄴ. 국제 사법 재판소의 판결을 이행하지 않을 경우 분쟁 상대국이 안전 보장 이사회에 제소할 수 있으나, 판결에 불복하는 국가를 국제 사법 재판소가 제재할 수 있는 수단은 현실적으로 마땅치 않다. ◯
ㄷ. 안전 보장 이사회의 상임 이사국에만 거부권이 인정된다. ✕
ㄹ. 국제 사법 재판소는 국제 연합의 주요 기관이 요청하는 법적 질의와 문제에 대해 의견을 제시할 수 있으나 법적 구속력이 없는 권고적 효력만 있다. ✕

틀린 사람을 위한 조언 이 문제를 틀린 사람은 국제 연합(UN)의 주요 기관에 대한 이해가 부족한 거야. 총회와 안전 보장 이사회의 표결 방식 차이, 국제 사법 재판소의 관할 문제 등의 특징을 잘 이해하고 있어야 해.

07 외교의 의미 이해

과거에는 외교 활동이 외교관의 공식적인 대외 활동에만 국한되었다. 그러나 오늘날에는 민간 차원의 국제적 교류를 포함하여 국가의 대외적 목표를 달성하려는 모든 활동을 외교로 본다. 따라서 외교에서 성공적인 효과를 이끌어 내려면 다양한 국제 행위 주체가 지닌 외교적 역량을 적극적으로 활용해야 한다.

① 현대 사회에서는 이념이나 명분보다 실리를 중시하는 방향으로 외교 활동이 전개되고 있다. ✕
② 물리적 방법에 의한 문제 해결 방법은 국가 주권을 침해하고 분쟁의 해결을 더욱 어렵게 만들 수 있다. ✕

③ 환경이나 자원, 인권 문제 등에 관한 국제적 관심과 상호 의존성이 높아짐에 따라 외교 활동의 범위도 확대되고 있다. ✕
④ 정부의 공식적 외교뿐만 아니라 문화, 예술, 환경, 스포츠 등 다양한 분야에서 민간 외교 자원을 적극적으로 활용할 필요가 있다. ◯
⑤ 제시문에서는 특정 관점에 따른 외교 정책 수립이 나타나 있지 않다. ✕

08 국제 분쟁의 해결 방법 이해

문제접근 국제 분쟁은 서로의 이해관계가 대립하여 일어나는 경우가 대부분이기 때문에, 이를 해결하는 과정에서 국가 주권이 충돌하는 문제가 생길 수 있다.

단답형 답안 주권

09 국제 분쟁의 해결 방법 이해

문제접근 주권은 개별 국가가 가지는 최상위 권력으로 다른 나라에 의해서 부정될 수 없으며, 이를 침해하거나 제한해서도 안 된다. 따라서 국제 분쟁을 해결하는 과정에서 분쟁 당사국의 주권을 존중하는 것이 중요하다. 만약 원만한 분쟁 해결을 위해 국제 사회의 개입이 필요한 경우라도 당사국의 주권 침해 가능성을 고려해 신중하게 이루어져야 한다.

서술형 답안 주권은 국가가 가지는 최상위 권력으로 다른 나라에 의해서 침해되거나 제한되어서는 안 되는 성질을 가지고 있기 때문이다.

신유형·수능열기

본문 178~180쪽

1 ②	2 ⑤	3 ①	4 ⑤	5 ①	6 ④
7 ④	8 ①	9 ②	10 ⑤	11 ④	12 ③

1 국제 사회의 특징 이해

국제 사회는 국가를 기본 단위로 구성되며, 각국은 원칙적으로 평등한 주권을 가진다. 그리고 국제 사회에는 국내 사회와 달리 구성원을 대상으로 강제력을 행사할 수 있는 세계 정부가 존재하지 않는다. 또한 국제 사회에는 힘의 논리와 국제 규범이 공존한다는 특징이 있다. 제시문에는 갑국과 을국이 환경 문제에 대해 공동 대응하는 모습과 영토를 둘러싸고 갈등을 빚는 모습이 함께 나타나 있다.

① 제시문의 첫 번째 내용에는 국가 간 협력 관계도 나타나 있다. ✗
② 국제 사회의 국가들은 국제법을 존중하며 다른 나라와의 갈등을 평화적으로 해결하기도 하고 군사력이나 경제력의 차이를 앞세워 자국의 이익을 다른 나라에 강제하기도 한다. ○
③ 각국이 자국의 이익 추구보다 국제 규범 준수를 중시하는 사례로 보기 어렵다. ✗
④ 제시문의 두 번째 내용에는 개별 국가의 이익을 추구하는 사례가 나타나 있다. ✗
⑤ 두 번째 제시문과 관련이 있는 진술이지만 두 사례를 종합하여 추론할 수 있는 특징은 아니다. ✗

틀린 사람을 위한 조언 이 문제를 틀린 사람은 국제 사회의 특징에 대한 이해가 부족하거나 제시문을 종합한 결론을 도출하지 못한 거야. 무정부성을 비롯한 국제 사회의 특징을 파악하고 제시문의 사례를 종합하여 결론을 도출할 수 있는 능력을 길러야 해.

2 국제 사회를 바라보는 관점 비교

갑은 현실주의적 관점, 을은 자유주의적 관점을 취하고 있다. 현실주의적 관점은 국제 사회에서 각 국가들이 상대국보다 강한 힘을 기반으로 자국의 안보를 지키고 이익을 추구하므로 국제 사회에서 국가 간 협력이 어렵다고 본다. 반면, 자유주의적 관점은 보편적인 선(善)이나 국제 규범에 의해 국제 평화가 유지될 수 있다고 본다.

ㄱ. 현실주의적 관점은 국가 간 상호 의존적 관계를 간과하고 있다는 한계가 있다. ✗
ㄴ. 자유주의적 관점에서 개별 국가의 이익과 국제 사회 전체의 이익은 조화될 수 있다고 본다. ✗
ㄷ. 자유주의적 관점은 국제 사회가 보편적인 선(善)이나 국제 규범에 의해 유지될 수 있다고 본다. ○
ㄹ. 현실주의적 관점에서는 동맹 등으로 이룬 세력 균형 전략을 중시하고, 자유주의적 관점은 개별 국가들이 협력하며 집단 안보를 실현함으로써 국제 평화를 달성할 수 있다고 본다. ○

3 국제법의 법원(法源) 이해

국제법의 법원(法源)에는 조약과 국제 관습법, 법의 일반 원칙 등이 있다. ㉠은 조약, ㉡은 국제 관습법에 해당한다.

① 조약은 국가 간, 국가와 국제기구 간, 혹은 국제기구 간에 체결된 합의로 주로 문서의 형식으로 이루어진다. ○
② 조약과 국제 관습법은 원칙적으로 대등한 효력을 지닌다. 만약 동일한 사항을 규정하고 있는 조약과 국제 관습법 간에 충돌이 있으면 무엇을 우선 적용시킬지는 국가들 간의 합의에 달려 있다. ✗
③ 국제 관습법은 일반적 관행과 법적 확신의 결합에 의해 성립하므로 국내의 승인 절차가 필요 없다. ✗
④ 국제법은 국내법과 달리 강제적으로 집행할 국제기구가 존재하지 않는다. ✗
⑤ 국제 사법 재판소에는 국가만이 재판을 청구할 수 있다. ✗

틀린 사람을 위한 조언 이 문제를 틀린 사람은 국제법의 법원(法源)들에 대한 이해가 부족한 거야. 조약은 일반적으로 문서로 된 합의이며 체결국만 구속하는 반면, 국제 관습법은 반복적 관행이 승인되어 포괄적인 구속력이 발생한다는 점을 비교할 수 있어야 해.

4 국제 사회의 변천 과정에서 일어난 주요 사건 이해

베스트팔렌 조약으로 유럽에 주권 국가 중심의 국제 질서가 성립된 후 유럽 열강들이 아시아, 아프리카, 중남미 등에 경쟁적으로 식민지를 건설하면서 제국주의 시대가 나타났다. 제2차 세계 대전 이후 미국과 소련을 중심으로 한 이념 대립으로 양극 체제가 자리 잡으면서 냉전 체제가 시작되었다. 이후 제3 세계 및 중국, 프랑스, 서독, 일본 등의 부상에 따른 자유주의·공산주의 진영의 다원화, 미국의 대외 정책 기조 변화 등에 따라 화해 분위기가 조성되어 냉전 체제가 완화되고, 몰타 선언과 독일 통일, 소련의 붕괴 등으로 마침내 냉전 체제가 종식되었다.

ㄱ. 국제 평화와 안보를 유지하는 집단 안보 체제는 국제 연맹과 국제 연합으로 각각 제1차 세계 대전과 제2차 세계 대전 이후 창설되었다. ✗
ㄴ. 제1차 세계 대전 이후 국제 사회는 국제 평화를 달성하기 위해 국제 연맹을 창설하였지만, 강대국의 불참과 회원국 간의 대립으로 목적 달성에 한계가 있었다. ✗
ㄷ. 제2차 세계 대전 이후 미국과 소련을 중심으로 한 이념 대립으로 인해 양극 체제와 냉전 체제가 형성되었다. ○
ㄹ. 냉전 체제의 종식 이후 국제 사회는 이념 대결에서 벗어나 자국의 이익 추구 경향이 강해지고, 영토, 인종, 민족, 종교 등의 이유로 다양한 분쟁과 갈등이 발생하고 있다. ○

5 조약과 국제 관습법의 비교

왜 신유형인가? 그 동안 표를 활용해 국제법의 법원(法源)을 이해하는 문제가 출제된 적은 있으나 본 문항은 표의 질문과 법원(法源)의 내용에 따라 응답이 어떻게 바뀔지 고려하도록 출제되었다.

국제법의 법원(法源)에는 체결 주체 간의 명시적 합의에 의해 형성된 조약, 국제 사회의 반복적인 관행이 국제 사회에서 법 규범으로 승인되어 효력을 가지게 된 국제 관습법, 문명국들이 공통적으로 승인하여 따르는 법의 보편적 원칙인 법의 일반 원칙 등이 있다.

① 조약은 국제법 주체 간에 명시적인 합의로 체결되고, 국제 관습법은 별도의 체결 절차 없이도 원칙적으로 국제 관계의 행위 주체에 대해 법적 구속력(포괄적 구속력)을 갖는다. ⭕

② 국제 관습법은 별도의 체결 절차가 필요 없고, 우리나라에서 조약의 체결·비준 권한은 대통령이 가진다. ❌

③ (가)가 "주로 문서의 형식으로 이루어진 합의인가?"이면 A는 국제 관습법으로 포괄적 구속력을 갖는다. ❌

④ 우리나라에서 헌법에 의하여 체결·공포된 조약과 일반적으로 승인된 국제 법규는 국내법과 같은 효력을 가진다. ❌

⑤ 조약과 국제 관습법 모두 국제 사법 재판소가 판결 근거로 활용할 수 있다. ❌

6 국제 문제의 해결

제시문은 국제 사회에서 나타날 수 있는 '공유지의 비극' 문제를 해결하기 위해 국가별 소유권 제도를 도입하자고 주장하고 있다.

ㄱ. 초국가적인 국제기구가 아닌 개별 국가를 통해 환경 문제를 해결하고자 한다. ❌

ㄴ. 국제 문제를 해결할 때 개별 국가가 소유권을 바탕으로 자율적 통제가 가능하다고 주장하고 있다. ⭕

ㄷ. 비정부 기구가 아닌 국가의 역할이 강조된다. ❌

ㄹ. 제시문의 필자는 개별 국가에게 자원에 대한 소유권이 주어지면 이성적인 판단을 통해 자원 문제 등 환경 문제가 해결될 수 있다고 보고 있다. ⭕

7 안전 보장 이사회의 표결 방식 이해

왜 신유형인가? 안전 보장 이사회의 표결 방식에 나타난 특징을 일반적인 진술문이 아니라 투표 결과가 나온 그림을 통해 분석하도록 출제된 문항이다.

(가)는 총회, (나)는 안전 보장 이사회이다. 안전 보장 이사회의 의결 정족수는 절차에 관한 문제의 경우 15개 이사국 중 9개국 이상의 찬성이지만, 국가들의 이해가 걸린 실질적이고 중대한 문제를 결정할 때는 상임 이사국 5개국(미국, 영국, 프랑스, 러시아, 중국)의 반대 없이 9개국 이상의 찬성이 있어야 한다. 무역 제재안에 대해 H국만 반대하고 나머지 14개 국가가 찬성하였음에도 안건이 부결되었다면 H국은 상임 이사국임을 알 수 있다.

① (가)는 총회이다. ❌

② 안전 보장 이사회는 15개 이사국 중 9개국 이상의 찬성으로 의결하고 실질 사항에 대해서는 상임 이사국의 반대 없이 9개국 이상의 찬성이 있어야 한다. ❌

③ 총회는 1국 1표주의가 적용된다. ❌

④ 무역 제재안에 대해 H국만 반대했음에도 안건이 부결되었다면 H국은 거부권을 가진 상임 이사국임을 알 수 있다. ⭕

⑤ 국제 사법 재판소의 재판관을 선출하는 권한은 총회와 안전 보장 이사회에 있다. ❌

틀린 사람을 위한 조언 이 문제를 틀린 사람은 안전 보장 이사회의 표결 방식을 제대로 이해하지 못한 거야. 안전 보장 이사회에서 중대한 문제를 결정할 때는 상임 이사국 5개국을 포함한 9개국 이상의 찬성이 있어야 해.

8 국제 연합(UN)의 주요 기관 이해

A는 안전 보장 이사회, B는 국제 사법 재판소, C는 총회이다. 안전 보장 이사회는 국제 평화와 안전 유지에 관한 국제 연합의 실질적 의사 결정 기관이고, 국제 사법 재판소는 국가 간 분쟁을 평화적으로 해결하기 위해 설립된 국제 연합의 사법 기관이다. 총회는 모든 회원국이 참여하는 최고 의결 기관이다.

① 안전 보장 이사회는 국제 평화와 안보 유지의 책임을 지고 있는 실질적 의사 결정 기구로, 경제 제재나 군사적 개입 등과 같이 국제 분쟁 해결을 위해 필요한 수단의 사용 여부를 결정할 수 있다. ⭕

② 국제 사법 재판소의 재판은 원칙적으로 분쟁 당사국 일방의 제소에 상대국이 동의해야 진행할 수 있다. ❌

③ 경제적, 사회적, 문화적, 인도적 활동을 지휘·관리하는 기관은 경제 사회 이사회이다. ❌

④ 안전 보장 이사회의 의사 결정 방식에는 국제 사회에서 힘의 논리가 나타나고 있음을 보여 주고 있고, 총회에서는 주권 평등의 원칙에 따라 1국 1표주의가 적용된다. ❌

⑤ 국제 사법 재판소의 판결을 당사국이 이행하지 않을 경우,

분쟁 당사국의 요청에 따라 안전 보장 이사회가 판결의 이행을 위해 적절한 조치를 취할 수 있다. ✕

틀린 사람을 위한 조언 이 문제를 틀린 사람은 안전 보장 이사회의 역할과 기능에 대한 이해가 부족한 거야. 안전 보장 이사회는 국제 연합(UN)의 실질적 의사 결정 기관으로 국제 분쟁이나 침략 발생 시 해당 국가에 대해 평화적 해결안을 권고하거나 경제적·외교적 제재를 가할 수 있어.

9 외교의 의미 이해

외교는 한 국가가 국제 사회에서 정치적 목적이나 자국의 이익을 평화적인 방법으로 달성하려는 행위를 말한다. 국가 간 외교는 주로 협상을 통해 이루어지며 이 과정에서 설득이나 타협, 군사적·정치적 위협 등이 나타나기도 한다.

① 현대 사회에서는 이념이나 명분보다 실리를 중시하는 방향으로 외교 활동이 전개되고 있다. ◯
② 당사국 간의 협상이 원만히 이루어지지 않을 때 국제기구와 같은 제3자의 도움을 활용하는 방법도 외교적 해결에 해당한다. ✕
③ 각국은 협상 과정에서 상대국을 설득하거나 타협하기도 하고, 때로는 정치적·군사적 압력을 행사하여 상대국을 위협하기도 하면서 자국의 외교 목적을 달성하기 위하여 힘쓴다. ◯
④ 과거에는 외교 활동이 외교관의 공식적인 대외 활동에만 국한되었지만 오늘날에는 민간 차원의 국제적 교류를 포함하여 국가의 대외적 목표를 달성하려는 모든 활동을 외교로 본다. ◯
⑤ 국제적 관심과 상호 의존성이 높아짐에 따라 국제 문제를 해결하기 위한 국가 간 공조와 협력이 활발하게 이루어지고 있다. ◯

10 우리나라 외교 정책의 변화 과정 이해

제시문에 나타난 외교 정책은 북방 외교에 해당한다. 북방 외교란 1980년대 후반에 소련, 중국, 동유럽 국가 등 사회주의 국가들과의 관계 개선을 추진하는 외교를 의미한다.

① 1960년대 이후 자본주의와 공산주의 진영이 다원화되고 냉전 체제가 완화되면서 다극 체제로 변화하게 되었다. ✕
② 소련의 팽창 정책과 미국의 봉쇄 정책의 충돌이 나타난 시기는 제2차 세계 대전 이후 냉전 체제 형성기이다. ✕

③ 이념에 기초한 양극 체제는 냉전 형성기이고 세계화의 확산은 탈냉전 시기 이후이다. ✕
④ 닉슨 독트린의 발표와 더불어 제3 세계 비동맹 국가들의 국제적 지위가 향상된 시기는 1960년대 후반이다. ✕
⑤ 1980년대 후반 사회주의 국가들이 붕괴 조짐을 보이며 국제 정세가 급변하자 우리 정부는 적극적으로 북방 외교 정책을 펼쳐 구소련, 중국 등 사회주의 국가와 수교하였다. ◯

틀린 사람을 위한 조언 이 문제를 틀린 사람은 북방 외교에 대한 이해가 부족한 거야. 국제 사회의 변천 과정 중 냉전 종식기에 대한 이해와 더불어 1980년대 후반 사회주의 국가들과의 관계 개선을 위해 펼친 북방 외교의 특징을 파악하고 있어야 해.

11 국제 사회의 특징과 국제 분쟁의 해결 방법 이해

자료에는 안보 딜레마 문제가 나타나 있다. 안보 딜레마란 자국의 안보를 위한 군사력 증강이 타국의 군사력 증강을 자극함으로써 자국의 안보를 위한 노력이 거꾸로 자국의 안보를 위협하는 상황을 의미한다.

ㄱ. 각국이 자국의 이익만을 추구한다면 A국과 B국은 자국의 이익이 가장 높은 군비 증가를 선택하게 될 것이고 결국 상호 군비 감축 협약은 이행되지 않게 된다. ◯
ㄴ. 두 나라 모두가 협약을 이행하면 이익의 총합이 최대치인 20이 된다. ◯
ㄷ. A국이 협약을 이행하여 군비를 감소하고 B국이 협약을 이행하지 않아 군비를 증가하면 A국의 이익은 −20이 되고 B국의 이익은 20이 된다. ✕
ㄹ. 각 나라가 자국의 이익만을 계속 추구한다면 A국과 B국 모두 상대국보다 군비를 계속 증가시킬 것이므로 각 나라의 군비는 협약 이전보다 증가하게 된다. ◯

틀린 사람을 위한 조언 이 문제를 틀린 사람은 자료에 대한 분석이 부족한 거야. 이익의 총합이 가장 커지는 것은 양국 모두 군비 감소를 택할 때이지만, 각국이 자국의 이익만 추구하면 결국 군비 증가로 이어져 군비 감축 협약이 이행되지 않을 것이라는 것을 추론할 수 있어야 해.

12 우리나라의 바람직한 국제 관계의 방향 이해

현대 사회에서는 이념이나 명분보다 실리를 중시하는 방향으로 외교 활동이 전개되고 있고, 경제적 교류뿐만 아니라 문화 교류도 확대되고 있다. 따라서 세계화 시대에 부합하는 국제 관계를 형성하려면 외교 영역의 확대와 다변화를 시도해야 한다.

① 주변국과의 동맹 관계 강화도 주요한 외교 정책의 방향이지만 제시문의 내용과는 거리가 멀다. ✕
② 경제적 실리를 우선적으로 추구해야 한다는 내용은 제시문의 내용과 관련이 없다. ✕
③ 국제 정세의 변화에 적응하고 국가적 이익을 확보하기 위해서는 외교 영역의 확대와 다변화를 시도해야 한다. O
④ 제시문에서는 자유 진영 중심의 외교 기조에서 탈피할 것을 주장하고 있다. ✕
⑤ 정부뿐만 아니라 민간 차원에서도 적극적으로 외교에 참여해야 하지만 제시문의 내용과 관련이 없다. ✕

인용 사진 출처

대한민국 법원 홈페이지　부록 18쪽(대한민국 법원 상징)

북앤포토　168쪽(난민), 168쪽(어린이)

선거관리위원회　77쪽(투표용지),
　　　　　　　　　　80쪽(중앙선거관리위원회 상징),

아엠서치　168쪽(북극곰)

헌법 재판소 홈페이지　부록 18쪽(헌법 재판소 상징)

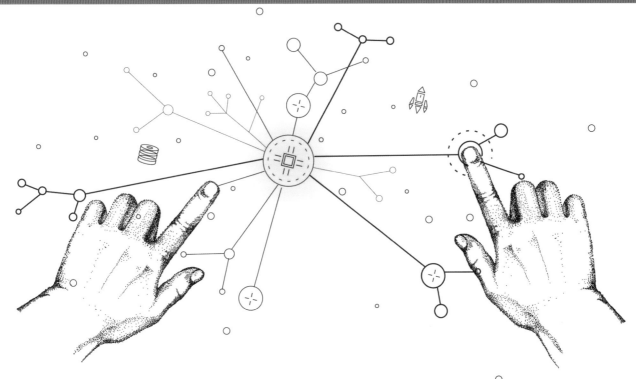

EBS

개념
완성

사회탐구영역

정치와 법

정답과 해설

고1~2 내신 중점 로드맵

과목	고교 입문		기초	기본	특화	+	단기
국어	고등 예비 과정	내 등급은?	윤혜정의 개념의 나비효과 입문편/워크북	**기본서** 올림포스	**국어 특화** 국어 독해의 원리 / 국어 문법의 원리		단기 특강
영어			어휘가 독해다!	올림포스 전국연합 학력평가 기출문제집	**영어 특화** Grammar POWER / Reading POWER Listening POWER / Voca POWER		
수학			정승익이 수능 개념 잡는 대박구문				
			주혜연의 해석공식 논리 구조편				
			기초 50일 수학	**유형서** 올림포스 유형편	**고급** 올림포스 고난도		
			매쓰 디렉터의 고1 수학 개념 끝장내기		**수학 특화** 수학의 왕도		
한국사 사회		**인공지능** 수학과 함께하는 고교 AI 입문 수학과 함께하는 AI 기초		**기본서** 개념완성 개념완성 문항편	고등학생을 위한 多담은 한국사 연표		
과학							

과목	시리즈명	특징	수준	권장 학년
전과목	고등예비과정	예비 고등학생을 위한 과목별 단기 완성	●	예비 고1
	내 등급은?	고1 첫 학력평가+반 배치고사 대비 모의고사	●	예비 고1
국/수/영	올림포스	내신과 수능 대비 EBS 대표 국어·수학·영어 기본서	●	고1~2
	올림포스 전국연합학력평가 기출문제집	전국연합학력평가 문제 + 개념 기본서	●	고1~2
	단기 특강	단기간에 끝내는 유형별 문항 연습	●	고1~2
한/사/과	개념완성 & 개념완성 문항편	개념 한 권+문항 한 권으로 끝내는 한국사·탐구 기본서	●	고1~2
국어	윤혜정의 개념의 나비효과 입문편/워크북	윤혜정 선생님과 함께 시작하는 국어 공부의 첫걸음	●	예비 고1~고2
	어휘가 독해다!	학평·모평·수능 출제 필수 어휘 학습	●	예비 고1~고2
	국어 독해의 원리	내신과 수능 대비 문학·독서(비문학) 특화서	●	고1~2
	국어 문법의 원리	필수 개념과 필수 문항의 언어(문법) 특화서	●	고1~2
영어	정승익의 수능 개념 잡는 대박구문	정승익 선생님과 CODE로 이해하는 영어 구문	●	예비 고1~고2
	주혜연의 해석공식 논리 구조편	주혜연 선생님과 함께하는 유형별 지문 독해	●	예비 고1~고2
	Grammar POWER	구문 분석 트리로 이해하는 영어 문법 특화서	●	고1~2
	Reading POWER	수준과 학습 목적에 따라 선택하는 영어 독해 특화서	●	고1~2
	Listening POWER	수준별 수능형 영어듣기 모의고사	●	고1~2
	Voca POWER	영어 교육과정 필수 어휘와 어원별 어휘 학습	●	고1~2
수학	50일 수학	50일 만에 완성하는 중학~고교 수학의 맥	●	예비 고1~고2
	매쓰 디렉터의 고1 수학 개념 끝장내기	스타강사 강의, 손글씨 풀이와 함께 고1 수학 개념 정복	●	예비 고1~고1
	올림포스 유형편	유형별 반복 학습을 통해 실력 잡는 수학 유형서	●	고1~2
	올림포스 고난도	1등급을 위한 고난도 유형 집중 연습	●	고1~2
	수학의 왕도	직관적 개념 설명과 세분화된 문항 수록 수학 특화서	●	고1~2
한국사	고등학생을 위한 多담은 한국사 연표	연표로 흐름을 잡는 한국사 학습	●	예비 고1~고2
기타	수학과 함께하는 고교 AI 입문/AI 기초	파이선 프로그래밍, AI 알고리즘에 필요한 수학 개념 학습	●	예비 고1~고2